들으면서 공부하자!
오디오북 시대

코로나19 바이러스
"친환경 99.9% 항균잉크 인쇄"
전격 도입

언제 끝날지 모를 코로나19 바이러스

99.9% 항균잉크(V-CLEAN99)를 도입하여 「안심도서」로

독자분들의 건강과 안전을 위해 노력하겠습니다.

TEST REPORT

항균잉크(V-CLEAN99)의 특징

◉ 바이러스, 박테리아, 곰팡이 등에 항균효과가 있는 산화아연을 적용

◉ 산화아연은 한국의 식약처와 미국의 FDA에서 식품첨가물로 인증
받아 **강력한 항균력**을 구현하는 소재

◉ 황색포도상구균과 대장균에 대한 테스트를 완료하여 **99.9%**의
강력한 항균효과 확인

◉ 잉크 내 중금속, 잔류성 오염물질 등 **유해 물질 저감**

#1
-
< 0.63
4.6 (99.9%)[주1]
-
6.3×10^3
2.1 (99.2%)[주1]

Clean Zone

오디오북과 함께하는

CS 리더스
관리사

+기출무료강의

총정리
문제집

CS Leaders

SD에듀
(주)시대고시기획

머리말

오늘날 기업경영 환경의 급변과 함께 경제 수요의 중심인 소비자의 요구가 다양해짐에 따라 이를 만족시키기 위한 고객만족 교육과 운영의 중요성이 더욱 증가하고 있습니다.

또한, 기업경영에서 고객만족 부문이 재무, 마케팅, 인사 등과 같이 하나의 기능(Function)으로 빠르게 자리 잡아가고 있는 상황이므로, 고객만족 서비스에 전문성을 가진 인재가 절대적으로 요구되고 있습니다.

국가공인자격증 **CS 리더스관리사**는 이러한 고객만족 서비스 시대의 필요성에 따라 **기업체 사내강사, 기업서비스 컨설팅 업체, 교육컨설팅 업체, 일반 매장, 백화점, 은행, 호텔, 콜센터, 관공서, 기업 취업**을 위한 수험생 모두에게 **꼭 필요한 자격증**이라 할 수 있습니다.

CS 리더스관리사 자격증에 대한 이러한 시대적 요구에 부응하고자 ㈜시대고시기획에서는 CS 리더스관리사가 되려는 여러분들의 도전에 도움이 되기를 바라는 염원을 담아 본서를 출간하게 되었습니다.

합격을 위한 책의 구성

첫째, 최근 기출문제 유형을 완벽 반영한 핵심 이론과 문제로 합격의 **마스터 키**를 잡을 수 있게 구성하였습니다.

둘째, 자주 출제되는 문항과 유사한 문항을 **문제은행식으로 반복 제시**함으로써 중요 내용의 학습 효과를 높였습니다.

셋째, 빈출 키워드 분석을 통해 **시험에 꼭 나오는** 문제 유형을 제시하여 수험생들이 빠르고 쉽게 내용을 파악할 수 있게 하였습니다.

넷째, 최신 **기출문제를 완벽 복원**한 문항들로만 구성하여 실제 시험에 효과적으로 대비하고 적응할 수 있도록 하였습니다.

CS 리더스관리연구소의 집필진은 **CS 리더스관리사 총정리문제집**으로 학습하는 수험생 여러분의 도전과 합격을 진심으로 기원합니다. ㈜시대고시기획은 한마음으로 수험생 여러분의 밝은 미래를 응원하겠습니다.

CS 리더스관리연구소

CS 리더스관리사 시험 전문 교수님의
'기출해설' 무료 특강 서비스 제공

- CS 리더스관리사 무료 동영상 강의 제공(www.sdedu.co.kr/plus)
- 자격증 국가자격/기술자격 카테고리에서 해당 강좌 클릭 · 신청

시험 안내

 국가공인 CS 리더스관리사란?

고객의 입장에서 고품질 서비스의 필요성과 역할에 부합되도록 직무를 정의하고, 비즈니스 경쟁력 향상을 위한 서비스체계 기반 마련에 기여할 수 있는 인재를 위한 자격증입니다.

 응시 자격 : 학력, 연령 제한 없음(누구나 가능)

 검정 방법 및 합격기준

- 필기시험(객관식 90문항 / 90분 / 5지선다형)
- 전 과목 평균 100점 만점에 60점 이상 합격(3과목 중 단일 과목 획득 점수 40점 이상)
- 시행처 : (사)한국정보평가협회(www.kie.or.kr)

 접수 방법

홈페이지 방문 ▶ 온라인 원서접수 ▶ 응시료 결제 ▶ 수험표 출력

- 온라인 접수만 가능하며 방문접수는 하지 않습니다.
- 가상계좌 입금 시에는 반드시 입금자 성명이 응시자 성명과 동일해야 합니다.

 응시료(검정수수료) : 70,000원

 응시지역 안내

- 서울, 인천, 대전, 대구, 부산, 광주(6개 지역 중 선택 가능)이며, 상설검정의 경우 현재 대전 지역만 선택 가능합니다.
- 접수기간 중 응시 지원자에 따라 해당 고사장이 조기 마감될 수 있습니다.

시험 안내

 검정 내용

시험 종목	주요 과목(배점비율)	세부 항목	
제1과목 고객만족(CS) 개론(30문항)	고객만족(60%)	• 고객만족(CS) 관리개론 • 고객만족(CS) 의식	• 고객만족(CS) 경영 • 고객관계 관리
	서비스 이론(40%)	• 서비스 정의	• 서비스 리더십
제2과목 고객만족(CS) 전략론(30문항)	서비스 분야(50%)	• 서비스 기법 • 서비스 차별화 사례연구	• 서비스 차별화 • 서비스 품질
	고객만족(CS) 활용(50%)	• 고객만족(CS) 평가 조사 • 고객만족(CS) 혁신 전략	• 고객만족(CS) 컨설팅
제3과목 고객관리실무론 (30문항)	고객만족(CS) 실무(50%)	• 전화 서비스 • 예절과 에티켓	• 고객 상담 • 비즈니스 응대
	고객관리(30%)	• 고객 감동 • 고품위 서비스	• 고객 만족
	컴퓨터 활용(20%)	• 프레젠테이션	• 인터넷 활용

 2022년 시험 일정 안내

회 차	응시자 접수기간	시험일	합격자 발표
제22 – 1회	2021년 12월 13일 ~ 2021년 12월 17일	01월 16일	01월 21일
제22 – 2회	2022년 01월 24일 ~ 2022년 01월 28일	02월 13일	02월 18일
제22 – 3회	2022년 02월 21일 ~ 2022년 02월 25일	03월 13일	03월 18일
제22 – 4회	2022년 03월 21일 ~ 2022년 03월 25일	04월 10일	04월 15일
제22 – 5회	2022년 04월 18일 ~ 2022년 04월 22일	05월 15일	05월 20일
제22 – 6회	2022년 05월 23일 ~ 2022년 05월 27일	06월 12일	06월 17일
제22 – 7회	2022년 06월 20일 ~ 2022년 06월 24일	07월 16일	07월 22일
제22 – 8회	2022년 07월 25일 ~ 2022년 07월 29일	08월 21일	08월 26일
제22 – 9회	2022년 08월 29일 ~ 2022년 09월 02일	09월 18일	09월 23일
제22-10회	2022년 09월 26일 ~ 2022년 09월 30일	10월 16일	10월 21일
제22-11회	2022년 10월 24일 ~ 2022년 10월 28일	11월 13일	11월 18일
제22-12회	2022년 11월 21일 ~ 2022년 11월 25일	12월 11일	12월 16일
제23 – 1회	2022년 12월 19일 ~ 2022년 12월 23일	01월 15일	01월 20일

※자격 검정 일정 및 시험 장소는 협회의 사정에 따라 변경될 수 있습니다.

이 책의 구성과 특징

주제별 핵심 이론

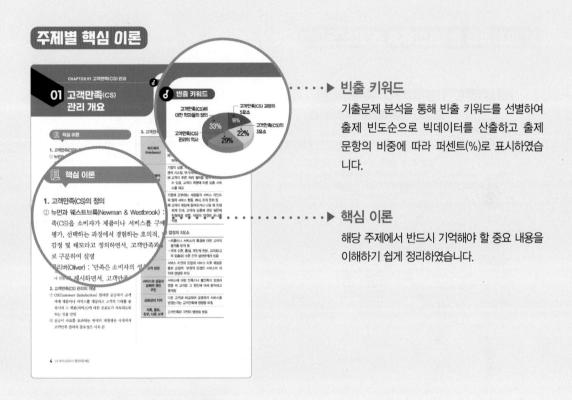

▶ 빈출 키워드

기출문제 분석을 통해 빈출 키워드를 선별하여 출제 빈도순으로 빅데이터를 산출하고 출제 문항의 비중에 따라 퍼센트(%)로 표시하였습니다.

▶ 핵심 이론

해당 주제에서 반드시 기억해야 할 중요 내용을 이해하기 쉽게 정리하였습니다.

핵심 기출 유형 문제

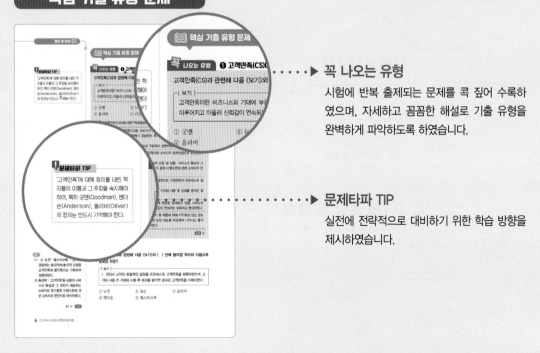

▶ 꼭 나오는 유형

시험에 반복 출제되는 문제를 콕 짚어 수록하였으며, 자세하고 꼼꼼한 해설로 기출 유형을 완벽하게 파악하도록 하였습니다.

▶ 문제타파 TIP

실전에 전략적으로 대비하기 위한 학습 방향을 제시하였습니다.

이 책의 구성과 특징

심화학습 문제(신유형 & 고난도)

▶ **신유형 & 고난도 문제**

최근 출제된 신유형 & 고난도 문제를 수록하여 출제경향을 적용하고 창의적·통합적으로 문제를 판별할 수 있는 능력을 배양할 수 있게 구성하여 고득점 합격 가능성을 높였습니다.

▶ **더 알아보기**

문제 이해에 필요한 추가 개념과 심화 내용을 제시하여 이론 정리와 학습에 도움이 되도록 구성하였습니다.

실전 대비 모의고사

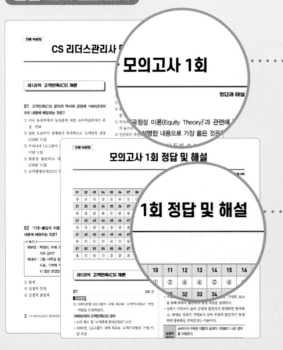

▶ **모의고사**

최근 기출문제 유형을 파악하여 실제와 유사한 문제들을 선별하였으며, 1회~3회까지 풀면서 실전 문제의 이해와 합격에 필요한 마무리 학습 정리에 도움이 되도록 구성하였습니다.

▶ **모의고사 정답 및 해설**

상세한 '정답 해설'과 '오답 해설'로 문제 이해도를 높여 시험 전 최종 점검이 가능하도록 자세한 설명을 제공하였습니다.

이 책의 **차례**

이 책의 차례

제 **1** 과목

고객만족(CS) 개론

CS 리더스관리사
종정리문제집

01 고객만족(CS) 관리 개요

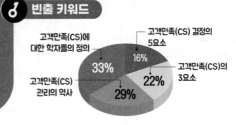

고객만족(CS)에 대한 학자들의 정의 33%
고객만족(CS) 관리의 역사 29%
고객만족(CS) 결정의 5요소 16%
고객만족(CS)의 3요소 22%

📖 핵심 이론

1. 고객만족(CS)의 정의

① 뉴먼과 웨스트브룩(Newman & Westbrook) : 고객만족(CS)을 소비자가 제품이나 서비스를 구매, 비교, 평가, 선택하는 과정에서 경험하는 호의적, 비호의적 감정 및 태도라고 정의하면서, 고객만족과 불만족으로 구분하여 설명

② 올리버(Oliver) : '만족은 소비자의 성취반응으로 판단된다.'고 제시하면서, 고객만족(CS)을 소비자의 성취반응 및 상품·서비스의 특성과 그 자체가 제공하는 소비자의 욕구 충족 이행수준에 관한 소비자의 판단이라고 해석

③ 앤더슨(Anderson) : 고객의 포괄적인 감정을 프로세스로 설명하였고, 고객만족(CS)을 고객의 사용 전 기대와 사용 후 성과를 평가한 결과로 이해

④ 굿맨(Goodman) : 고객만족(CS)을 비즈니스와 기대에 부응한 결과로서 상품, 서비스의 재구입이 이루어지고 고객의 신뢰감이 연속되는 상태라고 정의

⑤ 코틀러(Kotler) : 고객만족(CS)을 사람들의 기대치 및 제품에 대해 자각하고 있는 성능과 그 제품을 구매·소비할 때 실제 성능을 비교하여 나타나는 즐거움이나 실망감이라고 정의

2. 고객만족(CS) 관리의 개념

① CS(Customer Satisfaction) 관리란 공급자가 고객에게 제품이나 서비스를 제공하고 고객의 기대를 충족시켜 그 제품(서비스)에 대한 선호도가 지속되도록 하는 것을 말함

② 공급이 수요를 초과하는 현대의 대량생산 시대에서 고객만족 관리의 중요성은 더욱 큼

3. 고객만족(CS)의 3요소

하드웨어 (Hardware)	기업의 이미지, 브랜드 파워, 제품의 기능, 매장의 편의 시설, 고객지원센터, 인테리어, 분위기 연출 등 예 제품의 기능 우수, 다양한 상품이 구비되어 선택의 폭이 넓음
소프트웨어 (Software)	기업의 상품, 서비스 프로그램, A/S와 고객관리 시스템, 부가서비스 체계 등 예 고객이 주문 처리 절차를 쉽게 따라 할 수 있음, 고객의 취향에 따른 맞춤 서비스를 제공
휴먼웨어 (Humanware)	기업에 근무하는 사람들의 서비스 마인드와 접객 서비스 활동, 매너, 조직 문화 등 예 고객이 매장에 들어오거나 나갈 때 친절하게 인사, 고객의 상품에 관한 질문에 친절하게 설명, 직원의 단정한 유니폼 착용

4. 고객만족(CS) 결정의 5요소

제품/서비스의 특징	• 제품이나 서비스의 특징에 대한 고객의 평가를 받게 됨 • 가격 수준, 품질, 개인적 친분, 고객화(고객 맞춤화) 수준 간의 상관관계가 있음
고객 감정	서비스 이전의 감정과 서비스 이후 체험을 통한 긍정적·부정적 감정은 서비스의 지각에 영향을 미침
서비스의 성공과 실패의 원인 귀인	서비스에 대한 만족이나 불만족이 발생하였을 때 고객은 그 원인에 대해 분석하고 평가함
공평성의 지각	다른 고객과 비교하여 공평하게 서비스를 받았는가는 고객만족에 영향을 미침
가족, 동료, 친구, 다른 고객	고객만족은 구전의 영향을 받음

5. 고객만족(CS) 관리의 역사

① **무관심단계(1990년대 이전)** : 기업 중심 경영 단계, 고객만족 개념 도입 전 단계

  ㉠ 1970년대
  - 미국 소비자주의가 성숙기에 접어들면서 '고객만족 경영(CSM)' 대두
  - 1972년
    - 미국 농산부에서 농산품에 대한 소비자만족 지수 측정·발표
    - 고객들의 정서 불안 요소를 정량적으로 지수화·발표(굿맨 이론 등장)
  - 1977년, 미국 리서치 회사인 JD파워(J. D. POWER)가 고객만족을 평가기준으로 자동차 부분 기업 순위를 발표한 것이 '고객만족 경영(CSM)'의 시초

  ㉡ 1980년대
  - 1981년
    - 고객만족을 최우선으로 앞세운 '잭 웰치'가 GE사(社)의 최고 경영자가 됨
    - 스칸디나비아 항공의 젊은 사장 얀 칼슨이 '진실의 순간(MOT : Moment of Truth)' 개념 도입, 전 세계로 확산
  - 1980년대 후반, 엔고 가치 급등으로 신음하던 일본 경제계에서 도요타와 SONY(社)가 경제위기 타개책으로 '고객만족 경영(CSM)' 도입
  - 우리나라
    - 판매 증진 보조 수단으로 '고객만족 경영(CSM)' 활용
    - 제품 설명, 성능 위주의 기초적 친절 서비스 중심으로 접근

② **고객만족(CS) 도입기 및 침체기(1990~2000년대 이전)**

  ㉠ 고객중심 경영 도입 후 부침을 겪은 시기
  ㉡ 우리나라(1990년대)
  - A/S 제도 및 '고객관계 관리(CRM)' 도입
  - 1992년, LG그룹이 국내 최초로 고객가치창조 기업 이념 도입
  - 1993년, 삼성그룹이 신(新)경영 선포
  - 1999년, 현대자동차가 품질보증제도 도입

③ **고객만족 경영(CSM) 도입기(2000년대)**

  ㉠ 업종을 불문하고 '고객만족 경영(CSM)' 도입
  ㉡ 우리나라
  - 업종을 불문하고 대부분 기업이 '고객만족 경영(CSM)' 도입
  - 고객생애가치(CLV : Customer Lifetime Value) 창출을 통한 고객 기여도 극대화

📖 핵심 기출 유형 문제

문제타파 TIP

'고객만족'에 대해 정의를 내린 학자들의 이름과 그 주장을 숙지해야 하며, 특히 굿맨(Goodman), 앤더슨(Anderson), 올리버(Oliver)의 정의는 반드시 기억해야 한다.

꼭 나오는 유형 ❶ 고객만족(CS)에 대한 학자들의 정의

고객만족(CS)과 관련해 다음 〈보기〉와 같이 정의한 학자는?

┤ 보기 ├
고객만족이란 비즈니스와 기대에 부응한 결과로서 상품, 서비스의 재구입이 이루어지고 아울러 신뢰감이 연속되는 상태이다.

① 굿맨　　　　　　② 뉴먼　　　　　　③ 앤더슨
④ 올리버　　　　　⑤ 라일리

해설 고객만족(CS)에 대한 학자들의 정의

뉴먼과 웨스트브룩 (Newman & Westbrook)	• 고객만족(CS)을 소비자가 제품이나 서비스를 구매, 비교, 평가, 선택하는 과정에서 경험하는 호의적, 비호의적 감정 및 태도라고 정의하였다. • 고객만족과 불만족으로 구분하여 설명하였다.
올리버 (Oliver)	• 만족의 개념에 대하여 '만족이란 소비자의 성취반응으로 판단된다.'고 제시하였다. • 고객만족(CS)을 소비자의 성취 반응 및 상품 · 서비스의 특성과 그 자체가 제공하는 소비자의 욕구 충족 이행수준에 관한 소비자의 판단이라고 해석하였다.
앤더슨 (Anderson)	• 고객의 포괄적 감정을 하나의 과정으로 이해하면서 프로세스로 설명하였다. • 고객만족(CS)을 고객의 사용 전 기대와 사용 후 성과를 평가한 결과로 이해하였다.
굿맨 (Goodman)	고객만족(CS)을 비즈니스와 기대에 부응한 결과로서 상품, 서비스의 재구입이 이루어지고 고객의 신뢰감이 연속되는 상태라고 정의하였다.
코틀러 (Kotler)	고객만족(CS)을 사람들의 기대치 및 제품에 대해 자각하고 있는 성능과 그 제품을 구매 · 소비할 때 실제 성능을 비교하여 나타나는 즐거움이나 실망감이라고 정의하였다.

정답 ①

01

①·⑤ 뉴먼·웨스트브룩 : 고객이 경험하는 호의적/비호의적 감정을 고객만족과 불만족으로 구분하여 설명하였다.
③ 올리버 : '고객만족'을 상품과 서비스의 특성과 그 자체가 제공하는 소비자의 욕구충족 이행수준에 관한 소비자의 판단으로 해석하였다.

01 ④ 정답

01 고객만족(CS)과 관련해 다음 〈보기〉의 (　) 안에 들어갈 학자의 이름으로 알맞은 것은?

┤ 보기 ├
(　)은(는) 고객의 포괄적인 감정을 프로세스로 고객만족을 설명하였으며, 고객의 사용 전 기대와 사용 후 성과를 평가한 결과로 고객만족을 이해하였다.

① 뉴먼　　　　　　② 올슨　　　　　　③ 올리버
④ 앤더슨　　　　　⑤ 웨스트브룩

02 고객만족(CS)과 관련해 다음 〈보기〉의 ( ) 안에 들어갈 내용으로 알맞은 것은?

┤ 보기 ├
올리버(Oliver)는 만족의 개념에 대하여 '만족이란 소비자의 (   )으로 판단된다.'고 제시하였다.

① 확산반응   ② 성취반응   ③ 상호반응   ④ 단일반응   ⑤ 접근반응

02
② 올리버는 '만족'을 소비자의 성취반응(Fulfillment Response)으로 정의하면서 '고객만족'을 제품이나 서비스의 특성과 그것들이 소비자에게 제공하는 욕구 충족 이행수준에 관한 소비자의 판단이라고 해석하였다.

🔖 **나오는 유형 ❷ 고객만족(CS)의 3요소**

고객만족(CS)의 3요소 중 휴먼웨어에 해당하는 내용을 다음 〈보기〉에서 찾아 모두 선택한 것은?

┤ 보기 ├
가. 제품의 기능이 아주 훌륭했다.
나. 고객이 매장에 들어올 때 친절하게 인사한다.
다. 업무 처리 서류(고객 소리함 등)가 비치되어 있다.
라. 직원이 상품에 관한 질문에 친절하게 설명해 준다.

① 가, 나   ② 가, 나, 다   ③ 나, 라   ④ 나, 다, 라   ⑤ 다, 라

❗**문제타파 TIP**

고객만족(CS)의 3요소 각각의 내용을 숙지해야 하고 각각의 요소에 해당하는 '예시'도 확실하게 알아두어야 한다.

┤ 해설 ├
가 · 다는 하드웨어적 요소에 해당하는 내용이다.

고객만족(CS)의 3요소

하드웨어적 요소 (Hardware)	소프트웨어적 요소 (Software)	휴먼웨어적 요소 (Humanware)
• 제품의 기능 • 기업의 이미지 • 브랜드 파워 • 매장의 편의 시설 • 고객지원센터 • 인테리어 • 분위기 연출	• 기업의 상품 • 서비스 프로그램 • A/S와 고객 관리 시스템 • 부가서비스 체계	• 종업원의 서비스 마인드 · 접객서비스 활동 • 매너 • 조직 문화

정답 ③

03 고객만족(CS)의 3요소 중 '소프트웨어'에 대한 내용으로 가장 옳은 것은?

① 고객이 주문 처리 절차를 쉽게 따라 할 수 있다.
② 바닥이나 계단이 미끄럽지 않게 잘 관리되고 있다.
③ 제품에 대한 질문에 직원이 상세하게 설명해 준다.
④ 직원의 용모나 복장이 단정하고 깔끔하다.
⑤ 화장실의 청결 상태가 매우 우수하다.

03
②·⑤ 하드웨어적 요소, ③·④ 휴먼웨어적 요소에 해당한다.

정답 **02** ② **03** ①

04

나 · 라는 고객만족(CS)의 3요소 중 '휴먼웨어'에 해당하는 내용이다.

04 고객만족(CS)의 3요소 중 하드웨어에 해당하는 내용을 다음 보기에서 찾아 모두 선택한 것은?

┤ 보기 ├─
가. 제품의 기능이 우수하다.
나. 고객의 요구나 불만에 신속하게 응답한다.
다. 다양한 상품이 구비되어 선택의 폭이 넓다.
라. 제품에 대한 질문에 직원이 상세하게 설명해 준다.

① 가, 나, 다　　　　② 가, 나, 다, 라
③ 가, 다　　　　　④ 가, 다, 라
⑤ 다, 라

⚠️ **문제타파 TIP**

고객만족(CS) 결정의 5가지 요소 각각의 내용을 확실하게 숙지할 것!

꼭 나오는 유형 ❸ **고객만족(CS) 결정의 5요소**

고객만족 결정 요소 중 제공된 서비스에 만족 또는 불만족하였을 경우 그 이유를 분석하는 것에 해당하는 내용은?

① 고객 감정
② 공평성의 지각
③ 제품 또는 서비스의 특징
④ 다른 고객, 가족 구성원, 동료
⑤ 서비스의 성공 및 실패의 원인

📑 **해설**
① 고객 감정 : 서비스 이전 감정과 서비스 이후 체험을 통한 긍정적 · 부정적 감정은 서비스의 지각에 영향을 미친다.
② 공평성의 지각 : 다른 고객과 비교하여 공평하게 서비스를 받았는가는 고객만족에 영향을 미친다.
③ 제품 또는 서비스의 특징 : 제품이나 서비스의 특징에 대한 고객의 평가를 받으며 가격 수준, 품질, 개인적 친분, 고객화 수준 간의 상관관계가 있다.
④ 다른 고객, 가족 구성원, 동료 : 고객만족은 구전의 영향을 받는다.

정답 ⑤

05

제품 또는 서비스의 특징
• 제품이나 서비스의 특징에 대한 고객의 평가를 받게 된다.
• 가격 수준, 품질, 개인적 친분, 고객화 수준간의 상관관계가 있다.

05 고객만족 결정의 5가지 요소 중 가격 수준, 품질, 개인적 친분, 고객화 수준 간의 상관관계가 있는 것은?

① 다른 고객, 가족 구성원, 동료
② 고객 감정
③ 공평성의 지각
④ 서비스의 성공 및 실패의 원인에 대한 귀인
⑤ 제품 또는 서비스의 특징

04 ③ 05 ⑤ 정답

꼭 나오는 유형 ❹ 고객만족(CS) 관리의 역사

고객만족(CS) 관리의 역사와 관련해 2000년대의 주요 내용에 해당하는 것은?

① 업종을 불문한 고객감동경영의 도입

② 스칸디나비아 항공사의 '진실의 순간(MOT)' 도입

③ 미국 농산부에서 측정한 농산품에 대한 소비자만족지수 발표

④ 고객만족을 최우선으로 앞세운 '잭 웰치'의 GE사(社) 최고 경영자 등극

⑤ 고객들의 정서적인 불안 요소를 정량적으로 지수화하여 발표한 '굿맨 이론'의 등장

문제타파 TIP

1970년대부터 2000년대까지의 고객만족(CS) 관리부터 고객만족 경영(CSM)으로의 발전 과정을 파악해야 하고 각각의 연도에 있었던 역사적 사실을 알아 두어야 한다.

해설 고객만족(CS) 관리의 역사

1990년대 이전	무관심 단계	1970 년대	• 미국의 소비자주의가 성숙기에 접어들면서 고객만족 경영이 대두되었다. • 1972년에 미국 농산부에서 농산품에 대한 소비자만족지수를 측정·발표하였고, 고객들의 정서적 불안 요소를 정량적으로 지수화하여 발표한 '굿맨 이론'이 등장하였다. • 1977년에 미국 리서치 회사인 JD파워(J. D. POWER)가 고객만족을 평가기준으로 자동차 부분 기업 순위를 발표한 것이 시초가 되었다.
		1980 년대	• 1981년에 고객만족을 최우선으로 앞세운 '잭 웰치'가 GE사(社)의 최고 경영자가 되었다. • 1981년에 세계적인 스칸디나비아 항공의 젊은 사장 안 칼슨이 '진실의 순간(MOT : Moment of Truth)' 개념을 도입, 전 세계로 확산하였다. • 1980년대 후반 엔고 가치 급등으로 신음하던 일본 경제계에서 도요타와 SONY(社)가 경제위기의 타개책으로 '고객만족 경영(CSM)'을 도입하였다. [우리나라] • 판매 증진을 위한 보조 수단으로 '고객만족 경영(CSM)'을 활용하였다. • 제품 설명, 성능 위주의 기초적 친절 서비스 중심으로 접근하였다.
2000년대 이전	CS 도입기 (침체기)		• 고객중심 경영 단계로, 고객만족 경영(CSM) 도입 후 부침을 겪던 시기이다. [우리나라(1990년대)] • A/S 제도 및 '고객관계 관리(CRM)' 도입 • 1992년, LG그룹이 국내 최초로 고객가치창조 기업이념 도입 • 1993년, 삼성그룹이 신(新)경영 선포 • 1999년, 현대자동차가 품질보증제도 도입
2000년대	CSM 도입기		• 업종을 불문하고 '고객만족 경영(CSM)'을 도입하였다. [우리나라] • 업종 불문 대부분 기업이 '고객만족 경영(CSM)' 도입 • 고객생애가치(CLV : Customer Lifetime Value) 창출을 통한 고객 기여도 극대화

정답 ①

06

① 1993년, ② 1999년, ④ 2000년대,
⑤ 1992년의 주요 내용이다.

06 고객만족(CS) 관리의 역사와 관련해 1980년대의 주요 내용에 해당하는 것은?

① 1983년 삼성그룹의 신(新)경영 선포

② 1989년 현대자동차의 품질보증제도 도입

③ 1980년대 일본 SONY(社)의 고객만족 경영 도입

④ 1980년대 후반 업종을 불문한 고객만족 경영 도입

⑤ 1982년 국내 최초 LG그룹의 고객가치창조 기업 이념의 도입

07

① · ② 1990년대, ④ · ⑤ 1980년대
의 내용에 해당한다.

07 우리나라 고객만족 경영(CSM)의 시기별 흐름 중 2000년대의 내용에 해당하는 것은?

① A/S 제도 도입

② 고객관계 관리(CRM) 도입

③ 고객생애가치 창출을 통한 고객기여도 극대화

④ 판매 증진을 위한 보조적 수단으로 활용하기 시작

⑤ 제품 중심의 기초적인 친절 서비스 중심으로 접근

👍 **더 알아보기**) **우리나라 고객만족(CS) 관리의 시기별 흐름**

1980년대	• 판매 증진을 위한 보조 수단으로 '고객만족 경영(CSM)' 활용 • 제품 설명 및 성능 위주의 기초적 친절서비스 중심으로 접근
1990년대	• A/S 제도 및 '고객관계 관리(CRM)' 도입 • 1992년, LG그룹이 국내 최초로 고객가치창조 기업 이념 도입 • 1993년, 삼성그룹이 신(新)경영 선포 • 1999년, 현대자동차가 품질보증제도 도입
2000년대	• 업종을 불문하고 대부분 기업이 '고객만족 경영(CSM)' 도입 • 고객생애가치(CLV : Customer Lifetime Value) 창출을 통한 고객 기여도 극대화

02 고객만족(CS) 관리 이론

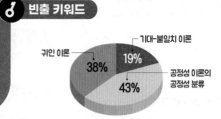

기대-불일치 이론 19%

공정성 이론의 공정성 분류 43%

귀인 이론 38%

핵심 이론

1. 기대-불일치 이론

① 기대와 성과 간 차이, 지각된 제품 성과, 기대 요소를 통해 만족/불만족 형성 과정 설명

② 성과가 기대보다 높아 긍정적 불일치가 발생하면 만족하고, 반대로 성과가 기대보다 낮아 부정적 불일치가 발생하면 불만족을 가져온다는 이론

긍정적 불일치	소비자가 구매한 제품의 성과가 기대보다 나은 경우를 지칭 [지각된 제품 성과 > 기대 → 고객만족 증가 (고객 감동)]
부정적 불일치	소비자가 구매한 제품의 성과가 기대보다 못한 경우를 지칭 [지각된 제품 성과 < 기대 → 고객불만족]
단순 일치	소비자가 구매한 제품의 성과와 기대가 같은 경우를 지칭 [지각된 제품 성과 = 기대 → 고객만족]

2. 공정성 이론(Equity Theory)

① 개인은 도출결과, 절차, 상호작용상에서 본인이 투입한 만큼 공정한 결과를 받기를 기대하며, 자신들의 성과를 최대로 할 수 있다고 지각한다는 것임

② 공정성의 분류

도출결과의 공정성	• 투입과 도출 사이의 상호 관계 원칙과 같이 어떤 인식된 원칙에 따라 도출결과를 할당하는 것 • 투입과 도출 사이의 관계의 평가가 가장 중요한 기준이 되어 평등성(Equality), 요구(Needs), 기여(Contribution) 등 제시 • 최종적으로 지급되는 임금, 승진, 조직 내 인정 등

절차상의 공정성	• 도출결과에 영향을 미치는 영향력과 정보의 공유 정도를 의미 • 객관적이고 소비자를 대표할 수 있는 정보 수집, 의사결정자의 정보 사용, 사람들의 의사결정에 미칠 영향력이 있다고 믿는 신념의 정도를 말함 • 절차 · 규칙에 관한 것, 일관성, 편견 배제, 정확성, 윤리성 등
상호작용의 공정성	• 인간적 · 비인간적 측면까지 의사결정을 수행하는 스타일과 관련된 것 • 관리자와 수용자 간 예의, 정직, 존경, 흥미, 편견, 우호성, 의사소통 방법 등

3. 귀인 이론(Attribution Theory)

① 워너(Weiner, 1980)의 귀인 이론의 범주화 체계

인과성의 위치 차원	서비스 실패 원인이 행위자 자신에게 있는지 상대방이나 상황에게 있는지를 추론하는 것
안정성	어떤 원인이 일시적 또는 영원한 것인지, 실수인지 반복적인 것인지를 추론하는 것
통제성	어떠한 행위의 원인이 의도적일 수도 있고 비의도적일 수도 있다는 것을 의미

② 귀인의 3대 결정요인

차별성	개인의 행동이 다양한 상황에서 나타나는지 아니면 특정한 상황에 국한된 것인지를 의미
합의성	똑같은 상황에 맞닥뜨린 사람들이 똑같은 형식으로 반응하는지를 의미
일관성	개개인이 똑같은 상황에서 똑같은 형식으로 장시간 똑같이 반응하는지를 의미

📖 핵심 기출 유형 문제

🔖 나오는 유형 ❶ 기대-불일치 이론

고객만족(CS)과 관련하여 기대-불일치 이론의 내용 중 다음 〈보기〉의 대화에 가장 부합하는 것은?

┤ 보기 ├

철수 : 너 지난번에 생일 선물로 받은 노트북 직접 써 보니까 어때?

영희 : 글쎄, 딱 가격만큼의 성능인 것 같아. 딱히 불편한 거 없이 무난하다고 할까?

① 긍정적 일치   ② 부정적 일치
③ 단순 일치   ④ 긍정적 불일치
⑤ 부정적 불일치

├해설 기대-불일치 이론

- 올리버(1981)가 제시한 이론이다.
- 기대와 성과 간의 차이, 지각된 제품 성과, 기대의 요소를 통해 만족과 불만족의 형성 과정을 설명한다.
- 성과가 기대보다 높아 긍정적 불일치가 발생하면 만족하고, 반대로 성과가 기대보다 낮아 부정적 불일치가 발생하면 불만족을 가져온다는 이론이다.

긍정적 불일치	소비자가 구매한 제품의 성과가 기대보다 나은 경우를 지칭한다.
	지각된 제품 성과 > 기대 → 고객만족 증가(고객 감동)
부정적 불일치	소비자가 구매한 제품의 성과가 기대보다 못한 경우를 지칭한다.
	지각된 제품 성과 < 기대 → 고객불만족
단순 일치	소비자가 구매한 제품의 성과와 기대가 같은 경우를 지칭한다.
	지각된 제품 성과 = 기대 → 고객만족

정답 ③

01

⑤ 부정적 불일치 : 제품 성과가 기대에 못 미치는 경우를 가리킨다.

01 고객만족(CS)과 관련하여 '기대-불일치 이론'의 내용 중 다음 〈보기〉의 대화에 가장 부합하는 것은?

┤ 보기 ├

영희 : 이번에 해외 직구로 구매한 디지털 카메라 직접 사용해 보니까 어때?

철수 : 적당한 가격 같아서 구매했는데 마감도 조잡하고 화질도 엉망이라 완전 실망이야.

① 단순 일치   ② 단순 불일치
③ 긍정적 불일치   ④ 부정적 일치
⑤ 부정적 불일치

01 ⑤ 정답

02 기대-불일치 이론에서 소비자가 구매한 제품의 성과가 기대보다 나은 경우 이를 지칭하는 용어로 알맞은 것은?

① 단순 일치

② 긍정적 일치

③ 긍정적 불일치

④ 부정적 일치

⑤ 부정적 불일치

02

③ 긍정적 불일치 : 지각된 제품 성과 > 기대 → 고객만족 증가(고객 감동)

나오는 유형 ❷ 공정성 이론의 공정성 분류

'공정성 이론'의 공정성 분류 중 '도출결과의 공정성'에서 제시하고 있는 요소를 다음 〈보기〉에서 찾아 모두 선택한 것은?

┤ 보기 ├

가. Reward

나. Equality

다. Contribution

라. Needs

마. Contact

① 가, 나

② 가, 나, 다

③ 가, 나, 다, 라

④ 나, 다, 라

⑤ 나, 다, 라, 마

문제타파 TIP

공정성의 3가지 분류와 그 내용 및 각각의 공정성에 속하는 요소를 파악해 두어야 한다.

해설 공정성의 분류

도출결과의 공정성	• 투입과 도출 사이의 상호 관계 원칙과 같이 어떤 인식된 원칙에 따라 도출결과를 할당하는 것이다. • 투입과 도출 사이의 관계의 평가가 가장 중요한 기준이 되어 평등성(Equality), 요구(Needs), 기여(Contribution) 등의 요소로 제시된다. • 투입과 도출 사이의 상호관계에서 투입과 도출에 대한 평가가 우선시되는 기준이다. • 최종적으로 지급되는 임금, 승진, 조직 내 인정 등이 해당한다.
절차상의 공정성	• 도출결과에 영향을 미치는 영향력과 정보의 공유 정도를 의미한다. • 객관적이고 소비자를 대표할 수 있는 정보 수집, 의사결정자의 정보 사용, 사람들의 의사결정에 미칠 영향력이 있다고 믿는 신념의 정도를 말한다. • 절차나 규칙에 관한 것, 일관성, 편견 배제, 정확성, 윤리성 등이 해당한다.
상호작용의 공정성	• 인간적인 측면과 비인간적인 측면까지 의사결정을 수행하는 스타일과 관련된 것이다. • 관리자와 수용자 간의 예의, 정직, 존경, 흥미, 편견, 우호성, 의사소통 방식 등이 해당한다.

정답 ④

03

공정성 이론은 개인은 도출결과, 절차, 상호작용상에서 본인이 투입한 만큼 공정한 결과를 받기를 기대하며, 자신들의 성과를 최대로 할 수 있다고 지각한다고 주장하는 이론이며 도출결과의 공정성, 절차상의 공정성, 상호작용의 공정성 등으로 분류한다.

04

공정성의 분류
- 도출결과의 공정성 : 투입과 결과 사이의 상호 관계가 인식된 원칙에 따라 이루어지는 것이다.
- 절차상의 공정성 : 도출된 결과에 영향을 주는 영향력과 정보 공유 정도를 말한다.
- 상호작용의 공정성 : 의사결정을 수행하는 스타일과 관련된 것들을 말한다.

05

공정성의 분류
- 도출결과의 공정성 : 투입과 도출 사이의 관계의 평가가 가장 중요한 기준이 되어 평등성(Equality), 요구(Needs), 기여(Contribution) 등이 제시되고, 최종적으로 지급되는 임금, 승진, 조직 내 인정 등이 이에 해당한다.
- 절차상의 공정성 : 객관적이고 소비자를 대표할 수 있는 정보 수집, 의사결정자의 정보 사용, 사람들의 의사결정에 미칠 영향력이 있다고 믿는 신념의 정도를 말하고, 절차·규칙에 관한 것, 일관성, 편견 배제, 정확성, 윤리성 등이 이에 해당한다.
- 상호작용의 공정성 : 인간적·비인간적 측면까지 의사결정을 수행하는 스타일과 관련된 것으로, 관리자와 수용자 간 예의, 정직, 존경, 흥미, 편견, 우호성, 의사소통 방법 등이 이에 해당한다.

03 ③ **04** ① **05** ② 정답

03 다음 〈보기〉의 내용 중 '공정성 이론'의 공정성 분류를 찾아 모두 선택한 것은?

┤ 보기 ├
가. 권한위임의 공정성　　　　　나. 절차상의 공정성
다. 상호작용의 공정성　　　　　라. 위험부담의 공정성
마. 도출결과의 공정성

① 가, 나, 다　　　　　　② 가, 나, 라
③ 나, 다, 마　　　　　　④ 나, 라, 마
⑤ 다, 라, 마

04 공정성 이론과 관련해 공정성의 분류 중 다음 〈보기〉의 설명에 해당하는 것은?

┤ 보기 ├
도출결과에 영향을 미치는 영향력과 정보의 공유 정도를 의미하는 것으로 객관적이고 소비자를 대표할 수 있는 정보의 수집, 의사결정자의 정보 사용, 사람들의 의사결정에 영향력을 가지고 있다고 믿는 신념의 정도를 말한다.

① 절차상의 공정성　　　　　② 기능별 분류의 공정성
③ 도출결과의 공정성　　　　　④ 법률상의 공정성
⑤ 상호작용의 공정성

05 공정성 이론과 관련해 공정성의 분류 중 다음 〈보기〉의 설명에 해당하는 것은?

┤ 보기 ├
인간적인 측면과 비인간적인 측면까지 의사결정을 수행하는 스타일과 관련된 것으로 의사소통 방식, 우호적인 정도, 편견, 흥미, 존경, 정직, 예의 등으로 구성되어 있다.

① 공급상의 공정성　　　　　② 상호작용의 공정성
③ 사회 통념의 공정성　　　　　④ 도출결과의 공정성
⑤ 태도 구성의 공정성

꼭 나오는 유형 ❸ 귀인 이론

'워너'가 제시한 귀인 이론의 범주화 체계 중 다음 〈보기〉의 ( ) 안에 들어갈
내용으로 알맞은 것은?

┤ 보기 ├
( )(이)란 어떠한 행위의 원인이 의도적일 수도 있고 비의도적일 수도 있다
는 것을 의미한다.

① 경쟁성 　　　　　　② 확장성
③ 통제성 　　　　　　④ 안정성
⑤ 인과성의 위치

문제타파 TIP

귀인 이론의 범주화 체계에 속하는
영역 및 그 내용을 확실하게 숙지
할 것!

┤해설├ **워너(Weiner, 1980)의 귀인 이론의 범주화 체계**
• 인과성의 위치 : 서비스 실패의 원인이 행위자 자신에게 있는지, 상대방이나 상황에
  있는지를 추론하는 것이다.
• 안정성 : 어떤 원인이 일시적인지 또는 영원한 것인지, 실수에 의한 것인지 또는 반복
  적인 것인지를 추론하는 것이다.
• 통제성 : 어떤 원인이 의도적인 것인지, 비의도적인 것인지를 추론하는 것이다.

정답 ③

06 '워너'가 제시한 귀인 이론의 범주화 체계 중 다음 〈보기〉의 설명에 해당하
는 것은?

┤ 보기 ├
서비스 실패의 원인이 행위자 자신에게 있는지 상대방이나 상황에게 있는지
를 추론하는 것이다.

① 배열성 　　　　　　② 통제성
③ 안정성 　　　　　　④ 인과성의 위치 차원
⑤ 전문화된 솔루션

06
귀인 이론의 범주화 체계에는 '인과성
의 위치 차원' 외에 안정성, 통제성 등
이 있다.

👍 더 알아보기　**귀인 이론(Attribution Theory)**

• '하이더(Heider)'가 처음 제기(1958년)하였고, '켈리(Kelly)'가 분석 후 실질적으로 시
  작(1967년)하였다.
• 사람들이 왜 특정한 행동을 했는가에 대해 이해하고 설명하는 데 적절한 이론이다.
• 주어진 행동에 기인하는 원인에 따라 사람들이 어떻게 다르게 판단하는지 설명하는
  이론이다.
• 개인의 행동을 관찰(판단)할 때 그 행동의 원인이 내부 요인에 의한 것인지, 외부 원
  인에 의한 것인지를 규명할 수 있도록 설명한 이론이다.
• 제품이나 서비스의 성공과 실패에 대한 원인과 불평 행동을 설명하는 데 사용한다.

정답 06 ④

01 서비스 프로세스 개요

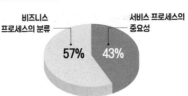

빈출 키워드

비즈니스 프로세스의 분류 57%

서비스 프로세스의 중요성 43%

핵심 이론

1. 서비스 프로세스의 의의

① 프로세스는 목적론적, 전체론적 입장에서 모든 기업 활동이 고객만족을 위하여 진행될 때 기업이 추구하는 목적을 성취할 수 있음

② 기업 측면에서는 기업 내 원재료, 정보, 사람 등을 투입(In-Put)하여 행하는 기업 활동과 이로 인한 서비스 등 산출물(Out-Put)로의 변환과정을 표시한 것

③ 고객 측면에서는 고객을 위한 결과물 또는 고객을 위해 가치를 창출하는 모든 관련 활동의 집합을 가리킴

2. 서비스 프로세스의 중요성

① 고객이 체험하는 서비스 전달 시스템은 고객의 서비스 판단에 중요한 증거가 됨

② 서비스 프로세스는 서비스 상품 자체이며 또한 서비스 전달 시스템 유통의 성격도 있음

③ 서비스 프로세스 단계와 서비스 전달자의 처리 능력이 고객에게 가시적으로 드러나는 것이 고객 불만의 원인이 됨

④ 프로세스에 따라 서비스 제공 절차가 복잡하여 고객에게 복잡하고 포괄적인 행동이 요구되기도 함

⑤ 직원과의 상호작용 과정에서 발생하는 적절한 전달 프로세스가 고객의 태도에 영향을 미치고 향후 거래 여부를 결정하는 중요한 변수로 작용함

3. 비즈니스 프로세스의 분류

① 경쟁 프로세스

ㄱ 조직이 영위하는 사업 영역에서 경쟁자보다 뛰어나게 고객 가치를 제공하는 프로세스

ㄴ 고객 니즈 만족에 초점을 맞추므로, 고객의 기대 수준과 대비하여 판단할 수 있음

ㄷ 비용으로 경쟁하는 경우, 경쟁자보다 낮은 가격으로 생산하는 프로세스

② 변혁 프로세스

ㄱ 급속히 변화하는 환경 및 고객의 니즈와 기술적 변화에 맞추어 조직의 지속적인 경쟁 우위 확보를 위해 역량을 개발하는 프로세스

ㄴ 미래의 산업 전략이 성공할 수 있도록 사람, 기술, 프로세스를 결합해 조직의 역량을 구축해 나가는 과정을 의미함

ㄷ 신제품 개발, 새로운 지식 습득을 위한 학습조직 구축 등이 대표적인 사례

③ 기반 프로세스

ㄱ 핵심 프로세스는 아니나 프로세스 결과물이 고객에게 가치가 있다고 파악되는 프로세스

ㄴ 경쟁자와의 경쟁 여부를 떠나 고객에게 필요한 최소한의 가치만 제공하면 되는 프로세스

④ 지원 프로세스

ㄱ 위의 세 가지 프로세스가 제대로 진행되도록 지원하는 프로세스

ㄴ 고객에게 직접 가치를 전달하는 프로세스는 아니며, 프로세스라기보다는 오히려 과거의 기능적 활동으로 파악되는 경우가 많음

ㄷ 인적자원관리, 재무회계, 교육훈련 등이 대표적인 사례이다.

⑤ 핵심 프로세스 : 기능의 경계를 넘어 외부고객에게 전달되는 최종 제품과 서비스를 의미함

📖 핵심 기출 유형 문제

🔑 나오는 유형 ❶ 서비스 프로세스의 중요성

다음 중 서비스 프로세스의 중요성에 대한 설명으로 가장 거리가 먼 것은?

① 고객이 체험하는 서비스 전달 시스템은 고객이 서비스를 판단하는 중요한 증거가 된다.
② 서비스 프로세스는 서비스 상품 자체임과 동시에 서비스 전달 시스템 유통의 성격을 지닌다.
③ 서비스 프로세스의 단계와 서비스 전달자의 처리 능력은 고객에게 가시적으로 보이는 데 기인한다.
④ 서비스 프로세스는 기본적으로 서비스 제공 절차가 단순하기 때문에 고객의 포괄적인 행동이 요구되는 경우는 거의 없다.
⑤ 직원과의 상호작용 과정에서 발생되는 적절한 전달 프로세스가 고객의 태도에 영향을 주고 향후 거래 여부를 결정하는 중요한 변수로 작용한다.

해설
④ 서비스 프로세스는 제공되는 프로세스에 따라 그 제공 절차가 복잡할 수 있기 때문에 고객의 포괄적인 행동이 요구되는 경우도 있다.

정답 ④

 문제타파 TIP

서비스 프로세스의 중요성에 관한 내용을 살짝 비틀어 제시한 후 틀린 내용을 고르게 하는 문제가 주로 출제되므로 '보기'를 주의 깊게 읽어야 한다.

01 다음 중 서비스 프로세스의 중요성에 대한 설명으로 가장 거리가 먼 것은?

① 고객이 체험하는 서비스 전달 시스템은 고객이 서비스를 판단하는 중요한 증거가 된다.
② 서비스 프로세스는 상품 자체가 아닌 기업의 서비스 개발 시스템 향상과 밀접한 연관성이 있다.
③ 서비스 프로세스에 따라 서비스의 제공 절차가 복잡하여 고객에게 복잡하고 포괄적인 행동이 요구되기도 한다.
④ 서비스 프로세스의 단계와 서비스 전달자의 처리 능력은 고객에게 가시적으로 보이는 데 기인한다.
⑤ 직원과 상호작용 과정에서 적절한 전달 프로세스가 고객의 태도에 영향을 주고 향후 거래여부를 결정하는 중요한 변수로 작용한다.

01
② 서비스 프로세스는 상품 자체임과 동시에 서비스 전달 시스템 유통의 성격을 띤다.

정답 01 ②

나오는 유형 ❷ 비즈니스 프로세스의 분류

비즈니스 프로세스의 분류 중 기반 프로세스에 대한 설명으로 가장 옳은 것은?

① 조직이 영위하는 사업 영역에서 경쟁자보다 뛰어나게 고객 가치를 제공하는 프로세스를 의미한다.
② 프로세스의 초점이 고객만족에 있으며 고객의 기대 수준과 대비하여 판단이 가능하다.
③ 변화하는 고객의 니즈와 기술적 변화에 맞추어 조직의 지속적인 경쟁 우위 확보를 위해 역량을 개발하는 프로세스를 말한다.
④ 프로세스 결과물이 고객에게 가치 있다고 파악되지만, 실제 경쟁이라는 측면에서 핵심 프로세스가 아닌 경우를 말한다.
⑤ 미래의 산업 전략이 성공할 수 있도록 사람, 기술, 프로세스를 결합해 조직의 역량을 구축해 나가는 과정을 의미한다.

해설
①·② 경쟁 프로세스, ③·⑤ 변혁 프로세스에 대한 설명이다.

비즈니스 프로세스의 분류

경쟁 프로세스	• 경쟁자보다 우수한 고객 가치를 제공하는 프로세스이다. • 고객의 니즈를 만족시키는 데 초점을 맞추므로, 고객의 기대 수준과 대비하여 판단할 수 있다. • 비용으로 경쟁하는 경우, 경쟁자보다 낮은 가격으로 생산하는 프로세스이다.
변혁 프로세스	• 급속히 변화하는 환경 및 고객의 니즈와 기술적 변화에 맞추어 조직의 지속적인 경쟁 우위 확보를 위해 역량을 개발하는 프로세스를 말한다. • 미래의 산업 전략이 성공할 수 있도록 사람, 기술, 프로세스를 결합해 조직의 역량을 구축해 나가는 과정을 의미한다. • 신제품 개발, 새로운 지식 습득을 위한 학습조직 구축 등이 대표적인 사례이다.
기반 프로세스	• 핵심 프로세스는 아니지만 프로세스의 결과물이 고객에게 가치가 있다고 파악되는 프로세스이다. • 경쟁자와 경쟁 여부를 떠나 고객에게 필요한 최소한의 가치만 제공하면 되는 프로세스이다.
지원 프로세스	• 위의 세 가지 프로세스가 제대로 진행되도록 지원하는 프로세스를 의미한다. • 고객에게 직접 가치를 전달하는 프로세스는 아니며, 프로세스라기보다는 오히려 과거의 기능적 활동으로 파악되는 경우가 많다. • 인적자원관리, 재무회계, 교육훈련 등이 대표적인 사례이다.
핵심 프로세스	기능의 경계를 넘어 외부고객에게 전달되는 최종 제품과 서비스를 의미한다.

정답 ④

02 비즈니스 프로세스의 분류 중 '기반 프로세스'에 대한 설명으로 가장 옳은 것은?

① 경쟁자보다 뛰어나지는 않더라도 고객에게 최소한의 가치를 제공하기만 하면 되는 프로세스를 의미한다.

② 미래의 산업 전략이 성공할 수 있도록 사람, 기술, 프로세스를 결합하여 조직의 역량을 구축해 나가는 과정을 의미한다.

③ 조직이 영위하는 사업 영역에서 경쟁자보다 뛰어나게 고객 가치를 제공하는 프로세스를 의미한다.

④ 변화하는 고객의 니즈와 기술적 변화에 맞추어 조직의 지속적인 경쟁 우위 확보를 위해 역량을 개발하는 프로세스를 말한다.

⑤ 프로세스의 초점이 고객만족에 있으며 고객의 기대 수준과 대비하여 판단이 가능하다.

03 비즈니스 프로세스의 분류 중 미래의 산업 전략이 성공할 수 있도록 사람, 기술, 프로세스를 결합해 조직의 역량을 구축해 나가는 과정을 의미하는 것은?

① 기반 프로세스   ② 보상 프로세스
③ 교환 프로세스   ④ 변혁 프로세스
⑤ 경쟁 프로세스

04 비즈니스 프로세스의 분류 중 '경쟁 프로세스'에 대한 설명으로 가장 옳은 것은?

① 프로세스라기보다는 오히려 과거의 기능적 활동으로 파악되는 경우가 많다.

② 신제품 개발, 새로운 지식 습득을 위한 학습조직 구축 등이 대표적인 사례이다.

③ 프로세스의 초점이 고객 만족에 있으며, 고객의 기대 수준과 대비하여 판단 가능하다.

④ 프로세스의 결과물이 고객에게 가치 있다고 파악되지만, 실제 경쟁이라는 측면에서는 핵심 프로세스가 아닌 경우이다.

⑤ 변화하는 고객의 니즈와 기술적 변화에 맞추어 조직의 지속적인 경쟁 우위 확보를 위해 역량을 개발하는 프로세스를 말한다.

02 ② · ④ 변혁 프로세스, ③ · ⑤ 경쟁 프로세스에 대한 설명이다.

03 변혁 프로세스
변화하는 고객의 니즈와 기술적 변화에 맞추어 조직의 지속적인 경쟁 우위 확보를 위해 역량을 개발하는 프로세스이며 미래의 산업 전략이 성공할 수 있도록 사람, 기술, 프로세스를 결합해 조직의 역량을 구축해 나가는 과정을 의미한다.

04 ① 지원 프로세스, ② · ⑤ 변혁 프로세스 ④ 기반 프로세스에 대한 설명이다.

정답 **02** ① **03** ④ **04** ③

02 서비스 프로세스의 분류 및 설계

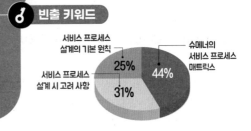

서비스 프로세스 설계의 기본 원칙 **25%**
서비스 프로세스 설계 시 고려 사항 **31%**
슈메너의 서비스 프로세스 매트릭스 **44%**

📖 핵심 이론

1. 서비스 프로세스 분류

① 분류 기준
- ㉠ 노동집약도 : 서비스 전달에 필요한 장치나 설비 등의 '자본 의존도'와 사람에 의존하는 정도인 '노동 의존도'의 상대적인 비율
- ㉡ 고객과의 상호작용 : 고객이 서비스 프로세스와 상호작용하는 정도
- ㉢ 개별화 : 서비스가 고객에게 개별화되는 정도

② 서비스 프로세스는 ①의 분류 기준으로 ③과 같이 4가지로 구분 가능(서비스 프로세스 매트릭스)

③ 슈메너(Schmenner)의 서비스 프로세스 매트릭스

구분		고객과의 상호작용/개별화	
		높음	낮음
노동 집중도 (집약도)	높음	전문 서비스 (변호사, 의사, 컨설턴트, 건축가, 회계사 등)	대중 서비스 [금융업, 학교, 소매점(업), 도매점(업) 등]
	낮음	서비스 숍 (병원, 수리 센터, 정비 회사 등)	서비스 팩토리 (항공사, 운송업, 호텔, 리조트 등)

2. 서비스 프로세스 설계

① 서비스 프로세스 설계의 기본 원칙
- ㉠ 고객은 기대 대비 성과를 평가함
- ㉡ 고객의 기대를 관리하는 것이 중요함
- ㉢ 모든 의사결정 시 고객을 고려해야 함
- ㉣ 평가는 고객이 하며 절대적이 아니라 상대적임
- ㉤ 고객의 개별 요구(니즈)에 적응해야 함
- ㉥ 개별적 요구에 적응하는 효율적인 방법은 일선 직원의 서비스와 지원 시스템

- ㉦ 서비스는 무형성을 고려한 객관성, 정확성에 근거한 구체적인 방법론을 제시함

② 린 쇼스택(Lynn Shostack)이 제시한 서비스 프로세스 설계 시 고려 사항
- ㉠ 서비스 프로세스의 모든 과정을 고객에게 집중하여 고객 관점에서 제품과 서비스를 계획해야 함
- ㉡ 서비스 프로세스는 목적론이며 실제적인 과업 성과를 중시해야 함
- ㉢ 서비스 프로세스는 전체론이며 각각의 개별 활동은 하나의 시각에서 인식되어야 함
- ㉣ 서비스는 생산과 소비가 동시에 일어나고 접점 종업원과 고객 간의 상호작용을 수반하므로 설계 과정에서 종업원과 고객 모두를 고려해야 함
- ㉤ 서비스 프로세스의 규율은 창의성을 억제하기보다는 성과와 효율성을 제고할 수 있는 자율적인 성격을 가져야 함
- ㉥ 서비스 설계 시 위험 : 지나친 간소화, 미완성, 개인적인 체험에 의해 왜곡될 수 있는 주관성, 편향된 해석

📖 핵심 기출 유형 문제

❶ 슈메너(Schmenner)의 서비스 프로세스 매트릭스

'슈메너'의 서비스 프로세스 매트릭스와 관련해 다음 〈보기〉의 그림에서 (다)에 해당하는 업종으로 보기 어려운 것은?

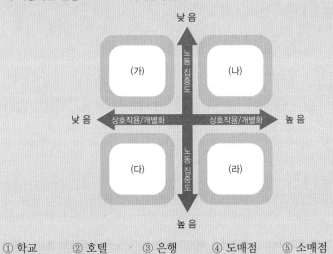

① 학교　　② 호텔　　③ 은행　　④ 도매점　　⑤ 소매점

⊩ 해설

② (다)에 해당하는 것은 대중 서비스이다. 호텔은 (가) 서비스 팩토리에 속한다.

슈메너(Schmenner)의 서비스 매트릭스

구분		고객과의 상호작용/개별화	
		높음	낮음
노동 집중도 (집약도)	높음	전문 서비스 (변호사, 의사, 컨설턴트, 건축가, 회계사 등)	대중 서비스 [금융업, 학교, 소매점(업), 도매점(업) 등]
	낮음	서비스 숍 (병원, 수리 센터, 정비 회사 등)	서비스 팩토리 (항공사, 운송업, 호텔, 리조트 등)

정답 ②

---

01 슈메너(Schmenner)가 제시한 서비스 프로세스 매트릭스의 내용 중 서비스 팩토리의 내용으로 가장 거리가 먼 것은?

① 낮은 상호작용

② 높은 노동 집중도

③ 낮은 개별화 서비스

④ 호텔, 리조트 등의 업종

⑤ 항공, 화물운송업 등의 업종

❗ 문제타파 TIP

슈메너(Schmenner)가 제시한 서비스 프로세스 매트릭스의 구조 및 내용을 확실하게 파악할 것!

01

② 높은 노동 집중도(집약도)는 전문 서비스와 대중 서비스의 내용이다. 서비스 팩토리는 낮은 노동 집중도(집약도)를 특징으로 한다.

정답 **01** ②

02

① 낮은 상호작용은 대중 서비스와 서비스 팩토리의 내용이다. 전문 서비스는 높은 상호작용을 특징으로 한다.

02 슈메너(Schmenner)가 제시한 서비스 프로세스 매트릭스의 내용 중 전문 서비스의 내용으로 가장 거리가 먼 것은?

① 낮은 상호작용
② 높은 노동 집중도
③ 높은 개별화 서비스
④ 전문의, 변호사 등의 업종
⑤ 컨설턴트, 건축, 회계 등의 업종

03

슈메너(Schmenner)의 서비스 프로세스 매트릭스

구분		고객과의 상호작용/개별화	
		높음	낮음
노동 집중도	높음	전문 서비스 (변호사, 의사, 컨설턴트, 건축가, 회계사 등)	대중 서비스 [금융업, 학교, 소매점(업), 도매점(업) 등]
	낮음	서비스 숍 (병원, 수리 센터, 정비회사 등)	서비스 팩토리 (항공사, 운송업, 호텔, 리조트 등)

03 '슈메너'의 서비스 프로세스 매트릭스 중 낮은 노동 집중도와 높은 상호작용을 특징으로 높은 개별화 서비스를 제공하지만 높은 자본 투자를 필요로 하는 업종으로 병원, 수리 센터, 정비회사 등에 해당하는 것은?

① 서비스 숍
② 대중 서비스
③ 전문 서비스
④ 서비스 팩토리
⑤ 서비스 프로토콜

04

② 대중 서비스는 높은 노동 집중도를 보인다.

04 슈메너의 서비스 프로세스 매트릭스의 내용 중 '대중 서비스'의 내용으로 보기 어려운 것은?

① 낮은 상호작용
② 낮은 노동 집중도
③ 낮은 개별화 서비스
④ 도소매 등의 업종
⑤ 금융업 등의 업종

02 ① 03 ① 04 ② 정답

꼭 나오는 유형 ❷ 서비스 프로세스 설계의 기본 원칙

다음 중 서비스 프로세스 설계의 기본 원칙에 대한 내용으로 가장 거리가 먼 것은?

① 고객 개별 니즈에 적응해야 한다.
② 고객은 기대 대비 성과를 평가한다.
③ 평가는 시장과 경쟁사에 의해 형성된다.
④ 고객의 기대를 관리하는 것이 중요하다.
⑤ 모든 의사결정 시 고객을 고려해야 한다.

해설
③ 평가는 시장과 경쟁사가 아니라 고객이 한다.

서비스 프로세스 설계의 기본 원칙
• 고객은 기대 대비 성과를 평가한다.
• 고객의 기대를 관리하는 것이 중요하다.
• 모든 의사결정 시 고객을 고려해야 한다.
• 평가는 고객이 한다.
• 평가는 절대적이 아니라 상대적이다.
• 고객의 개별 요구(니즈)에 적응해야 한다.
• 개별적인 요구에 적응하는 효율적인 방법은 일선 직원의 서비스와 지원 시스템이다.
• 서비스는 무형성을 고려한 객관성, 정확성에 근거한 구체적인 방법론을 제시한다.

정답 ③

---

05 다음 중 서비스 프로세스 설계의 기본 원칙에 대한 내용으로 가장 거리가 먼 것은?

① 평가는 고객이 한다.
② 고객 개별 니즈에 적응해야 한다.
③ 고객은 기대 대비 성과를 평가한다.
④ 평가는 절대적이 아니라 상대적이다.
⑤ 고객의 기대를 관리하는 것은 중요 과제로 보기 어렵다.

05
⑤ 고객의 기대를 관리하는 것이 중요하다.

정답 05 ⑤

서비스 프로세스를 설계할 때 고려
해야 할 사항은 내용이 복잡하기
때문에 보기를 비틀어 틀린 내용을
고르는 문제가 주로 출제되므로,
고려해야 할 사항을 확실하게 이해
해야 한다.

꼭 나오는 유형 ❸ 서비스 프로세스 설계 시 고려 사항

다음 중 '린 쇼스택'이 제시한 서비스 프로세스를 설계할 때 고려해야 할 사
항으로 가장 거리가 먼 것은?

① 서비스 프로세스는 전체론이며 각각의 개별 활동들은 하나의 시각에서
인식되어야 한다.

② 서비스 프로세스의 규율은 창의성을 억제하기보다는 성과와 효율성을
제고할 수 있는 자율적인 성격을 가져야 한다.

③ 서비스는 생산과 소비가 동시에 일어나고 접점 종업원과 고객 간의 상호
작용을 수반하므로 설계 과정에 종업원과 고객을 모두 고려하여야 한다.

④ 서비스 프로세스의 모든 과정은 기업과 서비스 제공자 입장에서 관찰하
고 계획되어야 한다.

⑤ 서비스 프로세스는 목적론이며 실제적인 과업 성과를 중시해야 한다.

▶ 해설

④ 서비스 프로세스의 모든 과정은 고객에게 초점을 맞추고 고객의 입장에서 제품, 서비
스 등을 관찰하고 계획하여야 한다.

린 쇼스택(Lynn Shostack)이 제시한 서비스 프로세스 설계 시 고려 사항

• 서비스 프로세스의 모든 과정을 고객에게 집중하여 고객 관점에서 제품과 서비스를
계획해야 한다.

• 서비스 프로세스는 목적론이며 실제적인 과업 성과를 중시해야 한다.

• 서비스 프로세스는 전체론이며 각각의 개별 활동은 하나의 시각에서 인식되어야 한
다.

• 서비스는 생산과 소비가 동시에 일어나고 접점 종업원과 고객 간의 상호작용을 수반
하므로 설계 과정에서 종업원과 고객 모두를 고려해야 한다.

• 서비스 프로세스의 규율은 창의성을 억제하기보다는 성과와 효율성을 제고할 수 있는
자율적인 성격을 가져야 한다.

정답 ④

06

⑤ 서비스 프로세스의 규율은 창의성
을 억제하기보다는 성과와 효율성
을 제고할 수 있는 자율적인 성격
을 가져야 한다.

06 다음 중 '린 쇼스택'이 제시한 서비스 프로세스를 설계할 때 고려해야 할 사
항으로 가장 거리가 먼 것은?

① 서비스는 생산과 소비가 동시에 일어나고 접점 종업원과 고객 간의 상
호작용을 수반한다.

② 서비스 프로세스는 전체론이며 각각의 개별 활동들은 하나의 시각에서
인식되어야 한다.

③ 서비스 프로세스는 목적론이며 실제적인 과업 성과를 중시해야 한다.

④ 서비스 프로세스의 규율은 창의성을 억제하기보다는 성과와 효율성을
제고할 수 있는 자율적인 성격을 가져야 한다.

⑤ 구조화되고 정의된 절차를 따르면서 최대한 관료적으로 설계하여 안정
성을 추구해야 한다.

07 다음 중 린 쇼스택(Lynn Shostack)이 제시한 서비스 프로세스를 설계할 때 고려해야 할 사항으로 가장 거리가 먼 것은?

① 서비스 프로세스의 모든 과정은 고객에게 초점을 맞추어 계획되어야 한다.

② 서비스 프로세스는 전체론이며 각각의 개별 활동들은 하나의 시각에서 인식되어야 한다.

③ 서비스 프로세스는 목적론이며 실제적인 과업 성과를 중시해야 한다.

④ 서비스는 생산과 소비가 구분되어 단계적으로 진행되기 때문에 설계 과정에 종업원보다 고객을 더욱 고려해야 한다.

⑤ 서비스 프로세스의 규율은 창의성을 억제하기보다는 성과와 효율성을 제고할 수 있는 자율적인 성격을 가져야 한다.

08 서비스 프로세스를 설계할 경우 고려해야 될 사항 중 다음 〈보기〉 (   ) 안에 들어갈 내용으로 알맞은 것은?

┤ 보기 ├
서비스 프로세스는 (   )이며, 실제적인 과업을 중시해야 한다. 따라서 성과 평가 시스템 또한 실제 프로세스와 상호 연계되어 궁극적인 성과를 제고할 수 있도록 설계되어야 한다.

① 목적론　　　　　　　② 상대론
③ 체험론　　　　　　　④ 변화론
⑤ 전체론

09 서비스 프로세스를 설계할 경우 고려해야 될 사항 중 〈보기〉의 (   ) 안에 들어갈 내용으로 알맞은 것은?

┤ 보기 ├
서비스 프로세스는 (   )이며, 각각의 개별 활동들은 하나의 시각에서 인식되어야 한다. 이때 적용하는 프로세스의 규율은 창의성을 억제하기보다는 성과와 효율성을 제고할 수 있는 자율적인 성격을 가져야 한다.

① 변화론　　　　　　　② 강화론
③ 전체론　　　　　　　④ 목적론
⑤ 활동론

07
④ 서비스는 생산과 소비가 동시에 일어나고 접점 종업원과 고객 간의 상호작용을 수반하므로 설계 과정에서 종업원과 고객 모두를 고려해야 한다.

08
서비스 프로세스를 설계할 때 고려해야 할 사항
• 서비스 프로세스의 모든 과정을 고객에게 집중하여, 고객의 관점에서 제품과 서비스를 계획해야 한다.
• 서비스 프로세스는 목적론이며 실제적인 과업 성과를 중시해야 한다.
• 서비스 프로세스는 전체론이며 각각의 개별 활동들은 하나의 시각에서 인식되어야 한다.
• 서비스는 생산과 소비가 동시에 일어나고 고객 간의 상호작용을 수반하므로 종업원과 고객 모두를 고려해야 한다.
• 서비스 프로세스의 규율은 창의성을 억제하기보다는 성과와 효율성을 제고할 수 있는 자율적인 성격을 가져야 한다.

09
서비스 프로세스 설계 시 고려해야 할 사항
• 고객에게 초점을 맞추고 고객의 입장에서 계획되어야 한다.
• 서비스 프로세스는 목적론이며, 실제적인 과업 성과를 중시해야 한다.
• 서비스 프로세스는 전체론이며, 개별 활동들은 하나의 시각에서 인식되고 성과의 효율을 제고하는 자율적인 성격이어야 한다.
• 종업원과 고객을 모두 고려하여 설계한다.

정답　**07** ④ **08** ① **09** ③

03 구매 전 및 구매 시 관리

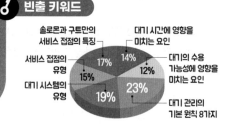

솔로몬과 구트만의 서비스 접점의 특징 17%
대기 시간에 영향을 미치는 요인 14%
서비스 접점의 유형 15%
대기의 수용 가능성에 영향을 미치는 요인 12%
대기 시스템의 유형 19%
대기 관리의 기본 원칙 8가지 23%

핵심 이론

1. 구매 전 관리(대기 관리)

① 대기 시간 및 수용 가능성에 영향을 미치는 요인

  ㉠ 데이비드 마이스터(David Maister)가 제시한 대기 시간에 영향을 미치는 요인

   • 기업의 통제 요인

완전 통제 요인	대기 시간의 공정함, 편안한 대기 시간, 확실하게 인지된 대기 시간, 대기 시간이 서비스의 자연스러운 발생 순서, 대기단계
부분 통제 요인	점유 혹은 무점유의 대기 시간, 불안 혹은 불만

   • 고객의 통제 요인
    – 대기 시간에 혼자 혹은 단체인지의 유무(대기단위)
    – 대기 시간을 기다릴 서비스의 가치 목적 유무
    – 대기 시간에 대한 현재 고객의 태도 유무

  ㉡ 대기의 수용 가능성에 영향을 미치는 요인

   • 대기 환경   • 안정성
   • 기회비용   • 통제 가능성
   • 지각된 대기 시간 • 기대 불일치
   • 거래 중요도

② 데이비드 마이스터(David Maister)가 제시한 대기 관리의 기본 원칙 8가지

  ㉠ 대기는 아무 일도 안 할 때 더 길게 느껴짐(프로세스 이전 기다림이 프로세스 내 기다림보다 길게 느껴짐)
  ㉡ 구매 전 대기가 더 길게 느껴짐
  ㉢ 근심은 대기를 더 길게 느껴지게 함

  ㉣ 언제 서비스를 받을지 모른 채 무턱대고 기다리면 대기는 더 길게 느껴짐(불확실한 기다림이 더 길게 느껴짐)
  ㉤ 원인을 모르는 대기는 더 길게 느껴짐
  ㉥ 불공정한 대기는 더 길게 느껴짐(대기 장소에서 명확한 규칙 없이 서비스를 제공하면 고객은 불공정성이 발생한다고 느끼며 대기 시간이 더 길다고 생각함).
  ㉦ 대기는 가치가 적을수록 더 길게 느껴짐(높은 가치의 서비스를 기다리는 고객은 긴 기다림을 감수하고 오랫동안 기다림)
  ㉧ 대기는 혼자 기다리면 더 길게 느껴짐

③ 대기 시스템의 유형

  ㉠ 단일 대기 열
   • 고객들이 한 줄로 서서 순서대로 서비스를 기다림
   • 오는 순서대로 서비스를 받기 때문에 형평성이나 공정성이 보장됨
   • 어느 줄에서 대기해야 할지를 고민하지 않아도 됨
   • 단일 입구이기 때문에 끼어들기 문제를 해소할 수 있음
   • 줄이 길어지는 경우에는 고객 이탈 문제가 발생할 수 있음
   • 짧은 용무 중 특별 고객 대응이 어려움
   • 평균 대기 시간이 줄어듦

  ㉡ 다중 대기 열
   • 고객들이 여러 줄로 서서 각 창구 서비스를 기다림
   • 고객이 서비스 시설에 도착하여 어느 대기 열에서 기다려야 하는지 또는 다른 대기 열이 짧아질 경우 옮겨야 하는지를 결정해야 하는 유형

  ㉢ 복합 대기 열 : 단일 대기 열과 다중 대기 열 방식을 상황에 따라 복합적으로 사용하는 유형

2. 구매 시 관리(서비스 접점 관리)

① 서비스 접점의 개념

    ㉠ 서비스 접점(Service Encounter)은 고객이 접촉하는 순간순간 모두가 가장 진실하고 중요하기 때문에 이러한 접촉 순간을 제대로 관리해야 한다는 이론에 입각한 개념임

    ㉡ 고객이 제품 및 종업원과 서비스 등을 접촉하고 그 접촉한 품질을 느끼고 평가하는 순간을 의미

    ㉢ 고객접점 또는 서비스의 결정적 순간(MOT : Moment of Truth)이라고도 함

② 서비스 접점의 중요성

    ㉠ 서비스 접점은 고객이 느끼는 전반적인 만족도를 구성함

    ㉡ 서비스 접점은 고객이 재구매하고자 하는 의도에 영향을 줌

    ㉢ 서비스 접점은 기업 입장에서는 서비스를 제공하는 사람의 서비스 품질을 고객에게 제공하고 고객의 충성도 등을 올릴 수 있는 기회가 되기도 함

    ㉣ 고객과 서비스 기업과의 상호작용에 있어 고객이 서비스를 제공하는 기업과 맨 처음 거래하는 것이라면 그러한 최초의 접점은 기업 전체의 이미지를 판단하고 결정하게 할 수 있음

③ 서비스 접점의 유형

원격 접점 유형	• 인적 접촉 없이 서비스 기업과 접촉하는 방식으로, 인간적 요소가 배제된 물리적 단서가 중요한 요소로 작용하기 때문에 허용오차 적고 통제 용이 • 은행의 ATM, 자동티켓발매기, 인터넷 쇼핑 주문, 기업이 발송하는 정보성 우편 등
전화 접점 유형	• 전화로 고객과 만나는 유형 • 다른 유형과 다르게 상호작용에서 직원의 목소리, 지식, 효율적인 처리 능력 등이 잠재적 가변성으로 작용 • 기업 콜센터, 고객 센터 등
대면 접점 유형	• 서비스 공급자와 고객이 직접 만나 상호작용하는 유형 • 서비스 품질을 파악하고 판단하기가 가장 복잡한 유형 • 종사자의 복장ㆍ물리적 환경 등의 서비스의 유형적 단서와 고객 스스로의 언어적, 비언어적 행동 모두가 서비스 품질에 영향을 미침

④ 솔로몬(Solomon)과 구트만(Gutman)의 서비스 접점의 특징

서비스 제공자와 고객의 양자 관계	서비스 제공자와 고객이 모두 참여할 때 성립
인간적인 상호작용	서비스 제공자와 고객 간의 커뮤니케이션은 상호작용적임
목표 지향적인 역할 수행	서비스 제공자는 특정 상황에 맞는 직무 훈련을 통해 목표를 성취할 수 있도록 역할을 수행해야 함
서비스 접점의 목표는 정보 교환	서비스 제공자와 고객은 서로 정보를 교환하는 커뮤니케이션을 함
제공되는 서비스에 따른 제한성	서비스의 내용과 특성에 따라 접점 범위가 제한됨

📖 핵심 기출 유형 문제

🔑 문제타파 TIP

대기 시간에 영향을 미치는 요인 하나하나에 대해 구체적으로 질문하는 문제가 자주 출제되므로 해당 요인을 모두 알고 있어야 한다.

🔑 나오는 유형 ❶ 대기 시간에 영향을 미치는 요인

'데이비드 마이스터'가 분류한 대기 시간에 영향을 미치는 통제 요인 중 '기업의 부분 통제 요인'에 해당하는 것은?

① 불만　　　　　　　　　　　② 편안함
③ 대기단계　　　　　　　　　　④ 대기단위
⑤ 대기목적가치

해설
②·③ 기업의 완전 통제 요인, ④·⑤ 고객 통제 요인에 해당한다.

데이비드 마이스터(David Maister)의 대기 시간에 영향을 미치는 요인

기업의 통제 요인	완전 통제 요인	• 대기 시간의 공정함 • 편안한 대기 시간 • 확실하게 인지된 대기 시간 • 대기 시간이 서비스의 자연스러운 발생 순서 • 대기단계
	부분 통제 요인	• 점유 혹은 무점유의 대기 시간 • 불안 • 불만
고객의 통제 요인		• 대기 시간에 혼자 혹은 단체인지의 유무(대기단위) • 대기 시간을 기다릴 서비스의 가치 목적 유무 • 대기 시간에 대한 현재 고객의 태도 유무

정답 ①

01

②·③ 기업의 통제 요인 중 부분 통제 요인, ④·⑤ 기업의 통제 요인 중 완전 통제 요인에 해당한다.

01 데이비드 마이스터(David Maister)가 분류한 대기 시간에 영향을 미치는 통제 요인 중 고객 통제 요인에 해당하는 것은?

① 고객의 태도　　　　　　　　② 불만
③ 점유　　　　　　　　　　　④ 편안함
⑤ 공정성

❷ 대기의 수용 가능성에 영향을 미치는 요인

다음 중 '대기(Wait)'로 인한 수용 가능성에 영향을 미치는 요인으로 가장 거리가 먼 것은?

① 안정성　　　　　　② 대기 환경
③ 생산 기술　　　　　④ 통제 가능성
⑤ 거래 중요도

해설 대기(Wait)의 수용 가능성에 영향을 미치는 요인
• 대기 환경　　　　　• 안정성
• 기회비용　　　　　• 통제 가능성
• 지각된 대기 시간　　• 기대 불일치
• 거래 중요도

정답 ③

문제타파 TIP

대기(Wait)의 수용 가능성에 영향을 미치는 요인을 모두 기억할 것!

02 다음 중 '대기(Wait)'로 인한 수용 가능성에 영향을 미치는 요인으로 가장 거리가 먼 것은?

① 대기 환경　　　　　② 기회비용
③ 기대 불일치　　　　④ 지각된 대기 시간
⑤ 재무 및 회계 프로세스

02
① 대기 환경이 편안하고 쾌적할수록 수용 가능성이 높아진다.
② 기회비용이 낮을수록 수용 가능성이 높아진다.
③ 긍정적 기대 불일치가 크고 부정적 기대 불일치가 작을수록 수용 가능성이 높아진다.
④ 지각된 대기 시간이 짧을수록 수용 가능성이 높아진다.

03 다음 중 대기(Wait)로 인한 수용 가능성에 영향을 미치는 요인으로 가장 거리가 먼 것은?

① 통제 가능성　　　　② 거래 중요도
③ 고객접촉 빈도　　　④ 지각된 대기 시간
⑤ 기회비용

03
대기(Wait)의 수용 가능성에 영향을 미치는 요인으로는 대기 환경, 안정성, 기회비용, 통제 가능성, 지각된 대기 시간, 기대 불일치, 거래 중요도 등이 있다.

정답 02 ⑤ 03 ③

꼭 나오는 유형 ❸ 대기 관리의 기본 원칙 8가지

다음 중 '데이비드 마이스터'가 제시한 대기 관리의 기본 원칙에 대한 내용으로 가장 옳지 않은 것은?

① 불확실한 기다림이 더 길게 느껴진다.

② 혼자 기다리는 대기 시간이 더 길게 느껴진다.

③ 원인이 설명되지 않은 대기 시간이 더 길게 느껴진다.

④ 서비스의 가치가 높다고 해서 고객이 기다림을 감수하지는 않는다.

⑤ 프로세스 이전의 기다림이 프로세스 내의 기다림보다 길게 느껴진다.

⊢해설 데이비드 마이스터(David Maister)가 제시한 대기 관리 기본 원칙 8가지
- 아무 일도 안 할 때 대기가 더 길게 느껴진다(프로세스 이전의 기다림이 프로세스 내의 기다림보다 길게 느껴진다).
- 구매 전 대기가 더 길게 느껴진다.
- 근심은 대기를 더 길게 느껴지게 한다.
- 언제 서비스를 받을지 모른 채 무턱대고 기다리면 대기는 더 길게 느껴진다(불확실한 기다림이 더 길게 느껴진다).
- 원인을 모르는 대기는 더 길게 느껴진다.
- 불공정한 대기는 더 길게 느껴진다(대기 장소에서 명확한 규칙 없이 서비스를 제공하면 고객은 불공정성이 발생한다고 느끼며 대기 시간이 더 길다고 생각한다).
- 대기는 가치가 적을수록 더 길게 느껴진다(높은 가치의 서비스를 기다리는 고객은 긴 기다림을 감수하고 오랫동안 기다린다).
- 대기는 혼자 기다리면 더 길게 느껴진다.

정답 ④

04

④ 프로세스 이전 기다림이 프로세스 내 기다림보다 더 길게 느껴진다.

04 다음 중 '데이비드 마이스터'가 제시한 대기 관리의 기본 원칙에 대한 내용으로 가장 옳지 않은 것은?

① 불공정한 기다림이 더 길게 느껴진다.

② 근심은 대기 시간을 더 길게 느껴지게 한다.

③ 혼자 기다리는 대기 시간이 더 길게 느껴진다.

④ 프로세스 내의 기다림이 프로세스 이전의 기다림보다 길게 느껴진다.

⑤ 높은 가치의 서비스를 기다리는 고객은 긴 기다림을 감수하고 오랫동안 기다린다.

05

⑤ 대기는 가치가 적을수록 더 길게 느껴진다. 즉, 높은 가치의 서비스를 기다리는 고객은 긴 기다림을 감수하고 오랫동안 기다린다.

05 다음 중 데이비드 마이스터(David Maister)가 제시한 대기 관리의 기본 원칙에 대한 내용으로 가장 옳지 않은 것은?

① 혼자 기다리는 대기 시간이 더 길게 느껴진다.

② 불확실한 기다림이 더 길게 느껴진다.

③ 원인이 설명되지 않은 대기 시간이 더 길게 느껴진다.

④ 프로세스 이전의 기다림이 프로세스 내의 기다림보다 길게 느껴진다.

⑤ 서비스의 가치가 높다고 해서 고객이 기다림을 감수하지는 않는다.

04 ④ 05 ⑤ 정답

06 다음 중 '데이비드 마이스터'가 제시한 대기 관리의 기본 원칙에 대한 내용으로 가장 옳지 않은 것은?

① 공정한 대기 시간이 더 길게 느껴진다.
② 혼자 기다리는 것이 더 길게 느껴진다.
③ 불확실한 기다림이 더 길게 느껴진다.
④ 프로세스 이전의 기다림이 프로세스 내의 기다림보다 길게 느껴진다.
⑤ 원인이 설명되지 않은 대기 시간이 더 길게 느껴진다.

06
① 공정하지 않은 대기 시간이 더 길게 느껴진다.

꼭 나오는 유형 ❹ 대기 시스템의 유형

대기 시스템 유형 중 단일 대기 열에 대한 설명으로 가장 옳지 않은 것은?

① 전체적인 대기 시간이 길어지는 현상이 발생한다.
② 어느 줄에서 대기해야 할지 고민할 필요가 없다.
③ 줄이 길어지는 경우 고객 이탈 문제가 발생될 수 있다.
④ 단일 입구로 되어 있어 끼어들기 문제를 해소할 수 있다.
⑤ 고객이 오는 순서대로 대기하기 때문에 대기 시간의 공정성이 보장된다.

해설
① 단일 대기 열은 고객들이 기다리는 데 소요되는 전체 시간을 줄일 수 있다.

대기 시스템 유형

단일 대기 열	• 고객들이 한 줄로 서서 순서대로 서비스를 기다린다. • 오는 순서대로 서비스를 받기 때문에 형평성이나 공정성이 보장된다. • 어느 줄에서 대기해야 할지를 고민하지 않아도 된다. • 단일 입구이기 때문에 끼어들기 문제를 해소할 수 있다. • 줄이 길어지는 경우에는 고객 이탈 문제가 발생할 수 있다. • 짧은 용무 중 특별 고객 대응이 어렵다.
다중 대기 열	고객들이 여러 줄로 서서 각 창구의 서비스를 기다린다.
복합 대기 열	단일 대기 열과 다중 대기 열 방식을 상황에 따라 복합적으로 사용한다.

정답 ①

문제타파 TIP

대기 시스템 유형에는 어떤 것이 있는지 각각의 유형은 어떤 특징이 있는지 파악해야 한다.

---

07 '대기(Wait) 관리 방안'과 관련해 다음 〈보기〉의 내용에 해당하는 대기 시스템의 유형은?

보기
고객이 서비스 시설에 도착하여 어느 대기 열에서 기다려야 하는지 또는 다른 대기 열이 짧아질 경우 옮겨야 하는지 여부를 결정해야 한다.

① 집단 대기 열   ② 맞춤 대기 열
③ 복합 대기 열   ④ 단일 대기 열
⑤ 다중 대기 열

07
⑤ 다중 대기 열은 고객들이 여러 줄로 서서 각 창구의 서비스를 기다리는 대기 시스템 유형이다.

정답 **06** ① **07** ⑤

꼭 나오는 유형 ❺ 서비스 접점의 유형

서비스 접점의 유형 중 서비스 품질을 파악하고 판단하기가 가장 복잡한 유형에 해당하는 것은?

① 원격 접점
② 전화 접점
③ 대면 접점
④ 물적 서비스 접점
⑤ 시스템적 서비스 접점

▶ 해설 서비스 접점의 유형

원격 접점 유형	• 인적 접촉 없이 서비스 기업과 접촉하는 방식으로, 은행의 ATM, 자동티켓발매기, 인터넷 쇼핑에서의 주문, 기업이 발송하는 정보성 우편들을 예로 들 수 있다. • 직접적인 인적 접촉이 발생되지 않더라도 고객의 품질 지각을 긍정적으로 구축 또는 재(再)강화 할 수 있다. • 서비스의 유형적 증거와 기술적 프로세스 및 시스템을 통해 서비스 품질 판단의 근본을 제공할 수 있다.
전화 접점 유형	전화로 고객과 만나는 유형으로, 다른 유형과 다르게 상호작용에서 직원의 목소리, 지식, 효율적인 처리 능력 등이 잠재적 가변성으로 작용하며, 그 예로는 기업 콜센터, 고객 센터 등이 있다.
대면 접점 유형	서비스 공급자와 고객이 직접 대면하여 상호작용하는 유형으로, 서비스 품질을 파악하고 판단하기가 가장 복잡한 유형이다. 서비스의 유형적 단서, 고객 스스로의 행동 모두가 서비스 품질에 영향을 미친다.

정답 ③

08 서비스 접점 유형 중 '전화 접점(Phone Encounter)'에 대한 설명으로 가장 옳은 것은?

① 다른 접점에 비해 가장 복잡하게 일어나며 종사자의 복장이나 물리적 환경 등의 유형적 단서들을 중요한 요소로 인식한다.

② 서비스 종사자의 목소리나 지식, 문제해결 능력 등은 중요한 판단 기준이 되며, 잠재적 다양성으로 인하여 품질에 대한 통제가 어렵다.

③ 인간적 요소가 배제된 물리적 단서가 중요한 요소로 작용되기 때문에 허용오차가 적고 통제가 용이하다.

④ 언어적, 비언어적 행동이 서비스 품질을 결정하는 중요한 요인이 되며, 고객 스스로가 상호작용을 통해 서비스 품질을 만드는 데 중요한 역할을 한다.

⑤ 현금자동인출기를 이용한 출금, 자동발매기를 통한 가공 티켓 발급 등의 사례에 해당한다.

꼭 나오는 유형 ❻ 솔로몬과 구트만의 서비스 접점의 특징

다음 중 '솔로몬'과 '구트만'이 제시한 서비스 접점의 특징에 대한 설명으로 가장 옳지 않은 것은?

① 서비스 접점의 목적은 정보 교환에 있다.
② 제공되는 서비스에 따라 제한을 받는다.
③ 목표 지향적인 역할 수행이 되어야 한다.
④ 서비스 제공자와 고객이 모두 참여할 때 성립된다.
⑤ 데이터를 기반으로 현상 인식 작용이 선행되어야 한다.

해설 솔로몬과 구트만의 서비스 접점의 특징
• 서비스 제공자와 고객의 양자 관계 : 서비스 제공자와 고객이 모두 참여할 때 성립한다.
• 인간적인 상호작용 : 서비스 제공자와 고객 간의 커뮤니케이션은 상호작용적이다.
• 목표 지향적인 역할 수행 : 서비스 제공자는 특정 상황에 맞는 직무 훈련을 통해 목표를 성취할 수 있도록 역할을 수행해야 한다.
• 서비스 접점의 목표는 정보 교환 : 서비스 제공자와 고객은 서로 정보를 교환하는 커뮤니케이션을 한다.
• 제공되는 서비스에 따른 제한성 : 서비스의 내용과 특성에 따라 접점 범위가 제한된다.

정답 ⑤

문제타파 TIP

'솔로몬'과 '구트만'이 제시한 서비스 접점의 특징을 정확하게 이해해 둘 것!

09 다음 중 '솔로몬'과 '구트만'이 제시한 서비스 접점의 특징에 대한 설명으로 옳지 않은 것은?

① 제공되는 서비스에 따라 제한을 받는다.
② 서비스 제공자와 고객이 모두 참여할 때 성립된다.
③ 인간적인 상호작용이 있어야 한다.
④ 목표 지향적인 역할 수행이 되어야 한다.
⑤ 서비스 접점의 목적은 수요 창출에 있다.

09
⑤ 서비스 접점의 목표는 정보 교환이다.

10 다음 중 솔로몬(Solomon)과 구트만(Gutman)이 제시한 서비스 접점의 특징에 대한 설명으로 가장 옳지 않은 것은?

① 인간적인 상호작용이 있어야 한다.
② 서비스 접점의 목적은 정보 교환에 있다.
③ 제공되는 서비스에 따라 제한을 받는다.
④ 과정 중심적인 역할 수행이 되어야 한다.
⑤ 서비스 제공자와 고객과의 양자 관계가 성립되어야 한다.

10
④ 목표 지향적인 역할 수행이 되어야 한다.

정답 09 ⑤ 10 ④

04 구매 후 관리 - 피시본 다이어그램

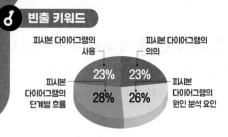

- 피시본 다이어그램의 사용 23%
- 피시본 다이어그램의 의의 23%
- 피시본 다이어그램의 단계별 흐름 28%
- 피시본 다이어그램의 원인 분석 요인 26%

핵심 이론

1. 피시본 다이어그램의 의의

① 피시본 다이어그램(Fishbone Diagram)은 현상과 결과에 대한 근본적인 원인과 이유를 분석·정리하는 기법임

② 어떤 결과가 나오기 위하여 원인이 어떻게 작용하고 어떤 영향을 미치는가를 볼 수 있도록 생선뼈와 같은 그림을 이용하여 이러한 원인이나 결과를 체계적으로 종합한 것임

③ 생각을 방사형으로 정리하는 '마인드 매핑'과 자유로운 아이디어를 핵심만 기록하는 '브레인라이팅'의 장점을 혼합한 것으로 '인과관계도표'라고도 함

④ 기업이 고객의 불만을 직접 추적하는 데 도움을 주며 품질 문제를 일으킨다고 의심되는 요인과 그에 관계되는 부수적인 요소들을 함께 검토할 수 있음

⑤ 기업에서는 고객들이 필요로 하는 서비스 품질 요소들을 명확하게 나타내지 못하기 때문에 프로세스 설계의 문제점을 만족시키기 위해 고안한 방법

⑥ 일본의 품질 관리 통계학자 '이사카와 가오루'가 개발 (일명 '이사카와 다이어그램')

2. 피시본 다이어그램의 원인 분석 요인 및 단계별 흐름

① 원인 분석 요인 : 환경, 운영, 자원, 장비, 과정, 사람

② 단계별 흐름
- ㉠ 1단계 : 문제의 명확한 정의
- ㉡ 2단계 : 문제의 주요 원인 범주화
- ㉢ 3단계 : 잠재 원인 브레인스토밍 실시
- ㉣ 4단계 : 주요 원인 범주의 세부 사항 검토
- ㉤ 5단계 : 근본 원인 확인

3. 피시본 다이어그램의 사용

① 항공기 출발 지연 사례

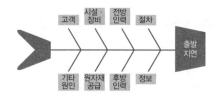

[항공기 출발 지연 분석을 위한 인과관계도표]

② 항공기 출발 지연 분석

절차	출발에 임박한 컷 오프, 지체 승객의 탑승, 체크인 절차 지연, 좌석 선택의 혼란 등
전방 인력	출구 관리인의 신속하지 못한 처리, 직원 지연 도착, 관리인 숫자 부족 등
시설·장비	항공기의 출구 진입 지연, 도착 지연, 출구 혼잡, 기계적 실수 등
고객	고객 개인
정보	출발 방송의 부실
후방 인력	기내 청소 지연
원자재 공급	기내식 서비스 지연, 수하물 탑재 지연, 연료 공급 지연
기타 원인	날씨, 항공 교통

핵심 기출 유형 문제

꼭 나오는 유형 **❶ 피시본 다이어그램의 의의**

문제타파 TIP

피시본 다이어그램이 무엇이며 어떻게 개발되었는지 등 그 개념을 확실하게 파악할 것!

다음 중 피시본 다이어그램(Fishbone Diagram)에 대한 설명으로 가장 거리가 먼 것은?

① 현상과 결과에 대한 근본적인 원인과 이유를 물고기의 뼈 모양과 같이 시각적으로 분석, 정리하는 기법이다.

② 일본의 품질 관리 통계학자인 이시카와 가오루에 의해 개발되어 일명 이시카와 다이어그램이라고도 불린다.

③ 기업에서는 고객들이 필요로 하는 서비스 품질 요소들을 명확하게 나타내지 못하기 때문에 프로세스 설계의 문제점을 만족시키기 위해 고안한 방법이다.

④ 기존 자료의 부족으로 인해 참고할 만한 자료가 없거나 미래의 불확실한 상황을 예측하고자 할 경우 도입하는 분석 기법 중 하나로 전문가합의법이라고도 한다.

⑤ 기업이 고객의 불만을 직접 추적하는 데 도움을 주며 품질 문제를 일으킨다고 의심되는 요인과 그에 관계되는 부수적인 요소들을 함께 검토할 수 있다.

해설

④ 델파이 기법에 대한 설명이다.

피시본 다이어그램

· 어떤 결과가 나오기 위한 원인이 어떻게 작용하고 어떤 영향을 미치는가를 볼 수 있도록 생선뼈와 같은 그림을 이용하여 이러한 원인이나 결과를 체계적으로 종합한 것을 말한다.

· 현상과 결과에 대한 근본적인 원인과 이유를 물고기의 뼈 모양과 같이 시각적으로 분석 · 정리하는 기법이다.

· 생각을 방사형으로 정리하는 '마인드 매핑'과 자유로운 아이디어를 핵심만 기록하는 '브레인라이팅'의 장점을 혼합한 것으로 '인과관계도표'라고도 한다.

· 기업이 고객의 불만을 직접 추적하는 데 도움을 주며 품질 문제를 일으킨다고 의심되는 요인과 그에 관계되는 부수적인 요소들을 함께 검토할 수 있다.

· 기업에서는 고객들이 필요로 하는 서비스 품질 요소들을 명확하게 나타내지 못하기 때문에 프로세스 설계의 문제점을 만족시키기 위해 고안한 방법이다.

· 일본의 품질 관리 통계학자인 '이시카와 가오루'에 의해 개발되어 일명 '이시카와 다이어그램'이라고도 불린다.

 정답 ④

01

⑤ 델파이 기법에 대한 설명이다.

01 다음 중 '피시본 다이어그램'에 대한 설명으로 가장 거리가 먼 것은?

① 일본의 품질 관리 통계학자인 '이사카와 가오루'에 의해 개발되어 일명 '이사카와 다이어그램'이라 불린다.

② 현상과 결과에 대한 근본적인 원인과 이유를 물고기의 뼈 모양과 같이 시각적으로 분석·정리하는 기법이다.

③ 기업이 고객의 불만을 직접 추적하는 데 도움을 주며 품질 문제를 일으 킨다고 의심되는 요인과 그에 관계되는 부수적인 요소들을 함께 검토 할 수 있다.

④ 기업에서는 고객들이 필요로 하는 서비스 품질 요소들을 명확하게 나 타내지 못하기 때문에 프로세스 설계의 문제점을 만족시키기 위해 고 안한 방법이다.

⑤ 기존 자료의 부족으로 인해 참고할 만한 자료가 없거나 미래의 불확실 한 상황을 예측하고자 할 경우 도입하는 분석 기법 중 하나로 전문가합 의법이라고도 한다.

! 문제타파 TIP

피시본 다이어그램의 원인 분석 요 인이 아닌 것을 고르는 문제가 주 로 출제되므로 해당 요인을 모두 숙지해야 한다.

꼭 나오는 유형 ❷ 피시본 다이어그램의 원인 분석 요인

다음 중 '피시본 다이어그램(Fishbone Diagram)'의 원인 분석 요인(Branch) 과 가장 거리가 먼 것은?

① 실적 – Result
② 자원 – Materials
③ 장비 – Equipment
④ 환경 – Environment
⑤ 운영 – Management

해설 피시본 다이어그램(Fishbone Diagram)의 원인 분석 요인

• 장비(Equipment)
• 사람(People)
• 환경(Environment)
• 과정(Process)
• 자원(Materials)
• 운영(Management)

정답 ①

02

피시본 다이어그램의 원인 분석 요인 으로는 장비(Equipment), 과정 (Process), 사람(People), 자원 (Materials), 환경(Environment), 운영 (Management) 등이 있다.

02 다음 중 피시본 다이어그램(Fishbone Diagram)의 원인 분석 요인(Branch) 과 가장 거리가 먼 것은?

① 환경(Environment)
② 운영(Management)
③ 실적(Result)
④ 자원(Materials)
⑤ 장비(Equipment)

01 ⑤ 02 ③ 정답

꼭 나오는 유형 ❸ 피시본 다이어그램의 단계별 흐름

피시본 다이어그램 작성의 단계별 흐름(Flow)에서 가장 마지막 단계에 해당하는 것은?

① 근본 원인 확인
② 문제의 명확한 정의
③ 잠재 원인 브레인스토밍
④ 문제의 주요 원인 범주화
⑤ 주요 원인 범주의 세부 사항 검토

해설 피시본 다이어그램의 단계별 흐름

1단계	문제를 명확하게 정의한다.
2단계	문제의 주요 원인을 범주화한다.
3단계	잠재 원인에 대한 브레인스토밍을 실시한다.
4단계	주요 원인 범주의 세부 사항을 검토한다.
5단계	근본 원인을 확인한다.

정답 ①

문제타파 TIP

피시본 다이어그램의 단계별 흐름 중 각각의 단계에 해당하는 내용을 묻는 문제가 주로 출제되므로 단계별로 정확하게 숙지해야 한다.

03 다음 중 피시본 다이어그램(Fishbone Diagram)의 단계별 흐름으로 보기 어려운 것은?

① 1단계 : 문제의 명확한 정의
② 2단계 : 문제의 주요 원인 범주화
③ 3단계 : 잠재 원인 브레인스토밍 실시
④ 4단계 : 고객과의 상호작용 노하우 공유
⑤ 5단계 : 근본 원인 확인

03
④ 피시본 다이어그램(Fishbone Diagram)의 단계별 흐름 중 4단계는 '주요 원인 범주의 세부 사항 검토'이다.

정답 03 ④

꼭 나오는 유형 ❹ 피시본 다이어그램의 사용

다음 보기와 같이 항공기 출발 지연 분석을 위해 피시본 다이어그램을 작성할 경우, 출발 방송의 부실에 해당하는 요인은?

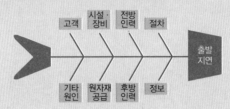

① 전방 인력   ② 후방 인력   ③ 원자재 공급

④ 정보   ⑤ 절차

해설 피시본 다이어그램을 사용한 항공기 출발 지연 분석(항공기 출발 지연 사례)

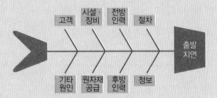

[항공기 출발 지연 분석을 위한 인과관계도표]

- 절차 : 체크인 절차 지연, 좌석 선택의 혼란 등
- 전방 인력 : 출구 관리인의 신속하지 못한 처리, 관리인 숫자 부족 등
- 시설 · 장비 : 항공기의 출구 진입 지연, 도착 지연 등
- 고객 : 고객 개인
- 정보 : 출발 방송의 부실
- 후방 인력 : 기내 청소 지연
- 원자재 공급 : 기내식 서비스 지연, 수하물 탑재 지연, 연료 공급 지연
- 기타 원인 : 날씨, 항공 교통

정답 ④

04

② 전방 인력 : 출구 관리인의 신속하지 못한 처리, 직원 지연 도착, 직원 숫자 부족
③ 후방 인력 : 기내 청소 지연
④ 시설, 장비 : 항공기의 출구 진입 지연, 도착 지연, 출구 혼잡, 기계적 실수
⑤ 기타 원인 : 날씨, 항공 교통

04 다음 〈보기〉와 같이 항공기 출발 지연 분석을 위해 '피시본 다이어그램'을 작성할 경우, 출발에 임박한 컷 오프, 지체 승객의 탑승 등에 해당하는 요인은?

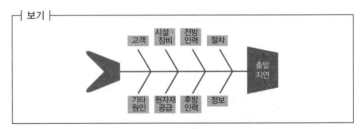

① 절차   ② 전방 인력   ③ 후방 인력

④ 시설, 장비   ⑤ 기타 원인

04 ① 정답

05 프로세스 개선 기법 - 품질기능전개(QFD)

핵심 이론

1. 품질기능전개(QFD)의 의의 및 발전과정

① 품질기능전개(QFD)의 의의

- ㉠ 신상품 및 서비스·시스템 개발 초기 단계부터 고객을 참여시켜 고객의 요구를 반영하는 설계 방법
- ㉡ 고객이 가진 추상적이고 모호한 생각을 실행 가능한 디자인으로 해석해서 제품 개발 및 생산을 진행해 나가는 것을 의미
- ㉢ 품질기능전개를 도입한 기업은 판매 후 하자 발생 감소, 품질 보증비용 감소, 기능부서 간 팀워크 향상 등의 효과를 기대할 수 있음

② 품질기능전개(QFD)의 발전 과정

- ㉠ 1960년대 후반 일본의 '아카오 요지'가 연구 시작
- ㉡ 1972년 미쓰비시 중공업의 고베 조선소에서 원양어선 제작에 처음으로 사용
- ㉢ 1980년대 초반 자동차 회사인 GM과 Ford(社), IT제조회사인 3M과 휴렛팩커드(HP)가 미국 산업계에 소개
- ㉣ 1983년 미국 품질학회지에 소개된 후 시카고 세미나를 통해 미국 내 널리 보급
- ㉤ 1994년 일본 제품대학 QFD 연구회와 공동으로 LG전자의 냉장고, 전자레인지 신제품 개발에 처음 적용
- ㉥ 1995년 삼성전자, 삼성SDI, 현대엘리베이터, 현대 자동차, 쌍방울 등에 보급 확산

2. 품질기능전개(QFD)의 적용 목적 및 장점

① 적용 목적 : 제품 개발 기간 단축, 비용 절감(개발 코스트 감소), 설계품질 및 기획품질 설정, 제품의 품질 향상, 초기 품질 트러블 절감, 마켓쉐어 확대, 설계 의도를 제조에 전달

② 장점

- ㉠ 고객 요구 사항에 대한 이해를 돕고 그러한 서비스 품질을 서비스 제공자가 이행할 수 있게 도움
- ㉡ 제품·서비스에 대한 품질 및 사업 목표 설정에 도움
- ㉢ 제안된 신제품 및 신서비스 우선순위 결정을 위한 체계적인 도구임
- ㉣ 제품 및 서비스에 대한 팀의 공통된 의견을 도출할 수 있는 체계적 시스템 제공
- ㉤ 품질의 집(HOQ)을 사용하여 프로젝트의 모든 과정 및 결정 사항을 문서화할 수 있음
- ㉥ 고객의 요구와 기술적 속성 사이의 명확한 상관관계를 도출할 수 있음
- ㉦ 개발 단계 중간에 새 제품 특성이 도출되면, 이를 품질의 집(HOQ)에 적용, 설계 초기 고려 방안을 수정, 반복 적용 가능

3. 품질기능전개(QFD) 분석도구 – 품질의 집(HOQ : House of Quality)

① 시장조사로 밝혀진 고객 요구를 생산 기술자들에게 전달하기 위해 매트릭스 형태로 배치

② 구성 요소 : 설계 특성 간 상관관계(상호작용), 설계 특성(품질 특성), 고객의 요구 품질, 상관관계, 계획 품질(경쟁사 비교), 설계 품질

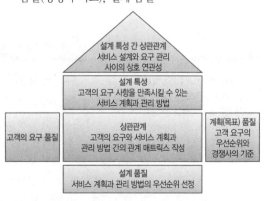

[품질의 집(HOQ) 구조도]

📖 핵심 기출 유형 문제

문제타파 TIP

'품질기능전개(QFD)'를 적용하기 위한 목적 5가지가 번갈아서 출제되므로, 5가지를 모두 기억해 두어야 한다.

꼭 나오는 유형 ❶ 품질기능전개(QFD)의 적용 목적

다음 중 '품질기능전개(QFD)'를 적용하기 위한 목적으로 보기 어려운 것은?

① 개발기간 단축
② 마켓쉐어 축소
③ 초기 품질 트러블 절감
④ 설계 의도를 제조에 전달
⑤ 설계품질 및 기획품질 설정

해설

② 마켓쉐어, 즉 시장점유율을 확장하기 위한 목적으로 QFD를 이용한다.

품질기능전개(QFD)의 적용 목적
• 개발 기간 단축
• 설계품질 및 기획품질 설정
• 제품의 품질 향상
• 초기 품질 트러블 절감
• 마켓쉐어 확대

정답 ②

01

③ 개발 코스트 감소가 품질기능전개(QFD)의 적용 목적 중 하나이다.

01 다음 중 품질기능전개(QFD)를 적용하기 위한 목적으로 보기 어려운 것은?

① 마켓쉐어 확대
② 개발 기간 단축
③ 개발 코스트 증대
④ 초기 품질 트러블 절감
⑤ 설계품질 및 기획품질 설정

문제타파 TIP

품질기능전개(QFD)의 장점을 번갈아 가며 질문하므로 모든 장점을 구체적으로 숙지해야 한다.

꼭 나오는 유형 ❷ 품질기능전개(QFD)의 장점

다음 중 품질기능전개(QFD)의 장점에 대한 설명으로 가장 옳지 않은 것은?

① 제품 및 서비스에 대한 팀의 공통된 의견을 도출할 수 있는 체계적인 시스템을 제공한다.
② 제안된 신제품 및 신서비스의 우선순위 결정을 위한 체계적인 도구이다.
③ 제품 및 서비스에 대한 품질 목표와 사업 목표 결정에 도움을 준다.
④ 제품 회수 기간을 증가시킨다.
⑤ 고객의 요구 사항에 대한 이해를 돕는다.

01 ③ 정답

해설

④ 제품 개발 기간을 단축시킬 수 있다.

품질기능전개(QFD)의 장점
- 고객의 요구에 대한 이해를 돕는다.
- 고객이 요구하는 서비스 품질을 서비스 제공자가 이행할 수 있게 도와준다.
- 고객의 요구와 기술적 속성 사이의 명확한 상관관계를 도출할 수 있다.
- 제품 및 서비스에 대한 품질 목표와 사업 목표 설정에 도움을 준다.
- 제안된 신제품 및 신서비스 우선순위 결정을 위한 체계적인 도구이다.
- 제품 및 서비스에 대한 팀의 공통된 의견을 도출할 수 있는 체계적인 시스템을 제공한다.
- 품질의 집(HOQ)을 사용하여 프로젝트의 모든 과정 및 결정 사항을 문서화할 수 있다.
- 동시공학에 입각한 기법으로 개발 단계 중간에 새 제품 특성이 도출되면, 이를 품질의 집에 적용시켜 설계 초기에 고려해야 하는 여러 방안을 수정을 통해 반복 적용할 수 있다.
- 제품 개발 기간을 단축시킬 수 있다.

정답 ④

02 다음 중 '품질기능전개(QFD)'의 장점에 대한 설명으로 가장 거리가 먼 것은?

① 제품 개발 기간을 단축시킬 수 있다.
② 고객의 요구 사항에 대한 이해를 돕는다.
③ 제안된 신제품 및 신서비스 우선순위 결정을 위한 체계적인 도구이다.
④ 제품 및 서비스에 대한 팀의 분산된 의견을 도출할 수 있는 개별적 시스템을 제공한다.
⑤ 개발 단계 중간에 새로운 제품 특성이 도출될 경우 품질의 집(HOQ)에 적용시켜 설계 초기에 고려해야 하는 여러 방안을 수정을 통해 반복적으로 적용해 볼 수 있다.

02
④ 품질기능전개(QFD)는 제품 및 서비스에 대한 팀의 공통된 의견을 도출할 수 있는 체계적인 시스템을 제공한다는 장점이 있다.

03 다음 중 품질기능전개(QFD)의 장점에 대한 설명으로 보기 어려운 것은?

① 제안된 신제품 및 신(新)서비스의 우선순위로 결정을 위한 체계적인 도구이다.
② 제품 및 서비스에 대한 품질 목표와 사업 목표 설정에 도움을 준다.
③ 제품 및 서비스에 대한 팀의 공통된 의견을 도출할 수 있는 체계적인 시스템을 제공한다.
④ 기업의 요구 사항에 대한 이해를 돕는다.
⑤ 제품 개발 기간을 단축시킨다.

03
④ 고객의 요구에 대한 이해를 돕는다.

정답 02 ④ 03 ④

🔑 나오는 유형 ❸ 품질기능전개(QFD) 분석도구 - 품질의 집

품질기능전개(QFD) 분석도구 중 '품질의 집(HOQ)' 구성 요소와 가장 거리가 먼 것은?

① 계획 품질　　　　　　　　② 설계 특성

③ 기업 요구와 실행도　　　　④ 설계 특성 간 상관관계

⑤ 고객의 요구 품질

해설 품질의 집(HOQ : House of Quality) 구성 요소

- 설계 특성 간 상관관계(상호작용)　　　· 설계 특성(품질 특성)
- 고객의 요구 품질　　　　　　　　　　· 상관관계
- 계획 품질(경쟁사 비교)　　　　　　　· 설계 품질

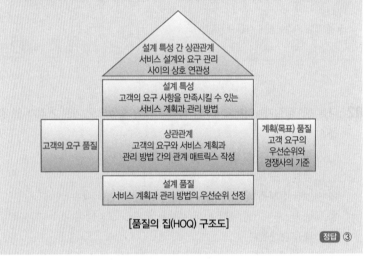

[품질의 집(HOQ) 구조도]

정답 ③

04

품질의 집(HOQ : House of Quality)의 구성 요소에는 ①·②·③·④ 외에 상관관계, 계획 품질(경쟁사 비교) 등이 있다.

04 품질기능전개(QFD) 분석도구 중 품질의 집(HOQ) 구성 요소와 가장 거리가 먼 것은?

① 설계 특성　　　　　　　　② 설계 품질

③ 고객 요구와 중요도　　　　④ 설계 특성의 상관관계

⑤ 조직 관리 시스템 구축

01 고객만족 경영(CSM)의 중요성 및 실천과제

핵심 이론

1. 마이네트(Minett)의 고객만족 경영(CSM) 도입 배경의 중요성

① 시장의 성숙화로 경쟁사보다 더 우수한 제품과 서비스를 개발하여 고객의 욕구를 충족시켜야 함
② 소비자의 욕구가 다양해지고 빠르게 변화하고 있음
③ 소비자가 소비자 문제에 적극 참여·대응하려는 소비자 주권 의식 확산
④ 소수 과점 시장에서 다원적 경쟁 시장으로 시장 구조가 변화하면서 글로벌 경쟁 시대 도래
⑤ 소비 행위의 변화로 하드웨어적 요소보다 소프트웨어적인 요소가 중요한 요인으로 작용
⑥ 공급 과잉으로 소비자가 주요 요소로 부각

2. 이유재 교수의 고객만족 경영(CSM)의 중요성

① 고객만족 경영(CSM)은 만족한 고객을 반복적·지속적으로 창출해 나가는 것이며 기업 경영의 중요한 요소는 더 새롭고 가치 있는 상품과 서비스를 제공함으로써, 고객만족을 극대화시키는 것임
② 고객이 어떤 기업의 상품과 서비스에 만족하면 그 기업의 고정 고객이 되는데, 한 연구 조사에 따르면, 신규 고객을 창출하는 비용이 기존 고객을 유지하는 비용의 4배에 이른다고 하므로 기업 경쟁력에서 가장 중요한 부분은 기존 고객을 잃지 않는 것임
③ 만족한 고객들은 반복적 구매뿐만 아니라 긍정적 구전을 통해 신규 고객을 창출하는 효과를 가져와 광고 효과를 기대할 수 있으며, 그러한 구전 효과를 통한 광고 효과로 마케팅의 효율성을 제고해 줌
④ 고객의 기호 변화를 예측함으로써 기업의 불필요한 투자를 미리 방지하여 마케팅 효율성을 제고해 줌

⑤ 고객만족은 가격 우위 효과가 있으므로, 장기적으로 기업의 궁극적 목적인 높은 이윤을 창출하고, 기업 경쟁력을 한층 강화시켜 줌

3. 고객만족 경영(CSM)의 실천 과제

① 고객만족 지향적 기업 문화를 구축해야 함
② 고객을 가장 중요시하는 역(逆)피라미드 조직 구조가 필요함
③ 고객만족 성과의 명확한 측정과 철저한 보상을 위한 평가 시스템의 운영이 필요함
④ 최고 경영자는 고객만족을 경영 목표로 하는 패러다임을 받아들이고 이를 달성하기 위해 기업 내부 조직 구성원과 함께 공유해야 함
⑤ 외부고객을 만족시키기 위해서는 먼저 내부고객인 종업원을 만족시켜야 함
⑥ 조직 역량을 효율적으로 발휘하기 위해서는 피라미드 형태가 아닌 다양한 상황에 빠르게 대처할 수 있는 수평적 팀 형태가 유리함
⑦ 고객만족도를 지수화하고 이를 통한 지속적인 개선 활동이 가능하도록 고객만족 실현을 위한 고객정보 관리 체계를 구축해야 함

📖 핵심 기출 유형 문제

🔖 나오는 유형 ❶ 마이네트의 고객만족 경영(CSM) 도입 배경의 중요성

다음 중 '마이네트'가 제시한 고객만족 경영 도입 배경의 중요성에 대한 설명으로 옳지 않은 것은?

① 소비자가 직접 소비자 문제에 적극적으로 참여하여 대응하려는 소비자 주권 의식이 확산되었다

② 시장의 성숙화로 경쟁사보다 더 우수한 제품과 서비스를 개발하여 고객의 욕구를 충족시켜야 한다.

③ 소수의 과점 시장으로부터 다원적 경쟁 시장으로 시장 구조가 변화하면서 글로벌 경쟁 시대가 도래되었다.

④ 소비자의 욕구가 지나치게 획일화되고 변화의 속도가 둔화되고 있다.

⑤ 소비 행위의 변화로 인해 하드웨어적인 요소보다 소프트웨어적인 요소가 중요한 요인으로 작용되고 있다.

해설 '마이네트'가 제시한 고객만족 경영(CSM) 도입 배경의 중요성

- 시장의 성숙화로 경쟁사보다 더 우수한 제품과 서비스를 개발하여 고객의 욕구를 충족시켜야 한다.
- 소비자의 욕구가 다양해지고 빠르게 변화하고 있다.
- 대중정보사회 도래로 소비자가 직접 소비자 문제에 적극 참여하여 대응하려는 소비자 주권 의식이 확산되었다.
- 소수의 과점 시장으로부터 다원적 경쟁 시장으로 시장 구조가 변화하면서 글로벌 경쟁 시대가 왔다.
- 소비 행위의 변화로 인해 하드웨어적인 요소보다 소프트웨어적인 요소가 중요한 요인으로 작용하고 있다.
- 공급 과잉으로 인해 소비자가 주요 요소로 부각되었다.

정답 ④

---

01 다음 중 '마이네트'가 제시한 고객만족 경영 도입 배경의 중요성에 대한 설명으로 옳지 않은 것은?

① 시장의 성숙화로 경쟁사보다 더 우수한 제품과 서비스를 개발하여 고객의 욕구를 충족시켜야 한다.

② 소비자의 욕구가 다양해지고 빠르게 변화하고 있다.

③ 소비자가 직접 소비자 문제에 적극적으로 참여하여 대응하려는 소비자 주권의식이 확산되었다

④ 소수의 과점시장으로부터 다원적 경쟁시장으로 시장 구조가 변화하면서 글로벌 경쟁시대가 도래되었다.

⑤ 소비 행위의 변화로 인해 소프트웨어적인 요소보다 하드웨어적인 요소가 중요한 요인으로 작용되고 있다.

🔑 나오는 유형 ❷ 이유재 교수의 고객만족 경영(CSM)의 중요성

이유재 교수가 주장한 '고객만족 경영(CSM)'의 중요성에 대한 설명으로 가장 거리가 먼 것은?

① 고객의 기호 변화를 예측하고 불필요한 투자를 방지하여 마케팅의 효율성을 제고해 준다.

② 기업이 제공하는 상품과 서비스에 만족한 고객은 그 기업의 고정 고객이 된다.

③ 구전 효과를 통한 광고 효과로 마케팅의 효율성을 제고해 준다.

④ 고객만족은 가격 우위 효과를 가져와 장기적인 관점에서 높은 이윤을 창출할 수 있다.

⑤ 대중정보사회의 확산으로 소비자가 소비자 문제에 적극적으로 참여하여 대응하려는 소비자의 주권 의식이 확산되었다.

⊢● 해설

⑤ '마이네트'가 제시한 고객만족 경영(CSM) 도입 배경의 중요성에 대한 설명이다.

이유재 교수가 제시한 고객만족 경영(CSM)의 중요성

• 고객만족 경영(CSM)은 만족한 고객을 반복적 · 지속적으로 창출해 나가는 것이며 기업 경영의 중요한 요소는 더 새롭고 가치 있는 상품과 서비스를 제공함으로써, 고객만족을 극대화시키는 것이다.

• 고객이 그 기업의 상품과 서비스에 만족하면 그 기업의 고정 고객이 되는데, 한 연구 조사에 따르면, 신규 고객을 창출하는 비용이 기존 고객을 유지하는 비용의 4배에 이른다고 하며, 따라서 기업 경쟁력에서 가장 중요한 부분은 기존 고객을 잃지 않는 것이다.

• 만족한 고객들은 반복적 구매뿐만 아니라 긍정적인 구전을 통해 신규 고객을 창출하는 효과를 가져와 광고 효과를 기대할 수 있으며, 고객의 기호 변화를 예측하여 기업의 불필요한 투자를 미리 방지할 수 있고, 마케팅 효율성을 제고해 준다.

• 고객만족은 가격 우위 효과가 있으므로, 장기적으로 기업의 궁극적 목적인 높은 이윤을 창출하고, 기업 경쟁력을 한층 강화시켜 준다.

정답 ⑤

📌 문제타파 TIP

이유재 교수가 제시한 고객만족 경영(CSM)의 중요성과 '마이네트'가 제시한 고객만족 경영(CSM) 도입 배경의 중요성을 구별하여 학습할 것!

---

02 이유재 교수가 주장한 고객만족 경영(CSM)의 중요성에 대한 설명으로 가장 거리가 먼 것은?

① 기업이 제공하는 상품과 서비스에 만족한 고객은 그 기업의 고정 고객이 된다.

② 고객의 기호 변화를 예측하고 불필요한 투자를 방지하여 마케팅의 효율성을 제고해 준다.

③ 대중정보사회의 확산으로 소비자가 소비자 문제에 적극적으로 참여하여 대응하려는 소비자의 주권 의식이 확산되었다.

④ 구전 효과를 통한 광고 효과로 마케팅의 효율성을 제고해 준다.

⑤ 고객만족은 가격 우위 효과를 가져와 장기적인 관점에서 높은 이윤을 창출할 수 있다.

02

③ '마이네트'가 제시한 고객만족 경영(CSM) 도입 배경의 중요성에 대한 설명이다.

정답 **02** ③

꼭 나오는 유형 ❸ 고객만족 경영(CSM)의 실천 과제

다음 중 고객만족(CS)을 위한 실천 과제로 가장 옳지 않은 것은?

① 고객만족 지향적 기업 문화를 구축해야 한다.
② 고객을 가장 중요시하는 역피라미드의 조직 구조가 필요하다.
③ 내부고객을 만족시키기 위해서는 외부고객의 만족이 반드시 선행되어야 한다.
④ 고객만족 성과의 명확한 측정과 철저한 보상을 위한 평가 시스템의 운영이 필요하다.
⑤ 최고 경영자는 고객만족을 경영 목표로 하는 패러다임을 받아들이고 이를 달성하기 위해 기업 내부 조직 구성원과 함께 공유해야 한다.

🔑해설
③ 외부고객을 만족시키기 위해서는 먼저 내부고객인 종업원을 만족시켜야 한다.

고객만족 경영(CSM) 실천과제
• 고객만족 지향적 기업 문화를 구축해야 한다.
• 고객을 가장 중요시하는 역피라미드 조직 구조가 필요하다.
• 고객만족 성과의 명확한 측정과 철저한 보상을 위한 평가 시스템의 운영이 필요하다.
• 최고 경영자는 고객만족을 경영 목표로 하는 패러다임을 받아들이고 이를 달성하기 위해 기업 내부 조직 구성원과 함께 공유해야 한다.
• 외부고객을 만족시키기 위해서는 먼저 내부고객인 종업원을 만족시켜야 한다.
• 조직 역량을 효율적으로 발휘하기 위해서는 피라미드 형태가 아닌 다양한 상황에 빠르게 대처할 수 있는 수평적 팀 형태가 유리하다.
• 고객만족도를 지수화하고 이를 통한 지속적인 개선활동이 가능하도록 고객만족 실현을 위한 고객정보관리 체계를 구축해야 한다.

정답 ③

03
④ 조직 역량을 효율적으로 발휘하기 위해서는 피라미드 형태가 아닌 다양한 상황에 빠르게 대처할 수 있는 수평적 팀 형태가 유리하다.

03 다음 중 고객만족(CS)을 위한 실천 과제로 가장 옳지 않은 것은?

① 고객만족 지향적 기업 문화를 구축해야 한다.
② 최고경영자는 고객만족을 경영 목표로 하는 패러다임을 받아들이고 이를 달성하기 위해 기업 내부 조직 구성원과 함께 공유해야 한다.
③ 고객만족 성과의 명확한 측정과 철저한 보상을 위한 평가 시스템의 운영이 필요하다.
④ 조직 역량을 최대한 효율적으로 발휘할 수 있도록 피라미드 형태의 구조가 선행되어야 한다.
⑤ 고객만족도를 지수화하고 이를 통한 지속적인 개선활동이 가능하도록 고객만족 실현을 위한 고객정보관리 체계를 구축해야 한다.

빈출 키워드

02 고객만족 경영(CSM)의 변화

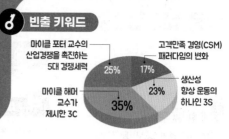

마이클 포터 교수의 산업경쟁을 촉진하는 5대 경쟁세력 25%
고객만족 경영(CSM) 패러다임의 변화 17%
생산성 향상 운동의 하나인 3S 23%
마이클 해머 교수가 제시한 3C 35%

핵심 이론

1. 고객만족 경영(CSM)의 패러다임 변화

① 시장의 성숙, 국제화, 개방화, 인터넷 발달, 무한 경쟁 시대 도래로 인한 기업 환경 변화

② 생산자 위주 공급 시장에서 소비자 위주 소비 시장으로 변화

③ 생존 차원의 필수 소비 형태에서 선택적 소비 형태로 변화

④ 기성세대와 차별되는 소비 형태, 가치관을 지닌 새로운 세대 등장

⑤ 목표시장의 니즈를 파악하고 고객의 니즈와 기대를 만족시키려는 시장 지향성 기업경영이 요구됨

⑥ 고객경영 전략이 '획득하는 전략'에서 '개발·유지·공유하는 전략'으로 변화

2. 3S에서 3C로의 이행

① 생산성 향상 운동의 하나인 '3S'

단순화 (Simplification)	현재 제품 계열에서 이익이 적거나 적자 내는 제품 축소, 즉 생산성 향상을 목적으로 제품 라인을 줄이거나 유리한 라인만 집약하는 것
표준화 (Standardization)	• 이후에 실행해야 할 행위, 구성 요소의 규격 등 복잡함을 일으키는 요소들에 대한 기준을 잡는 것을 의미하는 요소 • 선택된 상품 라인의 형식·품질·기능·부품 등에 일정한 규준을 설정하는 것
전문화 (Specialization)	직장이나 노동의 전문화를 말함

② 마이클 해머(M. Hammer) 교수가 제시한 '3C': 3S에서 3C 시대로 이행, 21세기는 3C 시대

Customer (고객)	21세기는 고객의 시대, 즉 고객을 만족시키고 감동을 주지 못하면 기업 경영이 제대로 생존하고 성장하기 어려움
Change (변화)	기업은 신속하게 고객, 인간, 고객가치창조 중심의 변화에 적응해야 하며 유연하게 모든 방향성을 가지고 움직여야 함
Competition (경쟁)	글로벌 경쟁체제의 경쟁 심화와 더불어 기업(공급자) 중심에서 소비자(수요자) 중심으로 헤게모니가 넘어가면서 고객은 과거에 비해 힘이 막강해졌고 무한 경쟁에서 살아남으려면 기업은 고객중심 경영 전략을 구사하여야 함

3. 마이클 포터(M. Porter) 교수의 산업경쟁을 촉진하는 5대 경쟁세력

경쟁자 (기존기업 간 경쟁)	시장의 성장성, 제품의 차별성, 생산 능력, 브랜드력, 구매량, 구매 비중, 교체 비용 등 비교·분석
공급자	• 공급선 변경에 의한 높은 전환 비용, 소수 기업의 독·과점식 공급 구조 파악 • 원자재 공급자에게 끌려 다녀서는 안 되며 교섭력이 요구됨
신규 진입자 (신규 진출 기업)	• 산업이 매력적이고 성장 중임을 의미하며 진입장벽을 쳐야 함 • 마케팅 비용 상승이나 수익성 하락을 의미하기도 함 • 초기 투자, 대체 비용, 정부의 규제, 기술 장벽 등에 대해 검토해야 함
구매자	• 구매자의 세력에 끌려가서는 안 됨 • 가격 인하, 서비스 개선 요구 등을 파악해야 함
대체자	• 가장 신경 써야 할 경쟁세력임 • 산업에 대한 장기적이고 폭넓은 분석과 예측을 해야 함

📖 핵심 기출 유형 문제

🔖 나오는 유형 ❶ **고객만족 경영(CSM) 패러다임의 변화**

고객만족 경영(CSM) 패러다임의 변화에 대한 설명으로 가장 옳지 않은 것은?

① 생산자 위주의 공급시장에서 소비자 위주의 소비시장으로 변화되었다.

② 시장의 성숙화, 국제화, 개방화, 인터넷의 발달, 무한 경쟁 시대의 도래로 인해 기업 환경이 변화되었다.

③ 기존의 선택적 소비 형태에서 생존 차원의 필수 소비 행태로 변화되었다.

④ 기업이 목표시장의 니즈를 파악하고 고객의 니즈와 기대를 만족시키려는 시장 지향성 기업경영이 요구되고 있다.

⑤ 기성세대와 차별되는 소비 형태, 가치관을 지닌 새로운 세대가 등장하였다.

⚑ 해설

③ 생존 차원의 필수 소비에서 선택적 소비 형태로 변화되었다.

고객만족 경영(CSM)의 패러다임 변화

• 시장의 성숙함, 국제화, 개방화, 인터넷의 발달, 무한 경쟁 시대의 도래로 인해 기업 환경이 변화되었다.
• 생산자 위주의 공급 시장에서 소비자 위주의 소비 시장으로 변화되었다.
• 생존 차원의 필수적 소비에서 선택적 소비 형태로 변화되었다.
• 기성세대와 차별되는 소비 형태, 가치관을 지닌 새로운 세대가 등장하였다.
• 목표시장의 니즈를 파악하고 고객의 니즈와 기대를 만족시키려는 시장 지향성 기업경영이 요구되고 있다.

정답 ③

---

01 고객만족 경영(CSM) 패러다임의 변화에 대한 내용으로 가장 옳지 않은 것은?

	패러다임	기업중심적		고객중심적
①	주체	기업		고객
②	고객경영 전략	개발 · 유지 · 공유	변화 →	획득
③	가치	현재 기업가치		고객의 평생가치
④	지식 기반	제품		고객의 경험 · 가치
⑤	마케팅 전략	매스 마케팅		일대일 마케팅

꼭 나오는 유형 ❷ 생산성 향상 운동의 하나인 '3S'

생산성 향상 운동의 하나인 '3S'의 내용 중 이후에 실행해야 할 행위, 구성 요소의 규격 등 복잡함을 일으키는 요소들에 대한 기준을 잡는 것을 의미하는 요소는?

① Simplification
② Standardization
③ Specialization
④ Satisfaction
⑤ Specification

해설 생산성 향상 운동의 하나인 '3S'

• 단순화(Simplification) : 현재 제품 계열에서 이익이 적거나 적자를 내는 제품을 축소해 나가는 것, 즉 생산성 향상을 목적으로 제품 라인을 줄이거나 유리한 라인만을 집약하는 것을 말한다.
• 표준화(Standardization) : 선택된 상품 라인의 형식·품질·기능·부품 등에 일정한 규준을 설정하는 것을 말한다.
• 전문화(Specialization) : 직장이나 노동의 전문화를 말한다.

정답 ②

---

02 생산성 향상 운동의 하나인 3S의 내용 중 현재의 제품 계열에서 이익이 적거나 적자를 내고 있는 제품을 축소해 나가는 것을 의미하는 요소는?

① Standardization
② Simplification
③ Specialization
④ Satisfaction
⑤ Specification

꼭 나오는 유형 ❸ 마이클 해머(M. Hammer) 교수가 제시한 '3C'

다음 〈보기〉의 내용 중 마이클 해머 교수가 제시한 '3C'를 찾아 모두 선택한 것은?

┤ 보기 ├

가. Competition   나. Customer

다. Cost   라. Communication

마. Confidence

① 가, 나   ② 가, 나, 라

③ 가, 나, 마   ④ 나, 다, 라

⑤ 다, 라, 마

┤ 해설

미래학자 마이클 해머 교수는 21세기를 고객의 시대로 표현하면서, 21세기는 3S시대에서 3C 시대로 이행되었다고 주장하였다.

3C의 내용

• Customer(고객) : 21세기는 고객의 시대, 즉 고객을 만족시키고 감동을 주지 못하면 기업 경영이 제대로 생존하고 성장하기 어렵다.

• Change(변화) : 기존의 기업 마인드를 바꾸고, 글로벌 시장에 맞는 합리적인 조직으로 변화해야 한다. 고객, 인간, 고객가치창조 중심으로 변화해야 하며, 변화에 효과적으로 대응하기 위해서는 내부의 의견을 들을 수 있어야 하고, 기업 문화로 정착돼야 한다. 결국, 유연한 조직 문화가 기업을 변화시킬 수 있는 것이다.

• Competition(경쟁) : 21세기는 무한 경쟁 시대이며 종전의 기업가 중심에서 소비자 중심으로 헤게모니가 넘어갔기 때문에 기업이 무한 경쟁에서 살아남기 위해서는 고객중심 경영전략을 구사하여야 한다.

정답 ①

03

• Customer(고객) : 21세기는 고객의 시대, 즉 고객을 만족시키고 감동을 주지 못하면 기업 경영이 제대로 생존하고 성장하기 어렵다.

• Change(변화) : 기존의 기업 마인드를 바꾸고, 글로벌 시장에 맞는 합리적인 조직으로 변화해야 한다. 고객, 인간, 고객가치창조 중심으로 변화해야 하며, 변화에 효과적으로 대응하기 위해서는 내부의 의견을 들을 수 있어야 하고, 기업 문화로 정착돼야 한다. 결국, 유연한 조직 문화가 기업을 변화시킬 수 있는 것이다.

03 마이클 해머 교수가 제시한 '3C'의 내용 중 다음 〈보기〉의 설명에 해당하는 것은?

┤ 보기 ├

글로벌 경쟁 체제의 경쟁 심화와 더불어 공급자 중심에서 수요자 중심으로 시장 주도권이 이양되면서 고객은 과거에 비해 막강한 힘을 갖게 되었다.

① Change   ② Conduct

③ Comprise   ④ Confidence

⑤ Competition

03 ⑤ 정답

04 마이클 해머 교수가 제시한 '3C'의 내용 중 다음 〈보기〉의 설명에 해당하는 것은?

> ┤ 보기 ├
>
> 오늘날 기업은 신속하게 변화에 적응해야 하며 유연하게 모든 방향성을 가지고 움직여야 한다.

① Confidence
② Change
③ Conversion
④ Comprise
⑤ Conduct

04
- Customer(고객) : 21세기는 고객의 시대, 즉 고객을 만족시키고 감동을 주지 못하면 기업 경영이 제대로 생존하고 성장하기 어렵다.
- Competition(경쟁) : 21세기는 무한 경쟁 시대이다. 종전의 기업가 중심에서 소비자 중심으로 헤게모니가 넘어가면서 기업이 무한 경쟁에서 살아남기 위해서는 고객중심 경영 전략을 구사하여야 한다.

꼭 나오는 유형 ❹ **마이클 포터 교수의 산업경쟁을 촉진하는 5대 경쟁세력**

'마이클 포터' 교수가 제시한 산업 경쟁을 촉진하는 '5대 세력(Five Force)' 중 다음 〈보기〉의 내용에 가장 부합하는 것은?

> ┤ 보기 ├
>
> 초기 투자, 대체 비용, 정부의 규제, 기술 장벽 등에 대하여 검토한다.

① 공급자
② 대체자
③ 신규 진입자
④ 경쟁자
⑤ 구매자

⚑ 해설

'마이클 포터' 교수가 제시한 산업경쟁을 촉진하는 '5대 세력(Five Force)'

경쟁자 (기존기업 간 경쟁)	시장의 성장성이나 제품의 차별성, 생산 능력, 브랜드력, 구매량, 구매 비중, 교체 비용 등을 비교 · 분석한다.
공급자	• 공급선 변경에 의한 높은 전환 비용, 소수 기업의 독 · 과점식 공급 구조를 파악하는 유형이다. • 원자재 공급자에게 끌려 다녀서는 안 되고 교섭력이 요구된다.
신규 진입자 (신규 진출 기업)	• 진입장벽을 쳐야 한다. • 산업이 매력적이고 성장 중임을 의미한다. • 마케팅 비용을 상승시키거나 수익성 하락을 의미하기도 한다. • 신규 진입을 위한 초기 투자, 대체 비용, 정부의 규제, 기술 장벽 등의 어려움이 있다.
구매자	• 구매자의 세력에 끌려가서는 안 된다. • 가격 인하, 서비스 개선 요구 등을 파악해야 한다.
대체자	• 가장 신경 써야 할 경쟁세력이다. • 산업에 대한 장기적이고 폭넓은 분석과 예측을 해야 한다.

정답 ③

❗ 문제타파 TIP

산업 경쟁을 촉진하는 5대 세력(Five Force)'에 대한 내용을 〈보기〉로 제시하는 문제가 많이 출제되므로 5대 세력 각각의 내용을 정확하게 이해해야 한다.

정답 **04** ②

05

① 구매자 : 가격 인하, 서비스 개선 요구 등을 파악해야 한다.
② 공급자 : 공급선 변경에 의한 높은 전환 비용, 소수 기업의 독과점식 공급 구조를 파악해야 한다.
③ 대체자 : 산업에 대한 장기적이고 폭넓은 분석과 예측을 해야 한다.
⑤ 신규 진입자 : 산업이 매력적이고 성장 중임을 의미하며 마케팅 비용 상승, 수익성 하락에 대비해야 한다.

06

② 공급자 : 공급선 변경에 의한 높은 전환 비용, 소수 기업의 독과점식 공급 구조를 파악해야 한다.
③ 대체자 : 산업에 대한 장기적이고 폭넓은 분석과 예측을 해야 한다.
④ 구매자 : 가격 인하, 서비스 개선 요구 등을 파악해야 한다.
⑤ 신규 진입자 : 산업이 매력적이고 성장 중임을 의미하며 마케팅 비용 상승, 수익성 하락에 대비해야 한다.

05 '마이클 포터' 교수가 제시한 산업경쟁을 촉진하는 '5대 세력(Five Force)' 중 다음 〈보기〉의 내용에 가장 부합하는 것은?

┤ 보기 ├
제품의 차별성이나 브랜드력, 구매량, 구매 비중, 교체 비용 등에 대하여 분석한다.

① 구매자　　　　　　　② 공급자
③ 대체자　　　　　　　④ 경쟁자
⑤ 신규 진입자

06 마이클 포터(Michael Porter) 교수가 제시한 산업경쟁을 촉진하는 5대 세력(Five Force) 중 시장의 성장성이나 제품의 차별성, 생산 능력, 브랜드력 등을 비교하는 유형은?

① 경쟁자　　　　　　　② 공급자
③ 대체자　　　　　　　④ 구매자
⑤ 신규 진입자

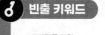

03 고객만족 경영(CSM)의 혁신

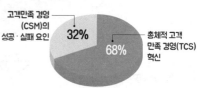

핵심 이론

1. 총체적 고객만족 경영(TCS) 혁신

① 총체적 고객만족 경영(TCS : Total Customer Satisfaction)은 고객만족 경영이 일반화된 시점에서 한 차원 높은 고객만족 경영 추진을 통한 경영효율성 제고와 차별화된 경쟁우위를 창출하기 위해 제시된 총체적 혁신 방법

② 요소와 방법 및 성과

	요소	방법	성과
내부 핵심 역량 강화 요소	지식, 인사 조직, 정보 기술, 프로세스	비전 전략 공유, 임직원(HR) 역량 극대화, 프로세스 혁신, 전략적 성과관리, 변화관리, 시설환경관리	비용 절감, 경영 효율 제고
시장 경쟁력 강화 요소	상품력, 가격 경쟁력, 브랜드, 이미지, 고객 관리	브랜드 관리, 영업력 향상, 신상품 개발, 서비스품질 혁신, 고객관계 관리 (CRM : Customer Relation Management)	고객 만족, 시장 성과 창출

③ 결과
- ㉠ 고객의 기대 수준에 부합하는 상품과 서비스 제공 가능
- ㉡ 잠재된 고객의 니즈까지 발굴해 고객에게 새로운 가치 제공
- ㉢ 고객에게 직접 영향을 주는 자원과 업무를 혁신할 수 있음
- ㉣ 기업의 브랜드파워를 높이고 영업력을 강화하여 시장에서의 차별화를 확보, 매출을 극대화할 수 있음

2. 고객만족 경영(CSM)의 성공 · 실패 요인

① 고객만족 경영(CSM)의 성공 요인
- ㉠ 리더십 : 리더의 혁신에 대한 적극적인 태도, 긍정적인 마인드
- ㉡ 조직 문화 : 혁신을 행하는 조직의 문화, 혁신 담당자, 조직 구조
- ㉢ 고객과 시장 : 구성원들의 고객 중시 · 시장 지향적 마인드
- ㉣ 자원 지원 : 물리적 · 심리적 보상을 의미
- ㉤ 프로세스 기법 : 서비스 기업에 요구되는 경영 혁신 프로세스 기법(리엔지니어링, TQM, 6시그마, 지식경영, 아웃소싱, 벤치마킹 등)

② 고객만족 경영(CSM)의 실패 요인
- ㉠ 전사적으로 합의점 도출에 실패하고 변화에 저항하는 세력이 존재
- ㉡ 혁신(변화)에 필요한 물적 · 인적 자원의 부족
- ㉢ 기회 포착 실패
- ㉣ 고객 지향보다는 기업의 입장에서 지나친 비용 절감만을 강조

📖 **핵심 기출 유형 문제**

문제타파 TIP

'총체적 고객만족 경영(TCS)'의 개별적인 혁신 요소에 대해 묻는 질문이 자주 출제되므로 해당 요소에 대해 정확하게 숙지해야 한다.

🔑 나오는 유형 ❶ 총체적 고객만족 경영(TCS) 혁신

다음 '총체적 고객만족 경영(TCS)'의 혁신 요소 중 내부 핵심 역량 강화 요소에 해당하는 것은?

① 이미지   ② 브랜드   ③ 인사 조직
④ 고객 관리   ⑤ 가격 경쟁력

⬇해설 총체적 고객만족 경영(TCS) 혁신

- 총체적 고객만족 경영(TCS : Total Customer Satisfaction)은 고객만족 경영이 일반화된 시점에서 한 차원 높은 고객만족 경영 추진을 통한 경영효율성 제고와 차별화된 경쟁우위를 창출하자는 총체적 혁신방법으로 제시됐다.
- KMAC(한국능률협회)에서 '총체적 고객만족 경영(TCS : Total Customer Satisfaction) 혁신'을 제안하였다.
- 요소 및 방법과 성과

	요소	방법	성과
내부 핵심 역량 강화 요소	지식, 인사 조직, 정보 기술, 프로세스	비전 전략 공유, 임직원(HR) 역량 극대화, 프로세스 혁신, 전략적 성과관리, 변화관리, 시설환경관리	비용 절감, 경영효율 제고
시장 경쟁력 강화 요소	상품력, 가격 경쟁력, 브랜드, 이미지, 고객 관리	브랜드 관리, 영업력 향상, 신상품 개발, 서비스품질 혁신, 고객관계 관리 (CRM : Customer Relation Management)	고객만족, 시장성과 창출

정답 ③

01
② 신상품 개발은 시장 경쟁력 강화 요소이다.

01 다음 '총체적 고객만족 경영(TCS)'의 혁신 요소 중 내부 핵심 역량 강화를 위한 혁신 활동으로 보기 어려운 것은?

① 변화관리   ② 신상품 개발   ③ 시설환경관리
④ 프로세스 혁신   ⑤ 전략적 성과관리

02
② 프로세스는 내부 핵심 역량의 강화 요소이다.

02 다음 '총체적 고객만족 경영(TCS)'의 혁신 요소 중 시장 경쟁력 강화를 위한 혁신 활동으로 보기 어려운 것은?

① 이미지   ② 프로세스   ③ 고객 관리
④ 가격 경쟁력   ⑤ 상품력

01 ② 02 ② 정답

03 다음 총체적 고객만족 경영(TCS)의 혁신 요소 중 시장 경쟁력 요소에 해당하는 것은?

① 지식　　　　② 정보 기술　　　　③ 프로세스

④ 인사 조직　　⑤ 고객 관리

📋 **정답 및 해설**

03
①~④ 내부 핵심 역량의 강화 요소에 해당한다.

꼭 나오는 유형 ❷ **고객만족 경영(CSM)의 성공·실패 요인**

고객만족 경영(CSM) 혁신을 위한 성공 요인 중 물질적–심리적 보상을 의미하는 것은?

① 리더십　　　　② 자원 지원　　　　③ 조직 문화

④ 고객과 시장　　⑤ 프로세스 기법

해설 고객만족 경영(CSM)의 성공·실패 요인

성공 요인	리더십	리더의 혁신에 대한 적극적인 태도, 긍정적인 마인드
	조직 문화	혁신을 행하는 조직의 문화, 혁신 담당자, 조직 구조
	고객과 시장	고객을 중시하는 구성원들의 마인드와 시장 지향적 마인드를 갖는 것
	자원 지원	물리적 · 심리적 보상을 의미
	프로세스 기법	서비스 기업에 요구되는 경영 혁신 프로세스 기법을 의미 (리엔지니어링, TQM, 6시그마, 지식경영, 아웃소싱, 벤치마킹 등)
실패 요인		• 전사적으로 합의점 도출에 실패하고 변화에 저항하는 세력이 존재 • 혁신(변화)에 필요한 물적 · 인적 자원의 부족 • 기회 포착 실패 • 고객 지향보다는 기업의 입장에서 지나친 비용 절감만을 강조

정답 ②

❗ **문제타파 TIP**

고객만족 경영(CSM)의 성공 요인과 실패 요인이 번갈아서 출제되므로 해당 요인을 숙지해야 한다.

---

04 다음 중 서비스 기업이 고객만족 경영의 혁신에 실패하는 요인으로 가장 거리가 먼 것은?

① 기회 포착의 실패

② 이익과 원가 개념의 고려

③ 전사적 합의점 도출 실패

④ 기업 측면의 지나친 비용 절감 강조

⑤ 혁신에 필요한 물적, 인적 자원의 부족

04
경영 혁신의 실패 이유
• 전사적으로 합의점 도출에 실패하고 변화에 저항하는 세력이 존재
• 변화에 필요한 물적 · 인적 자원의 부족
• 기회 포착 실패
• 고객 지향보다는 기업의 입장에서 지나친 비용 절감만을 강조

정답 03 ⑤ 04 ②

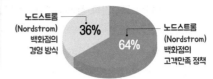

노드스트롬
(Nordstrom)
백화점의
경영 방식 **36%**

노드스트롬
(Nordstrom)
백화점의
64% 고객만족 정책

04 노드스트롬(Nordstrom) 백화점 사례

핵심 이론

1. 노드스트롬(Nordstrom) 백화점의 경영 방식

① 경영 이념 : 최고의 서비스(Exceptional Service), 품질(Quality), 가치(Value), 구색(Selection)

② 가족경영 기업문화 : 가족경영은 회사 연혁 이해와 변함없는 메시지, 장기 계획의 안정성을 가져옴

③ 역피라미드 조직 : 고객이 맨 상단에, 그다음에는 판매 사원 및 판매 지원 사원이, 그 밑에 매장 지배인, 상점 지배인이 있고 그 밑에는 구매 담당자, 머천다이징 매니저, 지역 지배인, 총 지배인이 있으며 맨 아래에 이사회가 있음

④ 현장배회경영(MBWA) : 의사결정을 하는 경영층이 직접 현장을 방문하여 '현장(現場), 현물(現物), 현실(現實)'을 내용으로 하는 3현주의에 의해 업무를 빠르게 처리하는 방법

2. 노드스트롬(Nordstrom) 백화점의 고객만족 정책

① 내부고객 만족 정책

ㄱ 종업원 선발 : 인재 선발에 있어 학력과 경력 같은 피상적인 조건을 내세우지 않음

ㄴ 인사관리 : 관리자 선발의 경우 외부에서 영입하지 않고 내부 승진 원칙을 고수함

ㄷ 동기부여와 인센티브 : 미국 소매업계 최초로 판매 수수료 제도를 도입하였음

ㄹ 권한 위임 : 현장에서 고객과의 접점에 있는 직원들이 진심 어린 고객 서비스를 실천할 수 있도록 하기 위해 직원의 인격을 먼저 존중해 줌

ㅁ 노드스트롬(Nordstrom)을 성공으로 이끈 원칙
- 동기가 높은 사원들은 영웅적인 일, 곧 월등한 고객 서비스를 행함
- 판매 사원을 상대로 쇼핑하는 것은 자영업자를 대하는 것과 같음

- 사원들에게 의사결정의 자유와 권한을 주며 기꺼이 그들의 결정을 존중함
- 일선 사원들이 주도성을 가지고 창조적으로 생각하기를 기대·격려하며 설득·요구함

예 매장별로 1년간 순매출액 목표를 달성·초과하는 판매 사원을 'Pace Setter'로 선정, 자사 매장 제품을 연간 33% 할인해 주는 신용카드를 발급해 줌

② 외부고객 만족 정책

ㄱ 어떠한 경우에도 고객에게 NO라고 하지 않음 : 판매 사원들은 "고객은 항상 옳다"라는 명제 아래 고객에게 최선의 서비스를 펼침

ㄴ 조건 없는 반품 수용 정책(100% 반품 100% 고객 만족)
- 고객 실수로 물건에 하자가 생겼어도 주저 없이 반품해 줌
- 반품 정책은 하나의 광고가 되어 노드스트롬의 최고의 서비스 정책을 알리는 역할을 함

ㄷ 개인별 고객 수첩 활용 : 고객의 이름, 주소, 전화번호, 사이즈, 체형, 선호 브랜드, 선호 색상, 선호 스타일 등을 적어 두고 고객 관리에 활용

ㄹ 다양한 제품 구색 : 다른 백화점들에 비해 다양한 제품들을 갖추어 고객이 노드스트롬을 방문해 찾을 수 없는 제품은 다른 백화점에도 없다고 생각할 수 있도록 노력함

ㅁ 특별한 가격 정책 : 제품 가치에 따라 가장 합리적인 가격 제시

ㅂ 매력적인 쇼핑 환경 제공 : 매장 내 충분한 휴식 공간 제공

📖 **핵심 기출 유형 문제**

🎯 **나오는 유형** ❶ **노드스트롬(Nordstrom) 백화점의 경영 방식**

다음 중 **노드스트롬 백화점의 기본 경영 원칙**과 가장 거리가 먼 것은?

① Value
② Quality
③ Exceptional Service
④ Elegant
⑤ Selection

✏️해설 **노드스트롬(Nordstrom) 백화점의 경영 방식**

• 경영 이념 : Exceptional Service(최고의 서비스), Quality(품질), Value(가치), Selection(구색)
• 가족경영 기업문화
• 역피라미드 조직
• 현장배회경영(MBWA) : 3현주의[현장(現場), 현물(現物), 현실(現實)]

정답 ④

📝 **문제타파 TIP**

노드스트롬(Nordstrom) 백화점의 경영 원칙의 요소를 암기하고 있어야 한다.

01 다음 중 **노드스트롬(Nordstrorm) 백화점의 기본 경영 원칙**과 가장 거리가 먼 것은?

① 합리성(Rationality)
② 최고의 서비스(Exceptional Service)
③ 가치(Value)
④ 구색(Selection)
⑤ 품질(Quality)

01
노드스트롬의 경영 철학은 최고의 서비스(Exceptional Service), 구색(Selection), 품질(Quality) 및 가치(Value)이다. 철저한 고객 봉사주의를 기초로 한 것이다.

정답 **01** ①

🔖나오는 유형 ❷ 노드스트롬(Nordstrom) 백화점의 고객만족 정책

노드스트롬(Nordstrom) 백화점의 경영 방식 중 내부고객의 만족을 위한 정책과 가장 거리가 먼 것은?

① 권한 위임
② 동기부여와 인센티브
③ 개인별 고객 수첩의 활용
④ 내부 승진 원칙의 인사관리
⑤ 피상적인 조건을 내세우지 않는 종업원 선발

▸해설

③ 외부고객의 만족을 위한 정책에 해당한다.

노드스트롬(Nordstrom) 백화점의 내부고객 만족 정책
- 종업원 선발 : 인재 선발에 있어 학력과 경력 같은 피상적인 조건을 내세우지 않는다.
- 인사관리 : 관리자 선발의 경우 외부에서 영입하지 않고 내부 승진 원칙을 고수한다.
- 동기부여와 인센티브 : 미국 소매업계 최초로 판매 수수료 제도를 도입하였다.
- 권한 위임 : 현장에서 고객과 접점에 있는 직원들이 진심 어린 고객 서비스를 실천할 수 있도록 하기 위해 직원의 인격을 먼저 존중해 준다.

노드스트롬(Nordstrom) 백화점의 외부고객 만족 정책
- 어떠한 경우에도 고객에게 NO라고 하지 않음 : 판매 사원들은 "고객은 항상 옳다"라는 명제 아래 고객에게 최선의 서비스를 펼친다.
- 100% 반품 100% 고객만족 : 고객의 실수로 물건에 하자가 생겼을 때에도 주저 없이 반품을 해 준다. 이 반품 정책은 하나의 광고가 되어 노드스트롬의 최고의 서비스 정책을 알리고 있다.
- 개인별 고객 수첩 활용 : 고객의 이름, 주소, 전화번호, 사이즈, 체형, 선호 브랜드, 선호 색상, 선호 스타일 등을 적어 두고 고객 관리에 활용한다.
- 다양한 제품 구색 : 다른 백화점들에 비해 다양한 제품들을 갖추어 고객이 노드스트롬을 방문해 찾을 수 없는 제품은 다른 백화점에도 없다고 생각할 수 있도록 노력한다.
- 특별한 가격 정책 : 제품 가치에 따른 가장 합리적인 가격을 제시한다.
- 매력적인 쇼핑 환경 제공 : 매장 내 충분한 휴식 공간을 제공한다.

정답 ③

02
① 외부고객의 만족을 위한 정책이다.

02 노드스트롬(Nordstrom) 백화점의 경영 방식 중 내부고객의 만족을 위한 정책과 가장 거리가 먼 것은?

① 고객에게 안락하고 편리한 쇼핑 환경을 제공하여 고객만족과 매출의 극대화를 꾀한다.
② 현장에서 고객과 접점에 있는 직원들이 진심 어린 고객 서비스를 실천할 수 있도록 하기 위해 직원의 인격을 먼저 존중해 준다.
③ 노드스트롬은 학력과 경력 같은 피상적인 조건을 내세우지 않는다.
④ 미국 소매업계 최초로 판매 수수료 제도를 도입하였다.
⑤ 관리자 선발의 경우 외부에서 영입하지 않고 내부 승진 원칙을 고수한다.

02 ① 정답

03 다음 중 <u>노드스트롬(Nordstrorm)</u>을 성공으로 이끈 원칙과 가장 거리가 먼 것은?

① 높은 동기를 지닌 사원들은 영웅적인 일, 곧 월등한 고객 서비스를 행한다.

② 노드스트롬의 판매 사원을 상대로 쇼핑하는 것은 자영업자를 대하는 것과 같다.

③ 노드스트롬은 사원들에게 의사결정의 자유와 권한을 주며 기꺼이 그들의 결정을 존중한다.

④ 노드스트롬은 일선 사원들이 주도성을 가지고 창조적인 생각을 하기를 기대하고 격려하며 설득하고 요구한다.

⑤ 노드스트롬은 사원들이 높은 판매율을 유지할 수 있도록 가장 선호도가 높은 특정 상품과 치수를 중점적으로 준비하여 제공한다.

03

노드스트롬(Nordstrorm)을 성공으로 이끈 원칙

• 동기가 높은 사원들은 영웅적인 일, 곧 월등한 고객 서비스를 행함

• 판매 사원을 상대로 쇼핑하는 것은 자영업자를 대하는 것과 같음

• 사원들에게 의사결정의 자유와 권한을 주며 기꺼이 그들의 결정을 존중함

• 일선 사원들이 주도성을 가지고 창조적으로 생각하기를 기대 · 격려하며 설득 · 요구함

예 매장별로 1년간 순매출액 목표를 달성 · 초과하는 판매 사원을 'Pace Setter'로 선정하여 자사 매장 제품을 연간 33% 할인해 주는 신용카드를 발급해 준다.

04 다음 〈보기〉의 (   ) 안에 들어갈 용어로 알맞은 것은?

┤ 보기 ├─

노드스트롬 백화점의 가장 중요한 실적 평가 기준은 바로 시간당 매출액이다. 매장별로 1년간 순매출액 목표를 달성하거나 초과하는 판매 사원을 (   )(으)로 선정하고 자사 매장 제품에 대해 연간 33%가 할인되는 신용카드를 발급해 주고 있다.

① CS Leader　　　　　② Royal Crown

③ Sales Master　　　　④ Pace Setter

⑤ Grand Marketer

04

Pace Setter

노드스트롬은 성과 우수자에 대한 보상으로 매출 목표를 초과 달성한 판매 직원에게 'Pace Setter'라고 새겨진 업무용 명함과 최고 판매 사원이라는 호칭을 부여한다.

05 <u>노드스트롬(Nordstrom)</u> 백화점의 경영 방식 중 외부고객의 만족을 위한 정책과 가장 거리가 먼 것은?

① 특별한 가격 정책

② 동기부여와 인센티브

③ 개인별 고객 수첩의 활용

④ 조건 없는 반품 수용 정책

⑤ 매력적인 쇼핑 환경의 제공

05

② 내부고객을 위한 정책이다.

정답 **03** ⑤ **04** ④ **05** ②

05 고객만족 행동 - 구전(口傳)

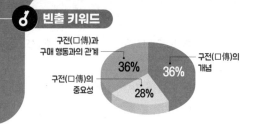

구전(口傳)과 구매 행동과의 관계 36%
구전(口傳)의 개념 36%
구전(口傳)의 중요성 28%

핵심 이론

1. 구전(口傳)의 개념

① 구전은 입소문 마케팅, 바이럴 마케팅, Word of Mouth라고도 말할 수 있음

② 사람들의 입에서 입으로 전해지는 형태의 비공식 전달 과정

③ 개인들의 경험에 기초한 대면 커뮤니케이션

④ 구전은 언어적 커뮤니케이션에 제한된 것이 아님

⑤ 영향력의 특성과 관련된 개인 혹은 집단 간의 영향력을 가리킴

⑥ 특정 주제에 관하여 고객이 스스로의 이해관계를 떠나서 개인적인 직·간접적 경험에 대해 긍정적 혹은 부정적인 내용의 정보를 비공식적으로 교환하는 의사소통

⑦ 구전으로 전파하는 구전 정보는 광고와 같은 상업 정보와 견주어 더욱 신뢰성이 높음

⑧ 일반 상업 정보와 달리 소집단 커뮤니케이션 형태여서 수신자에게 미치는 영향력이 큼

2. 구전(口傳)의 중요성

① 신뢰감 형성 : 상품이나 서비스에 대해 기업의 의도로 형성되지 않고, 개인의 경험에 기인한 정보이므로, 고객들이 더 신뢰할 수 있음

② 급속한 전파

　㉠ 일반적으로 많은 사람에게 빠른 속도로 전파되는 특성이 있음

　㉡ 상품에 대한 불만은 구매자들에 한정되지만, 구전은 많은 사람들에 의해 빠르게 전파되어 기업의 매출에 큰 손실을 줄 수 있음

③ 큰 파급 효과 : 구전은 일대일 커뮤니케이션이며 개인 간 상호작용이므로 문서 자료, 기타 매체보다 효과가 더 큼

④ 정확한 정보 제공 : 제품과 서비스에 대한 생생한 개인의 경험에 기인하므로, 확실한 정보 제공

⑤ 제품 추천

　㉠ 고객 준거집단에서의 추천 의도는 구전 커뮤니케이션으로 작용할 수 있음

　㉡ 구전으로 추천, 재방문·재구매 등이 이루어져 기업 인지도와 브랜드 선호도 증가 가능

3. 구전(口傳)과 구매 행동과의 관계

① 소비자 간의 구전은 일반적으로 매우 신뢰성이 높은 정보의 원천임

② 소비자는 실제 제품 구매를 결정할 경우 상업적 정보보다 주변 사람들로부터 듣는 비상업적 정보를 신뢰하는 경향이 있음

③ 일방적이 아니라 쌍방적 의사소통이 이루어지는 것이 특징임

④ 소비자는 구매와 관련된 위험을 줄이고 제품 구매, 가격 등에 대한 정보를 얻기 위해 구전을 활용함

⑤ 소비자는 기업이 자사 제품에 대해 제공하는 긍정적 정보를 제품 판매를 위한 꾸며진 정보로 간주하고 신뢰하지 않는 경향이 있음

꼭 나오는 유형 ❶ 구전(口傳)의 개념

다음 중 구전의 개념에 대한 설명으로 가장 거리가 먼 것은?

① 구전은 언어적 커뮤니케이션에 제한된 것이 아니다.
② 구전은 개인들의 경험에 기초한 대면 커뮤니케이션이다.
③ 영향력의 특성과 관련된 개인 혹은 집단 간의 영향력을 말한다.
④ 특정 주제에 관하여 고객들의 개인적인 직·간접적인 경험에 대해 긍정적 혹은 부정적인 내용의 정보를 비공식적으로 교환하는 의사소통이다.
⑤ 고객의 이해관계와 밀접한 관련이 있으며 자신의 간접적인 경험이 아니라 직접적이고 생생한 경험을 공식적으로 교환하는 활동이나 행위를 의미한다.

⏐해설
⑤ 구전은 특정 주제에 관하여 고객이 스스로의 이해관계를 떠나서 개인적인 직·간접적인 경험에 대해 긍정적·부정적인 내용의 정보를 비공식적으로 교환하는 의사소통이다.

구전(口傳)의 개념
• 구전은 입소문 마케팅, 바이럴 마케팅, Word of Mouth라고도 말할 수 있다.
• 사람들의 입에서 입으로 전해지는 형태의 비공식 전달 과정이다.
• 개인들의 경험에 기초한 대면 커뮤니케이션이다.
• 구전은 언어적 커뮤니케이션에 제한된 것이 아니다.
• 영향력의 특성과 관련된 개인 혹은 집단 간의 영향력을 말한다.
• 특정 주제에 관하여 고객이 스스로의 이해관계를 떠나서 개인적인 직·간접적인 경험에 대해 긍정적 혹은 부정적인 내용의 정보를 비공식적으로 교환하는 의사소통이다.
• 구전에 의해 전파되는 구전 정보는 광고와 같은 상업 정보와 견주어 보다 높은 신뢰성을 갖는 것으로 알려져 있다.
• 일반 상업 정보와 달리 소집단 커뮤니케이션 형태를 띠고 있어 수신자에게 미치는 영향력이 크다.

정답 ⑤

❗**문제타파 TIP**

구전의 개념과 정의에 대한 문제가 자주 출제되고 있으므로 확실하게 숙지해 두어야 한다.

01 다음 중 '구전(口傳)'의 개념에 대한 설명으로 가장 거리가 먼 것은?

① 고객의 이해관계와 밀접한 관련이 있으며 자신의 간접적인 경험이 아니라 직접적이고 생생한 경험을 공식적으로 교환하는 활동이나 행위를 의미한다.
② 영향력의 특성과 관련된 개인 혹은 집단 간의 영향력을 말한다.
③ 특정 주제에 관하여 고객들의 개인적인 직·간접적인 경험에 대해 긍정적 혹은 부정적인 내용의 정보를 비공식적으로 교환하는 의사소통이다.
④ 구전은 개인들의 경험에 기초한 대면 커뮤니케이션이다.
⑤ 구전은 언어적 커뮤니케이션에 제한된 것이 아니다.

01
① 구전은 고객이 스스로의 이해관계를 떠나서 자신의 직·간접 경험을 비공식적으로 교환하는 활동이나 행위를 의미한다.

정답 01 ①

02

② 구전은 단지 언어적 커뮤니케이션에 제한된 것이 아니다.

02 다음 중 구전(口傳)의 개념에 대한 설명으로 가장 옳지 않은 것은?

① 영향력의 특성과 관련된 개인 혹은 집단 간의 영향력을 말한다.

② 구전은 언어적 커뮤니케이션에 한정되어 나타난다.

③ 특정 주제에 관하여 고객들의 직·간접적인 개인적 경험에 대해 긍정적 혹은 부정적인 내용의 정보를 비공식적으로 교환하는 의사소통이다.

④ 구전은 개인들의 경험에 기초한 대면 커뮤니케이션이다.

⑤ 고객이 이해관계를 떠나서 자신의 직·간접 경험을 비공식적으로 교환하는 활동 혹은 행위를 의미한다.

문제타파 TIP

구전의 중요성에 대한 내용을 약간 비틀어서 틀린 것을 찾는 문제가 주로 출제되므로 해당 내용을 정확하게 숙지해야 한다.

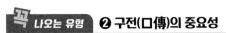

꼭 나오는 유형 ❷ 구전(口傳)의 중요성

다음 중 구전(口傳)의 중요성에 대한 설명으로 옳지 않은 것은?

① 구전은 일반적으로 많은 사람에게 빠른 속도로 전파되는 특성을 가지고 있다.

② 구전은 생생한 경험적 요소에 기초를 두고 있기 때문에 확실한 정보를 얻게 해 준다.

③ 구전은 기업에 의해 창출된 것이 아니기 때문에 고객이 더욱 신뢰할 수 있는 정보이다.

④ 구전은 일대 다수의 커뮤니케이션이기 때문에 문서 자료나 타 매체에 비해 그 효과가 매우 미미하다.

⑤ 고객 준거집단에서의 추천 의도는 고객의 재방문으로 확산되는 과정에서 구전 커뮤니케이션으로 작용할 수 있다.

해설
④ 구전은 일대일 커뮤니케이션으로 문서 자료나 타 매체에 비해 효과가 더 크다.

구전(口傳)의 중요성
• 일반적으로 많은 사람에게 빠른 속도로 전파되는 특성을 가지고 있다.
• 생생한 경험적 요소에 기초를 두고 있기 때문에 확실한 정보를 얻게 해 준다.
• 일대일 커뮤니케이션으로 문서 자료나 타 매체에 비해 더욱 큰 효과를 가지고 있다.
• 고객 준거집단에서의 추천 의도는 고객의 재방문으로 확산되는 과정에서 구전 커뮤니케이션으로 작용할 수 있다.
• 상품이나 서비스에 대해 기업의 의도로 형성되지 않고, 개인의 경험에 기인한 정보이므로, 고객들이 더 신뢰할 수 있다.

정답 ④

02 ② 정답

03 다음 중 구전의 중요성에 대한 설명으로 옳지 않은 것은?

① 구전은 일반적으로 많은 사람에게 빠른 속도로 전파되는 특성을 가지고 있다.

② 구전은 기업에 의해 창출된 것이기 때문에 고객이 더욱 신뢰하기 어려운 정보이다.

③ 구전은 생생한 경험적 요소에 기초를 두고 있기 때문에 확실한 정보를 얻게 해 준다.

④ 구전은 일대일 커뮤니케이션으로 문서 자료나 타 매체에 비해 더욱 큰 효과를 가지고 있다.

⑤ 고객 준거집단에서의 추천 의도는 고객의 재방문으로 확산되는 과정에서 구전 커뮤니케이션으로 작용할 수 있다.

03

② 구전은 상품이나 서비스에 대해 기업의 의도로 형성되지 않고, 개인의 경험에 기인한 정보이므로 고객들이 더 신뢰할 수 있다.

꼭 나오는 유형 ❸ 구전(口傳)과 구매 행동과의 관계

다음 중 '구전(口傳)'과 구매 행동과의 관계에 대한 설명으로 가장 거리가 먼 것은?

① 소비자 간의 구전은 일반적으로 매우 신뢰성이 높은 정보의 원천이다.

② 소비자는 실제 제품 구매를 결정할 경우 상업적 정보보다 자신의 주변 사람들로부터 듣는 비상업적 정보를 신뢰하는 경향이 있다.

③ 일방적이 아니라 쌍방적 의사소통이 이루어지는 특징이 있다.

④ 소비자는 구매와 관련된 위험을 줄이고 제품 구매, 가격 등에 대한 정보를 얻기 위해 구전을 활용한다.

⑤ 소비자는 기업이 자사 제품에 대해 제공하는 금전적 정보에 대해 호의적이고 이를 신뢰하는 경향이 뚜렷하다.

▸ 해설

⑤ 소비자는 기업이 자사 제품에 대해 제공하는 긍정적 정보를 제품 판매를 위한 꾸며진 정보로 간주하고 신뢰하지 않는 경향이 있다. 소비자는 기업의 상업적 정보보다 가족, 친구, 이웃, 동료와 같은 자신의 주변 사람들로부터 듣는 비상업적 정보를 진실하고 신뢰성이 높다고 인식한다.

구전(口傳)과 구매 행동과의 관계
• 소비자 간의 구전은 일반적으로 매우 신뢰성이 높은 정보의 원천이다.
• 소비자는 실제 제품 구매를 결정할 경우 상업적 정보보다 자신의 주변 사람들로부터 듣는 비상업적 정보를 신뢰하는 경향이 있다.
• 일방적이 아니라 쌍방적 의사소통이 이루어지는 특징이 있다.
• 소비자는 구매와 관련된 위험을 줄이고 제품 구매, 가격 등에 대한 정보를 얻기 위해 구전을 활용한다.
• 소비자는 기업이 자사 제품에 대해 제공하는 긍정적 정보를 제품 판매를 위한 꾸며진 정보로 간주하고 신뢰하지 않는 경향이 있다.

정답 ⑤

❗ 문제타파 TIP

구전(口傳)과 구매 행동과의 관계에 대한 내용을 혼동할 수 있는 보기를 출제한 후 틀린 내용을 고르는 문제가 주로 출제되므로 해당 내용을 정확하게 이해해야 한다.

정답 **03** ②

04
② 일방적 의사소통이 아니라 쌍방적으로 의사소통이 이루어지는 특징이 있다.

04 다음 중 '구전(口傳)'과 구매 행동과의 관계에 대한 설명으로 가장 거리가 먼 것은?

① 소비자 간의 구전은 일반적으로 매우 신뢰성이 높은 정보의 원천이다.

② 쌍방이 아니라 일방적으로 의사소통이 이루어지는 특징이 있다.

③ 소비자는 기업이 자사 제품에 대해 제공하는 긍정적 정보를 제품 판매를 위한 것으로 간주하고 신뢰하지 않는 경향도 있다.

④ 소비자는 실제 제품 구매를 결정할 경우 상업적 정보보다 자신의 주변 사람들로부터 듣는 비상업적인 정보를 신뢰하는 경향이 있다.

⑤ 소비자는 구매와 관련된 위험을 줄이고 제품 구매, 가격 등에 대한 정보를 얻기 위해 구전을 활용한다.

05
④ 소비자는 실제 제품 구매를 결정할 경우 상업적 정보보다는 자신의 주변 사람들로부터 듣는 비상업적 정보를 신뢰하는 경향을 보이며, 주변 사람들로부터 얻는 비상업적 정보원이 보다 신뢰성이 높다고 인식한다.

05 다음 중 구전과 구매 행동과의 관계에 대한 설명으로 가장 거리가 먼 것은?

① 소비자 간의 구전은 일반적으로 매우 신뢰성이 높은 정보의 원천이다.

② 소비자는 구매와 관련된 위험을 줄이고 제품 구매, 가격 등에 대한 정보를 얻기 위해 구전을 활용한다.

③ 일방적인 것이 아니라 쌍방적 의사소통이 이루어지는 특징이 있다.

④ 소비자는 실제 제품 구매를 결정할 경우 비상업적 정보보다 자신의 주변 사람들로부터 듣는 상업적 정보를 절대적으로 신뢰하는 경향이 있다.

⑤ 소비자는 기업이 자사 제품에 대해 제공하는 긍정적 정보를 제품 판매를 위한 것으로 간주하고 신뢰하지 않는 경향도 있다.

04 ② 05 ④ **정답**

01 고객의 분류 및 역할

🔑 빈출 키워드

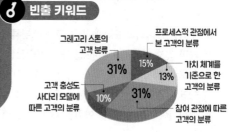

📋 핵심 이론

1. 고객의 분류

① 프로세스적 관점에서 본 고객의 분류

내부 고객	• 가치생산에 직접 참여하는 고객(종업원) • 동료, 부하 직원, 상사 등 본인이 하는 일의 결과를 사용하는 사람
중간 고객	• 기업과 최종 고객이 되는 소비자 사이에서 그 가치를 전달하는 고객 • 도매상, 소매상, 중간상 등
외부 고객	• 기업이 생산한 가치를 사용(소비)하는 고객 • 최종 제품의 구매자, 소비자

② 가치 체계를 기준으로 한 고객의 분류

사내 고객, 가치 생산 고객	• 상사와 부하 직원 • 부서와 부서 • 공정과 공정 • 동료와 동료
중간 고객, 가치 전달 고객	• 기업과 협력업체 • 기업과 대리점 • 기업과 유통업체
최종 고객, 가치 구매 고객	• 기업과 최종 고객 • End User • 구매자와 사용자

③ 참여 관점에 따른 고객의 분류

직접 고객 (1차 고객)	제공자로부터 제품 또는 서비스를 구입하는 사람
간접 고객 (개인 또는 집단)	최종 소비자 또는 2차 소비자
공급자 집단	제품과 서비스를 제공하고 반대급부로 돈을 지급받는 자
내부 고객	회사 내부의 종업원 및 그 가족과 주주

의사결정 고객	직접 고객(1차 고객)의 선택에 커다란 영향을 미치는 개인 또는 집단으로서, 직접적으로 구입을 하거나 돈을 지불하지 않는 고객
의견선도 고객	제품이나 서비스의 구매보다는 제품의 평판, 심사, 모니터링 등에 영향을 미치는 집단(소비자보호단체, 기자, 평론가, 전문가 등)
법률 규제자	소비자보호나 관련 조직의 운영에 적용되는 법률을 만드는 의회나 정부
경쟁자	전략이나 고객 관리 등에 중요한 인식을 심어 주는 고객
단골 고객	자사의 제품이나 서비스를 반복, 지속적으로 구매하되 다른 사람들에게 적극적으로 추천하지 않는 고객(로열티 없는 고객)
옹호 고객	단골 고객이면서 고객을 추천할 정도의 로열티가 있는 고객
한계 고객	• 기업 이익 실현에 마이너스를 초래하는, 디마케팅 대상 고객 • 명단에서 제외, 해약 유도 등으로 해당 고객의 활동·가치를 중지해야 함
체리피커 (Cherry Picker)	• '신포도 대신 체리만 골라 먹는다'하여 붙인 명칭 • 특별 이벤트 기간에 가입해 혜택은 다 누리고, 그 이후 찾지 않는 고객 • 실제 상품 구매, 서비스 이용 실적은 좋지 않으면서 기업의 서비스 체계, 유통 구조 등에 있는 허점을 찾아내어 자신의 실속을 챙기는 소비자
얼리어답터 (Early Adopter)	제품이 출시될 때 가장 먼저 구입을 하여 평가를 내린 뒤, 주위에 제품의 정보를 알려 주는 성향을 가진 고객

④ 고객 충성도 사다리 모델에 따른 고객의 분류
  ㉠ 가망 고객 : 신규 고객이 될 가능성이 있는 고객
  ㉡ 옹호 고객 : 단골 고객 중 자사 상품에 대해 타인에게 긍정적 구전활동을 하는 고객
  ㉢ 핵심 고객 : 기업에 큰 이익을 남겨 주는 핵심적인 고객
  ㉣ 신규 고객 : 기업과 처음으로 거래를 시작한 단계의 고객
  ㉤ 잠재 고객 : 구매에 대한 확신이 부족하여 구매 여부를 결정짓지 못하는 고객
⑤ 평면적 · 전통적 관점의 고객 : 재화나 서비스를 구매하는 사람
⑥ 기타 소비자 유형
  ㉠ 웹시족 : 웹(Web)과 미시(Missy)의 합성어로서 인터넷을 활용해 생활 정보를 얻거나 여가를 즐기는 주부
  ㉡ 메타슈머 : 기존의 제품을 변형하여 사용하는 소비자
  ㉢ 트윈슈머 : 인터넷의 사용 후기를 참고하여 물건을 구매하는 소비자
  ㉣ 프로슈머 : 생산에 참여하는 소비자
⑦ 그레고리 스톤(Gregory Stone)의 고객 분류
  ㉠ 경제적 고객(절약형 고객)
    • 고객 가치를 극대화하려는 고객
    • 투자한 시간, 돈, 노력에 최대한의 효용을 얻으려는 고객
    • 여러 서비스 기업의 경제적 강점을 검증하고 가치를 면밀히 조사하는 요구가 많고 때로는 변덕스러운 고객
    • 이러한 고객의 상실은 잠재적 경쟁 위험에 대한 초기 경보 신호
  ㉡ 윤리적 고객(도덕적 고객)
    • 윤리적인 기업의 고객이 되는 것을 고객의 책무라고 생각하는 고객
    • 기업의 사회적 이미지가 깨끗하고 윤리적이어야 고객 유지 가능

  ㉢ 개인적 고객(개별화 추구 고객)
    • 개인 간 교류를 선호하는 고객
    • 서비스를 제공받을 때 천편일률적이고 형식적인 서비스보다 자기를 인정해 주는 서비스에 만족을 보이는 고객
    • 최근의 개인화 경향으로 고객 정보를 잘 활용할 경우 가능한 마케팅
  ㉣ 편의적 고객
    • 서비스를 받을 때 편의성을 중요시하는 고객
    • 편의를 위해서라면 추가 비용을 지불할 수 있는 고객

2. 고객의 역할
① 품질에 기여하는 공헌자
  ㉠ 서비스의 상호작용에서 고객 스스로의 적극적인 참여가 서비스 품질 향상에 기여하게 되는 경우
  ㉡ 서비스 상호작용에서 자신의 역할에 만족하는 고객일수록 만족도가 높음
② 생산과정에 참여하는 생산자원 : 부분 직원으로서 기업의 생산 역량과 인적 자원의 일부분을 보완하는 역할로 보는 관점
③ 잠재적 경쟁자
  ㉠ 고객이 서비스 제공 과정의 일부분을 수행하기도 하고 전체적으로 수행하기도 함
  ㉡ 서비스를 고객이 직접 생산할 것인지 외부에서 조달할 것인지 결정하는 것으로 선택과정에서 서비스를 외부에서 제공받지 않고 내부에서 직접 생산하는 경우에 해당함
  ㉢ 고객이 서비스를 고객 내부에서 직접 생산한다면 고객은 서비스 기업의 경쟁자가 될 수 있다는 의미

📖 핵심 기출 유형 문제

❶ 프로세스적 관점에서 본 고객의 분류

다음 중 프로세스적 관점에서 본 고객의 분류에서 '중간 고객'에 해당하는 것은?

① 동료
② 상사
③ 소매상
④ 부하 직원
⑤ 최종 고객

해설 프로세스적 관점에서 본 고객의 분류
- 내부 고객 : 가치생산에 직접 참여하는 고객(종업원)을 가리키며 동료, 부하 직원, 상사 등 본인이 하는 일의 결과를 사용하는 사람 등이 해당한다.
- 중간 고객 : 기업과 최종 고객이 되는 소비자 사이에서 그 가치를 전달하는 고객을 가리키며 도매상, 소매상, 중간상 등이 해당한다.
- 외부 고객 : 기업이 생산한 가치를 사용(소비)하는 고객을 가리키며 최종 제품의 구매자, 소비자 등이 해당한다.

정답 ③

> **❗ 문제타파 TIP**
> 프로세스적 관점에서 본 고객의 분류 3가지의 개념을 확실하게 이해할 것!

01 다음 중 프로세스적 관점에서 본 고객의 분류에서 '외부 고객'에 해당하는 것은?

① 부서와 부서
② 기업과 대리점
③ 도매상과 소매상
④ 기업과 유통업체
⑤ 제품의 구매자 및 소비자

01
외부 고객
기업이 생산한 가치를 사용(소비)하는 고객을 가리키며 최종 제품의 구매자, 소비자 등이 해당한다.

02 다음 〈보기〉의 내용 중 프로세스적 관점에서 본 고객의 분류를 찾아 모두 선택한 것은?

┌─ 보기 ┐
가. 최초 고객 　　　　　　　나. 중간 고객
다. 최종 고객 　　　　　　　라. 내부 고객
마. 외부 고객
└─────────────────────┘

① 가, 나, 다
② 가, 다, 마
③ 가, 나, 다, 라
④ 나, 라, 마
⑤ 다, 라, 마

02
프로세스적 관점에서 본 고객의 분류
- 내부 고객 : 가치생산에 직접 참여하는 고객(종업원)을 가리키며 동료, 부하 직원, 상사 등 본인이 하는 일의 결과를 사용하는 사람 등이 해당한다.
- 중간 고객 : 기업과 최종 고객이 되는 소비자 사이에서 그 가치를 전달하는 고객을 가리키며 도매상, 소매상, 중간상 등이 해당한다.
- 외부 고객 : 기업이 생산한 가치를 사용(소비)하는 고객을 가리키며 최종 제품의 구매자, 소비자 등이 해당한다.

정답 **01** ⑤ **02** ④

! 문제타파 TIP

가치 체계를 기준으로 한 고객의 분류 및 그 하위 요소를 묻는 문제가 주로 출제되므로 개념을 정확하게 이해하여야 한다.

꼭 나오는 유형 **❷ 가치 체계를 기준으로 한 고객의 분류**

다음 〈보기〉의 내용 중 가치 체계를 기준으로 한 고객의 분류에서 최종 고객을 찾아 모두 선택한 것은?

┤ 보기 ├
가. End User   나. 기업과 대리점
다. 구매자와 사용자   라. 도매상과 소매상
마. 기업과 최종 고객

① 가, 나   ② 가, 다, 마
③ 나, 다   ④ 나, 다, 라, 마
⑤ 다, 라, 마

┤해설├ **가치 체계를 기준으로 한 고객의 분류**
• 사내 고객, 가치 생산 고객 : 상사와 부하 직원, 부서와 부서, 공정과 공정, 동료와 동료
• 중간 고객, 가치 전달 고객 : 기업과 협력업체, 기업과 대리점, 기업과 유통업체
• 최종 고객, 가치 구매 고객 : 기업과 최종 고객, End User, 구매자와 사용자

정답 ②

03

라. 기업과 최종 고객은 가치 구매 고객, 마. 기업과 협력업체는 가치 전달 고객에 해당한다.

03 다음 〈보기〉의 내용 중 가치 체계를 기준으로 한 고객의 분류에서 '가치 생산 고객'을 찾아 모두 선택한 것은?

┤ 보기 ├
가. 공정과 공정   나. 부서와 부서
다. 동료와 동료   라. 기업과 최종 고객
마. 기업과 협력업체   바. 상사와 부하 직원

① 가, 나, 다, 라   ② 가, 나, 다, 바
③ 가, 다, 라, 마   ④ 나, 다, 바
⑤ 라, 마, 바

! 문제타파 TIP

참여 관점에 따른 고객의 분류는 내용이 가장 많고 그만큼 많이 출제되므로 개념 하나하나를 정확하게 이해하여야 한다.

꼭 나오는 유형 **❸ 참여 관점에 따른 고객의 분류**

참여 관점에 따른 고객의 분류 중 기업의 이익 실현에 방해를 초래하는 고객 유형으로 고객 명단에서 제외하거나 해약 유도를 통해 고객의 활동이나 가치를 중지시키는 디마케팅(Demarketing)의 대상이 되는 고객 유형은?

① 직접 고객   ② 간접 고객
③ 한계 고객   ④ 의사결정 고객
⑤ 의견선도 고객

03 ② 정답

해설 참여 관점에 따른 고객의 분류
- 직접 고객(1차 고객) : 제공자로부터 제품 또는 서비스를 구입하는 사람
- 간접 고객(개인 또는 집단) : 최종 소비자 또는 2차 소비자
- 공급자 집단 : 제품과 서비스를 제공하고 반대급부로 돈을 지급받는 자
- 내부 고객 : 회사 내부의 종업원 및 그 가족과 주주
- 의사결정 고객 : 직접 고객(1차 고객)의 선택에 커다란 영향을 미치는 개인 또는 집단으로서, 직접 구입을 하거나 돈을 지불하지 않는 고객
- 의견선도 고객 : 제품이나 서비스의 구매보다는 제품의 평판, 심사, 모니터링 등에 영향을 미치는 집단(소비자보호단체, 기자, 평론가, 전문가 등)
- 법률 규제자 : 소비자보호나 관련 조직의 운영에 적용되는 법률을 만드는 의회나 정부
- 경쟁자 : 전략이나 고객 관리 등에 중요한 인식을 심어 주는 고객
- 단골 고객 : 기업의 제품이나 서비스를 반복 · 지속적으로 애용하지만 고객을 추천할 정도의 로열티는 없는 고객, 자사의 제품이나 서비스를 반복 · 지속적으로 구매하되 다른 사람들에게 적극적으로 추천하지 않는 고객
- 옹호 고객 : 단골 고객이면서 고객을 추천할 정도의 로열티가 있는 고객
- 한계 고객 : 기업의 이익 실현에 해가 되므로 디마케팅의 대상이 되는 고객으로 고객 명단에서 제외하거나 해약 유도 등을 통해 고객의 활동이나 가치를 중지시켜야 하는 유형
- 체리피커(Cherry Picker) : '신포도 대신 체리만 골라 먹는다'고 해서 붙여진 명칭으로 특별 이벤트 기간에 가입해 혜택은 다 누리고, 그 이후부터는 찾지 않는 고객을 말하며 실제 상품 구매, 서비스 이용 실적은 좋지 않으면서 기업의 서비스 체계, 유통 구조 등에 있는 허점을 찾아내어 자신의 실속을 챙기는 소비자
- 얼리어답터(Early Adopter) : 제품이 출시될 때 가장 먼저 구입을 하여 평가를 내린 뒤, 주위에 제품의 정보를 알려 주는 성향을 가진 고객

정답 ③

04 제품이나 서비스를 구매하기보다. 평판, 심사, 모니터링 등에 영향을 미치는 집단으로 소비자보호단체, 기자, 평론가, 전문가 등에 해당하는 고객 유형은?

① 법률 규제자　　② 의견선도 고객
③ 가치 구매 고객　④ 가치 중심 고객
⑤ 시장기대 고객

05 다음 중 자사의 제품이나 서비스를 반복, 지속적으로 구매하되 다른 사람들에게 적극적으로 추천하지 않는 고객 유형은?

① 직접 고객　　② 간접 고객
③ 한계 고객　　④ 단골 고객
⑤ 경쟁 고객

04
① 법률 규제자 : 소비자보호나 관련 조직의 운영에 적용되는 법률을 만드는 의회나 정부 등이 해당한다.
③ 가치 구매 고객 : 가치 체계를 기준으로 한 고객의 분류에 속하며 기업과 최종 고객, End User, 구매자와 사용자 등이 해당한다.

05
① 직접 고객 : 제공자로부터 제품 또는 서비스를 구입하는 사람이다.
② 간접 고객 : 최종 소비자 또는 2차 소비자이다.
③ 한계 고객 : 기업의 이익 실현에 해가 되므로 디마케팅의 대상이 되는 고객으로 고객 명단에서 제외하거나 해약 유도 등을 통해 고객의 활동을 중지시켜야 하는 유형이다.
⑤ 경쟁 고객 : 전략이나 고객 관리 등에 중요한 인식을 심어 주는 고객이다.

정답 04 ② 05 ④

🔑 **나오는 유형** ❹ **고객 충성도 사다리 모델에 따른 고객의 분류**

고객 충성도 사다리 모델 중 구매에 대한 확신이 부족하여 구매 여부를 결정 짓지 못하는 고객 유형은?

① 가망 고객　　　　　　　　② 옹호 고객
③ 핵심 고객　　　　　　　　④ 신규 고객
⑤ 잠재 고객

┠**해설**
① 가망 고객 : 신규 고객이 될 가능성이 있는 고객
② 옹호 고객 : 단골 고객 중 자사 상품에 대해 타인에게 긍정적 구전활동을 하는 고객
③ 핵심 고객 : 기업에 큰 이익을 남겨 주는 핵심적인 고객
④ 신규 고객 : 기업과 처음으로 거래를 시작한 단계의 고객

정답 ⑤

06
① 잠재 고객 : 구매에 대한 확신이 부족하여 구매 여부를 결정짓지 못하는 고객이다.
② 가망 고객 : 신규 고객이 될 가능성이 있는 고객이다.
③ 신규 고객 : 기업과 처음으로 거래를 시작한 단계의 고객이다.
④ 핵심 고객 : 기업에 큰 이익을 남겨 주는 핵심적인 고객이다.

06 고객 충성도 사다리 모델에서 상품의 지속적인 구매를 넘어 주변 사람들에게 자사 제품을 적극적으로 권유하는 고객 유형에 해당하는 것은?

① 잠재 고객　　　　　　　　② 가망 고객
③ 신규 고객　　　　　　　　④ 핵심 고객
⑤ 옹호 고객

🔑 **나오는 유형** ❺ **그레고리 스톤(Gregory Stone)의 고객 분류**

그레고리 스톤(Gregory Stone)의 고객 분류 중 서비스를 제공받을 때 천편일률적이고 형식적인 서비스보다 자기를 인정해 주는 서비스에 만족을 보이는 고객 유형은?

① 경제적 고객　　　　　　　② 윤리적 고객
③ 개인적 고객　　　　　　　④ 참여적 고객
⑤ 편의적 고객

06 ⑤　정답

해설 그레고리 스톤(Gregory Stone)의 고객 분류

경제적 고객 (절약형 고객)	• 고객 가치를 극대화하려는 고객을 말한다. • 투자한 시간, 돈, 노력에 최대한의 효용을 얻으려는 고객이다. • 여러 서비스 기업의 경제적 강점을 검증하고 가치를 면밀히 조사하는 요구가 많고 때로는 변덕스러운 고객이다. • 이러한 고객의 상실은 잠재적 경쟁 위험에 대한 초기 경보 신호라 할 수 있다.
윤리적 고객 (도덕적 고객)	• 윤리적인 기업의 고객이 되는 것을 고객의 책무라고 생각한다. • 기업의 사회적 이미지가 깨끗하고 윤리적이어야 고객을 유지할 수 있다.
개인적 고객 (개별화 추구 고객)	• 개인 간의 교류를 선호하는 고객을 말한다. • 서비스를 제공받을 때 천편일률적이고 형식적인 서비스보다 자기를 인정해 주는 서비스에 만족을 보이는 고객 유형이다. • 최근 개인화되어 가는 경향으로 인해 고객 정보를 잘 활용할 경우 가능한 마케팅이다.
편의적 고객	• 자신이 서비스를 받는 데 있어 편의성을 중요시하는 고객이다. • 편의를 위해서라면 추가 비용을 지불할 수 있는 고객이다.

정답 ③

07 다음 〈보기〉 중 '그레고리 스톤(Gregory Stone)'의 고객 분류에 해당하는 내용을 모두 찾아 선택한 것은?

┤ 보기 ├
가. 편의적 고객   나. 윤리적 고객
다. 신뢰적 고객   라. 감정적 고객
마. 개인적 고객

① 가, 나
② 가, 나, 마
③ 나, 다, 라
④ 나, 다, 라, 마
⑤ 가, 나, 다, 라, 마

08 그레고리 스톤(Gregory Stone)이 제시한 고객 분류 중 자신이 투자한 시간, 돈, 노력에 대해 최대의 효용을 얻으려는 고객 유형은?

① 편의적 고객
② 윤리적 고객
③ 경제적 고객
④ 개인적 고객
⑤ 참여적 고객

07
그레고리 스톤(Gregory Stone)의 고객 분류
• 경제적 고객(절약형 고객) : 고객 가치를 극대화하려는 고객이다.
• 윤리적 고객(도덕적 고객) : 윤리적인 기업의 고객이 되는 것을 고객의 책무로 생각한다.
• 개인적 고객(개별화 추구 고객) : 개인 간의 교류를 선호하는 고객을 말한다.
• 편의적 고객 : 자신이 서비스를 받는 데 있어 편의성을 중요시하는 고객이다.

08
경제적 고객(절약형 고객)
• 고객 가치를 극대화하려는 고객을 말한다.
• 투자한 시간, 돈, 노력에 최대한의 효용을 얻으려는 고객이다.
• 여러 서비스 기업의 경제적 강점을 검증하고 가치를 면밀히 조사하는 요구가 많고 때로는 변덕스러운 고객이다.
• 이러한 고객의 상실은 잠재적 경쟁 위험에 대한 초기 경보 신호라 할 수 있다.

정답 **07** ② **08** ③

02 고객행동에 영향을 끼치는 요인

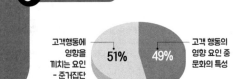

고객행동에 영향을 끼치는 요인 - 준거집단 (사회적 요인) **51%** / **49%** 고객 행동의 영향 요인 중 문화의 특성

📋 핵심 이론

1. 문화적 요인

① 문화의 특성 : 개인의 사고 과정과 행동에 영향을 주는 모든 것이 포함됨
  - ㉠ 문화는 획득되는 것(학습성)
  - ㉡ 문화는 가치, 규범, 처벌을 아우름(규범성)
  - ㉢ 문화는 공유됨(공유성)
  - ㉣ 문화는 지속적이면서 변화됨(동태성)
  - ㉤ 문화는 생활이나 목적 등을 같이하려고 함[연대성(공동체성)]

② 문화의 특성 중 고객행동에 영향을 끼치는 요인
  - ㉠ 사람의 일상적인 생활은 규범에 의해 생리적, 사회적, 개인적 욕구 해결의 방향 및 지침이 되고 아울러 외부 사회 집단의 압력에 의한 연대성을 갖게 됨
  - ㉡ 문화는 태어날 때부터 타고나는 것이 아니라 삶의 초기에 학습을 통해 형성되는 것임
  - ㉢ 문화는 점진적으로 변화하는 동태성을 가짐
  - ㉣ 사회 구성원들에 의하여 공유된 관습은 유지되어 다음 세대로 계승되기를 바람
  - ㉤ 신념·가치·관습이 문화적 특성으로 인정받으려면 사회 지도층의 권위 있는 검증이 필요한 것이 아니라 대다수 일반 구성원들에게 공감을 얻으며 공유되는 것이 가장 중요함

2. 준거집단(사회적 요인)

① 준거집단의 개념
  - ㉠ 개인의 태도와 행동에 직·간접적으로 영향을 미치는 집단
  - ㉡ 개인에게 행동의 지침을 제공하는 집단
  - ㉢ 1차 준거집단의 대표적인 사례 : 친구, 이웃, 가족, 친지 등
  - ㉣ 2차 준거집단의 대표적인 사례 : 학교, 회사, 전문가 집단, 정당

② 준거집단이 고객행동에 끼치는 영향의 유형

규범적 /실용적 영향	• 소비자가 준거집단의 규범·가치·기대에 순응해 행동과 신념을 바꾸게 하는 영향력 • 순응하는 경우 사회적 인정이나 자부심을 느끼고, 반대의 경우 심리적 부담을 느끼기 때문에 행동에 영향을 미침 • 실용적 영향은 소비자가 보상을 기대하거나 처벌을 회피하기 위해 다른 사람의 기대에 순응할 경우 발생
정보적 영향	• 준거집단 구성원의 의견을 신뢰하게 되어 영향을 받게 되는 유형 • 스스로 제품을 평가할 수 없을 때 소비자는 준거집단의 의견을 구하려 함 • 준거집단은 정보 제공의 역할을 하며 이에 따라 정보적 영향이 일어남 • 정보원의 신뢰성에 따라 그 영향력이 달라짐 • 현상에 대한 판단·평가의 기준을 획득하기 위해 타인의 행동을 관찰하는 특성을 보임
가치 표현적 영향	• 특정 집단에 소속되거나 자신의 이미지를 강화할 목적으로 집단의 행동이나 규범을 따르는 유형 • 개인은 특정 집단에 소속된 것을 나타내고 싶거나 그 집단에 소속하고 싶을 때 그 집단 구성원들의 규범, 가치, 행동 등을 따름 • 보상을 얻으려고 타인의 영향을 수용하는 순응과 달리 동일시는 타인과의 동질성을 추구하려 하기 때문에 타인의 영향을 더 적극 수용하는 상태
비교 기준적 영향	• 자신과 준거집단의 태도·신념 등의 일치 여부에 따라 준거집단과 연관 또는 분리하고자 하는 것 • 광고 모델로 일반인이 나오면 신뢰감·호감을 더 느끼는 경우가 이에 해당

핵심 기출 유형 문제

꼭 나오는 유형 ❶ 고객행동의 영향 요인 중 문화의 특성

고객행동의 영향 요인 중 문화의 특성에 대한 설명으로 가장 거리가 먼 것은?

① 사람의 일상적인 생활은 규범에 의해 생리적, 사회적, 개인적 욕구 해결의 방향 및 지침이 되고 아울러 외부 사회 집단의 압력에 의한 연대성을 갖게 된다.

② 문화는 태어날 때부터 타고나거나 본능적인 것이 아니라 삶의 초기에 학습을 통해 형성되는 것이다.

③ 신념이나 가치 또는 관습이 문화적 특성으로 인정받기 위해서는 영향력을 가진 사회 지도층의 권위 있는 검증이 가장 중요하다.

④ 문화는 점진적으로 변화하는 동태성을 갖는다.

⑤ 사회 구성원들에 의하여 공유된 관습은 유지되기를 바라고 다음 세대로 계승되기를 바란다.

해설
③ 신념이나 가치 또는 관습이 문화적 특성으로 인정받기 위해서는 영향력 있는 일부 사회 지도층의 권위 있는 검증이 필요한 것이 아니라 대다수의 일반 구성원들에게 공감을 받으며 공유되는 것이 가장 중요하다.

정답 ③

문제타파 TIP

문화의 포괄적인 개념을 이해하고 그중 고객행동에 영향을 끼치는 문화의 특성을 파악하여야 한다.

---

01 고객행동의 영향 요인 중 문화의 특성에 대한 설명으로 가장 옳지 않은 것은?

① 문화는 점진적으로 변화하는 동태성을 갖는다.

② 문화는 태어날 때부터 타고나거나 본능적으로 형성되는 것이다.

③ 신념이나 가치 또는 관습이 문화적 특성으로 인정받기 위해서는 대다수 구성원에 의하여 공유되어야 한다.

④ 사회 구성원들에 의하여 공유된 관습은 유지되기를 바라고 다음 세대로 계승되기를 바란다.

⑤ 사람의 일상적인 생활은 규범에 의해 생리적, 사회적, 개인적 욕구해결의 방향 및 지침이 되고 아울러 외부 사회 집단의 압력에 의한 연대성을 갖게 된다.

01
② 문화는 사람이 태어나고 성장하면서 가족과 다른 사회집단과 계층으로부터 가치관, 행동양식, 지각, 선호도 등을 학습하는 것이다.

정답 01 ②

02

고객 행동의 영향 요인 중 문화의 특성

• 문화는 획득되는 것(학습성)
• 문화는 가치, 규범, 처벌을 아우름(규범성)
• 문화는 공유됨(공유성)
• 문화는 지속적이면서 변화됨(동태성)
• 문화는 생활이나 목적 등을 같이하려고 함[연대성(공동체성)]

02 고객행동의 영향 요인 중 문화의 특성과 가장 거리가 먼 것은?

① 공유성　　　　　② 학습성
③ 분리성　　　　　④ 동태성
⑤ 규범성

! 문제타파 TIP

준거집단의 개념 및 1차 준거집단과 2차 준거집단의 유형을 파악하여야 한다

꼭 나오는 유형　❷ 고객행동에 영향을 끼치는 요인-준거집단(사회적 요인)

다음 〈보기〉의 (　) 안에 들어갈 내용으로 가장 거리가 먼 것은?

┤ 보기 ├
준거집단이란 개인의 태도와 행동에 직접적 또는 간접적으로 영향을 미치고 개인에게 행동의 지침을 제공하는 집단을 의미하는 것으로 1차 준거집단의 대표적인 사례로는 (　) 등을 들 수 있다.

① 회사　　　　　② 친구
③ 이웃　　　　　④ 가족
⑤ 친지

┤해설├ 고객행동에 영향을 끼치는 사회적 요인 – 준거집단
• 개인의 태도와 행동에 직·간접적으로 영향을 미치는 집단이다.
• 개인에게 행동의 지침을 제공하는 집단이다.
• 1차 준거집단의 대표적인 사례 : 친구, 이웃, 가족, 친지
• 2차 준거집단의 대표적인 사례 : 학교, 회사, 전문가 집단, 정당

정답 ①

03

가치 표현적 영향

• 개인은 특정 집단에 소속된 것을 나타내고 싶거나 그 집단에 소속하고 싶을 때 그 집단 구성원들의 규범, 가치, 행동 등을 따른다.
• 보상을 얻으려고 타인의 영향을 수용하는 순응과 달리 동일시는 타인과의 동질성을 추구하려 하기 때문에 타인의 영향을 더 적극 수용하는 상태이다.

03 준거집단 영향의 유형 중 사람들이 특정 집단에 소속되거나 자신의 이미지를 강화할 목적으로 집단의 행동이나 규범을 따르는 유형에 해당하는 것은?

① 확증적 영향　　　　　② 신념적 영향
③ 가치 표현적 영향　　　④ 문화 절차적 영향
⑤ 매체 수용적 영향

👍 더 알아보기　**2차 준거집단의 특성**

• 부분적 인간관계
• 사회의 복잡화, 전문화로 필요성 증대
• 특정 목적 달성을 위해 의도적으로 형성
• 특수한 이해관계를 바탕으로 한 공식적이고 합리적인 인간관계

02 ③ 03 ③　정답

03 소비자의 구매 행동

핵심 이론

1. 구매 행동에 영향을 끼치는 상황적 요인

① **소비 상황 요인** : 제품을 사용하는 과정에서 영향을 미치는 사회적, 물리적 요인들이나 갑작스러운 추위와 같은 예측하지 못한 소비 상황

② **구매 상황 요인**
  ㉠ 제품 구매 과정에서 영향을 미치는 환경 요인이나 점포 내 환경, 구매 목적, 구매 시점에서의 소비자의 기분 상태 등
  ㉡ 인적 요인, 시간적 요인, 물리적 요인, 소비자의 경제적 요인 등

③ **커뮤니케이션 상황 요인** : 소비자가 인적 · 비인적 매체를 통해 제품 정보에 노출되는 상황

④ **구매 행위의 의사결정 단계에서 가족 구성원의 역할** : 소비자, 정보수집자, 의사결정자, 구매 담당자, 영향력 행사자

2. 소비자의 지각된 위험 요인

① **심리적 위험(Psychological Risk)** : 구매한 제품이 자아 이미지와 어울리지 않거나 자아 이미지에 부정적 영향을 미칠 수 있다고 소비자가 지각하는 위험

② **신체적 위험(Physical Risk)** : 구매한 제품이 안전성을 결여하여 신체적 위해를 야기할 가능성에 따라 소비자가 지각하는 위험

③ **재무적 위험(경제적 위험, Financial Risk)** : 구매한 제품이 제 성능을 발휘하지 못하여 발생하는 경제적 손실에 따라 소비자가 지각하는 위험

④ **사회적 위험(Social Risk)**
  ㉠ 특정한 제품을 구매하여 다른 사람들이 자신에게 가질 평가에 따라 소비자가 지각하는 위험
  ㉡ 구매한 제품이 준거집단으로부터 부정적으로 평가 받을 수 있는 위험

⑤ **성능 위험(Performance Risk)**
  ㉠ 구매한 제품이 기능이 발휘되지 않을 가능성에 따라 소비자가 지각하는 위험
  ㉡ 제품 구매나 사용 시 구매 제품이 기대한 만큼 성능을 발휘하지 못하는 경우에 따라 소비자가 지각하는 위험

⑥ **시간상실/시간손실 위험(Loss Risk)** : 제품의 구매 결정에 시간이 너무 많이 들 수 있는 위험

3. 위험을 줄이기 위한 소비자의 행동

① 신뢰할 수 있는 사람 등에게 더 많은 정보 탐색
② 강한 상품 보증이나 보증 기간이 긴 브랜드 구매
③ 과거에 만족했거나 수용할 만한 것으로 기억하는 브랜드 구매
④ 유명한 브랜드를 찾거나 자신이 신뢰할 수 있는 사람에게 정보를 구함
⑤ 제품 선택에 있어 위험을 줄이기 위해 소량 구매 후 대량 구매

4. 데이(Day)와 랜던(Landon)의 불만족에 대한 소비자의 공적 반응과 불평 행동 유형

① **소비자의 공적 반응** : 교환, 소송, 환불 조치 요구, 소비자단체 고발 등

② **불평 행동 유형**
  ㉠ 무행동 : 아무 행동도 취하지 않고, 미래 구매에 영향을 미치지 않음
  ㉡ 사적 행동 : 구매 중지(구매 회피)나 주변인에게 구전하는 등 개인 수준에서 불만 해소
  ㉢ 공적 행동 : 기업, 정부에 해결을 요구하거나 법적 대응을 하는 매우 적극적인 유형

📖 핵심 기출 유형 문제

🔖 나오는 유형 ❶ 소비자의 지각된 위험 요인

제품 구매나 사용 시 소비자가 지각하는 위험 요인 중 상품의 사용 결과로 인해 소비자가 해를 입을 가능성에 대한 불안감으로 볼 수 있는 것은?

① 성능 위험   ② 문화적 위험

③ 심리적 위험   ④ 신체적 위험

⑤ 행동적 위험

해설 소비자의 지각된 위험 요인

• 심리적 위험(Psychological Risk) : 구매한 제품이 자아 이미지와 어울리지 않거나 자아 이미지에 부정적 영향을 미칠 수 있는 위험이다.
• 신체적 위험(Physical Risk) : 구매한 제품이 안전성을 결여하여 신체적 위해를 야기할 가능성에 따라 소비자가 지각하는 위험이다.
• 경제적 위험(Financial Risk) : 구매한 제품이 제 성능을 발휘하지 못하여 발생하는 경제적 손실에 따라 소비자가 지각하는 위험이다.
• 사회적 위험(Social Risk) : 특정한 상품을 구매하여 다른 사람들이 자신에게 가질 평가에 따라 소비자가 지각하는 위험이다.
• 성능 위험(Performance Risk) : 구매한 제품이 기능이 발휘가 되지 않을 가능성에 따라 소비자가 지각하는 위험이며 제품 구매나 사용 시 구매 상품이 기대한 만큼 성능을 발휘하지 못하는 경우에 해당한다.
• 시간상실/시간손실 위험(Loss Risk) : 제품의 구매 결정에 시간이 너무 많이 들 수 있는 위험이다.

정답 ④

Performance Risk(성능 위험)
• 구매한 제품이 기능이 발휘가 되지 않을 가능성에 따라 소비자가 지각하는 위험이다.
• 제품 구매나 사용 시 구매 제품이 기대한 만큼 성능을 발휘하지 못하는 경우에 해당한다.

01 제품 구매나 사용 시 소비자가 지각하는 위험 요인 중 구매 상품이 기대한 만큼 성능을 발휘하지 못하는 경우에 해당하는 것은?

① Loss risk   ② Social risk

③ Financial risk   ④ Performance risk

⑤ Psychological risk

01 ④ 정답

나오는 유형 ❷ 위험을 줄이기 위한 소비자의 행동

다음 중 기업 및 제품 선택에 있어 위험을 줄이기 위한 소비자의 행동으로 가장 거리가 먼 것은?

① 더 많은 정보를 탐색한다.
② 소량 구매 후 대량 구매를 한다.
③ 강한 상품 보증이나 보증 기간이 긴 브랜드를 구매한다.
④ 유명한 브랜드를 찾거나 자신이 신뢰할 수 있는 사람에게 정보를 구한다.
⑤ 과거에 만족했거나 수용할 만한 것으로 기억하고 있는 브랜드는 가급적 제외한다.

┣해설┫
⑤ 소비자는 제품 선택에 있어 위험을 줄이기 위해 과거에 만족했거나 수용할 만한 것으로 기억하고 있는 브랜드를 우선적으로 선택한다.

위험을 줄이기 위한 소비자의 행동
• 신뢰할 수 있는 사람 등에게 더 많은 정보를 탐색한다.
• 강한 상품 보증이나 보증 기간이 긴 브랜드를 구매한다.
• 과거에 만족했거나 수용할 만한 것으로 기억하고 있는 브랜드를 구매한다.
• 유명한 브랜드를 찾거나 자신이 신뢰할 수 있는 사람에게 정보를 구한다.
• 제품 선택에 있어 위험을 줄이기 위해 소량 구매 후 대량 구매를 한다.

정답 ⑤

문제타파 TIP

위험을 줄이기 위한 소비자의 행동의 내용을 약간 비틀어서 틀린 내용을 고르는 문제가 종종 출제되므로 각각의 내용을 정확하게 이해해야 한다.

02 다음 중 기업 및 제품 선택에 있어 위험을 줄이기 위한 소비자의 행동으로 가장 거리가 먼 것은?

① 대량 구매 후 소량 구매를 한다.
② 더 많은 정보를 탐색한다.
③ 강한 상품 보증이나 보증 기간이 긴 브랜드를 구매한다.
④ 과거에 만족했거나 수용할 만한 것으로 기억하고 있는 브랜드를 구매한다.
⑤ 유명한 브랜드를 찾거나 자신이 신뢰할 수 있는 사람에게 정보를 구한다.

02
① 소량 구매 후 대량 구매를 한다.

정답 02 ①

꼭 나오는 유형 ❸ 데이와 랜던의 불만족에 대한 소비자의 반응 중 공적 반응

데이(Day)와 랜던(Landon)이 제시한 불만족에 대한 소비자의 반응 중 공적 반응과 가장 거리가 먼 것은?

① 환불 조치 요구   ② 소비자단체 고발
③ 소송   ④ 구매 중단
⑤ 교환

해설 데이(Day)와 랜던(Landon)의 불만족에 대한 소비자의 공적 반응과 불평 행동 유형

• 소비자의 공적 반응 : 교환, 소송, 환불 조치 요구, 소비자단체 고발 등
• 불평 행동 유형

무행동	아무 행동도 취하지 않고, 미래 구매에 영향을 미치지 않는다.
사적 행동	구매를 중지(구매 회피)한다거나, 주변인들에게 구전을 하는 등 개인 수준에서 불만을 해소한다.
공적 행동	기업, 정부에 해결을 요구하거나 법적인 대응을 하는 매우 적극적인 유형이다.

정답 ④

03
② 구매 중지는 사적 행동에 해당한다.

03 '데이(Day)'와 '랜던(Landon)'이 제시한 불만족에 대한 소비자의 반응 중 공적 반응으로 보기 어려운 것은?

① 소송 제기   ② 구매 중지
③ 환불 조치 요구   ④ 교환 조치 요구
⑤ 정부 기관에 불만 호소

04 고객 특성을 파악하기 위한 정보

고객 DNA (특성 정보) 47% / 53% 고객의 정보 사용

핵심 이론

1. 고객 DNA(특성 정보)

① 고객 DNA란 넓은 범위의 고객정보를 말함

② 고객 DNA는 다음과 같이 크게 3가지로 구분 가능

㉠ 인구 통계적 정보

고객 프로필 정보	• 이름 • 주소(우편, 이메일) • 전화번호(집, 사무실, H/P, FAX) • 직장명 • 부서명 • 직위(최종 승진일) • 출신 학교 • 기념일(생일, 결혼기념일, 창립 기념일)
관계 정보	• 가족 관계(배우자/자녀 프로필 정보 : 고객 프로필 정보와 동일) • 친한 친구, 가입 커뮤니티(커뮤니티 멤버와 주요 프로필) • 고객 소개 정보(소개해 준 고객 수 및 주요 프로필)

㉡ 고객 가치 정보

고객 분류 등급	자신의 고객 분류 기준(5등급으로 분류 시 : S, A, B, C, D)
계약 정보	• 구(가)입 상품명/시기 • 구(가)입 빈도 및 횟수 • 금액, 고객평생가치(CLV : Customer Lifetime Value) • 고객 지갑 점유율 • 매출 채권 관련
구매력 정보	소득 수준, 소득 원천, 소득 변화 추이, 재산 상태, 기타

㉢ 고객 니즈, 고객 선호·성향 정보(가장 중요한 정보)

고객 니즈 정보	상품에 대한 니즈(선호하는 브랜드나 상품, 디자인, 색상 등)
고객 선호·성향 정보	• 성격 • 취미 • 특기(수준, 취미 생활을 즐기는 방법/가입 동호회) • 기호(술·담배·음식·의상) • 커뮤니케이션 스타일 • 의사결정 스타일 • 문화·예술적 소양

2. 고객의 정보 사용

① 정보 원천의 영향력은 고객의 특성에 따라 다르게 나타남

② 정보 탐색은 위험을 줄이는 방법으로 구매 의사결정에 영향을 미침

③ 고객은 서비스를 구입할 때 인적 정보원에 보다 많이 의존하는 경향을 보임

④ 욕구를 인식하면 욕구를 충족시킬 수 있는 제품·서비스에 대한 정보를 탐색하게 됨

⑤ 구매에 관심을 기울이는 정도, 즉 관여도가 높을수록 많은 정보를 탐색함

⑥ 정보원 및 정보 원천의 분류

㉠ 정보원의 분류

인적 정보원	가족, 친구, 전문가 등
비인적 정보원	대중매체, 인터넷, 광고, 포장 등

㉡ 정보 원천의 분류

개인적 원천	가족, 친구, 이웃, 친지 등
상업적 원천	광고, 판매원, 포장, 웹사이트 등
공공적 원천	대중매체, 영향력 있는 소비자단체 등
경험적 원천	시험 조작, 제품 검사, 제품 사용 등

📖 핵심 기출 유형 문제

꼭 나오는 유형 ❶ 고객 DNA(특성 정보)

다음 〈보기〉의 고객 특성 파악을 위한 인구 통계적 정보 중 고객 프로필 정보에 해당하는 내용을 찾아 모두 선택한 것은?

| 보기 |

가. 이름   나. 직장명
다. 소득 수준   라. 전화 번호
마. 고객평생가치

① 가, 라   ② 가, 나, 다
③ 가, 나, 라   ④ 가, 나, 다, 라
⑤ 가, 나, 다, 라, 마

해설 고객 DNA(특성 정보)

인구 통계적 정보	고객 프로필 정보	• 이름 • 주소(우편, 이메일) • 전화번호(집, 사무실, H/P, FAX) • 직장명 • 부서명 • 직위(최종 승진일) • 출신 학교 • 기념일(생일, 결혼기념일, 창립 기념일)
	관계 정보	• 가족 관계(배우자/자녀 프로필 정보 : 고객 프로필 정보와 동일) • 친한 친구, 가입 커뮤니티(커뮤니티 멤버와 주요 프로필) • 고객 소개 정보(소개해 준 고객 수 및 주요 프로필)
고객 가치 정보	고객 분류 등급	자신의 고객 분류 기준(5등급으로 분류 시 : S, A, B, C, D)
	계약 정보	• 구(가)입 상품명/시기 • 구(가)입 빈도 및 횟수 • 금액, 고객평생가치(CLV : Customer Lifetime Value) • 고객 지갑 점유율 • 매출 채권 관련
	구매력 정보	소득 수준, 소득 원천, 소득 변화 추이, 재산 상태, 기타 정보
고객 니즈, 고객 선호·성향 정보	고객 니즈 정보	상품에 대한 니즈(선호하는 브랜드나 상품, 디자인, 색상 등)
	고객 선호·성향 정보	• 성격 • 취미 • 특기(수준, 취미 생활을 즐기는 방법/가입 동호회) • 기호(술·담배·음식·의상) • 커뮤니케이션 스타일 • 의사결정 스타일 • 문화·예술적 소양

정답 ③

❗ 문제타파 TIP

고객 DNA(특성 정보)의 구체적인 요소를 묻는 문제가 자주 출제되므로 해당 요소를 구체적으로 암기하여야 한다.

01 다음 〈보기〉의 고객 특성 파악을 위한 인구 통계적 정보 중 고객 프로필 정보에 해당하는 내용을 찾아 모두 선택한 것은?

┤ 보기 ├
가. 이름	나. 주소
다. 기념일	라. 소득 수준
마. 고객평생가치	

① 가, 라
② 가, 나, 다
③ 가, 나, 라
④ 가, 나, 다, 라
⑤ 가, 나, 다, 라, 마

🖂 **정답 및 해설**

01
라. 소득수준은 고객 가치 정보 중 구매력 정보에 해당한다.
마. 고객평생가치는 고객 가치 정보 중 계약 정보에 해당한다.

02 고객 특성 파악을 위한 고객 가치 정보 중 구매력 정보에 해당하는 것은?

① 소득 수준
② 고객평생가치
③ 고객 지갑 점유율
④ 구입 빈도 및 횟수
⑤ 구입 상품명 및 시기

02
②·③·④·⑤는 고객 가치 정보 중 계약 정보에 해당한다.

03 고객 특성 파악을 위한 고객 가치 정보 중 계약 정보에 해당하는 것은?

① 소득 변화 추이
② 소득 수준
③ 가족 관계
④ 취미
⑤ 구입 빈도 및 횟수

03
①·②는 고객 가치 정보 중 구매력 정보에, ③은 인구 통계적 정보 중 관계 정보에, ④는 고객 니즈, 성향 정보 중 고객 선호·성향 정보에 해당한다.

정답 **01** ② **02** ① **03** ⑤

꼭 나오는 유형 ❷ 고객의 정보 사용

고객의사결정과 관련해 정보 탐색에 대한 설명으로 가장 옳지 않은 것은?

① 욕구를 인식하면 욕구를 충족시킬 수 있는 제품 또는 서비스에 대한 정보를 탐색하게 된다.

② 구매에 관심을 기울이는 정도, 즉 관여도가 높을수록 많은 정보를 탐색한다.

③ 정보 원천의 영향력은 고객의 특성에 상관없이 고르게 나타나는 경향이 있다.

④ 고객은 서비스를 구입할 때 인적 정보원에 보다 많이 의존하는 경향을 보인다.

⑤ 정보 탐색은 위험을 줄이는 방법으로 구매 의사결정에 영향을 미친다.

🔑 해설

③ 정보 원천의 영향력은 고객의 특성에 따라 다르게 나타난다.

정답 ③

04

④ 구매에 관심을 기울이는 정도, 즉 관여도가 높을수록 많은 정보를 탐색한다.

04 고객의사결정과 관련해 정보 탐색에 대한 설명으로 가장 옳지 않은 것은?

① 정보 원천의 영향력은 고객의 특성에 따라 다르게 나타난다.

② 정보 탐색은 위험을 줄이는 방법으로 구매 의사결정에 영향을 미친다.

③ 고객은 서비스를 구입할 때 인적 정보원에 보다 많이 의존하는 경향을 보인다.

④ 상품 금액을 지불할 수 있는 정도, 즉 구매도가 높을수록 많은 정보를 탐색한다.

⑤ 욕구를 인식하면 욕구를 충족시킬 수 있는 제품 또는 서비스에 대한 정보를 탐색하게 된다.

05

정보 원천의 분류

• 개인적 원천 : 가족, 친구, 이웃, 친지 등
• 상업적 원천 : 광고, 판매원, 포장, 웹사이트 등
• 공공적 원천 : 대중매체, 영향력 있는 소비자단체 등
• 경험적 원천 : 시험 조작, 제품 검사, 제품 사용 등

05 고객의 의사결정을 위해 필요한 정보 원천의 분류 중 상업적 원천에 해당하는 것은?

① 포장
② 평론
③ 가족
④ 제품 사용
⑤ 소비자단체

04 ④ 05 ① 정답

06 고객의 의사결정을 위해 필요한 정보 원천의 분류 중 공공적 원천에 해당하는 것은?

① 대중매체
② 제품 사용
③ 동료
④ 포스터
⑤ 포장

② 제품 사용 : 경험적 원천
③ 동료 : 개인적 원천
④ 포스터 : 상업적 원천
⑤ 포장 : 상업적 원천

07 고객의사결정을 위해 필요한 정보 원천의 분류 중 시험 조작, 제품 검사, 제품 사용 등에 해당하는 것은?

① 경험적 원천
② 사회적 원천
③ 공공적 원천
④ 상업적 원천
⑤ 개인적 원천

07

정보 원천의 분류

개인적 원천	가족, 친구, 이웃, 친지
상업적 원천	광고, 판매원, 포장, 웹사이트
공공적 원천	대중매체, 영향력 있는 소비자 단체
경험적 원천	시험 조작, 제품 검사, 제품 사용

정답 **06** ① **07** ①

05 고객의 성격유형 (MBTI)

📋 핵심 이론

1. MBTI의 의의

① 마이어스 – 브릭스 성격 진단 또는 성격유형지표

② '칼 융'의 심리유형론을 근거로 하는 심리 검사

③ 주로 장점 위주로 성격을 구분하여 분석

④ 16개의 성격 유형과 4가지 선호 경향으로 구성

⑤ 선호 경향은 교육이나 환경의 영향을 받기 이전에 잠재된 선천적 심리 경향을 말함

2. MBTI의 4가지 선호 경향

① 외향형과 내향형

형태	특징	대표적인 표현
외향형 (Extraversion)	• 자기 외부에 주의 집중 • 외부 세계의 사람 · 사물에 에너지를 사용함 • 경험한 다음에 이해함 • 말로 표현 • 쉽게 알려짐 • 폭넓은 대인 관계 유지	• 외부 활동 • 적극성 • 사교적 • 정열적 • 활동적
내향형 (Introversion)	• 자기 내부에 주의 집중 • 내부 세계의 개념 · 아이디어에 에너지를 사용함 • 이해한 다음에 경험함 • 글로 표현함 • 서서히 알려짐 • 깊이 있는 대인 관계 유지	• 내부 활동 • 집중력 • 조용한 • 신중한

② 감각형과 직관형

형태	특징	대표적인 표현
감각형 (Sensing)	• 오감(五感)에 의존 • 지금 현재에 초점을 맞춤 • 실제 경험을 중시 • 정확하고 철저하게 일을 처리함	• 사실적 사건 묘사 • 나무를 보려는 경향 • 가꾸고 추수함
직관형 (Intuition)	• 육감 · 영감에 의존 • 미래 지향적 • 가능성과 의미 추구 • 신속 · 비약적 일 처리	• 비유적 · 암시적 묘사 • 숲을 보려는 경향 • 씨 뿌림 • 아이디어

③ 사고형과 감정형

형태	특징	대표적인 표현
사고형 (Thinking)	• 진실과 사실에 관심이 많음 • 규범 · 기준을 중시함 • 논리적, 분석적, 객관적으로 판단	• 원리와 원칙 • 맞다 · 틀리다 • 지적 논평
감정형 (Feeling)	• 사람과 관계에 관심이 많음 • 나에게 주는 의미를 중시함 • 개인적 · 사회적 가치를 바탕으로 한 감정을 근거로 판단 • 상황적 · 포괄적, 정상을 참작하여 설명	• 의미와 영향 • 좋다 · 나쁘다 • 우호적 협조

④ 판단형과 인식형

형태	특징	대표적인 표현
판단형 (Judging)	• 분명한 목적의식과 방향감각이 있음 • 기한을 엄수 • 철저히 사전 계획하며 체계적임 • 뚜렷한 기준이 있음 • 자기의사가 분명함	• 정리정돈과 계획 • 의지적 추진 • 신속한 결론 • 통제와 조정
인식형 (Perceiving)	• 목적 · 방향은 변화 가능 • 상황에 따라 일정이 달라짐 • 자율적 · 융통성이 있음 • 재량에 따라 처리될 수 있음 • 정보 자체에 관심 많음 • 변화에 잘 적응	• 유유자적한 과정 • 이해로 수용 • 융통과 적응 • 개방성 · 포용성

📖 핵심 기출 유형 문제

꼭 나오는 유형 ❶ MBTI의 의의

다음 중 '마이어스-브릭스 유형 지표(MBTI)'에 대한 설명으로 가장 옳지 않은 것은?

① '브릭스'와 '마이어스' 모녀에 의해 개발되었으며, 마이어스-브릭스 성격 진단 또는 성격유형지표라고도 불린다.

② '칼 융'의 심리유형론을 근거로 하는 심리 검사이다.

③ 장점과 단점을 명확히 구분하여 분석이 가능하기 때문에 매우 정확도가 높은 심리 테스트라 할 수 있다.

④ 16개의 성격 유형과 4가지 분리된 선호 경향으로 구성된다.

⑤ 선호 경향은 교육이나 환경의 영향을 받기 이전에 잠재되어 있는 선천적 심리 경향을 말한다.

├─해설

③ MBTI(Myers-Briggs Type Indicator)는 주로 장점을 위주로 성격을 구분하여 분석한다는 점이 가장 큰 특징이다.

정답 ③

문제타파 TIP

MBTI는 주로 장점 위주로 성격을 구분·분석한다는 점, 선호 경향은 선천적 심리 경향을 말한다는 것 등 MBTI의 기본적인 특징을 알고 있어야 한다.

---

01 다음 중 '마이어스-브릭스 유형 지표(MBTI)'에 대한 설명으로 가장 옳지 않은 것은?

① '브릭스'와 '마이어스' 모녀에 의해 개발되었으며, 마이어스-브릭스 성격진단 또는 성격유형지표라고도 불린다.

② '칼 융'의 심리유형론을 근거로 하는 심리 검사이다.

③ 주로 장점을 위주로 구분시키고 있는 점이 가장 큰 특징이다.

④ 16개의 성격 유형과 4가지 분리된 선호 경향으로 구성된다.

⑤ 선호 경향은 교육이나 환경의 영향을 받아 후천적으로 생성된 심리 경향을 말한다.

01

⑤ 선호 경향은 교육이나 환경의 영향을 받기 이전에 잠재되어 있는 선천적 심리 경향을 말한다.

정답 **01** ⑤

꼭 나오는 유형 ❷ MBTI의 4가지 선호 경향

'성격유형지표(MBTI)'의 선호 경향 중 '내향형'에 대한 설명으로 가장 옳은 것은?

① 깊이 있는 대인 관계를 유지하며 조용하고 신중하며 이해한 다음에 경험한다.

② 진실과 사실에 큰 관심을 갖고 논리적이고 분석적이며 객관적으로 판단한다.

③ 사람과 관계에 큰 관심을 갖고 상황적이며 정상을 참작한 설명을 한다.

④ 분명한 목적과 방향이 있으며 기한을 엄수하고 철저히 사전 계획하고 체계적이다.

⑤ 목적과 방향은 변화 가능하고 상황에 따라 일정이 달라지며 자율적이고 융통성이 있다.

┌ 해설
② 사고형에 대한 설명이다.
③ 감정형에 대한 설명이다.
④ 판단형에 대한 설명이다.
⑤ 인식형에 대한 설명이다.

정답 ①

02

② 감정형 : 사람과 관계에 관심이 많고 나에게 주는 의미를 중시한다.

③ 인식형 : 목적과 방향은 변화할 수 있고 상황에 따라 일정이 달라진다고 생각한다.

④ 내향형 : 자기 내부에 주의를 집중하며 내부 세계의 개념 · 아이디어에 에너지를 사용한다.

⑤ 외향형 : 자기 외부에 주의를 집중하며 외부 세계의 사람 · 사물에 에너지를 사용한다.

02 성격유형지표(MBTI)의 4가지 선호 경향에 대한 설명 중 다음 〈보기〉의 내용에 해당하는 것은?

┌ 보기 ┐
오감(五感)에 의존하여 실제의 경험을 중시하며 지금 현재에 초점을 맞추고 정확하고 철저히 일을 한다.

① 감각형　　　　　　② 감정형
③ 인식형　　　　　　④ 내향형
⑤ 외향형

02 ① 정답

03 성격유형지표(MBTI)의 4가지 선호 경향에 대한 설명 중 다음 〈보기〉의 내용에 해당하는 것은?

┤ 보기 ├
육감 내지 영감에 의존하며 미래 지향적이고 가능성과 의미를 추구하며 신속, 비약적으로 일을 처리한다.

① 감정형
② 감성형
③ 감각형
④ 판단형
⑤ 직관형

03
① 감정형 : 사람과 관계에 큰 관심을 갖고, 상황적이며 정상을 참작한 설명을 한다.
③ 감각형 : 오감에 의존하여 실제의 경험을 중시하며, 현재에 초점을 맞추고, 정확하고 철저히 일을 처리한다.
④ 판단형 : 분명한 목적과 방향이 있으며, 기한을 엄수하고 철저히 사전 계획하며 체계적이다.

04 성격유형지표(MBTI)의 4가지 선호 경향에 대한 내용 중 다음 〈보기〉의 설명에 해당하는 것은?

┤ 보기 ├
진실과 사실에 큰 관심을 갖고 논리적이고 분석적이며 객관적으로 판단하는 특성을 보인다.

① 인식형
② 감정형
③ 직관형
④ 사고형
⑤ 감각형

04
① 인식형 : 목적과 방향은 상황에 따라 달라진다고 생각하고 자율적이고 융통성이 있다.
② 감정형 : 인간관계에 관심을 갖고 상황적이며 정상을 참작한 설명을 한다.
③ 직관형 : 육감과 영감에 의존하며, 미래 지향적이고 가능성과 의미를 추구하며, 신속하고 비약적으로 일을 처리한다.
⑤ 감각형 : 오감을 믿고 실제 경험과 현재를 중시하며 철저히 일을 처리한다.

05 성격유형지표(MBTI)의 4가지 선호 경향 중 사람과의 관계에 큰 관심을 갖고 상황적이며 정상을 참작하여 설명하는 유형은?

① 내향형
② 판단형
③ 감정형
④ 감각형
⑤ 인식형

05
① 내향형 : 조용하고 신중하며 이해한 후 경험한다.
② 판단형 : 목적과 방향이 뚜렷하고 기한을 엄수하며, 사전 계획이 철저하고 체계적이다.
④ 감각형 : 오감을 믿고 실제 경험과 현재를 중시하며 철저히 일을 처리한다.
⑤ 인식형 : 목적과 방향은 상황에 따라 달라진다고 생각하고 자율적이고 융통성이 있다.

정답 03 ⑤ 04 ④ 05 ③

06

① 내향형 : 조용하고 신중하며 이해한 후 경험한다.

③ 감정형 : 인간관계에 관심을 갖고 상황적이며 정상을 참작한 설명을 한다.

④ 감각형 : 오감을 믿고 실제 경험과 현재를 중시하며 철저히 일을 처리한다.

⑤ 인식형 : 목적과 방향은 상황에 따라 달라진다고 생각하고 자율적이고 융통성이 있다.

06 성격유형지표(MBTI)의 4가지 선호 경향에 대한 내용 중 다음 〈보기〉의 설명에 해당하는 것은?

┤ 보기 ├

분명한 목적과 방향이 있으며, 기한을 엄수하고 철저히 계획하여 체계적인 특성을 보인다.

① 내향형 ② 판단형
③ 감정형 ④ 감각형
⑤ 인식형

07

① 내향형 : 조용하고 신중하며 이해한 후 경험한다.

② 사고형 : 진실과 사실에 관심이 많고 논리적, 분석적, 객관적으로 판단한다.

④ 직관형 : 육감 내지 영감에 의존하며 미래 지향적이다.

⑤ 판단형 : 분명한 목적의식과 방향 감각이 있으며 기한을 엄수하는 특징이 있다.

07 성격유형지표(MBTI)를 통해 예측할 수 있는 고객의 성격유형별 구매행동 특성 중 다음 〈보기〉의 내용에 가장 부합하는 것은?

┤ 보기 ├

쇼핑에 대해 호기심을 충족하는 과정으로 인식하여 충동구매의 경향을 강하게 보이는 유형이다.

① 내향형 ② 사고형
③ 인식형 ④ 직관형
⑤ 판단형

👍 **더 알아보기** **MBTI 해석 시 유의사항**

• MBTI는 사람을 협소하게 범주화하거나 명명하기 위해 사용해서는 안 된다.

• MBTI 검사의 대중성과 결과 해석의 단순성 때문에 종종 MBTI를 과신하는 사람들이 있다.

• MBTI는 해석을 통해 내담자가 다양한 상황에서 융통성 있게 행동할 수 있게 지도해야 한다.

• 일반적으로 성격 검사를 사용하는 검사자는 검사의 장점과 더불어 제한점을 확실히 알고 있어야 한다.

• 심리 검사에 대한 전문적 지식이 부족한 사람들에 의해 MBTI가 실시 · 해석되는 경우가 종종 있기 때문에 주의가 필요하다.

고객관계 관리(CRM) 개요

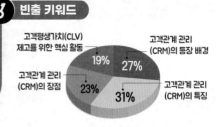

고객평생가치(CLV) 제고를 위한 핵심 활동 19%
고객관계 관리 (CRM)의 등장 배경 27%
고객관계 관리 (CRM)의 장점 23%
고객관계 관리 (CRM)의 특징 31%

📋 핵심 이론

1. 고객관계 관리(CRM)의 등장 배경

① **고객의 변화** : 생활방식 변화, 고객 다양성 증대, 고객만족 준거 변화, 고객 기대 수준 상승
② **시장의 변화** : 시장 세분화, 대중 마케팅의 비효율성 증대, 고객 확보 경쟁 증가, 시장의 규제 완화, 고객의 협상력 증가
③ IT 발전, 매출 중심에서 수익 중심으로 기업의 패러다임 변화, 마케팅 커뮤니케이션 변화

2. 고객관계 관리(CRM)의 특징

① 다양한 방법으로 고객의 데이터와 정보를 얻고 이를 전사적 차원에서 활용
② 고객과의 상호 신뢰·혜택 바탕으로 공정 가치 추구
③ 고객과 직접 접촉 통해 쌍방향 커뮤니케이션 지속
④ 개별 고객의 생애에 걸쳐 거래를 유지하거나 늘려나가고자 함
⑤ 정보 기술에 기초를 둔 과학적 제반 환경의 효율적 활용 요구
⑥ 차별적 타깃 마케팅을 추진하여 전반적인 마케팅 활동에 통합적 효율성 제고
⑦ 일회적·단기적 이윤 추구를 지양하고 고객의 생애 전체에 걸쳐 관계를 구축·강화하여 장기적 이윤을 추구하는 경영 방식
⑧ 고객 지향적이기 때문에 고객에게 필요한 상품, 서비스는 물론 차별화된 보상 등 적절한 혜택을 제공하여 고객과의 관계 관리에 기업의 초점을 맞추는 고객 중심적인 경영 방식
⑨ 마케팅에만 역점을 두는 것이 아니라 기업의 모든 내부 프로세스의 통합·혁신을 요구하여 고객관계 관리에 필요한 모든 부분인 표준화된 업무 프로세스, 조직의 역량·훈련, 기술적 하부 구조 등 균형 잡힌 향상을 꾀하는 경영 방식

3. 고객관계 관리(CRM) 목적 달성 활동 및 순환 과정

목적 달성 활동	고객 단가 증대	교차 판매, 추가 판매, 재판매 등
	고객 수 증대	이벤트, 외부 업체와의 제휴, 기존 고객 유지 활동, 기존 고객의 추천을 통한 신규 고객 창출 등
	구매 빈도 증대	다양한 사용 방법 개발 등
순환과정		신규 고객 획득 → 우수 고객 유지 → 고객가치 증진 → 잠재 고객 활성화 → 평생 고객화

4. 고객관계 관리(CRM)의 장점

① 특정 고객의 요구에 초점을 맞춤으로써 표적화 용이
② 고객 채널의 이용률을 개선함으로써 개별 고객과의 접촉을 최대한 활용할 수 있음
③ 제품 개발과 출시 과정의 소요 시간 절약 가능
④ 가격이 아닌 서비스를 통해 구매 환경 개선 가능
⑤ 고객이 창출하는 부가가치에 따라 마케팅 비용을 사용하는 것이 가능
⑥ 특정 캠페인의 효과 측정 용이
⑦ 광고비를 절감하는 데 도움이 됨
⑧ 가격이 아닌 서비스를 통해 기업경쟁력 확보 가능

5. 고객평생가치/고객생애가치(CLV 또는 LTV) 제고 위한 핵심 활동

고객 유지	• 확보된 고객의 거래 기간 증가를 위한 활동 • 거래 기간이 늘어날수록 1인당 고객평생가치/고객생애가치는 커질 것임
교차판매 (Cross Selling)	기존 상품 계열에 고객이 관심을 가질만한 다른 상품을 접목시켜 판매하는 유형
상향판매/ 추가판매 (Up Selling)	• 고객이 기존에 구매하던 상품과 같은 종류의 업그레이드된 상품을 권유하여 판매하는 유형 • 특정 카테고리 내에서 상품의 구매액을 늘리도록 유도하는 활동 • 설비의 마모 혹은 재공급이 필요할 때 업그레이드를 권유하여 판매하는 전략

핵심 기출 유형 문제

나오는 유형 ❶ 고객관계 관리(CRM)의 등장 배경

고객관계 관리(CRM)의 등장 배경 중 시장의 변화로 보기 어려운 것은?

① 시장의 세분화

② 대중 마케팅(Mass Marketing)의 비효율성 증대

③ 고객 확보 경쟁의 증가

④ 시장의 규제 완화

⑤ 생활방식의 변화

해설

⑤ 고객관계 관리의 등장 배경 중에서 고객의 변화에 해당한다.

고객관계 관리(CRM)의 등장 배경

고객의 변화	• 생활방식의 변화 • 고객의 다양성 증대 • 고객만족의 준거 변화 • 고객 기대 수준의 상승
시장의 변화	• 시장의 세분화 • 대중 마케팅(Mass Marketing)의 비효율성 증대 • 고객 확보 경쟁의 증가 • 고객의 협상력 증가 • 시장의 규제 완화
IT의 발전	
매출 중심에서 수익 중심으로 기업 패러다임의 변화	
마케팅 커뮤니케이션의 변화	

정답 ⑤

더 알아보기 고객관계 관리(CRM)가 필요한 산업

• 제품 차별화가 어려운 산업

• 영업인의 이동이 많은 산업

• 고객과의 접촉빈도가 큰 산업

• e-비즈니스 구현이 가능한 산업

• 고객과의 직접적인 접촉이 이루어지는 서비스업

01 고객관계 관리(CRM)의 등장 배경 중 시장의 변화에 해당하는 것은?

① 고객의 지식화
② 고객의 협상력 증가
③ 고객의 다양성 증대
④ 고객만족의 준거 변화
⑤ 고객 기대 수준의 상승

01

② 고객의 협상력이 증가하여 구매자 중심 시장으로 전환되었고 고객 각자의 선호와 욕구에 맞는 상품을 판매하기 위해 CRM이 도입되었다.

02 고객관계 관리(CRM)의 등장 배경 중 고객의 변화로 보기 어려운 것은?

① 생활방식의 변화
② 고객의 다양성 증대
③ 고객만족의 준거 변화
④ 고객 확보 경쟁의 증가
⑤ 고객 기대 수준의 상승

02

④ 시장의 변화에 해당한다.

03 고객관계 관리(CRM)의 등장 배경 중 고객의 변화에 해당하는 것은?

① 시장의 세분화
② 생활방식의 변화
③ 시장의 규제 완화
④ 고객 확보 경쟁의 증가
⑤ 대중 마케팅(Mass Marketing)의 비효율성 증대

03

① · ③ · ④ · ⑤는 시장의 변화에 해당한다.

정답 **01** ② **02** ④ **03** ②

꼭 나오는 유형 ❷ 고객관계 관리(CRM)의 특징

다음 중 고객관계 관리(CRM)의 특징에 대한 설명으로 가장 옳지 않은 것은?

① 고객과의 직접적인 접촉을 통해 쌍방향 커뮤니케이션을 지속한다.
② 정보 기술에 기초를 둔 과학적인 제반 환경의 효율적 활용을 요구한다.
③ 개별 고객의 소비력에 따라 특정 생애 주기를 구분하여 거래를 유지하고자 한다.
④ 단순히 마케팅에만 역점을 두는 것이 아니라 기업의 모든 내부 프로세스의 통합을 요구한다.
⑤ 고객 지향적이기 때문에 고객에게 필요한 상품, 서비스는 물론 차별화된 보상 등 적절한 혜택을 제공하여 고객과의 관계 관리에 기업의 초점을 맞추는 고객 중심적인 경영 방식이다.

해설

③ 고객의 생애 전체에 걸쳐 관계를 구축하고 강화시켜 장기적인 이윤을 추구하는 경영 방식이다.

고객관계 관리(CRM)의 특징

고객 지향적	• 고객에게 필요한 상품과 서비스, 차별화된 보상 등 적절한 혜택을 제공한다. • 고객 지향적이기 때문에 고객에게 필요한 상품, 서비스는 물론 차별화된 보상 등 적절한 혜택을 제공해 고객과의 관계 관리에 기업의 초점을 맞추는 고객 중심적인 경영 방식이다.
동적인 경영 방식	• 고객의 전 생애에 걸쳐 장기적인 이윤을 추구한다. • 기본적으로 개별 고객의 생애에 걸쳐 거래를 유지하거나 늘려나가고자 한다.
쌍방향 관계	• 고객과 기업 사이의 상호적인 혜택과 신뢰를 구축한다. • 고객과의 직접적인 접촉을 통해 신뢰를 바탕으로 고객과의 쌍방향 관계를 형성하고 지속적으로 발전시키는 것이다.
정보 기술의 효율적 활용 요구	• 정보 기술에 기초를 둔 과학적인 제반 환경의 효율적 활용을 요구한다. • 고객 데이터, ROI 분석 등 가시적인 경영 개선에 초점을 맞춘다.
고객과의 직접적 접촉	• 일관성 있는 메시지와 커뮤니케이션으로 고객과의 관계를 강화한다. • 고객의 생애 전체에 걸쳐 관계를 구축·강화하여 장기적인 이윤을 추구하는 경영 방식이다.
기업 내부 프로세스의 통합 요구	• 관계 관리에 필요한 모든 부분인 표준화된 업무 프로세스, 조직의 역량이나 훈련, 기술적 하부 구조 등 균형 잡힌 향상을 꾀하는 경영 방식이다. • 마케팅에만 역점을 두는 것이 아니라 기업의 업무 및 모든 내부 프로세스의 통합과 혁신을 요구한다. • 차별적 타깃 마케팅을 추진하여 전반적인 마케팅 활동에 통합적 효율성을 제고한다.

정답 ③

04 다음 중 고객관계 관리(CRM)의 특징에 대한 설명으로 가장 옳지 않은 것은?

① 고객과의 직접적인 접촉을 통해 쌍방향 커뮤니케이션을 지속한다.

② 기업의 모든 내부 프로세스 통합을 최소화하고 오직 마케팅에 역점을 두는 역동적 경영 방식이다.

③ 고객에게 필요한 상품, 서비스는 물론 차별화된 보상 등 적절한 혜택을 제공하여 고객과의 관계 관리에 기업의 초점을 맞추는 고객 중심적인 경영 방식이다.

④ 기본적으로 개별 고객의 생애에 걸쳐 거래를 유지하거나 늘려나가고자 한다.

⑤ 정보 기술에 기초를 둔 과학적인 제반 환경의 효율적 활용을 요구한다.

② 기업 내부 프로세스의 통합 요구 : 고객관계 관리(CRM)에 필요한 모든 부분인 표준화된 업무 프로세스, 조직의 역량이나 훈련, 기술적 하부 구조 등 균형 잡힌 향상을 꾀하는 경영 방식이다.

05 다음 중 고객관계 관리(CRM)의 특징에 대한 설명으로 가장 거리가 먼 것은?

① 고객의 생애 전체에 걸쳐 관계를 구축하고 강화시켜 장기적인 이윤을 추구한다.

② 신뢰를 바탕으로 고객과 쌍방향의 관계를 형성하고 지속적으로 발전시키는 것을 의미한다.

③ 차별적 타깃 마케팅을 추진하여 전반적인 마케팅 활동에 통합적 효율성을 제고한다.

④ DM(Direct Mail)의 반응률 향상과 같은 미세한 목표들 중심으로 관리한다.

⑤ 기업 업무 프로세스의 통합과 혁신을 요구한다.

④ 고객관계 관리(CRM)는 목표들 중심이 아닌 고객과의 관계 중심으로 관리한다.

06 다음 중 고객관계 관리(CRM)의 특징에 대한 설명으로 가장 옳지 않은 것은?

① 정보기술에 기초를 둔 과학적인 제반 환경의 효율적 활용을 요구한다.

② 고객과의 직접적인 접촉을 통해 쌍방향 커뮤니케이션을 지속한다.

③ 단순히 마케팅에만 역점을 두는 것이 아니라 기업의 모든 내부 프로세스의 통합을 요구한다.

④ 개별 고객의 소비력에 따라 특정 생애 주기를 구분하여 거래를 유지하고자 한다.

⑤ 고객 지향적이기 때문에 고객에게 필요한 상품, 서비스는 물론 차별화된 보상 등 적절한 혜택을 제공하여 고객과의 관계관리에 기업의 초점을 맞추는 고객중심적인 경영 방식이다.

④ 고객의 생애 전체에 걸쳐 관계를 구축하고 강화시키는 경영방식으로 장기적인 이윤을 추구한다.

정답 **04** ② **05** ④ **06** ④

문제타파 TIP

고객관계 관리(CRM)의 장점에 대해 정확하게 숙지할 것

꼭 나오는 유형 ❸ 고객관계 관리(CRM)의 장점

다음 중 고객관계 관리(CRM)의 장점에 대한 설명으로 가장 거리가 먼 것은?

① 고객이 창출하는 부가가치에 따라 마케팅 비용을 사용하는 것이 가능하다.

② 특정 캠페인의 효과 측정이 용이하다.

③ 광고비를 절감하는 데 도움이 된다.

④ 가격이 아닌 서비스를 통해 기업경쟁력을 확보할 수 있다.

⑤ 자사의 요구에 초점을 맞춤으로써 표준화가 용이하다.

🔑 **해설**

⑤ 특정 고객의 요구에 초점을 맞춤으로써 표적화가 용이하다.

고객관계 관리(CRM)의 장점

• 특정 고객의 요구에 초점을 맞춤으로써 표적화가 용이하다.

• 고객이 창출하는 부가가치에 따라 마케팅 비용을 사용하는 것이 가능하다.

• 고객 채널의 이용률을 개선함으로써 개별 고객과의 접촉을 최대한 활용할 수 있다.

• 제품 개발과 출시 과정에 소요되는 시간을 절약할 수 있다.

• 가격이 아닌 서비스를 통해 구매 환경을 개선할 수 있다.

• 고객이 창출하는 부가가치에 따라 마케팅 비용을 사용하는 것이 가능하다.

• 특정 캠페인의 효과 측정이 용이하다.

• 광고비를 절감하는 데 도움이 된다.

• 가격이 아닌 서비스를 통해 기업경쟁력을 확보할 수 있다.

정답 ⑤

07

④ 가격이 아닌 서비스를 통해 구매 환경을 개선할 수 있다.

07 다음 중 '고객관계 관리(CRM)'의 장점에 대한 설명으로 가장 옳지 않은 것은?

① 특정 고객의 요구에 초점을 맞춤으로써 표적화가 용이하다.

② 고객이 창출하는 부가가치에 따라 마케팅 비용을 사용하는 것이 가능하다.

③ 고객 채널의 이용률을 개선함으로써 개별 고객과의 접촉을 최대한 활용할 수 있다.

④ 서비스가 아닌 가격을 통해 구매 환경을 개선할 수 있다.

⑤ 제품 개발과 출시 과정에 소요되는 시간을 절약할 수 있다.

08

② 특정 고객의 요구에 초점을 맞춤으로써 표적화가 용이하다.

08 다음 중 고객관계 관리(CRM)의 장점에 대한 설명으로 가장 거리가 먼 것은?

① 특정 캠페인의 효과 측정이 용이하다.

② 특정 고객의 요구에 초점을 맞춤으로써 표준화가 용이하다.

③ 가격이 아닌 서비스를 통해 기업 경쟁력을 확보할 수 있다.

④ 고객이 창출하는 부가가치에 따라 마케팅 비용을 사용하는 것이 가능하다.

⑤ 특정 부서가 소외되는 현상이 발생되더라도 그에 따른 갈등을 해소할 수 있다.

07 ④ **08** ② 정답

꼭 나오는 유형 ❹ **고객평생가치(CLV) 제고를 위한 핵심 활동**

고객평생가치(CLV) 제고를 위한 핵심 활동 중 고객이 기존에 구매하던 상품과 같은 종류의 업그레이드된 상품을 권유하여 판매하는 유형은?

① Retention
② Repeating
③ Up Selling
④ Cross Selling
⑤ Advice Selling

⊟ 해설

고객평생가치/고객생애가치(CLV : Customer Lifetime Value 또는 LTV : Life Time Value)는 한 사람의 고객이 기업과 거래하기 시작한 후 그 거래를 중단할 때까지의 기간을 의미한다.

고객평생가치 또는 고객생애가치 제고를 위한 핵심 활동

교차판매 (Cross Selling)	기존의 상품 계열에 고객이 관심을 가질만한 다른 상품을 접목시켜 판매하는 유형
상향판매, 추가판매 (Up Selling)	• 고객이 기존에 구매하던 상품과 같은 종류의 업그레이드된 상품을 권유하여 판매하는 유형 • 특정 카테고리 내에서 상품의 구매액을 늘리도록 유도하는 활동 • 설비의 마모 혹은 재공급이 필요할 때 업그레이드를 권유하여 판매하는 전략

정답 ③

09 고객평생가치(CLV) 제고를 위한 핵심 활동 중 다음 〈보기〉의 대화에 가장 부합하는 것은?

┤ 보기 ├
직원 : 환영합니다. 고객님. KIE 버거입니다. 주문 도와드릴까요?
손님 : 네, CS 버거 세트 하나 포장해 주세요.
직원 : 500원 추가하시면 햄버거 라지 사이즈 가능하신데 변경하시겠습니까?
손님 : 네, 그렇게 변경해 주세요.

① 상향 판매(Up Selling)
② 유인 판매(Bait Selling)
③ 교차 판매(Cross Selling)
④ 재고 판매(Stock Selling)
⑤ 하향 판매(Down Selling)

09

상향 판매/추가 판매(Up Selling)

특정 카테고리 내에서 상품의 구매액을 늘리도록 유도하는 활동으로, 설비의 마모 혹은 재공급이 필요할 때 업그레이드를 권유하여 판매하는 전략이다.

정답 09 ①

02 고객관계 관리(CRM) 사용

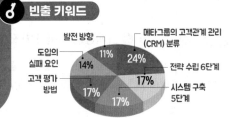

발전 방향 11%
도입의 실패 요인 14%
고객 평가 방법 17%
메타그룹의 고객관계 관리 (CRM) 분류 24%
전략 수립 6단계 17%
시스템 구축 5단계 17%

📑 핵심 이론

1. 메타그룹의 고객관계 관리(CRM) 분류

분석 CRM	• 수익성과 시장 점유율 제고를 목적으로 고객데이터를 추출·분석하여 영업, 마케팅, 서비스 측면으로 활용하는 전 과정을 의미 • 고객 프로파일링, 고객 세분화, 캠페인 관리, 이벤트 계획 등에 필요한 아이디어를 도출할 수 있음 • CRM 초기 여러 형태의 고객 정보를 보유했던 대기업에서 타깃 마케팅 등을 계획하기 위해 대용량 고객정보를 활용하여 필요 정보 획득을 목적으로 사용했음 • 분석도구 : Data Mining, Data Warehouse, ODS(Operation Data Store), OLAP(On-Line Analytical Processing)
운영 CRM	• 고객 정보의 획득과 활용을 통한 운영 비용 절감을 목적으로 영업, 마케팅, 고객 서비스의 프론트 오피스를 연계한 거래 이력 업무 지원과 백 오피스 통합 서비스 프로세스의 자동화를 의미 • 오피스와 CRM 통합 • 동화된 비즈니스 프로세스를 의미 • 프론트 오피스 고객 접점을 연계한 업무 지원 • 대표적인 예로는 EMS, 웹 로그 솔루션이 있음
협업 CRM	• 커뮤니케이션과 프로세스의 효율성 향상, 고객과의 관계 증진을 목적으로 기업 내부의 조직 공급망이 고객과 지속적으로 협력하고 커뮤니케이션을 통해 정보를 나누어 주는 모델을 말함 • 채널 다양화로 일관된 서비스 제공 • 콜센터, E-mail, 비디오, 팩스, FOD(Fax On Demand), 우편 등이 솔루션으로 적용

2. 고객관계 관리(CRM) 전략 수립 6단계

1단계	환경 분석	고객과 내·외부 환경을 분석하는 것
2단계	고객 분석	자사의 현재 고객을 다각적으로 분석하는 것
3단계	CRM 전략 방향 설정	CRM 전개를 통해 궁극적으로 목적하는 것을 얻기 위하여 방향성을 설정하는 것
4단계	고객에 대한 마케팅 제안 [오퍼(Offer)] 결정	고객의 회원 정보, 고객과 회사의 접촉, 거래 이력을 바탕으로 상품, 관심 분야, 소득 수준, 거래 빈도, 평균 구매 단가 등의 고객 특성의 변수에 따라 무엇을 고객에게 줄 것인가를 결정하는 것
5단계	개인화 설계	• 결정된 제안에 대하여 고객에게 어떤 적합한 형태로 전달할 것인가를 결정하는 방법 • 개인 정보, 구매 상품 유형, 구매 주기 등에 따른 콘텐츠 관심 정보 등을 총체적으로 분석하여 개인화 규칙을 설계 • 고객의 성별, 연령, 직업, 소득 등의 개인 정보와 구매 상품 유형, 구매 가격, 구매 주기 등의 심리적 특성이 반영되어야 함
6단계	대화 (커뮤니케이션) 설계	• 고객과의 관계 유지·강화를 위해 어떻게 제공할 것인지에 대한 전달 방법을 설계하는 것 • 이메일 등의 인터넷을 이용하는 방법과 우편이나 전화와 같은 전통적인 방법이 있음

3. 고객관계 관리(CRM) 시스템 구축 5단계

1단계	기업 특성에 맞는 고객 전략 수립	고객의 입장에서 전략을 수립
2단계	인프라 구축	데이터웨어하우스와 정보 분석 지원 환경 구축, 백 오피스와 프론트오피스 시스템, 전자상거래 등 커뮤니케이션 채널 확립
3단계	데이터마이닝을 통한 고객 분석과 마케팅	데이터 패턴을 파악하여 고객 성향을 분석, 구매 창출 및 잠재 고객층과 충성 고객층 등 고객층의 차별화 마케팅 시도
4단계	고객 분석 결과를 실질적으로 판매 과정에서 활용	교차 판매, 추가 판매, 고객의 재구매 등을 통해 고객생애가치의 극대화를 추구
5단계	고객 유지를 위한 서비스와 피드백 관리	고객과의 유대관계를 강화하고 차별화·개별화된 서비스를 제공하여 이탈 고객을 감소시키고, 기존 고객을 우수고객으로 전환시킴

4. 고객관계 관리(CRM)의 고객 평가 방법

위험성 점수 (Risk Score)	특정 고객이 기업에 얼마나 나쁜 영향을 주는지 나타내는 점수
수익성 점수 (Profitability Score)	특정 고객의 매출액, 순이익, 거래 기간 등을 고려하여 기업에 얼마나 수익을 주는지 점수를 매겨 보는 것
RFM 점수	Recency(최근), Frequency(빈도), Monetary(금액)와 같은 3가지 요소를 기준으로 고객을 구분하는 평가 방법
커버리지 점수 (Coverage Score)	자사의 상품 중 얼마나 많은 종류의 상품을 구매했는가를 평가

5. 고객관계 관리(CRM) 도입의 실패 요인 및 발전 방향

① 실패 요인
  ㉠ 명확한 전략 부재 및 무계획
  ㉡ 방대한 양의 고객 정보 데이터 무시
  ㉢ 고객 중심이 아닌 기업 중심의 CRM
  ㉣ 기술 숙련도에 대한 충분한 고려 미흡
  ㉤ 의미 없는 데이터베이스 자료
    • 평생 단 한 번 구입하는 제품
    • 상표에 대한 충성심을 거의 보이지 않는 제품
    • 단위당 판매가 작은 경우
    • 정보 수집에 비용이 많이 드는 경우
    • 장기적으로 타산이 맞지 않는 경우

② 발전 방향
  ㉠ 고객과의 대화를 통해 고객의 변화를 예측할 수 있는 기업으로 변화해야 함
  ㉡ 기업은 고객의 지식에 초점을 맞추고 고객의 가치 상승에 따라 기업이 획득하고 활용할 지식의 원천으로서 고객의 의미를 새롭게 인식해야 함
  ㉢ 자사의 발전에 영향을 미칠 수 있는 상품, 기술, 고객관계와 관련된 지식을 획득하고 이를 활용할 수 있도록 지식중심의 CRM을 지향해야 함
  ㉣ 단순하게 불평, 불만을 해결하는 고객지원센터가 아니라 고객의 지식을 획득하고 이를 활용할 수 있는 고객주도형 창구로 업무를 개편해야 함
  ㉤ CRM의 핵심은 고객이므로 고객과의 원활한 상호작용을 통해 기업이 발전할 수 있음

핵심 기출 유형 문제

꼭 나오는 유형 ❶ 메타그룹의 고객관계 관리(CRM) 분류

메타그룹에서 제시한 고객관계 관리(CRM)의 분류 중 '분석 CRM'에서 사용되는 대표적인 분석 도구로 보기 어려운 것은?

① Data Mining
② Data Warehouse
③ FOD(Fax On Demand)
④ ODS(Operation Data Store)
⑤ OLAP(On-Line Analytical Processing)

해설
③ FOD(Fax On Demand)란 전화기를 이용해 요청하면서 자기의 팩스 번호를 알려 주면 곧 팩스로 정보를 받아 볼 수 있는 서비스로 협업 CRM에 포함된다.

메타그룹에서 제시한 고객관계 관리(CRM)의 분류
• 분석 CRM : 수익성과 시장점유율 제고를 목적으로 고객 데이터를 추출–분석하여 영업, 마케팅, 서비스 측면으로 활용하는 전 과정을 의미하며 웨어하우스, 데이터마이닝, OLAP, ODS 등의 시스템을 사용한다.
• 운영 CRM : 고객정보의 획득과 활용을 통한 운영비용 절감을 목적으로 영업, 마케팅, 고객 서비스의 프론트 오피스를 연계한 거래 이력 업무 지원과 백오피스 통합 서비스 프로세스의 자동화를 의미하며 대표적인 예로는 EMS, 웹 로그 솔루션이 있다.
• 협업 CRM : 커뮤니케이션과 프로세스의 효율성 향상, 고객과의 관계 증진을 목적으로 기업 내부의 조직 공급망이 고객과 지속적으로 협력하고 커뮤니케이션을 통해 정보를 나누어 주는 모델을 말하며 콜센터, E-mail, 비디오, 팩스, FOD, 우편 등이 솔루션으로 적용된다.

정답 ③

01

분석 CRM
• 시장점유율과 수익성을 제고하기 위해 영업, 마케팅, 서비스 측면에서 고객정보를 추출하여 분석하는 시스템으로, 입수된 고객 정보를 통합하여 분석하고 이를 마케팅 기획에 활용하며 활용된 정보를 피드백하는 전 과정을 의미한다.
• 대표적인 분석 도구로는 Data Warehouse, Data Mining, OLAP (On-Line Analytical Processing), ODS(Operation Data Store) 등이 있다.

01 메타그룹에서 제시한 고객관계 관리(CRM)의 분류 중 '분석 CRM'에서 사용되는 대표적인 분석 도구를 다음 〈보기〉에서 찾아 모두 선택한 것은?

보기	
가. OLAP	나. EMS
다. FOD	라. Data Warehouse
마. Data Mining	

① 가, 라, 마
② 가, 나, 라, 마
③ 나, 다, 라
④ 나, 다, 라, 마
⑤ 가, 나, 다, 라, 마

01 ① 정답

02 메타(Meta) 그룹에서 제시한 '고객관계 관리(CRM)'의 분류 중 '협업 CRM'의 내용에 가장 부합하는 것은?

① 백오피스와 CRM 통합

② 자동화된 비즈니스 프로세스

③ 채널 다양화로 일관된 서비스 제공

④ 고객 분석 및 분류를 통한 가치고객의 발견

⑤ 고객 캠페인을 통한 '타깃(Target)' 마케팅 수행

02

협업 CRM

• 커뮤니케이션과 프로세스의 효율성 향상, 고객과의 관계 증진을 목적으로 기업 내부의 조직 공급망이 고객과 지속적으로 협력하고 커뮤니케이션을 통해 정보를 나누어 주는 모델을 말한다.

• 콜센터, E-mail, 비디오, 팩스, FOD (Fax On Demand), 우편 등이 솔루션으로 적용된다.

03 메타(Meta) 그룹에서 제시한 고객관계 관리(CRM)의 분류 중 다음 〈보기〉의 설명에 가장 부합하는 것은?

┤ 보기 ├

• 오피스와 CRM 통합

• 동화된 비즈니스 프로세스를 의미

• 프론트 오피스 고객 접점을 연계한 업무지원

① 운영 CRM   ② 협업 CRM

③ 집단 CRM   ④ 분석 CRM

⑤ 혁신 CRM

03

운영 CRM

고객정보의 획득과 활용을 통한 운영 비용 절감을 목적으로 영업, 마케팅, 고객 서비스의 프론트 오피스를 연계한 거래 이력 업무 지원과 백오피스 통합 서비스 프로세스의 자동화를 의미한다. 대표적인 예로는 EMS, 웹 로그 솔루션이 있다.

꼭 나오는 유형 ❷ **고객관계 관리(CRM) 전략 수립 6단계**

고객관계 관리(CRM) 전략 수립 6단계 중 고객에 대한 마케팅 제안(Offer) 결정과 관련하여 '사후적 보상'에 해당되는 사례로 가장 적절한 것은?

① 할인 쿠폰 지급을 통한 구매 유인

② 항공사 마일리지에 따른 무료 항공권 제공

③ 유통업체에서 활용하는 저가 상품의 구매 전 무료 제공

④ 고객에 따라 동일 상품에 대한 가격의 개별적인 적용

⑤ 미리 만들어진 상품 중 고객에게 적합한 상품을 파악하여 권유

❗문제타파 TIP

고객관계 관리(CRM) 전략 수립 6단계 각각의 특징을 파악해 둘 것!

정답 02 ③ 03 ①

해설 고객관계 관리(CRM) 전략 수립 6단계

- 1단계 – 환경 분석 : 고객과 내·외부 환경을 분석하는 것이다.
- 2단계 – 고객 분석 : 자사의 현재 고객을 다각적으로 분석하는 것이다.
- 3단계 – CRM 전략 방향 설정 : 기업이 CRM 전개를 통해 궁극적으로 목적하는 것을 얻기 위하여 방향성을 설정하는 것이다.
- 4단계 – 고객에 대한 마케팅 제안[오퍼(Offer)] 결정 : 고객의 회원 정보, 고객과 회사의 다양한 접촉, 거래 이력을 바탕으로 상품이나 관심 분야, 소득 수준, 거래 빈도, 평균 구매 단가 등의 고객 특성의 변수에 따라 무엇을 고객에게 줄 것인가를 결정하는 것이다.
  - 마케팅 제안(Offer) 시 제공되는 부가적 혜택 중 금전적 혜택 : 캐시백, 사이버머니, 사은품 제공, 제휴업체 할인 등
  - 사후적 보상 : 항공사 마일리지에 따른 무료 항공권 제공 등
- 5단계 – 개인화 설계 : 개인 정보, 구매 상품 유형, 구매 주기 등에 따른 콘텐츠 관심 정보 등을 총체적으로 분석하여 개인화 규칙을 설계한다.
- 6단계 – 대화(커뮤니케이션) 설계 : 고객과의 관계 유지·강화를 위해 어떻게 제공할 것인지에 대한 전달 방법을 설계하는 것으로 이메일 등의 인터넷을 이용하는 방법과 우편이나 전화와 같은 전통적인 방법이 있다.

정답 ②

04

개인화 설계
고객의 성별, 연령, 직업, 소득 등의 개인 정보와 구매 상품 유형, 구매 가격, 구매 주기 등의 심리적 특성을 반영하여 설계해야 한다.

04 CRM 전략 수립 단계 중 결정된 제안에 대하여 고객에게 어떤 적합한 형태로 전달할 것인가를 결정하는 방법은?

① 환경 분석
② 고객 분석
③ 개인화 설계
④ 고객에 대한 오퍼 결정
⑤ CRM 전략 방향 설정

👍 **더 알아보기** 전략 수립과 관련해 시장 매력도에 영향을 미치는 요인

요인	세부 항목
외형적 요인	• 현재 시장 규모 • 시장 잠재력 • 성장률 • 판매(매출)의 주기성(순환성) 또는 계절성 • 현재의 수익성
구조적 요인 (산업 요인)	• 잠재적 진입자로부터의 위협(신규 진입자의 위협) • 구매자의 교섭력으로부터의 위협(공급업자의 협상력) • 대체품으로부터의 위협 • 현재 시장 내에서의 경쟁(경쟁자의 수준)
환경적 요인	• 인구통계적 환경 • 경제적 환경 • 사회적 환경 • 기술적 환경 • 법률적 환경

04 ③ 정답

나오는 유형 ❸ **고객관계 관리(CRM) 시스템 구축 5단계**

📑 **정답 및 해설**

고객관계 관리(CRM) 시스템 구축 5단계 중 다음 〈보기〉의 설명에 해당하는 것은?

┤ 보기 ├
고객의 성향을 분석하여 구매를 창출하고 잠재고객층과 충성고객층 등 다양한 고객층의 차별화 마케팅을 시도한다.

① 인프라 구축
② 기업의 특성에 맞는 고객전략 수립
③ 고객 유지를 위한 서비스와 피드백 관리
④ 데이터 마이닝을 통한 고객 분석과 마케팅 실시
⑤ 고객 분석 결과를 실질적으로 판매과정에서 활용

┤해설├ 고객관계 관리(CRM) 시스템 구축 5단계
• 1단계 – 기업의 특성에 맞는 고객전략 수립 : 고객의 입장에서 전략을 수립
• 2단계 – 인프라 구축 : 데이터 웨어하우스, 백오피스, 프론트오피스 시스템, 전자상거래 채널 확립
• 3단계 – 데이터 마이닝을 통한 고객 분석과 마케팅 : 데이터의 패턴을 파악하여 고객의 성향을 분석하고 고객층별로 차별화 마케팅을 시도
• 4단계 – 고객 분석 결과를 실질적으로 판매과정에서 활용 : 교차판매, 추가판매, 고객의 재구매 등을 통해 고객생애가치의 극대화를 추구
• 5단계 – 고객 유지를 위한 서비스와 피드백 관리 : 고객과의 유대관계를 강화하고 차별화된 서비스를 제공하여 우수고객으로 전환시킴

정답 ④

문제타파 TIP
고객관계 관리(CRM) 시스템 구축 5단계의 각 단계에서 수행되어야 할 내용을 확실하게 숙지할 것!

05 고객관계 관리(CRM) 시스템 구축 5단계 중 다음 〈보기〉의 내용에 해당하는 것은?

┤ 보기 ├
데이터웨어하우스, 백오피스와 프론트오피스 시스템, 전자상거래 등 새로운 커뮤니케이션 채널을 확립한다.

① 인프라 구축
② 기업의 특성에 맞는 고객전략 수립
③ 고객 유지를 위한 서비스와 피드백 관리
④ 데이터 마이닝을 통한 고객 분석과 마케팅 실시
⑤ 고객 분석 결과를 실질적으로 판매과정에서 활용

05
고객관계 관리(CRM) 시스템 구축 5단계 중 2단계에 대한 설명이다.

정답 **05** ①

06
고객관계 관리(CRM) 시스템 구축 5단계 중 4단계에 대한 설명이다.

07
고객관계 관리(CRM) 시스템 구축 5단계
- 1단계 : 기업의 특성에 맞는 고객전략 수립
- 2단계 : 인프라 구축
- 3단계 : 데이터마이닝을 통한 고객분석과 마케팅 실시
- 4단계 : 고객분석 결과를 실질적으로 판매과정에 적용
- 5단계 : 고객유자를 위한 서비스와 피드백 관리

08
고객관계 관리(CRM) 시스템 구축 5단계 중 '고객 유지를 위한 서비스와 피드백 관리'는 5단계에 해당하며 ①~④를 주요 내용으로 한다. ⑤는 2단계에 해당한다.

06 고객관계 관리(CRM) 시스템 구축 5단계 중 교차판매, 추가판매, 재구매 등을 통해 고객생애가치의 극대화를 추구하기 위한 단계는?

① 인프라 구축
② 기업의 특성에 맞는 고객전략 수립
③ 고객 유지를 위한 서비스와 피드백 관리
④ 데이터마이닝을 통한 고객 분석과 마케팅 실시
⑤ 고객 분석 결과를 실질적으로 판매 과정에서 활용

07 다음 중 고객관계 관리(CRM) 시스템 구축 5단계의 내용으로 가장 거리가 먼 것은?

① 인프라 구축
② 기업의 특성에 맞는 고객전략 수립
③ 고객유지를 위한 서비스와 피드백 관리
④ 공공 서비스 확충을 위한 전담 부서 설치
⑤ 데이터마이닝을 통한 고객 분석과 마케팅 실시

08 고객관계 관리(CRM) 시스템 구축 5단계 중 '고객 유지를 위한 서비스와 피드백 관리'의 내용과 가장 거리가 먼 것은?

① 이탈 고객 감소
② 고객과의 유대 강화
③ 차별화, 개별화된 서비스의 제공
④ 기존 고객을 양질의 우수 고객으로 전환
⑤ 데이터 웨어하우스(Data Warehouse)와 정보 분석 지원환경 구축

06 ⑤ 07 ④ 08 ⑤ **정답**

꼭 나오는 유형 ❹ 고객관계 관리(CRM)의 고객 평가 방법

'고객관계 관리(CRM)' 전략 수립과 관련해 고객 분석에 있어 고객을 평가하는 방법 중 다음 〈보기〉의 설명에 해당하는 것은?

┤ 보기 ├

특정 고객의 매출액, 순이익, 거래 기간 등을 고려하여 기업에 얼마나 수익을 주는지 점수를 매겨 보는 것을 의미한다.

① Scoring
② Profitability Score
③ Coverage Score
④ NPS
⑤ Risk Score

❗ 문제타파 TIP

고객관계 관리(CRM)의 고객 평가 방법의 유형 및 그 특징을 숙지해야 한다.

├ 해설 고객 평가 방법

• 위험성 점수(Risk Score) : 특정 고객이 기업에 얼마나 나쁜 영향을 주는지 나타내는 점수를 의미한다.
• 수익성 점수(Profitability Score) : 특정 고객의 매출액, 순이익, 거래 기간 등을 고려하여 기업에 얼마나 수익을 주는지 점수를 매겨 보는 것을 의미한다.
• RFM 점수 : Recency(최근), Frequency(빈도), Monetary(금액)와 같은 3가지 요소를 기준으로 고객을 구분하는 평가 방법이다.
• 커버리지 점수(Coverage Score) : 자사의 상품 중에서 얼마나 많은 종류의 상품을 구매했는가를 평가한다.

정답 ②

---

09 고객관계 관리(CRM) 전략 수립과 관련해 고객 분석에 있어 고객을 평가하는 방법 중 다음 〈보기〉의 설명에 해당하는 것은?

┤ 보기 ├

고객이 기업에서 판매하는 제품 중 얼마나 많은 종류의 제품을 구매하였는지 점수로 매겨 보는 것을 의미한다.

① 커버리지 점수
② 핵심 요소 점수
③ 수익성 점수
④ RFM 점수
⑤ 위험성 점수

09
고객평가 방법
• 위험성 점수 : 기업에 대한 부정적 영향성 점수
• 수익성점수 : 기업의 수익에 기여하는 점수
• RFM 점수 : 최근성, 거래빈도, 구매금액에 따라 측정된 점수
• 커버리지 점수 : 얼마나 많은 상품을 구매하는지(충성도의 지표)를 점수로 매겨 평가

정답 09 ①

10

고객평가 방법
- 위험성 점수(Risk Score) : 특정 고객이 기업에 얼마나 나쁜 영향을 주는지 나타내는 점수를 의미한다.
- 수익성 점수(Profitability Score) : 특정 고객의 매출액, 순이익, 거래 기간 등을 고려하여 기업에 얼마나 수익을 주는지 점수를 매겨 보는 것을 의미한다.
- RFM 점수(Recency, Frequency, Monetary Score)
- 커버리지 점수(Coverage Score) : 자사의 상품 중에서 얼마나 많은 종류의 상품을 구매했는가를 평가한다.

❗ 문제타파 TIP
고객관계 관리(CRM) 도입의 실패 요인에 대해 확실하게 파악해두어야 한다.

10 고객관계 관리(CRM) 전략 수립에 있어 고객을 평가하는 방법 중 특정 고객이 기업에 얼마나 나쁜 영향을 주는지 나타내는 점수를 의미하는 것은?

① RFM Score
② Loss Score
③ Risk Score
④ Coverage Score
⑤ Profitability Score

 나오는 유형 **❺ 고객관계 관리(CRM) 도입의 실패 요인**

다음 중 고객관계 관리(CRM) 도입의 실패 요인으로 가장 거리가 먼 것은?

① 문제 있는 업무의 프로세스 자동화
② 고객 중심이 아닌 기업 중심의 CRM
③ 기술 숙련도에 대한 충분한 고려 미흡
④ 일부 부서가 아닌 전체 부서의 확장된 적용
⑤ 정보 시스템 조직과 업무부서 간의 협업 부족

┨해설
④ CRM이 도입되어 일부 부서에서만 적용되었을 때 실패 원인으로 작용한다.

고객관계 관리(CRM) 도입의 실패 요인
- 명확한 전략 부재 및 무계획
- 방대한 양의 고객 정보 데이터 무시
- 고객 중심이 아닌 기업 중심의 CRM
- 기술 숙련도에 대한 충분한 고려 미흡

정답 ④

11
⑤ 정보시스템 조직과 업무부서 간의 협업은 CRM(고객관계 관리) 도입에 성공 요인으로 작용한다.

11 다음 중 CRM(고객관계 관리) 도입의 실패 요인으로 가장 거리가 먼 것은?

① 명확한 전략 부재 및 무계획
② 방대한 양의 고객 정보 데이터 무시
③ 고객 중심이 아닌 기업 중심의 CRM
④ 기술 숙련도에 대한 충분한 고려 미흡
⑤ 정보시스템 조직과 업무부서 간의 협업

12 고객관계 관리(CRM)의 실패 요인 중 의미 없는 데이터베이스 자료로 보기 어려운 것은?

① 단위당 판매가 작은 경우
② 평생 단 한 번 구입하는 제품
③ 장기적 타산이 맞지 않는 경우
④ 정보 수집에 적은 비용이 드는 경우
⑤ 상표에 대한 충성심을 보이지 않는 제품

12

의미 없는 데이터베이스 자료

• 평생 단 한 번 구입하는 제품
• 상표에 대한 충성심을 거의 보이지 않는 제품
• 단위당 판매가 작은 경우
• 정보 수집에 비용이 많이 드는 경우
• 장기적으로 타산이 맞지 않는 경우

꼭 나오는 유형 ❻ 고객관계 관리(CRM)의 발전 방향

고객관계 관리(CRM)의 발전 방향에 대한 설명으로 가장 옳지 않은 것은?

① 고객과의 대화를 통해 고객의 변화를 예측할 수 있는 기업으로 변화해야 한다.
② CRM은 경쟁사와의 협력관계가 강화될 때 우월한 성과가 나타나기 때문에 경쟁사를 협력의 파트너로 인식하여 발전해 나가야 한다.
③ 기업은 고객의 지식에 초점을 맞추고 고객의 가치 상승에 따라 기업이 획득하고 활용할 지식의 원천으로서 고객의 의미를 새롭게 인식해야 한다.
④ 자사의 발전에 영향을 미칠 수 있는 상품, 기술, 고객관계와 관련된 지식을 획득하고 이를 활용할 수 있도록 지식 중심의 CRM을 지향해야 한다.
⑤ 단순하게 불평, 불만을 해결하는 고객지원센터가 아니라 고객의 지식을 획득하고 이를 활용할 수 있는 고객주도형 창구로 업무를 개편해야 한다.

문제타파 TIP

고객관계 관리(CRM)의 발전 방향의 내용을 확실하게 이해할 것!

해설

② CRM의 핵심은 고객이다. 고객과의 원활한 상호작용을 통해 기업이 발전해 나갈 수 있다.

고객관계 관리(CRM)의 발전 방향

• 고객과의 대화를 통해 고객의 변화를 예측할 수 있는 기업으로 변화해야 한다.
• 기업은 고객의 지식에 초점을 맞추고 고객의 가치 상승에 따라 기업이 획득하고 활용할 지식의 원천으로서 고객의 의미를 새롭게 인식해야 한다.
• 자사의 발전에 영향을 미칠 수 있는 상품, 기술, 고객관계와 관련된 지식을 획득하고 이를 활용할 수 있도록 지식중심의 CRM을 지향해야 한다.
• 단순하게 불평, 불만을 해결하는 고객지원센터가 아니라 고객의 지식을 획득하고 이를 활용할 수 있는 고객주도형 창구로 업무를 개편해야 한다.
• CRM의 핵심은 고객이므로 고객과의 원활한 상호작용을 통해 기업은 발전할 수 있다.

정답 ②

정답 **12** ④

13

⑤ CRM은 고객과 직접 대화하며 만나는 중요한 접점이므로, 경쟁사와는 구별된 특별한 서비스를 제공하여 고객의 만족과 감동을 이끌어 낼 수 있다.

13 고객관계 관리(CRM)의 발전 방향에 대한 설명으로 가장 옳지 않은 것은?

① 기업은 고객의 지식에 초점을 맞추고 고객의 가치 상승에 따라 기업이 획득하고 활용할 지식의 원천으로서 고객의 의미를 새롭게 인식해야 한다.

② 자사의 발전에 영향을 미칠 수 있는 상품, 기술, 고객 관계와 관련된 지식을 획득하고 이를 활용할 수 있도록 지식중심의 CRM을 지향해야 한다.

③ 단순하게 불평, 불만을 해결하는 고객지원센터가 아니라 고객의 지식을 획득하고 이를 활용할 수 있는 고객주도형 창구로 업무를 개편해야 한다.

④ 고객과의 대화를 통해 고객의 변화를 예측할 수 있는 기업으로 변화해야 한다.

⑤ CRM은 경쟁사와의 협력관계가 강화될 때 우월한 성과가 나타나기 때문에 경쟁사를 협력의 파트너로 인식하여 발전해 나가야 한다.

👍 **더 알아보기**

'스탠리 브라운(Stanley Brown)'이 제시한 성공적인 CRM(고객관계 관리) 구현 단계

• 목표를 분명하게 설정한다.
• 지나치게 전문화된 솔루션을 피한다.
• 비판적인 자세로 방법론을 선택한다.
• 기업에서 가장 유능한 직원을 참여시킨다.
• 프로젝트의 진척 현황을 주의 깊게 살핀다.
• 이해관계가 상충되는 부서와 끊임없이 소통한다.

13 ⑤ 정답

03 e-CRM

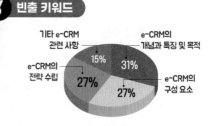

핵심 이론

1. e-CRM의 개념과 특징 및 목적

① e-CRM의 개념
- ㉠ e-CRM은 온라인에서 수집한 고객데이터를 저장, 분석하여 가치 있는 고객을 선별하고 회사가 보유하고 있는 한정된 역량을 가치 있는 고객을 획득, 유지하는 일에 우선적으로 투자하는 프로세스를 말함
- ㉡ 커뮤니케이션, 마케팅의 다양성을 중시하여 적극적인 고객화를 통한 장기적인 수익 실현을 목적으로 함
- ㉢ 구매 이력 이외에 방문 횟수, 관심 횟수, 광고 관심 횟수, 게시판 사용 횟수 등 고객의 행위를 표현하는 다양한 정보를 사용할 수 있음
- ㉣ 웹 로그 데이터, 이메일 반응, 웹 콜센터 등 인터넷을 통한 단일 통합 채널 구축 가능
- ㉤ 고객 요청 시 언제든지 온라인에 접속하여 처리할 수 있기 때문에 단순한 절차와 실시간 처리 가능
- ㉥ e-CRM 모델 구축 시 초기 기반 시설에 대한 설치 비용이 높은(대규모 투자) 반면 유지 관리 비용이 낮다[거의 0(Zero)에 가까움].

② e-CRM의 특징
- ㉠ 통합된 채널로, 채널 간 잡음으로 인한 고객 정보 관리의 오류 발생 가능성을 감소시킬 수 있음
- ㉡ 투자에 비해 신규 고객의 진입과 관리에 대한 비용이 거의 소모되지 않음
- ㉢ e-mail, 음성 서비스, 동영상 등의 멀티미디어 수단을 통합할 수 있음
- ㉣ 고객 접촉에 있어 복수로 분산 관리되던 채널을 통합하여 인터넷이라는 하나의 채널로 단일화하여 불필요한 관리 비용을 절감할 수 있음
- ㉤ 복수 채널 운영을 하지 않기 때문에 인건비 절감 효과를 기대할 수 있음

③ e-CRM의 목적
- ㉠ 인터넷을 통한 고객의 요구에 신속히 대응
- ㉡ 고객행동에 대한 예측성 제고, 고객만족도(충성도) 상승
- ㉢ 궁극적으로 기업의 수익 증대

2. e-CRM의 구성 요소

e-Marketing	• 인터넷을 이용하여 마케팅 기능 및 개념을 구현하는 전략 • 인터넷에서 고객의 정보를 수집하고 분석하여 잠재고객을 확보하는 마케팅
e-Sales	• 인터넷 상에서의 검색 단계부터 상품 및 서비스의 전 구매과정 • 인터넷 상에서 상품이나 서비스를 온라인으로 판매하기 위한 활동이나 여기에 필요한 수단을 의미
e-Service	• 인터넷 상에서의 고객서비스 및 지원서비스 관리를 위한 활동 • 인터넷에서 고객에게 제공되는 서비스를 관리하는 활동으로, 고객의 문의나 불만사항에 따른 고객서비스 센터를 확보하고 고객의 유형에 따른 맞춤 서비스를 제공하는 기능 등이 포함
e-Community	• 인터넷 상의 가상소통 공간으로서, 개인이나 기업 간 신뢰 형성의 결과로 공유 목적, 가치, 경험 등을 나눔 • 기업의 웹 사이트 또는 쇼핑몰 사이트에 인터넷 카페 등을 지원하거나 다양한 문화생활 정보 및 온라인 뉴스레터를 제공하는 활동 • 개인 간의 정보 교환, 개인과 기업 간 정보 교환의 매개체
e-Security	• 컴퓨터나 인터넷의 전자보안 서비스 • 웹 방문 고객의 개인정보를 바이러스로부터 보호하는 장치를 활용해야 함

3. e-CRM의 전략 수립

고객접근 전략	• 기업이 고객의 자발적 허락을 요구하는 마케팅을 지향(퍼미션 마케팅) • 고객의 허락(Permission)은 장기적으로 기업의 이윤을 창출하기 때문임
고객유지 전략	기업은 일대일 마케팅을 통해 고객 정보를 데이터베이스화하고, 고객맞춤 서비스와 제품을 제공함으로써, 상호신뢰감을 형성하고 기업경쟁력을 높일 수 있음
고객만족 전략	고객이 제품 및 서비스 구입 시 만족감을 주고, 브랜드 신뢰도를 쌓아 제품의 재구매율을 높이려는 목적으로 모든 조직 관리를 고객의 입장에서 전개하는 전략
고객창출 전략	• 구전이나 이벤트 등의 서비스 제공으로 고객에게 기업의 이미지와 제품 등을 알리고, 이를 통해 새로운 고객을 확보하여 수익을 창출해야 하는 전략 • 이용자들이 상호 간 정보 교환을 위해 게시판 기능(커뮤니티 서비스), 인비테이션 서비스(기존 고객이 다른 사람들에게 웹사이트를 추천해 주도록 유도하여 고객을 창출하는 서비스 유형) 등을 활용

4. e-CRM의 전략 수립 중 고객접근 전략

① 옵트 인 메일 : 네티즌이 사전에 받기로 선택한 광고성 이메일을 가리키며, 웹사이트 회원으로 가입할 때 광고 수신 여부와 필요로 하는 정보를 등록함으로써 허가받은 사람에게만 이메일을 발송하는 서비스

② 정크 메일
  ㉠ 불특정 다수에게 일방적으로 전달되는 대량의 광고성 메일로, 스팸 메일이라고도 함
  ㉡ 무작위로 추출한 e-mail 주소를 이용해 고객이 수신을 허락하지 않는 메일을 불특정 다수에게 일방적으로 전달하는 것을 의미함

5. e-CRM의 전략 수립 중 고객만족 전략

서스펜션 서비스	관심 품목 기능 및 찜상품 기능 등을 추가하여 고객이 상품정보를 개인 홈페이지에 기록할 수 있게 하는 서비스
저스트 인 타임 서비스	시간이나 장소에 구애받지 않고 고객의 상황에 맞추어 상품을 제공해주는 서비스
리마인드 서비스	FAQ, 고객의 과거 구매이력 같은 정보를 분석하여 향후 고객 행동을 예측하거나 기념일 등을 사전에 등록하도록 하여 이를 이용하여 구매를 촉진하는 서비스
어드바이스 서비스	고객이 상품 구입을 망설이고 있을 때에 직접 안내하거나 질문에 답하여 상품을 판매하는 서비스
매스 커스터마이즈 서비스	개별 고객이 원하는 사양을 가진 제품을 판매하는 서비스

📌 나오는 유형 ❶ e-CRM의 특징

다음 중 e-CRM의 특징에 대한 설명으로 가장 옳은 것은?

① 소규모 투자로 초기 e-CRM 모델의 구축이 가능하다.

② 복수 채널 운영을 통해 인건비 절감 효과를 기대할 수 있다.

③ 투자에 비해 신규 고객의 진입과 관리에 막대한 비용이 소모된다.

④ e-mail, 음성 서비스, 동영상 등의 멀티미디어 수단 통합이 가능하다.

⑤ 여러 채널을 통해 다양한 고객의 소리를 들을 수 있는 반면 고객 정보 관리의 오류 가능성이 증가될 수 있다.

📋 해설

① e-CRM 모델 구축 초기에 대규모 비용이 요구된다.

② 복수 채널 운영을 하지 않기 때문에 인건비 절감 효과를 기대할 수 있다.

③ 투자에 비해 신규 고객의 진입과 관리에 대한 비용이 거의 소모되지 않는다.

⑤ 통합된 채널로 고객 정보 관리의 오류 가능성이 감소된다.

e-CRM의 개념

• e-CRM은 온라인에서 수집한 고객데이터를 저장, 분석하여 가치 있는 고객을 선별하고 회사가 보유하고 있는 한정된 역량을 가치 있는 고객을 획득, 유지하는 일에 우선적으로 투자하는 프로세스를 말한다.

• 커뮤니케이션, 마케팅의 다양성을 중시하여 적극적인 고객화를 통한 장기적인 수익 실현을 목적으로 한다.

• 구매 이력 이외에 방문 횟수, 관심 횟수, 광고 관심 횟수, 게시판 사용 횟수 등 고객의 행위를 표현하는 다양한 정보를 사용할 수 있다.

• 웹 로그 데이터, 이메일 반응, 웹 콜센터 등 인터넷을 통한 단일 통합 채널의 구축이 가능하다.

• 고객 요청 시 언제든지 온라인에 접속하여 처리할 수 있기 때문에 단순한 절차와 실시간 처리가 가능하다.

• 초기 기반 시설에 대한 설치비용이 높은 반면, 유지 관리 비용이 거의 0(Zero)에 가깝다.

정답 ④

---

01 다음 중 e-CRM의 특징에 대한 설명으로 가장 옳지 않은 것은?

① 채널 간 잡음으로 인한 고객 정보 관리의 오류 발생 가능성을 감소시킬 수 있다.

② 단수 채널 운영으로 인해 필요한 관리 비용을 적절히 분배할 수 있다.

③ e-CRM 모델 구축 시 초기의 대규모 투자가 요구된다.

④ 신규 고객의 진입과 관리에 소요되는 비용이 거의 발생되지 않는다.

⑤ e-mail, 음성 서비스, 동영상 등의 멀티미디어 수단을 통합할 수 있다.

01

② 고객 접촉에 있어 복수로 분산 관리되던 채널을 통합하여 인터넷이라는 하나의 채널로 단일화하여 불필요한 관리 비용을 절감할 수 있다.

정답 01 ②

02

⑤ 초기 기반 시설에 대한 설치 비용이 높은 반면 유지 관리 비용이 거의 0(Zero)에 가깝다.

---

02 다음 중 'e-CRM'에 대한 설명으로 가장 옳지 않은 것은?

① 커뮤니케이션, 마케팅의 다양성을 중시하여 적극적인 고객화를 통한 장기적인 수익 실현을 목적으로 한다.

② 구매 이력 이외에 방문 횟수, 관심 횟수, 광고 관심 횟수, 게시판 사용 횟수 등 고객의 행위를 표현하는 다양한 정보를 사용할 수 있다.

③ 웹 로그 데이터, 이메일 반응, 웹 콜센터 등 인터넷을 통한 단일 통합 채널의 구축이 가능하다.

④ 고객 요청 시 언제든지 온라인에 접속하여 처리할 수 있기 때문에 단순한 절차와 실시간 처리가 가능하다.

⑤ 초기 기반 시설에 대한 설치 비용이 낮은 반면 유지 관리 비용이 상대적으로 높다.

! 문제타파 TIP

e-CRM의 구성 요소 각각의 개념을 정확하게 숙지하여야 한다.

꼭 나오는 유형 ❷ e-CRM의 구성 요소

e-CRM의 구성 요소 중 다음 〈보기〉의 설명에 해당하는 것은?

┤ 보기 ├

인터넷에서 고객에게 제공되는 서비스를 관리하는 활동으로 고객의 문의나 불만사항에 따른 고객서비스 센터를 확보하고 고객의 유형에 따른 맞춤 서비스를 제공하는 기능 등이 포함된다.

① e-Sales   ② e-Service

③ e-Security   ④ e-Community

⑤ e-Marketing

┤ 해설

① e-Sales : 인터넷에서 상품 판매

③ e-Security : 웹을 방문한 고객들의 개인정보를 바이러스로부터 보호하는 장치를 활용해야 한다.

④ e-Community : 개인 간의 정보 교환, 개인과 기업의 정보교환의 매개체

⑤ e-Marketing : 인터넷에서 고객의 정보를 수집하고 분석하여 잠재고객을 확보하는 마케팅

정답 ②

03

e-CRM 구성 요소

e-Marketing	인터넷을 이용하여 마케팅 기능 및 개념을 구현하는 전략
e-Sales	인터넷 상에서 검색 단계부터 상품 및 서비스의 전 구매과정
e-Service	인터넷에서 고객서비스 및 지원서비스 관리를 위한 활동
e-Community	인터넷 상의 가상소통 공간으로서, 개인이나 기업 사이의 신뢰형성의 결과로 공유 목적, 가치, 경험의 개발 등을 나눔
e-Security	컴퓨터나 인터넷의 전자보안 서비스

03 e-CRM의 구성 요소 중 인터넷 상에서 상품이나 서비스를 온라인으로 판매하기 위한 활동이나 여기에 필요한 수단을 의미하는 것은?

① e-Service   ② e-Sales

③ e-Marketing   ④ e-Community

⑤ e-Security

❸ e-CRM의 전략 수립

e-CRM의 고객만족 전략 중 다음 〈보기〉의 설명에 해당하는 것은?

┤ 보기 ├

관심 품목 및 찜상품 기능 등을 추가하여 고객이 상품정보를 개인 홈페이지에 기록할 수 있는 서비스

① 리마인드 서비스(Remind Service)
② 어드바이스 서비스(Advice Service)
③ 서스펜션 서비스(Suspension Service)
④ 저스트 인 타임 서비스(Just-in-time Service)
⑤ 매스 커스터마이즈 서비스(Mass Customize Service)

🚩 해설

e-CRM의 전략 수립 중 '고객만족 전략'이란, 고객이 제품 및 서비스 구입 시 만족감을 주고 브랜드 신뢰도를 쌓아 제품의 재구매율을 높이려는 목적으로 모든 조직 관리를 고객의 입장에서 전개하는 전략을 말한다.

정답 ③

❗문제타파 TIP

e-CRM의 전략 수립의 내용을 확실하게 이해하여야 한다.

---

04 e-CRM 성공을 위한 고객만족 전략 중 시간이나 장소에 구애받지 않고 고객의 상황에 맞추어 상품을 제공해주는 서비스 유형은?

① 리마인드 서비스
② 서스펜션 서비스
③ 어드바이스 서비스
④ 저스트 인 타임 서비스
⑤ 매스 커스터마이즈 서비스

04

① 리마인드 서비스 : 고객의 과거 구매이력 같은 정보를 분석하여 향후 고객의 행동을 예측하거나 기념일 등을 사전에 등록하도록 하여서 이를 이용하여 구매를 촉진하는 서비스

② 서스펜션 서비스 : 관심품목 기능을 추가하여 고객이 상품정보를 개인 홈페이지에 기록해둘 수 있게 하는 서비스

③ 어드바이스 서비스 : 고객이 상품 구입을 망설이고 있을 때에 직접 안내하거나 질문에 답하여 상품을 판매하는 서비스

⑤ 매스 커스터마이즈 서비스 : 개별 고객이 원하는 사양을 가진 제품을 판매하는 서비스

정답 04 ④

05

정크 메일(Junk mail)
불특정 다수에게 일방적으로 전달되는 대량의 광고성 메일로, 스팸 메일이라고도 한다.

05 'e-CRM' 전략 수립과 관련해 다음 〈보기〉의 설명에 해당하는 것은?

┤ 보기 ├
무작위로 추출한 E-mail 주소를 이용해 고객이 수신을 허락하지 않는 메일을 불특정 다수에게 일방적으로 전달하는 것을 의미한다.

① 크러시 메일
② 매치 메일
③ 정크 메일
④ 그라운드 메일
⑤ 옵트 인 메일

06

② 옵트 인 메일 : 네티즌이 사전에 받기로 선택한 광고성 이메일

06 'e-CRM' 전략 수립과 관련해 다음 〈보기〉의 설명에 해당하는 것은?

┤ 보기 ├
웹사이트 회원으로 가입할 때 광고 수신 여부와 필요로 하는 정보를 등록함으로써 허가 받은 사람에게만 이메일을 발송하는 서비스를 말한다.

① 매치 메일
② 옵트 인 메일
③ 가비지 메일
④ 크러시 메일
⑤ 그라운드 메일

07

고객창출 전략
기업은 구전이나 이벤트 등의 서비스 제공으로 고객에게 기업의 이미지와 제품 등을 알리고, 이를 통해 새로운 고객을 확보하여 수익을 창출해야 하는 전략이다. 이용자들이 상호 간 정보 교환을 위해 게시판 기능(커뮤니티 서비스), 인비테이션 서비스 등을 활용한다.

07 다음 중 e-CRM 성공을 위한 고객창출 전략에 해당하는 것은?

① 리마인드 서비스(Remind Service)
② 어드바이스 서비스(Advice Service)
③ 인센티브 서비스(Incentive Service)
④ 개인화 서비스(Personalize Service)
⑤ 커뮤니티 서비스(Community Service)

05 ③ 06 ② 07 ⑤ **정답**

04 인간관계

📋 핵심 이론

1. 호손실험

① 1920년대 후반, 엘튼 메이요(Elton Mayo)가 노동자들의 작업 환경과 생산성에 미치는 효과를 연구하기 위해 수행한 실험

② 호손실험을 통한 연구 결과
  ㉠ 생산성은 종업원의 태도나 감정에 크게 의존함
  ㉡ 경제적 요인만이 중요한 동기 유발 요인은 아님
  ㉢ 비경제적인 사회적 요인도 경제적 유인의 효과를 제한하고 감소시킴
  ㉣ 개인은 가계의 톱니바퀴와 같은 수동적 존재가 아니라 적극적으로 활동하는 인간임
  ㉤ 노동자들은 개인으로서가 아니라 비공식 집단의 일원으로서 경영자에게 반응함
  ㉥ 공식적 조직 내에 존재하는 자생적·비공식적 조직의 규범에 의해 인간 행동이 통제됨
  ㉦ 조직을 분업화된 전문적 집단으로 만드는 것이 가장 효과적인 작업집단을 만드는 방식은 아님
  ㉧ 조직의 생산성 향상을 위해 인간의 정서적 요인에 초점을 맞춘 관리 기술 제시

2. 휴스턴(Huston)과 레빙거(Levinger)가 제시한 인간관계 형성 3단계

① 1단계 : 면식의 단계(첫인상 형성 단계)
  ㉠ 직접적인 교류가 일어나기 전의 단계
  ㉡ 두 사람이 직접적 접촉 없이 관찰을 통해 서로 아는 단계
  ㉢ 타인의 표정, 복장, 언어, 동작 등으로부터 인상이 형성됨
② 2단계 : 형식적·피상적 접촉의 단계(피상적 역할 단계)
  ㉠ 두 사람 사이에 직접적인 교류가 일어나는 단계
  ㉡ 공정성·호혜성이 관계유지의 주요 요인으로 작용

  ㉢ 상대방의 인격적인 특성보다 역할이 중시되므로 친밀감이나 상호의존성이 증진되기 힘듦
  ㉣ 역할과 지나치게 동일시하거나 반대로 특정 역할에 피상적으로 개입하는 위험에 빠지기도 함
  ㉤ 내적 고독감을 느끼기도 함
③ 3단계 : 상호의존의 단계(친밀한 사적 단계)
  ㉠ 두 사람의 교류가 증진·심화되어 공유된 경험 영역 확대
  ㉡ 상호교류가 개인적 측면 수준까지 발전, 사적 관계로 진전
  ㉢ 서로의 깊은 내면의 세계(상대방의 성격·가치관·고민 등)를 공유함으로써 상호의존이 깊어지고 영역이 넓어짐
  ㉣ 두 사람 사이에 나타나는 상호작용에서 호혜성 원칙 초월

3. 인간관계 유형

① 일반적인 인간관계 유형
  ㉠ 공유적 인간관계와 교환적 인간관계

공유적 인간관계	• 가족과 연인, 아주 친밀한 친구 사이에서 나타나는 인간관계 유형 • 타인에게 주는 것이 나에게 주는 것이 되는, 호혜성이 무시되는 관계 • 상대방과 자신이 하나라 지각하는 관계(가족·친구들 사이에서 주로 나타남)
교환적 인간관계	• 거래와 교환의 공정성, 즉 이득과 손실의 균형이 무엇보다 중요한 관계 • 주는 만큼 받고, 받는 만큼 주어야 한다는 호혜성 원칙이 요구되는 관계

  ㉡ 종적관계와 횡적관계

종적관계	• 사회적 지위나 위치가 서로 다른 사람들 사이의 상호작용 • 형식적이고 수단적인 속성이 강한 인간관계 유형
횡적관계	사회적 지위나 위치가 서로 유사한 사람끼리의 상호작용(자발적 속성)

② 해리스(Harris)가 제시한 인간관계 유형

I'm OK – You're OK	• 자신과 타인을 모두 긍정하는 유형 • 인간관계가 원만하고 인생에 대한 태도가 긍정적임
I'm OK – You're not OK	• 자신은 긍정하고 타인은 부정하는 유형 • 타인과 거리를 유지할 뿐만 아니라 타인에 대한 불신과 경계를 게을리하지 않으므로 좋은 관계로 지속시키거나 발전시키는 것이 아니라 관계를 단절하게 되는 쪽으로 발전시키게 됨
I'm not OK – You're OK	• 자신은 부정하고 타인은 긍정하는 유형 • 열등감이 크고 매사 의기소침하며 타인에 대해 두려움을 느낌
I'm not OK – You're not OK	• 자신과 타인을 모두 부정하는 유형 • 상황이나 문제 해결에 대한 대안이나 극복할 능력이 없다고 믿음 • 반항적·체념적 인생 태도를 취함

4. 인간관계 부적응 유형

① 일반적인 부적응 유형

㉠ 회피형(고립형) : 인간관계 폭이 극히 제한적인 유형

경시형	인간관계를 무시하고 고독을 즐기는 유형
불안형	인간관계를 무시하지는 않으나, 자존감이 낮아 관계 맺기를 두려워하는 유형

㉡ 피상형 : 인간관계 폭은 넓으나 깊이는 낮은 유형

실리형	오로지 현실적인 이득이 있을 때만 관계를 맺는 업무 중심적 관계 유형
유희형	그저 재미있게 즐기면 그만이라 생각하고 진지한 주제는 꺼리는 유형

㉢ 미숙형 : 기술이 부족하여 대인관계는 원활하지 못하지만 친밀한 인간관계를 맺고자 하는 욕구가 있는 유형

소외형	• 대인관계에 능동적·적극적이지만, 부적절한 행동·외모로 사람들로부터 따돌림이나 소외당하는 유형 • 부적응 문제의 양상에 따라 미숙한 대인관계 기술로 인해 다른 사람들로부터 따돌림을 당하지만 인간관계에 있어 적극적·능동적 유형
반목형	대인관계에서 사람들과 자주 다투고 갈등을 빚는 유형

㉣ 탐닉형 : 다른 사람과의 관계를 강박적으로 추구하는 유형

의존형	대인관계에서 누군가에게 전폭적으로 의지하려 하는 유형
지배형	주변의 누군가를 추종세력으로 거느리고 자신을 중심으로 세력과 집단을 만들려고 하며 주도적인 역할을 하지 못하면 만족하지 못하는 유형

② 머튼(Merton)의 아노미 이론

㉠ 부적응 유형

동조형	문화적 목표와 제도적 수단을 모두 수용(부적응자에서 제외)
혁신형	문화적 목표는 수용, 제도적 수단은 거부(횡령·탈세·사기범)
의례형	문화적 목표는 거부, 제도적 수단은 수용(공무원의 복지부동)
패배형	문화적 목표와 제도적 수단을 모두 거부(약물중독·은둔자·부랑자)
반역형	기존의 것을 모두 거부하고 변혁하려함(혁명가·히피·해방운동가)

㉡ 문제점과 비판
• 문화의 다양성, 추구하는 목표의 다양성 무시
• 아노미 조건에 대한 개인적 반응 차이를 충분히 설명하지 못함
• 문화적 목표와 상관없이 일시적으로 발생하는 범죄에 대하여 설득력이 떨어짐
• 중산층이나 상류 계층에서 발생하는 비행이나 범죄에 대하여 설명하지 못함

5. 넬슨 존슨(R. Nelson Jones)이 제시한 인간관계 심화 요인(3R)

보상성 (Reward)	인간은 누구나 행복과 만족을 추구하기 때문에 만족감과 행복감을 제공하는 보상에 의해서 인간관계가 심화됨
상호성 (Reciprocality)	인간관계에서 보상이 서로 균형 있게 교류되는 것으로 긍정적 보상의 영역이 넓어지고 인간관계는 더 심화됨
규칙 (Rule)	인간관계에서 서로의 역할과 행동에 대해 명료하게 설정된 기대나 지침을 가리키며, 분명한 교류 규칙을 설정하면 인간관계는 심화됨

📖 핵심 기출 유형 문제

꼭 나오는 유형 ❶ 호손실험

인간관계론의 역사와 관련해 다음 〈보기〉의 (   ) 안에 들어갈 인물로 가장 옳은 것은?

┤ 보기 ├

1920년대 후반, 근로자들의 작업 환경과 생산성에 미치는 효과를 연구한 이론으로 (   )은(는) '호손 실험'을 통해 조직의 생산성 향상을 위하여 인간의 정서적 요인에 초점을 맞춘 관리 기술을 제시하였다.

① 로버트 오펜　　　　　　② 엘튼 메이요
③ 로버트 로젠탈　　　　　④ 로렌스 콜버그
⑤ 프레드릭 테일러

📮 문제타파 TIP

엘튼 메이요와 호손실험의 결과를 확실하게 파악할 것!

┤해설├ 호손실험

1920년대 후반, 엘튼 메이요(Elton Mayo)가 노동자들의 작업 환경과 생산성에 미치는 효과를 연구하였고, 호손실험을 통한 연구 결과는 다음과 같다.

• 생산성은 종업원의 태도나 감정에 크게 의존한다.
• 공식적 조직 내에 존재하는 자생적, 비공식적 조직이 만들어 낸 규범에 의해 인간 행동이 통제된다.
• 조직의 생산성 향상을 위해 인간의 정서적 요인에 초점을 맞춘 관리 기술을 제시하였다.

정답 ②

---

01 인간관계론의 역사와 관련해 다음 〈보기〉의 (   ) 안에 들어갈 인물로 가장 옳은 것은?

┤ 보기 ├

1920년대 후반, 근로자들의 작업 환경과 생산성에 미치는 효과를 연구한 이론으로 (   )은/는 호손실험을 통해 조직의 생산성 향상을 위하여 인간의 정서적 요인에 초점을 맞춘 관리 기술을 제시하였다.

① 엘튼 메이요(Elton Mayo)
② 로버트 오웬(Robert Owen)
③ 로버트 로젠탈(Robert Rosenthal)
④ 프레드릭 테일러(Fredrick Taylor)
⑤ 로렌스 콜버그(Lawrence Kohlberg)

01

① 호손실험을 통해 생산성은 종업원의 태도나 감정에 크게 의존하며, 공식적 조직 내에 존재하는 자생적, 비공식적 조직이 만들어 낸 규범에 의해 인간 행동이 통제된다는 것을 밝혀냈다.

정답 **01** ①

꼭 나오는 유형 ❷ 휴스턴과 레빙거가 제시한 인간관계 형성 3단계

휴스턴(Huston)과 레빙거(Levinger)가 제시한 인간관계 형성단계 중 피상적 역할 단계의 내용으로 가장 거리가 먼 것은?

① 두 사람이 직접적인 접촉 없이 관찰을 통해 서로를 아는 단계이다.

② 상대방의 인격적인 특성보다 역할이 중시되므로 친밀감이나 상호의존성이 증진되기 힘들다.

③ 공정성과 호혜성이 관계유지의 주요 원인으로 작용한다.

④ 역할과 지나치게 동일시하거나 반대로 특정 역할에 피상적으로 개입하는 위험에 빠지기도 한다.

⑤ 내적 고독감을 가지기도 한다.

해설

① 두 사람이 직접적인 접촉 없이 관찰을 통해 서로를 아는 단계는 1단계인 면식의 단계 (첫인상 형성 단계)이다.

휴스턴(Huston)과 레빙거(Levinger)가 제시한 인간관계 형성 3단계

1단계	면식의 단계 (첫인상 형성 단계)	• 직접적인 교류가 일어나기 전의 단계 • 두 사람이 직접적 접촉 없이 관찰을 통해 서로 아는 단계 • 타인의 표정, 복장, 언어, 동작 등으로부터 인상이 형성된다. • 상대방에 대한 관심과 호기심을 지니고 있는 상태
2단계	형식적 · 피상적 접촉의 단계 (피상적 역할 단계)	• 두 사람 사이에 직접적인 교류가 일어나는 단계 • 접촉이 피상적 수준에 머무르거나 업무 관련 역할 수행을 위해 접촉이 일어나는 형식적인 관계에 머무른다. • 상대방을 인격적 존재로 대하기보다 상황이나 제도가 부여한 역할을 수행하는 역할 수행자로서 상호작용을 하게 된다. • 상대방의 인격적인 특성보다 역할이 중시되므로 친밀감이나 상호의존성이 증진되기 힘들다. • 상호작용하는 두 사람 사이에는 교류의 공정성과 호혜성이 관계를 유지하는 주요한 요인이 된다. • 역할과 지나치게 동일시하거나 반대로 특정 역할에 피상적으로 개입하는 위험에 빠지기도 한다. • 내적 고독감을 느끼기도한다.
3단계	상호의존의 단계 (친밀한 사적 단계)	• 두 사람 사이에 크고 작은 상호의존이 나타나는 단계 • 두 사람의 교류가 증진 · 심화되어 공유된 경험 영역이 확대된다. • 상호교류가 개인적 측면 수준까지 발전, 사적 관계로 진전한다. • 서로의 깊은 내면의 세계(상대방의 성격 · 가치관 · 고민 등)를 공유함으로써 상호의존이 깊어지고 영역이 넓어진다. • 두 사람 사이에 나타나는 상호작용에서 호혜성 원칙을 초월한다.

정답 ①

02 '휴스턴'과 '레빙거'가 제시한 인간관계 형성 단계 중 다음 〈보기〉의 설명에 해당하는 것은?

┤ 보기 ├
- 두 사람 사이에 직접적인 교류가 일어나는 단계이다.
- 상대방의 인격적인 특성보다 역할이 중시되므로 친밀감이나 상호의존성이 증진되기 힘들다.
- 공정성과 호혜성이 관계유지의 주요 요인으로 작용한다.

① 인상 형성 단계
② 피상적 역할 단계
③ 환경적 결속 단계
④ 효용적 선택 단계
⑤ 친밀한 사적 단계

03 휴스턴(Huston)과 레빙거(Levinger)가 제시한 인간관계 형성 단계 중 두 사람이 직접적으로 접촉 없이 관찰을 통해 서로 아는 단계에 해당하는 것은?

① 첫인상 형성단계
② 표면 행동단계
③ 잠재 결정단계
④ 친밀한 사적단계
⑤ 피상적 역할단계

02

휴스턴(Huston)과 레빙거(Levinger)가 제시한 인간관계 형성 단계
- 1단계 – 면식의 단계(첫인상 형성 단계) : 직접적 교류가 일어나기 전 단계
- 2단계 – 형식적 · 피상적 접촉의 단계(피상적 역할 단계) : 두 사람 사이에 직접 교류가 일어나는 단계
- 3단계 – 상호의존의 단계(친밀한 사적 단계) : 두 사람 사이에 크고 작은 상호의존이 나타나는 단계

03

① 두 사람이 직접적으로 접촉 없이 관찰을 통해 서로 아는 단계는 면식의 단계, 첫인상 형성단계이다.

꼭 **나오는 유형** ❸ 일반적인 인간관계 유형

다음 중 〈보기〉의 설명에 해당하는 인간관계의 유형은?

┤ 보기 ├
상대방과 자신이 하나라고 지각하는 관계로 호혜성의 원칙이 무시되며 가족이나 친구들 사이에서 주로 나타난다.

① 횡적 관계
② 종적 관계
③ 공유적 관계
④ 우월적 관계
⑤ 교환적 관계

├ 해설 **인간관계 유형**
- 공유적 인간관계와 교환적 인간관계

공유적 인간관계	• 가족과 연인, 아주 친밀한 친구 사이에서 나타나는 인간관계의 유형이다. • 타인의 행복이 나의 행복이고, 타인에게 주는 것이 나에게 주는 것이 되는 관계로서 호혜성이 무시되는 관계이다. • 상대방과 자신이 하나라고 지각하는 관계로 호혜성의 원칙이 무시되며 가족이나 친구들 사이에서 주로 나타난다.
교환적 인간관계	• 거래와 교환의 공정성, 즉 이득과 손실의 균형이 무엇보다 중요한 관계이다. • 주는 만큼 받고, 받는 만큼 주어야 한다는 호혜성 원칙이 요구되는 관계이다.

문제타파 TIP

인간관계 유형의 각각의 특징을 확실하게 숙지하여야 한다.

정답 **02** ② **03** ①

• 종적 관계와 횡적 관계

종적 관계	사회적 지위나 위치가 서로 다른 사람들 사이의 상호작용이며, 형식적이고 수단적인 속성이 강한 인간관계 유형을 의미한다.
횡적 관계	사회적 지위나 위치가 서로 유사한 사람끼리의 상호작용이며, 자발적인 속성을 가진다.

정답 ③

04

② 횡적 관계 : 사회적 지위나 위치가 서로 유사한 사람끼리의 상호작용이며, 자발적인 속성을 가진다.

③ 교환적 관계 : 거래와 교환의 공정성, 즉 이득과 손실의 균형이 무엇보다 중요한 관계이며, 주는 만큼 받고, 받는 만큼 주어야 한다는 호혜성 원칙이 요구되는 관계이다.

⑤ 공유적 관계 : 타인의 행복이 나의 행복이고, 타인에게 주는 것이 나에게 주는 것이 되는 관계로서 호혜성이 무시되는 관계이다.

04 인간관계의 유형과 관련해 다음 〈보기〉의 ( )안에 들어갈 내용으로 가장 옳은 것은?

┤ 보기 ├
(   )란 사회적 지위나 위치가 서로 다른 사람들 사이의 상호작용이며, 형식적이고 수단적인 속성이 강한 인간관계 유형을 의미한다.

① 종적 관계　　　　　　　② 횡적 관계
③ 교환적 관계　　　　　　④ 종속적 관계
⑤ 공유적 관계

05

종적 관계와 횡적 관계

종적 관계	사회적 지위나 위치가 서로 다른 사람들 사이의 상호작용이며, 형식적이고 수단적인 속성이 강한 인간관계 유형을 의미한다.
횡적 관계	사회적 지위나 위치가 서로 유사한 사람끼리의 상호작용이며, 자발적인 속성을 가진다.

05 인간관계 유형과 관련해 다음 〈보기〉의 ( ) 안에 들어갈 내용으로 가장 옳은 것은?

┤ 보기 ├
(   )란 사회적 지위나 위치가 서로 유사한 사람들 사이의 상호작용이며 자발적인 속성을 가진다.

① 종적 관계　　　　　　　② 횡적 관계
③ 교환적 관계　　　　　　④ 선택적 관계
⑤ 공유적 관계

04 ① **05** ② 정답

❹ 일반적인 인간관계 부적응 유형

인간관계 부적응 유형 중 다른 사람에게 주도적인 역할을 하려고 하며 자신을 중심으로 세력과 집단을 만들려고 하는 유형은?

① 실리형　② 신뢰형　③ 원칙형　④ 지배형　⑤ 관리형

해설 인간관계 유형

④ 지배형은 주변에 누군가를 추종 세력으로 거느리고, 주도적인 역할을 하지 않으면 만족하지 못하는 유형이다.

일반적인 인간관계 부적응 유형

회피형 (고립형)	인간관계 폭이 극히 제한적인 유형	
	경시형	인간관계를 무시하고 고독을 즐기는 유형
	불안형	인간관계를 무시하지 않으나, 자존감이 낮아 관계 맺기를 두려워하는 유형
피상형	인간관계 폭은 넓으나 깊이는 낮은 유형. 실제로 깊이 있는 인간관계를 맺지 못하지만, 겉으로는 넓고 원만한 인간관계를 맺고 있는 것으로 보이는 유형	
	실리형	오로지 현실적인 이득이 있을 때만 관계를 맺는 업무 중심적 관계 유형
	유희형	그저 재미있게 즐기면 그만이라 생각하고 진지한 주제는 꺼리는 유형
미숙형	기술이 부족하여 대인관계는 원활하지 못하지만 친밀한 인간관계를 맺고자 하는 욕구가 있는 유형	
	소외형	• 대인관계에 능동적·적극적이지만, 부적절한 행동·외모로 사람들로부터 따돌림이나 소외당하는 유형 • 부적응 문제의 양상에 따라 미숙한 대인 관계 기술로 인해 다른 사람들로부터 따돌림을 당하지만 인간관계에 있어 적극적·능동적 유형
	반목형	대인관계에서 사람들과 자주 다투고 갈등을 빚는 유형
탐닉형	다른 사람과의 관계를 강박적으로 추구하는 유형	
	의존형	대인관계에서 누군가에게 전폭적으로 의지하려 하는 유형
	지배형	주변의 누군가를 추종세력으로 거느리고 자신을 중심으로 세력과 집단을 만들려고 하며 주도적인 역할을 하지 못하면 만족하지 못하는 유형

정답 ④

06 인간관계 부적응 유형 중 다른 사람에게 주도적인 역할을 하려고 하며 자신을 중심으로 세력과 집단을 만들려고 하는 유형은?

① 관리형　② 원칙형　③ 지배형　④ 실리형　⑤ 신뢰형

06
부적응적 인간관계 유형 중 탐닉형
• 의존형 : 대인관계에서 누군가에게 전폭적으로 의지하려는 유형
• 지배형 :주변에 누군가를 추종세력으로 거느리고, 주도적인 역할을 하지 않으면 만족하지 못하는 유형

정답 06 ③

07

부적응적 인간관계 유형 중 미숙형
- 소외형 : 대인관계에 능동적·적극적이지만, 부적절한 행동·외모로 사람들로부터 따돌림이나 소외당하는 유형
- 반목형 : 대인관계에서 사람들과 자주 다투고 갈등을 빚는 유형

08

인간관계 부적응 유형
- 회피형(고립형) : 인간관계 폭이 극히 제한적인 유형
- 피상형 : 인간관계 폭은 넓으나 깊이는 낮은 유형
- 미숙형 : 기술이 부족하여 대인관계는 원활하지 못하지만 친밀한 인간관계를 맺고자 하는 욕구가 있는 유형
- 탐닉형 : 다른 사람과의 관계를 강박적으로 추구하는 유형

❗ 문제타파 TIP

머튼(Merton)이 주장한 아노미 이론의 인간관계 부적응 유형 및 문제점과 비판 받는 내용을 정확하게 숙지하여야 한다.

07 부적응적 인간관계 유형과 관련해 다음 〈보기〉의 설명에 해당하는 것은?

┤ 보기 ├
부적응 문제의 양상에 따라 미숙한 대인 관계 기술로 인해 다른 사람들로부터 따돌림을 당하지만 인간관계에 있어 적극적이고 능동적인 유형이다.

① 소외형　② 의존형
③ 실리형　④ 지배형
⑤ 반목형

08 인간관계 부적응 유형 중 대인관계 기술이 부족하여 인간관계가 원활하지 못하지만 친밀한 인간관계를 맺고자 하는 욕구를 지닌 유형에 해당하는 것은?

① 고립형　② 회피형
③ 미숙형　④ 폐쇄형
⑤ 피상형

🔑 나오는 유형 ❺ 아노미 이론의 인간관계 부적응 유형

머튼(R. K Merton)이 주장한 아노미 이론(Anomie Theory)에서 문화적 목표를 거부하고 제도화된 수단만을 수용하는 부적응 유형은?

① 반역형　② 혁신형
③ 동조형　④ 의례주의형
⑤ 패배주의형

해설
머튼(Merton)의 아노미 이론의 인간관계 부적응 유형
- 동조형 : 문화적 목표와 제도적 수단을 모두 수용하는 유형(부적응자에서 제외)
- 혁신형 : 문화적 목표는 수용하지만 제도적 수단은 거부하는 유형(횡령, 탈세, 사기범)
- 의례형 : 문화적 목표는 거부하지만 제도적 수단은 수용하는 유형(공무원의 복지부동)
- 패배형 : 문화적 목표와 제도적 수단을 모두 거부하는 유형(약물중독, 은둔자, 부랑자)
- 반역형 : 문화적 목표와 제도적 수단을 모두 거부하고 기존의 것을 변혁시키려는 유형(혁명가, 히피, 해방운동가)

머튼(Merton)의 아노미 이론의 인간관계 부적응 유형에 대한 문제점과 비판
- 문화의 다양성과 더불어 추구하는 목표의 다양성을 무시한다.
- 아노미 조건에 대한 개인적 반응 차이를 충분히 설명하지 못한다.
- 문화적 목표와 상관없이 일시적으로 발생하는 범죄에 대하여 설득력이 떨어진다.
- 중산층이나 상류 계층에서 발생하는 비행이나 범죄에 대하여 설명하지 못한다.

정답 ④

09 다음 중 문화적 목표와 제도적 수단을 모두 수용하기 때문에 '머튼(Merton)' 이 제시한 인간관계 부적응 유형에서 제외될 수 있는 유형은?

① 반역형
② 의례형
③ 도피형
④ 혁신형
⑤ 동조형

09
머튼(Merton)의 아노미 이론의 인간 관계 부적응 유형
• 동조형 : 문화적 목표와 제도적 수 단을 모두 수용하는 유형(부적응자 에서 제외)
• 혁신형 : 문화적 목표는 수용하지 만 제도적 수단은 거부하는 유형 (횡령, 탈세, 사기범)
• 의례형 : 문화적 목표는 거부하지 만 제도적 수단은 수용하는 유형 (공무원의 복지부동)
• 패배형 : 문화적 목표와 제도적 수 단을 모두 거부하는 유형(약물중독, 은둔자, 부랑자)
• 반역형 : 문화적 목표와 제도적 수 단을 모두 거부하고 기존의 것을 변혁시키려는 유형(혁명가, 히피, 해방운동가)

10 '머튼(Merton)'이 주장한 '아노미 이론'의 문제점과 비판에 대한 설명으로 가 장 거리가 먼 것은?

① 문화의 다양성과 더불어 추구하는 목표의 다양성을 무시하고 있다.
② 아노미 조건에 대한 개인적 반응의 차이를 충분히 설명하지 못하고 있 다.
③ 문화적인 목표와 상관없이 일시적으로 발생하는 범죄에 대하여 설득력 이 떨어진다.
④ 중산층이나 상류 계층에서 발생되는 비행이나 범죄에 대하여 설명하지 못한다.
⑤ 과도하게 폭력범죄(격정범죄)에만 초점이 맞추어져 있다.

10
⑤ 아노미 이론에서는 공무원의 복지 부동, 횡령, 약물중독 등 도덕적 해 이나 경범죄를 다룬다.

문제타파 TIP

넬슨 존스(R. Nelson Jones)가 제시한 인간관계 심화 요인 3가지 각각의 개념을 정확하게 알고 있어야 한다.

꼭 나오는 유형 ❻ 넬슨 존스가 제시한 인간관계 심화 요인

다음 〈보기〉의 내용 중 '넬슨 존스'가 제시한 인간관계 심화 요인을 찾아 모두 선택한 것은?

| 보기 |
| 가. 규칙 | 나. 관심 |
| 다. 동기 | 라. 상호성 |
| 마. 보상성 |

① 가, 나, 다　　　　　② 가, 나, 라
③ 가, 나, 마　　　　　④ 가, 다, 마
⑤ 가, 라, 마

해설 **넬슨 존스(R. Nelson Jones)의 인간관계 심화 요인(3R)**
- 보상성(Reward) : 인간은 누구나 행복과 만족을 추구하기 때문에 만족감과 행복감을 제공하는 보상에 의해서 인간관계가 심화된다는 것이다.
- 상호성(Reciprocality) : 인간관계에서 보상이 서로 균형 있게 교류되는 것으로 긍정적 보상의 영역이 넓어지고 인간관계는 더 심화된다는 것이다.
- 규칙(Rule) : 인간관계에서 서로의 역할과 행동에 대해 명료하게 설정된 기대나 지침을 가리키며 분명한 교류 규칙을 설정하면 인간관계가 심화된다는 것이다.

정답 ⑤

11

규칙(Rule)

인간관계에서 서로의 역할과 행동에 대해 명료하게 설정된 기대나 지침을 가리키며, 분명한 교류 규칙을 설정하면 인간관계는 심화된다.

11 '넬슨 존슨(R. Nelson Jones)'가 제시한 인간관계 심화 요인 중 서로의 역할과 행동에 대해 명료하게 설정된 기대나 지침을 의미하는 것은?

① 관심　　　　　② 규칙
③ 동기　　　　　④ 보상성
⑤ 상호성

11 ② 정답

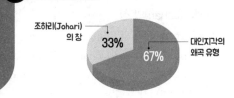

조하리(Johari)의 창 **33%**
대인지각의 왜곡 유형 **67%**

05 대인지각 및 조하리(Johari)의 창

📋 핵심 이론

1. 대인지각

① 대인지각의 개념
  ㉠ 다른 사람에 관한 정보로부터 그 사람의 성격, 감정, 의도, 욕구, 능력 등 내면의 특성과 심리과정을 추론하는 것
  ㉡ 타인의 첫인상이나 타인이 자신에게 한 행동과 외모·복장과 같은 외형적인 것과 연령, 직업, 취미, 출신지 등 다양한 정보들이 대인지각에 영향을 줌

② 대인지각의 왜곡 유형
  ㉠ 초두효과와 최근효과

초두효과	• 최초의 인상이 중심이 되어 전체 인상이 형성되는 효과 • 먼저 제시된 정보가 나중에 제시된 정보보다 대부분 인상 현상에 더욱 강력한 영향을 미치는 현상

최근효과
(최신 효과,
신근성 효과)
	• 시간적으로 나중에 제시된 정보에 의해서 영향을 받는 효과
	• 발생원인
	  – 최근의 정보가 아주 현저하게 부각될 경우 발생
	  – 정확한 정보를 파악하고자 동기화되어있을 경우 발생
	  – 초기 정보가 너무 일찍 제시되어 이미 망각된 상태에서 발생
	  – 정보 판단 시간이 충분하지 않으면, 과거 경험에 의해 형성된 인지구조인 스키마를 통해 자동적·습관적으로 판단, 휴리스틱을 통해 빨리 판단함
	예 이미지가 좋았던 연예인에게 갑자기 불미스러운 스캔들이 발생하면 호감도가 급격히 떨어짐

  ㉡ 후광효과와 악마효과

후광효과	• 외모·지명도·학력과 같이 어떤 사람의 장점·매력 때문에 관찰하기 어려운 성격적인 특성도 좋게 평가되는 효과 • 개인이 가진 지능, 사교성, 용모 등의 특성 중 하나에 기초하여 상대방에 대한 일반적인 인상을 형성화하는 현상
악마효과	싫다는 인상이 형성되면 그 사람의 다른 측면까지 부정적으로 평가

  ㉢ 방사효과와 대비효과

방사효과	매력 있는 사람(짝)과 함께 있는 사람의 사회적 지위·가치가 높게 평가되어 자존심이 고양되는 효과
대비효과	매력적인 상대와 함께 있으면 그 사람과 비교되어 평가 절하되는 효과

  ㉣ 범주화와 고정관념 및 스테레오 타입(Stereo Type)

범주화와 고정관념	범주화	어투·생김새·종교·인종·국적·성별 등으로 사람을 분류, 같은 범주에 속한 사람들은 비슷한 특성을 공유한다고 여기는 것
	고정관념	범주의 특성을 그 성원들의 특성으로 일반화하는 경향성
스테레오 타입 (Stereo Type)		• 어떤 특정한 대상이나 집단에 대하여 많은 사람들이 공통으로 가지는 비교적 고정된 견해와 사고를 뜻하며, 집단 특성에 근거하여 판단하려는 경향 • 고정관념을 형성하는 여러 선입관 중 특별한 경우를 말할 때 쓰는 용어 • 한두 가지 사례를 보고 대상 집단 전체를 평가하는 경우 예 금발에 눈이 파란 미국인 한 사람을 보고 모든 미국인은 금발에 눈이 파랗다고 단정하는 경우

2. 조하리(Johari)의 창

① 조하리(Johari)의 창의 의의
  ㉠ 조하리(Johari)의 창(Johari's Window of Mind)은 심리학자 Joseph Luft와 Harry Ingham이 개발한 자아의식 모델임
  ㉡ 자기공개와 피드백 측면에서 인간관계를 진단해 볼 수 있는 방법

② 조하리(Johari)의 창의 영역

구분	내가 알고 있는 정보	내가 모르는 정보
타인이 아는 정보	공개된 영역(개방형) • 넓은 인간관계 • 주책 맞고 경박해 보일 수 있음	맹목의 영역(자기주장형) • 거침없이 이야기함 • 타인의 말을 들을 필요 있음
타인이 모르는 정보	숨겨진 영역(신중형) • 실수하는 일이 적음 • 계산적, 실리적, 뛰어난 적응력	미지의 영역(고립형) • 소극적, 많은 고민 • 긍정적 태도를 가질 필요 있음

  ㉠ 공개된 영역(개방형) : 공개적 영역이 가장 넓은 사람
    • 대체로 인간관계가 원만한 사람들
    • 적절하게 자기표현을 잘할 뿐만 아니라 다른 사람의 말도 잘 경청할 줄 아는 사람들
    • 공개적 영역이 너무 넓은 사람은 말이 많고 경박한 사람으로 보일 수도 있음
  ㉡ 맹목의 영역(자기주장형) : 맹목의 영역이 가장 넓은 사람
    • 자기주장형이며 거침없이 이야기함
    • 다른 사람의 반응에 무관심하거나 둔감하여 독단적·독선적 모습으로 보일 수도 있음
    • 다른 사람의 말에 좀 더 진지하게 귀를 기울이는 노력이 필요함
  ㉢ 숨겨진 영역(신중형) : 숨겨진 영역이 가장 넓은 사람
    • 다른 사람의 이야기는 잘 경청하지만, 자신의 이야기는 잘 하지 않는 사람들
    • 속마음을 잘 드러내지 않는 크렘린형 사람이 많으며 계산적·실리적 경향이 있음
    • 현대인에게 가장 많은 유형으로 알려져 있음
    • 자기개방을 통해 다른 사람과 좀 더 넓고 깊이 있는 교류가 필요함
  ㉣ 미지의 영역(고립형) : 미지의 영역이 가장 넓은 사람
    • 인간관계에 소극적이며 고민이 많고 음성 증상이 있음
    • 혼자 있는 것을 좋아하는 사람들
    • 고집이 세고 주관이 지나치게 강한 사람도 있으나 대체로 심리적인 고민이 많으며 부적응적인 삶을 살아가는 사람들이 많음
    • 인간관계에 좀 더 적극적이고 긍정적인 태도를 가질 필요가 있음

📖 핵심 기출 유형 문제

꼭 나오는 유형 ❶ 대인지각의 왜곡 유형

대인지각 왜곡 유형 중 먼저 제시된 정보가 나중에 제시된 정보보다 대부분 인상 현상에 더욱 강력한 영향을 미치는 현상을 의미하는 것은?

① 빈발 효과
② 대비 효과
③ 투영 효과
④ 초두 효과
⑤ 관대화 경향

해설 대인지각 왜곡유형

초두효과	• 먼저 제시된 정보가 나중에 제시된 정보보다 대부분 인상 현상에 더욱 강력한 영향을 미치는 현상이다. • 최초의 인상이 중심이 되어 전체 인상이 형성되는 효과이다.
최근효과 (신근성 효과)	시간적으로 나중에 제시된 정보에 의해서 영향을 받는 효과이다.
대조효과	최근에 주어진 정보와 비교하여 판단하는 효과이다.
빈발효과	첫인상이 좋지 않아도, 그 후 반복해서 하는 행동이나 태도가 첫인상과는 달리 진지하고 솔직하면 점차 좋은 인상으로 바뀌는 효과이다.
후광효과	외모나 지명도 또는 학력과 같이 어떤 사람이 갖고 있는 장점이나 매력 때문에 관찰하기 어려운 성격적인 특성도 좋게 평가되는 효과이다.
악마효과	싫은 사람이라는 인상이 형성되면 그 사람의 다른 측면까지 부정적으로 평가되는 효과이다.
방사효과	매력 있는 사람과 함께 있을 때 사회적 지위나 자존심이 고양되는 효과이다.
대비효과	너무 매력적인 상대와 함께 있으면 그 사람과 비교되어 평가 절하되는 효과이다.
투영 효과	판단을 함에 있어 자신과 비교하여 남을 평가하는 경향
중심화 경향	판단을 함에 있어 아주 나쁘다거나 아주 좋다거나 하는 판단을 기피하고 중간 정도인 것을 판단하려는 경향을 보이는 유형

정답 ④

❗문제타파 TIP

대인지각 왜곡 각각의 유형이 돌아 가면서 출제되므로 모든 유형을 정확하게 이해하여야 한다.

01

⑤ 인간은 정보 판단을 위한 시간이 충분하지 않을 경우, 각 개인이 과거의 경험에 의해서 형성된 개인의 인지구조인 스키마를 통해 자동적이거나 습관적인 판단을 하거나 휴리스틱을 통한 빠른 판단을 한다.

01 대인지각 왜곡 유형 중 '최신 효과'가 발생되는 원인으로 가장 거리가 먼 것은?

① 최근의 정보가 아주 현저하게 부각될 경우 발생된다.

② 정확한 정보를 파악하고자 동기화 되어있을 경우 발생된다.

③ 초기 정보가 너무 일찍 제시되어 이미 망각된 상태에서 발생된다.

④ 평소 좋은 이미지를 구축해 오던 연예인에게 갑자기 불미스러운 스캔들이 발생된 경우에 해당된다.

⑤ 타인을 판단함에 있어 타인의 모든 정보를 고려할 수 있을만한 시간이 충분하지 않을 경우 발생된다.

02

③ 중심화 경향 : 아주 나쁘다거나 아주 좋다거나 하는 판단을 기피하고 중간 정도인 것을 판단하려는 경향을 보이는 유형

④ 관대화 경향 : 타인을 매우 좋게 평가하고자 하는 경향

02 대인지각 왜곡 유형 중 다음 〈보기〉의 설명에 해당하는 것은?

| 보기 |
어떤 특정한 대상이나 집단에 대하여 많은 사람들이 공통으로 가지는 비교적 고정된 견해와 사고를 뜻하며, 집단 특성에 근거하여 판단하려는 경향을 의미한다.

① 스테레오타입　　② 스키마 효과
③ 중심화 경향　　④ 관대화 경향
⑤ 집중화 경향

03

방사 효과

매력 있는 사람과 함께 있을 때 사회적 지위나 자존심이 고양되는 효과. 이와 반대로 너무 매력적인 상대와 함께 있으면 그 사람과 비교되어 평가절하되는 대비 효과도 있다.

03 대인지각 왜곡 유형 중 다음 〈보기〉의 설명에 해당하는 것은?

| 보기 |
매력적인 짝과 함께 있는 사람의 사회적인 지위나 가치가 높게 평가되어 자존심이 고양되는 현상을 의미한다.

① 방사 효과　　② 대조 효과
③ 보증 효과　　④ 환기 효과
⑤ 투영 효과

04

후광 효과

외모나 지명도 또는 학력과 같이 어떤 사람이 갖고 있는 장점이나 매력 때문에 관찰하기 어려운 성격적인 특성도 좋게 평가되는 효과

04 대인지각 왜곡 유형 중 다음 〈보기〉의 설명에 해당하는 것은?

| 보기 |
개인이 가진 지능, 사교성, 용모 등의 특성 중 하나에 기초하여 상대방에 대한 일반적인 인상을 형상화하는 현상을 의미한다.

① 투영 효과　　② 대조 효과
③ 후광 효과　　④ 최신 효과
⑤ 빈발 효과

01 ⑤　02 ①　03 ①　04 ③　**정답**

🔖 나오는 유형   ❷ 조하리(Johari)의 창

자아의식 모델인 조하리(Johari)의 창에서 다음 〈보기〉의 설명에 해당하는 영역은?

┌ 보기 ┐
- 자기주장형이며 거침없이 이야기를 한다.
- 타인의 말에 귀를 기울일 줄 알아야 한다.

① 안전 영역   ② 미지 영역

③ 맹목 영역   ④ 숨겨진 영역

⑤ 공개된 영역

🗣️ 문제타파 TIP

조하리(Johari)의 창의 각각의 영역의 특징을 비교하여 학습함으로써 각각의 영역의 특징을 확실하게 숙지하여야 한다.

├─ 해설 조하리(Johari)의 창의 영역

공개된 영역 (개방형)	• 공개적 영역이 가장 넓은 사람 • 대체로 인간관계가 원만한 사람들이다. • 적절하게 자기표현을 잘할 뿐만 아니라 다른 사람의 말도 잘 경청할 줄 아는 사람들이다. • 공개적 영역이 지나치게 넓은 사람은 말이 많고 주책없는 경박한 사람으로 보일 수도 있다.
맹목의 영역 (자기주장형)	• 맹목의 영역이 가장 넓은 사람 • 자기주장형이며 거침없이 이야기를 한다. • 다른 사람의 반응에 무관심하거나 둔감하여 독단적이며 독선적인 모습으로 보일 수도 있다. • 다른 사람의 말에 좀 더 진지하게 귀를 기울이는 노력이 필요하다.
숨겨진 영역 (신중형)	• 숨겨진 영역이 가장 넓은 사람 • 다른 사람의 이야기는 잘 경청하지만, 자신의 이야기는 잘 하지 않는 사람들이다. • 자신의 속마음을 잘 드러내지 않는 크렘린형의 사람이 많으며, 계산적이고 실리적인 경향이 있다. • 현대인에게 가장 많은 유형으로 알려져 있다. • 자기개방을 통해 다른 사람과 좀 더 넓고 깊이 있는 교류가 필요하다.
미지의 영역 (고립형)	• 미지의 영역이 가장 넓은 사람 • 소극적이고 고민이 많으며 음성 증상이 있다. • 인간관계에 소극적이며 혼자 있는 것을 좋아하는 사람들이다. • 고집이 세고 주관이 지나치게 강한 사람도 있으나, 대체로 심리적인 고민이 많으며 부적응적인 삶을 살아가는 사람들도 많다. • 인간관계에 좀 더 적극적이고 긍정적인 태도를 가질 필요가 있다.

 정답 ③

05

조하리(Jonari)의 창

구분	내가 알고 있는 정보	내가 모르는 정보
타인이 알고 있는 정보	공개된 영역 (개방형) • 넓은 인간관계 • 주책스럽고 경박해 보일 수 있음	맹목의 영역 (자기주장형) • 거침없이 이야기함 • 타인의 말을 들을 필요 있음
타인이 모르는 정보	숨겨진 영역 (신중형) • 실수하는 일이 적음 • 계산적, 실리적, 뛰어난 적응력	미지의 영역 (고립형) • 소극적, 많은 고민 • 긍정적인 태도를 가질 필요 있음

06

④ '맹목의 영역'에 대한 설명이다.

07

미지의 영역(고립형)

• 인간관계에 소극적이며 고민이 많고 음성 증상이 있다.
• 혼자 있는 것을 좋아하는 사람들이다.
• 고집이 세고 주관이 지나치게 강한 사람도 있으나 대체로 심리적인 고민이 많으며 부적응적인 삶을 살아가는 사람들이 많다.
• 인간관계에 좀 더 적극적이고 긍정적인 태도를 가질 필요가 있다.

---

05 자아의식 모델인 '조하리(Jonari)의 창'에서 다음 〈보기〉의 설명에 해당하는 영역은?

┤ 보기 ├
• 자기주장형이며 거침없이 이야기를 한다.
• 타인의 말에 귀를 기울일 줄 알아야 한다.

① 미지 영역　　　　　　② 맹목 영역
③ 안전 영역　　　　　　④ 공개된 영역
⑤ 숨겨진 영역

06 자아의식 모델인 '조하리(Johari)의 창' 유형 중 '숨겨진 영역'에 대한 설명으로 가장 옳지 않은 것은?

① 현대인에게 가장 많은 유형이다.
② 신중하고 실리적인 경향이 있다.
③ 자신의 이야기를 잘 하지 않는 유형이다.
④ 타인의 말에 귀를 기울일 줄 알아야 한다.
⑤ 타인과 좀 더 넓고 깊이 있는 교류가 필요하다.

07 자아의식 모델인 '조하리(Johari)의 창'에서 다음 〈보기〉의 설명에 해당하는 영역은?

┤ 보기 ├
• 소극적이고 고민이 많다
• 고립형이고 음성 증상이 있다.
• 적극적이고 긍정적인 태도를 가질 필요가 있다.

① 미지 영역　　　　　　② 소통 영역
③ 맹목 영역　　　　　　④ 숨겨진 영역
⑤ 공개된 영역

👍 **더 알아보기**　'존 포웰(John Powell)'이 제시한 자아개방의 5단계

• 일상적인 회화 수준 : 자신의 생각이 포함되지 않은 인사 정도를 나누는 단계
• 정보를 주고받는 단계 : 아직 자기개방이 이루어지지 않은 상태로 단지 누가 어떤 일을 했다는 등의 객관적인 정도를 전달하는 수준으로 개인적인 느낌이나 감정은 개입되지 않는 단계
• 생각을 나누는 단계 : 조심스럽게 자신의 생각이나 의견을 말하는 단계
• 자신의 감정과 느낌을 표현하는 단계 : 상대방이 어떻게 생각할 것인가를 걱정하지 않고 자신의 감정을 자유롭게 표현하는 단계
• 진실의 단계 : 서로의 마음이 이어지고 갈등을 일으켜도 하지 못할 말이 없는 단계

05 ② 06 ④ 07 ①　정답

06 공간행동학 및 교류분석

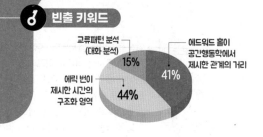

- 교류패턴 분석 (대화 분석) 15%
- 에드워드 홀이 공간행동학에서 제시한 관계의 거리 41%
- 에릭 번이 제시한 시간의 구조화 영역 44%

핵심 이론

1. 에드워드 홀(Edward T. Hall)이 공간행동학에서 제시한 관계의 거리

친밀한 거리	• 가족이나 연인처럼 친밀한 유대 관계를 전제로 함 • 친한 친구, 동료 등 신뢰감을 느끼고 편안하게 대화할 수 있는 대상이나 오랜 기간 친근한 관계를 맺은 고객 사이에 형성되는 적당한 간격을 의미 • 가족이나 연인 사이에 주로 형성되는 거리로 가족이나 연인 이외의 사람이 이 거리 안으로 들어오게 되면 매우 불쾌해짐
개인적 거리	• 어느 정도의 친밀함을 전제, 일상 대화에서 무난하게 사용 가능한 거리
사회적 거리	• 사무적인 대화가 많이 이루어지며, 대화 내용과 행동에 격식이 요구됨 • 제3자의 개입이 허용되며, 대화 도중 개입과 이탈이 자유로움 • 잘 모르는 사람을 대하거나 일반적 사업 거래와 비즈니스 상황에서 적당함
공적 거리	• 개인적으로 누군가와 대화하거나 설득하는 것이 거의 불가능한 거리 • 전혀 모르는 타인과의 거리 혹은 연설이나 강의와 같이 특수한 경우에 한정

2. 교류분석

① 교류분석(TA : Transactional Analysis)의 의의

ㄱ 미국 정신과 의사 에릭 번(Eric Bern)의 이론

ㄴ 정신분석과 행동주의에 기반을 둠

ㄷ 임상심리학에 기초를 둔 인간 행동에 관한 분석 체계 또는 이론 체계

ㄹ 개인의 성장과 변화를 위한 체계적인 심리 치료법이며 성격 이론

ㅁ 상호 반응하는 인간 사이에서 이루어지는 교류를 분석하는 방법

ㅂ 초기에는 집단 치료에 이용되었으나 점차 개인 상담이나 개인 치료로 확대

ㅅ 비결정론적 철학에 기반을 둔 '교류분석(Transactional Analysis)'의 인간관은 '자율성, 긍정성, 변화 가능성'이다.

② 교류분석의 3대 욕구이론

ㄱ 스트로크(Stroke)

- 사람의 존재를 인정하기 위한 하나의 단위로서 긍정적·부정적 스트로크가 있음
- 친밀한 신체적 접촉을 의미하는 용어이지만 그 의미가 확대되어 타인에 의한 존재의 인정을 뜻하는 모든 행위를 포함
- 상대방 어깨를 토닥거리거나 수긍의 뜻으로 가볍게 고개를 끄덕이는 것도 스트로크 행위
- 모든 인간의 자극을 갈망하는 욕구를 스트로크를 통해 채울 수 있음
- 인간이 주고받는 스트로크의 방법은 개인의 성격 형성에 많은 영향을 미침

ㄴ 시간의 구조화 영역

폐쇄 (Withdrawal)	• 자기를 타인으로부터 멀리하고 대부분의 시간을 공상이나 상상으로 보내며 자기에게 스트로크를 주려고 하는 자기애적인 것 • 몸은 다른 사람과 함께 있어도 마음은 딴 곳에 가 있는 상태가 되어, 스트레스를 받는 타인과의 커뮤니케이션을 피할 수 있음 • 혼자 있거나, 휴식하거나, 자신만의 생각을 정리하거나, 자신을 반성할 시간과 개인의 인간성을 회복할 시간을 필요로 하므로 공상의 나래를 펴는 폐쇄조차도 종종 적당한 시간의 구조화가 될 수 있음

의식/의례 (Rituals)	• 일상적인 인사에서부터 복잡한 결혼식이나 종교적 의식에 이르기까지 전통이나 습관에 따름으로써 간신히 스트로크를 유지하는 것 • 상호간의 존재를 인정하면서도 누구와도 특별히 친하게 지냄이 없이 일정한 시간을 보내게 되므로, '의식'적인 시간의 구조화라고 함 • 전통이나 관습적인 행사에 참여함으로써 최소한의 스트로크를 유지하는 것으로 결과의 예측이 가능하고 안전한 시간 구조의 유형
잡담/소일 (Pastime)	직업, 취미, 스포츠, 육아 등의 무난한 화제를 대상으로 깊이 들어가지 않고 즐거운 스트로크의 교환을 하는 것으로 '사교'라고도 말할 수 있음
활동 (Activity)	'목적'을 달성하기 위해 스트로크를 주고받는 것으로 어떤 결과를 얻기 위해 에너지를 투자하는 것이기 때문에 소일이나 잡담과는 차이가 있음
게임 (Game)	• 사회적 수준, 즉 겉으로 보기에는 정보를 교환하는 것 같지만 심리적 수준으로는 또 다른 의도가 깔려 있는 교류 • 게임을 하는 사람은 어릴 때 부모와 자식 간의 교류에서 원활하지 못한 데가 있기 때문에 순순히 스트로크를 얻을 수 없었던 사람이 많음 • 신뢰와 애정이 뒷받침된 진실한 교류가 영위되지 않기 때문에(응석·애교를 할 수 없으므로) 부정적 스트로크(Stroke)를 교환하는 유형
친밀/친교 (Intimacy)	두 사람이 서로 신뢰하며 상대방에 대하여 순수한 배려를 하는 진실한 교류, 저의 없이, 서로 진정한 감정을 표현

ⓒ 기본적 인생태도 4가지
- 자기부정 – 타인부정(I'm not OK – You're not OK)
- 자기부정 – 타인긍정(I'm not OK – You're OK)
- 자기긍정 – 타인부정(I'm OK – You're not OK)
- 자기긍정 – 타인긍정(I'm OK – You're OK)

③ 교류패턴 분석(대화 분석)

구분	내용
상보교류 (의사소통 제1패턴)	• 자극이 지향하는 그 자아 상태로부터 반응이 나오며, 자극을 보냈던 그 자아상태로 반응이 다시 보내지는 교류 • 평행적 교류, 무갈등교류, 대화가 중단되지 않고 계속될 수 있는 교류 아내 : 날씨 참 좋네요, 산책이나 할까요? 남편 : 그렇군요, 산책하기 참 좋은 날씨예요.
교차교류 (의사소통 제2패턴)	• 의사소통의 방향이 서로 어긋날 때, 즉 교차될 때 이루어지는 교류 • 타인의 어떤 반응을 기대하기 시작한 교류에 예상외의 반응이 되돌아오는 것 • 의사소통이 단절되거나 화제가 바뀌게 되는 교류, 갈등교류 대리 : 과장님, 이번에 새로 온 상무님은 너무 권위적이죠. 과장 : 상사에 대해서 그런 말하면 못써.
이면교류 (의사소통 제3패턴)	• 상대방의 하나 이상의 자아 상태를 향해서 현재적 교류와 잠재적 교류 양쪽이 동시에 작용하는 복잡한 형태의 교류 유형을 의미 • 의사소통에 관계된 자아 중 겉으로 직접 나타나는 사회적 자아와 실제로 기능하는 심리적 자아가 서로 다른 교류 • 두 가지 수준의 교류가 동시 발생 교사 : 등교시간이 몇 시까지지? 　　　(너 또 지각이구나.) 학생 : 예, 8시입니다. (죄송합니다.)

📖 핵심 기출 유형 문제

꼭 나오는 유형 ❶ 에드워드 홀이 공간행동학에서 제시한 관계의 거리

에드워드 홀(Edward Hall)이 제시한 공간행동학과 관련해 다음 〈보기〉의 설명에 해당하는 것은?

┤ 보기 ├
- 낯선 사람, 잘 모르는 사람을 대하는 경우 혹은 일반적인 사업거래와 비즈니스 상황에서 적당한 거리이다.
- 이 거리의 대화는 별다른 제약 없이 제3자의 개입이 허용되며, 대화 도중 개입과 이탈이 자유롭다.

① 경제적 거리　　　　　　② 개인적 거리
③ 대중적 거리　　　　　　④ 사회적 거리
⑤ 친밀한 거리

해설 에드워드 홀(Edward T. Hall)의 공간행동학
- 친밀한 거리 : 가족이나 연인처럼 친밀한 유대 관계가 전제
- 개인적 거리 : 어느 정도의 친밀함이 전제되어야 함, 일상적 대화에서 가장 무난하게 사용할 수 있는 거리
- 사회적 거리 : 사무적인 대화가 많이 이루어지며, 대화 내용과 행동에 격식이 요구되고, 별다른 제약 없이 제3자의 개입을 허용하고 대화 도중 참여와 이탈이 자유로운 편이다.
- 공적 거리 : 개인적으로 누군가와 대화하거나 설득하는 것이 거의 불가능한 거리, 전혀 모르는 타인과의 거리 혹은 연설이나 강의와 같이 특수한 경우에 한정된다.

정답 ④

01 '에드워드 홀'이 제시한 공간행동학과 관련해 다음 〈보기〉의 설명에 가장 부합하는 것은?

┤ 보기 ├
친한 친구, 동료 등 신뢰감을 가지고 편안하게 대화할 수 있는 대상이나 오랜 기간 친근한 관계를 맺어 온 고객 사이에 형성되는 적당한 간격을 의미한다.

① 경제적 거리　　　　　　② 사회적 거리
③ 개인적 거리　　　　　　④ 친밀한 거리
⑤ 심리적 거리

문제타파 TIP
에드워드 홀(Edward Hall)이 제시한 공간행동학과 관련된 각각의 거리에 대해 정확하게 이해할 것!

01
친밀한 거리는 가족이나 연인처럼 친밀한 유대 관계가 전제된다.

정답 01 ④

꼭 나오는 유형 ❷ 에릭 번(Eric Bern)이 제시한 시간의 구조화 영역

'에릭 번'이 제시한 시간의 구조화 영역 중 다음 〈보기〉의 내용에 해당하는 것은?

┤ 보기 ├

전통이나 관습적인 행사에 참여함으로써 최소한의 스트로크를 유지하는 것으로 결과의 예측이 가능하고 안전한 시간 구조의 유형이다.

① 활동   ② 의식
③ 게임   ④ 폐쇄
⑤ 친교

해설 에릭 번의 6가지 시간의 구조화 영역

- 폐쇄(Withdrawal) : 자기를 타인으로부터 멀리하고 대부분의 시간을 공상이나 상상으로 보내며 자기에게 스트로크를 주려고 하는 자기애적인 것이다. 대표적인 것은 백일몽이나 공상에 젖는 것이다.
- 의식/의례(Rituals) : 일상적인 인사에서부터 복잡한 결혼식이나 종교적 의식에 이르기까지 전통이나 습관에 따름으로써 간신히 스트로크를 유지하는 것이다. 상호 간의 존재를 인정하면서도 누구와도 특별히 친하게 지냄이 없이 일정한 시간을 보내게 되므로, '의식'적인 시간의 구조화라고 말한다.
- 잡담 또는 소일(Pastime) : 직업, 취미, 스포츠, 육아 등의 무난한 화제를 대상으로 특별히 깊이 들어가지 않고 즐거운 스트로크의 교환을 하는 것으로 사교라고도 말할 수 있다.
- 활동(Activity) : 어떤 '목적'을 달성하기 위해 스트로크를 주고받는 것으로 어떤 결과를 얻기 위해 에너지를 투자하는 것이기 때문에 소일이나 잡담과는 차이가 있다.
- 게임(Game) : 저의가 깔린 이면적 교류이다. 다시 말해서 사회적 수준, 즉 겉으로 보기에는 정보의 교환을 하는 것 같지만 심리적 수준으로는 또 다른 의도가 깔려 있는 교류이다. 게임을 하는 사람은 어릴 때 부모와 자식 간의 교류에서 어딘가 원활하지 못한 데가 있기 때문에 순순히 스트로크를 얻을 수 없었던 사람이 많다. 이러한 사람들은 응석이나 애교를 부리고 싶어도 할 수 없으므로, 부정적 스트로크를 교환하고 있는 것이다.
- 친밀(Intimacy) : 두 사람이 서로 신뢰하며 상대방에 대하여 순수한 배려를 하는 진실한 교류, 저의 없이, 서로 진정한 감정을 표현한다.

정답 ②

02

① 활동 : '목적'을 달성하기 위해 스트로크를 주고받는 것으로 어떤 결과를 얻기 위해 에너지를 투자하는 것이기 때문에 소일이나 잡담과는 차이가 있다.

② 게임 : 사회적 수준, 즉 겉으로 보기에는 정보를 교환하는 것 같지만 심리적 수준으로는 또 다른 의도가 깔려 있는 교류이다.

③ 잡담 : 직업, 취미, 스포츠, 육아 등의 무난한 화제를 대상으로 깊이 들어가지 않고 즐거운 스트로크의 교환을 하는 것으로 사교라고도 말할 수 있다.

⑤ 의식 : 일상적인 인사에서부터 복잡한 결혼식이나 종교적 의식에 이르기까지 전통이나 습관에 따름으로써 간신히 스트로크를 유지하는 것이다.

02 ④ 정답

02 '에릭 번'이 제시한 시간의 구조화 영역 중 서로 신뢰하며 상대방에 대하여 순수하게 배려하는 진실한 형태의 교류에 해당하는 것은?

① 활동   ② 게임
③ 잡담   ④ 친교
⑤ 의식

꼭 나오는 유형 ❸ 교류패턴 분석(대화 분석)

다음 중 어떤 자아 상태에서 보내지는 메시지에 대하여 예상대로의 반응이 되어 돌아오는 것으로 자극과 반응의 주고받음이 평형이 되는 교류 유형은?

① 이면교류
② 암묵교류
③ 인지교류
④ 교차교류
⑤ 상보교류

❗ 문제타파 TIP

교류분석의 3가지 패턴인 상보교류, 교차교류, 이면교류에 대한 내용을 정확하게 숙지하여야 한다.

해설 교류패턴 분석(대화 분석)

구분	내용
상보교류 (의사소통 제1패턴)	• 자극이 지향하는 그 자아 상태로부터 반응이 나오며, 자극을 보냈던 그 자아상태로 반응이 다시 보내지는 교류이다. • 평행적 교류, 무갈등교류, 대화가 중단되지 않고 계속될 수 있는 교류이다.
교차교류 (의사소통 제2패턴)	• 의사소통의 방향이 서로 어긋날 때, 즉 교차될 때 이루어지는 교류이다. • 타인의 어떤 반응을 기대하기 시작한 교류에 예상외의 반응이 되돌아오는 것이다. • 의사소통이 단절되거나 화제가 바뀌게 되는 교류, 갈등교류이다.
이면교류 (의사소통 제3패턴)	• 상대방의 하나 이상의 자아 상태를 향해서 현재적 교류와 잠재적 교류 양쪽이 동시에 작용하는 복잡한 형태의 교류 유형을 의미한다. • 의사소통에 관계된 자아 중 겉으로 직접 나타나는 사회적 자아와 실제로 기능하는 심리적 자아가 서로 다른 교류이다. • 두 가지 수준의 교류가 동시에 발생한다.

정답 ⑤

---

03 교류 패턴의 분석과 관련해 다음 〈보기〉의 내용에 해당하는 교류 유형은?

┤ 보기 ├
상대방의 하나 이상의 자아 상태를 향해서 현재적 교류와 잠재적 교류 양쪽이 동시에 작용하는 복잡한 형태의 교류 유형을 의미한다.

① 상보교류
② 수행교류
③ 교차교류
④ 평행교류
⑤ 이면교류

03
이면교류
• 의사소통에 관계된 자아 중 겉으로 직접 나타나는 사회적 자아와 실제로 기능하는 심리적 자아가 서로 다른 교류이다.
• 두 가지 수준의 교류가 동시에 발생한다.

👍 더 알아보기

'에릭 번(Eric Berne)'이 제시한 '교류분석(TA)'의 인간관 중 자율성

• 자율성은 생리적이고 생득적(生得的)인 특성을 지닌다.
• 인간의 내부에는 자율성을 회복할 수 있는 상당한 잠재력이 있다.
• 인간은 재결단의 선택을 통해 생애 초기의 잘못을 초월할 수 있다.
• 인간은 자신의 정서를 표현할 수 있는 자발성 및 다른 사람과 사랑을 나누고 친교를 나눌 수 있는 친밀성을 가지고 있다.
• 어린 시절 부모의 일방적 명령과 금지에 복종하면서 유보된 자율성을 스스로 되찾게 하여 포기된 자율성을 증대시키는 것이다.

정답 **03** ⑤

07 의사소통

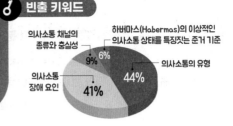

의사소통 채널의 종류와 충실성 9%
하버마스(Habermas)의 이상적인 의사소통 상태를 특징짓는 준거 기준 6%
의사소통의 유형 44%
의사소통 장애 요인 41%

핵심 이론

1. 의사소통의 유형

① 공식적 의사소통의 유형

수직적 의사소통 (종적 의사소통)	상향적 의사소통	• 계층의 하부에서 상부로 정보와 의사가 전달되는 의사소통 방식으로, '하의상달(下意上達)'이라고도 함 • 쌍방향 의사소통을 가능하게 하고 하향적 의사소통의 문제점 시정 가능 예 보고, 내부 결제, (개별) 면접, 의견조사, 제안 제도 등
	하향적 의사소통	• 조직의 계층/명령계통에 따라 상급자가 하급자에게 자신의 의사와 정보를 전달하는 것 • 특정 업무를 지시하고 절차 및 실행에 대한 정보를 주며 주로 조직 목표를 주입시키는 데 목적이 있음 • 일방적·획일적이어서 피명령자의 의견·요구 참작이 어려운 경우가 많음 • 상사에 대한 거부감이 있을 시 의사소통에 왜곡·오해가 발생될 가능성 있음 예 편람, 게시, 기관지, 구내방송, 강연, 뉴스레터 등
수평적 의사소통 (횡적 의사소통)		• 동일한 계층 간 의사소통, 횡적 관계·평등 관계 • 사회적 지위나 위치가 서로 비슷한 사람끼리의 상호작용, 자발적 속성 • 주로 조직 안에서 동료들 간이나 부서 간에 이루어지는 의사소통 방식 • 직원들 간이나 부서 간의 갈등을 해결하기 위한 수단으로 활용 가능 • 조직 구조에 유연성을 확보하기 쉬워 문제 해결 촉진 가능 예 회의, 위원회, 회람, 사전심사제도 등

② 비공식적 의사소통의 유형

㉠ 포도넝쿨 의사소통 유형
  • 공식적 채널에 비해 전달 속도가 빨라서 정보가 빠르게 전달됨
  • 하급자들 스스로 스트레스를 해소해 줌
  • 공식적인 의사소통이 전달하지 못하는 유익한 정보 제공
  • 하급자의 태도나 성과, 아이디어 등 가치 있는 정보 제공
  • 유익한 정보와 아이디어를 얻을 수 있지만 전달 과정에서 정보 왜곡 가능성 있음

㉡ 얼굴 부딪히기 기법 : 효과적인 부탁 기술 중 하나로, 자신이 원하는 것보다 훨씬 큰 것을 상대방에게 요청하고 이를 거절하면 요구 규모를 조금씩 축소하면서 결국 자신이 원하는 것을 얻어내는 방법

㉢ 한 발 들여놓기 기법 : 효과적인 부탁 기술 중 하나로, 상대방이 충분히 들어줄 수 있는 작은 요청을 한 후 일단 수용이 되면 조금씩 요청을 증가시켜 나감으로써 자신이 원하는 도움을 얻어 내는 방법

2. 의사소통 장애 요인

① 의의

㉠ 수신자가 전달자의 말이나 행동을 얼마나 신뢰하느냐에 따라 전달된 메시지의 반응 양식이 달라질 수 있음

㉡ 전달자와 수신자는 각자 다른 입장에 처해 있으므로 동일한 문제에 대하여 각기 다른 기준을 적용할 수 있음

㉢ 수신자들은 전체 메시지를 수신하기 이전에 미리 형성된 고정관념으로 메시지를 판단하는 경우가 있음

㉣ 지나치게 많은 정보를 가지고 있을 경우 전달자의 메시지가 올바르게 해석되지 않은 채 배제될 수 있음

ⓜ 집단의 응집력이 강할수록 집단 내에서만 통용되는 독특한 언어가 있기 때문에 집단 밖의 사람들과의 의사소통에 장애가 유발될 수 있음

② 주요 장애 요인

정보의 여과	• 주로 조직 내 상황적 커뮤니케이션에서 일반적으로 나타나는 현상 • 하급자가 자신에게 불리한 정보를 은폐한 채 상급자인 수신자에게 긍정적인 정보를 전달하여 유리한 평가를 끌어내고자 하는 것	
가치 판단	수신자들이 전체 메시지를 수신하기 전에 미리 형성한 고정관념을 근거로 판단하는 경향	
지적 장애 요인 (접촉 경계 혼란의 원인)	내사	사회와 부모의 가치관을 비판을 통하여 자기 것으로 받아들이지 못하고 무비판적으로 받아들임으로써 내면적인 갈등을 일으키는 현상
	투사	• 자신이 용납할 수 없는 사고, 감정, 행동 등을 다른 사람이나 환경에 귀인 하는 과정/현상 • 자신의 잘못이나 결함을 객관적인 평가나 분석 없이 타인이나 환경에 적용하려 하는 것
	자의식	• 개체가 자신에 대해 지나치게 의식하고 관찰하는 현상을 말함 • 자신의 행동에 대한 타인의 반응을 지나치게 의식하기 때문에 발생됨 • 편안한 마음으로 타인과 접촉하지 못하고 항상 자신을 병적으로 관찰하면서 긴장상태에서 살게 됨 • 자의식을 통하여 모든 것이 지나치게 계산되고 의식화될 때, 개체의 행동은 자연스러움이 없어지고 인위적이 됨 • 타인에게 존경받고 싶고, 관심을 끌고 싶지만 거부당할까 두려워 행동을 드러내놓고 하지 못하는 모습을 보임
	반전	타인이나 환경과 상호작용하는 대신 자기 자신을 대상으로 삼아 외부에 하고 싶은 행동을 자신에게 하거나, 외부에서 나에게 해주길 바라는 행동을 스스로에게 하는 상태를 의미
	융합	밀접한 관계에 있는 두 사람이 서로의 독자성을 무시하고 동일한 가치와 태도를 지닌 것처럼 여기는 상태를 의미

③ 기타 장애 요인 : 준거 틀, 정보원 신뢰도, 개인 특성, 선택적 청취(지각)/지각 상 장애, 감정 상태, 가치관, 위신 관계, 공간적 거리, 여과, 집단 응집력, 지나치게 많은 정보 등

3. 의사소통 채널의 종류와 충실성

종류	의사소통의 충실성
면대면 회의	
전화, 화상회의	높음
e-Mail, 음성메일	⇧
편지, 메모	낮음
게시판	

4. 하버마스(Habermas)의 이상적인 의사소통 상태를 특징짓는 준거 기준

① 이해가능성(Comprehensibility) : 발언이 모호하지 않고 의도를 분명히 해야 하며, 전문용어 사용으로 일반 대중을 소외시키지 말아야 함

② 진지성(Sincerity) : 발언에 속임수가 있으면 안 됨

③ 타당성(Rightness or Legitimacy) : 발언이 맥락에 맞아야 함

④ 진리성(Truth) : 교환되는 메시지가 진실해야 함

핵심 기출 유형 문제

문제타파 TIP

수직적 의사소통에 속하는 상향적·하향적 의사소통 및 수평적 의사소통의 개념 및 그 사례를 정학하게 숙지해야 한다.

나오는 유형 ❶ 의사소통의 유형

의사소통 유형 중 하향적 의사소통에 대한 설명으로 가장 옳지 않은 것은?

① 조직의 계층 또는 명령계통에 따라 상급자가 하급자에게 자신의 의사와 정보를 전달하는 것을 의미한다.

② 보고, 내부 결재, 개별 면접 등의 전달 방법을 주로 사용한다.

③ 특정 업무를 지시하고 절차 및 실행에 대한 정보를 주며 주로 조직목표를 주입시키는 데 목적을 둔다.

④ 상사에 대한 거부감이 있을 경우 의사소통에 왜곡이나 오해가 발생될 가능성이 있다.

⑤ 일방적이고 획일적이기 때문에 피명령자의 의견이나 요구를 참작하기 어려운 경우가 많다.

해설

② 면접은 상향적 의사소통의 전달 방법이다.

수직적 의사소통(종적 의사소통)

상향적 의사소통	• 계층의 하부에서 상부로 정보와 의사가 전달되는 의사소통 방식으로, '하의상달(下意上達)'이라고도 한다. • 쌍방향 의사소통을 가능하게 하고 하향적 의사소통의 문제점을 시정할 수 있다. 예 보고, 내부 결제, (개별) 면접, 의견조사, 제안 제도 등
하향적 의사소통	• 조직의 계층/명령계통에 따라 상급자가 하급자에게 자신의 의사와 정보를 전달하는 것을 의미한다. • 특정 업무를 지시하고 절차 및 실행에 대한 정보를 주며 주로 조직목표를 주입시키는 데 목적이 있다. • 일방적·획일적이어서 피명령자의 의견·요구 참작이 어려운 경우가 많다. • 상사에 대한 거부감이 있을 시 의사소통에 왜곡·오해가 발생할 가능성이 있다. 예 편람, 게시, 기관지, 구내방송, 강연, 뉴스레터 등

정답 ②

01

① 면접은 수직적 의사소통 중 상향적 의사소통의 사례이다.

수평적 의사소통(횡적 의사소통)

• 동일한 계층 간의 의사소통이며 횡적 관계·평등 관계이다.

• 사회적 지위나 위치가 서로 비슷한 사람끼리의 상호작용으로, 자발적 속성을 지닌다.

• 주로 조직 안에서 동료들 간이나 부서 간에 이루어지는 의사소통 방식이다.

• 직원들 간이나 부서 간의 갈등을 해결하기 위한 수단으로 활용할 수 있다.

• 조직 구조에 유연성을 확보하기 쉬워 문제 해결을 촉진할 수 있다.

• 회의, 위원회, 회람, 사전심사제도 등이 활용된다.

01 의사소통의 유형과 관련해 수평적 의사소통의 사례로 가장 거리가 먼 것은?

① 면접   ② 회의
③ 회람   ④ 위원회
⑤ 사전심사제도

더 알아보기 의사소통 과정

발신자 → 부호화 → 채널 → 해독 → 수신자

01 ① **정답**

꼭 나오는 유형 ❷ 의사소통 장애 요인

의사소통 요소에서 발생하는 지각적 장애 요인 중 사회와 부모의 가치관을 비판을 통하여 자기의 것으로 받아들이지 못하고 그냥 무비판적으로 받아들임으로써 내면적인 갈등을 일으키는 현상은?

① 전환
② 내사
③ 투사
④ 상징화
⑤ 가치판단

┣해설 의사소통 장애 요인

- 정보의 여과 : 주로 조직 내 상황적 커뮤니케이션에서 일반적으로 나타나는 현상으로 하급자가 자신에게 불리한 정보를 은폐한 채 상급자인 수신자에게 긍정적인 정보를 전달하여 유리한 평가를 끌어내고자 하는 것을 의미한다.
- 가치판단 : 의사소통 장애 요인 중 수신자들이 전체 메시지를 수신하기 전에 미리 형성하고 있는 고정관념을 근거로 판단하는 경향을 의미한다.
- 지적 장애 요인

내사	사회와 부모의 가치관을 비판을 통하여 자기 것으로 받아들이지 못하고 무비판적으로 받아들임으로써 내면적인 갈등을 일으키는 현상
투사	• 자신이 용납할 수 없는 사고, 감정, 행동 등을 다른 사람이나 환경에 귀인 하는 과정/현상 • 자신의 잘못이나 결함을 객관적인 평가나 분석 없이 타인이나 환경에 적용하려 하는 것

정답 ②

---

02 의사소통 요소에서 발생하는 지각적 장애 요인 중 개인이 용납할 수 없고 사고, 감정, 행동 등을 다른 사람이나 환경에 귀인시키는 과정을 의미하는 것은?

① 내사
② 투사
③ 고정관념
④ 선택적 지각
⑤ 지각적 방어

02

지적 장애 요인

- 내사 : 사회와 부모의 가치관을 비판을 통하여 자기 것으로 받아들이지 못하고 무비판적으로 받아들임으로써 내면적인 갈등을 일으키는 현상이다.
- 투사 : 자신이 용납할 수 없는 사고, 감정, 행동 등을 다른 사람이나 환경에 귀인 하는 과정/현상을 가리키며, 자신의 잘못이나 결함을 객관적인 평가나 분석 없이 타인이나 환경에 적용하려 하는 것이다.

정답 02 ②

03

④ 자의식을 통하여 모든 것이 지나치게 계산되고 의식화될 때, 개체의 행동은 자연스러움이 없어지고 인위적이 된다.

자의식을 극복하는 방법
명상법을 사용하기도 하는데, 이를 통해 자의식에서 벗어나 무한한 세계로 자신이 확대되며 자아로부터 해방되는 것을 체험한다.

04

① 고정관념 : 집단을 범주화하는 단순화된 도식의 하나로, 개인의 개성이나 개인차가 있을 수 있는 능력 등을 무시한 채 단순히 특정 집단의 구성원이라는 이유로 개인을 일정한 범주로 귀속시키는 사고방식을 의미한다.
② 가치판단 : 사실판단에 대한 규범적 판단으로, 넓은 의미의 대상에 적극적 · 소극적 평가를 내리는 평가판단을 의미한다.
③ 준거의 틀 : 개인이 스스로의 행동의 옳고 그름, 또는 규범이나 가치를 판단하는 데 표준으로 삼는 기준으로 '준거기준' 이라고도 부른다.
⑤ 집단의 응집력 : 집단원들이 집단에 남아 있도록 하는 모든 힘의 합 또는 구성원들이 느끼는 집단의 매력

03 ④ 04 ④ 〔정답〕

---

03 접촉경계혼란의 원인 중 자의식(Egotism)에 대한 설명으로 가장 옳지 않은 것은?

① 개체가 자신에 대해 지나치게 의식하고 관찰하는 현상을 말한다.
② 자신의 행동에 대한 타인의 반응을 지나치게 의식하기 때문에 발생된다.
③ 편안한 마음으로 타인과 접촉하지 못하고 항상 자신을 병적으로 관찰하면서 긴장상태에서 살게 된다.
④ 모든 상황을 철저하게 계산하고 이를 의식화할 경우 인위적인 부분을 극복하고 자연스럽게 행동할 수 있다.
⑤ 타인에게 존경받고 싶고, 관심을 끌고 싶지만 거부당할까 두려워 행동을 드러내놓고 하지 못하는 모습을 보인다.

04 의사소통 장애 요인 중 다음 〈보기〉의 내용에 해당하는 것은?

┤ 보기 ├
주로 조직 내 상황적 커뮤니케이션에서 일반적으로 나타나는 현상으로 하급자가 자신에게 불리한 정보를 은폐한 채 상급자인 수신자에게 긍정적인 정보를 전달하여 유리한 평가를 끌어내고자 하는 것을 의미 한다.

① 고정관념   ② 가치판단
③ 준거의 틀   ④ 정보의 여과
⑤ 집단의 응집력

👍 **더 알아보기**   의사소통 구성 요소 중 '잡음(Noise)'

• 커뮤니케이션 각 단계에 존재하는 방해, 저해 요인을 말한다.
• 잡음은 내적 잡음과 외적 잡음으로 구분하기도 한다.
• 내적 잡음은 수신자의 내적 심리적 요인을 의미하며 외적 잡음은 발신자와 커뮤니케이션 환경에 영향을 주는 요인에 해당한다.
• 특정 어휘의 다중성에 따른 해석의 오류와 메시지에 내재된 문법적 오류, 동사 시제의 급격한 변화는 의사소통을 방해한다.

01 서비스의 정의 및 서비스의 3단계

서비스의 정의 31%

크리스토퍼가 제시한 서비스의 3단계 69%

핵심 이론

1. 서비스의 정의

① 레티넨(Lehtinen) : 고객만족을 제공하려는 고객접촉 인력이나 장비의 상호작용 결과 일어나는 활동 또는 일련의 활동으로 소비자에게 만족을 제공하는 것

② 베솜(Bessom) : 자신이 수행할 수 없거나 하지 않는 활동, 만족, 혜택으로서 판매될 수 있는 것

③ 라스멜(Rathmell) : 서비스 특성과 관련하여 서비스를 시장에서 판매하는 무형의 제품으로 정의하였고, 손으로 만질 수 있는지 없는지에 따라 유형의 상품, 무형의 상품으로 구분

④ 코틀러(Kotler) : 서비스란 어떤 사람이 상대방에게 제공할 수 있는 활동이나 혜택으로 무형적이며 소유될 수 없는 것으로 물리적 생산물과 결부될 수도 있고 그렇지 않을 수도 있음

⑤ 베리(Berry) : 제품은 유형물, 고안물, 객관적 실체인 반면 서비스는 무형 활동이나 노력이므로 구매하는 대상의 본질이 유형적 혹은 무형적인가의 여부로 판단해야 함

2. 크리스토퍼(Christopher)가 제시한 서비스의 3단계

① 사전 서비스/거래 전 서비스(Before Service)

ㄱ 고객에게 제공하고자 하는 서비스의 내용을 소개하고 소비를 촉진시키기 위해 사전에 잠재고객들과 상담 등을 통해 예약을 받는 등 의견조절을 하고, 방문고객을 위해 사전에 상품을 진열하는 등의 준비하는 단계의 서비스

ㄴ 기업이 고객을 맞이하기 전에 고객을 위해 준비하는 것

ㄷ 사전에 잠재고객과의 접촉을 통해 새로운 수요 창조 가능

ㄹ 우수한 고객 서비스 제공을 위한 환경을 조성할 수 있음

ㅁ 사전에 고객과의 대면을 통해 수요를 예측하고, 각 고객에 맞는 맞춤서비스 제공 가능

ㅂ 판매 전에 제공되는 서비스로서 판매 가능성을 타진하고 촉진하는 예약 서비스 등

ㅅ 정상적인 서비스에 영향을 미칠 수 있는 파업 혹은 자연재해에 대한 긴급 상황계획, 고객에게 기술적 훈련과 지침서를 제공하는 것 또한 공급자와 구매자의 관계를 긍정적으로 유지하는 방안이 됨

ㅇ 지나친 사전 서비스 제공은 강매 느낌을 주어 고객이 심리적 부담을 느낄 수 있음

예 기술적 서비스, 명시된 회사의 정책, 회사에 대한 고객의 평가, 회사 조직, 시스템 유연성, 주차 유도원 서비스, 예약 서비스, 상품게시판 등

② 현장 서비스/거래 시 서비스(On Service)

ㄱ 고객과 기업의 직원 간에 직접적으로 상호 거래가 이루어지는 서비스, 서비스의 본질

ㄴ 고객에게 제품을 인도하는 데 직접적으로 관련된 것들을 의미

ㄷ 고객이 업장에 들어오는 순간부터 현장 서비스가 본격적으로 진행

ㄹ 인도시간, 오더필링(Order Filling)의 정확성, 인도할 때 제품의 상태, 재고 가용성 등에 영향을 미침

ㅁ 재고수준을 설정하고 수송수단을 선택하며 주문처리 절차를 확립하는 등의 활동에 해당

ㅂ 고객과 제공자가 일대일(세무 상담 등), 고객은 한 명이고 제공자는 여럿(호텔 등), 제공자는 한 명이나 고객이 다수인 경우(강사 등) 등 여러 유형의 서비스가 있음

예 재고 품질 수준, '백오더(Back order)' 이용 가능성, 시간, 주문의 편리성, 제품 대체성 등

③ 거래 후 서비스(A/S : After Service)
　　㉠ 회수 또는 반품, 소비자 불만과 클레임 등을 해결할 수 있어야 함
　　㉡ 제품 판매를 지원할 필요가 있는 서비스 항목을 나타냄
　　㉢ 결함이 있는 제품으로부터 소비자를 보호하는 서비스 유형
　　㉣ 현장 서비스가 종료된 시점 이후의 유지 서비스로 충성고객 확보를 위해 중요함
　　㉤ 서비스의 특성상 생산과 소비가 동시에 발생하므로 현장 서비스가 종료되면 그 후에는 아무 일도 없던 것처럼 보이지만, 실제로는 고객유지를 위해 사후 서비스도 매우 중요함
　　㉥ 사후 서비스의 질에 따라 기업이미지에 대한 평가가 달라질 수 있음
　　㉦ 사후 서비스를 통해 클레임을 미연에 방지할 수 있음
　　㉧ 사용 후기 등을 통해 부족한 서비스를 보충하고 좀 더 발전된 서비스를 제공할 수 있음
　　㉨ 사후 서비스를 유지하는 데 비용이 드는 반면, 추후에 다시 이용할지 여부는 불확실함
　　㉩ 신규개척에 소홀할 수 있음
　　㉪ 고객 불평처리부서가 대표적임
　　　예 설치 · 보증, A/S, 불만 처리, 제품 추적, 제품 포장, (수리 중) 일시적인 대체 등

📖 핵심 기출 유형 문제

꾁 나오는 유형 ❶ 서비스의 정의

서비스의 정의에 대하여 다음 〈보기〉의 내용과 같이 주장한 학자는?

┤ 보기 ├

서비스란 시장에서 판매되는 무형의 제품으로 정의할 수 있으며, 손으로 만질 수 있는지 없는지에 따라 유형의 상품과 무형의 상품으로 구분할 수 있다.

① 세이
② 마샬
③ 라스멜
④ 블루아
⑤ 자이다믈

❗문제타파 TIP

서비스에 대해 정의를 내린 학자와 그 주장을 확실하게 암기할 것!

┣해설┃ 서비스의 정의

라스멜	서비스 특성과 관련하여 서비스를 시장에서 판매하는 무형의 제품으로 정의하였고, 손으로 만질 수 있는지 없는지에 따라 유형의 상품, 무형의 상품으로 구분하였다.
세이	"비물질적인 것은 보존이 쉽지 않으므로 부가 아니다"라고 주장하는 아담 스미스의 견해를 부인하면서 부의 본질은 효용이며 생산이란 물질의 창조가 아니라 효용의 창조라고 주장하였다.
마샬	"인간은 물질적 물체를 창조할 수 없다"라고 주장하면서 물질적 물체를 만들었다 해도 단지 효용을 만든 것에 불과하고 원래 물질의 형태 · 구조를 변화시켜 욕구 충족에 적합하게 만든 것뿐이라고 하였고 모든 경제활동은 욕구를 만족시키기 위한 것이라고 주장하였다.
블루아	서비스를 "한 재화의 형태에서 물리적 변화 없이 편익과 만족을 낳는 판매에 제공되는 활동'이라고 정의하였다.
레티넨	고객만족을 제공하려는 고객접촉 인력이나 장비의 상호작용 결과 일어나는 활동 또는 일련의 활동으로 소비자에게 만족을 제공하는 것이라고 정의하였다.
베솜	자신이 수행할 수 없거나 하지 않는 활동, 만족 그리고 혜택으로서 판매될 수 있는 것을 말한다고 정의하였다.
자이다믈	"서비스는 행위, 과정 그리고 결과이다."라고 주장하였다.
베리	제품은 형체가 있고 객관적인 실체인 반면, 서비스는 형체가 없는 활동이나 노력이므로, 구매하는 것의 본질 유무의 여부로 판단해야 한다고 주장하였다.
코틀러	서비스란 어떤 사람이 상대방에게 제공할 수 있는 활동이나 혜택으로 무형적이며 소유될 수 없는 것으로 물리적 생산물과 결부될 수도 있고 그렇지 않을 수도 있다고 주장하였다.

정답 ③

01

① 자이다믈(Zeithaml) : "서비스는 행위, 과정 그리고 결과이다."라고 주장하였다.

③ 마샬(Marshall) : "인간은 물질적 물체를 창조할 수 없다."라고 주장하면서 물질적인 물체를 만들었다고 해도 실은 단지 효용을 만든 것에 불과하고 원래 물질의 형태와 구조를 변화시켜 욕구 충족에 적합하게 만든 것뿐이라고 하였고 모든 경제활동은 욕구를 만족시키기 위한 것이라고 주장하였다.

④ 세이(Say) : 비물질적인 것은 보존이 쉽지 않으므로 부가 아니라고 주장하는 아담 스미스의 견해를 부인하면서 부의 본질은 효용이며 생산이란 물질의 창조가 아니라 효용의 창조라고 주장하였다.

01 서비스 정의에 대하여 다음 〈보기〉의 내용과 같이 주장한 학자는?

┤ 보기 ├
서비스란 자신이 수행할 수 없거나 하지 않는 활동, 만족 그리고 혜택으로서 판매될 수 있는 것을 말한다.

① 자이다믈(Zeithaml)　　② 베솜(Bessom)
③ 마샬(Marshall)　　④ 세이(Say)
⑤ 스탠턴(Stanton)

02

① 베리(Berry) : 제품은 형체가 있고 객관적인 실체인 반면, 서비스는 형체가 없는 활동이나 노력이므로, 구매하는 것의 본질 유무의 여부로 판단해야 한다고 주장하였다.

② 블루아(Blois) : "한 재화의 형태에서 물리적 변화가 없이 편익과 만족을 낳는 판매에 제공되는 활동"이라고 하였다.

④ 라스멜(Rathmell) : 서비스 특성과 관련하여 서비스를 시장에서 판매하는 무형의 제품으로 정의하였고, 손으로 만질 수 있는지 없는지에 따라 유형의 상품, 무형의 상품으로 구분하였다.

02 서비스의 정의에 대하여 다음 〈보기〉의 내용과 같이 주장한 학자는?

┤ 보기 ├
서비스란 고객만족을 제공하려는 고객접촉 인력이나 장비의 상호작용 결과 일어나는 활동 또는 일련의 활동으로 소비자에게 만족을 제공하는 것을 말한다.

① 베리(Berry)　　② 블루아(Blois)
③ 주드(Judd)　　④ 라스멜(Rathmell)
⑤ 레티넨(Lehtinen)

나오는 유형 ❷ 크리스토퍼(Christopher)가 제시한 서비스의 3단계

다음 중 '사전 서비스(Before Service)'에 대한 설명으로 가장 옳지 않은 것은?

① 기업이 고객을 맞이하기 전에 고객을 위해 준비하는 것을 말한다.

② 우수한 고객 서비스 제공을 위한 환경을 조성할 수 있다.

③ 판매 전에 제공되는 서비스로서 판매 가능성을 타진하고 촉진하는 예약 서비스 등이 있다.

④ 재고수준 설정, 수송수단 선택, 주문처리 절차 확립 등의 업무에 해당한다.

⑤ 정상적인 서비스에 영향을 미칠 수 있는 파업 혹은 자연재해에 대한 긴급 상황계획, 고객에게 기술적 훈련과 지침서를 제공하는 것 또한 공급자와 구매자의 관계를 긍정적으로 유지하는 방안이 된다.

⚠️ 문제타파 TIP

거래 전 서비스, 거래 시 서비스(현장 서비스), 거래 후 서비스에 대한 개념과 각각의 서비스에 해당하는 요소를 암기하여야 한다.

🔑 해설
④ 현장 서비스/거래 시 서비스(On Service)에 대한 설명이다.

크리스토퍼(Christopher)의 고객 서비스 3단계

사전 서비스/ 거래 전 서비스 (Before Service)	• 고객에게 제공하고자 하는 서비스의 내용을 소개하고 소비를 촉진시키기 위해 사전에 잠재고객들과 상담 등을 통해 예약을 받는 등 의견조절을 하고, 방문고객을 위해 사전에 상품을 진열하는 등의 준비하는 단계의 서비스이다. • 기업이 고객을 맞이하기 전에 고객을 위해 준비하는 것이다. • 사전에 잠재고객과의 접촉을 통해 새로운 수요 창조가 가능하다. • 우수한 고객 서비스 제공을 위한 환경을 조성할 수 있다. • 사전에 고객과의 대면을 통해 수요를 예측하고, 각 고객에 맞는 맞춤서비스 제공이 가능하다. • 판매 전에 제공되는 서비스로서 판매 가능성을 타진하고 촉진하는 예약 서비스 등이 해당한다. • 정상적인 서비스에 영향을 미칠 수 있는 파업 혹은 자연재해에 대한 긴급 상황계획, 고객에게 기술적 훈련과 지침서를 제공하는 것 또한 공급자와 구매자의 관계를 긍정적으로 유지하는 방안이 된다. • 지나친 사전 서비스 제공은 강매 느낌을 주어 고객이 심리적 부담을 느낄 수 있다. 예 기술적 서비스, 명시된 회사의 정책, 회사에 대한 고객의 평가, 회사 조직, 시스템 유연성, 주차 유도원 서비스, 예약 서비스, 상품게시판 등
현장 서비스/ 거래 시 서비스 (On Service)	• 고객과 기업의 직원 간에 직접적으로 상호 거래가 이루어지는 서비스로, 서비스의 본질이다. • 고객에게 제품을 인도하는 데 직접적으로 관련된 것들을 의미한다. • 고객이 업장에 들어오는 순간부터 현장 서비스가 본격적으로 진행된다. • 인도시간, 오더필링(Order Filling)의 정확성, 인도할 때 제품의 상태, 재고 가용성 등에 영향을 미친다. • 재고수준을 설정하고 수송수단을 선택하며 주문처리 절차를 확립하는 등의 활동에 해당한다. • 고객과 제공자가 일대일(세무 상담 등), 고객은 한 명이고 제공자는 여럿(호텔 등), 제공자는 한 명이나 고객이 다수인 경우(강사 등) 등 여러 유형의 서비스가 있다. 예 재고 품질 수준, '백오더(Back order)' 이용 가능성, 시간, 주문의 편리성, 제품 대체성 등

거래 후 서비스 (A/S : After Service)	• 회수 · 반품, 소비자 불만과 클레임 등을 해결할 수 있어야 한다.
	• 제품 판매를 지원할 필요가 있는 서비스 항목을 나타낸다.
	• 결함 있는 제품으로부터 소비자를 보호하는 서비스 유형이다.
	• 현장 서비스 종료 시점 이후 유지 서비스로 충성고객 확보에 중요하다.
	• 서비스 특성상 생산과 소비가 동시에 발생하므로 현장 서비스 종료 후에는 아무 일도 없던 것처럼 보이나 고객유지를 위해 사후 서비스도 매우 중요하다.
	• 사후 서비스의 질에 따라 기업 이미지 평가가 달라질 수 있다.
	• 사후 서비스를 통해 클레임을 미연에 방지할 수 있다.
	• 사용 후기 등을 통해 좀 더 발전된 서비스를 제공할 수 있다.
	• 사후 서비스 유지에 비용이 드는 반면, 다시 이용할지는 불확실하다.
	• 신규개척에 소홀할 수 있다.
	• 고객 불평처리부서가 대표적이다.
	예 설치 · 보증, A/S, 불만 처리, 제품 추적, 제품 포장, (수리 중) 일시적 대체 등

정답 ④

03
① 거래 후 서비스에 해당한다.

03 '크리스토퍼'가 제시한 고객 서비스의 3단계 중 '거래 시 서비스(On Service)' 와 가장 거리가 먼 것은?

① 제품 포장　　　　　　　② 제품 대체성
③ 주문 편리성　　　　　　④ 재고품질 수준
⑤ 백오더(Back order) 이용 가능성

04
③ 거래 시 서비스(현장 서비스, On Service)에 해당한다.

04 다음 중 거래 후 서비스(A/S)에 대한 설명으로 가장 거리가 먼 것은?

① 회수 또는 반품, 소비자 불만과 클레임 등을 해결할 수 있어야 한다.
② 제품 판매를 지원할 필요가 있는 서비스 항목을 나타낸다.
③ 소비자와 판매자 사이에 직접 상호거래가 이루어지는 서비스의 본질에 해당하며 고객이 업장에 들어오는 순간 등을 사례로 들 수 있다.
④ 결함이 있는 제품으로부터 소비자를 보호하는 서비스 유형이다.
⑤ 현장 서비스가 종료된 시점 이후의 유지 서비스로 충성고객 확보를 위해 중요하다.

05
거래 후 서비스
설치 · 보증, A/S, 제품 추적, 불만 처리, 포장, 일시적인 대체

05 크리스토퍼(Christopher)가 제시한 고객 서비스의 3단계 중 거래 후 서비스 에 해당하는 것은?

① 주문의 편리성　　　　　② 기술적 서비스
③ 시스템의 유연성　　　　④ 명시된 회사의 정책
⑤ 수리중 일시적 제품 대체

03 ① 04 ③ 05 ⑤ 정답

02 서비스의 4대 특징 및 다차원적 분류

러브록(Lovelock)이 제시한 다차원적 서비스 분류 **52%**
서비스의 4대 특징 **48%**

핵심 이론

1. 서비스의 4대 특징

① 무형성
- ㉠ 서비스는 변동적인 특성을 보이기 때문에 규격화, 표준화하기 어려움
- ㉡ 형태가 없으므로 특허로써 보호를 받을 수 없고, 가격 설정 기준(책정)이 모호함
- ㉢ 따라서 물질적 증거와 심상을 제시해 주고, 구전을 촉진함
- ㉣ 실체를 보거나 만질 수 없고, 서비스의 의미를 상상하기 어려움
- ㉤ 보거나 만질 수 없기 때문에 주관적 의미를 가짐

② 이질성
- ㉠ 서비스는 대부분 사람에 의해 생산되는 과정이므로 똑같은 서비스가 존재하기 어려움
- ㉡ 서비스 주체인 사람의 의존도가 높아 균질성이 낮고, 표준화도 어려움
- ㉢ 따라서 다양한 각도에서 각 고객층에 맞는 개별화 전략을 구축하는 것이 필요
- ㉣ 누가, 언제, 어디서 제공하느냐에 따라 서비스의 형태·수준·가격이 달라짐
- ㉤ 서비스는 가격 책정이 어려움

③ 비분리성(생산과 소비의 동시성)
- ㉠ 서비스는 생산과 소비가 동시에 일어남
- ㉡ 서비스는 고객이 거래에 참여하거나 영향을 미침
- ㉢ 서비스를 제공하는 사람은 고객과 접촉하게 되므로 생산과정에 고객이 참여하게 됨
- ㉣ 서비스는 사람이든 기계든 그 제공자로부터 분리되지 않으며 포장되었다가 고객이 그것을 필요로 할 때 구매될 수 없음

- ㉤ 비분리성의 문제를 해결하기 위해서는 서비스 제공자의 선발·교육에 힘쓰는 것이 필요

④ 소멸성
- ㉠ 서비스는 재고의 형태로 보관하거나 재판매할 수 없음
- ㉡ 서비스는 즉시 사용하지 않으면 사라지고 원래 상태로 환원되기 어려움
- ㉢ 저장하거나 재고를 남길 수 없으므로, 소멸성을 극복하기 위해서는 수요와 공급을 조절하는 것이 필요

2. 러브록(Lovelock)이 제시한 다차원적 서비스 분류(5가지 분류 기준)

① 러브록(Lovelock)은 기존의 서비스 분류체계는 서비스 마케팅에 대한 전략적 시사점을 제시해주지 못한다고 비판하면서 좀 더 포괄적이고 정교한 분류체계가 필요하다고 주장하며 5가지의 분류 기준 제시

② 다차원적 서비스 분류(5가지 분류 기준)
- ㉠ 서비스 행위의 특성이 무엇인가?

구분		서비스의 직접 수혜자	
		사람	사물
서비스 행위의 성격	유형적 성격	신체 지향적 서비스 •의료·미용실 •음식점·이용원 •여객운송·호텔	재물 및 물적 소유 지향적 서비스 •화물운송 •청소 •장비수리 및 보수
	무형적 성격	정신 지향적 서비스 •교육·방송 •광고·극장 •박물관	무형 자산 지향적 서비스 •은행·법률서비스 •회계·증권 •보험

ⓛ 서비스 조직과 고객 간의 관계가 어떠한 형태를 취하고 있는가?

구분		서비스의 조직과 고객 간의 관계	
		회원별 관계	불특정 관계

서비스 전달의 성격	계속적 거래	• 보험 · 은행
		• 전화 가입 ·
		  대학 등록
			• 방송국 ·
			  경찰 보호
			• 등대 · 고속도로

	간헐적 거래	• 장거리 전화 • 지하철 회수권	• 렌터카 • 우편서비스 · 유료도로

ⓒ 서비스에 대한 수요와 공급의 성격은 어떠한가?

구분		수요변동의 폭	
		높음	낮음
공급의 정도	최대 피크 수요 충족 가능	• 전기 • 전화 • 경찰 및 소방	• 보험 • 법률서비스 • 세탁소
	최대 피크 수요 충족 불가	• 회계 및 세무 • 호텔 • 극장 • 식당	위와 유사하면서 동업종의 기본 수준에 미달하는 수용 능력을 갖는 서비스

ⓔ 서비스가 어떻게 전달되는가?

구분	단일창구	복수창구
고객이 서비스 조직에 가는 경우	• 극장 • 이발소	• 버스 • 법률서비스 • 패스트푸드
서비스 조직이 고객에게 오는 경우	• 잔디 깎기 • 살충서비스	• 우편배달 • 자동차 긴급 수리
고객과 서비스 조직이 떨어져서 거래 하는 경우	• 신용카드 회사 • 지역케이블TV	• 방송네트워크 • 전화회사

ⓜ 서비스 상품의 특징에 따른 분류

구분		서비스 설비 또는 시설에 근거한 정도	
		높음	낮음
서비스가 사람에 근거한 정도	높음	병원, 호텔	회계, 경영컨설팅
	낮음	지하철, 렌터카	전화

📖 핵심 기출 유형 문제

꼭 나오는 유형 ❶ 서비스의 4대 특징

서비스의 4대 특징 중 '비분리성'에 대한 내용으로 가장 옳은 것은?

① 서비스는 가격책정이 어렵다.
② 서비스는 생산과 소비가 동시에 일어난다.
③ 서비스는 변동적인 특성을 보이기 때문에 규격화, 표준화하기 어렵다.
④ 서비스는 즉시 사용되지 않으면 사라지고 원래 상태로 환원되기 어렵다.
⑤ 서비스는 대부분 사람의 행위에 의해 생산되는 과정이기 때문에 정확하게 똑같은 서비스란 존재하기 어렵다.

> **❗ 문제타파 TIP**
>
> 서비스의 4대 특징에 대해 개념별로 정확하게 숙지할 것!

🔍 해설 서비스의 4대 특징

무형성	• 서비스는 변동적인 특성을 보이기 때문에 규격화, 표준화하기 어렵다. • 형태가 없어서 특허로 보호를 받을 수 없고 가격 설정 기준(책정)이 모호하다. • 따라서 물질적 증거와 심상을 제시해 주고, 구전을 촉진한다. • 실체를 보거나 만질 수 없고, 서비스의 의미를 상상하기 어렵다. • 보거나 만질 수 없기 때문에 주관적 의미를 가진다.
이질성	• 서비스는 대부분 사람의 행위에 의해 생산되는 과정이기 때문에 정확하게 똑같은 서비스란 존재하기 어렵다. • 서비스 주체인 사람의 의존도가 높아 균질성이 낮고, 표준화도 어렵다. • 따라서 다양한 각도에서 각 고객층에 맞는 개별화 전략 구축이 필요하다. • 누가, 언제, 어디서 제공하느냐에 따라 서비스의 형태 · 수준 · 가격이 달라진다. • 서비스는 가격 책정이 어렵다.
비분리성 (생산과 소비의 동시성)	• 서비스는 생산과 소비가 동시에 일어난다. • 서비스는 고객이 거래에 참여하거나 영향을 미친다. • 서비스를 제공하는 사람은 고객과 직접 접촉하게 되므로 생산과정에 고객이 참여하게 된다. • 서비스는 사람이든 기계든 그 제공자로부터 분리되지 않으며 포장되었다가 고객이 그것을 필요로 할 때 구매될 수 없다. • 비분리성의 문제를 해결하기 위해서는 서비스 제공자의 선발 및 교육에 힘쓰는 것이 필요하다.
소멸성	• 서비스는 재고의 형태로 보관하거나 재판매할 수 없다. • 서비스는 즉시 사용하지 않으면 사라지고 원래 상태로 환원되기 어렵다. • 저장하거나 재고를 남길 수 없으므로, 소멸성을 극복하기 위해서는 수요와 공급을 조절하는 것이 필요하다.

정답 ②

01

①·③ 무형성, ④ 이질성, ⑤ 소멸성에 대한 내용이다.

01 서비스의 4대 특징 중 비분리성에 대한 내용으로 가장 옳은 것은?

① 서비스는 변동적인 특성을 보이기 때문에 규격화, 표준화하기 어렵다.

② 서비스는 생산과 소비가 동시에 일어난다.

③ 서비스는 가격책정이 어렵다.

④ 서비스는 대부분 사람의 행위에 의해 생산되는 과정이기 때문에 정확하게 똑같은 서비스란 존재하기 어렵다.

⑤ 서비스는 즉시 사용되지 않으면 사라지고 원래 상태로 환원되기 어렵다.

02

서비스의 4대 특징 중 소멸성

• 서비스는 재고의 형태로 보관하거나 재판매할 수 없다.

• 서비스는 즉시 사용하지 않으면 사라지고 원래 상태로 환원되기 어렵다.

• 서비스는 저장하거나 재고를 남길 수 없으므로, 소멸성을 극복하기 위해서는 수요와 공급을 조절하는 것이 필요하다.

02 서비스의 4대 특징 중 '소멸성'에 대한 내용으로 가장 옳은 것은?

① 서비스는 생산과 소비가 동시에 일어난다.

② 서비스는 고객이 거래에 참여하거나 영향을 미친다.

③ 서비스는 재고의 형태로 보관하거나 재판매할 수 없다.

④ 서비스는 보거나 만질 수 없기 때문에 주관적 의미를 가진다.

⑤ 서비스는 종업원에 따라서 제공되는 서비스의 내용이나 질이 달라질 수 있다.

03

서비스의 4대 특징

• 무형성 : 실체를 보거나 만질 수 없고, 서비스의 의미를 상상하기 어렵다.

• 이질성 : 누가, 언제, 어디서 제공하느냐에 따라 서비스의 형태와 수준, 가격이 달라진다.

• 비분리성 : 생산과 소비가 동시에 일어난다.

• 소멸성 : 서비스는 저장하거나 재판매할 수 없다.

03 서비스의 4대 특징 중 '이질성'에 대한 내용으로 가장 옳은 것은?

① 서비스는 대량생산이 어렵다.

② 서비스는 가격 책정이 어렵다.

③ 서비스는 재고의 형태로 보관할 수 없다.

④ 서비스의 계획과 촉진이 일치하는지 정확히 파악하기 힘들다.

⑤ 서비스는 즉시 사용되지 않으면 사라지고 원래의 상태로 환원될 수 없다.

01 ② **02** ③ **03** ② 정답

꼭 나오는 유형 ❷ 러브록(Lovelock)이 제시한 다차원적 서비스 분류

러브록이 제시한 다차원적 서비스 분류에서 다음 도표의 (다)에 들어갈 업종으로 가장 옳지 않은 것은?

구분		시간에 따른 수요 변동성 정도	
		많음	적음
공급이 제한된 정도	최대 피크 수요 충족 가능	(가)	(나)
	최대 피크 수요 충족 불가	(다)	(라)

① 극장
② 전기(電氣)
③ 회계
④ 식당
⑤ 호텔

🔖해설

제시된 도표는 러브록이 제시한 다차원적 서비스 분류(5가지 분류 기준) 중 '서비스에 대한 수요와 공급의 성격은 어떠한가?'에 따른 분류이다.

구분		수요변동의 폭	
		높음	낮음
공급의 정도	최대 피크 수요 충족 가능	• 전기 • 전화 • 경찰 및 소방	• 보험 • 법률서비스 • 세탁소
	최대 피크 수요 충족 불가	• 회계 및 세무 • 호텔 • 극장 • 식당	위와 유사하면서 동업종의 기본 수준에 미달하는 수용 능력을 갖는 서비스

정답 ②

04 러브록(Lovelock)이 제시한 다차원적 서비스 분류에서 다음 도표의 (라)에 들어갈 업종으로 알맞은 것은?

구분		서비스 설비 또는 시설에 근거한 정도	
		높다	낮다
서비스가 사람에 근거한 정도	높다	(가)	(나)
	낮다	(다)	(라)

① 지하철
② 병원
③ 회계
④ 일류 호텔
⑤ 전화

문제타파 TIP

러브록이 제시한 다차원적 서비스 분류, 즉 5가지 분류 기준을 확실하게 이해해야 하고 각각의 분류 기준에 해당하는 내용도 확실하게 숙지해야 한다.

04

구분		서비스 설비 또는 시설에 근거한 정도	
		높음	낮음
서비스가 사람에 근거한 정도	높음	병원, 호텔	회계, 경영 컨설팅
	낮음	지하철, 렌터카	전화

정답 04 ⑤

05

서비스 행위의 성격에 따른 서비스 분류

구분	서비스의 직접 수혜자	
	사람	사물
유형적 성격	신체 지향적 서비스 • 의료 · 미용실 • 음식점 · 이용원 • 여객 운송 · 호텔	재물 및 물적 소유 지향적 서비스 • 화물 운송 • 청소 • 장비 수리 및 보수
무형적 성격	정신 지향적 서비스 • 교육 · 방송 • 광고 · 극장 • 박물관	무형 자산 지향적 서비스 • 은행 · 법률 서비스 • 회계 · 증권 • 보험

05 러브록(Lovelock)이 제시한 다차원적 서비스 분류에서 다음 도표의 (다)에 들어갈 업종으로 알맞은 것은?

		서비스의 직접적 대상	
		사람	사물
서비스 제공의 성격	유형적	(가)	(나)
	무형적	(다)	(라)

① 교육　　　　　　　　　② 의료

③ 호텔　　　　　　　　　④ 은행

⑤ 법률 서비스

05 ① 정답

03 관광 서비스 및 OECD 서비스산업 분류

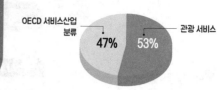
핵심 이론

1. 관광 서비스

① 정의

㉠ 기능적 정의 : 관광 기업의 수입 증대에 기여하기 위한 종사원의 헌신, 봉사하는 자세와 업무에 대해 최선을 다하는 태도, 즉 세심한 봉사 정신임

㉡ 비즈니스적 정의 : 관광 기업 활동을 통하여 고객인 관광객이 호감과 만족감을 느끼게 함으로써 비로소 가치를 낳는 지식과 행위의 총체

㉢ 구조적 정의 : 관광 기업이 기업 활동을 함에 있어서 관광객의 요구에 맞추어 소유권의 이전 없이 제공하는 상품적 의미의 무형의 행위 또는 편익의 일체

② 특징

무형성	• 관광 서비스는 분명히 존재하지만 형태가 없으므로 보이지 않음 • 본질적인 서비스의 특징과 비용 산출의 어려움, 서비스 선택 시 지각의 위험
동시성	서비스가 제공된다는 것은 곧 서비스가 생산된다는 것이며 동시에 관광객에게 제공된다는 것
이질성	관광 서비스에서는 직원의 유형과 관광객의 유형 등 인적 요소가 서비스 결과의 이질성을 야기함
소멸성	관광 서비스는 판매되지 않으면 시간과 함께 자동 소멸함 예 가을 단풍구경 관광 서비스는 시간이 지나면 재판매가 불가능하고 영원히 소멸하며 외국 여행을 위해 항공티켓을 일찍 예약할수록 요금 저렴 (항공서비스의 소멸성).
연계성	관광 서비스가 주변 환경 등과 얼마나 연결성을 가지고 있느냐를 의미

인적 의존성	• 고객의 직접 참여에 의해서만 서비스를 창출할 수 있음 • 고객은 정성어린 인적 서비스에 가장 관심을 가짐 • 고객인 관광객이 호감과 만족감을 느끼게 만드는 행위임 • 관광은 서비스이므로 전적으로 사람들에 대한 의존도가 높고, 사람들이 구매하지 않으면 서비스 제공 자체가 불가능함 • 인적자원 서비스에 의존하고, 기술개발 성격은 다소 약함
계절성	• 관광 서비스의 공급은 비탄력적이고, 수요는 탄력적인 반면 대부분 관광 상품은 계절의 지배를 받음 • 이에 따라 관광수요가 방학 및 휴가 등에 집중되면서 성수기와 비수기에 대한 가격 차이가 많고, 비수기의 유휴시설 이용을 위한 마케팅 전략이 많이 이용됨
고급성	• 차별화되는 고급 서비스를 요구함 • 관광 상품을 구성하는 물리적 환경은 고급을 지향함
상호 보완성	• 인적, 물적 서비스가 혼합되어 존재하는 개념 • 관광 서비스는 타 관광 서비스 상품과 상호 보완적인 성격을 지님(항공기, 호텔, 레스토랑, 놀이시설 등)
기타	정보화 의존 영역에 한계가 있음

2. OECD 서비스산업 분류

① 유통 서비스 : 도 · 소매, 운수 · 보관

② 생산자 서비스 : 출판, 방송, 통신, 정보, 금융 · 보험, 부동산, 임대, 전문 · 과학기술, 사업시설관리

③ 사회 서비스 : 공공행정, 공공교육, 교육(교육 서비스), 의료 · 보건, 사회복지

④ 개인 서비스 : 숙박 · 음식점, 예술 · 스포츠 · 여가, 기타 서비스

📖 핵심 기출 유형 문제

꾁 나오는 유형 ❶ 관광 서비스

관광 서비스의 정의와 관련해 다음 〈보기〉의 설명에 해당하는 것은?

┤ 보기 ├
수입증대에 이바지하기 위한 종사원의 헌신, 봉사하는 자세와 업무에 대해 최선을 다하는 태도 즉 세심한 봉사정신을 뜻한다.

① 구조적 정의　　　　　　② 기술적 정의
③ 기능적 정의　　　　　　④ 활동적 정의
⑤ 비즈니스적 정의

해설 관광 서비스의 세부적 정의

• 기능적 정의 : 관광 기업의 수입 증대에 기여하기 위한 종사원의 헌신, 봉사하는 자세와 업무에 대해 최선을 다하는 태도, 즉 세심한 봉사 정신이다.
• 비즈니스적 정의 : 관광 기업 활동을 통하여 고객인 관광객이 호감과 만족감을 느끼게 함으로써 비로소 가치를 낳는 지식과 행위의 총체이다.
• 구조적 정의 : 관광 기업이 기업 활동을 함에 있어서 관광객의 요구에 맞추어 소유권의 이전 없이 제공하는 상품적 의미의 무형의 행위 또는 편익의 일체를 말한다.

 정답 ③

---

01 다음 중 관광 서비스의 특징에 대한 설명으로 가장 옳지 않은 것은?

① 관광 수요의 계절성으로 수요가 불규칙적이다.
② 인적 서비스에 대한 높은 의존성을 가지고 있다.
③ 고객의 직접 참여에 의해서만 서비스를 창출한다.
④ 인적, 물적 서비스가 혼합되어 존재하는 개념이다.
⑤ 일반 서비스와는 달리 비용 산출이 용이하고 서비스 선택 시 지각의 위험도를 보이지 않는 특징이 있다.

꼭 나오는 유형 ❷ OECD 서비스산업 분류

다음 OECD 서비스 산업 분류 중 '유통 서비스'에 해당하는 것은?

① 공공행정　　　　　　　② 도소매업
③ 교육 서비스업　　　　　④ 금융 및 보험업
⑤ 보건사회복지사업

╠해설 OECD에서 분류한 서비스 산업 유형

유통 서비스	도·소매, 운수·보관
생산자 서비스	출판, 방송, 통신, 정보, 금융·보험, 부동산, 임대, 전문·과학기술, 사업시설관리
사회 서비스	공공행정, 공공교육, 교육(교육 서비스), 의료·보건, 사회복지
개인 서비스	숙박·음식점, 예술·스포츠·여가, 기타 서비스

 정답 ②

---

02 다음 OECD 서비스 산업 분류 중 '사회 서비스'와 가장 거리가 먼 것은?

① 통신업　　　　　　　　② 공공행정
③ 국제 외국기관　　　　　④ 교육 서비스업
⑤ 보건사회복지사업

02
① 통신업은 '생산자 서비스'에 해당한다.

 정답　02 ①

04 동기이론

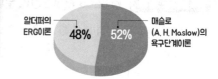

핵심 이론

1. 매슬로(A. H. Maslow)의 욕구단계이론

① 개념
- ㉠ 인간에게 동기 부여할 수 있는 욕구는 단계적으로 나타난다.
- ㉡ 욕구를 강도와 중요성에 따라 5단계로 분류할 수 있다고 가정한다.
- ㉢ 자아실현 욕구와 나머지 4개 욕구를 구분하여 전자를 결핍 욕구, 후자를 성장 욕구라 하고 성장 욕구를 특히 강조하였다.

② 욕구 5단계
- ㉠ 1단계 – 생리적 욕구 : 의식주 등 생존하기 위한 기본 욕구
- ㉡ 2단계 – 안전 욕구 : 신체 및 감정적 위험으로부터 보호되고 안전해지기를 바라는 욕구
- ㉢ 3단계 – 소속감과 애정 욕구 : 인간은 사회적인 존재이므로 조직에 소속되거나 동료와 친교를 나누고 싶어 하고 또 이성 간의 교제나 결혼을 갈구하게 되는 욕구
- ㉣ 4단계 – 존경 욕구 : 내적으로 자존·자율을 성취하려는 욕구(내적 존경 욕구) 및 외적으로 타인으로부터 인정을 받으며, 집단 내에서 어떤 지위를 확보하려는 욕구(외적 존경 욕구)
- ㉤ 5단계 – 자아실현 욕구 : 계속적인 자기 발전을 통하여 성장하고, 자신의 잠재력을 극대화하여 자아를 완성시키려는 욕구

2. 알더퍼의 ERG이론

① 매슬로의 5가지 욕구단계이론에 대하여 실증적 검증이 부족하다는 비판을 하면서 이를 3가지 욕구로 줄여 변형된 욕구단계이론(Modified Needs Hierarchy)을 제시

② 개인의 욕구를 존재(Existence) → 관계(Relatedness) → 성장(Growth)의 욕구라는 3가지로 제시하였고, 각 욕구는 첫 글자를 따서 ERG이론이라고 하였음

ERG	내용	매슬로의 욕구단계이론
존재 욕구 (E : existence)	• 의식주 같은 모든 형태의 생리적·물질적 욕구 • 조직에서는 임금이나 쾌적한 물리적 작업조건에 대한 욕구 예 생리적 욕구, 물리적 욕구, 굶주림, 갈증, 임금	• 생리적 욕구 • 안전 욕구
관계 욕구 (R : relatedness)	• 인간의 사회생활과 관련된 욕구 • 조직에서는 타인과의 인간관계(대인관계)와 관련된 것들을 포함 예 타인과 관련된 사회생활 욕구, 가족, 친구, 동료	• 소속감과 애정 욕구 • 존경 욕구 (사회적 욕구, 안전 욕구 포함)
성장 욕구 (G : growth)	창조적 성장을 위한 개인의 노력과 관련된 욕구 예 자아실현 관련 욕구, 잠재된 능력	자아실현 욕구

📖 **핵심 기출 유형 문제**

꼭 나오는 유형 **❶ 매슬로(A. H. Maslow)의 욕구단계이론**

매슬로(Maslow)의 욕구 5단계 중 가장 마지막 단계로 자기 발전을 이루고 자신의 잠재력을 끌어내어 극대화하려는 단계에 해당하는 것은?

① 안전 욕구
② 존경 욕구
③ 생리적 욕구
④ 자아실현 욕구
⑤ 소속과 애정의 욕구

해설 매슬로(Maslow)의 욕구 5단계

1단계	생리적 욕구	의식주 등 생존하기 위한 기본 욕구
2단계	안전 욕구	근본적으로 신체적 및 감정적인 위험으로부터 보호되고 안전해지기를 바라는 욕구
3단계	소속감과 애정 욕구	인간은 사회적인 존재이므로 조직에 소속되거나 동료와 친교를 나누고 싶어 하고 또 이성 간의 교제나 결혼을 갈구하게 되는 욕구
4단계	존경 욕구	내적으로 자존·자율을 성취하려는 욕구(내적 존경 욕구) 및 외적으로 타인으로부터 인정을 받으며, 집단 내에서 어떤 지위를 확보하려는 욕구(외적 존경 욕구)
5단계	자아실현 욕구	계속적인 자기 발전을 통하여 성장하고, 자신의 잠재력을 극대화하여 자아를 완성시키려는 욕구

정답 ④

01 다음 중 '매슬로'의 욕구 5단계를 순서대로 바르게 나열한 것은?

구분	1단계	2단계	3단계	4단계	5단계
①	생리적 욕구	존경 욕구	사랑과 소속감에 대한 욕구	안전의 욕구	자아실현 욕구
②	생리적 욕구	사랑과 소속감에 대한 욕구	안전의 욕구	존경 욕구	자아실현 욕구
③	생리적 욕구	안전의 욕구	자아실현 욕구	존경 욕구	사랑과 소속감에 대한 욕구
④	생리적 욕구	안전의 욕구	사랑과 소속감에 대한 욕구	존경 욕구	자아실현 욕구
⑤	생리적 욕구	안전의 욕구	사랑과 소속감에 대한 욕구	자아실현 욕구	존경 욕구

❗ **문제타파 TIP**

매슬로(Maslow)의 욕구 5단계에 해당하는 욕구를 암기해야 한다.

01

매슬로의 인간 욕구 5단계
- 1단계 – 생리적 욕구 : 의식주 등 생존하기 위한 기본 욕구
- 2단계 – 안전 욕구 : 근본적으로 신체적 및 감정적인 위험으로부터 보호, 안전해지기를 바라는 욕구
- 3단계 – 소속감과 애정 욕구 : 인간은 사회적인 존재이므로 조직에 소속되거나 동료와 친교를 나누고 싶어 하고 또 이성 간의 교제나 결혼을 갈구하게 되는 욕구
- 4단계 – 존경 욕구 : 내적으로 자존·자율을 성취하려는 욕구(내적 존경 욕구) 및 외적으로 타인으로부터 인정을 받으며, 집단 내에서 어떤 지위를 확보하려는 욕구(외적 존경 욕구)
- 5단계 – 자아실현 욕구 : 계속적인 자기 발전을 통하여 성장하고, 자신의 잠재력을 극대화하여 자아를 완성시키려는 욕구

정답 **01** ④

문제타파 TIP

알더퍼의 ERG 이론에서 제시한 욕구를 이해하여야 하고 각각의 욕구가 매슬로의 욕구 5단계 중 어디에 해당하는지 알아야 한다.

꼭 나오는 유형 ❷ **알더퍼의 ERG이론**

'알더퍼'가 제시한 ERG 이론 중 개인의 자아실현과 관련된 욕구로 매슬로의 욕구 5단계의 존경 욕구와 자아실현 욕구에 해당하는 것은?

① 완성 욕구   ② 태도 욕구
③ 관계 욕구   ④ 존재 욕구
⑤ 성장 욕구

해설 알더퍼의 ERG 이론

• 존재 욕구(Existence Needs) : 생리적 욕구, 물리적 욕구, 굶주림, 갈증, 임금
• 관계 욕구(Related Needs) : 타인과 관련된 사회생활 욕구, 가족, 친구, 동료
• 성장 욕구(Growth Needs) : 자아실현에 관련된 욕구, 잠재된 능력

정답 ⑤

02

알더퍼(Alderfer) ERG 이론과 매슬로(Maslow) 욕구 5단계 비교

알더퍼의 ERG 이론	매슬로의 욕구단계이론
존재 욕구 (E : existence)	• 생리적 욕구 • 안전 욕구
관계 욕구 (R : relatedness)	• 소속감과 애정 욕구 • 존경 욕구 (사회적 욕구, 안전 욕구 포함)
성장 욕구 (G : growth)	자아실현 욕구

02 알더퍼(Alderfer)가 제시한 ERG 이론 중 인간의 사회생활과 관련된 욕구로 매슬로(Maslow) 욕구 5단계의 존경 욕구, 사회적 욕구, 안전 욕구를 포함하는 것은?

① 완성 욕구   ② 태도 욕구
③ 관계 욕구   ④ 존재 욕구
⑤ 성장 욕구

02 ③ 정답

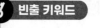

05 서비스 리더십

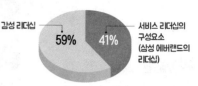

감성 리더십 59% | 41% 서비스 리더십의 구성요소 (삼성 에버랜드의 리더십)

핵심 이론

1. 서비스 리더십의 구성요소(삼성 에버랜드의 리더십)

① 서비스 신념(Service Concept)
  ㉠ 서비스 리더십의 기초를 세워주는 철학과 전체가 공유해 나가고자 하는 비전, 이를 위해 현재를 어떻게 고쳐나갈 것인가 하는 혁신으로 설명할 수 있음
  ㉡ 요소
    • 철학 : 서비스 리더십의 기초를 세움
    • 비전 : 전체가 공유해 나가고자 하는 것
    • 혁신 : 현재의 문제를 어떻게 고쳐나갈 것인가 하는 것

② 서비스 태도(Service Mind)
  ㉠ 열정, 애정, 신뢰 : 파트너십을 형성하고 만족을 주고 싶은 마음 상태나 자세
  ㉡ 이러한 마음이 형성될 때 리더의 행동은 자연스럽게 고객의 만족을 유도

③ 서비스 능력(Service Skill)
  ㉠ 창조 · 운영 · 관계 능력 : 서비스 능력은 고객의 욕구를 파악하며, 이를 충족시키는 데 요구되는 서비스 창조, 관리 운영, 인간관계에 대한 능력
  ㉡ 고객의 욕구를 파악하고 이를 충족시키는 데 필요한 서비스 창조 능력, 관리운영 능력, 인간관계 형성 및 개선 능력을 의미

2. 감성 리더십

① 감성 리더십은 조직원들의 감성에 집중하고 이를 기반으로 감정적인 공감대를 형성하여 시스템으로 체계화함으로써, 조직원들이 온전히 자신의 능력을 발휘하여 조직의 목표를 달성할 수 있도록 하는 리더십임

② 감성 리더십을 구성하는 요소
  ㉠ 자아인식(자아의식) : 자신의 감정, 기분, 취향 등이 타인에게 미치는 영향을 인식 · 이해하는 능력이며 자신의 감정인식, 자기 평가력, 자신감 등이 해당
  ㉡ 자기조절력(자기 통제) : 행동에 앞서 생각하고 판단을 유보하며 부정적 기분이나 행동을 통제 혹은 전환할 수 있는 능력이며 자기 통제, 신뢰성, 성실성, 적응성, 혁신성 등이 해당
  ㉢ 동기부여 능력 : 돈, 명예와 같은 외적 보상이 아닌 스스로의 흥미와 즐거움에 의해 과제를 수행하는 능력이며 추진력, 헌신, 주도성, 낙천성 등이 해당
  ㉣ 감정이입 능력 : 다른 사람의 감정을 이해할 수 있고 문화적 감수성, 고객의 욕구에 부응하는 서비스 등과 관련성이 높은 요소이며 타인 이해, 부하에 대한 공감력, 전략적 인식력 등이 해당
  ㉤ 사교성(대인관계 기술) : 인간관계를 형성 · 관리할 수 있고 인식한 타인의 감성에 적절히 대처할 수 있는 능력이며 타인에 대한 영향력 행사, 커뮤니케이션, 이해 조정력, 리더십, 변혁추진력, 관계 구축력, 협조력, 팀 구축능력 등이 해당

③ 감성지능(EQ) : 자신의 한계와 가능성을 객관적으로 판단하여 감정을 잘 다스리며, 상대방 입장에서 그 사람을 진정으로 이해하고 타인과 좋은 관계를 유지할 수 있는 능력

④ 한국인의 특성에 맞는 감성경영 전략에서 경영자(리더)가 고려해야 할 사항
  ㉠ 화합과 권위를 조화시키려는 리더의 노력이 필요
  ㉡ 깊이 있는 사고와 토론의식이 필요
  ㉢ 개인주의와 공동체 의식을 조화시키려는 노력이 필요
  ㉣ 가족주의를 바탕으로 한 경영가족주의 시도, 조직의 간소화, 건전한 자본주의 정신의 함양 필요
  ㉤ 시대 변화에 따른 세대별 이성과 감성의 구성 비율이 다를 수 있으므로 유연성 있는 리더십의 발휘가 요구됨

핵심 기출 유형 문제

꼭 나오는 유형 ❶ 서비스 리더십의 구성요소(삼성 에버랜드의 리더십)

삼성 에버랜드에서 제시한 '서비스 리더십을 구성하는 요소' 중 다음 〈보기〉의 ( ) 안에 들어갈 내용으로 알맞은 것은?

| 보기 |
( )(이)란 서비스 리더십의 기초를 세워주는 철학과 전체가 공유해 나가고자 하는 비전, 그리고 이를 위해 현재를 어떻게 고쳐 나갈 것인가 하는 혁신으로 설명할 수 있다.

① Service Skill
② Service Duty
③ Service Mind
④ Service Concept
⑤ Service Devotion

해설 서비스 리더십의 구성요소(삼성 에버랜드의 리더십)

서비스 신념 (Service Concept)	서비스 리더십의 기초를 세워주는 철학과 전체가 공유해 나가고자 하는 비전, 이를 위해 현재를 어떻게 고쳐나갈 것인가 하는 혁신으로 설명할 수 있다.	
	철학	서비스 리더십의 기초를 세움
	비전	전체가 공유해 나가고자 하는 것
	혁신	현재의 문제를 어떻게 고쳐나갈 것인가 하는 것
서비스 태도 (Service Mind)	• 열정, 애정, 신뢰 : 파트너십을 형성하고 만족을 주고 싶은 마음 상태나 자세를 의미한다. • 이러한 마음이 형성될 때 리더의 행동은 자연스럽게 고객만족을 유도한다.	
서비스 능력 (Service Skill)	• 창조·운영·관계 능력 : 서비스 능력은 고객의 욕구를 파악하며, 이를 충족시키는 데 요구되는 서비스 창조, 관리 운영, 인간관계에 대한 능력이다. • 고객의 욕구를 파악하고 이를 충족시키는 데 필요한 서비스 창조 능력, 관리운영 능력, 인간관계 형성 및 개선 능력을 의미한다.	

정답 ④

01
Service Skill
• 창조·운영·관계 능력 : 서비스 능력은 고객의 욕구를 파악하며, 이를 충족시키는 데 요구되는 서비스 창조, 관리 운영, 인간관계에 대한 능력이다.
• 고객의 욕구를 파악하고 이를 충족시키는 데 필요한 서비스 창조 능력, 관리운영 능력, 인간관계 형성 및 개선 능력을 의미한다.

01 ① 정답

01 삼성 에버랜드에서 제시한 서비스 리더십을 구성하는 요소 중 다음 〈보기〉의 ( ) 안에 들어갈 내용으로 알맞은 것은?

| 보기 |
( )란(이란) 고객의 욕구를 파악하고 이를 충족시키는 데 필요한 서비스 창조 능력, 관리운영 능력, 인간관계 형성 및 개선 능력을 의미한다.

① Service Skill
② Service Duty
③ Service Mind
④ Service Concept
⑤ Service Devotion

꼭 나오는 유형 ❷ 감성 리더십

감성 리더십을 구성하는 요소 중 타인의 이해, 문화적 감수성, 고객의 욕구에 부응하는 서비스 등과 관련성이 높은 요소는?

① 자기통제
② 동기부여
③ 자아의식
④ 감정이입
⑤ 대인관계 기술

⊢해설 감성 리더십의 5가지 요소

자아인식 (자아의식)	• 자신의 감정, 기분, 취향 등이 타인에게 미치는 영향을 인식 · 이해하는 능력 • 자신의 감정인식, 자기 평가력, 자신감 등
자기조절력 (자기통제)	• 행동에 앞서 생각하고 판단을 유보하는 능력 • 부정적 기분이나 행동을 통제 혹은 전환할 수 있는 능력 • 자기통제, 신뢰성, 성실성, 적응성, 혁신성 등
동기부여 능력	• 돈, 명예 같은 외적 보상이 아닌, 스스로의 흥미와 즐거움에 의해 과제를 수행하는 능력 • 추진력, 헌신, 주도성, 낙천성 등
감정이입 능력	• 다른 사람의 감정을 이해하고 헤아리는 능력 • 문화적 감수성, 고객의 욕구에 부응하는 서비스 등과 관련성이 높은 요소 • 타인 이해, 부하에 대한 공감력, 전략적 인식력 등
사교성 (대인관계 기술)	• 인간관계를 형성하고 관리하는 능력 • 인식한 타인의 감성에 적절히 대처할 수 있는 능력 • 타인에 대한 영향력 행사, 커뮤니케이션, 이해 조정력, 리더십, 변혁추진력, 관계구축력, 협조력, 팀 구축능력 등

정답 ④

---

02 감성 리더십을 구성하는 요소 중 타인의 이해, 문화적 감수성, 고객의 욕구에 부응하는 서비스 등과 관련성이 높은 요소는?

① 자아의식
② 감정이입
③ 동기부여
④ 자기통제
⑤ 대인관계 기술

03 감성 지능을 구성하는 5가지 요소 중 행동에 앞서 생각하고 판단을 유보하는 능력을 의미하는 요소는?

① 감정이입
② 자아의식
③ 동기부여
④ 자기통제
⑤ 대인관계 기술

02
감정이입 능력
• 다른 사람의 감정을 이해하고 헤아리는 능력을 말한다.
• 문화적 감수성, 고객의 욕구에 부응하는 서비스 등과 관련성이 높은 요소이다.
• 타인 이해, 부하에 대한 공감력, 전략적 인식력 등이 여기에 해당한다.

03
자기 통제(자기조절력)
• 행동에 앞서 생각하고 판단을 유보하는 능력이다.
• 부정적 기분이나 행동을 통제 혹은 전환할 수 있는 능력이다.
• 자기 통제, 신뢰성, 성실성, 적응성, 혁신성 등이 여기에 해당한다.

정답 **02** ② **03** ④

06 서비스 기업의 경쟁 전략

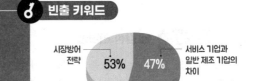

시장방어 전략 **53%** **47%** 서비스 기업과 일반 제조 기업의 차이

핵심 이론

1. 서비스 기업과 일반 제조 기업의 차이

① 진입 장벽이 상대적으로 낮아서 경쟁사에서 쉽게 모방할 수 있고 운영 방식을 특허로 보호받기 어려움

② 서비스는 생성과 동시에 소멸되므로 보관할 수 없고 대량생산을 통한 '규모의 경제' 실현이 어려움

③ 내부고객을 우선적으로 만족시켜야 함

④ 고객 충성도 확보가 핵심이며 중요함

⑤ 서비스의 수요는 시간, 요일, 계절, 날씨별로 차이가 많음

2. 시장방어 전략

① 개념

㉠ 기존의 경쟁자나 신규 진입자로부터 현재 시장점유율을 방어하는 전략

㉡ 기존 고객 유지를 위한 시장방어 전략

② 시장방어 전략의 종류

㉠ 저지전략(Blocking)

- 경쟁자에 대한 최대의 방어전략인 저지전략은 새로운 진입자의 시장진출을 막는 것

- 경쟁자들이 시장에 진입하기 위해 들어가는 비용을 증가시키거나 진입 시의 예상 수익을 감소시킴으로써 저지될 수 있음

- 서비스 보증, 집중적 광고, 입지나 유통 통제, 높은 전환비용, 고객만족 등

㉡ 보복전략(Retaliation)

- 새로운 진입자가 예상하거나 원하는 수준의 수익을 확보할 기회를 막는 것이 목표

- 장기고객 요금 할인, 장기간의 계약기간, 장기고객에 대한 다양한 혜택 제공, 판매 촉진

㉢ 적응전략(Adaptation)

- 경쟁사가 시장에 정착했을 경우, 시장 잠식을 막기 위한 전략

- 새로운 진입자가 이미 시장에 있다는 사실을 인정한 상태에서 실시

- 새로운 진입자의 시장 잠식을 막기 위한 3가지 전략

서비스 추가·수정	새로운 진입자의 서비스에 맞서 그를 능가하게 하는 것
서비스 패키지 강화	• 고객이 신규 진입자에게로 전환하지 않게 하기 위한 것 • 고객이 원하는 모든 것을 제공함으로써 전환 욕구는 줄어들 수 있음
경쟁 우위 개발	• 지속가능한 경쟁 우위를 개발하는 것 • 적응전략에서 최대의 방어는 쉽게 경쟁업체들이 모방할 수 없는 지속적인 경쟁 우위를 확보하는 것

📖 핵심 기출 유형 문제

🏷 나오는 유형 ❶ 서비스 기업과 일반 제조 기업의 차이

다음 중 서비스 기업과 일반 제조 기업의 차이에 대한 설명으로 가장 옳지 않은 것은?

① 내부고객을 우선적으로 만족시켜야 한다.
② 규모의 경제를 실현하기 용이하다.
③ 고객 충성도 확보가 핵심이다.
④ 진입 장벽이 상대적으로 낮다.
⑤ 수요의 변동이 심하다.

⊢ 해설
② 규모의 경제를 실현하기 어렵다.

서비스 기업과 일반 제조 기업의 차이
• 진입 장벽이 상대적으로 낮아서 경쟁사에서 쉽게 모방할 수 있고 운영 방식을 특허로 보호받기 어렵다.
• 서비스는 생성과 동시에 소멸되므로 보관할 수 없고 대량생산을 통한 '규모의 경제' 실현이 어렵다.
• 내부고객을 우선적으로 만족시켜야 한다.
• 고객 충성도 확보가 핵심이며 중요하다.
• 서비스의 수요는 시간, 요일, 계절, 날씨별로 차이가 많다.

정답 ②

---

01 다음 중 서비스 기업과 일반 제조 기업의 차이에 대한 설명으로 가장 옳지 않은 것은?

① 고객 충성도 확보가 핵심이다.
② 진입장벽이 상대적으로 낮다.
③ 규모의 경제를 실현하기 어렵다.
④ 수요의 변동이 거의 발생되지 않는다.
⑤ 내부고객을 우선적으로 만족시켜야 한다.

01
④ 서비스의 수요는 시간, 요일, 계절, 날씨별로 차이가 많다.

---

02 다음 중 서비스 기업과 일반 제조 기업의 차이에 대한 설명으로 가장 옳지 않은 것은?

① 수요의 변동이 심하다.
② 진입장벽이 절대적으로 높다.
③ 고객 충성도 확보가 핵심이다.
④ 규모의 경제를 실현하기 어렵다.
⑤ 내부고객을 우선적으로 만족시켜야 한다.

02
② 진입장벽이 상대적으로 낮다.

정답 **01** ④ **02** ②

📌 문제타파 TIP

서비스 기업과 일반 제조 기업의 차이를 확실하게 이해하여야 한다.

꼭 나오는 유형 ❷ 시장방어 전략

기존 고객유지를 위한 시장방어 전략 중 적응전략(Adaptation)에 해당하는 것은?

① 가격인하   ② 집중광고
③ 서비스 보증   ④ 경쟁우위 개발
⑤ 장기고객 요금 할인

해설 시장방어 전략의 종류

저지전략 (Blocking)	• 경쟁자에 대한 최대 방어전략으로 새로운 진입자의 시장진출을 막는 것이다. • 경쟁자들이 시장에 진입하기 위해 들어가는 비용을 증가시키거나 진입 시의 예상 수익을 감소시킴으로써 저지될 수 있다. • 서비스 보증, 집중 광고, 입지·유통 통제, 높은 전환비용, 고객만족 등이 해당한다.
보복전략 (Retaliation)	• 새로운 진입자가 예상하거나 원하는 수준의 수익을 확보할 기회를 막는 것이 목표이다. • 장기고객 요금 할인, 장기간의 계약기간, 장기고객에게 다양한 혜택 제공, 판매 촉진 등이 해당한다.
적응전략 (Adaptation)	• 경쟁사가 시장에 정착했을 경우, 시장 잠식을 막기 위한 전략이다. • 새로운 진입자가 이미 시장에 있다는 사실을 인정한 상태에서 실시한다. • 새로운 진입자의 시장 잠식을 막기 위한 3가지 전략

적응전략 (Adaptation)	서비스 추가·수정	새로운 진입자의 서비스에 맞서 그를 능가하게 하는 것이다.
	서비스 패키지 강화	• 고객이 신규 진입자에게로 전환하지 않게 하기 위한 것이다. • 고객이 원하는 모든 것을 제공함으로써 전환 욕구는 줄어들 수 있다.
	경쟁 우위 개발	• 지속가능한 경쟁 우위를 개발하는 것이다. • 적응전략에서 최대의 방어는 쉽게 경쟁업체들이 모방할 수 없는 지속적인 경쟁 우위를 확보하는 것이다.

정답 ④

03

적응전략은 경쟁사가 시장에 정착했을 경우, 시장 잠식을 막기 위한 전략이며 서비스 추가 또는 서비스 패키지 강화, 경쟁 우위 개발 등이 해당한다.

03 기존 고객 유지를 위한 시장방어 전략 중 '적응 전략'에 해당하는 것은?

① 가격 인하
② 집중광고
③ 서비스 보증
④ 장기고객 요금 할인
⑤ 서비스 추가 및 서비스 패키지 강화

03 ⑤ 정답

04 기존 고객 유지를 위한 시장방어 전략 중 '보복전략'에 해당하는 것은?

① 서비스 보증

② 경쟁우위 개발

③ 높은 전환비용

④ 장기고객 요금 할인

⑤ 입지 · 유통 등의 통제

04

보복전략은 새로운 진입자가 예상하거나 원하는 수준의 수익을 확보할 기회를 막는 것을 목표로 하는 전략이며 장기고객 요금 할인, 장기간의 계약기간, 장기고객에게 다양한 혜택 제공, 판매 촉진 등이 해당한다.

정답 **04** ④

신유형

01 서비스 프로세스 핵심과제와 관련해 다음 〈보기〉의 설명에 해당하는 것은?

┌ 보기 ┐
고객의 취향에 따라 각기 차별적인 서비스를 제공하는 것으로 직원에게 많은
권한이 위임되어야 가능한 방식이다.

① 표준화　② 계량화　③ 개별화　④ 유형화　⑤ 동질화

01

서비스 프로세스 핵심과제
• 표준화 : 규칙과 기준에 의해 서비스를 제공하는 방식이다.
• 개별화 : 고객의 취향에 따라 각기 차별적인 서비스를 제공하는 방식이다.

👍 **더 알아보기**　**서비스 프로세스 핵심과제**

표준화	서비스는 규칙과 기준에 의해 표준화할 수 있다. 예 미국 사우스웨스트 항공사(Southwest Airlines) : 요금을 타 항공업체보다 60~70% 낮추어 부과하고, 타 항공사와의 연계운영, 중심기지 시스템보다는 공항 기점 간 시스템, 소규모 공항, 저렴한 요금으로 단거리 운항, 음료·식사 제공 프로세스 생략, 지정좌석제 폐지 등을 실시하는 등 저가정책을 실시하여 표준화 전략에 성공하였다.
개별화	• 고객의 취향에 따라 각기 차별적인 서비스를 제공하는 것이다. • 직원에게 많은 권한이 위임되어야 가능한 방식이다. 예 싱가포르 항공사(Singapore Airlines) : 요금을 조금 높게 책정하고 고품위·차별적·개별화 서비스를 제공하는 전략을 적용하여 성공하였다.

고난도

02 다음 중 '품질기능전개(QFD)'의 한계에 대한 설명으로 가장 거리가 먼 것은?

① 기술특성 선택에 상관없이 고객요구 중요도가 왜곡되는 현상을 초래할 수 있다.
② 고객 요구사항과 기술특성의 연관관계를 제대로 파악하는 데 어려움이 있을 수 있다.
③ 품질기능전개(QFD)가 단순히 현재의 상황을 정리하는 것에 지나지 않을 것이라고 우려하는 상황이 발생될 수 있다.
④ '품질의 집(HOQ)'을 구축하는 데 가장 먼저 선결되어야 하는 문제점은 과연 고객의 소리를 제대로 들을 수 있는가이다.
⑤ 현재 시점에서 정의되고 있는 고객이 영속적으로 정확하다고 보기에는 한계가 존재하기 때문에 새로운 제품에 반영하는 데 어려움이 있을 수 있다.

02

품질기능전개(QFD)를 통해 고객의 요구와 기술적 속성 사이의 명확한 상관관계를 도출할 수 있으므로 고객요구 중요도가 왜곡되는 현상을 초래하지 않는다.

01 ③ 02 ① 정답

03 쇼스택(Shostack)이 제시한 서비스의 유형성 스펙트럼에서 다음 〈보기〉의 ( ) 안에 들어갈 내용으로 가장 거리가 먼 것은?

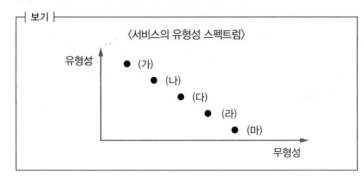

① (가) 소금   ② (나) 세제

③ (다) 자동차   ④ (라) 광고대행사

⑤ (마) 청량음료

03

⑤ '청량음료'는 (가)와 (나) 사이에 들어가야 하고 (마)에는 '항공사' 등이 들어가야 한다.

👍 **더 알아보기**   **쇼스택(Shostack)이 제시한 서비스의 유형성 스펙트럼**

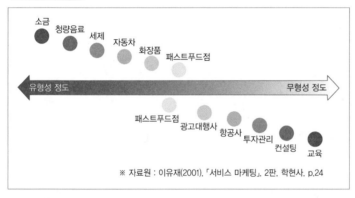

※ 자료원 : 이유재(2001). 「서비스 마케팅」. 2판. 학현사. p.24

- 쇼스택은 현실적으로 시장실체가 여러 유·무형의 재화로 결합되어 있다는 점에 착안하여 분자모형을 개발하였다.
- 모든 시장 실체를 구성하는 유·무형의 양 요소 중에서 어느 요소가 핵을 형성하여 지배성을 발휘하느냐에 따라 재화와 서비스로 구분된다고 하였다.
- 유형성 스펙트럼에서 볼 수 있듯이, 제품이나 서비스가 완전히 유형적이거나 무형적인 경우는 찾아보기 어렵다.
- 결국 서비스와 제품을 구분할 때에 유형 혹은 무형에 따라 브랜드를 구분하는 것이 이제는 별다른 의미가 없어졌으며, 모두 동일한 연속선상에 존재한다고 보는 것이 적절한 것으로 판단된다.

04

참여적 리더십의 장점과 단점

장점	단점
• 조직 목표에 대한 참여 동기 증대	• 많은 시간 소모
• 집단 지식과 기술 활용 용이	• 어중간한 결정에 도달
• 조직 활동에 더욱 헌신	• 책임 분산으로 인한 무기력
• 개인적 가치, 신념 고취	• 선견지명을 가진 지도자 찾기 어려움
• 자유로운 의사소통 장려	• 참여적 스타일을 배우기 어려움
• 참여를 통한 경영적 사고와 기술 학습	• 동등한 자격의 구성원일 때만 기능

04 다음 중 참여적 리더십의 단점에 해당하는 것은?

① 조직 활동에 더욱 헌신하게 한다.

② 자유로운 의사소통을 장려할 수 있다.

③ 조직 목표에 대한 참여 동기를 증대시킨다.

④ 참여를 통해 경영에 대한 사고와 기술을 익힌다.

⑤ 구성원들의 자격이 서로 비슷한 상황에서만 제한적으로 효과성을 발휘한다.

05

깨진 유리창의 법칙

건물의 주인이 유리창이 깨진 것을 사소하게 여기고 방치하면, 그곳을 지나가는 사람들은 그 건물을 관리하지 않는 폐허라고 생각하고 남은 유리창마저도 모두 돌을 던져 깨드릴 것이고 결국 그 건물에서는 절도 같은 범죄가 발생할 확률이 높아질 것이라고 주장하는 이론이다.

05 서비스 접점과 관련해 다음 〈보기〉의 ( ) 안에 들어갈 용어로 가장 옳은 것은?

┤ 보기 ├

(   )(은)는 미국의 범죄학자 '제임스 Q. 윌슨'과 '조지 L. 켈링'이 1982년 공동 발표한 글에 처음 소개된 사회 무질서에 관한 이론으로 사소한 무질서를 방치하게 되면 나중엔 지역 전체로 확산될 가능성이 크다는 의미를 담고 있다. 이는 범죄뿐만 아니라 기업 경영에도 적용되며 고객의 조그마한 불평이 인터넷과 SNS를 통해 전달되고 확산되어 결국 해당 기업은 경제적으로 큰 타격을 받을 수 있다.

① 덧셈의 법칙

② 반사의 법칙

③ 굴절의 법칙

④ 파레토의 법칙

⑤ 깨진 유리창의 법칙

04 ⑤ **05** ⑤ 정답

06 다음 〈보기〉의 (   )안에 들어갈 용어로 알맞은 것은?

┌ 보기 ┤

(   )란 유명인이나 자신이 모델로 삼고 있던 사람 등이 자살할 경우 그 사람과 동일시하여 자살 시도가 늘어나는 사회적 현상을 말한다. 최근 유명 아이돌 그룹 멤버의 사망으로 인해 전문가들은 주변 지인을 비롯하여 팬들의 (   )를 우려하고 있다.

① 로젠탈 효과　　　　　　　② 베르테르 효과
③ 플라시보 효과　　　　　　④ 스티그마 효과
⑤ 피그말리온 효과

07 다음 〈보기〉의 내용 중 '리친스(Richins)'가 제시한 고객 불평행동 모델의 인지적 과정을 찾아 모두 선택한 것은?

┌ 보기 ┤

가. 효용 평가　　　　　　　　나. 귀인 평가
다. 대체안 평가　　　　　　　라. 창의성 평가
마. 전통적 수단 평가　　　　　바. 만족 불만족 평가

① 가, 나, 다　　　　　　　② 가, 나, 다, 라
③ 나, 다, 바　　　　　　　④ 나, 다, 라, 바
⑤ 라, 마, 바

08 다음 〈보기〉의 설명에 해당하는 고객의 유형은?

┌ 보기 ┤

육아, 쇼핑, 여가생활 등과 관련된 각종 정보를 인터넷을 통해 얻을 뿐만 아니라 적극적으로 온라인 동호회에 가입해 활동하는 20대 후반에서 30대 초반의 젊은 주부층을 일컫는 용어이다.

① 웹시족　　　　　　　　　② 프로슈머
③ 얼리 어답터　　　　　　　④ 베타 테스터
⑤ 호모 에코노미쿠스

06

① · ⑤ 로젠탈 효과 · 피그말리온 효과 : 누군가에 대한 사람들의 믿음이나 기대, 예측이 그 대상에게 그대로 실현되는 경향을 의미한다.

③ 플라시보 효과 : 의사가 제안한 효과 없는 가짜 약이나 가짜 치료법이 환자의 믿음과 긍정적인 소망으로 인해 병세가 호전되게 하는 현상이다.

④ 스티그마 효과 : 집단에서 부정적으로 낙인 찍히면 그 대상이 점점 더 부정적인 행태를 보이며, 대상에 대한 부정적인 인식이 지속되고 강화되는 현상이다.

07

리친스(Richins)의 고객 불평행동 모델의 인지적 과정

• 만족 불만족 평가 : 제품에 대한 기대와 실제 제품 성과 사이의 일치에 대한 만족도

• 귀인 평가 : 제품이 불만족스러울 시, 불만족의 원인이 무엇인지에 대해 귀인

• 대체안 평가 : 경제적, 심리적 비용과 이익을 고려하여 대체안을 평가

08

② 프로슈머 : 생산에 참여하는 소비자, 즉 생산자이면서 소비자, 소비자이면서 생산자라는 의미이다.

③ 얼리 어답터 : 제품이 시장에 나오면 제일 먼저 구매하고 사용한 후 평가를 내린 다음 주변 사람들에게 해당 제품에 대해 알려주는 소비자를 의미한다.

④ 베타 테스터 : 다양한 소프트웨어나 하드웨어를 그것이 시장에 나오기 전에 사용하고 점검한 후 해당 제품의 문제나 보완할 점을 찾아내어 해결하는 사람을 의미한다.

⑤ 호모 에코노미쿠스 : 소비를 합리적으로 하려 하는 사람을 말한다.

정답 **06** ② **07** ③ **08** ①

09

3현(現)주의

3현(現)은 현장(現場, 현장에 간다), 현물(現物, 현물을 관찰한다), 현실(現實, 현실을 직시한다)을 가리킨다.

10

고객 행동의 영향 요인

• 문화적 요인 : 가치관, 선호성, 지각 행동 등
• 사회적 요인 : 준거집단, 가족, 사회적 역할과 지위 등
• 개인적 요인 : 나이, 직업, 라이프스타일, 개성 등

11

② 모디슈머(Modisumer) : Modify(수정하다)와 Consumer(소비자)의 합성어로, 제조업체의 조리법이 아닌 자신의 방법으로 제품을 사용하는 등 새로움을 추구하는 소비자를 말한다.
① 소셜슈머(Socialsumer) : Social(사회)과 Consumer(소비자)의 합성어로, 소비자 자신만의 만족뿐만 아니라 사회 전체의 이익을 생각하여 윤리적 소비, 착한 소비를 하고자 하는 소비자를 말한다.
③ 프로슈머(Prosumer) : 생산에 참여하는 소비자, 즉 생산자이면서 소비자, 소비자이면서 생산자라는 의미이다.
④ 폴리슈머(Polisumer) : Policy(정책)와 Consumer(소비자)의 합성어로, 받아야 할 복지 혜택을 받지 못하는 상태여서 긴급하게 정책이 마련되어야 하는 계층을 말한다.
⑤ 트윈슈머(Twinsumer) : 인터넷의 사용 후기를 참고하여 물건을 구매하는 소비자를 말한다.

09 ② **10** ① **11** ② 정답

신유형

09 다음 〈보기〉 중 '3현(現)주의'에 대한 내용을 찾아 모두 선택한 것은?

┤ 보기 ├
가. 현장에 간다.　　　　　　　나. 현실을 직시한다.
다. 현상을 분석한다.　　　　　라. 현물을 관찰한다.
마. 현대적 트랜드에 관심을 가진다.

① 가, 나, 다　　　　　　② 가, 나, 라
③ 가, 다, 라　　　　　　④ 가, 다, 마
⑤ 가, 라, 마

신유형

10 고객행동의 영향 요인 중 연령, 직업, 경제적 상황, 개성, 가치관, 생활방식(Life Style) 등에 해당하는 것은?

① 개인적 요인　　　　　　② 사회적 요인
③ 수단적 요인　　　　　　④ 문화적 요인
⑤ 선택적 요인

고난도

11 다음 〈보기〉의 대화에 해당하는 고객의 유형으로 가장 옳은 것은?

┤ 보기 ├
영희 : 혹시 이번에 'KIE 식품'에서 새로 출시한 라면 먹어봤어?
철수 : 그 자장라면이랑 해물라면 말이지?
영희 : 그래.
철수 : 주말에 먹어봤는데 맛있긴 하더라. 그런데 그거 알아. 자장라면하고 해물라면을 함께 끓여서 먹으면 완전 맛이 맛있어지는 거?
영희 : 그러면 라면 맛이 이상해지는 것 아니야?
철수 : 아니야, 날 믿고 한 번 시도해 봐.

① 소셜슈머(Socialsumer)　　　② 모디슈머(Modisumer)
③ 프로슈머(Prosumer)　　　　④ 폴리슈머(Polisumer)
⑤ 트윈슈머(Twinsumer)

12 다음 〈보기〉 중 저(低, low)관여 수준의 소비자에 대한 마케팅 커뮤니케이션 도구를 개발할 경우 들어갈 내용을 찾아 모두 선택한 것은?

| 보기 |
가. 아름다운 배경 영상
나. 광고 모델의 매력도
다. 제품에 대한 자세한 설명
라. 제품에 따른 혜택의 강조

① 가, 나
② 가, 나, 다
③ 나, 다, 라
④ 다, 라
⑤ 가, 나, 다, 라

13 다음 중 e-CRM 도입 효과에 대한 설명으로 가장 옳지 않은 것은?

① 고객 입장에서 거래 비용이 감소된다.
② 자동화 판매 시스템으로 거래 당 판매비용이 증대된다.
③ 고객만족도 증가는 고객유지율 상승으로 이어져 고객 이탈에 따른 손실을 막아준다.
④ 고객 주문의 처리 속도가 빨라지고 주문절차가 단순하고 명확하여 편리성이 증대된다.
⑤ 전자상거래 서비스를 고객 자신의 일정에 맞추어 시간과 공간의 제약 없이 이용이 가능하다.

14 성공적인 e-CRM 구축을 위해 자체적으로 시스템을 개발할 경우 발생될 수 있는 사항으로 가장 거리가 먼 것은?

① 추가적인 요구사항을 쉽게 반영할 수 있다.
② 회사가 원하는 기능을 정확히 구현할 수 있다.
③ 전문적인 IT 인력 확보의 어려움을 겪을 수 있다.
④ 외부의 솔루션 도입에 비해 많은 비용이 발생한다.
⑤ 단기간 개발이 가능하고 비교적 빠른 기간에 업무 적용이 가능하다.

15

비교수준

인간관계의 만족도는 현재의 성과와 비교수준을 비교하여 결정하게 되는데, 성과가 아무리 높아도 비교수준이 성과보다 더 높으면 만족하지 못한다.

16

③ 설득은 세부적인 개별 목표의 차이는 공동목표에 비추어 해결할 수 있다는 것을 전제로 하는 갈등 해결 방법이다.

17

가. 버즈 마케팅(Buzz Marketing) : 제품을 사용해 본 소비자가 그 상품에 대해 주변 사람들에게 메시지를 좋게 전달하게 하여 해당 제품에 대한 긍정적인 반응이 입소문에 의해 퍼지게 하는 마케팅 기법이다.

나. 바이럴 마케팅(Viral Marketing) : 인터넷을 많이 사용하는 네티즌들이 이메일 등으로 어떤 기업 혹은 그 기업의 제품을 홍보할 수 있게 하는 마케팅 기법이다.

15 ④ 16 ③ 17 ① 정답

🔒난도

15 인간관계의 만족도를 결정하는 요인과 관련해 다음 〈보기〉의 ( ) 안에 들어갈 내용으로 가장 옳은 것은?

┤보기├

○ 현재의 인간관계에서 얻고자 기대하는 성과 기준이며 주로 과거의 인간관계에서 받아 온 성과의 평균수준을 나타낸다.
○ 현재의 관계에서 얻는 성과가 (   )보다 높으면 만족감을 느끼는 반면, 현재의 성과가 (   )보다 낮으면 불만을 느낀다.

① 접근 수준　　　　　　　② 경험 수준
③ 가치 수준　　　　　　　④ 비교 수준
⑤ 이행 수준

🔒난도

16 '마치(March)'와 '사이몬(Simon)'이 제시한 집단 간 갈등의 관리 방법 중 비록 개별 목표의 차이가 있기는 하지만, 어느 수준(상위 수준)에서 공동목표에 대한 합의가 이루어져 있는 경우 사용되는 갈등 해결 방법은?

① 협상　　　　　　　　　② 경쟁
③ 설득　　　　　　　　　④ 문제 해결
⑤ 정치적 타결

신유형

17 다음 〈보기〉 중 '구전(口傳)'과 관련된 대표적인 마케팅 유형을 찾아 모두 선택한 것은?

┤보기├

가. 버즈 마케팅(Buzz Marketing)
나. 바이럴 마케팅(Viral Marketing)
다. 넛지 마케팅(Nudge Marketing)
라. 앰부시 마케팅(Ambush Marketing)

① 가, 나　　　　　　　　② 가, 나, 다
③ 나, 다　　　　　　　　④ 나, 다, 라
⑤ 가, 나, 다, 라

18 효과적인 의사소통을 위한 개선 방안 중 '경청(傾聽)'에 대한 설명으로 가장 거리가 먼 것은?

① 상대방의 말을 잘 따라가는 것이 중요하다.

② 상대방의 말에 주의를 집중하는 노력이 필요하다.

③ 경청은 상대방의 말에 대한 자신의 이해 상태를 전달하는 것이 중요하다.

④ 공감을 위해 상대방의 말 속에 담겨 있는 감정과 생각을 잘 포착하는 일이 중요하다.

⑤ 상대방의 말을 상대방의 관점에서 이해하기보다 자신의 관점에서 이해하는 것이 중요하다.

19 인간관계 개선 방법 중 부정적 사고가 자신에게 의미하는 바를 자문함으로써 역기능적 신념을 찾아내는 방법에 해당하는 것은?

① 대인갈등 해결

② 대인환경 개선

③ 수적 화살표 기법

④ 대안적 사고의 발견

⑤ 인지적 재구성법 – ABC 모델

18

⑤ 상대방의 말을 상대방의 관점에서 이해하여야 한다.

19

① 대인갈등 해결 : 좋은 인간관계를 유지하면서 서로의 이익을 최대화하는 대표적인 문제 중심적 갈등 해결 방식으로 '협상'이 있다.

② 대인환경 개선 : 개인의 특성에 맞지 않는 환경적 요인도 인간관계의 문제를 초래하는 원인이 될 수 있으므로 대인환경을 개선하거나 변화시키는 것도 인관관계 개선에 도움이 될 수 있다.

④ 대안적 사고의 발견 : 대안적 사고란 자신이 처한 상황에 대해 늘 하던 대로의 생각이 아니라 발상을 전환하는 것을 말하며 이러한 사고의 발견을 통해 인간관계를 개선할 수 있다.

⑤ 인지적 재구성법 – ABC 모델 : 인간의 비합리적 사고 또는 비합리적 신념이 부적응을 유발한다고 보고, 인지재구조화를 통해 비합리적 사고를 합리적인 사고로 대치하고자 하는 이론이다.

정답 18 ⑤ 19 ③

20

서번트 리더십(Servant Leadership)

• 1970년대 후반에 그린리프(Robert K. Greenleaf)에 의해 처음으로 제기된 이론이다.

• 부하와의 관계 관리(Relation Management)를 중시하는 것으로, 부하를 가장 중요한 재원으로 보고 부하에게 리더의 모든 경험과 전문지식을 제공하면서 극진하게 섬기는 리더십을 말한다.

• 리더는 통제와 상벌보다는 경청, 감정이입, 칭찬과 격려, 설득에 의하여 리더십을 발휘한다.

21

'피들러(Fiedler)'가 제시한 상황 이론에서 '상황변수'란 리더의 특성 혹은 행동에 미치는 영향력을 증가시키거나 감소시키는 변수를 말하며, ④ 과업의 난이도는 '과업의 특성'에 속하고 ① · ② · ③ · ⑤는 상황변수 중 '조직 및 집단의 특성'에 속한다.

22

맥그리거(D. McGregor)의 X · Y이론

• 직원들의 인간관을 X이론과 Y이론적 인간관으로 구분하고 그 유형에 따라 적절한 동기부여 및 관리전략을 수립하여야 한다고 하였다.

• 전통적 관리이론에서의 인간관을 X이론이라 하였고, 전통적 인간관과 대비되는 현대적 인간관을 Y이론이라고 하여 이론을 전개하였다.

20 ④ 21 ④ 22 ③ 정답

신유형

20 다음 중 서번트 리더십(Servant Leadership)의 역할에 대한 설명으로 가장 거리가 먼 것은?

① 고객만족을 실현하는 사람은 조직 구성원이다.

② 최종적으로 고객에게 서비스를 제공해야 한다.

③ 조직구성원에게 만족을 제공하기 위해 봉사하는 것이다.

④ 특정적인 힘으로 조직 구성원에게 깊고 경이적인 영향력을 행사할 수 있어야 한다.

⑤ 고객만족을 위해서는 조직 구성원 개개인을 내부 고객으로 인식해야 한다.

고난도

21 리더십 이론과 관련해 '피들러(Fiedler)'가 제시한 상황 이론에서 다음 상황변수 중 성격이 다른 것은?

① 응집력　　　　　　② 보상체계

③ 리더의 권력　　　　④ 과업의 난이도

⑤ 의사결정 구조

👍 **더 알아보기**

'피들러(Fiedler)'가 제시한 상황 이론의 '상황변수'의 유형

• 리더의 특성 : 리더의 성격, 동기, 가치관, 욕구 등
• 구성원의 특성 : 구성원의 성격, 경험, 가치관, 성숙도 등
• 과업의 특성 : 구조화의 정도, 과업의 난이도 · 절차, 명료성 등
• 조직 및 집단의 특성 : 리더의 권력, 보상체계, 의사결정구조, 응집력 등

고난도

22 맥그리거(McGreger)가 제시한 X-Y 이론 중 X이론에 대한 설명으로 가장 옳은 것은?

① 인간은 본질적으로 선하다.

② 인간의 본성은 협동적이다.

③ 인간은 강제적으로 동기화한다.

④ 인간은 인본주의에 따라 행동한다.

⑤ 인간은 본질적으로 일을 하고 싶어 한다.

23 다음 〈보기〉의 대화에 해당하는 고객의 유형으로 가장 옳은 것은?

┌ 보기 ├
엄마 : 헤드폰을 구매한지 얼마 되지도 않았는데 잠시 사용해 보고 또 중고장
터에 내놓은거니?
아들 : 이번에 'KIE 헤드폰' 신제품이 출시됐거든요. 이거 판매한 후에 한 번
사용해 보고 싶어서요.
엄마 : 취미도 좋다만 너무 번거롭지 않니?
아들 : 새로운 제품을 자꾸 들어봐야 음질의 차이를 알 수 있거든요.

① 얼리 어답터
② 슬로 어답터
③ 롤링 어답터
④ 엑티브 어답터
⑤ 헝그리 어답터

23
헝그리 어답터(Hungry Adopter)
신제품을 빨리 구입하고 사용하는 얼리 어답터(Early Adopter)이고 싶지만 경제적 상황으로 인해 자신이 쓰던 제품을 중고로 팔아 자금을 마련해 새 제품을 구입하는 사람들을 지칭하는 용어이다.

24 다음 〈보기〉의 이야기에 가장 부합하는 이론은?

┌ 보기 ├
모든 사람의 행동은 개인에게 주어진 상황에서 지출하는 원가나 투자액에 비
하여 얼마만큼의 보상과 가치가 돌아오는지를 판단하여 이윤을 추구하기를
희망하며 이러한 상호작용 관계에서 상호 질서가 형성된다고 보는 이론이다.

① 귀인 이론
② 교환 이론
③ 순응수준 이론
④ 인지 부조화 이론
⑤ 기대−불일치 이론

24
교환 이론
인간은 이윤을 추구하는 존재이므로 개개인이 처한 상황에서 지출하게 되는 원가나 투자액에 비해 가치와 보상을 얼마나 회수할 수 있는지를 따져 이윤을 얻을 수 있어야 행동한다는 이론이다.

고객만족(CS) 전략론

01 서비스 청사진

청사진 구성도와 작성단계 등 **44%**
서비스 청사진의 구성 요소 **28%**
서비스 청사진 설계 이점과 위험 요소 **28%**

📋 핵심 이론

1. 서비스 청사진의 개념과 목적

① 개념 : 역할 또는 관점이 서로 다른 사람들이 객관적이고 이해하기 쉽게 서비스 시스템을 그림이나 지도로 나타낸 것

② 작성 목적 : 효율성과 생산성 평가, 서비스 이해관계 재인식, 직원의 책임과 역할 규정, 공유된 서비스 비전 개발, 프로세스에서 청사진의 개념을 명확히 하기 위함

2. 서비스 청사진 구성도

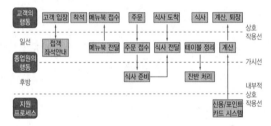

3. 서비스 청사진 구성 요소

① **고객의 행동** : 서비스의 구매, 소비, 평가단계를 고객이 직접 수행 예 병원 선택, 예약전화하기, 주차

② **일선 종업원의 행동** : 고객이 볼 수 있는 종업원의 활동 예 주차 안내, 안내원 상담

③ **후방 종업원의 행동** : 고객은 볼 수 없으나 일선 종업원의 행동을 지원하는 활동 예 상품 배송, 주문

④ **지원프로세스** : 서비스 전달을 하는 종업원을 지원하기 위한 내부적 서비스 예 서비스 직원 교육담당자

5. 청사진 구성도를 3개 수평선으로 나눈 선

상호작용선	고객과 일선 종업원 간의 상호 작용을 하는 선. 서비스 품질을 알게 하여 서비스 설계에 공헌
가시선	고객에게 보이는 활동과 보이지 않는 활동을 구분하는 선, 일선 종업원의 활동과 후방 종업원의 지원 활동을 구분하는 기준선
내부적 상호작용선	접점 일선 종업원을 지원하는 후방 종업원과 서비스 지원 프로세스를 구분하는 선

4. 서비스 청사진 설계와 작성 시 기본적인 요건

① 허용된 서비스의 변동 정도를 명확하게 정함

② 에러, 병목과 다른 프로세스 상의 특징을 추정하고 파악함

③ 프로세스 차트의 형식은 시간과 활동의 흐름을 시계열적으로 표현

④ 특정 부서가 아닌 전체 부서의 작업을 전담하여 효율성과 전문성을 작업

⑤ 접점 종업원과 내부 과정에서 어떤 영향을 미칠 것인지 파악하고 전반적인 효율성과 생산성을 평가

5. 서비스 청사진 설계 이점

① 내·외부 마케팅을 위한 합리적인 기반 구성

② 품질개선을 위한 상의하달과 하의상달 촉진

③ 내부적 상호작용선은 부서 간 경계 영역을 명확히 하여 점진적인 품질개선 작업을 강화함

④ 가시선은 어떤 종업원이 고객과 접촉하는지를 알려주어 합리적인 서비스 설계를 도움

⑤ 서비스 구성 요소와 연결고리를 알려주어 전체 서비스를 통합한 전략적 회의 진행이 가능

6. 린 쇼스택(Lynn Shostack)의 서비스 청사진의 위험요소

① **지나친 단순화** : 서비스를 단순한 그림이나 말로 간단히 묘사
② **불완전성** : 서비스 표현 시 자신에게 익숙하지 않은 요소를 빠뜨리는 경향
③ **주관성** : 서비스 표현 시 그 서비스에 대한 노출 정도와 개인적인 체험에 의해 왜곡
④ **편향된 해석** : 서비스 표현 시 같은 단어라도 사람마다 다르게 해석

7. 서비스 청사진의 작성단계

① **1단계 : 과정의 도식화**
서비스가 고객에게 전달되는 과정을 염두에 두고 이를 도식화된 그림 형태로 나타냄
② **2단계 : 실패 가능점의 확인**
전체 단계 중에서 서비스 실패가 일어날 확률이 큰 지점을 짚어내어 표시해 둠
③ **3단계 : 경과 시간의 명확화**
각 단계별 표준 작업 시간과 허용 작업 시간을 명확히 기록함
④ **4단계 : 수익성 분석**
실수가 발생하거나 작업이 지연될 경우를 상정한 시뮬레이션을 통해 수익성을 분석하고, 그 결과를 토대로 표준 서비스 청사진을 확정함
⑤ **5단계 : 청사진 수정**
사용 목적별로 서비스 청사진을 해석하고 대안을 도출한 후, 청사진을 새로 수정하여 서비스 실패의 가능성을 줄일 수 있음

8. 서비스 디자인 사고의 5원칙

① **사용자 중심** : 서비스는 고객의 입장에서 디자인되어야 함
② **공동 창작** : 모든 이해 관계자가 서비스 디자인 과정에 참여
③ **순서 결정** : 연관된 기능의 순서대로 시각화함
④ **증거 생성** : 무형의 서비스를 유형의 형태로 시각화함
⑤ **총체적 관점** : 서비스의 모든 환경을 고려함

핵심 기출 유형 문제

꼭 나오는 유형 ❶ 서비스 청사진의 구성 요소

서비스 청사진의 구성 요소 중 다음 〈보기〉의 설명에 해당하는 것은?

┤ 보기 ├
• 접점 일선 종업원을 지원하는 후방 종업원과 서비스 지원 프로세스를 구분하는 선을 의미한다.
• 고객에게 효율적인 서비스를 제공하기 위해 서비스 조직을 지원해주는 기업 내 정보 시스템을 예로 들 수 있다.

① 명시선   ② 가시선
③ 묵시선   ④ 내부적 상호작용선
⑤ 상호작용선

해설 서비스 청사진의 구성 요소

• 상호작용선 : 외부 고객과 일선 종업원 사이의 상호작용선을 통해 고객이 경험하는 서비스 품질을 알게 하여 서비스 설계에 공헌할 수 있다.
• 가시선 : 고객이 볼 수 있는 영역과 어떤 종업원이 고객과 접촉하는지를 알려주어 합리적인 서비스 설계를 하도록 도와준다.
• 내부적 상호작용선 : 부서 고유의 상호의존성 및 부서 간 독립경계 영역을 명확히 해주어 지속적인 품질개선 작업에 도움을 줄 수 있다.

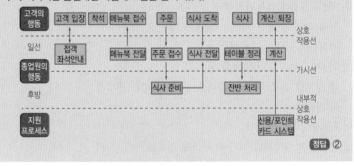

정답 ②

01 서비스 청사진의 구성 요소 중 고객접점에서 고객과의 상호작용을 통하여 가시적으로 보이는 종업원의 활동에 해당하는 것은?

① 기업의 행동   ② 품질 통합 활동
③ 평가 프로세스   ④ 일선 종업원의 행동
⑤ 후방 종업원의 행동

01 ④ 정답

02 서비스 청사진의 구성 요소 중 전화 예약 담당 직원, 주사약을 준비하는 간호사, 의료 폐기물 수거 담당 직원 등에 해당하는 것은?

① 고객의 행동
② 재 구매 유도 행동
③ 지원 프로세스
④ 일선 종업원의 행동
⑤ 후방 종업원의 행동

03 서비스 청사진의 구성 요소 중 다음 〈보기〉의 설명에 해당하는 것은?

┌ 보기 ├─────────────────────────────
• 고객에게 보이는 활동과 보이지 않는 활동을 구분할 수 있다.
• 현장에서 발생되는 접점 직원의 활동과 후방에서 이루어지는 지원 활동을 구분하는 기준선이다.
└────────────────────────────────────

① 가시선
② 내부 상호작용선
③ 동기화 구분선
④ 상호작용선
⑤ 접촉 공동선

04 서비스 청사진의 구성 요소 중 '일선 종업원의 행동' 사례로 가장 거리가 먼 것은?

① 인사 및 접객
② 좌석 안내
③ 메뉴판 전달
④ 주문 접수
⑤ 상품 배송 준비

02
종업원의 행동 영역은 고객의 눈에 보이는 일선 종업원의 행동과 이들을 지원하는 고객의 눈에 보이지 않는 후방 종업원의 행동으로 분류할 수 있다. 전화 예약 담당 직원, 주사약을 준비하는 간호사, 의료 폐기물 수거 담당 직원 등은 고객의 눈에 보이지 않는 활동으로 일선 종업원을 지원한다고 볼 수 있으므로 후방 종업원에 해당한다.

03
가시선
고객이 볼 수 있는 영역과 어떤 종업원이 고객과 접촉하는지를 알려주어 합리적인 서비스 설계를 하도록 도와준다.

04
고객은 볼 수 없으나 일선 종업원의 행동을 지원하는 활동을 하는 후방 종업원의 행동으로는 상품 배송 준비, 주문 등이 있다.

정답 02 ⑤ 03 ① 04 ⑤

꼭 나오는 유형 ❷ 서비스 청사진 설계 이점과 위험 요소

서비스 청사진의 위험 요소와 관련해 '린 쇼스택(Lynn Shostack)'이 제시한 내용 중 다음 〈보기〉의 설명에 해당하는 것은?

┤ 보기 ├

어떤 사람이 말로 서비스를 표현하는 것은 그 서비스에 대한 노출 정도와 개인적인 체험에 의해 왜곡될 수도 있다.

① 편향된 해석　　　　② 주관성　　　　③ 지나친 단순화
④ 정보 수용성　　　　⑤ 불완전성

해설

서비스 설계 개념에 선구적인 역할을 한 린 쇼스택은 서비스를 단순한 그림으로 묘사하는 것에 대한 위험요소로 지나친 단순화, 불완전성, 주관성, 편향된 해석 등을 제시하였다. 〈보기〉는 개인적인 주관적 경험에 의해 서비스가 왜곡되어 표현될 수 있다는 위험요소를 설명하는 내용으로 서비스 청사진 위험요소 중 '주관성'을 나타내고 있다.

정답 ②

05

'린 쇼스택'이 제시한 서비스 청사진의 위험 요소
• 지나친 단순화
• 불완전성
• 주관성
• 편향된 해석

05 다음 〈보기〉의 내용 중 '린 쇼스택'이 제시한 서비스 청사진의 위험 요소를 찾아 모두 선택한 것은?

┤ 보기 ├

가. 주관성　　　　　　　　　나. 불완전성
다. 기술적 오류　　　　　　　라. 편향된 해석
마. 지나친 단순화　　　　　　바. 서비스 계획 수립의 모호성

① 가, 나, 다　　　　　　　② 가, 나, 라, 마
③ 가, 다, 라, 마　　　　　④ 가, 다, 라, 바
⑤ 다, 라, 마, 바

06

상의하달과 하의상달이 촉진되어서 일선 종업원의 의견이 최대한 반영되므로 서비스 품질이 개선될 수 있다.

06 서비스 청사진을 이용하여 프로세스를 설계할 경우 얻을 수 있는 이점으로 가장 거리가 먼 것은?

① 내·외부 마케팅을 위한 합리적인 기반을 구성한다.
② 내부적 상호작용선은 부서 고유의 상호의존성 및 부서 간 경계 영역을 명확히 해주어 점진적인 품질개선 작업을 강화시킬 수 있다.
③ 가시선은 고객이 볼 수 있는 영역과 어떤 종업원이 고객과 접촉하는지를 알려주어 합리적인 서비스 설계를 할 수 있도록 도와준다.
④ 일선 종업원의 의견이 최대한 반영될 수 있도록 하향식 의사 접근을 배제하고 상향식 의사 접근을 활성화하는데 도움을 준다.
⑤ 서비스를 구성하는 요소와 연결고리를 알려줌으로써 해당 부서의 관점뿐만 아니라 전체 서비스를 통합하여 전략적 회의 진행이 가능하다.

👍 더 알아보기 ┃ 서비스 청사진의 이점

- 종업원들로 하여금 자신이 하는 일과 전체 서비스와의 관계를 파악할 수 있도록 하여 종업원들의 고객 지향적 사고를 체질화시킬 수 있다.
- 서비스 활동의 흐름에서 취약한 실패 원인을 확인하여 점진적 품질개선의 주요 목표로 삼을 수 있다.
- 외부고객과 종업원 사이의 상호작용선을 통해 고객이 경험하는 서비스 품질을 명확하게 파악하여 서비스 설계에 공헌할 수 있도록 한다.
- 서비스 각 요소의 원가, 이익 등 투입 및 산출물을 확인하고 평가할 수 있는 기반을 제공한다.
- 서비스 구성 요소와 연결을 명확하게 함으로써 전략적 토의를 쉽게 할 수 있다.
- 품질개선을 위한 상의하달과 하의상달을 촉진한다.
- 서비스가 유형화된다.
- 직접 고객을 상대하는 직원에게 적절한 서비스 교육을 해줄 수 있다.

🔖 꼭 나오는 유형 ❸ 청사진 구성도와 작성단계 등

다음 〈보기〉의 서비스 청사진 구성도에서 (마)에 들어갈 내용으로 알맞은 것은?

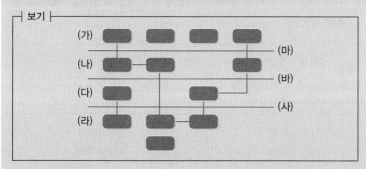

① 가시선
② 상호작용선
③ 물리적 수정선
④ 잠재적 상호작용선
⑤ 내부적 상호작용선

🔖 해설 ┃ 서비스 청사진 구성도

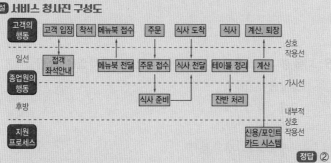

정답 ②

> **❗ 문제타파 TIP**
>
> 청사진의 구성도는 그림의 구성단계에 들어갈 내용을 묻고, 작성단계도 일부 단계를 빈칸으로 하여 찾게 하는 문제가 주로 출제되므로 그림과 단계를 수기로 빈칸을 채우며 확인한다.

07

서비스 청사진 구성도
(가) 고객의 행동
(나) 일선 종업원의 행동
(다) 후방 종업원의 행동
(라) 지원 프로세스
(마) 상호작용선
(바) 가시선
(사) 내부적 상호작용선

07 다음 〈보기〉의 서비스 청사진 구성도에서 (가)에 들어갈 내용으로 알맞은 것은?

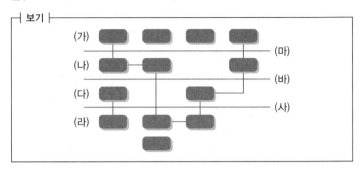

① 일선 종업원의 행동　　　② 후방 종업원의 행동
③ 고객의 행동　　　　　　④ 물리적 증거
⑤ 지원 프로세스

08

서비스 청사진 작성단계
• 1단계 : 과정의 (도식화)
• 2단계 : (실패 가능점) 확인
• 3단계 : 경과 시간의 (명확화)
• 4단계 : (수익성) 분석
• 5단계 : 청사진 (수정)

08 다음 〈보기〉의 서비스 청사진 작성단계 중 (　) 안에 들어갈 내용으로 옳지 않은 것은?

┤ 보기 ├
• 1단계 : 과정의 (가)　　　　• 2단계 : (나) 확인
• 3단계 : 경과 시간의 (다)　• 4단계 : (라) 분석
• 5단계 : 청사진 (마)

① (가) : 도식화　　　　　　② (나) : 실패가능점
③ (다) : 명확화　　　　　　④ (라) : 지각된 위험
⑤ (마) : 수정

09

마케팅 프로그램 분석이 아니라 수익성 분석이다. 수익성 분석은 실수가 발생하거나 작업이 지연될 경우를 상정한 시뮬레이션을 통해 수익성을 분석하고, 그 결과를 토대로 표준 서비스 청사진을 확정한다.

09 다음 중 서비스 청사진 작성단계의 내용으로 옳지 않은 것은?

① 과정의 도식화
② 실패 가능점의 확인
③ 경과 시간의 명확화
④ 마케팅 프로그램의 분석
⑤ 청사진의 수정

07 ③ **08** ④ **09** ④ 정답

10 다음 중 서비스 청사진의 기본적인 개념에 대한 설명으로 가장 옳지 않은 것은?

① 무형의 서비스를 역할 또는 관점이 서로 다른 사람들이 객관적이고 쉽게 이해할 수 있도록 서비스 시스템을 명확하게 나타내는 그림 또는 지도라고 할 수 있다.

② 서비스 프로세스와 관련된 단계와 흐름 등 서비스 전반을 이해할 수 있도록 묘사해 놓은 것을 말한다.

③ 지나치게 도식적인 구조로 인해 서비스 마케터들에게 필수적인 계획, 실행, 통제 설계능력 향상에 저해가 될 수 있으므로 주의가 필요하다.

④ 장기적으로 고객에게 필요한 서비스를 제공하며 잠재적으로 사업의 개선 기회를 발견할 수 있다.

⑤ 서비스 또는 제품에 관계없이 고객과의 상호작용을 확인하고 관리하는데 가치가 있다.

10

서비스 청사진은 제품의 설계도면과 같이 구체적이고 자세하게 묘사하지 않으며, 서비스 마케터들에게 필수적인 계획, 실행, 통제의 도구로 권장된다.

11 다음 중 서비스 디자인을 위한 5가지 원칙으로 보기 어려운 것은?

① 서비스는 고객의 입장에서 디자인되어야 한다.

② 서비스의 모든 환경이 고려되어야 한다.

③ 무형의 서비스는 유형의 형태로 시각화시켜야 한다.

④ 서로 밀접하게 연관된 기능의 순서대로 시각화되어야 한다.

⑤ 모든 이해관계자가 참여할 경우 디자인에 혼선을 빚을 수 있기 때문에 핵심관계자 중심의 창작이 필수적이다.

11

서비스 디자인 사고의 5가지 원칙
- 사용자 중심 : 서비스는 고객의 입장에서 디자인한다.
- 공동 창작 : 모든 이해 관계자가 서비스를 디자인한다.
- 순서 결정 : 연관된 기능의 순서대로 시각화한다.
- 증거 생성 : 무형의 서비스는 유형의 형태로 시각화한다.
- 총체적 관점 : 서비스의 모든 환경을 고려한다.

12 다음 〈보기〉 중 서비스 디자인을 위한 5가지 원칙을 찾아 모두 선택한 것은?

┌ 보기 ├─────────────────────

가. 공동창작   나. 총체적 관점
다. 사용자 중심   라. 순서 정하기
마. 증거 만들기   바. 화합의 마인드
사. 파격적인 모험   아. 저작권 프리미엄

─────────────────────────

① 가, 나, 다, 라, 마   ② 가, 나, 라, 마, 아
③ 가, 다, 마, 사, 아   ④ 나, 다, 라, 마, 사
⑤ 라, 마, 바, 사, 아

12

서비스 디자인의 5원칙에는 공동 창작, 총체적 관점, 사용자 중심, 순서 정하기, 증거 만들기 등이 있다.

정답 **10** ③ **11** ⑤ **12** ①

02 서비스 모니터링

📖 핵심 이론

1. 서비스 모니터링의 목적

① 고객의 필요나 기대의 발견
② 고객만족과 로열티, 수익성 향상 등을 위한 관리 수단
③ 종업원 별로 서비스 제공 내용의 객관적인 평가
④ 종업원의 잠재능력 개발로 서비스 응대 및 상담기술 향상
⑤ 단순한 종업원의 평가 및 통제수단

2. 서비스 모니터링의 구성 요소

대표성	• 모니터링 표본추출 테크닉으로 전체 서비스의 특성과 수준 측정 가능 • 모니터링 대상접점은 하루의 모든 시간대별, 요일별 및 그 달의 모든 주를 대표할 수 있게 수행해야 함
객관성	• 종업원의 장·단점 발견, 능력 향상의 수단으로 활용 • 객관적인 기준으로 평가하여 누구든지 인정해야 함
차별성	• 평가는 서로 다른 기술 분야의 차이를 반드시 인정하고 반영해야 함 • 뛰어난 스킬과 고객서비스 행동, 격려·보상 등을 판단하는 데 도움을 줄 수 있음
신뢰성	• 평가는 지속적으로 신뢰할 수 있고, 평가자는 성실하고 정직해야 함 • 모든 평가자는 같은 방법으로 모니터링을 하고, 동일한 측정값을 획득해야만 신뢰를 얻을 수 있음
타당성	• 실제적인 대우에 대한 고객평가와 모니터링 점수가 일치해야 이를 반영함 • 측정 평가의 내용이 실제와 가깝게 측정되는지의 정도 • 모니터링 평가표는 고객 응대 요소가 포함될 수 있게 포괄적으로 함

유용성	• 모니터링 평가가 실제 수익의 극대화에 유용하게 쓰이게 하는 것 • 정보는 조직과 고객에게 영향을 줄 수 있어야 가치를 발휘함

3. 고객의 소리(VOC : Voice Of Customer)

① 성공 조건
　㉠ 고객의 소리(VOC)로 인한 보상 연계와 조직의 변화를 평가함
　㉡ 제품과 서비스의 전 수명과 주기에 걸쳐 VOC를 적극 추구함
　㉢ 자료의 신뢰성을 높이기 위해 고객의 소리를 코딩으로 분류
　㉣ 자료에 대한 통계보고서를 작성해 추세를 파악하고 변화를 점검함
　㉤ 고객의 소리(VOC)에 대한 모든 내용(例 문의, 제안, 건의, 신고, 불만, 칭찬 등)을 접수하는 즉시 모두 기록함

② 장점
　㉠ 고객 요구와 기대에 대한 변화를 파악하여 고객과 관계 개선 및 유지 가능
　㉡ 고객관계관리(CRM)의 한계를 극복하여 데이터 분석이 아닌 고객의 실제 성향 파악이 가능
　㉢ 고객의 소리(VOC)를 통해 예상 밖의 아이디어를 얻음
　㉣ 고객의 요구에 근거하여 표준화된 대응서비스가 가능

③ 굿맨(Goodman)이 제시한 고객 피드백의 가치를 훼손하는 요소
　㉠ 비능률적·중복적인 자료수집
　㉡ 자료 분류의 비일관성, 오래된 자료
　㉢ 결론이 다른 다양한 분석 결과
　㉣ 우선순위를 명시하지 않은 분석
　㉤ 행동이 수반되지 않는 분석

ⓗ 보고체계 오류로 인한 자료 상실

ⓢ 고객의 소리(VOC) 관리로 실행한 개선효과 점검 미비 등

4. 미스터리 쇼핑

① 목적 및 필요성

　ⓞ 고객 서비스 현황 및 환경에 대한 평가 진단이 목적

　ⓛ 조사 리스트를 바탕으로 마케팅 전략을 수립하는 것

　ⓒ 서비스 제공 실패 시에는 개선 및 보완점을 발견하여 서비스 표준을 마련함

　ⓓ 서비스에 불만을 느낄 경우 기업의 이미지가 부정적으로 변화할 가능성이 큼

　ⓜ 지속적이고 체계적으로 고객서비스 수준을 관리하고 서비스 표준을 강화하는 데 매우 효과적인 방법

　ⓗ 운영 및 시설, 종업원 업무수행 등을 중심으로 모니터링을 실시

② 미스터리 쇼퍼의 자격 요건

　ⓞ 신뢰성 : 의뢰 기업은 쇼퍼의 활동과 보고서에 의존하므로, 신뢰가 가장 기본 소양

　ⓛ 관찰력 : 짧은 시간에 많은 매장을 둘러보는 쇼퍼는 많은 종업원, 고객 등의 요구와 응대를 꼼꼼히 살펴보고 기억해야 함

　ⓒ 객관성 : 쇼퍼는 사실 그대로의 내용을 기록해야 함

　ⓓ 융통성 : 정해진 시간에 많은 정보를 입수하려면 기본정보를 바탕으로 능동적으로 대처해야 함

　ⓜ 계획성 : 많은 매장을 마감시간 전에 둘러봐야 하므로 정확한 계획에 맞춰 활동함

　ⓗ 정직성 : 쇼퍼가 보고 듣고 확인된 사항만을 기록, 왜곡되고 인위적인 보고는 지양함

　ⓢ 보고서 작성력 : 미스터리 쇼퍼의 보고서는 읽는 사람이 현장에 있는 것처럼 느낄 수 있게 작성해야 함

5. 고객패널

① 서비스나 상품 제공 회사와 계약을 맺고 지속적으로 모니터링 자료를 제공하는 고객 집단

② 일정 기간 동안 서비스나 제품에 대한 고객의 태도와 지각을 기업에 알려주기 위해 모집된 지속적인 고객 집단

③ 패널의 구분

　ⓞ 순수 패널 : 구성원들이 동일 변수에 대해 반복적으로 응답함

　ⓛ 혼합 패널 : 구성원은 동일하게 유지되나 수집된 정보가 경우에 따라 달라짐

　ⓒ 지속적 패널 : 정기적으로 구성원들에게서 정보를 입수함

　ⓓ 임시적 패널 : 특정 목적을 위해 짧은 기간 동안만 유지됨

📖 핵심 기출 유형 문제

문제타파 TIP

서비스 모니터링은 고객의 소리, 미스터리 쇼핑, 고객패널 등이 다양하게 출제되어 소소하게 확인해야 할 내용이 많은 부분이다. 특히 구성 요소는 각 요소의 개념을 묻는 문제가 주로 출제되므로 확실하게 학습한다.

🔖 나오는 유형 ❶ 서비스 모니터링의 구성 요소 등

서비스 모니터링의 구성 요소 중 다음 〈보기〉의 설명에 해당하는 것은?

┤ 보기 ├
- 고객이 실제적으로 어떻게 대우를 받았는지에 대한 고객의 평가와 모니터링 점수가 일치해야 하고 이를 반영하는 것을 의미한다.
- 측정하고자 하는 모니터링 평가 내용이 실제에 가깝게 정확히 측정되고 있는지에 대한 정도를 의미한다.

① 타당성   ② 유용성
③ 객관성   ④ 대표성
⑤ 신뢰성

┤해설 모니터링의 구성 요소

대표성	모니터링 표본추출 테크닉으로 전체 서비스의 특성과 수준을 측정할 수 있어야 한다.
객관성	편견 없는 객관적인 기준으로 평가하여 누구든지 인정할 수 있게 해야 한다.
차별성	모니터링 평가는 서로 다른 스킬 분야의 차이를 반드시 인정하고 반영해야 한다.
신뢰성	모든 평가자는 동일한 방법으로 모니터링을 해야 하며, 누가 모니터링하더라도 그 결과가 동일한 측정값을 획득해야만 신뢰를 얻을 수 있다.
타당성	측정하려는 모니터링 평가의 내용이 실제와 가깝게 측정되는지를 의미한다.
유용성	모니터링 평가가 실제 수익의 극대화에 유용하게 쓰이게 하는 것이다.

정답 ①

01 서비스 모니터링의 구성 요소 중 다음 〈보기〉의 설명에 해당하는 것은?

┤ 보기 ├
평가만을 위한 모니터링이 아닌 종업원의 장·단점을 발견하고 능력을 향상시킬 수 있는 수단으로 활용해야 하며, 편견을 버리고 누구든지 인정할 수 있는 평가가 수행되어야 한다.

① 포괄성   ② 타당성
③ 차별성   ④ 실현성
⑤ 객관성

01 ⑤ 정답

02 서비스 모니터링의 구성 요소 중 다음 〈보기〉의 설명에 해당하는 것은?

| 보기 |
서비스 모니터링은 표본 추출 테크닉으로서 서비스 행동의 추출을 통해 전체적인 서비스 특성과 수준을 측정할 수 있어야 한다.

① 차별성   ② 타당성
③ 대표성   ④ 유용성
⑤ 객관성

02
서비스 모니터링을 통한 서비스 행동의 추출로 전체적인 서비스의 특성과 수준을 측정할 수 있는 것은 대표성과 관련된 내용이다.

03 서비스 모니터링의 구성 요소 중 하나의 대상을 유사한 척도로 여러 번 측정하거나 한 가지 척도로 반복하여 측정하였을 때 일관성 있는 결과를 산출하는 정도를 의미하는 것은?

① 접근성   ② 차별성
③ 대표성   ④ 유용성
⑤ 신뢰성

03
측정된 경과물이 누가 모니터링 하더라도 동일한 결과값을 획득한다면 이는 신뢰성과 관련 있다.

04 다음 〈보기〉의 내용 중 서비스 모니터링의 요소를 찾아 모두 선택한 것은?

| 보기 |
가. 타당성	나. 자발성
다. 객관성	라. 신뢰성
마. 보상성	바. 유용성
사. 대표성	아. 차별성

① 가, 나, 다, 라, 마, 바   ② 가, 나, 라, 마, 바, 사
③ 가, 다, 라, 마, 사, 아   ④ 가, 다, 라, 바, 사, 아
⑤ 가, 라, 마, 바, 사, 아

04
서비스 모니터링의 구성 요소에는 대표성, 객관성, 차별성, 신뢰성, 타당성, 유용성 등이 있다.

05 다음 중 서비스 모니터링을 실시하는 목적과 가장 거리가 먼 것은?

① 고객의 필요나 기대의 발견
② 종업원별 서비스 제공 내용의 객관적 평가
③ 서비스 성과에 따른 합리적인 종업원 통제 수단
④ 고객만족과 로열티, 수익성 향상을 위한 관리 수단
⑤ 종업원의 잠재능력 개발을 통한 서비스 응대 및 상담 기술 향상

05
서비스 모니터링의 목적
- 종업원의 서비스 품질을 평가한다.
- 직원별 서비스 내용을 객관적으로 평가한다.
- 종업원의 잠재능력 개발을 통한 서비스 응대 및 상담 기술을 향상한다.
- 서비스의 질적 개선을 통한 고객만족을 극대화한다.
- 고객만족과 로열티, 수익성 향상을 위한 관리 수단이 된다

정답 **02** ③ **03** ⑤ **04** ④ **05** ③

고객의 소리(VOC) 성공 충족방안
과 장점은 유사한 내용을 다루고 있
지만 질문하는 요건이 다른 점을 유
의해서 파악해 두자.

나오는 유형 ❷ 고객의 소리(VOC) & 고객패널

다음 중 '고객의 소리(VOC)'의 성공을 위해 충족해야 될 방안으로 보기 어려운 것은?

① 자료의 신뢰성을 높이기 위해 코딩으로 분류한다.

② 자료에 대한 통계보고서를 작성하여 추세를 파악하고 점검한다.

③ 서비스 혁신에 도움을 주는 VOC에 대하여 보상 제도를 구축한다.

④ 제품 및 서비스의 전 수명과 주기에 걸쳐 VOC를 적극적으로 추구한다.

⑤ 고객의 건의, 신고, 불만 등은 접수 즉시 기록하되 문의, 칭찬 등의 내용은 기록 없이 단순 응대로 대체한다.

해설

⑤ 고객의 VOC는 접수되는 모든 내용은 즉시 기록한다.

고객의 소리(VOC)의 성공조건

• VOC와 보상을 연계시킨다.
• VOC로 인해 발생한 조직의 변화를 평가한다.
• 자료의 신뢰성을 높이기 위해 고객의 소리를 코딩으로 분류한다.
• 자료에 대한 통계보고서를 작성해 추세를 파악하고 변화를 점검한다.

정답 ⑤

06

고객접점에서 고객의 욕구에 근거하
여 표준화된 대응서비스가 가능하다.

06 다음 중 'VOC(Voice Of Customer)'의 장점에 대한 설명으로 가장 거리가 먼 것은?

① 고객의 요구와 기대의 변화를 파악할 수 있다.

② 고객과의 관계를 개선하고 유지할 수 있다.

③ CRM의 한계를 극복하여 데이터를 통한 분석이 아닌 고객의 실제 성향을 파악할 수 있다.

④ VOC를 통해 예상 밖의 아이디어를 얻을 수 있다.

⑤ 개별화된 서비스 응대를 통해 서비스 제공자 각자의 다양성을 극대화시킬 수 있다.

07

고객 피드백의 가치를 훼손하는 8가지 요소

• 비능률적 · 중복적 자료수집
• 자료 분류의 비일관성
• 오래된 자료
• 결론이 서로 다른 다양한 분석 결과
• 우선순위를 표기하지 않은 분석
• 행동이 수반되지 않는 분석
• 보고체계 오류로 인한 자료 상실
• VOC 관리로 실행한 개선효과 점검 미비

07 VOC 관리에서 고객 피드백의 가치를 훼손하는 요소 중 '굿맨'이 제시한 내용으로 보기 어려운 것은?

① 서로 동일한 결론으로 보고되는 일관된 분석

② 비능률적이고 중복된 자료 수집

③ 일관성 없는 자료 분류

④ 우선순위를 명시하지 않는 분석

⑤ 행동을 수반하지 않는 분석

06 ⑤ 07 ① 정답

08 다음 중 '고객의 소리(VOC)'의 개념에 대한 설명으로 가장 거리가 먼 것은?

① 고객이 기업에게 보내는 커뮤니케이션을 총칭하는 말이다.

② 여러 경로를 통해 입수된 정보를 분석하여 이를 토대로 다시 고객에게 피드백 해줌으로써 고객의 니즈를 충족시켜 주는 일련의 마케팅 활동 시스템이다.

③ 고객 접점의 접근성, 반응성, 친절성을 향상시키기 위해 여러 채널로 입수된 다양한 고객의 소리를 체계적으로 수집 · 저장 · 분석하여 이를 경영활동에 활용한다.

④ 고객의 방문, 문의, 상담, 항의, 건의, 제안, 거래 등 기업이 고객과의 커뮤니케이션을 통해 습득한 모든 데이터를 의미한다.

⑤ 수집 채널에 제한이 있으며 원시 데이터의 가공된 형태로만 취급되기 때문에 고객의 실제 성향을 파악하는 데 어려움이 있다.

정답 및 해설

08
VOC는 커뮤니케이션을 통해 CRM의 한계를 극복하고 고객의 데이터를 통한 분석이 아닌 고객의 실제 성향을 파악할 수 있도록 해준다.

09 다음 〈보기〉의 설명에 해당하는 서비스 모니터링 조사기법은?

| 보기 |
• 서비스나 상품을 제공하는 회사와 계약을 맺고 지속적으로 모니터링 자료를 제공하는 고객 집단이다.
• 일정 기간 동안 서비스나 제품에 대한 고객의 태도와 지각을 기업에 알려주기 위해 모집된 지속적인 고객 집단이다.

① 고객패널   ② 블루슈머
③ 모디슈머   ④ 헤드헌터
⑤ 퍼플오션

09
• 블루슈머 : 경쟁자가 없는 미개척의 새로운 시장인 블루오션에 존재하는 소비자
• 모디슈머 : Modify(수정하다)와 Consumer(소비자)의 합성어로 제조업체가 제공한 조리법을 따르지 않고 자신이 재창조한 방법으로 제품을 즐기는 소비자
• 헤드헌터 : 기업의 최고경영자 임원이나 첨단기술자 과학자 등 고급 기술 인력을 필요로 하는 기업이나 기관에 소개해주는 대가로 수수료를 받는 민간인력 소개업체
• 퍼플오션 : 치열한 경쟁 시장인 레드오션과 경쟁자가 없는 시장인 블루오션을 조합한 말이며, 기존의 레드오션에서 발상의 전환을 통하여 새로운 가치의 시장을 만드는 경영 전략

꼭 나오는 유형 ❸ 미스터리 쇼핑

다음 〈보기〉의 (　) 안에 들어갈 내용으로 가장 옳은 것은?

| 보기 |
미스터리 쇼핑을 의뢰한 기업은 미스터리 쇼퍼의 활동과 보고서에 의존해야 되기 때문에 이러한 기대를 충족시키기 위한 (　)은 가장 기본이 되는 소양이다.

① 수용성   ② 융통성
③ 차별성   ④ 잠재성
⑤ 신뢰성

해설
미스터리 쇼퍼의 자격 요건에는 신뢰성, 관찰력, 객관성, 융통성, 계획성, 정직성, 보고서 작성력 등이 요구된다. 〈보기〉는 의뢰한 기업이 미스터리 쇼퍼의 보고서에 의존하게 되므로 보고서 작성을 믿을 수 있는 '신뢰성'이 기본적인 바탕이 되어야 함을 나타낸 것이다.

정답 ⑤

문제타파 TIP

미스터리 쇼핑에서는 쇼퍼의 목적이나 자격 요건을 제시하는 문제가 자주 출제되므로 개념과 요건을 맞춰가며 이해할 것!

정답　08 ⑤ 09 ①

10

단순히 불친절한 직원을 감시하는 것이 아니라 고객의 응대 서비스를 개선하여 고객의 만족도를 높이고 기업 이미지를 향상시키려는 목적이다.

10 다음 중 미스터리 쇼핑의 목적 및 필요성에 대한 내용으로 가장 옳지 않은 것은?

① 서비스 제공 실패를 파악하고 개선과 보완점을 발견하여 서비스 표준을 마련하는 것이다.

② 아무리 좋은 서비스를 받은 적이 있는 사람이라 할지라도 서비스 수준에 한 번이라도 불만을 느끼게 될 경우 기업의 이미지가 부정적으로 변화할 가능성이 높다.

③ 고객 서비스 현황 및 환경에 대한 평가 진단을 목적으로 한다.

④ 기업에 손해가 되는 불량 종업원의 감시와 처벌을 최우선 목표로 설정해야 한다.

⑤ 조사 리스트를 바탕으로 마케팅 전략을 수립하는 것이다.

11

미스터리 쇼퍼의 다양한 명칭

· Secret Shopper
· Anonymous Audits
· Virtual Customers
· Employ Evaluation
· Spotter Service
· Performance Audits
· Visit Checks
· Shadow Shopper
· Monitoring

11 다음 〈보기〉의 내용과 관련성이 가장 낮은 용어는?

┤ 보기 ├

훈련받은 전문요원이 고객을 가장하여 서비스를 체험하고 조사하는 방식으로 현장 접점에서 현장 방문을 통한 암행 감사를 말한다.

① Virtual Customer
② Cold Watcher
③ Mystery Customer
④ Spotter Service
⑤ Anonymous Audit

10 ④ **11** ② 정답

03 MOT(Moment of Truth) 사이클 차트

 빈출 키워드

서비스 표준안 작성 시 고려사항 등 **48%** / **52%** MOT 사이클 차트 분석단계

📋 핵심 이론

1. MOT 사이클 개념
① 서비스 프로세스 상의 일련의 MOT를 시계 모양의 도표로 나타낸 것(서비스 사이클 차트)
② 서비스 전달시스템을 고객 입장에서 이해하기 위한 방법, 고객이 경험하는 MOT를 원형차트의 12시에서 시계방향으로 시작하여 순서대로 기입
③ 고객서비스의 잘못된 부분을 파악하고 사전에 대비 가능

2. MOT 사이클 차트 분석 5단계
① 1단계 : 서비스 접점 진단
② 2단계 : 서비스 접점 설계
③ 3단계 : 고객접점 사이클 세분화
④ 4단계 : 고객접점 시나리오 만들기
⑤ 5단계 : 구체적인 서비스 표준안으로 행동

3. MOT 사이클 1단계의 3요소

3요소	내용
하드웨어	기업의 이미지, 브랜드 파워, 매장의 분위기 및 편의시설, 고객지원센터, 매장 인테리어, 제품의 품질 및 성능, 설비의 사용 편리성, 상품 구색 · 진열
소프트웨어	서비스의 운영시스템과 프로그램, A/S와 고객관리시스템, 부가서비스 체계, 종업원의 업무처리 프로세서, 처리속도 등
휴먼웨어	종업원들의 서비스 태도 · 표정 · 억양 · 자세, 접객서비스 활동, 예의, 조직문화, 서비스 기준 이행

4. 서비스 표준안 작성과 행동
① 새로운 고객접점 표준은 구체적 평가가 가능해야 함
② 새로운 고객서비스 행동지침으로 고객접점 표준안을 작성
③ 새로운 고객접점 표준은 융통성이 있어야 함
④ 고객접점 표준안대로 행동하는지를 점검하고 이를 보완할 피드백이 존재해야 함
⑤ 새로운 표준안은 세부적이고 필요한 서비스를 고객에게 제공함
⑥ 목표를 지킬 수 있는 표준지침으로 운영

5. 서비스 표준안 작성 시 고려사항
① 누가, 언제, 무엇을 해야 하는지 간단하고 · 정확하게 지시함
② 고객의 요구를 바탕으로 작성되어야 함
③ 회사 경영진 및 직원들이 고객의 요구에 대한 상호이해를 바탕으로 함께 작성
④ 서비스 표준은 관찰 가능하고 객관적인 측정이 가능해야 함
⑤ 업무안은 구체적이며 분명하게 하고, 수행안은 간단 · 명료하게 함
⑥ 표준안은 최상위 경영층을 포함한 모든 조직 구성원들이 받아들여야 함
⑦ 구성안은 최상위 경영층을 포함한 전 조직원이 고객의 요구를 받아들여 상호 이해와 협조 하에 구성
⑧ 서비스 제공자에게 필요한 명백하고 정확한 지침을 제공해야 하기 때문에 구체적으로 작성함

제2과목

📖 핵심 기출 유형 문제

🔖 나오는 유형 **❶ MOT 사이클 차트 분석단계**

MOT 사이클 차트 분석 5단계 중 2번째 단계에 해당하는 것은?

① 서비스 접점 진단

② 서비스 접점 설계

③ 고객접점 사이클 세분화

④ 고객접점 시나리오 만들기

⑤ 서비스 표준안으로 행동하기

해설 MOT 사이클 차트 분석 5단계

서비스 접점 진단 → 서비스 접점 설계 → 고객접점 사이클 세분화 → 고객접점 시나리오 만들기 → 서비스 표준안으로 행동하기

정답 ②

01

MOT 사이클 차트 분석 5단계

서비스 접점 진단 → 서비스 접점 설계 → 고객접점 사이클 세분화 → 고객접점 시나리오 만들기 → 서비스 표준안으로 행동하기

01 MOT 사이클 차트 분석 5단계 중 '서비스 접점 설계'의 바로 다음 단계에 해당하는 것은?

① 서비스 접점 진단

② 주요 불만 요인 분석

③ 고객접점 사이클 세분화

④ 고객접점 시나리오 만들기

⑤ 서비스 표준안으로 행동하기

02

MOT 사이클 차트 분석 5단계에서 3단계에 해당하는 것은 고객의 접점 사이클을 세분화하는 것이다.

02 다음 〈보기〉의 MOT 사이클 차트 분석 5단계 중 ( ) 안에 들어갈 내용으로 가장 옳지 않은 것은?

┤ 보기 ├

• 1단계 : 서비스 접점 (가)　　• 2단계 : 서비스 접점 (나)

• 3단계 : (다) 세분화　　　　　• 4단계 : (라) 만들기

• 5단계 : (마) 행동하기

① (가) : 진단

② (나) : 설계

③ (다) : 가격정책

④ (라) : 고객접점 시나리오

⑤ (마) : 서비스 표준안으로

01 ③ 02 ③ **정답**

03 MOT 사이클 차트 분석 단계 중 다음 〈보기〉의 (   ) 안에 들어갈 내용으로 가장 알맞은 것은?

┌ 보기 ┐
1단계 : 서비스 접점 진단
2단계 : 서비스 접점 설계
3단계 : 고객접점 사이클 세분화
4단계 : (   )
5단계 : 구체적인 서비스 표준안으로 행동

① 구체적 포지셔닝 전개
② 수익성 예측지표 작성
③ 경쟁시장의 지속적 관여
④ 고객접점 시나리오 만들기
⑤ 고객의 문제해결 능력 배양

03
MOT 사이클 차트 분석 5단계에서 서비스를 진단하고 설계한 후 접점 사이클을 세분화한다. 그 다음 고객접점에 대한 시나리오를 작성하고 그 표준안을 기본으로 행동에 옮긴다.

04 다음 중 MOT 사이클 차트 분석 1단계(서비스 접점 진단하기)의 3가지 측면의 예시로 가장 옳지 않은 것은?

① 하드웨어 – 품질
② 하드웨어 – 편리성
③ 소프트웨어 – 처리속도
④ 소프트웨어 – 상품 구색 및 진열
⑤ 휴먼웨어 –서비스 기준 이행

04
MOT 사이클의 3요소
• 하드웨어적 요소 : 기업의 이미지, 브랜드 파워, 매장의 분위기 및 편의시설, 고객지원센터, 매장 인테리어, 제품의 품질 및 성능, 설비의 사용 편리성 등이 있다.
• 소프트웨어적 요소 : 서비스의 운영시스템과 프로그램, A/S와 고객관리시스템, 부가서비스 체계, 종업원의 업무처리 프로세서 등이 있다.
• 휴먼웨어적 요소 : 종업원들의 서비스 태도 · 표정 · 억양 · 자세, 접객서비스 활동, 매너, 조직문화 등이 있다.

05 다음 중 MOT 사이클의 개념에 대한 설명으로 가장 옳지 않은 것은?

① 고객이 처음으로 접속해서 서비스가 끝날 때까지 서비스 행동의 전체 과정을 고객의 입장에서 그려보는 방법이다.
② 서비스 프로세스 상에 나타나는 일련의 MOT 과정을 시계 모양의 도표로 표현하는 방법이다.
③ 고객이 경험하는 접점들을 원형 차트의 12시 방향에서 결과부터 시작해 역순으로 기입하는 방식이다.
④ 다른 이름으로 서비스 사이클 차트라고 명칭하기도 한다.
⑤ 고객 서비스의 어떤 부분이 잘못될 수 있는지를 파악하고 사전에 대비하는 것이 가능하다.

05
고객이 경험하는 접점들을 원형 차트의 12시에서 시계방향으로 시작해 순서대로 기입하는 방식이다.

정답 **03** ④ **04** ④ **05** ③

문제타파 TIP

서비스 표준안은 전 기업 종사자의 기본적인 행동지침이므로 일종의 서비스 행동 지침서라는 것을 이해할 것!

꼭 나오는 유형 ❷ 서비스 표준안 작성 시 고려사항 등

다음 중 서비스 표준안 작성 시 고려해야 할 사항으로 보기 어려운 것은?

① 누가, 언제, 무엇을 해야 하는지 간단하고 정확하게 지시되어야 한다.
② 서비스 표준은 관찰 가능하고 객관적으로 측정 가능해야 한다.
③ 서비스 제공자에게 필요한 명백하고 정확한 지침을 제공해야 하기 때문에 구체적으로 작성되어야 한다.
④ 경영진과 직원, 고객의 요구에 대한 상호이해가 바탕이 되어야 한다.
⑤ 전반적인 표준으로 정립되기보다 일부직원들에게 집중적으로 강조되어야 한다.

해설
⑤ 표준안은 최상위 경영층을 포함해 모든 조직구성원들이 받아들여야 한다.

정답 ⑤

06

서비스 표준은 관찰 가능하고 객관적으로 측정 가능해야 한다.

06 다음 중 서비스 표준안 작성 시 고려해야 할 사항으로 가장 거리가 먼 것은?

① 고객의 요구를 바탕으로 작성되어야 한다.
② 전반적인 표준으로 경영진을 포함해 조직 내 모든 구성원들이 받아들여야 한다.
③ 업무 명세와 수행 개요를 명문화한다.
④ 경영진과 직원, 고객의 요구에 대한 상호이해가 바탕이 되어야 한다.
⑤ 서비스 표준은 관찰이 불가능한 부분까지 최대한 고려해야 하고 주관적 견해에 따라 측정 가능해야 한다.

06 ⑤ 정답

01 SWOT 분석과 파레토 법칙

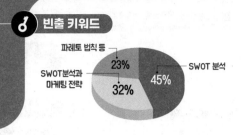
📋 핵심 이론

1. SWOT 분석

① SWOT는 외부 환경 변화에 따른 기회, 위협요인과 기업내부의 강점·약점 요인 분석을 통하여 기업의 미래 전략 대안을 개발하기 위한 경영도구

② SWOT는 강점(Strengths), 약점(Weaknesses), 기회(Opportunities), 위협(Threats)을 의미

2. SWOT 분석단계와 요인

외부 요인	기회	경쟁력이 약해진 경쟁사, 새로운 기술의 출현, 경제 호황, 신규시장 발견
	위협	우월한 대체재의 등장, 정부의 새로운 규제, 소비자 기호의 변화, 막강한 경쟁자 출현, 새로운 기술의 출현
내부 요인	강점	자사의 우월한 제조기술, 원활한 자금 조달, 높은 시장 점유율, 탄탄한 마케팅 조직, 높은 고객 충성도
	약점	높은 이직률, 낮은 연구 개발비, 낙후된 시설

3. SWOT 분석과 마케팅 전략

SO 전략	조직 외부의 기회를 활용하기 위해 조직 내부의 강점을 사용하는 전략
ST 전략	조직 외부의 위협을 회피하기 위해 조직 내부의 강점을 사용하는 전략
WO 전략	조직 외부의 기회를 활용하여 내부의 약점을 극복하려는 전략
WT 전략	조직 외부의 위협을 회피하고 조직 내부의 약점을 최소화하는 전략

4. 파레토 법칙(Pareto's Law)

① 이탈리아 경제학자 빌프레도 파레토의 연구결과를 후세의 조셉 주란이 마케팅 전략수립과 관련해 경영학에 도입한 개념

② 마케팅전략 수립과 파레토 법칙

ⓖ 소비자행동론에 기초한 이론인 파레토 최적의 개념

ⓛ 총매출의 80%는 20%의 고액 구매 고객으로부터 나온다는 법칙(2080법칙)

ⓒ '선택과 집중'이라는 키워드와 결합되어 기업 전략의 중요한 축을 형성하는 데 영향

5. 기타 법칙

① 롱테일 법칙(Long Tail Theory) : 80%의 사소한 다수가 20%의 핵심 소수보다 뛰어난 가치를 창출함(≠파레토 법칙).

② 지브라의 법칙 : 소득분포에 관한 법칙, 1931년 프랑스의 R. 지브라에 의해 제시된 이론

③ 고센의 법칙 : 한계효용체감의 법칙과 한계효용균등의 법칙

④ 지니의 법칙 : 이탈리아의 통계학자 C. 지니에 의해 제시된 소득분포에 관한 통계적 법칙

핵심 기출 유형 문제

나오는 유형 ❶ SWOT 분석

'SWOT' 분석 단계 중 내적 환경 분석과 관련해 내부 약점 요인이라 판단할 수 있는 근거에 해당되는 것은?

① 높은 이직률
② 우월한 제조기술
③ 원활한 자금 조달
④ 높은 시장 점유율
⑤ 탄탄한 마케팅 조직

해설
① SWOT 단계 중 내부 약점요인에는 높은 이직률, 낮은 연구 개발비, 낙후된 시설 등이 있다.
②·③·④·⑤는 내부 강점요인이다.

정답 ①

01

SWOT 분석틀
• 외부 위협요인 : 우월한 대체재의 등장, 소비자 기호의 변화, 막강한 경쟁자 출현
• 외부 기회요인 : 경쟁력이 약해진 경쟁사, 새로운 기술의 출현, 경제 호황
• 내부 강점요인 : 자사의 우월한 제조기술, 원활한 자금 조달, 높은 시장 점유율, 탄탄한 마케팅 조직, 높은 고객 충성도 등
• 내부 약점요인 : 높은 이직률, 낮은 연구 개발비, 낙후된 시설

01 다음 중 'SWOT' 분석과 관련해 외부 위협요인으로 보기에 가장 적절한 것은?

① 원활한 자금 조달
② 높은 고객 충성도
③ 탄탄한 마케팅 조직
④ 우월한 대체재의 등장
⑤ 경쟁력이 약해진 경쟁사

02

내부 강점 요인에는 자사의 우월한 제조기술, 원활한 자금 조달, 높은 시장 점유율, 탄탄한 마케팅 조직, 높은 고객 충성도 등이 있다.
① 경제 호황 : 외부 기회 요인
② 뒤떨어진 기술 : 내부 약점 요인
③ 낮은 연구 개발비 : 내부 약점 요인
⑤ 극복하기 어려운 경쟁자 출현 : 외부 위협 요인

02 'SWOT' 분석 단계 중 내적 환경 분석과 관련해 내부 강점 요인이라 판단할 수 있는 근거에 해당되는 것은?

① 경제 호황
② 뒤떨어진 기술
③ 낮은 연구 개발비
④ 탄탄한 마케팅 조직
⑤ 극복하기 어려운 경쟁자 출현

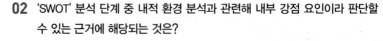

01 ④ 02 ④ 정답

03 다음 중 'SWOT' 분석과 관련해 외부 기회요인으로 보기에 가장 적절한 것은?

① 낮은 연구 개발비   ② 새로운 기술의 출현
③ 소비자 기호의 변화   ④ 자사의 우월한 제조기술
⑤ 극복하기 어려운 경쟁자 출현

📑 정답 및 해설

03
① 낮은 연구 개발비 : 내부 약점
③ 소비자 기호의 변화 : 외부 위협
④ 자사의 우월한 제조기술 : 내부 강점
⑤ 극복하기 어려운 경쟁자 출현 : 외부 위협

 나오는 유형   **❷ SWOT 분석과 마케팅전략**

'SWOT' 분석에 의한 마케팅 전략 중 조직 외부의 새로운 기회를 활용하여 조직 내부의 강점을 최대화하는 전략 유형은?

① S-T 전략   ② S-O 전략
③ S-W 전략   ④ W-T 전략
⑤ W-O 전략

⊢ 해설
① S-T 전략 : 시장의 위협을 회피하기 위해 강점을 사용하는 전략이다.
④ W-T 전략 : 시장의 위협을 회피하고 약점을 최소화하는 전략이다.
⑤ W-O 전략 : 시장의 약점을 극복함으로써 시장의 기회를 활용하는 전략이다.

정답 ②

! 문제타파 TIP
SWOT 분석에 의한 마케팅 전략에서 SO전략, ST전략, WO전략, WT전략 유형의 개념을 잘 알아두도록 하자.

04 'SWOT' 분석에 의한 마케팅 전략 중 조직 외부의 위협을 회피하면서 조직 내부의 약점을 최소화하는 전략 유형은?

① S-T 전략   ② S-O 전략
③ S-W 전략   ④ W-T 전략
⑤ W-O 전략

04
① S-T 전략 : 조직 외부의 위협을 회피하기 위해 조직 내부의 강점을 사용하는 전략이다.
② S-O 전략 : 조직 외부의 기회를 활용하기 위해 조직 내부의 강점을 사용하는 전략이다.
⑤ W-O 전략 : 조직 외부의 기회를 활용하여 내부의 약점을 극복하려는 전략이다.

05 'SWOT' 분석에 의한 마케팅 전략 중 조직 외부의 위협을 회피하거나 최소화하기 위해 내부의 강점을 사용하는 전략 유형은?

① S-T 전략   ② S-O 전략
③ O-T 전략   ④ O-S 전략
⑤ O-W 전략

05
S-T전략(강점-위협 전략)은 조직 외부의 위협을 회피하기 위해 조직 내부의 강점을 사용하는 전략이다.

정답   03 ②   04 ④   05 ①

06

W-O 전략(약점-기회 전략)은 조직 외부의 기회를 활용하여 내부의 약점을 극복하려는 전략이다.

06 'SWOT' 분석에 의한 마케팅 전략 중 약점을 극복함으로써 시장의 기회를 활용하는 전략 유형은?

① W-O 전략   ② W-T 전략
③ S-O 전략   ④ S-T 전략
⑤ S-W 전략

❗ 문제타파 TIP

파레토 법칙의 개념과 반대되는 롱테일 법칙, 지브라 법칙 등의 개념과 실례 등을 알아두자.

꼭 나오는 유형 ❸ 파레토 법칙 등

마케팅 전략 수립과 관련해 조셉 주란이 최초로 경영학에 도입한 개념으로 20%의 '중요한 소수'가 80%의 '대수롭지 않은 다수'보다 뛰어난 가치를 창출한다는 이론의 명칭은?

① 지브라의 법칙   ② 고센의 법칙
③ 파레토의 법칙   ③ 지니의 법칙
⑤ 롱테일 법칙

┗ 해설

③ 파레토의 법칙 : 결과물의 80%는 조직의 20%에 의하여 생산된다.
① 지브라의 법칙 : 소득분포에 관한 법칙 중 하나로 1931년 프랑스의 통계학자 R. 지브라에 의해 제시된 이론이다.
② 고센의 법칙 : '한계효용체감의 법칙'과 '한계효용균등의 법칙'의 두 법칙을 일컫는다.
④ 지니의 법칙 : 이탈리아의 통계학자 C. 지니에 의해 제시된 '소득분포에 관한 통계적 법칙'이다.
⑤ 롱테일의 법칙 : 80%의 사소한 다수가 20%의 핵심 소수보다 뛰어난 가치를 창출한다.

정답 ③

07

④ 주력상품에 집중하지 않고 다양한 가능성에 눈뜰 수 있다는 설명은 '파레토의 법칙'과 대치되는 설명이다.

07 마케팅 전략 수립과 관련해 '파레토 법칙'에 대한 설명으로 가장 거리가 먼 것은?

① 소비자 행동론에 기초한 이론인 '파레토 최적'의 개념이다.
② 총 매출의 80%는 20%의 고액구매 고객으로부터 나온다는 법칙이다.
③ 대부분의 현상이 중요한 소수에 의해 결정된다는 법칙이다.
④ 인기 상품이나 주력 상품에 집중하는 획일적 사고에서 벗어나 다양한 가능성에 눈뜰 수 있는 계기가 되었다.
⑤ '선택과 집중'이라는 키워드와 결합되어 기업 전략의 중요한 축을 형성하는데 영향을 주었다.

06 ① **07** ④ 정답

02 시장 세분화 전략

빈출 키워드

시장세분화 장점(얀켈로비치) 13%
시장 세분화 요건(코틀러) 29%
소비재 시장의 세분화 방법 29%
산업재 시장의 세분화 변수 29%

핵심 이론

1. 코틀러(Philip Kotler)의 시장 세분화 요건
① 측정 가능성 : 세분시장의 규모나 구매력 등이 측정 가능해야 함
② 유지 가능성(실질성) : 규모나 수익 면에서 큰 세분시장이 존재해야 함
③ 접근 가능성 : 세분시장에 효과적으로 도달하여 서비스를 제공할 수 있는 정도
④ 작동(행동) 가능성 : 기업이 효과적인 마케팅을 실행할 능력이 있는 정도
⑤ 차별화 가능성 : 마케팅 믹스 요소와 프로그램에 대해 각 세분시장이 서로 다른 반응해야 함

2. 산업재 시장의 세분화 변수
① 인구 통계적 변수 : 산업 규모·산업의 종류, 기업 규모, 기술, 입지
② 구매 습관적 변수 : 권한 구조, 구매 기준, 구매 기능 조직
③ 상황적 변수 : 구매 규모, 특수 용도성, 구매 긴급도
④ 개인적 특성 : 충성심, 구매자와 판매자의 유사성, 위험에 대한 태도
⑤ 운영적 변수 : 고객 능력, 사용자와 비사용자의 지위, 채용 기술

3. 소비재 시장의 세분화 방법
① 지리적 변수 : 국가, 도시나 농촌의 인구밀도, 기후 등
② 인구통계적 변수 : 나이, 성별, 직업, 종교, 교육 수준, 소득, 가족 규모, 국적, 사회 계층 등
③ 심리 분석적 변수 : 태도, 라이프스타일, 개성 등
④ 행동 분석적 변수 : 제품구매 빈도, 사용량, 상표충성도, 가격민감도 등의 사례

4. 얀켈로비치(Yankelovich)의 시장세분화 장점
① 미래 시장 변동에 대비해 계획을 수립하고 대책을 마련
② 판매 저항이 최소화되고 판매 호응이 최대화될 것으로 예측되는 기간에 판촉 활동에만 집중 가능
③ 세분화된 시장의 요구에 적합하게 제품 계열 결정 가능
④ 광고 매체를 합리적으로 선택하고 각 매체별로 효과에 따라 예산을 할당
⑤ 이익 가능성이 높은 몇 개의 세분화 시장에 대해서만 판매촉진비를 설정

제2과목

📖 핵심 기출 유형 문제

꼭 나오는 유형 ❶ 시장 세분화의 요건(코틀러)

'코틀러'가 제시한 시장 세분화의 요건 중 '실질성'에 대한 설명에 해당하는 것은?

① 세분 시장을 유인하고 그 세분 시장에 제공할 수 있도록 효과적인 마케팅 프로그램을 수립할 수 있어야 한다.

② 세분 시장의 규모와 구매력 등의 특성이 측정 가능해야 한다.

③ 세분 시장이 충분히 크거나 수익성과 가치가 보장되어야 한다.

④ 하나의 마케팅 믹스 전략에 각각의 세분 시장의 반응이 서로 다르게 나타나야 한다.

⑤ 세분 시장이 어떤 특성을 가진 소비자들로 구성되어 있고 이들에게 효과적으로 접근할 방법이 무엇인지 알 수 있어야 한다.

해설 코틀러(Kotler)의 시장 세분화 기준

측정 가능성	세분시장의 규모와 구매력 및 특성이 측정될 수 있어야 한다.
접근 가능성	세분시장에 효과적으로 도달할 수 있는 정도이다.
실질성	세분시장이 충분히 크거나 수익이 있는 정도이다.
행동 가능성	효과적인 마케팅 프로그램을 실행할 수 있는 정도이다.
차별화 가능성	마케팅 믹스 요소와 프로그램에 대해 각 세분시장이 서로 다르게 반응해야 한다.

정답 ③

01

⑤ 측정 기준이 모호한 제품(예 천재 → 왼손잡이 → 영재학교) 편익적인 특성을 사용할 경우 측정 가능성에 많은 문제가 제기된다.

01 '코틀러'가 제시한 시장 세분화의 요건 중 다음 〈보기〉의 대화 내용과 가장 부합되는 것은?

┤ 보기 ├

• 박 대리 : 저기 팀장님! 최근 뉴스에서 천재들 중 상당수가 왼손을 사용한다는 기사를 본 적이 있는데, 이번에 저희 회사에서 새로 개발 중인 마우스 신제품을 전부 왼손잡이용으로 제조해서 전국에 있는 영재학교에 납품해 보면 어떻겠습니까?

• 정 팀장 : 글쎄, 기대만큼 판매가 잘 될까?

① 중복성

② 발전성

③ 작동 가능성

④ 비교 가능성

⑤ 측정 가능성

02 '코틀러'가 제시한 시장 세분화 요건 중 세분 시장을 유인하고 그 세분 시장에 제공할 수 있도록 효과적인 마케팅 프로그램을 수립할 수 있는 정도를 의미하는 것은?

① 실질성
② 행동 가능성
③ 측정 가능성
④ 접근 가능성
⑤ 차별화 가능성

03 다음 중 '코틀러(Kotler)'가 제시한 시장 세분화 요건으로 가장 거리가 먼 것은?

① 축소 가능성
② 행동 가능성
③ 접근 가능성
④ 측정 가능성
⑤ 차별화 가능성

📃 정답 및 해설

02
① 실질성 : 세분시장이 충분히 크거나 수익이 있는 정도
③ 측정 가능성 : 세분시장의 규모와 구매력 및 특성이 측정 가능 정도
④ 접근 가능성 : 세분시장에 효과적으로 서비스가 도달할 수 있는 정도
⑤ 차별화 가능성 : 마케팅 믹스 요소와 프로그램에 대해 각 세분시장이 서로 다르게 반응하는 정도

03
코틀러(Philip Kotler)의 시장 세분화 요건에는 측정 가능성, 유지 가능성(실질성), 접근 가능성, 작동(행동) 가능성, 차별화 가능성 등이 있다.

꼭 **나오는 유형** ❷ 산업재 시장의 세분화 변수

다음 〈보기〉 중 산업재 시장의 주요 세분화 변수와 관련해 '인구 통계적 변수'에 해당되는 내용을 찾아 모두 선택한 것은?

┌ 보기 ┤
가. 입 지	나. 권한 구조
다. 산업 규모	라. 기업 규모
마. 구매 기준	바. 산업의 종류

① 가, 나, 다.   ② 가, 다, 라, 바
③ 가, 라, 마, 바   ④ 나, 다, 라.
⑤ 다, 라, 마, 바

┤해설│ **산업재 시장의 세분화 변수**

인구 통계적 변수	산업 규모, 기업 규모, 기술, 입지, 산업 종류
구매 습관적 변수	권한 구조, 구매 기준, 구매기능 조직
상황적 변수	구매 규모, 특수 용도성, 구매 긴급도
개인적 특성	충성심, 구매자와 판매자의 유사성, 위험에 대한 태도
운영적 변수	고객 능력, 사용자와 비사용자의 지위, 채용 기술

정답 ②

❗**문제타파 TIP**
기업의 입장에서 세분화할 수 있는 변수와 각 변수별 요소들을 이해할 것!

정답 **02** ② **03** ①

04

① 개인적 특성 : 충성도, 위험에 대한 태도, 구매자와 판매자의 유사성 등

③ 상황적 변수 : 구매 규모, 구매의 긴급도, 특수 용도성 등

④ 구매 습관적 변수 : 구매 기준, 권한 구조, 구매기능 조직 등

⑤ 인구 통계적 변수 : 산업 규모, 산업 종류, 기업 규모, 기술, 입지 등

05

산업재 시장에서 가능한 시장 세분화 방법 : 인구통계적 변수, 운영적 변수, 구매 습관적 변수, 상황적 변수, 개인적 특성이 있다.

! 문제타파 TIP

소비재 시장의 세분화 변수에는 지리적·인구통계적·행동 분석적 변수가 있는데 각 변수별 사례들을 꼼꼼하게 외워둘 것!

06

소비재 시장에서 가능한 시장 세분화 방법 중 행동 분석적 변수에 해당한다.

04 다음 산업재 시장에서 가능한 시장 세분화 방법 중 채용한 기술, 고객의 능력, 사용자와 비(非) 사용자의 지위 등에 해당하는 것은?

① 개인적 특성
② 운영 변수
③ 상황적 변수
④ 구매 습관적 변수
⑤ 인구 통계적 변수

05 다음 중 산업재 시장에서 가능한 시장 세분화 방법으로 보기 어려운 것은?

① 개인적 특성
② 상황 변수
③ 운영적 변수
④ 심리 분석적 변수
⑤ 구매 습관적 변수

꼭 나오는 유형 ❸ 소비재 시장의 세분화 방법

다음 소비재 시장에서 가능한 시장 세분화 방법 중 행동 분석적 변수에 해당하는 것은?

① 상표충성도
② 국가
③ 문화 지향성
④ 개성
⑤ 소득

┣해설 소비재 시장에서 가능한 시장 세분화 방법

지리적 변수	국가, 도시나 농촌의 인구밀도, 기후 등
인구 통계적 변수	나이, 성별, 소득, 직업, 세대, 국적, 종교, 교육 수준, 가족규모 등
행동 분석적 변수	제품구매 빈도, 사용량, 상표충성도, 가격민감도, 품질, 서비스, 경제성, 편의성 등
심리 분석적 변수	태도, 역할모형, 라이프스타일, 개성, 성격 등

정답 ①

06 소비재 시장에서 가능한 시장 세분화 방법 중 제품구매 빈도, 사용량, 상표충성도, 가격민감도 등의 사례에 가장 부합하는 것은?

① 지리적 변수
② 인구 통계적 변수
③ 행동 분석적 변수
④ 심리 분석적 변수
⑤ 과학 기술적 변수

04 ② **05** ④ **06** ③ 정답

07 다음 중 소비재 시장에서 가능한 시장 세분화 방법으로 보기 어려운 것은?

① 지리적 변수

② 구매 습관적 변수

③ 인구 통계적 변수

④ 심리 분석적 변수

⑤ 행동 분석적 변수

07

구매 습관적 변수는 산업재 시장의 세분화 변수에 해당한다. 소비재 시장의 세분화 변수에는 지리적 변수, 인구 통계적 변수, 행동 분석적 변수, 심리 분석적 변수, 구매행동 변수 등이 있다.

꼭 나오는 유형 ❹ 시장 세분화 장점(얀켈로비치)

다음 중 '얀켈로비치'가 제시한 시장 세분화의 장점에 대한 설명으로 가장 옳지 않은 것은?

① 미래의 시장 변동에 대비해 계획을 수립하고 대책을 마련할 수 있다.

② 이익 가능성에 상관없이 모든 세분화 시장에 대하여 판매촉진비를 일괄적으로 설정할 수 있다.

③ 판매 저항이 최소화되고 판매 호응이 최대화될 것으로 예측되는 기간에 판촉 활동을 집중할 수 있다.

④ 세분화된 시장의 요구에 적합하게 제품 계열을 결정할 수 있다.

⑤ 광고 매체를 합리적으로 선택할 수 있고 각 매체별로 효과에 따라 예산을 할당할 수 있다.

해설 얀켈로비치(Yankelovich)의 시장 세분화의 장점
• 세분화된 시장의 요구에 적합한 제품 계열의 결정이 가능하다.
• 이익 가능성이 높은 몇 개의 세분시장에 대해 판매 촉진비의 설정이 가능하다.
• 미래 시장 변동을 대비해 계획을 수립하고 대책을 마련할 수 있다.
• 판매 저항이 최소화되고 판매 호응이 최대화될 것이라고 예측되는 기간에 판촉활동에 집중할 수 있다.
• 광고 매체를 합리적으로 선택할 수 있고 각 매체별로 효과에 따른 예산을 할당한다.

정답 ②

문제타파 TIP

시장 세분화의 장점은 판촉비와 제품계열 설정, 미래 시장계획, 광고·예산 설정, 기간 내 판촉집중 등 중요 핵심어를 연상시켜 학습한다.

---

08 다음 중 '얀켈로비치(Yankelovich)'가 제시한 시장 세분화의 장점에 대한 설명으로 가장 옳지 않은 것은?

① 광고 매체를 합리적으로 선택할 수 있고 각 매체별로 효과에 따라 예산을 할당할 수 있다.

② 세분화된 시장의 요구에 적합하게 제품 계열을 결정할 수 있다.

③ 이익 가능성이 높은 몇 개의 세분화 시장에 대해서만 판매 촉진비를 설정할 수 있다.

④ 미래의 시장 변동에 대비해 계획을 수립하고 대책을 마련할 수 있다.

⑤ 판매 호응이 최소화되고 판매 저항이 최대화될 것으로 예측되는 기간에 판촉 활동을 집중할 수 있다.

08

판매 저항이 최소화되고 판매 호응이 최대화될 것이라고 예측되는 기간에 판촉활동에 집중할 수 있다.

정답 **07** ② **08** ⑤

03 소비재의 분류

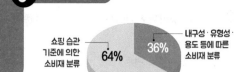

쇼핑 습관 기준에 의한 소비재 분류 **64%**

내구성·유형성·용도 등에 따른 소비재 분류 **36%**

 핵심 이론

1. 내구성·유형성·용도 등에 따른 소비재 분류

비내구재	• 1회 또는 2·3회성 사용으로 소모되는 제품 유형이다. • 자주 구입해야 하므로 어디서나 쉽게 구입할 수 있다. • 대량 광고로 구입을 유도하고 선호도를 구축하는 제품이다.
내구재	• 여러 번 사용할 수 있는 제품이다. • 의류, 가전제품, 장비류 등이 있다. • 많은 이익 폭이 가산될 수 있다. • 인적 판매와 서비스가 수반되며 판매 보증이 잘 이루어져야 한다.
서비스	• 무형이고 분리가 불가능하며 변화성과 소모성이 높다. • 높은 수준의 품질 통제와 공급자의 신뢰성이 요구된다.

2. 쇼핑 습관 기준에 의한 소비재 분류

① 편의품
  ㉠ 필수품 : 단가가 싸고 빈번하게 구매하는 제품(예 비누, 신문, 치약 등)
  ㉡ 긴급품 : 갑작스런 필요에 의해 구매하는 제품(예 우산 등)
  ㉢ 충동제품 : 소비자의 심리적 욕구를 자극해서 구입하게 되는 제품

② 선매품
  ㉠ 품질, 가격 등을 비교한 후에 구매하는 가구, 의류, 가전제품 등과 같은 제품
  ㉡ 동질적 선매품 : 품질면에서 유사하나 가격 차이가 있어 비교 쇼핑을 하는 제품(예 전자제품)
  ㉢ 이질적 선매품 : 가격보다 더 중요한 제품의 특성과 서비스에서 차이가 나며 선택 시 시간과 노력이 많이 드는 소비재(예 여성 의류, 가구)
③ 비탐색품 : 알지 못하거나 알고 있다 해도 일반적으로 구매하지 않는 제품(예 생명보험, 묘지, 백과사전 등)
④ 전문품 : 제품의 가격이나 점포의 거리에 관계없이 소비자가 특별히 구매하려는 제품(예 미술품, 고급 자동차 등)

핵심 기출 유형 문제

꼭 나오는 유형 ❶ 내구성·유형성·용도 등에 따른 소비재 분류

내구성과 유형성 및 용도에 따른 소비재 분류 중 다음 〈보기〉의 내용에 가장 부합하는 것은?

┌ 보기 ┐
- 보통 한 번 내지 두세 번 사용으로 소모되는 유형 제품을 말한다.
- 어떤 장소에서든 구입이 가능하며 대량 광고를 통해 구입을 유도하고 선호도를 구축할 수 있는 제품이다.

① 자본재　　　　　　　② 내구재
③ 비내구재　　　　　　④ 공공재
⑤ 서비스

문제타파 TIP

내구재, 비내구재, 서비스에 대한 개념과 특징 파악을 잘 이해할 것!

해설 │ 내구성과 유형성 및 용도에 따른 소비재 분류

- 비내구재 : 1회 또는 2·3회성 사용으로 소모되는 제품 유형으로 자주 구입해야 하므로 어디서나 쉽게 구입할 수 있고, 대량 광고로 구입을 유도하여 선호도를 구축하는 소비재이다.
- 내구재 : 여러 번 사용할 수 있는 제품으로 의류, 가전제품 등으로 서비스가 수반되는 소비재로서, 내구재는 많은 이익 폭이 가산될 수 있다.
- 서비스 : 무형이고 분리가 불가능하며, 변화성과 소모성이 높고 공급자의 신뢰성이 요구되는 소비재이다.

 정답 ③

---

01 내구성과 유형성 및 용도에 따른 소비재 분류 중 다음 〈보기〉의 내용에 해당되는 것은?

┌ 보기 ┐
- 무형이고 분리가 가능하며 소모성과 변화성이 높다.
- 높은 수준의 품질통제, 공급자의 신뢰성이 요구된다.

① 내구재　　　　　　　② 준내구재
③ 비내구재　　　　　　④ 산업재
⑤ 서비스

01

서비스는 형체가 없어 분리할 수 없으므로 변화성과 소모성이 높은 소비재이다. 또한, 높은 수준의 서비스 품질 통제가 필요하고, 공급자의 신뢰성 여부에 따라 서비스가 달라지기도 한다.

 정답　01 ⑤

02

내구재는 여러 번 사용할 수 있는 제품으로 의류, 가전제품 등 서비스가 수반되는 소비재이며, 많은 이익 폭이 가산될 수 있는 소비재이다.

02 내구성과 유형성 및 용도에 따른 소비재 분류 중 다음 〈보기〉의 내용에 가장 부합하는 것은?

┤ 보기 ├
- 여러 번 사용할 수 있는 유형 제품으로 가전제품을 비롯해 의류, 장비류 등에 해당한다.
- 인적 판매와 서비스가 수반되며 판매 보증이 잘 이루어져야 한다.

① 내구재   ② 비(非)내구재
③ 자본재   ④ 공공ス
⑤ 서비스

❗문제타파 TIP

쇼핑습관에 따른 소비재의 분류에서는 구매 빈도, 가격, 제품 특성 등의 차이에 의해 세분되는 기준 등을 잘 정리해야 한다.

꼭 나오는 유형 **❷ 쇼핑 습관 기준에 의한 소비재 분류**

소비자의 쇼핑습관을 기준으로 한 소비재의 분류 중 우산, 수선 품목 등과 같이 갑작스런 필요에 의해 구매되는 제품 유형에 해당하는 것은?

① 확장품   ② 긴급품
③ 선매품   ④ 보증품
⑤ 비탐색품

▶해설 쇼핑습관에 따른 소비재 분류
- **편의품** : 가격이 저렴하고 빈번하게 구매되는 제품으로 비누, 치약과 같은 필수품과 갑작스런 필요에 의해 구매되는 우산 등과 같은 긴급품, 소비자의 심리적 욕구를 자극해서 구입하는 충동제품으로 나누어진다.
- **선매품** : 품질, 가격 등을 기준으로 비교한 후 구매하는 가구, 의류, 가전제품 같은 제품으로 동질적 선매품과 이질적 선매품으로 나뉜다.
- **비탐색품** : 알지 못하거나 알고 있다 하더라도 일반적으로는 구매하지 않는 생명보험, 묘지, 백과사전 등을 말한다.
- **전문품** : 제품의 가격이나 점포의 거리에 관계없이 소비자가 특별히 구매 노력을 기울이는 제품으로 미술품, 고급 자동차 등에 해당된다.

정답 ②

03

선매품은 구매 전에 가격·품질·형태 등을 충분히 비교한 후 선별적으로 구매하는 제품으로 가구, 의류, 가전제품 등이 있다.

03 소비자의 쇼핑 습관을 기준으로 한 소비재의 분류에서 다음 〈보기〉의 (   ) 안에 들어갈 내용으로 알맞은 것은?

┤ 보기 ├
소비자가 여러 제품의 품질, 가격 등을 기준으로 비교한 후 구매하는 제품으로 동질적 (   )과 이질적 (   )으로 구분할 수 있다.

① 편의품   ② 전문품
③ 수익품   ④ 선매품
⑤ 비탐색품

02 ① **03** ④ 정답

04 소비자의 쇼핑 습관을 기준으로 한 소비재의 분류 중 품질 면에서 유사하지만 가격 차이가 있기 때문에 비교 쇼핑을 하는 제품 유형에 해당하는 것은?

① 전환 선매품
② 반복적 선매품
③ 기술적 선매품
④ 이질적 선매품
⑤ 동질적 선매품

04
동질적 선매품과 이질적 선매품
• 동질적 선매품 : 제품이 표준화되어 있어 유사한 특징을 가지는 제품으로 구매 시 가격 등이 큰 영향을 미치는 소비재이다(예 전자제품 등).
• 이질적 선매품 : 구매하려는 제품 특성이 제각각 달라 원하는 제품을 고르는 데 시간과 노력이 많이 드는 소비재이다(예 의류, 가구 등).

05 소비자의 쇼핑 습관을 기준으로 한 소비재의 분류에서 다음 〈보기〉의 설명에 해당하는 것은?

┤ 보기 ├
제품의 가격이나 점포의 거리에 관계없이 소비자가 특별히 구매 노력을 기울이는 제품으로 미술품, 고급 자동차 등에 해당된다.

① 편의품
② 선매품
③ 전문품
④ 탐색품
⑤ 비탐색품

05
① 편의품 : 가격이 저렴하고 빈번하게 구매되는 비누, 치약과 같은 제품으로 필수품, 긴급품으로 나누어진다.
② 선매품 : 품질, 가격 등을 기준으로 비교 후 구매하는 가구, 의류, 가전제품 같은 제품으로 동질적 선매품과 이질적 선매품으로 나뉜다.
⑤ 비탐색품 : 알지 못하거나 알고 있다 하더라도 일반적으로는 구매하지 않는 생명보험, 묘지, 백과사전 등을 말한다.

06 소비자의 쇼핑 습관을 기준으로 한 소비재의 분류에서 다음 〈보기〉의 설명에 해당하는 것은?

┤ 보기 ├
단가가 싸고 빈번하게 구매하는 제품으로 비누, 신문, 치약 등을 의미하며, 크게 충동제품, 필수품, 긴급품으로 구분할 수 있다.

① 종합품
② 편의품
③ 활동품
④ 구성품
⑤ 선매품

06
편의품은 소비자의 심리적 욕구를 자극해서 구입하게 되는 충동제품, 가격이 저렴하고 빈번하게 구매되는 필수품(예 비누, 치약 등)과 갑작스런 필요에 의해 구매되는 긴급품(예 우산 등)으로 크게 분류한다.

정답 **04** ⑤ **05** ③ **06** ②

04 표적시장 (Target Market)

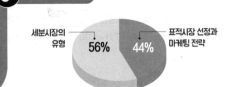

세분시장의 유형 56%

표적시장 선정과 마케팅 전략 44%

핵심 이론

1. 표적시장 선정과 마케팅 전략

구분	무차별화 마케팅 전략	차별화 마케팅 전략	집중화 마케팅 전략
시장 정의	광범위한 고객	둘 혹은 그 이상의 제한된 고객 집단	잘 정의된 단일 고객 집단
비용	비용 절감	비용 증가	비용 최다 증가
제품 전략	다양한 고객을 겨냥하여 단일 상표로 한정된 수의 제품 및 서비스 판매	각 고객 집단별로 적합한 별개의 제품이나 서비스 제공	단일 소비자 집단을 대상으로 단일 상표의 제품이나 서비스 제공
가격 전략	전체적인 단일 가격	차별적 가격	단일 가격
유통 전략	가능한 모든 판매경로	세분 시장별 차별적 유통 경로	단일의 판매경로 선정
촉진 전략	대중 매체	세분 시장별 차별적 매체 선정	전문잡지 등 특화된 매체
목적	경쟁우위 장악	동질적인 욕구와 선호 충족	시장입지 획득
전략의 강조점	동일한 마케팅 프로그램을 통해 다양한 유형의 소비자들에게 접근 가능	각 세분 시장별 차별적 마케팅 전략으로 둘 또는 그 이상의 시장에 접근	고도로 전문화된 동일 마케팅 프로그램을 통해 구체적인 소비자 집단에 접근
위험 부담	소	중	대
사고 방식	기업체 중심 사고	고객 중심 사고	고객 밀착 사고

2. 세분시장의 유형

① 전체시장 도달 전략

　㉠ 단일제품 전체시장 도달 전략 : 시장을 하나의 통합체로 인식하고, 모든 소비자의 공통된 욕구를 파악하여 단일제품과 단일마케팅으로 전체시장에 펼치는 전략

　㉡ 다수제품 전체시장 도달 전략 : 시장을 세분화한 후 모든 세분시장을 표적시장화하여 각 부분에 적합한 제품과 마케팅 믹스를 투입하는 전략

② 부분시장 도달 전략

　㉠ 시장전문화 전략 : 특정고객들의 다양한 욕구를 충족시키기 위해 다양한 제품을 판매하는 전략

　㉡ 제품전문화 전략 : 다양한 세분시장에서 단일제품으로 고객의 욕구를 자극하여 구매동기를 유발하는 전략

　㉢ 단일시장 집중 전략 : 단일제품으로 단일한 세분시장에 진출하여 고객의 구매동기를 유발하는 전략으로, 기업의 자금이나 능력이 제한되어 있거나, 기업이 새로운 시장에 진입할 때 추가적인 세분시장을 얻기 위해 이용됨. 소비자의 욕구 변화나 경쟁자가 새로 등장할 경우 위험이 수반됨

　㉣ 선택적 전문화 전략 : 여러 세분시장 중에서 매력적이고 기업 목표에 적합한 몇 개의 세분시장을 선택해 진입하는 전략

핵심 기출 유형 문제

🔖 나오는 유형 ❶ 표적시장 선정과 마케팅 전략

표적시장 선정과 관련해 다음 〈보기〉의 내용에 해당하는 마케팅 전략은?

┤ 보기 ├
- 하나의 제품으로 전체시장을 추구하며 대량 유통 경로와 대량 광고에 의존하여 가장 많은 수의 소비자에게 제품과 마케팅을 전개하는 전략이다.
- 제조에 있어 표준화와 대량 생산에 해당하는 마케팅 유형으로 광고비용과 마케팅 조사비용의 절감효과를 얻을 수 있다.

① 집중화 전략
② 차별화 전략
③ 공급화 전략
④ 접근화 전략
⑤ 무차별화 전략

┣ 해설 표적시장 마케팅 전략
- 무차별화 전략 : 세분시장의 차이를 무시하고 가장 큰 세분시장을 표적으로 하는 마케팅 전략
- 차별화 전략 : 각각의 세분시장에 대해 다른 프로그램을 설계하는 마케팅 전략
- 집중화 전략 : 가장 가치 있는 하나의 표적시장을 선정 후 집중적으로 하는 마케팅 전략

정답 ⑤

01 표적시장 선정을 위한 표적 마케팅 활동 중 '집중화 전략'에 대한 설명으로 가장 거리가 먼 것은?

① 기업의 자원이 제한되어 있지 않을 경우 주로 사용되는 방법이다.
② 소수의 작은 시장에서 높은 시장점유율을 달성하기 위한 전략이다.
③ 소비자의 기호나 구매행동 변화에 따른 위험을 감수해야 할 수도 있다.
④ 자사보다 큰 경쟁자가 동일시장에 진입할 경우 시장성을 잃을 수도 있다.
⑤ 기업의 목표 달성에 가장 적합한 하나 또는 소수의 표적시장을 선정하여 마케팅 활동을 집중하는 전략을 말한다.

01
기업의 자원이 제한되어 있을 때 사용하는 것이 집중화 전략에 해당한다.

정답 01 ①

02

① 집중화 전략 : 기업의 목표달성에 가장 적합한 하나 또는 소수의 표적시장을 선정하고 여기에 마케팅 활동을 집중하는 전략이다.

② 무차별화 전략 : 세분시장의 차이를 무시하고 하나의 제품으로 전체시장을 목표로 마케팅 프로그램을 개발하는 마케팅 전략이다.

02 표적시장 선정과 관련해 다음 〈보기〉의 내용에 해당하는 마케팅 전략은?

┤ 보기 ├
- 일반적으로 높은 매출과 이익을 낼 수 있기 때문에 다수의 기업들이 구사하는 마케팅 전략이다.
- 세분시장의 매력도 및 기업의 목표와 재원을 고려하여 세분시장을 평가한 후 각각의 세분시장에 대하여 다른 프로그램을 설계하는 방식이다.

① 집중화 전략   ② 무차별화 전략
③ 판매 속성 전략   ④ 현장 주도 전략
⑤ 시장 차별화 전략

03

③ 차별화 전략 : 각 고객 집단별로 적합한 별개의 제품이나 서비스를 제공하는 마케팅 전략으로 다수의 기업들이 선호하고 있다.

⑤ 무차별화 전략 : 다양한 고객을 겨냥하여 단일 상표로 한정된 수의 제품 및 서비스를 전체시장에 판매하는 마케팅 전략이다.

03 표적시장 선정과 관련해 다음 〈보기〉의 내용에 해당하는 마케팅 전략은?

┤ 보기 ├
- 기업의 목표달성에 가장 적합한 하나 또는 소수의 표적시장을 선정하여 마케팅 활동을 집중하는 전략이다.
- 기업의 자원이 제한되어 있을 경우 주로 사용된다.

① 기술화 전략   ② 실천화 전략
③ 차별화 전략   ④ 집중화 전략
⑤ 무차별화 전략

문제타파 TIP

세분시장 유형은 각 시장 전략별로 개념과 단점 등의 특징을 구분해야 한다.

꼭 나오는 유형   ❷ 세분시장의 유형

세분시장 유형과 관련해 다음 〈보기〉의 설명에 해당하는 부분시장 도달 전략 유형은?

┤ 보기 ├
- 특정 고객집단의 욕구를 충족시키기 위해 다양한 제품을 판매하는 전략이다.
- 특정 고객집단의 구매가 급격히 감소하는 경우 위험분산이 되지 않는 단점이 있다.

① 제품 전문화 전략   ② 시장 전문화 전략
③ 생산 전문화 전략   ④ 유통 전문화 전략
⑤ 마케팅 전문화 전략

02 ⑤ 03 ④ **정답**

> **╟해설╢ 부분시장 도달 전략**
> • 시장전문화 전략 : 특정고객들의 다양한 욕구를 충족시키기 위해 다양한 제품을 판매하는 전략
> • 제품전문화 전략 : 다양한 세분시장에서 단일제품으로 고객의 욕구를 자극하여 구매동기를 유발하는 전략
> • 단일시장 집중 전략 : 단일제품으로 단일한 세분시장에 진출하여 고객의 구매동기를 유발하는 전략
> • 선택적 전문화 전략 : 여러 세분시장 중에서 매력적이고 기업 목표에 적합한 몇 개의 세분시장을 선택해 진입하는 전략
>
> 정답 ②

04 세분시장 유형과 관련해 여러 세분시장 중에서 매력적이고 기업 목표에 적합한 몇 개의 세분시장을 선택해 진입하는 전략에 해당되는 것은?

① 제품전문화 전략
② 선택적 전문화 전략
③ 시장전문화 전략
④ 단일시장 집중 전략
⑤ 단일제품 전체시장 도달 전략

04
① 제품전문화 전략 : 다양한 세분시장에서 단일 제품 전략을 펼치는 전략
③ 시장전문화 전략 : 다양한 제품 판매 전략
④ 단일시장 집중 전략 : 단일 제품을 단일 세분시장에서 펼치는 전략
⑤ 단일제품 전체시장 도달 전략 : 시장을 하나의 통합체로 인식하고, 모든 소비자의 공통된 욕구를 파악하여 단일제품과 단일마케팅으로 전체시장에 펼치는 전략

05 세분시장 유형과 관련해 기업의 자원이나 능력이 제한되어 있을 경우 적합하며 소비자의 욕구가 변화하거나 새로운 경쟁자가 진입할 경우 위험이 수반되는 전략은?

① 시장전문화 전략
② 제품전문화 전략
③ 단일시장 집중 전략
④ 선택적 전문화 전략
⑤ 단일제품 전체시장 도달 전략

05
단일시장 집중 전략
기업의 단일 제품으로 하나의 세분시장에 전념하는 전략으로 주로 중소기업이 신규 시장에 진입 시에 추가적 세분시장을 얻기 위해 이용하는 전략이다.

06 세분시장 유형과 관련해 다음 중 '부분시장 도달 전략'에 해당되지 않는 것은?

① 시장전문화 전략
② 제품전문화 전략
③ 단일시장 집중 전략
④ 선택적 전문화 전략
⑤ 단일제품 전체시장 도달 전략

06
세분시장의 유형은 크게 전체시장 도달 전략과 부분시장 도달 전략으로 나누어진다. 이중 부분시장 도달 전략에는 ① · ② · ③ · ④가 있으며, 전체시장 도달 전략에는 ⑤와 다수제품 전체시장 도달 전략이 있다.

정답 04 ② 05 ③ 06 ⑤

05 서비스 포지셔닝 (Service Positioning)

빈출 키워드

서비스 포지셔닝의 방법 50%

서비스 포지셔닝 수행절차 단계 등 50%

핵심 이론

1. 서비스 포지셔닝의 개념

잠재된 고객의 마음속에 그 상품이나 서비스를 어떻게 인식하고 있는가를 찾아내어 경쟁 기업과 차별화된 제품이나 서비스를 개발하는 것

2. 서비스 포지셔닝의 일반적인 방법

① **서비스 속성** : 다른 업체와 차별화된 서비스로 포지셔닝하는 가장 일반적인 방법

② **서비스 용도** : 서비스가 어떻게 사용되고 적용되는가에 초점을 맞춰 포지셔닝하는 방법

③ **서비스 등급** : 서비스의 등급이 높기 때문에 높은 가격을 책정할 수 있다는 측면을 강조하는 방법(예 호텔의 무궁화 등급, 레스토랑의 미쉐린 평가 등)

④ **서비스 이용자** : 기업 서비스 제품이 특정 소비자에 적합하다는 것을 소비자에게 인식시켜 포지셔닝하는 방법(예 A기업은 솔로와 혼밥족인 고객 대상 포지셔닝, B기업은 가족 단위 고객대상 포지셔닝 등으로 인식)

⑤ **경쟁사** : 경쟁사와 비교해 자사의 서비스가 좋은 점을 부각시켜 포지셔닝하는 방법

⑥ **가격 대 품질** : 최고의 품질이나 낮은 가격으로 포지셔닝하는 방법

3. 서비스 포지셔닝의 역할

① 시장 기회를 확인

② 경쟁자에 대응할 수 있는 마케팅 믹스를 결정하게 함

③ 경쟁자의 시장 진입과 모방으로 자사를 보호

④ 제품과 시장 간의 관계를 정의하고 이해하는데 필요한 진단적 도구를 제공

4. 아커(Aaker)와 샨비(Shanby)의 서비스 포지셔닝 전략 수행절차

① 1단계 : 경쟁자의 실체 파악 및 확인

② 2단계 : 경쟁자 인식 및 평가 분석, 경쟁업체의 인지 및 평가 분석

③ 3단계 : 경쟁 기업과 제품 시장에서의 포지셔닝 결정, 경쟁 기업의 포지셔닝 파악

④ 4단계 : 소비자 분석 수행, 고객에 대한 분석 수행

⑤ 5단계 : 포지셔닝 의사결정

⑥ 6단계 : 모니터링으로 감시 단계 설정

📖 핵심 기출 유형 문제

📌 나오는 유형 ❶ 서비스 포지셔닝의 방법

서비스 포지셔닝의 일반적인 방법 중 '서비스 속성'에 대한 설명으로 가장 옳은 것은?

① 가격 대 품질 관계에 초점을 맞추는 방법이다.
② 자신의 경쟁사와 비교하여 포지셔닝을 하는 방법이다.
③ 기업이 가장 잘 할 수 있는 것이 무엇인지에 초점을 맞추는 방법이다.
④ 특정한 계층의 사용자에 초점을 맞추어 서비스를 포지셔닝하는 방법이다.
⑤ 제공되는 서비스가 어떻게 사용되고 적용되는가에 초점을 맞추는 방법이다.

해설
서비스 속성 : 다른 업체와 차별화된 그 기업만의 서비스 속성에 초점을 맞춘 포지셔닝 방법이다.

정답 ③

> **문제타파 TIP**
>
> 서비스 포지셔닝의 일반적인 방법의 종류와 개념, 사례 등을 정확히 알아두도록 한다.

01 서비스 포지셔닝의 일반적인 방법 중 제공되는 서비스가 어떻게 사용되고 적용되는가에 초점을 맞추어 포지셔닝을 실시하는 것은?

① 경쟁사 ② 서비스 용도
③ 서비스 등급 ④ 가격 대 품질
⑤ 서비스 이용자

> **01**
> ① 경쟁사 : 경쟁사와 비교해 자사의 서비스가 좋은 점을 부각시켜 포지셔닝을 하는 방법
> ③ 서비스 등급 : 서비스의 등급이 높기 때문에 높은 가격을 책정할 수 있다는 측면을 강조하는 방법
> ④ 가격 대 품질 : 최고의 품질로 서비스를 하거나 가장 저렴한 가격으로 포지셔닝을 하는 방법
> ⑤ 서비스 이용자 : 기업 서비스 제품이 특정 소비자에 적합하다는 것을 소비자에게 인식시켜 포지셔닝하는 방법

02 서비스 포지셔닝의 일반적인 방법 중 다음 〈보기〉의 사례에 해당하는 유형은?

> **보기**
> 온라인 배달전문 업체 A기업은 솔로와 혼밥족인 고객을 대상으로 포지셔닝을 하고 있는 반면, B기업의 경우 가족 단위의 고객을 중심으로 포지셔닝을 하고 있다.

① 경쟁사 ② 서비스용도
③ 서비스 등급 ④ 가격 대 품질
⑤ 서비스 이용자

> **02**
> 서비스 이용자를 기준으로 A기업은 솔로 및 혼밥족을 중심으로 제품과 서비스를 포지셔닝했고, B기업은 가족을 중심으로 포지셔닝한 사례이다.

정답 01 ② 02 ⑤

03

그림은 경쟁사나 기존의 제품보다 칼슘 함량이 높다고 광고하는 것으로 품질 관계를 포지셔닝하는 방법이다.

03 서비스 포지셔닝의 일반적인 방법 중 다음 〈보기〉의 사례에 해당하는 유형은?

┤ 보기 ├

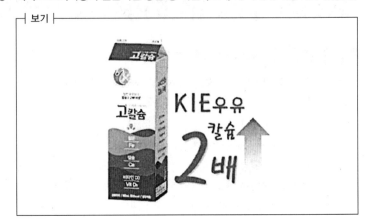

① 경쟁사
② 가격 관계
③ 품질 관계
④ 서비스 속성
⑤ 서비스 등급

꼭 나오는 유형 ❷ 서비스 포지셔닝 수행절차 단계 등

'아커'와 '샨비'가 제시한 포지셔닝 전략 수행절차 6단계 중 다음 〈보기〉의 ( ) 안에 들어갈 내용으로 가장 옳지 않은 것은?

┤ 보기 ├

- 1단계 : (가) 확인
- 2단계 : (나) 인식 및 평가 분석
- 3단계 : 경쟁 기업과 제품 시장에서의 포지셔닝 결정
- 4단계 : (다) 분석 수행
- 5단계 : (라) 의사 결정
- 6단계 : (마)

① (가) : 경쟁자
② (나) : 경쟁자
③ (다) : 소비자
④ (라) : 포지셔닝
⑤ (마) : 포지셔닝

┤ 해설 '아커'와 '샨비'의 포지셔닝 전략 수행절차 6단계

- 1단계 : 경쟁자 확인
- 2단계 : 경쟁자 인식 및 평가 분석
- 3단계 : 경쟁 기업과 제품 시장에서의 포지셔닝 결정
- 4단계 : 소비자 분석 수행
- 5단계 : 포지셔닝 의사 결정
- 6단계 : 모니터링

정답 ⑤

03 ③ 정답

04 아커(Aaker)와 샨비(Shanby)가 제시한 포지셔닝 전략 수행절차 6단계 중 다음 〈보기〉의 ( ) 안에 들어갈 내용으로 가장 옳지 않은 것은?

┌─ 보기 ├─────────────────────────────────────┐
│ • 1단계 : (가) 확인   │
│ • 2단계 : 경쟁자 인식 및 평가 분석   │
│ • 3단계 : 경쟁 기업과 제품 시장에서의 (나) 결정   │
│ • 4단계 : (다) 분석 수행   │
│ • 5단계 : (라) 의사결정   │
│ • 6단계 : (마)   │
└──┘

① (가) : 소비자
② (나) : 포지셔닝
③ (다) : 소비자
④ (라) : 포지셔닝
⑤ (마) : 모니터링

05 다음 중 마케팅 전략과 관련해 포지셔닝의 역할에 대한 설명으로 가장 옳지 않은 것은?

① 시장 기회를 확인해준다.
② 대량 유통경로 확보에 유리한 위치를 독점할 수 있다.
③ 경쟁자의 시장 진입과 모방으로부터 자사를 보호해준다.
④ 경쟁자에 대응할 수 있는 다른 마케팅 믹스를 결정하게 한다.
⑤ 제품과 시장 간의 관계를 정의하고 이해하는 데 필요한 진단적 도구를 제공한다.

04
① 1단계는 경쟁자를 우선 확인하는 것이다.

05
포지셔닝의 역할은 시장 세분화와 표적시장을 선정하고 획득한 정보를 바탕으로 자사에 유리한 제품과 서비스를 파악하여 이를 세부적인 마케팅 믹스로 전환한다. 그러므로 대량 유통경로를 확보하는 시장에서 유리한 위치를 독점하는 마케팅과는 어울리지 않는다.

정답 **04** ① **05** ②

06 마케팅 믹스 & 틈새시장

틈새시장 41% 59% 마케팅 믹스

핵심 이론

1. 전통적 마케팅 믹스 4P

① 제품(Product) : 물리적 특성, 보조서비스, 브랜드(상표명), 보증기간, 품질, 반품, 다양성 등

② 가격(Price) : 표시가격, 가격할인, 공제, 거래조건, 지불기간 등

③ 유통(Place) : 유통경로, 시장의 포괄범위, 상품 구색, 서비스 수준, 수송방법, 점포 입지, 보관, 재고 등

④ 판매촉진(Promotion) : 광고, 인적 판매, 판매촉진, PR, 직접마케팅, 커뮤니케이션 등

2. 확장된 마케팅 믹스 7P(4P + 3P)

① 과정(Process) : 서비스 수행과정, 수행 흐름, 제도적 장치, 행사 진행, 고객의 관여도 등

② 물리적 근거(Physical Evidence) : 매장 분위기, 종업원 복장, 공간 배치, 사인, 장비, 환경, 시설설계 패키지 등

③ 사람(People) : 종업원, 소비자, 경영진 등 소비와 관련된 모든 인적 요소(동기부여, 분업, 훈련) 등

3. 로버트 로터본(Robert Lauterbone)의 4Cs

① Cost : 고객 측이 지불하는 비용(예 기회비용, 교환비용)

② Customer : 고객과 관련된 것, 즉 고객의 요구, 고객과의 관계 형성 등

③ Convenience : 유통과 관련된 모든 편리성(예 무이자 할부 서비스, 전자문서화된 상품설명서 등)

④ Communication : 시장조사, 고객과의 의사소통, 거래, 판매 등 마케팅과 관련된 모든 것

4. 틈새시장(니치 마케팅)

① 틈새시장의 전제조건

　㉠ 틈새시장은 장기적인 시장 잠재력이 있어야 함

　㉡ 이상적인 틈새시장은 중요 경쟁자들의 관심 밖이어야 함

　㉢ 기업은 시장 욕구를 충족시켜 줄 수 있는 능력과 충분한 자원을 보유해야 함

　㉣ 기업은 소비자와의 신뢰를 통해 주요 경쟁자들의 공격에 대해 방어가 가능해야 함

　㉤ 수익성을 보장받을 수 있는 충분한 시장 규모와 구매력이 존재해야 함

② 틈새시장의 특징

　㉠ 끊임없이 변화함

　㉡ 없어지거나 새로 생성되기도 함

　㉢ 틈새시장이 대형시장이 되기도 함

　㉣ 여러 기업이 똑같은 틈새시장에 공존하기도 함

③ 틈새시장(니치 마케팅)의 정의

　㉠ 시장이 비어있는 공간을 의미하는 용어로 '남이 모르는 좋은 낚시터'의 은유적 의미

　㉡ 소규모의 시장에 대하여 특화된 상품을 가지고 시장 영역을 만드는 전략

　㉢ 기업 환경 속에서 자사의 최적의 위치를 추구하는 전략

　㉣ 다른 기업이 손대지 않는 잠재성이 있는 시장으로 경쟁 기업이 진입하기 전까지 독점을 유지할 확률이 높음

　㉤ 세분화된 시장에서 더 작고 특별하게 형성된 시장을 만듦으로써 그 시장에 집중하여 경쟁우위를 얻기 위한 전략

④ 틈새시장의 전략 유형

　㉠ 세분단위 시장개척 전략 : 기존의 세분 시장을 더 세분화하여 대기업과 다른 세분시장을 개척하려는 전략

　㉡ 세분단위 시장심화 전략 : 세분단위 시장을 더 심화 있게 개척하여 소비자 수요를 증대시키려는 전략

　㉢ 개성화 대응 전략 : 소비자 개성화 의식을 전제로 소비자 개개인의 요구(Needs)를 충족시키고자 하는 전략

📖 핵심 기출 유형 문제

꼭 나오는 유형 ❶ 마케팅 믹스

확장된 마케팅 믹스 7Ps중 'Product'의 내용에 해당하는 것은?

① 브랜드
② 판매 촉진
③ 장비
④ 고객
⑤ 수송

해설

② 판매 촉진 : Promotion
③ 장비 : Physical Evidence
④ 고객 : People
⑤ 수송 : Place

정답 ①

👍 더 알아보기

Product (제품)	• 물리적 특성 • 보증 • 다양성	• 보조서비스 • 품질	• 브랜드 • 반품
Price (가격)	• 표준가격 • 가격수준	• 거래조건(할부, 신용) • 차별화	• 공제 • 할인
Place (유통)	• 경로, 배송 • 재고, 보관	• 매장위치 • 채널 관리	• 중간상 • 채널 유형
Promotion (판매촉진)	• 인적 판매 • 판촉	• 광고 • DM	• 마케팅 • 홍보
People (사람)	• 고객관계관리 • 직원 선발 · 교육 · 훈련 · 동기부여	• 고객 행동	
Physical Evidence (물리적 증거)	• 시설 • 계산서 • 직원복장	• 명함 · 팜플렛 • 건물	• 장비 · 설비 • 보증
Process (생산과정)	• 서비스 활동의 흐름(표준화, 개별화) • 서비스 제공단계 • 정책, 제도	• 고객의 참여수준 • 제도적 장치	

01 확장된 마케팅 믹스 7Ps 중 'Price'의 내용에 포함되지 않는 것은?

① 공제
② 할인
③ 거래조건
④ 판매촉진
⑤ 표준가격

01
판매촉진은 'Promotion'에 대한 내용이다. 'Promotion'에는 인적 판매, 광고, 마케팅, 판촉, DM, 홍보 등이 있다.

정답 **01** ④

02

Promotion에는 광고, 인적 판매, 판매 촉진, PR, 직접마케팅, 커뮤니케이션, DM, 홍보 등이 있다.

03

Process : 서비스 활동의 흐름(표준화, 개별화), 고객의 참여수준, 서비스 제공단계, 정책, 제도 등이 포함된다.

04

할인은 확장된 마케팅 믹스 '7Ps'중 'Price'에 해당한다. 'Product'의 요소에는 물리적 특성과 보조서비스, 브랜드, 보증, 품질, 반품, 다양성 등이 포함된다.

05

전통적인 마케팅 믹스 '4Ps'에는 Product(제품), Price(가격), Place(유통), Promotion(촉진)이 있다.

06

전통적 마케팅 믹스
- Product(제품) : 물리적 특성, 서비스, 브랜드, 보증, 품질 등
- Price(가격) : 표준가격, 거래조건(할부, 신용), 가격수준, 차별화, 할인 등
- Place(유통) : 경로나 배송, 매장 입지, 위치, 중간상, 재고나 보관, 채널관리 등
- Promotion(판매촉진) : 인적 판매, 광고, 마케팅, 판촉, DM 등

02 ① **03** ① **04** ② **05** ③ **06** ④ **정답**

---

02 확장된 마케팅 믹스 7Ps 중 'Promotion'의 내용에 해당하는 것은?

① 판매원
② 직원 훈련
③ 시설 설계
④ 정책 절차
⑤ 판매 수익

03 확장된 마케팅 믹스 7Ps 중 서비스 활동의 흐름, 제도적 장치, 행사 진행 등에 해당하는 요인은?

① Process
② People
③ Place
④ Promotion
⑤ Price

04 확장된 마케팅 믹스 7Ps중 'Product'의 요소에 포함되지 않는 것은?

① 반품
② 할인
③ 보증
④ 다양성
⑤ 브랜드(상표명)

05 다음 〈보기〉의 내용 중 전통적인 마케팅 믹스 4Ps를 찾아 모두 선택한 것은?

보기
가. Place 나. Process
다. People 라. Physical Evidence
마. Price 바. Promotion
사. Product

① 가, 나, 라, 마
② 가, 다, 마, 바
③ 가, 마, 바, 사
④ 나, 라, 바, 사
⑤ 라, 마, 바, 사

06 전통적인 마케팅 믹스 4P 중 점포 입지, 수송, 보관, 재고, 경로 등에 해당하는 것은?

① Process
② People
③ Performance
④ Place
⑤ Price

07 다음 〈보기〉 중 '로버트 로터본' 교수가 제시한 4Cs를 찾아 모두 선택한 것은?

┌─ 보기 ├──────────────────────────
│ 가. Cost   나. Contact
│ 다. Customer   라. Circulation
│ 마. Convenience   바. Communication
└────────────────────────────────

① 가, 나, 다, 라
② 가, 나, 라, 마
③ 가, 다, 라, 마
④ 가, 다, 라, 바
⑤ 가, 다, 마, 바

07

로버트 로터본 교수가 제시한 4Cs
· 고객의 문제(Costomer Solution)
· 비용(Cost)
· 편의성(Convenience)
· 커뮤니케이션(Communication)

제2과목

08 다음 중 로버트 로터본(Robert Lauterbone) 교수가 제시한 4Cs에 해당하지 않는 것은?

① Cost
② Contact
③ Customer
④ Convenience
⑤ Communication

08

Contact는 로버트 로터본 교수의 4Cs에 해당하지 않는다. 로버트 로터본의 4Cs에는 Cost, Customer, Convenience, Communication이 있다.

🎯 꼭 나오는 유형 ❷ 틈새시장

다음 중 이상적인 틈새시장이 존재하기 위해 필요한 전제조건에 대한 내용으로 가장 거리가 먼 것은?

① 틈새시장은 장기적인 시장 잠재력이 있어야 한다.
② 이상적인 틈새시장은 중요 경쟁자들의 관심 밖에 있어야 한다.
③ 기업은 시장의 욕구를 충족시켜 줄 수 있는 능력과 충분한 자원을 보유하고 있어야 한다.
④ 기업은 자신들이 소비자로부터 확립해 놓은 신뢰관계를 통해 주요 경쟁자들의 공격을 방어할 수 있어야 한다.
⑤ 대기업에 비해 중소기업이 더욱 높은 매출액을 실현할 수 있도록 중소기업 친화적인 시장규모와 구매력이 있어야 한다.

⊢ 해설
⑤ 대기업들이 시장에서 높은 매출을 올릴 수 있다면, 틈새시장을 공략하는 중소기업의 경우는 대기업보다 더 높은 매출을 실현할 수는 없다. 그러나 수익성을 보장받을 수 있는 충분한 시장규모와 구매력이 있어야 한다.

정답 ⑤

❗ 문제타파 TIP

틈새시장의 유형은 전제조건과 특징이 반복해서 출제된다. 난이도는 높지 않은 편이므로 틈새시장의 의미를 파악해 두자.

09

경쟁 기업이 미처 발견하지 못했거나 건드리지 않는 시장을 공략해서 수익을 창출하는 마케팅으로, 큰 수익이 보장되는 대량생산·유통·판매의 매스마케팅과 대립되는 개념이다.

10

틈새시장(니치 마케팅)은 세분화된 시장에서 더 작고 특별하게 형성된 시장을 만듦으로써 그 시장에 집중하여 경쟁우위를 얻기 위한 전략이다.

11

틈새시장의 전략 유형
• 세분단위 시장개척 전략 : 기존의 세분시장을 더 세분화하여 대기업과 다른 세분시장을 개척하려는 전략
• 세분단위 시장심화 전략 : 세분단위 시장을 더 심화 있게 개척하여 소비자 수요를 증대시키려는 전략
• 개성화 대응 전략 : 소비자 개성화 의식을 전제로 소비자 개개인의 요구(Needs)를 충족시키고자 하는 전략

09 ⑤ **10** ④ **11** ② 정답

09 다음 중 틈새시장(니치 마케팅)의 특징에 대한 설명으로 가장 옳지 않은 것은?

① 끊임없이 변화한다.
② 없어지거나 새로 생성되기도 한다.
③ 틈새시장이 대형 시장이 되기도 한다.
④ 여러 기업이 똑같은 틈새시장에 공존하기도 한다.
⑤ 큰 수익성이 보장되기 때문에 주로 대형 기업이 독점하는 형태를 보인다.

10 다음 중 틈새시장(니치 마케팅)에 대한 설명으로 가장 거리가 먼 것은?

① 시장이 비어있는 공간을 의미하는 용어로 '남이 모르는 좋은 낚시터'라는 은유적인 뜻도 가지고 있다.
② 소규모의 시장에 대하여 특화된 상품을 가지고 시장 영역을 만드는 전략이다.
③ 기업 환경 속에서 자사의 최적의 위치를 추구하는 전략이다.
④ 틈새시장은 시장 세분화의 상위 개념으로 여러 개의 세분 시장의 포괄적인 집합을 의미한다.
⑤ 다른 기업에서 손대지 않는 잠재성이 있는 시장으로 경쟁 기업이 진입하기 전까지 독점을 유지할 확률이 높다.

11 틈새마케팅(Niche Marketing) 전략 중 소비자의 적극적인 개성화 의식을 전제로 하여 이에 따른 소비자 개개인의 니즈를 충족시키고자 하는 유형은?

① 시장 확장 전략
② 개성화 대응 전략
③ 세분단위 시장개척 전략
④ 세분단위 시장교환 전략
⑤ 세분단위 시장심화 전략

마케팅 관리의 개념 변화

서비스 삼각형의 요소 등 **47%**　　**53%** 마케팅의 관리의 개념 변화

핵심 이론

1. 마케팅 관리의 개념

① 생산 개념
- ㉠ 가장 오래된 마케팅 개념으로, 주로 개발도상국에서 기업이 시장을 확대하고자 할 때 이용함
- ㉡ 소비자의 선택 기준이 가격과 제품의 활용성에 있다는 가정에서 출발함
- ㉢ 소비자는 이용 범위가 넓고 원가가 낮은 제품을 선호할 것이라는 주장

② 제품 개념
- ㉠ 소비자가 최고의 품질, 성능, 혁신적인 제품을 선호할 것이라고 믿는 개념
- ㉡ 소비자가 잘 만든 제품의 품질과 성능을 높이 평가할 것이라고 보지만, 실제 시장의 요구에는 못 미치는 경우가 많음
- ㉢ 소비자의 선택 기준이 제품의 품질, 성능에 있으므로 기업은 지속적으로 제품 기능의 개선에 힘써야 함

③ 판매 개념
- ㉠ 고객은 자발적으로 제품을 충분히 구매하지 않을 것이므로 기업은 공격적인 판매와 촉진 노력을 수행해야 함
- ㉡ 기업이 과잉생산에 처할 경우 수행하는 개념으로 목적 시장이 원하는 것을 제조하기보다는 기업에서 만든 것을 판매하는 것에 목적을 두는 마케팅
- ㉢ 이용가능한 모든 효과적인 판매활동과 촉진도구의 활용을 추구함

2. 복합적 마케팅의 구성 요소

① 관계 마케팅 : 기업의 유지와 수익을 위해 고객과 장기적인 관계를 구축하는 것이 목표인 마케팅

② 통합적 마케팅 : 기업의 과업이 고객의 가치와 상호 소통을 하기 위해 통합된 프로그램

③ 내적 마케팅 : 조직 내의 모든 구성원들이 고객의 관점을 가질 수 있도록 고용, 훈련, 동기부여하는 마케팅

④ 사회적 마케팅 : 기업의 과업이나 마케팅을 윤리적, 환경적, 법적, 사회적 맥락에서 이해하는 마케팅

3. 칼 알브레히트(Karl Albrecht)의 서비스 삼각형의 요소

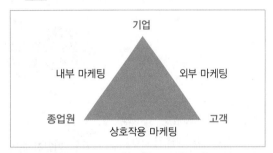

기업 / 내부 마케팅 / 외부 마케팅 / 종업원 / 상호작용 마케팅 / 고객

① 내부 마케팅
- ㉠ 기업과 종업원 사이에 이루어지는 마케팅으로 기업이 고객과의 서비스 약속을 이행할 수 있도록 서비스 제공자를 지원하는 활동
- ㉡ 서비스의 품질 관리를 위해 직원을 교육·훈련하고, 이들에게 동기를 부여하는 내부 직원을 대상으로 하는 마케팅 활동
- ㉢ 기업은 직원에게 적절한 재량권을 부여하여 직원이 주인의식과 책임감을 가지고 고객과 상호작용할 수 있게 해야 함

② 외부 마케팅
- ㉠ 기업과 고객 사이에 이루어지는 모든 활동
- ㉡ 서비스 산업에서도 CEO는 고객을 조사하고, 고객에게 제공할 서비스를 설계 디자인하여 제공함

③ 상호작용 마케팅(리얼타임 마케팅)
- ㉠ 일선 접점직원과 고객 간에 이루어지는 과정으로 고객의 만족도 여부가 결정됨
- ㉡ 서비스 기업의 직원들이 직접적으로 고객과 접촉하면서 실제 서비스를 제공

제2과목

📖 핵심 기출 유형 문제

꼭 나오는 유형 ❶ 마케팅 관리의 개념 변화

마케팅 개념의 변화와 관련해 '생산 개념'에 대한 설명으로 가장 옳지 않은 것은?

① 가장 오래된 마케팅 개념이다.
② 기업이 시장을 확대하고자 할 때 이용되며 개발도상국에 의미가 있다.
③ 소비자의 선택 기준이 가격과 제품의 활용성에 있다는 가정에서 출발한다.
④ 소비자는 이용 범위가 넓고 원가가 낮은 제품을 선호할 것이라는 주장이다.
⑤ 기업의 잠재적 능력보다 시장의 욕구에 초점을 맞추는 시장주의적 관점에 해당된다.

해설
생산 개념은 시장의 욕구에 초점을 맞추기보다는 기업의 내적인 능력에 초점을 맞추는 판매자 관점에 해당된다.

정답 ⑤

01
• 판매 개념 : 구매자들은 일반적으로 제품을 많이 구매하지 않기 때문에, 목적시장이 원하는 것을 제조하기보다는 기업에서 만든 것을 판매하는 것을 목적으로 하는 마케팅 개념이다.
• 제품 개념 : 소비자의 선택 기준이 제품의 품질, 성능에 있으므로 기업은 지속적으로 제품 기능의 개선에 힘써야 한다는 개념이다.

01 기업이 과잉생산에 처할 경우 수행하는 개념으로 목적시장이 원하는 것을 제조하기보다는 기업에서 만든 것을 판매하는 것에 목적을 두는 마케팅 개념은?

① 판매 개념 ② 현장 개념
③ 기술 개념 ④ 제품 개념
⑤ 추천 개념

02
마케팅의 판매 개념은 고객은 자발적으로 제품을 충분히 구매하지 않으므로 기업은 공격적인 판매와 거래에 집중해야 한다는 개념이다.

02 마케팅 개념의 변화와 관련해 판매(Sales) 개념에 대한 설명으로 가장 옳지 않은 것은?

① 판매 개념은 소비자와 기업을 그대로 두면 일반적으로 제품을 많이 구매하지 않는다는 주장에서 시작한다.
② 목적시장이 원하는 것을 제조하기보다 기업에서 만든 것을 판매하는 것이 핵심이다.
③ 거래를 조성하는 데 집중하기보다 고객과의 장기적 이익 창출의 관계가 우선시되어야 한다.
④ 기업이 과잉생산의 상황에 처할 경우 수행하는 개념이다.
⑤ 경쟁 회사보다 소비자를 효과적으로 설득할 수 있어야 하며 이용 가능한 모든 효과적인 판매 활동과 촉진 도구 활용을 추구한다.

03 마케팅 개념의 변화와 관련해 다음 중 복합적 마케팅을 이루는 4가지 구성 요소와 가장 거리가 먼 것은?

① 철학적 마케팅　　　　　② 사회적 마케팅
③ 내적 마케팅　　　　　　④ 관계 마케팅
⑤ 통합적 마케팅

💬 정답 및 해설

03

복합적 마케팅을 이루는 4가지 구성 요소에는 관계 마케팅, 통합적 마케팅, 내적 마케팅, 사회적 마케팅이 있다.

꼭 나오는 유형 **❷ 서비스 삼각형의 요소 등**

서비스 마케팅과 관련해 '칼 알브레히트'가 제시한 '서비스 삼각형'의 요소 중 다음 〈보기〉의 (나)에 들어갈 내용으로 알맞은 것은?

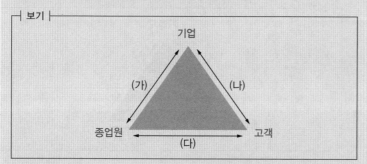

① 품질 마케팅　　　　　② 내부 마케팅
③ 외부 마케팅　　　　　④ 복합 마케팅
⑤ 상호작용 마케팅

해설

외부 마케팅 : 기업과 고객의 사이에 이루어지는 모든 마케팅 활동이다. (가) 내부 마케팅, (나) 외부 마케팅, (다) 상호작용 마케팅에 해당한다

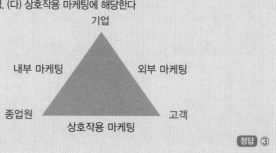

정답 ③

❗ 문제타파 TIP

칼 알브레히트가 제시한 서비스 삼각형 관련 문제는 삼각형 그림 각 변에 들어가는 서비스 마케팅을 고르는 문제가 자주 출제된다.

정답 **03** ①

04

내부 마케팅
서비스 제공자가 고객과 약속한 서비스를 제공할 의지를 가질 수 있도록 동기부여를 하고 능력을 배양하고 보상하며, 장비와 기술을 확충하는 활동이다.

05

상호작용 마케팅
리얼타임 마케팅이라고도 하며, 기업이 한 약속을 종업원이 제대로 지키는 과정으로 고객에게 서비스를 제공하는 구성원의 역량을 가리킨다.

04 '칼 알브레히트'가 제시한 '서비스 삼각형'의 요소 중 기업과 종업원 사이에 이루어지는 마케팅으로 기업이 고객과의 서비스 약속을 이행할 수 있도록 서비스 제공자를 지원하는 활동을 의미하는 것은?

① 표준 마케팅　　　　② 감성 마케팅
③ 상품 마케팅　　　　④ 내부 마케팅
⑤ 조절 마케팅

05 서비스 마케팅과 관련해 '칼 알브레히트'가 제시한 '서비스 삼각형'의 요소 중 다음 〈보기〉의 (다) 안에 들어갈 내용으로 알맞은 것은?

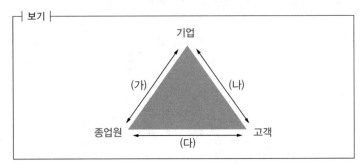

① 직접 마케팅　　　　② 간접 마케팅
③ 계획 마케팅　　　　④ 리얼타임 마케팅
⑤ 확률 마케팅

08 서비스 패러독스 (Service Paradox)

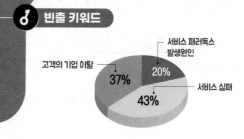

핵심 이론

1. 서비스 패러독스 발생원인(공업화의 한계점)

① **서비스 표준화** : 종업원의 자유재량, 인간적 서비스 결여로 서비스 빈곤 인식을 양산

② **서비스 동질화** : 무리한 서비스 균형 추구는 개별성을 상실, 획일적이고 경직된 서비스를 제공

③ **서비스의 인간성 상실** : 기업이 효율성만 추구, 종업원 정신적 · 육체적 피로 누적으로 사기 저하가 서비스 품질에 반영

④ **기술의 복잡화** : 제품의 복잡한 기술 진보를 소비자나 종업원이 따라가지 못함

⑤ **종업원 확보의 악순환** : 충분한 종업원 교육훈련 없이 저임금 위주로 채용하다보니 문제 발생 시 대처 능력을 갖추지 못하고, 종업원 이직률이 높아 고객이 제대로 된 서비스를 받을 수 없음

2. 서비스 실패

① **고객이 기대하는 공정성 유형**

ㄱ 결과적 공정성(분배 공정성) : 불만 수준이나 서비스 실패에 맞는 결과물, 즉 보상을 의미함(예 교환, 환불, 가격할인, 쿠폰 제공 등).

ㄴ 절차적 공정성 : 서비스 실패와 관련된 문제 해결 과정에서 적용될 수 있는 기준(예 회사 규정, 정책, 적시성 등)

ㄷ 상호작용 공정성 : 서비스를 제공하는 종업원의 태도에 대한 기대를 의미(예 종업원의 친절, 배려, 사과, 서비스 응대 태도 등)

② **서비스 실패의 정의**

학자	서비스 실패의 정의
헤스켓, 새서, 하트	서비스 과정이나 결과에 대하여 서비스를 경험한 고객이 좋지 못한 감정을 갖는 것
윈	서비스 접점에서 고객 불만족을 일으키는 열악한 서비스를 경험하는 것
벨, 젬케	수준이 심각하게 떨어지는 서비스 결과를 경험하는 것
자이다믈, 베리	고객이 느끼는 허용영역 이하로 떨어지는 서비스 성과
베리, 레너드, 파라수라만	책임이 분명한 과실로 인해 초래된 서비스 과정이나 결과를 말함
존스턴	책임 소재와 관계없이 서비스 과정 혹은 결과에 있어서 잘못된 것

③ **서비스 실패의 중요성**

ㄱ 향후 고객과 기업의 재거래 여부 및 구전을 통한 신규 고객 창출에 영향을 미침

ㄴ 하나의 부정적 이미지가 기업 전체 이미지에 영향을 미치는 후광 효과가 될 수 있음

ㄷ 한 분야의 서비스 실패가 다른 분야의 실패까지 유도하는 도미노 효과를 유발할 가능성

3. 고객의 기업 이탈

① 수잔 키비니(Susan Keaveney)의 서비스 전환 유형

   ㉠ 가격 : 공정하지 않은 가격

   ㉡ 불편함 : 서비스를 제공받는 위치나 시간 등에 대한 불편

   ㉢ 핵심 서비스 실패 : 서비스 제공자의 업무 실수, 서비스 파멸, 계산상의 오류

   ㉣ 서비스 접점 실패 : 서비스 제공자의 무례함, 전문성 부족, 고객에 대한 무관심

   ㉤ 경쟁 : 경쟁업체의 서비스보다 뒤떨어짐

   ㉥ 윤리적 문제 : 거짓 정보, 속임수, 사기 또는 강매, 안전상의 문제, 위험성, 이해관계 대립

   ㉦ 비자발적 전환 : 서비스 제공자의 업무 중단, 점포 폐쇄 및 이전, 고객이동

   ㉧ 서비스 실패 반응 : 부정적 혹은 무반응, 내키지 않는 반응

② 기업을 이탈하는 고객 유형과 영향

   ㉠ 핵심가치 제공 실패(44.3%)

   ㉡ 불친절한 고객 응대(34.1%)

   ㉢ 가격(29.9%)

   ㉣ 이용불편(20.7%)

   ㉤ 불만처리 미흡(17.3%)

   ㉥ 경쟁사의 유인(10.2%)

   ㉦ 기업의 비윤리적 행위(7.5%)

   ㉧ 불가피한 상황(6.2%)

4. 서비스 회복

① 서비스 회복의 정의

   ㉠ 서비스 회복은 서비스 실패에 대응하여 조직이 불만을 해소하기 위해 하는 체계적인 활동

   ㉡ 서비스 회복의 핵심은 불평 고객뿐 아니라 불만을 표현하지 않는 고객도 사전에 조사하여 서비스 접점의 문제점을 해결하는 것

   ㉢ 서비스 회복이 제대로 되지 않으면 고객 이탈과 다른 사람들에게 부정적인 구전이 전달될 수 있음

   ㉣ 그렌루스 : 부정적 불일치로 인해 발생되는 서비스 실패는 결국 고객 불만족으로 이어지므로 적절한 서비스 회복을 통해 불만족한 고객을 만족한 상태로 회복시킬 수 있음

   ㉤ 서비스 회복을 지나치게 서두르면 이중일탈효과(Double Deviation Effect)가 발생할 수 있음

② 서비스 회복 패러독스(Service Recovery Paradox)

   ㉠ 서비스 실패를 효과적으로 회복한다면, 고객에게 서비스 실패 전보다 더 큰 만족을 줄 수 있는 기회가 될 수 있음

   ㉡ 서비스 실패 후의 고객만족도가 실패 이전의 만족도보다 높은 경우 발생

③ 서비스 회복의 2가지 유형

   ㉠ 심리적 회복 : 기업의 사과와 공감, 기업의 해명, 문제의 반복이 없다는 확신, 불만을 기업에 표현할 수 있는 기회의 마련

   ㉡ 물질적 회복 : 서비스 실패에 대한 금전적 손실과 불편함의 보상, 수리 등

📖 핵심 기출 유형 문제

꼭 나오는 유형 ❶ 서비스 패러독스 발생원인

다음 중 서비스 패러독스 발생원인과 관련하여 서비스 공업화의 한계점에 대한 내용으로 가장 적절하지 않은 것은?

① 종업원 확보의 악순환   ② 서비스의 기능성 상실

③ 기술의 복잡화   ④ 서비스의 표준화

⑤ 서비스의 동질화

!문제타파 TIP

서비스 패러독스에서는 서비스 공업화의 한계점들을 하나하나 세심하게 학습해 두자.

┣해설 서비스 패러독스의 발생원인

• 서비스의 표준화 : 서비스가 획일적으로 표준화되면 종업원의 자유재량이나 서비스의 기본인 인간적 서비스가 결여되며, 풍요로운 서비스경제 가운데 서비스의 빈곤이라는 인식을 낳게 된다.

• 서비스의 동질화 : 무리한 서비스의 균형 추구는 서비스의 개별성을 상실하게 되고, 획일적이고 경직된 서비스를 제공하게 되는 것이다.

• 서비스의 인간성 상실 : 기업이 효율성만 강조하면 인간성 무시 현상이 나타나게 된다. 또한, 인건비 상승으로 인한 제한된 종업원의 수와 폭등하는 서비스 수요에 의해 종업원들은 정신적·육체적으로 피곤해지며 무수히 많은 고객을 상대하다 보면 기계적으로 되는 것이 불가피해진다. 서비스는 이런 종업원의 사기 저하나 정신적 피로가 서비스 품질에 반영된다.

• 기술의 복잡화 : 제품이 너무나 복잡해져서 소비자나 종업원이 기술의 진보를 따라가지 못하는 경우가 있다.

• 종업원 확보의 악순환 : 기업이 경비절감을 위해 저임금 위주로 종업원을 구하고 충분한 교육훈련 없이 종업원을 채용하게 되어, 문제가 발생 시 대처 능력이 떨어지고, 이직률이 높아 고객은 초임 종업원으로부터 서비스를 지속적으로 받게 되어 서비스 품질도 낮아진다.

정답 ②

---

01 서비스 패러독스 발생원인 중 '기술의 복잡화'에 대한 설명에 가장 부합하는 것은?

① 인간을 기계의 부속품 정도로 취급하여 인간 존엄성이 무시되는 현상이 발생되었다.

② 인력확보가 힘들어짐에 따라 충분한 교육 훈련 없이 종업원을 채용하는 문제가 발생되었다.

③ 획일적인 서비스를 제공하고 상황에 따라 유연하게 대응하지 못하며 경직되는 위험을 지니고 있다.

④ 손쉽게 인근 업소에서 수리 받던 시대는 지나가고 이제 고객이 멀리까지 가서 기다려야 하는 시대가 되었다.

⑤ 종업원의 자유재량이나 서비스의 기본이 되는 인간적 서비스가 결여되어 서비스 빈곤이라는 인식을 낳게 되었다.

01

① 서비스의 인간성 상실, ② 종업원 확보의 어려움, ③ 서비스의 동질화, ⑤ 서비스의 표준화에 대한 설명이다.

정답 **01** ④

👍 **더 알아보기** **기술의 복잡화**

• 제품이 너무 복잡해져서 소비자나 종업원이 기술의 진보를 따라가지 못하는 경우가 있다.
• 손쉽게 인근 업소에서 수리 받던 시대는 지나가고, 이제 고객이 멀리까지 가야 되고 많이 기다려야 하는 시대가 되었다.

02

서비스 패러독스의 발생원인으로는 서비스의 표준화, 서비스의 동질화, 서비스의 인간성 상실, 기술의 복잡화, 종업원 확보의 악순환 등이 있다.

02 다음 중 서비스 패러독스(Service Paradox)의 발생 원인으로 가장 적절하지 않은 것은?

① 기술의 복잡화　　　　② 서비스의 이질화
③ 서비스의 표준화　　　　④ 종업원 확보의 악순환
⑤ 서비스의 인간성 상실

03

서비스 성과 측면에서 서비스 질을 악화시키는 주 요인은 기업 중심의 서비스 공업화이며, 이런 서비스 공업화의 한계점으로 서비스 표준화, 서비스 동질화, 서비스의 인간성 상실, 기술의 복잡화, 종업원 확보의 악순환을 들 수 있다.

03 다음 중 서비스 패러독스(Service Paradox) 발생 원인과 관련하여 서비스 공업화의 한계점에 대한 내용으로 가장 적절하지 않은 것은?

① 기술의 복잡화　　　　② 서비스의 동질화
③ 서비스의 표준화　　　　④ 서비스의 인간성 상실
⑤ 충성 고객 이탈의 악순환

⚠️ **문제타파 TIP**

고객이 기대하는 서비스 공정성의 내용에서는 각 공정성 유형별로 어떤 내용들이 있는지를 확인하는 작업이 중요하며, 서비스 실패 요인은 자주 확인하고 암기해야 한다.

🎯 **나오는 유형** ❷ **서비스 실패**

서비스 실패 처리에서 고객이 기대하는 공정성 유형 중 다음 〈보기〉의 설명에 해당하는 것은?

┤ 보기 ├
고객의 서비스 실패에 대한 유형적 보상을 의미하는 것으로 교환 및 환불, 가격 할인, 쿠폰 제공 등에 해당된다.

① 분배 공정성　　　　② 조사 공정성
③ 절차 공정성　　　　④ 비교 공정성
⑤ 상호작용 공정성

🔑 **해설**
서비스 실패 처리에서 고객이 기대하는 공정성 유형에는 분배 공정성 외에 결과 공정성, 상호작용 공정성이 있으며, 〈보기〉는 분배의 공정성에 대한 내용이다.
서비스 실패처리에서 고객이 기대하는 공정성 유형
• 절차 공정성 : 회사의 규정, 정책, 적시성 등을 의미한다.
• 상호작용 공정성 : 서비스를 제공하는 직원의 태도에 대한 기대를 의미한다.
• 결과 공정성(분배 공정성) : 불만 수준에 맞는 결과물, 즉 보상을 의미한다.

정답 ①

04 서비스 실패처리에서 고객이 기대하는 공정성 유형 중 다음 〈보기〉의 설명에 해당하는 것은?

┌ 보기 ┐
서비스 실패와 관련된 문제를 해결하는 과정에서 적용될 수 있는 기준으로 회사의 정책, 규칙, 적시성 등에 해당된다.
└─────┘

① 절차 공정성
② 반응 공정성
③ 표준 공정성
④ 전환 공정성
⑤ 분배 공정성

05 서비스 실패 처리에서 고객이 기대하는 공정성 유형 중 종사원의 친절, 배려, 사과 등 서비스 제공자의 응대 태도에 해당하는 것은?

① 절차적 공정성
② 분배적 공정성
③ 긍정적 공정성
④ 상호작용 공정성
⑤ 고객 지향적 공정성

06 다음 중 서비스 실패에 대한 일반적인 개념으로 가장 거리가 먼 것은?

① 책임소재와는 무관하게 서비스 과정이나 결과에 있어서 무엇인가 잘못된 것을 의미한다.
② 서비스 과정이나 결과에 대하여 서비스를 경험한 고객이 좋지 못한 감정을 갖게 되는 것이다.
③ 고객이 지각하는 허용영역 이하로 떨어지는 서비스 성과를 의미한다.
④ 천재지변과 같은 불가항력적 문제 역시 서비스 제공자의 과실로 보는 것을 말한다.
⑤ 서비스 경험이 심각하게 떨어지는 서비스 결과를 초래하는 것이다.

07 서비스 실패와 관련해 다음 〈보기〉의 내용과 같이 주장한 학자는?

┌ 보기 ┐
서비스 실패란 서비스 과정이나 결과에 대하여 서비스를 경험한 고객이 좋지 못한 감정을 갖는 것을 말한다.
└─────┘

① 윈
② 벨, 젬케
③ 자이다믈, 베리
④ 헤스켓, 새서, 하트
⑤ 베리, 레너드, 파라수라만

04
서비스 실패처리에서 고객이 기대하는 공정성 유형에는 〈보기〉의 절차의 공정성 이외에 결과적 공정성, 상호작용 공정성 등이 있다.

05
상호작용 공정성은 서비스를 제공하는 직원의 태도에 대한 기대를 의미한다.

06
서비스 실패는 기업과 고객 간의 상호작용에서 발생하는 것으로 불가항력적 천재지변은 서비스의 과실로 보지 않는다.

07
① 윈 : 서비스 접점에서 고객 불만족을 일으키는 열악한 서비스를 경험하는 것이다.
② 벨, 젬케 : 수준이 심각하게 떨어지는 서비스 결과를 경험하는 것이다.
③ 자이다믈, 베리 : 고객이 느끼는 허용영역 이하로 떨어지는 서비스 성과를 말한다.
⑤ 베리, 레너드, 파라수라만 : 책임이 분명한 과실로 인해 초래된 서비스 과정이나 결과이다.

정답 04 ① 05 ④ 06 ④ 07 ④

08
① 벨, 젬케 : 수준이 심각하게 떨어지는 서비스 결과를 경험하는 것이다.
② 헤스켓, 새서, 하트 : 서비스 과정이나 결과에 대하여 서비스를 경험한 고객이 부정적인 감정을 갖는 것이다.
③ 원 : 서비스 접점에서 고객 불만족을 일으키는 열악한 서비스를 경험하는 것이다.
④ 베리, 레너드, 파라수라만 : 책임이 분명한 과실로 인해 초래된 서비스 과정이나 결과를 말한다.

08 서비스 실패와 관련해 다음 〈보기〉의 내용과 같이 주장한 학자는?

┤ 보기 ├
서비스 실패란 고객이 지각하는 허용영역 이하로 떨어지는 서비스 성과를 의미한다.

① 벨, 젬케, 존스턴
② 헤스켓, 새서, 하트
③ 슬레진저, 허스켓, 원
④ 베리, 레너드, 파라수라만
⑤ 자이다믈, 베리

09
① 자이다믈, 베리 : 고객이 느끼는 허용영역 이하로 떨어지는 서비스 성과를 말한다.
② 새서, 하트 : 서비스 과정이나 결과에 대하여 서비스를 경험한 고객이 부정적인 감정을 갖는 것이다.
③ 존스터, 원 : 서비스 접점에서 고객 불만족을 일으키는 열악한 서비스 경험하는 것이다.
④ 베리, 레너드 : 책임이 분명한 과실로 인해 초래된 서비스 과정이나 결과를 말한다.

09 서비스 실패와 관련해 다음 〈보기〉의 내용과 같이 주장한 학자는?

┤ 보기 ├
서비스 실패란 서비스 결과가 고객의 기대 이하로 심각하게 떨어지는 서비스 경험을 의미한다.

① 자이다믈, 베리   ② 새서, 하트
③ 존스터, 원   ④ 베리, 레너드
⑤ 벨, 젬케

❗ 문제타파 TIP

'수잔 키비니'의 서비스 전환 유형에서 서비스 접점 실패, 윤리적 문제, 비자발적 전환 등은 빈출 유형이므로 반복적인 학습으로 내용을 숙지할 것!

🔖 나오는 유형 ❸ 고객의 기업 이탈

수잔 키비니 교수가 제시한 서비스 전환 유형 중 '비자발적 전환'에 해당하는 것은?
① 속임수 및 강압적 판매
② 예약을 위한 대기시간의 불편함
③ 안전상의 문제와 이해관계 대립
④ 서비스 제공자의 업무 중단, 고객 이동
⑤ 높은 가격, 가격 인상, 불공정한 가격 산정 및 속임수 가격

┤ 해설 ├
①·③ 윤리적 문제, ② 불편함, ⑤ 가격에 대한 내용이다.

정답 ④

08 ⑤ **09** ⑤ 정답

10 '수잔 키비니' 교수가 제시한 서비스 전환 유형 중 서비스 제공자의 업무 중단, 점포 폐쇄 및 이전 등에 해당되는 것은?

① 윤리적 문제
② 비자발적 전환
③ 핵심 서비스 실패
④ 서비스 접점 실패
⑤ 서비스 실패 반응

11 '수잔 키비니' 교수가 제시한 서비스 전환 유형 중 '핵심 서비스 실패'에 관련된 내용으로 옳은 것은?

① 경쟁자의 우수한 서비스
② 무관심과 무례함, 냉담한 반응, 전문성 부족
③ 부정적 반응 혹은 무반응, 내키지 않는 반응
④ 서비스 제공자의 업무 실수, 계산상의 오류, 서비스 파멸
⑤ 높은 가격, 가격 인상, 불공정한 가격 산정 및 속임수 가격

12 '수잔 키비니' 교수가 제시한 서비스 전환 유형 중 사기 또는 강매, 안전상의 문제, 이해관계 대립 등에 해당되는 것은?

① 윤리적 문제
② 비자발적 전환
③ 서비스 접점실패
④ 핵심서비스 실패
⑤ 서비스 실패 반응

13 '수잔 키비니' 교수가 제시한 고객 이탈 유형 중 가장 낮은 순위에 해당하는 것은?

① 불가피한 상황
② 가격
③ 경쟁사의 유인
④ 이용 불편
⑤ 불만처리 미흡

10
① 윤리적 문제 : 속임수, 강매, 안전상의 문제, 이해관계 대립 등
③ 핵심 서비스 실패 : 서비스 제공자의 업무적 실수, 서비스 파멸 등
④ 서비스 접점 실패 : 전문성 부족, 서비스 제공자에 대한 무례함 등
⑤ 서비스 실패 반응 : 내키지 않는 반응 등

11
① 경쟁, ② 서비스 접점 실패, ③ 서비스 실패 반응, ⑤ 가격에 해당하는 서비스 전환 유형이다.

12
② 비자발적 전환 : 서비스제공자의 업무중단, 점포 폐쇄 및 이전, 고객 이동
③ 서비스 접점 실패 : 서비스 제공자의 무례함, 전문성 부족
④ 핵심 서비스 실패 : 서비스 제공자의 업무 실수, 서비스 파멸, 계산상의 오류

13
고객이 기업을 이탈하는 유형과 영향도
• 핵심가치 제공 실패(44.3%)
• 불친절한 고객 응대(34.1%)
• 가격(29.9%)
• 이용불편(20.7%)
• 불만처리 미흡(17.3%)
• 경쟁사의 유인(10.2%)
• 기업의 비윤리적 행위(7.5%)
• 불가피한 상황(6.2%)

정답 **10** ② **11** ④ **12** ① **13** ①

09 애프터서비스(A/S)의 품질 요소

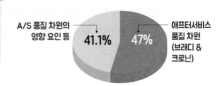

A/S 품질 차원의 영향 요인 등 41.1% 47% 애프터서비스 품질 차원 (브래디 & 크로닌)

📖 핵심 이론

1. 애프터서비스(After Service)의 개념

① 애프터서비스는 상품을 판매한 후에도 판매자가 그 상품에 대해 수리, 설치, 점검 등의 봉사를 하는 일

② A/S에는 '무료 내지는 특별 가격으로 수선 서비스하는 일', '부속품이나 파트를 항상 준비하는 일', 몇 년 간이든지 품질을 보증하는 일' 등

2. 브래디(Brady)&크로닌(Cronin)의 애프터서비스 품질 차원

① 상호작용 품질
  ㉠ 직원의 태도와 행동 : 고객 도움 의지, 수리·접수 직원의 친절도, 직원의 믿음(말, 행동)
  ㉡ 서비스 처리시간

② 물리적 환경 품질 : 정책, 편의성

③ 결과 품질 : 제품의 수리정도를 나타내며 이때 전문성과 기술이 가장 중요함

3. A/S 품질 차원의 영향 요인

① 정책 : 무상 서비스의 정도와 수리 비용, 무상 서비스 보증기간

② 직원의 태도와 행동 : 제품 제조나 유통과정상의 결합으로 인한 것으로 애프터서비스 접수 시 직원들의 태도와 행동은 고객 불만 해소에 중요하게 작용

③ 편의성 : 서비스 센터의 접근 용이성, 내부 편의시설, 내부시설 배치, 전화상담실 이용 편리성 등은 A/S에 영향을 미침

④ 서비스 처리시간 : 다른 요인에 비해 영향도가 낮지만, 서비스가 잘 처리되었을 경우 매력적 품질 요소로 발전할 수 있음

⑤ 전문성과 기술 : 문제점 파악의 정확도, 서비스 후 문제해결 정도 및 제품 신뢰도, 서비스 항목 외 서비스 정도

4. 애프터서비스 품질 차원의 영향도 순위

전문성과 기술 > 종업원 태도와 행동 > 정책 > 편의성 > 서비스 처리시간

5. 사후 A/S의 관리 이점

① 사후 서비스 관리를 통해 얻을 수 있는 고객의 정보는 기존 제품의 품질 기능 향상에 도움을 줌

② 신제품 개발에 필요한 시간과 비용을 절감해 주는 이점이 있음

③ 다양한 불편 사항이나 불만을 원활한 커뮤니케이션을 통해 분석하여 고객의 니즈와 트렌드도 파악할 수 있음

④ 기업으로 하여금 추가적인 수익 창출에 드는 비용과 시간적인 노력을 절감해 주는 중요한 역할을 함

⑤ 사후 관리서비스는 고객지원에 비용을 소모하여 재구매와 재거래를 통한 상품판매를 효과적으로 하는 방법

📖 핵심 기출 유형 문제

꼭 나오는 유형 ❶ 애프터서비스 품질 차원(브래디&크로닌)

'브래디(Brady)와 크로닌(Cronin)'이 제시한 애프터서비스(A/S)의 품질 차원 중 물리적 환경 품질에 해당하는 것은?

① 전문성　　　　　　　　② 처리시간
③ 태도 및 행동　　　　　④ 편의성
⑤ 기술

해설

④ 브래디와 크로닌의 서비스 품질 모형에서 물리적 환경 품질에는 정책과 편의성이 있다. ① · ⑤ 결과품질, ② · ③ 상호작용 품질에 해당한다.

정답 ④

❗문제타파 TIP

애프터서비스 품질 차원 중 결과 품질과 물리적 환경 품질에 해당하는 것들은 출제빈도가 높으므로 확실하게 알아두자.

01 '브래디(Brady)와 크로닌(Cronin)'이 제시한 애프터서비스(A/S)의 품질 차원 중 결과 품질에 해당되는 내용을 〈보기〉에서 찾아 모두 선택한 것은?

┌ 보기 ├──────────────────────
가. 기술　　　　　　　　　나. 정책
다. 편의성　　　　　　　　라. 전문성
마. 처리시간　　　　　　　바. 태도 및 행동
└────────────────────────────

① 가, 나, 다　　　　　　　② 가, 나, 다, 라
③ 가, 라　　　　　　　　　④ 가, 마, 바
⑤ 가, 바

01
브래디와 크로닌의 서비스 품질 모형
• 상호작용 품질 : 직원의 태도와 행동, 처리시간
• 물리적 환경 품질 : 정책, 편의성
• 결과 품질 : 전문성과 기술

02 '브래디(Brady)와 크로닌(Cronin)'이 제시한 애프터서비스(A/S)의 품질차원 중 상호작용 품질에 해당하는 것은?

① 정책　　　　　　　　　② 편의성
③ 전문성　　　　　　　　④ 처리시간
⑤ 기술

02
③ 애프터서비스의 품질차원 중 상호작용 품질에 해당하는 것은 종업원의 태도와 행동, 처리시간 등이 있다.

정답 01 ③ 02 ④

🔖 나오는 유형 ❷ A/S 품질 차원의 영향요인 등

애프터서비스 품질 차원의 영향 요인 중 문제점 파악의 정확도, 서비스 후 문제 해결 정도 및 제품 신뢰도, 서비스 항목 외 서비스 정도 등에 해당하는 것은?

① 정책
② 편의성
③ 전문성과 기술
④ 서비스 처리시간
⑤ 직원의 태도와 행동

해설 품질 차원의 영향요인

• 정책 : 무상 서비스의 정도와 수리 비용, 무상 서비스 보증기간 등이 있다.
• 직원의 태도와 행동 : 제품 제조나 유통과정상의 결함으로 인한 애프터서비스에서 직원들의 태도와 행동은 고객 불만 해소에 중요하게 작용한다.
• 편의성 : 서비스 센터의 접근 용이성이나 전화상담실 이용 편리성 등 중요한 영향을 미친다.
• 서비스 처리시간 : 다른 요인에 비해 영향도가 낮지만, 서비스가 잘 처리되었을 경우 매력적 품질 요소로 발전할 수 있다.
• 전문성과 기술 : 제품 결함 시에 정확한 문제점 파악, 서비스 후에 제품의 문제해결 정도, 제품에 대한 신뢰도, 서비스 항목 외 서비스 정도 등을 나타낸다.

정답 ③

03 애프터서비스 품질 차원의 영향 요인 중 '편의성'과 관련된 내용으로 보기 어려운 것은?

① 내부시설 배치
② 내부 편의시설
③ 접수 후 수리시간
④ 전화상담실 이용 편리성
⑤ 서비스센터 접근 용이성

04 애프터서비스(After Service) 품질 차원의 영향 요인 중 '직원의 태도와 행동'에 대한 내용으로 가장 거리가 먼 것은?

① 고객 도움 의지
② 무상 서비스의 정도
③ 수리직원의 친절도
④ 접수직원의 친절도
⑤ 직원의 믿음(말, 행동)

05 애프터서비스 품질 차원의 영향 요인 중 무상 서비스의 정도와 수리 비용, 무상 서비스 보증기간 등에 해당하는 것은?

① 정책
② 편의성
③ 처리시간
④ 전문성과 기술
⑤ 직원의 태도와 행동

05

② 편의성 : 서비스 센터의 접근 용이성, 내부 편의시설, 내부시설 배치, 전화상담실 이용 편리성 등은 A/S에 영향을 미침
③ 처리시간 : 다른 요인에 비해 영향도가 낮지만, 서비스가 잘 처리되었을 경우 매력적 품질 요소로 발전할 수 있음
④ 전문성과 기술 : 문제점 파악의 정확도, 서비스 후 문제해결 정도 및 제품 신뢰도, 서비스 항목 외 서비스 정도
⑤ 직원의 태도와 행동 : 제품 결함 등으로 인한 것으로 애프터서비스 접수 시 직원들의 태도와 행동은 고객 불만 해소에 중요하게 작용

06 효율적인 사후 서비스 관리를 통해 얻을 수 있는 기업의 이점으로 가장 거리가 먼 것은?

① 사후 서비스 관리를 통해 얻을 수 있는 고객의 정보는 기존 제품의 품질 기능 향상에 도움을 준다.
② 신제품 개발에 필요한 시간과 비용을 절감해 주는 이점이 있다.
③ 다양한 불편 사항이나 불만을 원활한 커뮤니케이션을 통해 분석하여 고객의 니즈와 트렌드를 파악할 수 있게 해준다.
④ 기업으로 하여금 추가적인 수익 창출에 드는 비용과 시간적인 노력을 절감해 주는 중요한 역할을 한다.
⑤ 고객지원에 소모되는 비용을 일체 전환하여 확실한 신규 비즈니스 모델을 개척할 수 있게 해준다.

06

사후 관리서비스는 고객지원에 비용을 소모하여 재구매와 재거래를 통한 상품판매를 효과적으로 하는 방법으로 ⑤의 설명과는 거리가 멀다.

정답 05 ① 06 ⑤

01 고객인지 프로그램

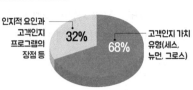

인지적 요인과 고객인지 프로그램의 장점 등 32%

고객인지 가치 유형(세스, 뉴먼, 그로스) 68%

핵심 이론

1. 고객인지 가치

가치는 인간의 행동에 영향을 미친다는 측면에서 근본적이며 광범위하게 평가되며 개인의 행동을 정당화시킴

2. 인지적 요인

① 인지는 사람의 신념, 태도, 행동, 환경 등이 가진 지식의 총칭 개념이며, 소비자는 자신이 행동한 것에 따라 믿음을 조정하려고 함

② 인지부조화(페스팅거) : 소비자가 각각 옳다고 생각하는 두 개의 지각이 서로 부조화될 때 받는 심리상태나 불편한 경험

③ 인지적 협화 : 심리적 갈등이나 불안해소 방법으로 자기 합리화, 행동을 뒷받침할 추가적 정보 탐색, 인지부조화를 없애려는 방법 등(예 상품을 매입한 사람이 광고를 더 열심히 보아 자신의 구매행동에 만족감을 느끼는 심리)

3. 세스(Sheth), 뉴먼(Newman), 그로스(Gross)의 고객인지 가치 유형

① 기능 가치(Functional Value) : 상품의 품질, 서비스, 가격 등과 같은 물리적인 기능과 관련된 가치

② 사회 가치(Social Value) : 상품을 소비하는 사회계층 집단과 연관된 가치

③ 정서 가치(Emotional Value) : 상품을 소비하며 고객이 느끼는 감정과 관련된 가치

④ 상황 가치(Conditional Value) : 상품을 소비할 때 특정상황과 관련된 가치

⑤ 인식 가치(Epithetic Value) : 상품의 소비를 자극하는 고객의 호기심 등과 관련된 가치

4. 고객인지 프로그램의 장점

① 고객에게 차별화된 서비스 제공과 고객의 행동을 예측함

② 고객 파일은 관계마케팅을 수행 시 여러 측면의 기초 자료가 됨

③ 서비스 기업은 고객의 개인 취향에 맞는 서비스 제공이 가능함

④ 중요 고객에게 적절한 제품이나 서비스를 적시에 제공하여 효율적 마케팅 활동이 가능

⑤ 고객과의 원활한 의사소통을 가능하게 해주며 기존 고객의 유지를 기본으로 함

5. 리츠칼튼 호텔의 고객인지 프로그램

① 고객인지 프로그램 : 차별화되고 개별적 서비스를 가능하게 하는 것은 고객인지 프로그램(Customer Recognition Program)으로 불리는 고객정보관리시스템으로 고객이 말하지 않아도 원하는 것을 미리 실천해 주는 서비스를 제공하여 고객만족도를 극대화함

② 고객 기호카드 : 리츠칼튼 호텔에서 한 번이라도 묵은 고객의 정보는 데이터베이스에 저장되어 고객이 좋아하는 것, 즐기는 것, 관심 있는 것을 호텔이 파악하고 있어 고객의 취향에 맞게 제공함

③ 고객 코디네이터 : 리츠칼튼 호텔에 근무하는 고객 코디네이터는 자기 호텔에 머무르는 고객의 개인적 취향에 대해 조사하고, 고객별로 차별화된 서비스의 제공을 위해 이를 활용하는 업무를 수행함

④ 고객이력 데이터베이스 : 예약고객 명단이 입수되면 고객 코디네이터는 고객과 리츠칼튼 호텔 체인 지점 사이에서 일어났던 일을 저장해 놓은 고객이력 데이터베이스에 접속함

핵심 기출 유형 문제

꼭 나오는 유형 ❶ 고객인지 가치 유형(세스, 뉴먼, 그로스)

고객인지 가치와 관련해 '세스, 뉴먼, 그로스'가 제시한 5가지 가치 유형에 포함되지 않는 것은?

① 정서 가치   ② 상징 가치

③ 인식 가치   ④ 사회 가치

⑤ 상황 가치

해설 '세스, 뉴먼, 그로스'가 제시한 5가지 고객인지 가치 유형
- 기능 가치 : 상품의 품질, 서비스, 가격 등과 같은 물리적인 기능과 관련된 가치
- 사회 가치 : 상품을 소비하는 사회계층집단과 연관된 가치
- 정서 가치 : 상품을 소비하며 고객이 느끼는 감정과 관련된 가치
- 상황 가치 : 상품을 소비할 때 특정상황과 관련된 가치
- 인식 가치 : 상품의 소비를 자극하는 고객의 호기심 등과 관련된 가치

정답 ②

문제타파 TIP

고객인지 가치 5가지 유형과 각 유형별 내용을 꼼꼼하게 정리하고, 리츠칼튼 호텔의 고객인지 프로그램도 자주 출제되므로 함께 알아두자.

제2과목

---

01 고객인지 가치와 관련해 '세스, 뉴먼, 그로스'가 제시한 5가지 가치 유형 중 제품의 실용성 또는 물리적 기능과 관련된 것은?

① 기능적 가치

② 상황적 가치

③ 정서적 가치

④ 효용적 가치

⑤ 사회적 가치

01
② 상황적 가치 : 제품소비의 특정상황과 관련된 가치
③ 정서적 가치 : 상품을 소비하며 고객이 느끼는 감정에 관련된 가치
⑤ 사회적 가치 : 상품을 소비하는 사회계층 집단과 관련된 가치

---

02 고객인지 가치와 관련해 '세스(Sheth), 뉴먼(Newman), 그로스(Gross)'가 제시한 5가지 가치 유형 중 제품 소비를 자극하는 새로움, 호기심 등과 관련성이 가장 높은 것은?

① 사회적 가치

② 기능적 가치

③ 상황적 가치

④ 정서적 가치

⑤ 인식적 가치

02
사회적 가치는 상품을 소비하는 사회계층 집단과 관련된 가치이고, 상품의 품질, 가격 등과 같은 물리적 기능과 관련된 가치는 기능적 가치이다. 또한, 제품소비의 특정상황과 관련된 가치가 상황적 가치이고, 정서적 가치는 상품을 소비할 때 고객이 느끼는 감정과 관련된 가치이다.

정답 01 ① 02 ⑤

03

⑤ 제품 소비의 특정 상황과 관련된 것은 상황 가치(Conditional Value)이다.

① Social Value : 상품을 소비하는 사회계층집단과 연관된 가치

② Epithetic Value : 상품의 소비를 자극하는 고객의 호기심 등과 관련된 가치

③ Emotional Value : 상품을 소비하며 고객이 느끼는 감정과 관련된 가치

④ Functional Value : 상품의 품질, 서비스, 가격 등과 같은 물리적인 기능과 관련된 가치

! 문제타파 TIP

인지적 부조화나 인지적 협화 등의 개념과 예시, 고객인지 프로그램의 장점, 리츠칼튼 호텔의 차별화된 서비스 사례 등에 각별히 유념할 것!

04

③ 고객과의 원활한 의사소통을 가능하게 해주며 기존 고객을 유지하는 것을 기본으로 한다.

03 고객인지 가치와 관련해 '세스, 뉴먼, 그로스'가 제시한 5가지 가치 유형 중 제품 소비의 특정 상황과 관련된 가치 유형은?

① Social Value
② Epithetic Value
③ Emotional Value
④ Functional Value
⑤ Conditional Value

꼭 나오는 유형 ❷ 인지적 요인과 고객인지 프로그램의 장점 등

다음 〈보기〉의 내용 중 ( ) 안에 들어갈 용어로 가장 옳은 것은?

┤ 보기 ├

어떤 사람이 전기 자동차를 새로 구매하였다. 그리고 이 자동차를 사고 나서도 신문이나 잡지에 이 자동차의 광고가 나자 열심히 들여다보고 읽는다. 이것은 이 자동차를 산 자신의 행동이 잘못되지 않았다고 생각하고 싶기 때문이며, 좋은 자동차를 산 것을 음미해서 기분이 좋아지려고 하는 ( )에 해당된다.

① 인지적 협화
② 인지적 장애
③ 비(非)인지적 협화
④ 인지적 불협화
⑤ 비(非)인지적 불협화

┤ 해설 ├

인지적 협화는 소비자가 심리적 갈등이나 불안해소 방법으로 자기 합리화, 행동을 뒷받침할 추가적 정보 탐색, 인지부조화를 없애려는 방법 등을 말한다.

정답 ①

---

04 다음 중 고객인지 프로그램의 활용에 따른 장점을 설명한 내용으로 가장 옳지 않은 것은?

① 고객에게 차별화된 서비스를 제공하고 고객의 행동을 예측할 수 있다.

② 고객정보 파일은 관계마케팅을 수행하는데 있어 여러 가지 측면에서 기초가 된다.

③ 고객과의 원활한 의사소통을 가능하게 해주며 기존 고객 유지의 측면이 아닌 잠재 고객 확보를 기본으로 하고 있다.

④ 서비스 기업은 고객 각자의 개인 취향에 맞는 서비스를 제공할 수 있다.

⑤ 서비스 기업에서 가장 중요한 고객을 파악하여 적절한 제품이나 서비스를 적시에 제공할 수 있으므로 효율적 마케팅 활동을 가능하게 한다.

03 ⑤ **04** ③ 정답

05 다음 〈보기〉의 내용 중 고도로 차별화된 개별적 서비스를 제공하는 리츠칼튼 호텔의 서비스 활용 사례를 모두 선택한 것은?

| 보기 |
| 가. 고객인지 프로그램　　　　　　나. 고객 코디네이터
| 다. 고객기호카드　　　　　　　　라. 고객이력 데이터베이스

① 가, 나
② 가, 나, 다
③ 나, 다
④ 나, 다, 라
⑤ 가, 나, 다, 라

06 다음 〈보기〉의 내용 중 ( ) 안에 들어갈 용어로 가장 옳은 것은?

| 보기 |
누구나 좋아하는 장난감을 눈앞에 두고 한 그룹에는 그 장난감을 가지고 놀면 안 된다고 부드럽게 말하고 다른 한 그룹에는 절대 가지고 놀아서는 안 된다며 단호하게 말했다.
그 결과 부드럽게 말을 들었던 그룹의 아이들은 별로 그 장난감을 가지고 놀고 싶어 하지 않았다는 결과를 얻게 되었다.
단호하게 말을 들은 아이들은 엄격하게 금지 당했기 때문에 장난감을 가지고 놀 수 없었다며 자신의 행동을 정당화할 수 있는 반면, 부드럽게 말을 들은 아이들은 자신의 행동을 정당화할 수 있을 만큼 딱 부러진 이유를 찾을 수 없기 때문에 (　　　)(이)가 생겨 장난감에 대한 매력이 줄어들 수밖에 없었던 것이다.

① 멘털 리허설
② 라벨링 효과
③ 인지적 불협화
④ 내면 심리 조화
⑤ 방위적 노출

05
〈보기〉 모두 리츠칼튼 호텔의 서비스 사례이다. 리츠칼튼 호텔은 모든 고객에게 규격화된 획일적 서비스를 제공하는 것이 아니라, 고객인지 프로그램, 고객 코디네이터, 고객기호카드, 고객이력 데이터베이스 등을 활용해 차별된 개별적 서비스를 제공한다.

06
인지부조화(인지적 불협화)
소비자가 각각 옳다고 생각하는 두 개의 지각이 서로 부조화될 때 받는 심리상태나 불편한 경험을 말한다. 페스팅거는 '사람은 자신의 생각과 행동이 모순될 경우, 심리적인 불안상태에 빠지게 되며, 이를 해소하기 위해 행동을 바꾸거나 아니면 태도를 바꾸려고 한다'고 하였다.

정답 **05** ⑤ **06** ③

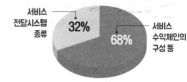

02 서비스 수익체인

핵심 이론

1. 헤스켓(Heskett)의 전략적 서비스 비전

① 전략적 서비스 비전과 서비스 수익체인은 상호보완적인 것으로 결국은 고객이 원하는 것을 전달하려는 서비스에 초점을 둠

② 구성 요소 : 표적시장, 운영전략, 서비스 개념, 서비스 전달시스템 등

2. 서비스 수익체인의 구성

| 내부 서비스 품질
(운영전략과 서비스 전달시스템)
• 작업장의 설계
• 충분한 보상과 인정
• 직원 선발 및 경력개발
• 업무 설계와 의사결정권한
• 정보의 제공과 커뮤니케이션
• 고객에게 서비스 제공에 필요한 지원 도구 | ➡ | 서비스의 가치
제품 품질, 생산성 향상을 고객이 인식하여 서비스 품질과 비용을 더 절약함 |

| ➡ | 외부 서비스 품질(표적시장)
• 반복 구매
• 고객의 유지
• 고객 생애 가치
• 만족스러운 서비스 가치
• 긍정적 제품 및 서비스의 구전과 권유
• 표적 고객의 욕구를 충족할 서비스 설계와 전달 | ➡ | 매출 성장 및 수익성 창출 |

3. 서비스 수익체인의 구조와 기능

① 고객충성도 : 수익성과 성장을 유발함

② 고객만족 : 고객충성도를 향상시킴

③ 서비스 가치 : 고객만족을 유도함

④ 종업원 생산성 : 서비스 가치를 유발함

⑤ 종업원 충성도 : 종업원 생산성을 유발함

⑥ 종업원 만족도 : 종업원 충성도를 유발함

⑦ 내부 품질 : 종업원 만족도를 높힘

4. 서비스 수익체인 운영단위 관리의 단계

1단계	모든 의사결정을 거쳐 서비스 수익체인의 연관관계 측정
2단계	자체 평가한 결과에 대한 상호 의견 교환
3단계	성과 측정을 위한 균형점수카드를 개발
4단계	성과 향상을 위한 행동 지침을 마련
5단계	측정한 결과에 대한 보상 개발
6단계	개별 영업 단위에서 결과에 대한 커뮤니케이션
7단계	내부적 성공 사례에 대한 정보 공유

5. 서비스 전달시스템 종류

기능 위주의 서비스 전달시스템	• 표준화된 서비스 생산에 적합하며 신속한 서비스 제공이 가능함 • 서비스 담당자의 업무를 전문화하며 고객이 직접 서비스 담당자를 찾아가는 형태로 설계 • 서비스 프로세스의 특정 부문에 의해 쉽게 제약을 받을 수 있음 • 병원, 건강검진, 영화관 등의 사례에 해당함
고객화 위주의 서비스 전달시스템	• 다양한 고객 욕구는 충족하나, 표준화되고 일관적인 서비스의 제공은 어려움 • 기능 위주의 전달시스템보다 폭넓은 업무를 수행할 수 있음(예 미용실, 세탁업, 숙박시설 등) • 고객의 욕구가 다양하고 서로 다르다는 점에 착안하여 서비스 전달시스템을 설계함 • 일관되고 표준화된 서비스를 제공하기 어려움 • 서비스 제공자의 성격, 기분, 교육수준에 따라 서비스 품질이 다름
프로젝트 위주의 서비스 전달시스템	• 일반적으로 규모가 큰 서비스 형태 • 사업내용이 복잡하고 1회성 사업에 많이 쓰임

📖 핵심 기출 유형 문제

🔑 꼭 나오는 유형 ❶ 서비스 수익체인의 구성 등

서비스 수익체인의 구성과 관련해 운영전략과 서비스 전달시스템을 의미하는 요소로 보기 어려운 것은?

① 작업장 설계
② 고객의 생애 가치
③ 종업원 선발과 경력개발
④ 업무 설계와 의사결정권
⑤ 정보제공 및 커뮤니케이션

ᆑ 해설
고객의 생애 가치는 외부 서비스 품질인 표적시장을 의미하는 요소이다.

정답 ②

👍 더 알아보기 서비스 수익체인 운영전략과 서비스 전달시스템

- 작업장 설계
- 업무 설계와 의사결정권
- 직원의 선발 및 경력개발, 보상
- 정보제공 및 커뮤니케이션
- 고객서비스 제공을 위한 적절한 지원 도구

01 서비스 수익체인의 구성과 관련해 운영전략과 서비스 전달시스템을 의미하는 요소로 보기 어려운 것은?

① 서비스 가치의 매력도
② 종업원 선발과 경력개발
③ 업무 설계와 의사결정권
④ 정보제공 및 커뮤니케이션
⑤ 고객에게 서비스를 제공하는 데 필요한 지원 도구

02 서비스 수익체인의 구성과 관련해 외부의 표적시장을 의미하는 요소로 보기 어려운 것은?

① 고객 유지
② 반복 구매
③ 보상과 인정
④ 긍정적 구전
⑤ 매력적인 서비스 가치

❗ 문제타파 TIP

수익체인의 내·외부 서비스의 구성 요소와 서비스 수익체인을 이용한 운영단위 관리의 7단계의 내용을 주의해서 알아두자.

01
서비스 가치의 매력도는 외부 서비스 품질인 표적시장의 요소라 할 수 있다.

02
외부의 표적시장을 의미하는 요소
- 매력도(매력적인 서비스 가치)
- 고객의 요구에 맞춘 서비스
- 고객 평생 가치
- 고객 유지
- 재구매(반복 구매)
- 애호가
- 주변의 권유(긍정적 구전)

정답 **01** ① **02** ③

03

③ 내부 품질은 종업원의 만족을 높이고, 종업원의 만족도가 높아지면 종업원 충성도를 유발한다.

03 서비스 수익체인의 구조와 기능에 대한 설명으로 가장 옳지 않은 것은?

① 서비스 가치는 고객만족을 유도한다.
② 고객만족은 고객충성도를 높인다.
③ 내부 품질은 고객 불만을 증가시킨다.
④ 종업원 충성도는 종업원 생산성을 유발한다.
⑤ 종업원 만족은 종업원 충성도를 유발한다.

04

서비스 수익체인을 이용해 운영단위를 지속적으로 관리하기 위한 단계 중 ①은 7단계, ③은 1단계, ④는 4단계, ⑤는 5단계에 해당한다.

04 서비스 수익체인을 이용하여 기업의 핵심 역량을 향상시키고 운영단위를 지속적으로 관리하기 위해 고려해야 할 사항으로 가장 거리가 먼 것은?

① 내부적 성공 사례에 대한 정보 공유
② 외부 위탁 평가 결과와 소비자 의견 수렴 결과의 조율
③ 모든 의사결정 단위를 망라해 서비스 수익체인의 각 연관 관계에 대한 측정
④ 성과 향상을 위한 행동 지침의 설계
⑤ 측정한 결과에 대한 보상을 개발

05

서비스 수익체인을 이용해 운영단위를 지속적으로 관리하기 위한 7가지 단계에서 ①은 5단계 ②는 7단계, ③은 4단계, ④는 2단계에 속한다.

05 서비스 수익체인을 이용하여 기업의 핵심 역량을 향상시키고 운영단위를 지속적으로 관리하기 위해 고려해야 할 사항으로 가장 거리가 먼 것은?

① 측정한 결과에 대한 보상 개발
② 내부적 성공 사례에 대한 정보 공유
③ 성과 향상을 위한 행동 지침의 설계
④ 자체 평가한 결과에 대한 상호 의견 교환
⑤ 의사 결정 단위와는 별개로 서비스 수익체인의 미래 예측 수준에 대한 전망

03 ③ 04 ② 05 ⑤ **정답**

꼭 나오는 유형 ❷ 서비스 전달시스템 종류

서비스 전달시스템의 종류 중 '고객화 위주의 서비스 전달시스템'에 대한 설명으로 가장 옳지 않은 것은?

① 고객의 욕구가 서로 다양하고 다르다는 점에 착안하여 서비스 전달시스템을 설계한다.
② 보편적으로 사업 규모가 크고 사업 내용이 복잡한 특성을 보인다.
③ 기능 위주의 전달시스템보다 폭넓은 업무를 수행할 수 있다.
④ 일관되고 표준화된 서비스를 제공하기 어렵다.
⑤ 다양한 고객의 욕구를 충족시킬 수 있다.

해설
사업 규모가 작고 사업 내용이 단순한 특성을 보인다.

정답 ②

🔔 문제타파 TIP

서비스 전달시스템은 서비스 수익체인 모델의 내부 서비스 품질 부분과 연계되는 문제가 많이 출제되므로 함께 묶어서 공부하는 것이 좋다. 또한 서비스 전달시스템의 유형도 꼼꼼하게 정리해두자.

👍 **더 알아보기** | 고객화 위주의 서비스 전달시스템

고객이 원하는 기본적인 욕구는 총체적으로 파악할 수 있으나 세부적인 욕구가 고객에 따라 다를 경우에 주로 이용된다. 서비스 전달자는 기능 위주의 서비스 전달시스템의 전달자와 비교해 폭넓은 업무들을 수행해야 한다. 다양한 서비스를 고객에 맞추어 제공할 수 있다는 장점이 있지만, 서비스가 인적 자원의 능력에 달려 있기 때문에 일관된 서비스를 제공하기 어렵고, 인적 자원의 서비스 시점에 따른 집중도와 상황에 따라 서비스의 질이 달라질 수 있다. 그렇기 때문에 서비스의 다양성이 필요하거나 고객의 계층이 작아 서비스 전달시스템의 인적 자원들을 충분히 갖출 수 없을 때 주로 이용된다.

---

06 서비스 전달시스템 유형 중 다음 〈보기〉의 설명에 해당되는 것은?

┌ 보기 ┐
표준화된 서비스를 생산하는 데 적합하고 서비스 제공자의 업무를 전문화하여 고객이 직접 서비스 제공자를 찾아가는 형태의 서비스 전달시스템이다.

① 기능 위주의 서비스 전달시스템
② 측정 위주의 서비스 전달시스템
③ 고객화 위주의 서비스 전달시스템
④ 교육훈련 위주의 서비스 전달시스템
⑤ 제품 혁신 위주의 서비스 전달시스템

06
〈보기〉는 기능 위주의 서비스 전달시스템에 대한 설명이며, 고객화 위주의 서비스 전달시스템은 기능 위주의 서비스 전달시스템보다 다양한 고객의 욕구를 충족시킬 수 있는 폭넓은 업무를 수행한다. 프로젝트 위주의 서비스 전달시스템은 규모가 큰 서비스 형태로 사업 내용이 복잡하고 1회성 사업에 주로 쓰인다.

정답 06 ①

03 고객 위주의 제품 차별화

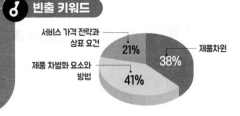

핵심 이론

1. 레빗(Levitt)의 제품차원
① 핵심제품 : 사용으로 욕구 충족을 얻을 수 있는 제품으로 제품이 주는 근본적 혜택, 즉 기본적 욕구를 충족시킬 수 있는 특성을 가진 제품
② 실체제품 : 소비자들이 실제로 구입하고자 하는 핵심제품에 포장, 상표, 스타일 등의 서비스가 가미된 형태의 제품
③ 확장제품 : 실체제품에 추가적으로 A/S, 품질보증, 설치서비스와 같은 사후 서비스와 직·배송 등의 혜택을 주는 제품

2. 필립 코틀러(Philip Kotler)의 제품차원
① 기본제품(Basic Product) : 제품의 기본적 형태로서 핵심이점을 유형제품으로 형상화한 형태
② 핵심이점(Core Benefit) : 구매자가 실제로 구입하는 근본적인 서비스 및 제품
③ 잠재제품(Potential Product) : 미래에 경험할 수 있는 변환과 혁신적으로 진보함으로써 변모한 확장된 제품
④ 기대제품(Expected Product) : 제품 구입 시 구매자들이 정상적으로 기대하거나 합의하는 일체의 속성과 조건을 가진 제품, 예상제품이라고도 함
⑤ 확장제품(Augmented Product) : 기업이 제공하는 것과 경쟁자가 제공하는 것과 구별되게 제공하는 추가적인 서비스 혹은 이점을 지닌 제품

3. 제품 차별화 요소
① 형태 : 상품의 크기, 모양 등의 물리적 구조
② 특성 : 상품의 기본적 기능을 보충하는 특징
③ 성능 품질 : 상품의 기본적인 것이 작동되는 수준
④ 적합성 품질 : 상품 단위가 일관되며 약속된 목표 규격이 충족된 정도

⑤ 내구성 : 어떤 조건(예 정상 조건, 긴박한 조건)에서도 제품에 기대되는 작동 수명의 측정치
⑥ 신뢰성 : 상품이 고장나지 않고 정상적으로 작동할 가능성의 측정치
⑦ 수선 용이성 : 미작동 상품을 정상적으로 움직이게 할 가능성에 대한 측정치(예 수신자 부담 전화, 팩스, 원격상담 등)
⑧ 스타일 : 상품이 구매자에게 좋게 느껴지는 형태
⑨ 디자인 : 기업에게 경쟁적인 우위를 가져오게 하는 요인

4. 제품 차별화 방법
① 기능요소 차별화
  ㉠ 고객문제에 대한 새로운 해결방법을 제시하는 방법
  ㉡ 보다 효율적으로, 보다 편리하고 신속하게, 보다 적은 노력을 들여 경제적으로 해결할 수 있는 제품을 제공하는 방법
② 상징요소 차별화
  ㉠ 다른 사람과 차별화되는 높은 의미와 가치를 제시하는 방법
  ㉡ 제품 기능 자체보다는 자아 이미지와 준거집단의 가치 표출에 의한 차별화
  ㉢ 고급 골프웨어 브랜드나 고급 승용차 등은 그 기능상에는 큰 차이가 없지만 사회적 계층의식과 권위의식을 부각
  ㉣ 고가의 공공적 사치품(고가 제품)에 적용할 때 효과적임
③ 감성요소 차별화
  ㉠ 따뜻한 감성이나 이미지 브랜드를 이용하여 차별화하는 방법
  ㉡ 오리온 초코파이의 '정'이나 경동보일러의 '부모님께 보일러 놔 드리기' 등이 감성마케팅으로 성공한 대표적인 케이스

5. 서비스 가격 전략(묶음가격 전략)

① **정의** : 둘 혹은 그 이상의 상품을 패키지의 형태로 소비자에게 제공하는 마케팅 전략

② **유형**

  ㉠ 순수 묶음가격 전략 : 두 개 이상의 서비스를 개별적으로 구매할 수 없고 패키지로만 구매할 수 있도록 하여 가격을 책정하는 서비스 가격 전략의 명칭

  ㉡ 혼합 묶음가격 전략 : 두 개 이상의 상품이나 서비스를 할인된 가격에 패키지로 구매할 수 있도록 하면서 별도로 분리하여 개별적으로도 구매할 수 있도록 가격을 책정하는 서비스 가격 전략의 명칭

6. 서비스 상표(Brand)의 요건

① **독특성** : 경쟁사의 브랜드와 명백히 구분되어야 함

② **유연성** : 기업의 전략 변화에 순응할 수 있어야 함

③ **연관성**

  ㉠ 서비스의 속성이나 편익을 갖고 있어야 함

  ㉡ 구체적이며 기업의 특성이 잘 드러나는 표현이 들어가야 함

④ **기억 용이성**

  ㉠ 쉽게 이해되고 떠올릴 수 있어야 함

  ㉡ 발음하기 쉽고 쓰기 쉬우며 기억하기 용이할수록 좋음

  ㉢ 기억이 용이한 요건으로 독특함을 갖고 간결성과 단순성이 있어야 함

📖 핵심 기출 유형 문제

🏷 나오는 유형 ❶ 제품차원

'레빗'이 제시한 3가지 제품차원 중 구매자가 실물적 차원에서 인식하는 수준의 제품으로 핵심제품에 포장, 상표, 스타일, 기타 속성 등이 가미된 형태의 제품차원은?

① 핵심제품　　　　　　　　② 실체제품
③ 확장제품　　　　　　　　④ 선택제품
⑤ 본원제품

해설
① 핵심제품 : 사용으로 욕구 충족을 얻을 수 있는 제품으로 제품이 주는 근본적 혜택, 즉 기본적 욕구를 충족시킬 수 있는 특성을 가진 제품 개념
② 실체제품 : 소비자들이 실제로 구입하고자 하는 핵심제품에 포장, 상표, 스타일 등의 서비스가 가미된 형태의 제품
③ 확장제품 : 실체제품에 추가적으로 A/S, 품질보증, 설치서비스와 같은 사후 서비스와 직·배송 등의 혜택을 주는 제품

정답 ②

01
레빗의 제품차원
• 핵심제품 : 소비자가 획득하고자 하는 핵심적인 편익이나 문제를 해결해주는 특성을 가진 제품이다.
• 실체제품 : 구매자가 실물을 인식하는 제품으로, 핵심제품에 포장, 상표, 디자인 같은 다른 속성이 가미된 형태의 제품이다.
• 확장제품 : 핵심제품과 실체제품에 배달, 설치, 수리 등의 서비스 편익이 부가된 가장 포괄적 형태의 제품이다.

01 '레빗'이 제시한 3가지 제품차원 중 다음 〈보기〉와 같이 발언한 내용에 해당하는 것은?

┤ 보기 ├
'소비자는 4분의 1인치짜리 드릴을 사고 싶어 하는 것이 아니라 4분의 1인치 구멍을 원한다.'

– Theodore Levitt –

① 핵심제품
② 실체제품
③ 예상제품
④ 유형제품
⑤ 확장제품

02 '필립 코틀러'가 제시한 5가지 제품 차원 중 제품을 구입할 때 구매자들이 정상적으로 기대하고 합의하는 일체의 속성과 조건에 해당하는 것은?

① Core Benefit
② Basic Product
③ Potential Product
④ Expected Product
⑤ Augmented Product

03 '필립 코틀러'가 제시한 5가지 제품차원 중 '기본적 제품'에 대한 설명으로 가장 옳은 것은?

① 핵심이점을 유형제품으로 형상화시킨 것으로 제품의 기본 형태를 의미한다.
② 제품을 구입할 때 구매자들이 정상적으로 기대하고 합의하는 일체의 속성과 조건을 말한다.
③ 고객이 실제로 구입하는 근본적인 이점이나 서비스를 말한다.
④ 미래에 경험할 수 있는 변환과 확장 일체를 의미한다.
⑤ 기업이 제공하는 것을 경쟁사가 제공하는 것과 구별되게 하는 추가적인 서비스와 이점을 포함하는 제품이다.

04 다음 〈보기〉의 내용 중 '필립 코틀러(Philip Kotler)'가 제시한 5가지 제품 품질 차원을 찾아 모두 선택한 것은?

보기
가. 계량적 제품　　　　　　나. 주관적 제품
다. 확장제품　　　　　　　　라. 기대하는 제품
마. 잠재적 제품

① 가, 나
② 나, 다, 라
③ 다, 라, 마
④ 나, 다, 라, 마
⑤ 가, 나, 다, 라, 마

02
필립 코틀러의 5가지 제품 차원
· Core Benefit(핵심이점)
· Basic Product(기본제품)
· Potential Product(잠재제품)
· Expected Product(기대제품)
· Augmented Product(확장제품)

03
② 기대제품(Expected Product)
③ 핵심이점(Core Benefit)
④ 잠재제품(Potential Product)
⑤ 확장제품(Augmented Product)

04
필립 코틀러의 5가지 제품 품질 차원에는 기본제품(Basic Product), 핵심이점(Core Benefit), 잠재제품(Potential Product), 기대제품(Expected Product), 확장제품(Augmented Product)이 있다.

정답 02 ④ 03 ① 04 ③

🏆 나오는 유형 ❷ 제품 차별화 요소와 방법

제품 차별화 요소 중 기능을 발휘하지 못하거나 원활하게 작동되지 않는 제품을 정상적으로 작동시키기 용이한지를 측정한 수치를 의미하는 것은?

① 공공성   ② 경제성
③ 신뢰성   ④ 내구성
⑤ 수선 용이성

해설 제품 차별화 요소

- 형태 : 제품의 물리적인 구조
- 특성 : 기본적 기능을 보완하는 특징
- 성능 품질 : 제품의 기본적인 것이 작동되는 수준
- 적합성 품질 : 약속한 목표 규격을 충족시키는 정도
- 내구성 : 제품에 기대되는 작동 수명의 측정치
- 신뢰성 : 제품이 고장나지 않고, 제대로 움직일 가능성의 측정치
- 수선 용이성 : 작동되지 않는 제품을 정상적으로 작동시키기 용이한지에 대한 측정치
- 스타일 : 제품이 구매자에게 좋게 느껴지는 형태
- 디자인 : 기업에게 경쟁적인 우위를 가져오게 하는 요인

정답 ⑤

05 다음 제품 차별화 요소 중 '특성(Feature)'에 대한 내용으로 가장 옳은 것은?

① 제품의 크기, 모양 또는 물리적 구조
② 제품의 기본적인 기능을 보완하는 특징
③ 제품의 기본적인 특징이 작동되는 수준
④ 제품이 구매자에게 어떻게 보이며 좋게 느껴지는지의 정도
⑤ 제품이 특정 기간 내에 고장이 나지 않거나 제대로 움직일 가능성의 측정치

06 제품 차별화 요소 중 정상적인 조건 또는 긴박한 조건에서 제품에 기대되는 작동 수명의 측정치를 의미하는 것은?

① 특성
② 내구성
③ 안전성
④ 적합성 품질
⑤ 성능 품질

07 제품 차별화 방법 중 제품 기능 자체보다는 자아 이미지와 준거집단의 가치 표출에 의해 차별화를 도모하려는 유형은?

① 상징요소 차별화　　　　　② 분할요소 차별화
③ 감성요소 차별화　　　　　④ 기능요소 차별화
⑤ 대체요소 차별화

07
① 제품 차별화의 방법 중 상징요소 차별화에 대한 내용으로 다른 사람과 차별화되는 높은 의미와 가치를 제시하는 원리이다.

👍 **더 알아보기**　제품 차별화 방법과 원리

제품 차별화 원리	제품 차별화 방법	비고
고객문제에 대한 새로운 해결방법 제시	기능요소 차별화	보다 효율적으로, 보다 편리하고 신속하게, 보다 적은 노력을 들여 경제적으로 해결할 수 있는 제품을 제공
다른 사람과 차별화되는 높은 의미와 가치 제시	상징요소 차별화	• 자아 이미지와 준거집단의 가치 표출에 의해 차별화를 꾀하는 경우(예 고급 골프웨어 브랜드나 고급 승용차 등은 그 기능상에는 큰 차이가 없지만 사회적 계층의식과 권위의식을 부각하는 경우) • 고가의 공공적 사치품(겉으로 드러나는 고가 제품)에 적용할 때 효과적임
따뜻한 감성이나 이미지 브랜드를 이용하여 차별화	감성요소 차별화	오리온 초코파이의 '정'이나 경동보일러의 '부모님께 보일러 놔 드리기' 등이 감성마케팅으로 성공한 대표적 케이스

08 다음 〈보기〉의 설명에 해당되는 제품 차별화 방법은?

┤ 보기 ├
제품의 기능적 차별화 요소를 발견하기 어렵거나 실현하는데 어려움이 있는 경우 효과적인 수단으로 차별화가 서서히 구축되며, 일단 축적되면 오래 지속되는 고정자산의 성격을 가진다.

① 집약요소 차별화
② 대체요소 차별화
③ 효용요소 차별화
④ 감성요소 차별화
⑤ 제공요소 차별화

08
감성요소 차별화는 경쟁사가 유사한 이미지로 경쟁을 시도할 때 감성적 이미지를 선점한 선발업체에 이익을 가져다 주는 '밀어주기 현상'이 일어난다는 데 전략적 의미가 있다.

정답　**07** ①　**08** ④

! 문제타파 TIP

서비스의 묶음가격 전략과 서비스 상표의 4가지 요건은 어려운 난이도가 아니므로 자투리 시간과 노력을 투자해서 학습할 것!

꼭 나오는 유형 ❸ 서비스 가격 전략과 상표 요건

두 개 이상의 서비스를 개별적으로 구매할 수 없고 패키지로만 구매할 수 있도록 하여 가격을 책정하는 서비스 가격 전략의 명칭은?

① 보증 묶음가격 전략   ② 선택 묶음가격 전략
③ 순수 묶음가격 전략   ④ 혼합 묶음가격 전략
⑤ 비(非) 묶음가격 전략

⊢해설

• 순수 묶음가격 전략 : 두 개 이상의 서비스를 개별적으로 구매할 수 없고 패키지로만 구매할 수 있도록 하여 가격을 책정하는 전략이다.
• 혼합 묶음가격 전략 : 두 개 이상의 상품이나 서비스를 할인된 가격에 패키지로 구매할 수 있도록 하면서, 별도로 분리하여 개별적으로도 구매할 수 있게 한 가격책정 전략이다.

정답 ③

09

묶음가격 전략은 둘 혹은 그 이상의 상품을 패키지의 형태로 소비자에게 제공하는 마케팅 전략을 말한다. 혼합 묶음가격 전략은 서비스를 개별적으로나 패키지로 구입할 수 있도록 하는 전략이다.

09 두 개 이상의 상품이나 서비스를 할인된 가격에 패키지로 구매할 수 있도록 하면서 별도로 분리하여 개별적으로도 구매할 수 있도록 가격을 책정하는 서비스 가격 전략의 명칭은?

① 순수 묶음가격 전략
② 혼합 묶음가격 전략
③ 전환 묶음가격 전략
④ 확장 묶음가격 전략
⑤ 비(非) 묶음가격 전략

10

서비스 상표(Brand)의 요건
• 독특성 : 경쟁사의 브랜드와 명백히 구분되어야 한다.
• 유연성 : 기업의 전략 변화에 순응할 수 있어야 한다.
• 연관성 : 서비스의 속성이나 편익을 갖고 있어야 한다.
• 기억 용이성 : 쉽게 이해되고 사용되고 떠올릴 수 있어야 한다

10 다음 중 '서비스 상표(Brand)'의 요건에 대한 설명으로 가장 거리가 먼 것은?

① 브랜드명은 경쟁사의 것과 명백하게 구분되어지는 것이 효과적이다.
② 브랜드명은 발음하기 쉽고 쓰기 쉬우며 기억하기 용이할수록 좋다.
③ 기억이 용이한 요건으로 독특함을 갖고 간결성과 단순성이 있어야 한다.
④ 구체적이며 기업의 특성이 잘 드러나는 표현이 들어가야 한다.
⑤ 브랜드명은 기업의 불가피한 전략변화에 순응하지 않아야 한다.

09 ② 10 ⑤ 정답

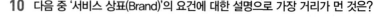

의료서비스 등 50% / 50% 의료기관의 특징 및 환경

04 병원 안내 서비스 관리

📋 핵심 이론

1. 의료기관의 특징

① 일반적 특징

ㄱ 병원은 고도의 노동집약적 집단인 동시에 자본집약적인 조직체

ㄴ 일반적인 이익집단에 비해 병원은 기본적으로 비영리적 동기를 가짐

ㄷ 진료서비스라는 복합적인 생산품이 형성되기 위해 타 직종 간의 상하명령 전달체계가 생기게 되고 이로 인해 이중적인 지휘체계가 형성됨

ㄹ 병원은 다양한 사업과 프로그램 개발로 지역 주민과 국가가 원하는 요구를 충족시켜야 함

ㅁ 진료결과에 따른 신체적 · 정신적 효과를 명확하게 판별하기 어려워서 생산된 서비스의 품질 관리나 업적 평가가 어려움

② 경제적 특징

ㄱ 국민의 건강한 삶을 위해 건강의 증진, 질병 예방 및 치료 등의 보건 의료분야가 필수적인 요소로 인식됨

ㄴ 의료에 대한 수요는 질병이 발생해야 나타나기 때문에 예측 곤란함

ㄷ 질병 발생은 매우 불확실하기 때문에 의료서비스에 대한 수요가 불확실함

ㄹ 많은 사람들이 같은 장소에서 같은 양을 동시에 소비할 수 있고, 그 가격을 부담하지 않는 개인의 소비 행위를 배제하기 어려운 공공재적 성격을 지님

ㅁ 보건 의료서비스는 면허 제도를 통해 의료시장에서 법적 독점권을 부여하기 때문에 공급 시장의 진입장벽을 높이는 원인이 됨

ㅂ 인간이 인간다운 생활을 하기 위한 필수적인 재화의 성격을 지님

ㅅ 양질의 의료서비스에 대한 국민의 욕구는 치료의 불확실성에서 비롯되는 것으로 정부나 민간의료기관으로 하여금 규제나 통제 혹은 의료기관 간의 규제적 경쟁을 통한 대응을 유도해야 함

2. 경영 기법이 의료기관에 적용되기 어려운 원인

① 내적 자원의 가장 중요한 요소는 인적 자원임

② 병원의 외적 환경이 너무 광범위함

③ 과업 내용 그 자체를 근본적으로 명확하게 규정하기 어려움

④ 조직의 권한과 통제 구조가 복잡하여 조직도상 나타나지 않거나 통제권이 없는 자가 상당한 권한을 행사할 수 있음

3. 의료환경의 변화

사회적 환경	제도적 환경
• 국민소득 증가로 양질의 의료서비스에 대한 관심 증가 • 인구 고령화로 실버산업 규모 성장 • 생활양식 변화로 질병 구조의 변화 • 소비자의 의료인식 변화	• 건강보험제도 도입으로 양질의 의료서비스 제공 • 포괄수가제도와 의료기관의 경영합리화 노력 • 의료시장의 개방으로 내외국 기관의 경쟁력 심화 • 의료기관에 대한 평가 • 전문병원제도로 환자 분산

4. 의료서비스의 특징

① 수요 예측이 불가능함

② 가격에 관계없이 비탄력적임

③ 의료서비스에 대한 기대와 성과가 불확실함

④ 의료서비스 비용은 간접 지불 형태를 가짐

⑤ 의사결정자의 컨디션, 의학적 수준 등에 따라 달라질 수 있음

⑥ 환자별 요구 서비스 형태가 획일적이지 않아 유형적인 제품 특성을 가지기 어려움

5. 마이어(Mayers)가 제시한 양질의 의료서비스 조건

① **적정성** : 질적인 측면에서 의학적 · 사회적 서비스가 적절하게 제공되어야 함

② **조정성** : 예방, 치료, 재활 및 보건증진 사업 등의 다양한 서비스가 잘 조정되어야 함

③ **효율성** : 보건의료의 목적을 달성하는 데 투입되는 자원의 양을 최소화하거나, 일정한 자원의 투입으로 최대의 목적을 달성해야 함

④ **접근성** : 모두가 편리하게 이용할 수 있도록 접근성이 우선되어야 함

⑤ **지속성** : 각 개인에게 제공되는 의료가 시간적 · 공간적으로 적절히 연결되어야 함

6. 의료서비스의 품질 요소

① **도나베디언(Donabedian)** : 효험(Efficacy), 유효성(Effectiveness), 적정성(Optimality), 효율성(Efficiency), 수용성(Acceptability), 합법성(Legitimacy), 형평성(Equity)

② **부오리(Vuori)**

　㉠ 효과성(Effectiveness) : 이상적 상황에서 서비스가 달성할 수 있는 최대의 효과와 비교해 보았을 때 일반적인 상황에서 실제로 나타나는 영향의 정도

　㉡ 효율성(Efficiency) : 서비스 단위 생산비용 당 나타난 실제적인 영향의 정도

　㉢ 의학적 · 기술적 수준(Medical · Technical Competence) : 현재 이용 가능한 의학적인 지식과 기술을 환자 진료에 적용한 정도

　㉣ 적합성(Adequacy) : 제공된 서비스가 집단의 요구에 부합한 정도로서 수적 · 분배적 측면

7. 의료관광

유형	수술 치료형	심장수술, 장기이식, 중증난치병 치료 등 생명 보존과 직결되는 응급상황에서 자국에서 치료할 수 없는 경우 타국에서 수술을 받는 유형
	전통 치료형	만성질환, 알려지 질환을 치료하고 건강을 유지하기 위해 온천이나 전통의학을 체험하는 웰빙형 의료관광 유형
	미용 의료형	성형수술이나 미용, 마사지 등의 미용을 위한 의료관광 유형
	휴양 의료형	휴양에 적합한 자연환경과 건강을 위한 의료서비스가 갖춰진 곳에 체류하여 장기적으로 재활하는 유형
사례	의료 영역	성형, 치과
	웰리스 영역	영양 섭취, 체중 감량, 웰니스, 안티에이징 등

📖 핵심 기출 유형 문제

🔖 꼭 나오는 유형 ❶ 의료기관의 특징 및 환경

다음 중 의료기관의 특징에 대한 설명으로 가장 옳지 않은 것은?

① 병원은 고도의 노동집약적 집단인 동시에 자본집약적인 조직체라고 할 수 있다.

② 일반적인 이익집단에 비해 병원은 기본적으로 비영리적 동기를 가지고 있다.

③ 진료결과에 따른 신체적·정신적 효과를 명확하게 판별하기 어렵기 때문에 생산된 서비스의 품질 관리나 업적 평가가 어려운 특성을 보인다.

④ 병원은 의료기관으로서 갖는 공익성을 우선으로 하되 단일한 사업과 프로그램 개발에 집중하여 조직 이윤을 극대화하는데 최선을 다해야 한다.

⑤ 진료서비스라는 복합적인 생산품이 형성되기 위해 타 직종 간의 상하명령 전달체계가 생기게 되고 이로 인해 이중적인 지휘체계가 형성될 수 있다.

🚩 해설

④ 병원은 다른 이익집단과 다르게 비영리적 동기를 갖는다. 그러므로 병원은 지역사회 주민의 건강 증진, 질병의 예방 및 치료에 중점을 둔 조직이 되어야 하며, 이윤의 창출도 의료기관으로서 기본적인 기능을 수행하기 위한 수단이 되어야 한다.

정답 ④

---

01 다음 중 의료기관의 경제적 특징에 대한 설명으로 가장 옳지 않은 것은?

① 질병 발생은 매우 불확실하기 때문에 의료서비스에 대한 수요 역시 불확실하다.

② 인간이 인간다운 생활을 하기 위해 반드시 필요한 필수적인 재화의 성격을 가지고 있다.

③ 많은 사람들이 같은 장소에서 같은 양을 동시에 소비할 수 있고, 그 가격을 부담하지 않는 개인의 소비 행위를 배제하기 어려운 공공재적 성격을 가지고 있다.

④ 양질의 의료서비스에 대한 국민의 욕구는 치료의 불확실성에서 비롯되는 것으로 정부나 민간의료기관으로 하여금 규제나 통제 혹은 의료기관 간의 규제적 경쟁을 통한 대응을 유도해야 한다.

⑤ 질병의 원인이나 치료 방법, 의약품 등에 관한 내용은 매우 전문적이기 때문에 의사, 간호사 등 의료 인력을 제외한 일반 소비자들은 정확히 알지 못하며 이러한 현상을 '정보의 대칭성' 또는 '정보 과점주의'라고 한다.

🔖 문제타파 TIP

의료기관의 일반적인 특징과 경제적인 특징을 비교·분석하는 것이 효과적인 학습방법이 될 수 있다. 도나베디언과 부오리의 의료서비스의 품질 요소도 함께 정리하는 학습법을 권장한다.

01

질병이 발생했을 때 제공되는 서비스의 종류나 범위에 대한 정보가 공급자인 의료인에게만 편중되어 있으므로 '정보의 비대칭성'이라고 한다.

정답 01 ⑤

02

개인이나 기업의 소비 또는 생산 활동이 다른 개인이나 기업의 효용 또는 이윤에 영향을 미치며 이런 영향이 시장가격 기구나 이해 당사자의 계약에 의해 조정되지 않는 특징을 갖는다.

02 다음 중 의료기관의 경제적 특징에 대한 설명으로 가장 옳지 않은 것은?

① 개인이나 기업의 소비 및 생산 활동이 다른 개인이나 기업의 효용과 이윤에 영향을 미치지 않는 내부 효과가 존재한다.

② 보건 의료서비스는 면허 제도를 통해 의료시장에서 법적 독점권을 부여하기 때문에 공급 시장의 진입장벽을 높이는 원인이 된다.

③ 국민의 건강한 삶을 위해 필요한 다양한 요소 중 건강의 증진, 질병 예방 및 치료 등의 보건 의료분야가 필수적인 요소로 인식되었다.

④ 일반적인 상품에 대한 수요는 소비자의 구매의지에 의해 결정되지만 의료에 대한 수요는 질병이 발생해야 나타나기 때문에 예측이 매우 어렵다.

⑤ 많은 사람들이 같은 장소에서 같은 양을 동시에 소비할 수 있고, 그 가격을 부담하지 않는 개인의 소비 행위를 배제하기 어려운 공공재적 성격을 가지고 있다.

03

내적 자원의 가장 중요한 요소는 인적 자원이다.

03 다음 중 다른 산업의 경영 기법이 의료기관에 적용되기 어려운 원인으로 가장 옳지 않은 것은?

① 조직의 권한과 통제 구조가 복잡하다.

② 병원의 외적 환경이 너무 광범위하다.

③ 과업 내용 그 자체를 근본적으로 명확하게 규정하기 어렵다.

④ 내적 자원의 가장 중요한 요소는 의료 물품을 비롯한 첨단 의학 장비이다.

⑤ 조직도상 나타나지 않거나 통제권이 없는 자가 상당한 권한을 행사하는 경우가 많다.

04

삶의 질에 대한 관심이 높아지면서 양질의 의료서비스에 대한 수요가 점차 증가하고 질병, 치료, 예방 등에 대한 소비자의 지불용의도 점차 높아지고 있다.

04 의료서비스의 사회적 환경에 대한 설명으로 가장 거리가 먼 것은?

① 우리나라 인구의 평균수명이 연장됨에 따라 고령화 사회로 진입하게 되었다.

② 인구 고령화 사회로 접어들면서 만성퇴행성 질환인 순환기계 질환과 근골격계 질환 등이 크게 증가하여 질병의 구조가 변화되었다.

③ 소비자의 의식수준이 향상되어 의료에 대한 인식이 변화하고 있다.

④ 국민의 생활수준 향상으로 인해 건강에 대한 관심이 증대되면서 양질의 의료서비스에 대한 관심 역시 더욱 높아졌다.

⑤ 삶의 질에 대한 관심이 높아지면서 양질의 의료서비스에 대한 수요가 감소되고 소비자의 지불용의도 역시 낮아지는 추세를 보이고 있다.

02 ① 03 ④ 04 ⑤ 정답

05 다음 의료관광 유형 중 수술 치료형에 해당하는 것은?

① 온천
② 피부 마사지
③ 미용 및 성형
④ 스파 및 테라피
⑤ 중증 난치병 치료

05
중증 난치병 치료는 생명 보존과 직결되는 응급상황으로 타국에서 수술받는 치료 유형에 속한다.

꼭 나오는 유형 ❷ 의료서비스 등

다음 중 의료서비스의 특성에 대한 설명으로 가장 옳은 것은?

① 의료서비스는 무형적인 제품이다.
② 의료서비스는 의사결정자가 한정적이다.
③ 의료서비스는 수요 예측이 손쉽게 가능하다.
④ 의료서비스 비용은 직접 지불 형태를 갖는다.
⑤ 의료서비스는 기대와 실제 성과가 거의 일치한다.

▶해설
② 의사결정자가 다양하다.
③ 수요 예측이 불가능하다.
④ 간접 지불 형태를 갖는다.
⑤ 서비스 기대와 실제 성과의 불일치가 크다.

정답 ①

문제타파 TIP
의료서비스의 특성과 조건, 품질요소(도나베디언) 등은 내용이 쉬워서 고득점을 올릴 수 있는 전략적 부분이므로 반복학습으로 다져야 한다.

06 다음 중 의료서비스의 특성에 대한 설명으로 가장 옳은 것은?

① 의료서비스는 수요 예측이 손쉽게 가능하다.
② 의료서비스 비용은 간접 지불 형태를 갖는다.
③ 의료서비스는 기대와 실제 성과가 대부분 일치한다.
④ 의료서비스는 의사결정자가 제한적이고 획일적이다.
⑤ 의료서비스는 기본적으로 유형적인 제품 특성을 가지고 있다.

06
① 수요예측이 불가능하다.
③ 기대와 성과의 불일치 가능성이 크다.
④ 의사결정자가 다양하다.
⑤ 무형적인 제품의 특성을 가진다.

정답 05 ⑤ 06 ②

07

① 적정성 : 질적인 측면에서 의학적·사회적 서비스가 적절하게 제공되어야 한다.
② 조정성 : 예방, 치료, 재활 및 보건증진 사업과 관련된 다양한 서비스가 잘 조정되어야 한다.
③ 효율성 : 최소한의 자원으로 최대한의 목적을 달성해야 한다.
⑤ 지속성 : 각 개인에게 제공되는 의료가 시간적·공간적으로 상관성을 갖고 적절히 연결되어야 한다.

07 '마이어'가 제시한 양질의 의료서비스 조건과 관련해 다음 〈보기〉의 설명에 해당하는 것은?

┤ 보기 ├
지리적·재정적·사회문화적 이유로 이용자에게 필요한 의료서비스를 제공하는데 있어 장애를 받아서는 안 되며, 모두가 양질의 의료서비스를 편리하게 이용할 수 있도록 해야 한다.

① 적정성 　　　　　　② 조정성
③ 효율성 　　　　　　④ 접근성
⑤ 지속성

08

① 조정성 : 예방, 치료, 재활, 보건증진 사업과 관련된 다양한 서비스가 잘 조정되어야 한다.
② 접근성 : 모두가 편리하게 이용할 수 있어야 한다.
③ 지속성 : 개인에게 제공되는 의료가 시간적·지리적으로 상관성을 가지며 잘 연결되어야 한다.
④ 적정성 : 질적인 측면에서 의학적·사회적 적정성이 동시에 달성되어야 한다.

08 '마이어'가 제시한 양질의 의료서비스 조건과 관련해 다음 〈보기〉의 설명에 해당하는 것은?

┤ 보기 ├
의료의 목적을 달성하는데 투입되는 자원의 양을 최소화하거나 일정한 자원의 투입으로 최대의 목적을 달성할 수 있어야 한다.

① 조정성 　　　　　　② 접근성
③ 지속성 　　　　　　④ 적정성
⑤ 효율성

09

'도나베디언'의 의료서비스 품질 요소
• 효험(Efficacy)
• 유효성(Effectiveness)
• 적정성(Optimality)
• 효율성(Efficiency)
• 수용성(Acceptability)
• 합법성(Legitimacy)
• 형평성(Equity)

09 다음 중 '도나베디언'이 제시한 의료서비스 품질 요소로 보기 어려운 것은?

① 통합성 　　　　　　② 수용성
③ 합법성 　　　　　　④ 형평성
⑤ 적정성

07 ④ **08** ⑤ **09** ① 정답

10 다음 중 '도나베디언(Donabedian)'이 제시한 의료서비스 품질 요소로 보기 어려운 것은?

① 촉진성
② 합법성
③ 적정성
④ 수용성
⑤ 형평성

💬 정답 및 해설

10
촉진성은 의료서비스 품질 요소가 아니다. 도나베디언의 의료서비스 품질 요소에는 합법성, 적정성, 수용성, 형평성 외에 효험, 유효성, 효율성이 있다.

11 '부오리'가 제시한 의료서비스 품질 요소 중 서비스 또는 프로그램의 단위 생산비용 당 실제적으로 나타난 영향의 정도를 의미하는 요소는?

① Adequacy
② Efficiency
③ Effectiveness
④ Medical Competence
⑤ Technical Competence

11
부오리(Vuori)의 의료서비스 품질 요소
- 효과성(Effectiveness) : 이상적 상황에서 서비스가 달성할 수 있는 최대의 효과와 비교해 보았을 때 일반적인 상황에서 실제로 나타는 영향의 정도를 말한다.
- 효율성(Efficiency) : 서비스 단위 생산비용 당 나타난 실제적인 영향의 정도를 말한다.
- 의학적 · 기술적 수준(Medical · Technical Competence) : 현재 이용 가능한 의학적인 지식과 기술을 환자 진료에 적용한 정도이다.
- 적합성(Adequacy) : 제공된 서비스가 집단의 요구에 부합한 정도로서 수적 · 분배적 측면을 말한다.

12 다음 〈보기〉의 내용 중 '부오리(Vuori)'가 제시한 의료서비스 품질 요소를 찾아 모두 선택한 것은?

┤ 보기 ├
가. 형평성(Equity)	나. 효율성(Efficiency)
다. 쾌적함(Amenity)	라. 적합성(Adequacy)
마. 합법성(Legitimacy)	바. 효과성(Effectiveness)

① 가, 나, 다, 라
② 가, 나, 라, 마
③ 가, 마, 바
④ 나, 라, 바
⑤ 나, 라, 마, 바

12
부오리(Vuori)의 의료서비스 품질 요소에는 효과성(Effectiveness), 효율성(Efficiency), 의학적 · 기술적 수준(Medical · Technical Competence), 적합성(Adequacy) 등이 있다.

정답 **10** ① **11** ② **12** ④

01 서비스의 품질

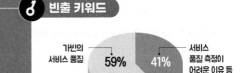

가빈의 서비스 품질 59%   41% 서비스 품질 측정이 어려운 이유 등

핵심 이론

1. 서비스 품질 측정이 어려운 이유
① 서비스 품질은 주관적이므로 객관화하여 측정하기 어려움
② 고객으로부터 데이터를 수집하는데 시간과 비용이 많이 들고 회수율이 낮음
③ 서비스 전달이 완료되기 이전에는 검증이 어려움
④ 고객이 서비스 자원(예 종업원의 행동)을 관찰할 수 있어 서비스 품질 측정의 객관성이 저해됨
⑤ 고객은 서비스 프로세스의 일부이며, 변화를 일으키는 중요한 요인이므로 고객을 대상으로 하는 서비스 품질의 측정이 어려움

2. 자이다믈(Zeithaml)의 서비스 품질 성격
① 서비스 품질은 객관적 · 실제적 품질과 다름
② 서비스 품질의 평가는 비교 개념으로 이루어짐
③ 서비스 품질은 태도와 유사한 개념으로 전반적인 평가임
④ 서비스 품질은 고객이 여러 서비스들 간의 상대적 우수성을 비교하여 고 · 저로 평가됨
⑤ 서비스 품질은 추상적 · 다차원적이므로 대상을 지속적으로 관찰한 태도라고 할 수 있음

3. 가빈의 서비스 품질
① 5가지 관점의 품질 차원
  ㉠ 선험적 접근 : 철학적 관점이며 품질을 '고유한 탁월성과 동일한 개념'으로 정의하고, 경험을 통해 알 수는 있지만 분석하기는 어려운 성질의 개념으로 봄
  ㉡ 사용자 중심적 접근 : 고객의 필요와 욕구, 선호를 충족시켜주는 제품의 품질이 좋다고 가정하는 것

  ㉢ 제조 중심적 접근 : 사용자 중심적 접근과 대조되는 접근으로 기업이 제품의 속성을 리스트대로 만들면 제품의 신뢰도가 높아져 품질이 좋다고 가정하는 것
  ㉣ 제품 중심적 접근 : 제품이 가진 바람직한 속성의 총합이 클수록 제품의 품질이 양호하다고 가정하는 것
  ㉤ 가치 중심적 접근 : 원가와 가격에 의해 품질을 정의하는 것, 양질의 제품은 고객이나 생산자가 수용 가능한 가격(원가)에 제공되는 제품을 의미함
② 품질 구성의 8가지 차원(생산자 & 사용자 관점)
  ㉠ 성과 : 제품이 가지는 운영적인 특징
  ㉡ 특징 : 특정 제품이 가지고 있는 경쟁적 차별성
  ㉢ 신뢰성 : 실패하거나 잘못될 가능성의 정도
  ㉣ 적합성 : 고객의 세분화된 요구를 충족시킬 수 있는 능력
  ㉤ 지속성(내구성) : 고객에게 지속적으로 가치를 제공할 수 있는 기간
  ㉥ 서비스 제공 능력 : 기업이 제공할 수 있는 서비스 속도, 친절, 문제해결 능력을 의미
  ㉦ 심미성 : 외관의 미적 기능, 사용자 감각(예 외관, 느낌, 냄새, 맛 등 개인적 · 주관적 판단과 선택)에 흥미를 일으킬 수 있는 내용을 의미
  ㉧ 인지된 품질(지각 품질) : 기업 혹은 브랜드 명성을 의미

📖 핵심 기출 유형 문제

꼭 나오는 유형 ❶ 서비스 품질 측정이 어려운 이유 등

다음 중 서비스 품질 측정이 어려운 이유에 대한 설명으로 가장 옳지 않은 것은?

① 서비스 품질은 주관적이기 때문에 객관화하여 측정하기가 어렵다.

② 고객으로부터 데이터를 수집하는 일에 시간과 비용이 많이 들고 회수율도 낮다.

③ 서비스 전달이 완료되기 이전에는 검증되기가 어렵다.

④ 서비스 프로세스에 고객이 포함되지 않고 변화를 일으킬 수 없는 요인이기 때문에 측정에 어려움이 있다.

⑤ 자원이 서비스 전달 과정 중 고객과 함께 이동할 수 있기 때문에 고객이 자원의 흐름을 관찰할 수 있어 서비스 품질 측정의 객관성이 저해된다.

🖊 해설
고객은 서비스 프로세스의 일부이며, 변화를 일으키는 중요한 요인이다. 따라서 고객을 대상으로 하는 서비스 품질의 연구 및 측정에 어려움이 따른다.

정답 ④

⚠ 문제타파 TIP

서비스는 형체가 없는 무형의 물질로 고객과 종업원 간의 자원의 흐름이라 객관화할 수 없다는 관점에서 해당 지문을 이해해야 한다.

제2과목

01 다음 중 서비스 품질 측정이 어려운 이유에 대한 설명으로 가장 옳지 않은 것은?

① 서비스 전달이 완료되기 이전부터 검증이 시작되기 때문에 정확한 시점에 분석하기가 어렵다.

② 자원이 서비스 전달 과정 중 고객과 함께 이동할 수 있기 때문에 고객이 자원의 흐름을 관찰할 수 있어 서비스 품질 측정의 객관성이 저해된다.

③ 고객으로부터 데이터를 수집하는 일에 시간과 비용이 많이 들고 회수율도 낮다.

④ 고객이 서비스 프로세스의 일부이며 변화를 일으킬 수 있는 중요한 요인이기 때문에 고객을 대상으로 하는 서비스 품질의 연구 및 측정에 어려움이 있다.

⑤ 서비스 품질은 주관적이기 때문에 객관화하여 측정하기가 어렵다.

01
서비스의 품질 측정은 고객에게 서비스의 전달이 완료되기 이전에는 검증되기가 어렵다.

정답 01 ①

02

서비스의 자원이 서비스 전달 과정 중 고객과 함께 이동할 수 있기 때문에 고객이 자원의 흐름을 관찰할 수 있어 서비스 품질 측정의 객관성이 저해된다.

03

서비스 품질은 추상적이고 다차원적이므로 대상을 장시간 지속적으로 관찰한 태도라고 할 수 있다.

02 다음 중 서비스 품질 측정이 어려운 이유에 대한 설명으로 가장 옳지 않은 것은?

① 서비스 품질은 주관적이기 때문에 객관화하여 측정하기가 어렵다.

② 고객이 서비스 프로세스의 일부이며, 변화를 일으킬 수 있는 요인이기 때문에 측정에 어려움이 있다.

③ 서비스 전달이 완료되기 이전에는 검증되기가 어렵다.

④ 고객으로부터 데이터를 수집하는 일에 시간과 비용이 많이 들고 회수율도 낮다.

⑤ 자원이 서비스를 전달하는 과정에서 고객과 분리되어 이동되기 때문에 측정의 객관성이 저해된다.

03 다음 중 '자이다믈(Zeithaml)'이 주장한 지각된 서비스 품질의 성격으로 가장 거리가 먼 것은?

① 서비스 품질은 객관적 · 실제적 품질과 다르다.

② 서비스 품질의 평가는 대개 비교 개념으로 이루어진다.

③ 서비스 품질은 태도와 유사한 개념으로서 전반적인 평가이다.

④ 서비스 품질은 서비스의 추상적 속성이라기보다는 매우 구체적인 개념이다.

⑤ 서비스 품질은 고객이 여러 서비스들 간의 상대적 우월성 또는 우수성을 비교함에 따라 고 · 저로 평가된다.

문제타파 TIP

가빈의 서비스 품질 모델은 1년 10회의 시험 중 7~8회 출제될 정도로 비중이 아주 높다. 품질 모델은 모든 내용을 완벽하게 학습하고 이해해야 한다.

나오는 유형 ② 가빈의 서비스 품질

'가빈(Garvin)'이 제시한 품질 구성의 8가지 차원 중 특정 제품이 가지고 있는 경쟁적 차별성에 해당하는 것은?

① 성과   ② 특징

③ 적합성   ④ 지속성

⑤ 신뢰성

해설 가빈의 8가지 품질 범주

• 성과 : 제품이 가지는 운영적 특징

• 특징 : 제품이 가지고 있는 경쟁적 차별성

• 신뢰성 : 실패하거나 잘못될 가능성의 정도

• 적합성 : 고객의 세분화된 요구를 충족시킬 수 있는 능력

• 지속성 : 고객에게 지속적으로 가치를 제공할 수 있는 기간

• 서비스 제공 능력 : 속도, 친절, 문제해결 등의 제공 능력

• 심미성 : 외관의 미적 기능

• 인지된 품질 : 기업 혹은 브랜드 명성

정답 ②

02 ⑤ **03** ④ 정답

04 다음 '가빈(Garvin)'이 제시한 품질의 8가지 범주 중 잘못되거나 실패할 가능성의 정도를 의미하는 것은?

① 성과
② 특징
③ 신뢰성
④ 지속성
⑤ 적합성

04

① 성과 : 제품이 가지는 운영적인 특징이다.
② 특징 : 제품이 가지고 있는 경쟁적 차별성이다.
④ 지속성 : 고객에게 지속적으로 가치를 제공할 수 있는 기간이다.
⑤ 적합성 : 고객의 세분화된 요구를 충족시킬 수 있는 능력이다.

05 '가빈(Garvin)'이 제시한 품질 구성의 8가지 차원 중 고객들의 세분화된 요구를 충족시킬 수 있는 능력을 의미하는 것은?

① 특징
② 적합성
③ 지속성
④ 인지된 품질
⑤ 심미성

05

가빈의 품질 구성의 8가지 차원에서 적합성은 고객이 세분화된 요구를 충족할 수 있을 만큼의 능력을 의미한다.

06 '가빈(Garvin)'이 제시한 품질 구성의 8가지 차원 중 기업이 고객을 통해 가질 수 있는 경쟁력으로 속도, 친절, 경쟁력, 문제해결 능력 등에 해당하는 것은?

① 효과성
② 지속성
③ 상품성
④ 서비스 제공 능력
⑤ 인지된 품질

06

가빈은 서비스 품질을 구성하는 8가지 차원 중 기업의 서비스 제공 능력으로 서비스의 속도, 타 업체와의 경쟁력, 문제해결의 능력 등을 제시하였다.

07 '가빈(Garvin)'이 제시한 품질 구성의 8가지 차원 중 '심미성'에 대한 설명으로 가장 옳은 것은?

① 기업 혹은 브랜드의 명성에 해당된다.
② 제품이 가지고 있는 운영적인 특징을 말한다.
③ 특정 제품이 가지고 있는 경쟁적 차별성을 의미한다.
④ 사용자 감각에 흥미를 일으킬 수 있는 내용을 의미한다.
⑤ 제품이 고객에게 지속적으로 가치를 제공할 수 있는 기간을 말한다.

07

① 인지된 품질, ② 성과, ③ 특징, ⑤ 지속성을 말한다.

정답 **04** ③ **05** ② **06** ④ **07** ④

08

가빈의 5가지 관점의 품질 중 제조 중심적 접근 방법이다. 가빈이 제시한 품질 차원에는 선험적 접근, 사용자 중심적 접근, 제조 중심적 접근, 제품 중심적 접근, 가치 중심적 접근 방법이 있다.

08 '가빈(Garvin)'이 제시한 5가지 관점의 품질 차원 중 다음 〈보기〉의 ( ) 안에 들어갈 내용으로 알맞은 것은?

┤ 보기 ├

(   )이란 공급 측면에 초점을 맞춘 것으로 기업이 제품의 속성을 명세서와 일치되도록 제조하면 고객의 신뢰성은 높아져 고객에게 만족을 주게 된다.

① 선험적 접근
② 사용자 중심적 접근
③ 제조 중심적 접근
④ 제품 중심적 접근
⑤ 가치 중심적 접근

09

가빈은 품질의 정의를 특정한 조직·활동·기능·관련 집단의 성숙도·경험의 정도, 가치 등에 따라 달라져야 한다고 보았으며, 그 중 선험적 접근 방법의 정의는 품질을 '고유한 탁월성'의 개념으로 보고 분석하기 쉽지 않지만 경험을 통해 알 수 있는 것으로 정의하였다.

09 '가빈(Garvin)'이 제시한 5가지 관점의 품질 차원 중 다음 〈보기〉의 설명에 해당하는 것은?

┤ 보기 ├

철학적 관점이며 품질을 '고유한 탁월성과 동일한 개념'으로 정의하고, 경험을 통해 알 수는 있지만 분석하기는 어려운 성질의 개념으로 본다.

① 의존적 접근
② 선험적 접근
③ 기업 중심적 접근
④ 가치 중심적 접근
⑤ 제품 중심적 접근

08 ③ 09 ② 정답

02 서비스 품질 모형과 제 이론

빈출 키워드

그렌루스의
서비스 품질 구성 요소 22%

카노의
품질 모형 41%

이유재, 이준엽의
KS-SQI 모델 15%

주란의
서비스 품질
구분 22%

핵심 이론

1. 카노(Kano)의 품질 모형

① 카노 모형의 장점

ⓐ 품질 속성이 지닌 진부화 경향을 설명할 단서를 제공함

ⓑ 제품과 서비스에 대한 이해를 도와 소비자 만족에 가장 큰 영향을 주는 특성을 규명할 수 있음

ⓒ 거래(Trade-off) 상황에서 중요한 가이드라인 제공

ⓓ 서비스와 제품을 동시에 프로모션하지 못하면 더 큰 고객만족을 주는 방향으로 결정할 수 있음

ⓔ 만족 여부의 주관적 측면과 물리적 충족 여부의 객관적 측면을 함께 고려

② 품질 요소

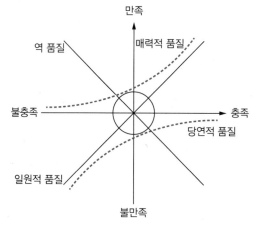

ⓐ 매력적 품질 요소

• 소비자가 미처 기대하지 못한 부분을 충족시켜 주거나, 기대 이상의 만족을 제공하는 품질 요소, 충족이 되면 고객은 만족하게 되고 충족되지 않아도 불만을 증가시키지 않는 고객감동의 원천(예) 카이스트의 나노 섬유 마스크 개발)

• 진부화 현상 : 매력적 품질 요소는 고객이 미처 제품에 대한 기대를 하지 못했기 때문에 고객감동의 원천이 되나, 점차 그 제품에 기대 심리가 높아짐에 따라 일원적 품질 요소 또는 당연적 품질 요소로 옮겨갈 수 있음

ⓑ 일원적 품질 요소(만족 요인) : 품질에 대한 고객의 명시적인 요구사항이 충족되면 만족이 증대되고 충족되지 않으면 불만이 증대되는 요소

ⓒ 당연적 품질 요소(불만족 요인) : 최소한 갖추어야 할 기본적인 품질 요소, 충족되어도 만족감을 주지 않지만 충족되지 않으면 불만을 일으키는 요소

ⓓ 무관심 품질 요소 : 충족되건 충족되지 않건 만족도 불만도 일으키지 않는 품질 요소

ⓔ 역 품질 요소 : 충족이 되면 불만을 일으키고, 충족이 되지 않으면 만족을 일으키는 품질 요소

2. 주란(Juran)의 서비스 품질 구분

① 사용자의 눈에 보이지 않는 내부적 품질 : 통신, 교통, 공원 등의 설비나 시설 등의 기능이 유지되도록 정비가 잘된 정도를 나타내는 품질

② 사용자의 눈에 보이는 하드웨어적 품질 : 마트나 백화점에서 판매하기 위해 진열한 상품들의 진열상태나 고객들의 이동 동선, 음식점의 음식 맛, 호텔의 청결도, 영화관의 좌석 크기와 안락함 등을 나타내는 품질

③ 사용자의 눈에 보이는 소프트웨어적 품질 : 컴퓨터 실수, 배달 사고, 항공기나 철도 사고, 전화 고장, 은행 기기 고장 사고, 상품의 매진이나 품절, 배송 사고 등에 관련된 품질

④ 서비스 시간성과 신속성 : 줄을 서서 기다리는 대기시간, 불만에 대한 답변시간, 수리시간과 관련된 품질

⑤ 심리적 품질 : 직원의 친절, 태도, 언행의 고객만족도와 관련된 품질

3. 이유재, 이준엽의 KS-SQI 모델

영역	구성요인	내용
성과영역	본질적 서비스	소비자가 서비스로 얻고자 하는 기본적인 욕구 충족
	부가서비스	소비자에게 경쟁사와 다른 혜택과 부가적인 서비스를 제공
과정영역	신뢰성	소비자가 서비스 제공자에게 느끼는 신뢰감(예 종업원의 진실, 정직, 기술과 지식을 갖춘 서비스 수행)
	친절성	소비자를 대하는 예의바르고 친절한 태도
	지원성	소비자의 요구에 신속한 서비스를 제공하려는 의지
	접근성	서비스를 제공하는 시간과 장소의 편리성
	물리적 환경	서비스 평가를 위한 외형적인 단서

4. 그렌루스의 서비스 품질 구성 요소

① 서비스 회복 : 서비스에 실수가 발생했을 때 공급자가 즉각적 · 능동적으로 실수의 해결방안을 위해 노력하는 것을 고객이 느끼는 것

② 태도와 행동 : 종업원들이 친절하고, 자발적으로 고객에게 관심을 기울이고 노력한다고 느끼는 것

③ 신뢰성과 믿음 : 고객이 서비스 공급자와 종업원, 기업의 운영체계 등이 고객과의 약속을 이행하리라 믿는 것

④ 전문성과 기술 : 제품 및 서비스 문제를 해결하는 전문적 지식과 기술을 갖췄다고 고객이 인식하는 것

⑤ 접근성과 융통성 : 서비스 공급자, 기관의 위치, 종업원, 운영체계 등이 서비스를 받기 쉬운 위치에 있고 설계 · 운영되며, 고객 기대와 수요에 따라 조절될 수 있다고 느끼는 것

⑥ 평판과 신용 : 서비스 공급자의 운영과 이용 요금 등에 대해 믿을 수 있고 가치 있다고 공감할 수 있는 것

📖 핵심 기출 유형 문제

❶ 카노의 품질 모형

'카노(Kano)'의 품질 모형을 그래프로 표현할 경우, 다음 〈보기〉의 (라)에 들어갈 내용으로 알맞은 것은?

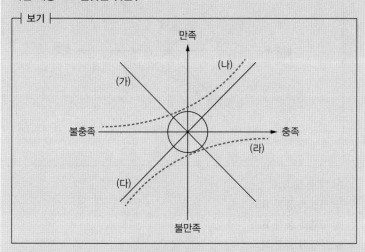

① 역(逆) 품질 요소　　② 매력적 품질 요소　　③ 당연적 품질 요소

④ 일원적 품질 요소　　⑤ 무관심 품질 요소

 해설

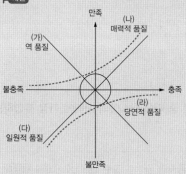

카노(Kano)의 품질 모형

- 매력적 품질 요소 : 고객이 미처 기대하지 못한 것을 충족시켜 주거나, 고객이 기대했던 것 이상으로 만족을 초과하여 주는 품질 요소이다.
- 일원적 품질 요소 : 고객의 명시적 요구사항이며, 이 요소가 충족될수록 만족은 증대되고 충족되지 않을수록 불만이 증대되는 것으로 만족요인이라고도 한다.
- 당연적 품질 요소 : 최소한 마땅히 있을 것이라고 생각되는 기본적인 품질 요소이다.
- 무관심 품질 요소 : 충족 여부에 상관없이 만족도 불만도 일으키지 않는 품질 요소를 말한다.
- 역 품질 요소 : 충족이 되지 않으면 만족을 일으키고, 오히려 충족이 되면 불만을 일으키는 품질 요소이다.

정답 ③

01

고객이 미처 기대하지 못한 것을 충족시켜 주거나 고객이 기대한 이상의 품질의 만족도와 충족이 높은 것은 매력적 품질 요소이다.

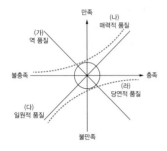

01 '카노(Kano)'의 품질 모형을 그래프로 표현할 경우, 다음 〈보기〉의 (나)에 들어갈 내용으로 알맞은 것은?

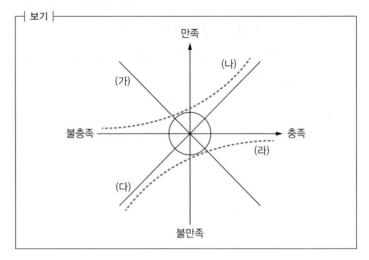

① 역 품질 요소
② 일원적 품질 요소
③ 당연적 품질 요소
④ 무관심 품질 요소
⑤ 매력적 품질 요소

02

④ 세탁 후에도 필터 효율이 우수한 나노섬유 마스크처럼 소비자가 미처 기대하지 못했거나, 기대 이상의 만족을 제공하는 품질 요소는 충족되면 고객은 만족하고 충족되지 않아도 불만이 증가되지 않는다.

02 '카노(Kano)'가 제시한 품질 모형 중 다음 〈보기〉의 사례에 가장 부합하는 것은?

┤ 보기 ├

KAIST(한국과학기술원)는 신소재공학과 김○○ 교수 연구팀이 20회 세탁해도 재사용 가능한 나노 섬유 마스크를 개발했다고 19일 밝혔다.

김교수 연구팀은 직경 100~500나노미터(㎚) 크기의 나노섬유를 직교 내지 단일 방향으로 정렬시키는 독자기술을 개발, 세탁 후에도 우수한 필터 효율이 잘 유지되는 나노섬유 멤브레인을 개발했다.

① 일원적 품질 요소
② 무차별 품질 요소
③ 무관심 품질 요소
④ 매력적 품질 요소
⑤ 당연적 품질 요소

01 ⑤ 02 ④ **정답**

03 '카노(Kano)' 품질 모형의 요소 중 충족되건 충족되지 않건 만족도 불만도 일으키지 않는 품질 요소에 해당하는 것은?

① 무차별 품질 요소
② 당연적 품질 요소
③ 일원적 품질 요소
④ 매력적 품질 요소
⑤ 무관심 품질 요소

04 '카노(Kano)' 품질 모형의 요소 중 다음 〈보기〉의 대화에 가장 가까운 것은?

┤ 보기 ├
철수 : 이제 완연한 가을인가봐. 아침, 저녁으로 날씨가 많이 쌀쌀해졌어.
영희 : 맞아. 갑자기 날씨가 추워져서 그런지 어제 자동차 운전 중에 갑자기 타이어 공기압 경고등이 뜨더라니까.
철수 : 그래. 기온이 떨어지는 환절기에는 공기가 수축되기 때문에 타이어 공기압을 반드시 확인해 주는 게 좋아.
영희 : 그런데 내가 자동차를 구매했을 때 타이어 공기압 경보장치를 옵션으로 넣은 기억이 없는데, 아빠한테 물어보니까 2012년에 장착이 의무화되었다고 하시더라. 정말 다행이야.

① 역(逆) 품질 요소
② 효율적 품질 요소
③ 무차별 품질 요소
④ 심리적 품질 요소
⑤ 당연적 품질 요소

05 다음 〈보기〉의 설명에 해당하는 '카노(Kano)'의 품질 모형 요소는?

┤ 보기 ├
충족이 되면 오히려 불만을 일으키고, 반대로 충족이 되지 않으면 만족을 일으키는 품질 요소를 말한다.

① 무차별 품질 요소
② 역(逆) 품질 요소
③ 일원적 품질 요소
④ 매력적 품질 요소
⑤ 당연적 품질 요소

정답 **03** ⑤ **04** ⑤ **05** ②

🏷 나오는 유형 ❷ 주란의 서비스 품질 구분

'주란(Juran)'의 서비스 품질 구분과 관련해 다음 〈보기〉의 설명에 해당하는 것은?

┤ 보기 ├
- 매장에서 고객에게 판매하기 위한 상품의 진열상태나 고객의 동선 등을 의미한다.
- 레스토랑 음식의 맛, 호텔의 실내장식, 철도 · 항공기 등의 좌석 크기와 안락함, 조명의 밝기 등에 해당된다.

① 서비스 시간성과 신속성
② 사용자의 눈에 보이는 하드웨어적 품질
③ 사용자의 눈에 보이지 않는 내부적 품질
④ 사용자의 눈에 보이는 소프트웨어적 품질
⑤ 사용자의 눈에 보이지 않는 소프트웨어적 품질

┤해설 **주란의 서비스 품질 구분**

사용자의 눈에 보이지 않는 내부적 품질	통신, 교통, 공원 등의 설비나 시설 등의 기능이 유지되도록 정비가 된 정도를 나타내는 품질
사용자의 눈에 보이는 하드웨어적 품질	마트나 백화점에서 고객에게 판매하기 위해 구매하여 진열한 상품들의 진열상태나 고객들의 이동 동선, 음식점의 음식 맛, 호텔의 청결도, 영화관의 좌석 크기와 안락함 등을 나타내는 품질
사용자의 눈에 보이는 소프트웨어적 품질	상품의 매진이나 품질, 적절한 광고, 배송 사고 등에 관련된 품질
서비스 시간성과 신속성	대기시간, 불만에 대한 답변시간, 수리에 걸리는 시간과 관련된 품질(소프트웨어적 품질과 구분)
심리적 품질	직원의 친절, 태도, 언행과 관련된 고객의 만족도와 관련된 품질

정답 ②

06 '주란(Juran)'의 서비스 품질 구분과 관련해 다음 〈보기〉의 설명에 해당하는 것은?

┤ 보기 ├
예의 바른 응대, 환대, 친절 등의 기본적 품질로서 불특정 다수의 고객과 직접적으로 접촉할 경우 종업원에게 매우 중요한 요소이다.

① 심리적 품질
② 서비스 시간성과 신속성
③ 사용자의 눈에 보이는 하드웨어적 품질
④ 사용자의 눈에 보이는 소프트웨어적 품질
⑤ 사용자의 눈에 보이지 않는 소프트웨어적 품질

06 ① 정답

07 '주란(Juran)'이 제시한 서비스 품질 구분과 관련해 다음 〈보기〉의 설명에 해당하는 것은?

┌ 보기 ├
- 항공, 철도, 전화, 호텔, 백화점, 유원지 등 설비나 시설 등의 기능을 발휘할 수 있도록 보수(補修)가 잘되고 있는지를 나타내는 품질이다.
- 보전(保全)이나 정비(整備)가 잘 이행되지 않을 경우 사용자에 대한 서비스 품질 저하로 나타날 수 있다.

① 사용자의 눈에 보이는 내부적 품질
② 사용자의 눈에 보이지 않는 내부적 품질
③ 사용자의 눈에 보이는 하드웨어적 품질
④ 사용자의 눈에 보이는 소프트웨어적 품질
⑤ 사용자의 눈에 보이지 않는 하드웨어적 품질

07

사용자의 눈에 보이지 않는 내부적 품질은 통신, 교통, 공원 등의 설비나 시설 등의 기능 및 보수 정비의 정도를 나타내며, 이런 기간산업의 기능이 잘 이행되지 않으면 사용자에 대한 서비스의 품질 저하로 이어질 수 있다.

꼭 나오는 유형 ❸ 이유재, 이준엽의 KS-SQI 모델

2006년 조사모델 재정립 과정을 통해 발표된 KS-SQI 모델 구성차원의 '과정 영역' 중 '물리적 환경'에 대한 내용으로 옳은 것은?

① 서비스 평가를 위한 외형적 단서
② 서비스 제공 시간 및 장소의 편리성
③ 고객이 서비스 제공자에게 느끼는 신뢰감
④ 고객의 요구에 신속하게 서비스를 제공하고자 하는 의지
⑤ 고객이 서비스를 통하여 얻고자 하는 기본적인 욕구의 충족

해설 이유재, 이준엽의 KS-SQI 모델 구성차원

영역	구성 요인	내용
성과 영역	본질적 서비스	소비자가 서비스로 얻고자 하는 기본적 욕구 충족
	부가서비스	소비자에게 경쟁사와 다른 혜택과 부가적인 서비스를 제공
과정 영역	신뢰성	소비자가 서비스 제공자에게 느끼는 신뢰감(예 종업원의 진실, 정직, 기술과 지식을 갖춘 서비스 수행)
	친절성	소비자를 대하는 예의바르고 친절한 태도
	지원성	소비자의 요구에 신속한 서비스를 제공하려는 의지
	접근성	서비스를 제공하는 시간과 장소의 편리성
	물리적 환경	서비스 평가를 위한 외형적인 단서

정답 ①

문제타파 TIP

이유재, 이준엽의 KS-SQI 모델은 우리나라 소비자 만족도를 나타내는 종합지표로 구성된 것이다. 이 모델은 성과 측면과 과정 측면으로 영역을 나눠 각 요인별 내용이나 과정 영역에 속하는 요인을 서로 매칭시키는 문제 등에 대해 잘 알아두자.

정답 **07** ②

08

① 과정 영역의 물리적 환경, ② 과정 영역의 접근성, ③ 과정 영역의 신뢰성, ⑤ 성과 영역의 본질적 서비스에 해당한다.

08 2006년 조사모델 재정립 과정을 통해 발표된 KS-SQI 모델 구성차원의 '과정 영역' 중 '지원성'에 대한 내용으로 옳은 것은?

① 서비스 평가를 위한 외형적 단서
② 서비스 제공 시간 및 장소의 편리성
③ 고객이 서비스 제공자에게 느끼는 신뢰감
④ 고객의 요구에 신속하게 서비스를 제공하고자 하는 의지
⑤ 고객이 서비스를 통하여 얻고자 하는 기본적인 욕구의 충족

09

KS-SQI 모델의 2가지 구성 차원
- 성과 측면 : 일차적 욕구 충족, 약속 이행, 창의적 서비스, 예상 외 부가서비스, 본질적 서비스
- 과정 측면 : 신뢰성, 친절성, 지원성, 접근성, 유형성, 물리적 환경

09 2006년 조사모델 재정립 과정을 통해 발표된 KS-SQI 모델의 구성차원 중 '성과 영역'에 해당하는 것은?

① 신뢰성
② 접근 용이성
③ 물리적 환경
④ 매체 유형성
⑤ 예상 외 부가서비스

❗문제타파 TIP

그렌루스의 6가지 품질 구성 요소에 대해서는 각 요소의 종류와 그 내용들에 대해 꼼꼼히 정리해 둘 것!

꼭 나오는 유형 ❹ 그렌루스의 서비스 품질 구성 요소

'그렌루스'가 제시한 6가지 품질 구성 요소 중 다음 〈보기〉의 설명에 해당하는 것은?

┤ 보기 ├

서비스 공급자, 서비스 기관의 위치, 운영시간, 종사원, 운영체계 등이 서비스를 받기 쉬운 위치에 존재하도록 설계되고 운영되며 고객의 바람과 수요에 따라 융통성 있게 조절될 수 있다고 고객이 느끼는 것을 의미한다.

① 서비스 회복   ② 태도와 행동
③ 신뢰성과 믿음   ④ 전문성과 기술
⑤ 접근성과 융통성

08 ④ **09** ⑤ 정답

해설 그렌루스의 6가지 서비스 품질 구성 요소

구성 요소	내용
서비스 회복	실수가 발생했을 때 공급자가 즉각적·능동적으로 실수를 바로잡으려 하며 수용 가능한 해결방안의 제시를 위해 노력한다는 것을 고객이 느끼는 것
태도와 행동	종업원들이 친절하고, 자발적으로 고객에 대해 관심을 기울이며 일을 한다고 느끼는 것
신뢰성과 믿음	고객이 서비스 공급자 및 종업원, 기업의 운영체계 등이 고객과의 약속을 이행하리라 믿는 것
전문성과 기술	제품 및 서비스 문제를 해결하는 데 필요한 전문적 지식과 기술을 가지고 있다고 고객들이 인식하는 것
접근성과 융통성	서비스 공급자, 서비스 기관의 위치, 종업원, 운영체계 등이 서비스 받기 쉬운 위치에 있고, 설계·운영되며 고객의 기대와 수요에 따라 융통성 있게 조절될 수 있다고 고객이 느끼는 것
평판과 신용	서비스 공급자의 운영과 이용에 대해 믿을 수 있고 가치 있다고 공감할 수 있는 것

정답 ⑤

10 '그렌루스'가 제시한 6가지 품질 구성 요소 중 다음 〈보기〉의 설명에 해당하는 것은?

┤ 보기 ├
전문적인 방안을 이용해서 서비스 공급자, 종사원, 운영체계 그리고 물리적인 자원들이 자신들의 문제를 해결하는데 필요한 지식과 기술을 가지고 있다고 고객들이 인식하는 것을 의미한다.

① 태도와 행동　② 서비스 회복　③ 전문성과 기술
④ 신뢰성과 믿음　⑤ 접근성과 융통성

10 전문성과 기술은 제품이나 서비스의 문제를 해결하는 전문적인 지식과 기술을 갖췄다고 고객이 인식하는 것을 말한다.

11 다음 〈보기〉의 내용 중 '그렌루스'가 제시한 6가지 품질 구성 요소를 찾아 모두 선택한 것은?

┤ 보기 ├
가. 태도와 행동　　나. 자발성
다. 돌봄과 관심　　라. 신뢰성과 믿음
마. 전문성과 기술　바. 평판과 신용

① 가, 나, 다　　② 가, 나, 다, 라
③ 가, 다, 라　　④ 가, 라, 마, 바
⑤ 가, 마, 바

11 그렌루스가 제시한 6가지 서비스 품질 구성 요소에는 서비스 회복, 태도와 행동, 신뢰성과 믿음, 전문성과 기술, 접근성과 융통성, 평판과 신용 등이 있다.

정답 10 ③ 11 ④

03 서비스 품질 결정 요인

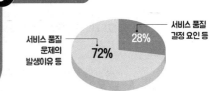

서비스 품질 결정 요인 등 28%

서비스 품질 문제의 발생이유 등 72%

핵심 이론

1. 서비스 품질 결정 요인

① **탐색 품질** : 구매 전 평가하는 제품 속성으로 제품의 색채, 스타일, 가격 등

② **경험 품질** : 구매 기간이나 구매 후에 평가하는 제품 속성으로 맛, 착용 가능성, 확실성 등

2. 서비스의 영향 요인

기대(期待)된 서비스의 영향 요인	지각(知覺)된 서비스의 영향 요인
• 구전 • 과거의 경험 • 전통과 사상 • 기업 측의 약속 • 고객들의 개인적 욕구	• 물질적 · 기술적 자원 • 고객상담직원 • 참여고객

3. 서비스 산업의 품질이 낮은 이유

① 서비스에 대한 재작업, 실수의 개선 요구에 관대함

② 셀프서비스 및 자동화시스템이 확대됨

③ 비용절감으로 인해 서비스 수준이 저하

④ 생산과 동시에 일어나는 특성으로 인해 어려워진 품질관리

⑤ 서비스 종사원의 낮은 프로의식

⑥ 고객의 수준이 낮을 때 서비스 품질도 저하됨

⑦ 지나치게 효율성과 생산성을 강조함

⑧ 다양한 서비스를 제공함에 따라 실수가 발생함

4. 서비스 품질 문제의 발생이유

① 기업의 단기적 견해

② 커뮤니케이션의 차이

③ 직원에 대한 부적절한 서비스

④ 생산과 소비의 비분리성 및 노동집약성

⑤ 고객을 수치(Numerical)로 보는 견해

5. 효과적인 서비스 산출관리 조건

① 시장 세분화가 가능한 경우

② 재고가 소멸되는 경우

③ 수요가 변동하는 경우

④ 설비 용량이 한정되어 있는 경우

⑤ 예약을 통해 서비스를 미리 판매하는 경우

⑥ 한계판매 비용이 낮고 한계용량 변경 비용이 높은 경우

📖 핵심 기출 유형 문제

꼭 나오는 유형 ❶ 서비스 품질 결정 요인 등

서비스 품질 결정에 영향을 미치는 요인 중 기대된 서비스의 영향 요인과 가장 거리가 먼 것은?

① 구전
② 과거의 경험
③ 전통과 사상
④ 기업 측의 약속
⑤ 기업의 물질적, 기술적 자원

🚩 해설
①·②·③·④ 외에 고객들의 개인적 욕구가 기대된 서비스의 영향 요인과 관계있다.

정답 ⑤

❗ 문제타파 TIP
서비스 품질에 관련된 문제는 난이도는 높지 않으나 다양한 영역에서 출제되므로 기출문제를 많이 풀어보는 등 전략적으로 접근해야 한다.

제2과목

01 서비스 품질 결정에 영향을 미치는 요인 중 지각(知覺)된 서비스의 영향 요인으로 옳은 것은?

① 과거의 경험
② 기업측의 약속
③ 고객상담직원
④ 구전
⑤ 전통과 사상

01
지각(知覺)된 서비스의 영향 요인
• 참여고객
• 고객상담직원
• 물질적·기술적 자원

꼭 나오는 유형 ❷ 서비스 품질 문제의 발생이유 등

다음 중 서비스 품질의 문제가 발생되는 이유로 가장 거리가 먼 것은?

① 기업의 장기적 견해
② 커뮤니케이션의 차이
③ 직원에 대한 부적절한 서비스
④ 생산과 소비의 비분리성 및 노동집약성
⑤ 고객을 수치(Numerical)로 보는 견해

🚩 해설
서비스 품질 문제의 발생이유
• 기업의 단기적 견해
• 커뮤니케이션의 차이
• 직원에 대한 부적절한 서비스
• 생산과 소비의 비분리성 및 노동집약성
• 고객을 수치(Numerical)로 보는 견해

정답 ①

❗ 문제타파 TIP
서비스 품질 문제의 발생이유는 종합적이고 다양한 관점에서 파악하고, 서비스 품질이 낮은 이유는 생산과 서비스의 제공에 따른 문제점이라는 관점에서 정리해두자.

정답 01 ③

02

④ 생산과 소비의 비분리성 및 노동 집약성이 서비스 품질 문제의 발생이유가 된다.

02 다음 중 서비스 품질의 문제가 발생되는 이유로 가장 거리가 먼 것은?

① 기업의 단기적인 견해

② 커뮤니케이션의 차이

③ 직원에 대한 부적절한 서비스

④ 생산과 소비의 분리성 및 기술집약성

⑤ 고객을 수치(數値, numerical)로 보는 견해

03

재고가 소멸되는 경우가 효과적인 서비스 용량 산출관리의 조건이 된다. 서비스의 산출관리는 서비스 용량이 일정 수준으로 정해진 상태에서 매일의 수요를 용량에 맞추는 것을 의미한다. 서비스의 용량은 변화시키기 어려운 반면 수요 변동은 크기 때문에 효과적인 산출관리의 필요성이 요구된다.

03 서비스 유통과 관련해 효과적인 산출관리를 위한 조건으로 옳지 않은 것은?

① 수요가 변동하는 경우

② 재고가 소멸되지 않는 경우

③ 설비 용량이 한정되어 있는 경우

④ 예약을 통해 서비스를 미리 판매하는 경우

⑤ 한계판매 비용이 낮고 한계용량 변경 비용이 높은 경우

04

소비자의 서비스 품질 평가에는 두 가지 범주가 있는데, 그중 탐색 품질은 소비자가 구매 전에 결정하는 제품의 품질 평가이고, 〈보기〉의 경험 품질은 구매 중이거나 구매 후에 판단할 수 있는 속성이다.

04 서비스 품질 결정 요인 중 다음 〈보기〉의 내용에 해당하는 것은?

┤ 보기 ├
소비자들이 구매하는 기간 중이나 구매 후에 판단할 수 있는 속성으로 맛, 착용 가능성 및 확실성 같은 특성을 포함한다.

① 탐색 품질　　　　　　　② 경험 품질

③ 파생 품질　　　　　　　④ 기회 품질

⑤ 배열 품질

02 ④ 03 ② 04 ② 정답

e-서비스 품질의 4가지 핵심차원 20%

서비스 종사원의 역할 모호성 등 26%

내부 마케팅의 영향 요인 등 54%

핵심 이론

1. 내부 마케팅의 개요

① 기업과 직원 간에 이루어지는 마케팅

② 직원이 고객에게 최상의 서비스를 제공할 수 있도록 지원하고 교육하는 활동을 의미

③ 기업의 CEO는 직원에게 적절한 수준의 재량권을 부여함으로써 직원이 고객의 욕구와 불만족에 신속하게 대응할 수 있게 하고, 직원이 주인의식과 책임감을 가지고 고객에게 최상의 서비스를 제공할 수 있는 환경을 조성하게 함

④ 서비스 품질 관리를 위해 직원에 대한 교육 및 훈련을 실시하고 동기부여를 높일 수 있도록 내부 직원을 대상으로 마케팅 활동을 진행함

2. 그렌루스의 내부 마케팅 목적

① 전술적 수준 : 경쟁우위 서비스, 캠페인 지원 및 활용

② 전략적 수준 : 종업원의 정책, 통제 절차 활용, 경영 방법의 활용, 내부 교육정책 및 기획

3. 내부 마케팅의 영향 요인

① 교육훈련

　㉠ 재해 발생과 기계설비의 소모율을 감소시킬 수 있음

　㉡ 직원의 불만과 무단결근, 이직률을 감소시킴

　㉢ 새로운 기술 습득은 물론이고 신속성과 정확성을 기대할 수 있음

　㉣ 직원의 기능을 증진시켜 승진에 대비한 능력향상을 기대할 수 있음

　㉤ 작업의 질과 양이 표준 수준으로 향상되어 임금상승을 도모할 수 있음

② 권한위임

　㉠ 업무의 권한위임으로 책임감을 가지고 업무를 수행하도록 함

　㉡ 권한위임의 장단점

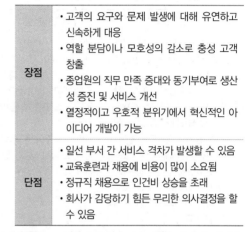

장점	• 고객의 요구와 문제 발생에 대해 유연하고 신속하게 대응 • 역할 분담이나 모호성의 감소로 충성 고객 창출 • 종업원의 직무 만족 증대와 동기부여로 생산성 증진 및 서비스 개선 • 열정적이고 우호적 분위기에서 혁신적인 아이디어 개발이 가능
단점	• 일선 부서 간 서비스 격차가 발생할 수 있음 • 교육훈련과 채용에 비용이 많이 소요됨 • 정규직 채용으로 인건비 상승을 초래 • 회사가 감당하기 힘든 무리한 의사결정을 할 수 있음

③ 복리후생 : 임금 이외의 수단을 통해 생산성 향상을 도모하고 종업원의 신체적 · 정신적 · 경제적 · 문화적 생활 향상을 목적으로 하는 제도

④ 보상시스템 : 보상의 기본 목표는 종업원의 효과적인 임금구조체계에 있음, 보상관리는 직무평가 결과를 기초로 종업원의 재무적인 손익과 유형적 서비스, 부가급부를 포함

⑤ 경영층 지원 : 경영층이 일선종업원의 제안을 수용하는 노력은 종업원의 내 · 외부 고객만족과 연계되어 기업의 수익증대가 될 수 있음

⑥ 내부 커뮤니케이션 기능(Scott & Michell)

　㉠ 종업원의 감정을 표현하고 사회적 욕구를 충족시키는 주요수단

　㉡ 종업원의 동기유발을 촉진하며, 명령, 보상, 평가, 훈련 등을 통해 리더십이 발생함

　㉢ 의사결정을 하는 데 중요한 정보 기능을 담당

　㉣ 내부 커뮤니케이션 경로를 통해 행동을 통제함

제2과목

⑦ 기업의 공식적인 관리통제
   ㉠ 투입 통제 : 종사원 선발, 교육훈련, 전략계획, 자원할당
   ㉡ 과정 통제 : 조직구조, 관리절차, 보상
   ㉢ 결과 통제 : 불평, 서비스 품질, 고객만족

4. 서비스 종사원의 역할 모호성

① 스토너(Stoner)의 갈등 유형 : 행동주체를 기준으로 개인적 갈등, 개인 간 갈등, 개인과 집단 간 갈등, 집단 간 갈등, 조직 간 갈등으로 분류

② 역할 모호성의 발생원인

칸(Kahn)	베리(Berry)
• 사회구조적 요구에 의해 기술의 변화가 빈번하게 발생 • 조직의 투입정보에 제한을 가하는 관리관행이 존재 • 재조직화가 요구되는 조직의 급격한 성장으로 발생 • 구성원들에게 새로운 요구를 하는 조직 환경의 변화 • 개인의 이해 영역을 초과하는 조직의 규모와 복잡성이 증가	• 서비스 표준이 없을 경우 • 서비스 표준이 제대로 커뮤니케이션 되지 않을 경우 • 우선순위가 없이 너무 많은 서비스 표준이 존재할 경우 • 서비스 표준이 성과측정, 평가, 보상시스템과 연결되어 있지 않을 경우

5. 토마스와 킬만의 갈등대처 유형

① 회피형 : 갈등을 회피함
② 호의형 : 상대 의견을 수용함
③ 타협형 : 서로 공정하게 양보해 중간점을 찾음
④ 경쟁형 : 자기 의견에 확신을 갖고 강하게 주장함
⑤ 협력형 : 많은 사람의 다양한 의견을 모아 다들 만족할 만한 답을 찾으려 함

6. e-서비스 품질의 4가지 핵심차원

① 효율성 : 최소한의 시간과 노력으로 원하는 서비스를 획득함
② 실행성(성취이행성) : 정확한 배송 시간 등 서비스 이행의 정확성과 상품을 보장함
③ 신뢰성 : 온라인 페이지의 기술적인 작동상태와 구매 가능성을 보장함
④ 보안성 : 신용정보나 구매정보를 안전하게 보호함

📖 핵심 기출 유형 문제

꼭 나오는 유형 ❶ 내부 마케팅의 영향 요인 등

품질 향상을 위한 내부 마케팅 요소 중 다음 〈보기〉의 설명에 해당하는 것은?

┌ 보기 ┐

임금 이외의 수단을 통해 종업원의 노동력을 유지, 발전시켜 정원의 능력을 최대로 발휘하게 함으로써 생산성 향상을 도모하고 종업원의 신체적 · 정신적 · 경제적 · 문화적 생활 향상을 목적으로 하는 제도의 총칭을 의미한다.

① 직무평가제도
② 복리후생제도
③ 권한위임제도
④ 내부소통제도
⑤ 교육훈련제도

┣ 해설

고용안정성과 관련 있는 복리후생제도는 종업원의 복지 향상을 위해 시행되는 임금 이외의 모든 간접적인 방법을 의미한다.

정답 ②

01 내부 마케팅 영향 요인 중 효과적인 보상 시스템을 위한 보상 방법으로 가장 거리가 먼 것은?

① 생산적인 제안에 대하여 타당하고 합리적일 경우 금전적 보상을 실시한다.
② 수당과 임금수준을 보통 수준보다 높게 책정하여 지급하는 것이 좋다.
③ 종업원의 업무에 대하여 적절한 권한위임을 실시하여 책임감을 가지고 업무를 수행할 수 있도록 한다.
④ 소속 직장의 공적 이미지를 부각시켜 종업원으로 하여금 직장 구성원으로서 자부심을 가질 수 있도록 한다.
⑤ 종업원을 위한 라운지, 회의실, 카페테리아 등과 같은 편의시설을 최소화하여 근무에 집중할 수 있는 환경을 제공한다.

01
종업원을 위한 라운지, 회의실, 카페테리아 등과 같은 편의시설은 복리후생제도에 대한 내용에 포함되므로 최소화하는 것은 좋지 않다.

02 내부 마케팅의 영향 요인 중 교육훈련에 대한 내용으로 가장 옳지 않은 것은?

① 재해 발생과 기계설비의 소모율을 감소시킬 수 있다.
② 직원의 불만을 방지하고 이직률을 향상시킬 수 있다.
③ 새로운 기술 습득은 물론이고 신속성과 정확성을 기대할 수 있다.
④ 직원의 기능을 증진시켜 승진에 대비한 능력향상을 기대할 수 있다.
⑤ 작업의 질과 양이 표준 수준으로 향상되어 임금상승을 도모할 수 있다.

02
직원의 불만과 무단결근, 이직률을 감소시킬 수 있다.

정답 01 ⑤ 02 ②

03
권한위임으로 부서마다 자율적으로 행동하게 되면서 일선 부서 간에 서비스 격차가 발생할 수 있으나, 이것이 서비스 다양성을 실현하는 것은 아니다.

03 다음 중 권한위임의 이점에 대한 설명으로 가장 거리가 먼 것은?

① 고객의 요구에 보다 유연하게 대응할 수 있다.

② 고객의 요구와 문제에 신속하게 대응할 수 있다.

③ 열정적이고 우호적인 분위기에서 혁신적인 아이디어를 개발할 수 있다.

④ 일선 부서 간 고객 서비스의 격차가 발생되어 서비스 다양성을 실현할 수 있다.

⑤ 종사원의 동기부여를 통해 생산성 증진과 서비스를 개선시키는 고객지향 서비스 활동을 수행하게 해준다.

04
②는 권한위임으로 인한 이점으로 종업원들은 직무에 대한 만족감이 증대되어 고객 서비스가 개선된다.

04 다음 중 내부 마케팅과 관련해 권한위임의 단점에 대한 설명으로 가장 거리가 먼 것은?

① 교육훈련의 비용이 많이 든다.

② 고객이 공평한 대우를 받았다고 생각할 수 있다.

③ 책임감 있는 정규직 종업원의 채용은 인건비 상승을 가져온다.

④ 서비스 제공이 보다 느리고 서비스의 일관성이 낮아질 수 있다.

⑤ 직원이 점포를 송두리째 주는, 즉 무리한 의사결정을 할 수 있다.

05
'스콧(Scott)과 미셸(Michell)'의 커뮤니케이션의 주요기능

• 종업원들이 감정을 표현하고 사회적 욕구를 충족시키는 주요 수단이다.

• 종업원들은 자신의 집단 내부의 커뮤니케이션 경로를 통해 관리자나 동료들에게 고충 또는 만족감 등을 표현하기도 하며 행동을 통제받기도 한다.

• 종업원들의 동기유발을 촉진한다. 명령, 성과에 대한 보상, 평가와 교육훈련을 실시하며 리더십 행동들이 발생한다.

• 의사결정을 하는 데 중요한 정보기능을 담당한다. 정보처리활동과 커뮤니케이션 채널이 개인이나 집단의 의사결정에 필요한 정보를 전달하는 개선방안들을 실천한다.

05 다음 중 '스콧'과 '미셸'이 제시한 내부 커뮤니케이션의 주요 기능에 대한 설명으로 가장 옳지 않은 것은?

① 종업원들이 감정을 표현하고 사회적 욕구를 충족시키는 주요 수단이다.

② 종업원들의 동기유발을 촉진시킨다.

③ 조직 구성원의 행동을 통제하는 기능을 발휘한다.

④ 의사결정을 하는 데 중요한 정보 기능을 담당한다.

⑤ 제한된 커뮤니케이션을 통해 무분별한 교류를 억제시키고 의사 표현의 다양성을 조절하는 데 기여한다.

03 ④ **04** ② **05** ⑤ 정답

06 다음 〈보기〉에서 내부 마케팅의 영향 요인 중 '과정 통제'와 관련된 내용을 찾아 모두 선택한 것은?

┌ 보기 ┐
가. 보상   나. 관리절차
다. 조직구조   라. 자원할당
마. 교육훈련
└──────────────────────────┘

① 가, 다   ② 가, 나, 다
③ 가, 다, 라   ④ 가, 다, 라
⑤ 나, 다, 라

💬 정답 및 해설

06
기업의 공식적인 관리통제
• 투입 통제 : 종사원 선발, 교육훈련, 전략계획, 자원할당
• 과정 통제 : 조직구조, 관리절차, 보상
• 결과 통제 : 불평, 서비스 품질, 고객만족

제2과목

07 내부 마케팅의 영향 요인 중 불평, 서비스 품질, 고객만족 등에 해당하는 것은?

① 일반 통제   ② 투입 통제
③ 과정 통제   ④ 반응 통제
⑤ 결과 통제

07
불평, 서비스 품질, 고객만족 등은 기업의 공식적인 관리통제 중 결과 통제에 해당한다.

꼭 나오는 유형   ❷ 서비스 종사원의 역할 모호성 등

다음 중 '칸(Kahn)'이 제시한 역할 모호성 발생원인으로 가장 거리가 먼 것은?

① 상호 독립성을 교란하는 간헐적 인사이동
② 조직의 투입정보에 제한을 가하는 관리관행
③ 사회구조적 요구에 의한 빈번한 기술의 변화
④ 개인의 이해 영역을 초과하는 조직의 규모 및 복잡성
⑤ 구성원들에게 새로운 요구를 하는 조직 환경의 변화

┤ 해설 ├
칸(Kahn)이 제시한 역할모호성 발생원인에는 ② · ③ · ④ · ⑤ 외에 재조직화가 요구되는 조직의 빠른 성장, 역할 기대를 확실히 알 수 없고 종업원 자신이 무엇을 해야 하는지 확신할 수 없을 때 등이 있다.

정답 ①

❗ 문제타파 TIP
역할 모호성 발생원인과 갈등대처 유형에서는 자기만의 학습정리를 하여 기록하고 암기해야 한다.

정답 06 ② 07 ⑤

08

사회구조적 요구에 의해 빈번하게 변화하는 기술이 역할 모호성이 발생하는 원인이 된다.

08 다음 중 '칸(Kahn)'이 제시한 역할 모호성 발생원인으로 가장 거리가 먼 것은?

① 조직의 투입정보에 제한을 가하는 관리관행

② 재(再) 조직화를 수반하는 조직의 빠른 성장

③ 사회구조적 요구를 거부하는 기존 기술의 고집

④ 구성원들에게 새로운 요구를 하는 조직 환경의 변화

⑤ 개인의 이해영역을 초과하는 조직의 규모 및 복잡성

09

토마스와 킬만이 제시하는 5가지 갈등대처 유형 : 갈등을 피하는 회피형, 상대 의견을 수용하는 호의형, 서로 공정하게 양보해 중간점을 찾아가는 타협형, 자기 의견에 확신을 갖고 강하게 주장하는 경쟁형, 많은 사람의 다양한 의견을 모아 다들 만족할 만한 답을 찾으려 애쓰는 협력형 등이 있다.

09 '토마스'와 '킬만'이 제시한 갈등대처 유형 중 자신과 상대방이 서로 관심사를 양보하는 방식으로 조직의 욕구와 개인의 욕구 간에 균형을 지키려는 유형은?

① 수용   ② 경쟁

③ 협력   ④ 타협

⑤ 회피

❗ 문제타파 TIP

e-서비스 품질의 4가지 핵심차원의 학습법은 내용을 이해하면서 한 번 읽어본 후에 '효실신보' 등으로 앞글자만 따서 암기하여 둘 것!

꼭 나오는 유형 ❸ e-서비스 품질의 4가지 핵심차원

'e-서비스 품질(SQ)'의 4가지 핵심 차원 중 다음 〈보기〉의 내용에 해당하는 것은?

┤ 보기 ├

• 이 웹사이트는 약속한 날짜에 제대로 배달을 한다.

• 이 웹사이트는 적정 소요기간 내에 주문 품목을 배달해 준다.

① 성취이행성   ② 보상성

③ 보안성   ④ 효율성

⑤ 신뢰성

├ 해설 e-서비스 품질의 4가지 핵심차원

효율성	최소한의 시간과 노력으로 원하는 서비스를 획득
실행성 (성취이행성)	정확한 배송 시간 등 서비스 이행의 정확성과 상품의 보장
신뢰성	온라인 페이지의 기술적인 작동상태와 구매 가능성 보장
보안성	신용정보나 구매정보의 안전한 보호

정답 ①

08 ③ 09 ④ 정답

10 다음 〈보기〉의 내용 중 'e-서비스 품질(SQ)'의 4가지 핵심 차원을 찾아 모두 선택한 것은?

> **┤ 보기 ├**
>
> 가. 효율성 나. 보상성
>
> 다. 신뢰성 라. 보안성
>
> 마. 경험성 바. 성취이행성

① 가, 나, 다, 라

② 가, 다, 라, 바

③ 나, 다, 라, 바

④ 나, 다, 마, 바

⑤ 다, 라, 마, 바

정답 및 해설

10

e-서비스 품질의 4가지 핵심차원에는 효율성, 실행성(성취이행성), 신뢰성, 보안성이 있다.

11 다음〈보기〉의 내용 중 서비스 회복 시 'e-서비스 품질' 차원을 찾아 모두 선택한 것은?

> **┤ 보기 ├**
>
> 가. 응답성 나. 성과 추적
>
> 다. 보상/배상 라. 실시간 접촉
>
> 마. 시설의 재배치

① 가, 나

② 가, 다, 라

③ 나, 다, 라

④ 나, 다, 라, 마

⑤ 다, 라, 마

11

서비스 회복할 때의 'e-서비스 품질' 차원에는 응답성, 실시간 접촉, 보상 및 배상 등이 있다.

정답 10 ② 11 ②

📋 핵심 이론

1. 고객만족지수 측정의 필요성

① 경쟁사의 강·약점 분석
② 자사의 경쟁 관련 품질성과 연구
③ 자사 및 경쟁사의 고객충성도 분석
④ 고객유지율의 형태로서 예측된 투자수익률(ROI) 예측
⑤ 고객의 기대가 충족되지 않은 영역 평가
⑥ 고객의 제품 및 서비스 가격 인상의 허용 폭 결정
⑦ 잠재적인 시장진입 장벽 규명
⑧ 효율성 평가와 불만 해소의 영향 분석

2. 고객만족도 조사 원칙

① **정확성의 원칙** : 만족도의 정확한 조사와 해석이 가능할 수 있게 하는 것
② **정량성의 원칙** : 디자인, 서비스 등의 항목이 개선된 양을 비교할 수 있게 조사하는 것
③ **계속성의 원칙** : 고객만족도를 과거·현재·미래와 지속적으로 비교할 수 있게 하는 것

3. 고객만족 측정 방법

① 직접측정
 ㉠ 일반적으로 단일 또는 복수의 설문 항목으로 측정하는 방식
 ㉡ 단순한 조사 모델로 하위 차원의 만족도 결과를 합산 시에 중복 측정을 방지할 수 있음
 ㉢ 민간부문의 만족도 조사에서 가장 많이 사용되는 방식
 ㉣ 직접측정에 의거하여 종합만족도를 구하는 대표적인 조사로 ACSI, NCSI 등이 있음
 ㉤ 단일 문항 측정 방법에서 측정 오차 문제를 해소하기 어렵기 때문에 복수의 설문 항목을 통한 측정으로 한정하여 정의

② 간접측정
 ㉠ 다양한 서비스의 하위 요소나 품질 등에 대한 만족도의 합을 복합 점수로 측정하는 방법으로 가중치가 부여된 각 차원 만족도의 합으로 산정
 ㉡ 여러 가지 서비스의 하위요소 또는 품질에 대한 차원 만족도의 합을 복합점수로 간주하는 방식
 ㉢ 혼합측정의 중복 측정 문제를 방지할 수 있으나, 가중치 부여 등 조사모델이 복잡해질 수도 있음
 ㉣ 다양한 서비스 품질 차원을 고려하므로 만족도 개선을 위한 다양한 정보 제공이 가능
 ㉤ 만족에 대한 선행변수로 전제되는 품질 요소에 대한 측정을 통해 만족도를 측정

③ 혼합측정
 ㉠ 직접 측정과 간접 측정을 혼합하여 고객만족도를 구하는 방식
 ㉡ 공공기관을 대상으로 하는 만족도 조사에서 가장 많이 사용하는 방식
 ㉢ 회귀분석과 같이 통계분석을 활용하여 각 차원의 가중치를 구하는 방식이 비교적 간단하고 실증적이라는 장점이 있음
 ㉣ 비율은 조사모델마다 다르나 대체적으로 체감만족도와 차원만족도의 비율이 5:5에서 3:7 사이에 분포함
 ㉤ 체감만족도와 차원만족도를 합산하여 종합만족지수를 구할 때 중복측정 문제가 발생하며, 합산할 때의 비율에 대한 일률적인 이론적 근거가 없음

4. 고객만족 측정모형

① PCSI(Public-service Customer Satisfaction Index, 공공기관 고객만족도 지수) : 한국능률협회컨설팅과 서울대학교가 공동 개발한 공공부문 고객만족 측정의 대표적인 현장 실천형 모델로서 품질지수, 만족지수, 성과지수 등으로 측정항목이 구성됨

② NCSI(National Customer Satisfaction Index, 국가고객만족도) : 국내외의 최종 소비자에게 판매되는 제품 및 서비스에 대해 고객이 직접 평가한 만족도를 측정하고 계량화한 지표

③ ACSI(American Customer Satisfaction Index)

   ㉠ 기업, 산업, 국가경제에 대한 지각적 만족 측정을 위해 개발된 미국의 고객만족지수 측정 모델

   ㉡ 고객화, 신뢰평가도, 전반적인 품질 등의 3가지 구성 요소로 평가함

   ㉢ 전반적인 고객만족도를 잠재변수로 측정하여 점수로 나타내므로 기업, 산업, 국가 간의 비교 가능한 경제 지표로 활용 가능

   ㉣ 제품 구매와 서비스에 대한 경험을 가진 고객의 만족도뿐만 아니라 차후 고객의 충성도를 확인하고 설명할 수 있는 지표

   ㉤ 1994년 스웨덴 고객만족지표를 기초로 미국품질연구회와 미시간대학의 국가품질연구소에서 개발

④ KS-SQI(Korean Standard-Service Quality Index) : 한국표준협회와 서울대학교 경영연구소가 공동 개발한 모델로 대한민국 서비스 산업 전반의 품질수준과 소비자 특성을 반영한 종합지표

⑤ KS-CQI(Korean Standard-Contact Service Quality Index) : 우리나라 콜센터의 서비스 품질 수준을 국내 실정에 맞게 과학적으로 조사·평가하여 개발한 모델

⑥ NPS(Net Promoter Score, 순 추천고객지수) : 어떤 기업이 충성도 높은 고객을 얼마나 보유하고 있는지를 측정하는 지표로서 쉽고 간단하게 기업의 미래 성장을 가늠할 수 있음

5. 국가고객만족도(NCSI)의 설문 구성

고객 기대수준 (구입 전 평가)	품질·욕구충족의 기대수준, 제품의 문제 발생 빈도의 기대수준
인지서비스 품질수준 (구입 후 평가)	품질수준, 욕구충족도, 서비스의 발생 빈도
인지가치수준	• 가격 대비 품질수준 • 품질 대비 가격수준
고객만족지수	• 전반적인 만족도 • 기대 일치·불일치 • 이상적인 제품 및 서비스 대비 만족수준
고객 불만	• 고객의 제품 및 서비스에 대한 불만
고객충성도	• 재구매 가능성의 평가 • 충성도 높은 고객의 제품 재구매 시 가격 인상 허용률 • 충성도가 낮은 고객의 제품 재구매 유도를 위한 가격인하 허용률

📖 핵심 기출 유형 문제

꼭 나오는 유형 ❶ 고객만족지수 측정의 필요성

다음 중 고객만족지수(CSI) 측정의 필요성과 가장 거리가 먼 것은?

① 잠재적인 시장 진입 장벽 규명

② 자사의 경쟁 관련 품질성과 연구

③ 자사 및 경쟁사의 고객충성도 분석

④ 효율성 평가 및 불안 해소의 영향 분석

⑤ 고객의 기대가 충족된 영역에 대한 평가

해설

고객만족지수(CSI) 측정의 필요성은 고객의 기대가 충족되지 않은 영역에 대한 평가이다.

고객만족지수 측정의 필요성
- 자사의 경쟁 관련 품질성과 연구
- 자사와 경쟁사의 고객충성도 분석
- 고객의 기대가 충족되지 않은 영역 평가
- 고객의 제품 및 서비스 가격 인상의 허용 폭 결정
- 경쟁사 고객만족도의 강·약점 분석
- 잠재적인 시장진입 장벽 규명
- 효율성 평가와 불만 해소의 영향 분석
- 고객유지율의 형태인 투자수익률 예측

정답 ⑤

01

고객만족지수 측정의 필요성으로는 ①·②·③·⑤ 외에 고객의 기대가 충족되지 않은 영역평가, 고객의 제품 및 서비스 가격 인상의 허용 폭 결정, 잠재적인 시장진입 장벽 규명, 효율성 평가와 불만해소의 영향 분석 등이 있다.

01 다음 중 고객만족지수(CSI) 측정이 필요성과 가장 거리가 먼 것은?

① 경쟁사의 강·약점 분석

② 자사의 경쟁 관련 품질성과 연구

③ 자사 및 경쟁사의 고객충성도 분석

④ 제품 및 서비스 초기 출시 가격 결정

⑤ 고객유지율의 형태로서 예측된 투자수익률(ROI) 예측

01 ④ 정답

꼭 나오는 유형 ❷ 고객만족 측정 방법

고객만족 측정 방법 중 직접측정에 대한 설명으로 가장 옳지 않은 것은?

① 일반적으로 단일한 설문 항목 또는 복수의 설문 항목을 통해 만족도를 측정하는 방식을 말한다.

② 조사 모델이 간명하며 하위 차원에 대한 만족도 결과를 합산할 때 발생되는 중복 측정의 문제를 방지할 수 있다.

③ 복수의 설문 측정 방법에서 측정 오차 문제를 해소하기 어렵기 때문에 단일 항목 문항 측정으로 한정하여 정의하기도 한다.

④ 민간부문을 대상으로 하는 만족도 조사에서 가장 많이 사용되는 방식이라 할 수 있다.

⑤ 직접측정에 의거하여 종합만족도를 구하고 있는 대표적인 조사로 ACSI, NCSI 등을 꼽을 수 있다.

┣ 해설
단일 문항 측정 방법에서 측정 오차 문제를 해소하기 어렵기 때문에 복수의 설문 항목을 통한 측정으로 한정하여 정의한다.

정답 ③

문제타파 TIP

고객만족 측정방법에서 직접측정의 출제 빈도가 가장 높고, 혼합측정과 간접측정도 간간이 출제된다. 각 측정별로 난이도가 있어 일정부분은 암기를 요하기도 한다.

---

02 고객만족 측정 방법 중 '혼합측정'에 대한 설명으로 가장 옳지 않은 것은?

① 직접 측정과 간접 측정을 혼합하여 고객만족도를 구하는 방식이다.

② 공공기관을 대상으로 하는 만족도 조사에서 가장 많이 사용하는 방식이다.

③ 체감만족도와 차원만족도를 합산할 때 확실한 이론적 근거를 바탕으로 구성 비율을 산정할 수 있다.

④ 회귀분석과 같이 통계분석을 활용하여 각 차원의 가중치를 구하는 방식이 비교적 간단하고 실증적이라는 장점이 있다.

⑤ 비율은 조사모델마다 다르나 대체적으로 체감만족도와 차원만족도의 비율이 5:5에서 3:7 사이에 분포하고 있다.

02
체감만족도와 차원만족도를 합산하여 종합만족지수를 구할 때 중복측정 문제가 발생하며, 합산할 때의 비율에 대한 일률적인 이론적 근거가 없다.

---

03 다음 〈보기〉의 설명에 해당하는 종합만족도 측정 방식은?

┌ **보기** ┐
• 여러 가지 서비스의 하위요소 또는 품질에 대한 차원만족도의 합을 복합점수로 간주하는 방식이다.
• 중복측정 문제를 방지할 수 있으나, 가중치 부여 등 조사모델이 복잡해질 수도 있다.

① 간접측정법 ② 직접측정법 ③ 복합측정법
④ 혼합측정법 ⑤ 요소측정법

03
간접측정법
• 다양한 서비스의 하위 요소나 품질 등에 대한 만족도의 합을 복합 점수로 측정하는 방법으로 가중치가 부여된 각 차원 만족도의 합으로 산정한다.
• 여러 가지 서비스의 하위요소 또는 품질에 대한 차원 만족도의 합을 복합점수로 간주하는 방식이다.
• 중복측정 문제를 방지할 수 있으나, 가중치 부여 등 조사모델이 복잡해질 수도 있다.

정답 02 ③ 03 ①

문제타파 TIP

고객만족 측정모형의 명칭과 각 모형의 특징을 잘 알아두어야 한다. 각 모형별 중요 특징을 1~2개 정도 암기하는 방식을 추천한다.

나오는 유형 ❸ 고객만족 측정모형

고객만족 측정모형 중 'ACSI'에 대한 설명으로 가장 옳지 않은 것은?

① 기업, 산업, 경제 부문 및 국가경제에 대한 지각적 만족을 측정하기 위해 개발된 미국의 대표적인 고객만족지수 측정 모델이다.
② 1994년 스웨덴 고객만족지표를 기초로 미국품질연구회와 미시간대학의 국가품질연구소에서 개발하였다.
③ 서비스 특성, 적합도, 종합 만족도, 수익 선순환 등의 구성 요소를 평가한다.
④ 다른 측정 모델들과는 달리 전반적인 고객만족도를 잠재변수로 측정하여 점수로 나타냄으로써 기업 및 산업, 그리고 국가 간의 비교 가능한 경제 지표로 활용될 수 있다.
⑤ 이미 제품 구매 및 서비스에 대한 경험을 가진 고객의 만족도뿐만 아니라 차후 고객의 충성도를 확인하고 설명할 수 있는 지표이다.

해설
③ 고객화, 신뢰평가도, 전반적인 품질 등을 구성요소로 평가한다.

정답 ③

04

공공기관 고객만족도 지수(PCSI : Public-service Customer Satisfaction Index)에 대한 설명이다.

04 다음의 내용에 해당하는 고객만족 측정모형의 명칭은?

| 보기 |
한국능률협회컨설팅(KMAC)과 서울대학교가 함께 공동 개발한 공공부문 고객만족 측정의 대표적인 현장 실천형 모델로서 품질지수, 만족지수, 성과지수 등으로 측정항목이 구성되어 있다.

① NCSI   ② PCSI
③ ACSI   ④ KS-SQI
⑤ KS-CQI

더 알아보기) 고객만족 측정모형

• PCSI : 한국능률협회컨설팅과 서울대학교가 공동 개발한 공공부문 고객만족 측정의 대표적인 현장 실천형 모델로서 품질지수, 만족지수, 성과지수 등으로 측정항목이 구성되어 있다.
• NCSI : 국내외의 최종 소비자에게 판매되는 제품 및 서비스에 대해 고객이 직접 평가한 만족도를 측정하고 계량화한 지표이다.
• ACSI : 미국의 고객만족지수 측정 모형으로 고객화, 신뢰평가도, 전반적 품질 등의 3가지 요소로 평가한 지표이다.
• KS-SQI : 한국표준협회와 서울대학교 경영연구소가 공동 개발한 모델로 서비스 산업 전반의 품질수준을 나타내는 종합지표이다.
• KS-CQI : 우리나라 콜센터의 서비스 품질 수준을 국내 실정에 맞게 과학적으로 조사·평가하여 개발한 모델이다.

04 ② **정답**

05 다음 〈보기〉의 설명에 해당하는 서비스 품질 측정 모형은?

┌ 보기 ┐

'SERVQUAL'모델이 우리나라 상황에 적합하지 않다고 보고 2000년 한국표준협회(KSA)와 서울대학교 경영연구소가 공동 개발한 모델로써, 기업의 서비스 품질 수준을 정확하게 평가하고 개선 과제를 도출하여 지속적인 품질 관리를 할 수 있도록 대한민국 서비스 산업과 소비자의 특성을 반영한 종합지표이다.

① NCSI   ② KCSI   ③ ACSI   ④ NPS   ⑤ KS-SQI

📑 **정답 및 해설**

05

KS-SQI(Korean Standard-Service Quality Index) : 한국표준협회(KSA)와 서울대학교 경영연구소가 공동 개발한 모델로 서비스 산업 전반의 품질수준을 나타내는 종합 지표이다.

꼭 나오는 유형 ❹ **국가고객만족도(NCSI)의 설문 구성**

국가고객만족도(NCSI) 설문의 구성 내용 중 '고객만족지수'에 해당되는 요소를 〈보기〉에서 찾아 모두 선택한 것은?

┌ 보기 ┐

가. 기대 불일치
나. 전반적 만족도
다. 재구매 가능성 평가
라. 전반적 품질 기대 수준
마. 개인적 니즈 충족 정도
바. 이상적인 제품 및 서비스 대비 만족수준

① 가, 나, 라   ② 가, 나, 바   ③ 가, 마, 바
④ 나, 라, 마   ⑤ 나, 마, 바

❗ **문제타파 TIP**

국가고객만족도(NCSI)의 설문 내용과 각 내용에 해당하는 요소들을 서로 매칭시켜 파악한다.

해설 NCSI의 설문 구성 내용

구분	내용
고객 기대수준 (구입 전 평가)	품질·욕구충족의 기대수준, 제품의 문제 발생빈도의 기대수준
인지서비스 품질수준 (구입 후 평가)	품질수준, 욕구충족도, 서비스의 발생 빈도
인지가치수준	• 가격 대비 품질수준 • 품질 대비 가격수준
고객만족지수	• 전반적인 만족도 • 기대 일치·불일치 • 이상적인 제품 및 서비스 대비 만족수준
고객 불만	고객의 제품 및 서비스에 대한 불만
고객 충성도	• 재구매 가능성의 평가 • 충성도 높은 고객의 제품 재구매 시 가격인상 허용률 • 충성도가 낮은 고객의 제품 재구매 유도를 위한 가격인하 허용률

정답 ②

정답 **05** ⑤

06

① 고객 불만 : 고객의 제품 및 서비스에 대한 불만

③ 고객만족지수 : 전반적인 만족도, 기대 일치·불일치, 이상적인 제품 및 서비스 대비 만족수준

④ 고객 기대수준 : 구입 전 평가로서 품질·욕구충족의 기대수준, 제품의 문제 발생 빈도의 기대수준

⑤ 인지가치수준 : 가격 대비 품질수준, 품질 대비 가격수준

07

국가고객만족도(NCSI) 설문 구성 변수에는 고객 기대수준, 인지서비스 품질수준, 인지가치수준, 고객만족지수, 고객불만, 고객충성도 등이 있다.

06 '국가고객만족도(NCSI)' 설문 구성 내용과 관련해 다음 〈보기〉의 내용에 해당하는 것은?

┤ 보기 ├
- 재구매 가능성 평가
- 재구매 시 가격인상 허용률
- 재구매 유도를 위한 가격인하 허용률

① 고객 불만
② 고객 충성도
③ 고객만족지수
④ 고객 기대수준
⑤ 인지가치수준

07 다음 중 '국가고객만족도(NCSI)' 설문을 구성하는 잠재변수로 가장 거리가 먼 것은?

① 고객충성도
② 고객 기대수준
③ 고객인지가치
④ 고객인지품질
⑤ 고객지향도 및 통합성

02 고객만족(CS) 평가시스템 구축

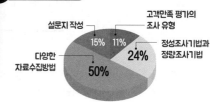

빈출 키워드

- 설문지 작성 15%
- 고객만족 평가의 조사 유형 11%
- 정성조사기법과 정량조사기법 24%
- 다양한 자료수집방법 50%

핵심 이론

1. 고객만족 평가의 조사 유형

① 탐험조사(Exploratory Research)
- ㉠ 주로 비계량적인 방법에 사용
- ㉡ 비정형적인 절차를 사용한 자료 수집과 분석
- ㉢ 대표적인 방법에는 심층면접, 표적집단면접법, 전문가의견조사, 문헌조사 등
- ㉣ 특정 그룹이나 제한된 숫자의 개인 인터뷰를 통한 예비조사를 실시하여 조사 목표를 수정하거나 재규정하는 데 사용
- ㉤ 조사가 불명확하거나 잘 모를 때 기본적인 정보를 얻기 위해 사용함

② 기술조사(Descriptive Research) : 표적모집단이나 시장의 특성으로 소비자의 태도, 구매행동, 시장점유율에 관한 자료를 수집하고 분석하여 결과를 기술하는 조사 유형

③ 인과관계조사(Causal Research) : 두 개 이상의 변수들의 인과관계를 밝히는 조사 유형

2. 정성조사기법과 정량조사기법

구분	적용기법	장점
정성조사기법 (Qualitative Study)	• 정량적 조사의 사전 단계, 가설의 발견, 사전 지식이 부족한 경우 • 가설의 검증 및 확인 • 고객 언어의 발견 및 확인 • 고객을 심층적으로 이해하려는 시도 • 다양한 샘플링 확보가 어려운 경우 • 신속한 정보를 획득하고 싶은 경우	• 유연성 • 현장성 • 심층적 • 신속성 • 낮은 비용성
정량조사기법 (Quantitative Study)	• 가설 검증으로 확정적 결론 획득 • 시장세분화 및 표적시장 선정 • 시장상황과 소비자의 행태 파악 • 고객의 특성별 요구 차이 • 각 상표별 강점·약점을 파악	• 자료의 객관성 • 자료의 대표성 • 신뢰도의 측정 가능 • 다목적성

3. 다양한 자료수집방법

① 관찰법
- ㉠ 조사대상의 행동 패턴을 관찰·기록하여 자료를 수집하는 연구방법
- ㉡ 조사대상자와 면담이나 대화가 어려워도 자료수집이 가능
- ㉢ 정확하고 세밀한 자료수집이 가능
- ㉣ 행동에 대한 내면적 요인의 측정이 불가능
- ㉤ 소수를 대상으로 하므로 일반화하기 어려움

② 서베이법(Survey Method)
- ㉠ 어떤 주제의 통계 자료를 얻기 위해 정형화된 설문지를 이용하여 조사하는 방법
- ㉡ 다수의 응답자를 대상으로 설문조사를 통해 자료를 수집하는 방법으로 가장 보편적이고 정형화된 방법
- ㉢ 기술 조사를 위해 가장 많이 사용되며, 조사 문제가 명확히 정의된 경우에 이용
- ㉣ 장단점

장점	• 다양하게 수집된 자료를 통계적으로 분석하여 객관적인 해석이 가능 • 자료수집이 쉽고 자료의 일반화 가능성이 큼
단점	• 장시간이 소요되고 응답률이 낮으며 정확도가 떨어짐 • 설문지 개발이 어려움

③ 심층면접법

 ㉠ 1명의 응답자와 일대일 면접을 통해 소비자의 심리를 파악하는 조사법

 ㉡ 1차 자료를 수집하기 위한 정성조사방법의 하나로 잘 훈련된 면접원이 조사대상 1명을 상대로 비구조화된 인터뷰를 행하는 기법

④ 문헌연구법

 ㉠ 역사 기록, 기존 연구 기록, 통계 자료 등 문헌을 통해 자료를 수집하는 방법

 ㉡ 시간과 공간의 제약을 받지 않음

 ㉢ 문헌 해석 시 연구자의 편견 개입 가능성

 ㉣ 시간과 비용을 절약할 수 있으며 정보 수집이 비교적 용이함

 ㉤ 1차 자료를 직접 수집하기 어려운 경우에 많이 활용

 ㉥ 양적·질적 자료 수집에 모두 활용되고 신문, 인터넷 문서, 논문, 도서, 그림, 동영상 등의 다양한 형태가 존재

 ㉦ 선행 연구의 신뢰도가 현행 연구의 신뢰도에 영향을 줄 수 있음

⑤ 실험법(Experimental method)

 ㉠ 실험집단에 일정한 조건을 부여한 결과를 토대로 통제집단과 비교하는 방법

 ㉡ 장점 : 정확한 인과관계의 분석이 가능, 효과적인 가설의 검증 가능, 과학적인 연구 가능, 비교분석이 용이함

 ㉢ 단점 : 대상이 인간이므로 윤리적 문제의 제기 가능성, 실험결과의 현실 적용이 어려움

⑥ 표적집단면접법(FGI : Focus Group Interview)

 ㉠ 표적의 대상이 되는 고객을 선발하여 제품·서비스 등에 대해 토론하게 하고 그 자료를 수집하는 방법

 ㉡ 1명 또는 2명의 사회자의 진행 아래 6~12명 정도의 참여자가 주어진 주제에 대하여 집중 그룹 토론하도록 함으로써 자료를 수집

 ㉢ 1회 또는 여러 번 실시하기도 하며, 성공 여부는 집단의 역동적 분위기와 참석자들의 상호 커뮤니케이션, 사회자의 진행 능력 등에 있음

⑦ CLT

 ㉠ 조사대상자가 많이 있는 곳으로 직접 나가 간이조사 장소를 설치하여 간단하게 조사하는 방법이다.

 ㉡ 제품 시음·시용, 광고물, 패키지 등의 간단한 테스트에 주로 이용

 ㉢ 표본의 오차가 크고 정확성은 낮으나 짧은 시간에 적은 비용으로 많은 대상자를 조사함

⑧ HUT : 조사원이 조사대상자의 가정을 직접 방문해 제품을 사용하게 한 후 면접을 통해 설문을 받는 조사방법

⑨ ZMET(Zaltman Metaphor Elicitation Technique) : 고객의 요구를 비언어적, 시각적 이미지를 통해 은유적으로 유도, 파악하는 분석 방법

⑩ 델파이기법 : 미래를 예측하는 질적 방법으로 여러 전문가의 의견을 반복해 수집·교환하고 발전시키는 방법

4. 설문지 작성

① 질문 개발 시 유의사항

질문의 순서를 결정할 경우	질문의 표현을 결정할 경우
• 단순하고 흥미로운 질문부터 시작함 • 어렵거나 민감한 질문은 뒤에 위치시킴 • 논리적이고 자연스러운 흐름에 따라 질문을 위치시킴 • 설문지 내용이 많을 경우 중요한 질문은 앞쪽에 위치시킴 • 포괄적인 질문을 한 다음 구체적인 질문을 함	• 애매모호한 질문은 피함 • 가급적 쉬운 질문을 사용 • 한 번에 두 개 이상의 질문을 하지 않음 • 응답자가 답변하기 쉬운 질문을 함

② 질문 작성 시 주의사항

 ㉠ 유도 질문을 하지 않도록 주의함

 ㉡ 듣는 사람이 오해할 수 있는 단어는 사용하지 않음

 ㉢ 응답 범위를 활용하여 과잉반응이 나오지 않게 해야 함

 ㉣ 뜻이 복잡·미묘하거나 비상식적인 단어를 사용하지 않음

 ㉤ 구체적인 답변이 나오게 하기 위해 제시된 항목의 응답 이외에 기타 항목을 추가함

📖 핵심 기출 유형 문제

🔖 꼭 나오는 유형 ❶ 정성조사기법과 정량조사기법

마케팅 조사 시 정량조사기법을 적용해야 하는 경우로 가장 거리가 먼 것은?

① 각 상표의 포지셔닝 파악

② 시장세분화 및 목표시장 선정

③ 소비자의 특성별 니즈 구조와 차이

④ 가설의 질적 검증 및 의미의 확인

⑤ 시장 경쟁상황 및 소비자 태도와 행동 파악

🔑 해설

정량조사기법은 전체 모집단을 대표할 수 있는 표본 대상을 선발하여 자료를 수집하는 방법이다. 가설의 질적 검증과 의미 확인은 정성조사기법에 속한다.

정답 ④

❗문제타파 TIP

정성조사기법과 정량조사기법을 비교·분석하여 차이점을 파악하고 내용을 이해하는 심층적인 학습을 권장한다.

01 마케팅 조사 시 정성조사기법을 적용해야 하는 경우로 가장 거리가 먼 것은?

① 예비적 정보의 수집

② 양적 조사의 사전 단계

③ 사전 지식이 부족한 경우

④ 소비자를 깊이 이해하려는 시도

⑤ 가설 검증을 통한 확정적인 결론 획득

01
가설 검증을 통한 확정적인 결론 획득은 정량조사기법을 적용하는 경우이다.

👍 더 알아보기

정성조사기법	정량조사기법
• 정량적 조사의 사전 단계, 가설의 발견, 사전 지식이 부족한 경우 • 가설의 검증 및 확인 • 고객의 언어의 발견 및 확인 • 고객을 심층적으로 이해하려는 시도 • 다양한 샘플링 확보가 어려운 경우 • 신속한 정보를 획득하고 싶은 경우	• 가설 검증으로 확정적 결론 획득 • 시장세분화 및 표적시장 선정 • 시장상황과 소비자의 행태 파악 • 고객의 특성별 요구 차이 • 각 상표별 강점 · 약점을 파악

02 고객만족 조사를 위한 자료수집방법 중 정성조사기법을 적용해야 하는 경우로 가장 옳지 않은 것은?

① 가설의 발견

② 사전 지식이 부족한 경우

③ 소비자 언어의 발견 및 확인

④ 시장세분화 및 목표시장 선정

⑤ 소비자에 대한 신속한 정보 획득

02
시장세분화 및 목표시장 선정은 정량조사기법을 적용해야 하는 경우에 해당한다.

정답 01 ⑤ 02 ④

03

① 다목적성은 정량조사기법의 장점이다. 그외 정량조사기법의 장점에는 자료의 객관성과 대표성, 신뢰도의 측정 등이 있다.

03 다음 중 '정성조사(Qualitative Study)'의 장점으로 가장 거리가 먼 것은?

① 다목적성   ② 현장성

③ 유연성   ④ 신속성

⑤ 심층적

문제타파 TIP

이 단원은 여러 가지 자료수집방법이 고르게 출제되는 경향이 있고, 다른 단원에 비해 내용도 많으므로 집중적인 학습이 요구된다. 특히 서베이법은 더 많은 시간을 투자하여 자세하게 알아둘 것!

꼭 나오는 유형 ❷ 다양한 자료수집방법

다음 〈보기〉의 설명에 해당하는 자료수집방법은?

┤ 보기 ├

제품 시음이나 사용, 광고물, 패키지 등의 테스트에 주로 이용되는 방법으로 조사 대상자가 많이 있는 곳으로 직접 나가 간이 조사장소를 설치하여 여기에 조사 대상자를 불러 모아 조사하는 기법을 의미한다. 표본의 오차가 크고 엄격한 절차나 과정을 실행할 수 없어 정확성은 떨어지지만 짧은 시간에 적은 비용으로 다수의 대상자를 조사할 수 있다.

① CLT   ② HUT

③ OVM   ④ EMM

⑤ ZMET

해설

① CLT : 조사 대상자가 많이 있는 곳으로 직접 나가 간이 조사장소를 설치하여 간단하게 조사하는 방법이다.

② HUT : 조사원이 조사대상자의 가정을 직접 방문해 제품을 사용하게 한 후 면접을 통해 설문을 받는 조사 방법이다.

⑤ ZMET(Zaltman Metaphor Elicitation Technique) : 고객의 요구를 비언어적, 시각적 이미지를 통해 은유적으로 유도, 파악하는 분석 방법이다.

정답 ①

04

문헌연구법은 시간과 비용을 절약하고 정보 수집이 쉬우며 연구 문제에 대한 기존의 연구 동향을 파악할 수 있다는 장점이 있다. 하지만, 문헌의 정확성과 신뢰성, 문헌 해석 시 연구자의 편견 개입, 선행 연구의 신뢰도가 현행 연구의 신뢰도에 영향을 줄 수 있다는 것이 단점이다.

04 자료수집방법 중 '문헌연구법'에 대한 설명으로 가장 옳지 않은 것은?

① 역사 기록, 기존 연구 기록, 통계 자료 등 문헌을 통해 자료를 수집하는 방법이다.

② 1차 자료의 직접 수집이 용이한 경우 주로 사용되는 방법이다.

③ 시간과 공간의 제약을 그다지 받지 않는다.

④ 문헌 해석 시 연구자의 편견이 개입될 수 있다.

⑤ 시간과 비용을 절약할 수 있으며 정보 수집이 비교적 용이하다.

03 ① 04 ② 정답

05 자료수집방법 중 '표적집단면접법(FGI)'의 단점에 대한 설명으로 가장 옳지 않은 것은?

① 비용이 많이 드는 편이다.
② 수집된 자료가 주관적으로 분석되고 해석될 수 있다.
③ 소수의 인원으로 진행되므로 자료의 일반화 가능성이 낮다.
④ 참가자들이 전문가인 경우라 하더라도 전문성을 지닌 정보의 획득이 비교적 어렵다.
⑤ 통계적 방법으로 신뢰성 검증 절차를 적용할 수 없고, 사회자의 역량이 부족할 경우 신뢰성에 문제가 발생될 수 있다.

05
FGI의 장점과 단점

장점	아이디어 창출, 행동의 내면적 이유 도출, 다양한 자료수집 가능, 전문적 정보 획득 가능
단점	일반화 가능성이 낮음, 자료의 신뢰성이 낮음, 주관적 해석의 가능성이 존재, 높은 자료수집 비용

06 다음 중 〈보기〉의 설명에 해당하는 자료수집기법은?

┤ 보기 ├
• 1명 또는 2명의 사회자의 진행 아래 6~12명 정도의 참여자가 주어진 주제에 대하여 토론하도록 함으로써 자료를 수집하는 방법이다.
• 1회 실시할 수도 있으나 다른 집단을 대상으로 여러 번 실시하는 경우도 있으며, 이에 대한 성공은 집단의 역동적 분위기와 참석자들의 상호 커뮤니케이션, 사회자의 진행 능력에 달려있다.

① 관찰법
② 서베이(Survey)
③ 전문가 의견조사
④ 델파이 기법(Delphi Method)
⑤ 표적집단면접법(Focus Group Interview)

06
표적집단면접법은 표적의 대상이 되는 고객을 선발하여 제품·서비스 등에 대해 토론하게 하고 그 자료를 수집하는 방법이다.

07 다음 〈보기〉의 설명에 해당하는 자료수집방법은?

┤ 보기 ├
주로 1차 자료를 수집하기 위한 정성조사방법 중 하나로 잘 훈련된 면접원이 조사대상 1명을 상대로 비구조화된 인터뷰를 행하는 기법을 의미한다.

① 서베이법
② 문헌조사법
③ 심층면접법
④ 표적집단면접법
⑤ 전문가 의견조사법

07
심층면접법은 1명의 응답자와 일대일 면접을 통해 소비자의 심리를 파악하는 조사법이다.

정답 **05** ④ **06** ⑤ **07** ③

08

① 피험자의 행동을 관찰하여 자료를 수집하는 연구와 평가의 기본 수단이 된다.

② 실험 집단과 통제 집단을 설정하여 다른 조건들을 통제한 후, 하나의 변수가 실험 집단에 어떤 영향을 끼치는지 측정하는 방법이다.

④ 어떤 경제 모델을 연립방정식 체계로 나타낼 수 있을 때 그 경제체계 외부에서 결정되는 변수를 말한다.

08 다음 〈보기〉의 설명에 해당하는 자료수집방법은?

┌ 보기 ┐
- 다수의 응답자를 대상으로 설문조사에 의하여 자료를 수집하는 방법이다.
- 기술 조사를 위해 가장 많이 사용되며, 조사 문제가 명확히 정의된 경우에 이용된다.
- 정형화된 설문지를 이용하여 조사하는 방법이다.

① 관찰법   ② 실험법
③ 서베이법   ④ 외생변수
⑤ 행동조사법

09

서베이법의 장단점

장점	• 다양하게 수집된 자료를 통계적으로 분석하여 객관적인 해석이 가능하다. • 자료수집이 쉽고 자료의 일반화 가능성이 크다.
단점	• 장시간이 소요되고 응답률이 낮으며 정확도가 떨어진다. • 설문지 개발이 어렵다. • 탐사방식에 의한 깊이 있는 질문이 불가능하다.

09 자료 수집을 위한 방법 중 '서베이법'의 장점으로 보기 어려운 것은?

① 자료 수집의 용이성
② 객관적 해석의 가능성
③ 다양한 측면에서 차이 분석 가능
④ 큰 규모의 표본과 일반화 가능성
⑤ 탐사 방식에 의한 깊이 있는 질문 가능

10

서베이법은 다양한 자료를 수집하여 통계적으로 분석하므로 객관적인 해석이 가능하다.

10 자료수집방법 중 서베이법(Survey Method)의 한계점으로 가장 거리가 먼 것은?

① 장시간 소요   ② 낮은 응답률
③ 응답의 정확성 문제   ④ 설문지 개발의 어려움
⑤ 객관적 해석의 불가능

11

관찰법은 소수를 대상으로 하므로 일반화하기 어렵다.

11 자료수집방법 중 관찰법에 대한 설명으로 가장 옳지 않은 것은?

① 조사대상의 행동 패턴을 관찰하고 기록함으로써 자료를 수집하는 방법을 말한다.
② 조사대상자와 면담 또는 대화가 어려울 경우에도 자료수집이 가능하다.
③ 정확하고 세밀한 자료수집이 가능하다.
④ 다수를 대상으로 하기 때문에 분석결과를 일반화하기 쉽다.
⑤ 행동에 대한 내면적 요인의 측정이 불가능하다.

08 ③ 09 ⑤ 10 ⑤ 11 ④ 정답

12 자료수집방법 중 '실험법(Experimental method)'의 장점으로 가장 옳지 않은 것은?

① 비교분석이 용이하다.
② 과학적 연구가 가능하다.
③ 실험 결과의 현실 적용이 쉽다.
④ 효과적인 가설 검증이 가능하다.
⑤ 정확한 인과관계 분석이 가능하다.

12
실험법의 단점에는 실험대상이 인간이므로 윤리적 문제가 제기될 가능성이 있고, 실험결과의 현실 적용이 어렵다.

🔑 **나오는 유형** ❸ **고객만족 평가의 조사 유형**

일반적으로 사용되는 조사 유형 중 탐험조사에 대한 내용으로 가장 거리가 먼 것은?

① 주로 비계량적인 방법이 사용된다.
② 주어진 문제가 명확할 경우 실시하는 조사 유형이다.
③ 비정형적인 절차를 사용하여 자료 수집과 분석이 이루어진다.
④ 대표적인 조사방법으로 심층면접, 표적집단면접법, 전문가의견조사, 문헌조사 등이 있다.
⑤ 특정 그룹이나 제한된 숫자의 개인 인터뷰를 통한 예비조사를 실시하여 조사 목표를 수정하거나 재규정하는 데 사용한다.

📝 **해설**
탐험조사는 조사의 문제가 불명확하거나 잘 모를 때 기본적인 정보를 얻기 위해 사용한다.

정답 ②

❗ **문제타파 TIP**
탐험조사는 주로 비계량적·비정형적으로 자료를 수집하여 분석하는 방법이다. 주로 사람들의 의견(면접)을 묻는 형태를 잘 알아두자.

---

13 일반적으로 사용되는 조사 유형 중 '탐험조사'에 대한 내용으로 가장 거리가 먼 것은?

① 조사자가 주어진 문제에 대하여 잘 모를 경우 실시하는 조사 유형이다.
② 특정 그룹이나 제한된 숫자의 개인 인터뷰를 통한 예비조사를 실시하여 조사 목표를 수정하거나 재규정하는데 사용한다.
③ 주로 정량조사에 의한 계량적인 방법이 사용된다.
④ 비정형적인 절차를 사용하여 자료 수집과 분석이 이루어진다.
⑤ 대표적인 조사방법으로 심층면접, 표적집단면접법, 전문가의견조사, 문헌조사 등이 있다.

13
탐험조사 방법은 주로 비계량적인 방법과 비정형적인 절차를 사용하여 자료수집과 분석이 이루어진다.

정답 **12** ③ **13** ③

! 문제타파 TIP

설문지 개발의 질문 순서를 물을 때는 전후의 위치관계를 파악하고, 표현 결정의 유의사항을 묻는 문제는 답변자의 상황을 고려해서 정답을 파악한다.

꼭 나오는 유형 ❹ 설문지 작성

설문지 개발과 관련해 질문의 순서를 결정할 경우 유의해야할 사항으로 가장 옳지 않은 것은?

① 가급적 쉬운 질문을 사용한다.
② 단순하고 흥미로운 질문부터 시작한다.
③ 어렵거나 민감한 질문은 뒤에 위치시킨다.
④ 논리적이고 자연스러운 흐름에 따라 질문을 위치시킨다.
⑤ 중요한 질문은 설문지 내용이 많을 경우 앞쪽에 위치시킨다.

정답 ①

┠ 해설
①은 '질문의 순서'를 결정할 때가 아닌 '질문의 표현'을 결정할 때에 대한 내용이다.

14
⑤는 질문의 순서를 결정할 경우 유의해야할 사항이다.

14 설문지 개발과 관련해 질문의 표현을 결정할 경우 유의해야할 사항으로 가장 거리가 먼 것은?

① 애매모호한 질문은 피한다.
② 가급적 쉬운 질문을 사용한다.
③ 한 번에 두 개 이상의 질문을 하지 않는다.
④ 응답자가 답변하기 쉬운 질문을 한다.
⑤ 보다 포괄적인 질문을 한 다음 구체적인 질문을 한다.

15
구체적인 답변이 나오게 하기 위해 제시된 항목의 응답 이외에 기타 항목을 추가한다.

15 고객 조사를 위해 설문지의 질문을 작성할 경우 주의할 점으로 가장 옳지 않은 것은?

① 유도하는 질문을 하지 않도록 주의한다.
② 듣는 사람이 오해할 수 있는 단어는 사용하지 않는다.
③ 응답 범위를 활용하여 과잉반응이 나오지 않도록 해야 한다.
④ 뜻이 복잡하고 미묘하거나 비상식적인 단어를 사용하지 않는다.
⑤ 구체적인 조사 답변이 나올 수 있도록 하기 위해 기존 항목의 제시된 응답 이외에 '기타' 항목이 추가되지 않도록 주의한다.

14 ⑤ 15 ⑤ 정답

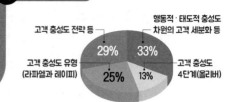

03 고객 충성도 전략

📋 핵심 이론

1. 행동적 · 태도적 충성도 차원의 고객 세분화

① **잠복된 충성도** : 기업에 대한 좋은 이미지는 있으나 가격, 접근성 또는 마케팅 전략이 재구매 욕구를 이끌지 못해 행동적 충성도가 낮은 집단

② **진실한 충성도** : 기업이 고객에게 경쟁사보다 큰 가치를 제공함으로써 고객을 완전히 만족시켜 강한 애착과 태도를 갖게 하는 충성도

③ **거짓된 충성도** : 기업 브랜드에 호감이 없어도 습관성, 편안함, 경제적 이익 등의 요인에 의해 꾸준한 구매 태도를 가진 충성도

④ **낮은 충성도**
　㉠ 경쟁사의 마케팅 전략에 쉽게 동요되어 다른 기업으로 재구매율과 태도가 전환될 수 있는 충성도
　㉡ 재구매율과 태도적 애착이 둘 다 낮은 성향을 보이며, 경쟁업체의 마케팅 전략에 동요되기 쉬운 고객 집단

2. 단일 기준에 의한 고객 세분화 유형

① 지역에 따른 세분화
② 연령에 의한 세분화
③ 상품에 의한 세분화
④ 구매액에 따른 세분화

3. 보웬(Bowen)과 첸(Chen)의 고객 충성도 측정 방법

① **행동적 측정방법** : 특정 제품이나 서비스에 대하여 일정기간 내 고객의 지속적이고 반복적인 구매행위를 고려하여 측정함

② **태도적 측정행위** : 고객이 심리적 애착, 호의적 태도로 반복적으로 같은 제품 및 서비스를 구매하는 행위를 측정함

③ **통합적 측정 방법** : 행동적 측정과 태도적 측정을 통합한 포괄적인 측정방법, 고객의 호의적인 태도와 브랜드 교체 성향, 반복구매 행동, 총 구매량 등을 측정하는 방법

4. 올리버(Oliver)의 고객 충성도 4단계

① **인지적 충성** : 브랜드 속성 정보로 인해 하나의 브랜드가 대체안보다 선호될 수 있음을 제시하는 단계로, 인지적 충성 또는 브랜드 신념에만 근거한 충성단계

② **감정적 충성** : 브랜드에 대한 선호가 만족스러운 사용경험이 쌓이면서 증가한 형태, 고객의 충성은 이탈하기 쉬운 상태

③ **행동 의욕적 충성** : 브랜드에 대해 긍정적인 감정이 반복적으로 쌓인 경험으로 인해 행위 의도를 갖는 단계

④ **행동적 충성** : 고객의 의도가 행동으로 전환된 충성 단계, 행동 통제의 연속선상에서 이전 충성 상태에서 동기 부여된 의도는 행동하기 위한 준비상태로 전환됨

5. 라파엘(Raphael)과 레이피(Raphe)의 고객 충성도 유형

① **예비고객** : 구매에 관심을 보일 수 있는 계층

② **단순고객** : 특정 제품이나 서비스에 대하여 관심을 가지고 적어도 한 번 정도 가게를 방문하는 계층

③ **고객** : 빈번하게 구매가 이뤄지는 계층

④ **단골고객** : 특정 제품이나 서비스를 정기적으로 구매하는 계층

⑤ **충성고객** : 주변 누구에게나 긍정적인 구전을 해주는 계층

6. 레이나르츠(Reinartz)와 쿠머(Kumar)의 고객 충성도 전략

구분	장기거래 고객	단기거래 고객
	True Friends	Butterflies
높은 수익	• 장기간 충성도를 유지하여 기업의 제공 서비스와 고객의 욕구 간 적합도 높고, 큰 잠재이익 보유 • 태도적 · 행동적 충성도 구축과 지속적인 고객 관계 유지를 위한 투자가 필요	• 충성도 기간이 짧으나 기업의 제공 서비스 및 고객의 욕구 간 적합도가 높고, 큰 잠재이익 보유 • 충성도는 높지 않아도 단기 판촉전략으로 구매를 촉진해야 함
	Barnacles	Strangers
낮은 수익	• 장기간 충성도를 유지하고 기업의 제공 서비스와 고객의 욕구간 적합도는 있으나 잠재된 이익은 낮음 • 자사 제품의 잠재 구매율을 측정하여 상향구매, 교체구매를 유도함	• 충성도도 없고 기업의 제공 서비스, 고객 욕구 간의 적합도, 잠재된 이익 모두 낮음 • 관계유지를 위한 추가 투자 불필요 • 모든 거래에서 이익 창출 필요

7. 브라운(Brown)의 구매 패턴에 따른 고객 충성도

① 완전한 충성도
② 분열된 충성도
③ 변하기 쉬운 충성도
④ 무(無) 충성도

📖 핵심 기출 유형 문제

꼭 나오는 유형 ❶ 행동적·태도적 충성도 차원의 고객 세분화 등

행동적 · 태도적 충성도 차원의 고객 세분화 유형 중 다음 〈보기〉의 설명에 해당하는 것은?

┤ 보기 ├

기업에 대한 좋은 이미지를 가지고 있으나 가격, 접근성 또는 마케팅 전략이 재구매 욕구를 이끌어 내지 못하기 때문에 행동적 충성도가 낮은 집단을 말한다.

① 결속된 충성도 ② 잠복된 충성도
③ 개념적 충성도 ④ 진실한 충성도
⑤ 거짓된 충성도

해설 행동적·태도적 충성도 차원의 고객 세분화

• 잠복된 충성도 : 기업에 대한 높은 선호가 있으나 가격, 접근성 등에서 재구매를 하지 못하거나, 상황에 따라 구매 여부가 달라지는 행동적 충성도가 낮은 집단
• 진실한 충성도 : 기업이 경쟁사들이 제공하는 것 이상의 가치를 고객에게 제공함으로써 고객에게 완전한 만족을 느끼게 하여 강한 애착과 태도를 갖게 하는 충성도
• 거짓된 충성도 : 기업 브랜드에 호감이 없어도 꾸준한 구매를 하는 태도로 습관성, 편안함, 경제적 이익 등의 요인에 의해 생성된 충성도
• 낮은 충성도 : 경쟁사의 마케팅 전략에 쉽게 동요되어 다른 기업으로 재구매율과 태도가 전환될 수 있는 충성도

정답 ②

🗝 문제타파 TIP

고객의 충성도를 묻는 질문에서는 4가지 충성도와 내용 중 중요 단어를 상호 매칭시켜 기억한다.

---

01 행동적 · 태도적 충성도 차원의 고객 세분화 유형 중 재구매율과 태도적 애착이 둘 다 낮은 성향을 보이며, 경쟁업체의 마케팅 전략에 동요되기 쉬운 고객 집단에 해당하는 것은?

① 낮은 충성도 ② 높은 충성도
③ 거짓된 충성도 ④ 지배적 충성도
⑤ 잠복된 충성도

01
재구매율과 태도적 애착이 둘 다 낮은 성향을 보이는 것은 낮은 충성도를 가진 고객으로, 경쟁사의 마케팅 전략에 동요되어 태도 전환을 할 가능성이 높다.

정답 01 ①

02

진실한 충성도와 거짓된 충성도

진실한 충성도	고객이 차별화된 가치를 제공받고 완전한 만족을 느껴서 형성되는 충성도
거짓된 충성도	높은 전환비용, 독점시장 등의 요인으로 인해 형성된 충성도

02 행동적·태도적 충성도 차원의 고객 세분화 유형 중 다음 〈보기〉의 설명에 해당하는 것은?

┤ 보기 ├
이 집단은 특정 브랜드에 대한 호감이 없더라도 빈번한 구매가 이루어지며 심지어 특정 기업을 싫어하더라도 꾸준한 구매가 이루어진다. 그것은 습관적인 구매, 경제적 인센티브, 편안함 그리고 대안 부족으로 설명할 수 있다.

① 낮은 충성도　　　　　　② 진실한 충성도
③ 거짓된 충성도　　　　　　④ 긍정적 충성도
⑤ 잠복된 충성도

03

고객충성도 측정방법
• 행동적 측정방법 : 일정기간 내 특정 상품에 대한 고객의 지속적인 구매행위를 측정한다.
• 태도적 측정방법 : 고객의 심리적 애착, 호의적 태도로 인한 구매행위를 측정한다.
• 통합적 측정방법 : 행동적 측정과 태도적 측정을 통합하여 포괄적으로 측정한다.

03 고객충성도 측정방법 중 고객의 호의적인 태도와 브랜드 교체 성향, 반복 구매행동, 총 구매량 등을 포괄적으로 측정하는 유형은?

① 심리적 측정방법　　　　② 행동적 측정방법
③ 통합적 측정방법　　　　④ 태도적 측정방법
⑤ 전략적 측정방법

04

단일기준에 의한 고객 세분화 유형에는 지역에 따른 세분화, 연령에 따른 세분화, 상품에 따른 세분화, 구매액에 따른 세분화가 있다

04 고객 분석을 위해 필요한 고객 세분화 유형의 분류 중 단일 기준에 따른 분류로 보기 어려운 것은?

① 지역에 따른 세분화　　　② CLV에 따른 세분화
③ 연령에 의한 세분화　　　④ 상품에 의한 세분화
⑤ 구매액에 따른 세분화

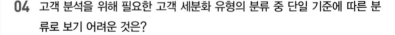

02 ③ 03 ③ 04 ② 정답

꼭 나오는 유형 ❷ 고객 충성도 4단계(올리버)

'올리버'가 제시한 고객 충성도 4단계 중 〈보기〉의 (   ) 안에 들어갈 내용으로 알맞은 것은?

┤ 보기 ├
고객에게 가용한 브랜드 속성 정보로 인해 하나의 브랜드가 대체안보다 선호될 수 있음을 제시하는 것으로 이 단계를 (   ) 또는 브랜드 신념에만 근거한 충성 단계라고 한다.

① 인지적 충성　　　　　　② 감정적 충성
③ 선택적 충성　　　　　　④ 행동적 충성
⑤ 의욕적 충성

┤ 해설
② 감정적 충성 : 브랜드에 대한 선호가 만족스러운 사용 경험이 쌓이면서 증가한다. 이 형태의 고객 충성은 이탈하기 쉬운 상태에 해당한다.
④ 행동적 충성 : 고객의 의도가 행동으로 전환된 충성이다. 행동 통제의 연속선상에서 이전 충성 상태에서 동기 부여된 의도는 행동하기 위한 준비상태로 전환된다.
⑤ 의욕적 충성 : 브랜드에 대한 긍정적인 감정을 갖게 되는 반복적인 경험에 의해 영향을 받으며 행위 의도를 갖는 단계이다.

정답 ①

05 '올리버(Oliver)'가 제시한 고객 충성도 발전 단계 중 반복적인 경험에 의해 영향을 받고 행위 의도를 가지게 되는 충성도를 의미하는 것은?

① 행동적 충성
② 인지적 충성
③ 몰입적 충성
④ 감정적 충성
⑤ 행동 의욕적 충성

05
① 행동적 충성 : 고객의 의도가 행동으로 전환된 충성이다. 행동 통제의 연속선상에서 이전 충성 상태에서 동기 부여된 의도는 행동하기 위한 준비상태로 전환된다.
② 인지적 충성 : 브랜드 속성 정보로 인해 하나의 브랜드가 대체안보다 선호될 수 있음을 제시하는 단계로 인지적 충성 또는 브랜드 신념에만 근거한 충성단계라고 한다.
④ 감정적 충성 : 브랜드에 대한 선호가 만족스러운 사용 경험이 쌓이면서 증가한다. 이 형태의 충성은 이탈하기 쉬운 상태에 해당한다.

정답 05 ⑤

나오는 유형 ❸ 고객 충성도 유형(라파엘과 레이피)

'라파엘(Raphael)과 레이피(Raphe)'가 제시한 고객 충성도의 유형 중 특정 제품이나 서비스에 대하여 관심을 가지고 적어도 한 번 정도 가게를 방문하는 계층에 해당하는 것은?

① 단순고객   ② 예비고객
③ 완전고객   ④ 단골고객
⑤ 충성고객

> **해설** 라파엘과 레이피의 충성도에 따른 고객 분류
> • 예비고객(Prospect) : 상품 구매에 관심을 보일 가능성이 있는 고객이다.
> • 단순고객(Shopper) : 상품에 대한 관심을 가지고 적어도 한 번은 매장에 방문하는 고객이다.
> • 고객(Customer) : 상품을 빈번하게 구매하는 고객이다.
> • 단골고객(Client) : 상품을 정기적으로 구매하는 고객이다.
> • 충성고객(Advocator) : 상품을 구매할 뿐만 아니라 주변 사람들에게 상품을 추천하는 고객이다.
>
> 정답 ①

06

라파엘과 레이피의 충성도에 따른 고객 분류
• 예비고객 : 상품 구매에 관심을 보일 가능성이 있는 고객
• 단순고객 : 상품에 대한 관심을 가지고 적어도 한 번은 매장에 방문하는 고객
• 고객 : 상품을 빈번하게 구매하는 고객
• 단골고객 : 상품을 정기적으로 구매하는 고객
• 충성고객 : 주변에 긍정적인 상품을 추천하고 구전을 하는 고객

07

단골고객(Client)은 상품을 정기적으로 구매하는 고객이다.

06 '라파엘과 레이피'가 제시한 고객 충성도의 유형 중 특정 제품이나 서비스의 구매에 관심을 보일 수 있는 계층에 해당하는 것은?

① 예비고객   ② 개발고객
③ 성장고객   ④ 단순고객
⑤ 강화고객

07 '라파엘(Raphael)과 레이피(Raphe)'가 제시한 고객 충성도의 유형 중 특정 제품이나 서비스를 정기적으로 구매하는 계층에 해당하는 것은?

① 경쟁고객   ② 예비고객
③ 완전고객   ④ 단골고객
⑤ 충성고객

06 ① **07** ④ 정답

08 '라파엘(Raphael)과 레이피(Raphe)'가 제시한 고객 충성도의 유형 중 다음 〈보기〉 안에 들어갈 내용으로 가장 옳은 것은?

┤ 보기 ├─
( )(이)란 주변 사람들 누구에게나 특정 제품이나 서비스에 대한 칭찬을 아끼지 않는 계층을 말한다.

① 단골고객
② 충성고객
③ 고객
④ 예비고객
⑤ 단순고객

08
① 단골고객 : 상품을 정기적으로 구매하는 고객이다.
③ 고객 : 상품을 빈번하게 구매하는 고객이다.
④ 예비고객 : 상품 구매에 관심을 보일 가능성이 있는 고객이다.
⑤ 단순고객 : 상품에 대한 관심을 가지고 적어도 한 번은 매장에 방문하는 고객이다.

꼭 나오는 유형 ❹ 고객 충성도 전략 등

'레이나르츠(Reinartz)와 쿠머(Kumar)'가 제시한 충성도 전략과 관련해 다음 〈보기〉의 설명에 해당하는 고객 유형은?

┤ 보기 ├─
• 회사의 제공 서비스와 소비자 욕구 간 적합도가 높고 높은 잠재이익을 가지고 있다.
• 태도적인 충성도 구축과 더불어 지속적인 의사소통과 고객관계 유지가 필요하다.

① Butterflies
② Strangers
③ Barnacles
④ Humming Bird
⑤ True Friends

! 문제타파 TIP

충성도 전략과 관련해서는 장·단기 고객 유형별로 수익의 높고 낮음에 따른 내용들을 자세히 알아두어야 한다.

🇰 해설

구분	장기거래 고객	단기거래 고객
	True Friends	Butterflies
높은 수익	• 회사의 제공 서비스와 소비자의 욕구 간 적합도가 높고 높은 잠재이익 보유 • 태도적, 행동적 충성도 구축과 지속적인 고객관계 유지가 필요	• 회사의 제공 서비스와 소비자의 욕구 간 적합도가 높고 큰 잠재이익 보유 • 단기 판촉으로 거래의 만족을 달성하도록 노력해야 함
	Barnacles	Strangers
낮은 수익	• 회사의 제공 서비스와 소비자의 욕구 간 적합도가 있으나 낮은 잠재이익 보유 • 지갑점유율을 측정하여 낮으면 교체구매 유도	• 회사의 제공 서비스와 소비자의 욕구 간의 적합도가 낮음 • 투자 불필요 • 모든 거래에서 이익 창출 필요

정답 ⑤

정답 **08** ②

09
① Strangers는 낮은 수익을 내는 단기거래 고객이다.

10
② Barnacles는 낮을 수익을 내지만 장기거래 고객이다.

11
브라운(Brown)의 소비자 구매 패턴에 따른 4가지 고객충성도
• 완전한 충성도
• 분열된 충성도
• 변하기 쉬운 충성도
• 무(無) 충성도

09 '레이나르츠(Reinartz)와 쿠머(Kumar)'가 제시한 충성도 전략과 관련해 다음 〈보기〉의 설명에 해당하는 고객 유형은?

┤ 보기 ├
• 회사의 제공 서비스와 소비자 욕구 간의 적합도가 낮다.
• 관계유지를 위한 더 이상의 투자는 불필요하다.
• 매 거래마다 이익을 창출해야 한다.

① Strangers
② Butterflies
③ Barnacles
④ True Friends
⑤ Humming Bird

10 '레이나르츠'와 '쿠머'가 제시한 충성도 전략과 관련해 다음 〈보기〉의 설명에 해당하는 고객 유형은?

┤ 보기 ├
• 회사의 제공 서비스와 소비자 욕구 간의 적합도가 제한되고 낮은 잠재이익을 가지고 있다.
• 지갑점유율이 낮으면 상향, 교체 구매를 유도해야 한다.

① Strangers
② Barnacles
③ Butterflies
④ True Friends
⑤ Humming bird

11 다음 중 '브라운(Brown)'이 제시한 소비자의 구매 패턴에 따른 고객충성도 분류로 보기 어려운 것은?

① 분열된 충성도
② 변화하기 쉬운 충성도
③ 무(無) 충성도
④ 산출된 충성도
⑤ 완전한 충성도

09 ① **10** ② **11** ④ 정답

01 서비스 품질관리 컨설팅

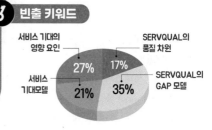

서비스 기대의 영향 요인 27%
SERVQUAL의 품질 차원 17%
SERVQUAL의 GAP 모델 35%
서비스 기대모델 21%

📋 핵심 이론

1. SERVQUAL(서비스 품질 측정도구)의 품질 차원

① 신뢰성(Reliability)
- ㉠ 약속한 서비스를 믿을 수 있고 정확하게 수행할 수 있는 능력
- ㉡ 약속한 시간 내에 서비스를 제공
- ㉢ 업무기록의 정확한 유지와 보관
- ㉣ 소비자의 문제에 대해 관심을 보이고 해결하려는 의지

② 유형성(Tangibles)
- ㉠ 물리적 시설의 시각적 효과
- ㉡ 장비
- ㉢ 직원 커뮤니케이션 자료의 외양 등

③ 응답성(Responsiveness)
- ㉠ 즉각적인 서비스 제공
- ㉡ 업무처리 시간의 알림
- ㉢ 자발적으로 소비자를 도와주려는 태도
- ㉣ 직원이 바쁠 때도 소비자의 요구에 신속한 대응

④ 확신성(Assurance)
- ㉠ 직원의 지식과 예절
- ㉡ 신뢰와 안전함을 유발할 수 있는 능력 등

⑤ 공감성(Empathy)
- ㉠ 회사가 고객에게 제공하는 개별적 배려와 관심 등
- ㉡ 소비자에 대한 개인적 관심을 갖고, 소비자의 이익을 진심으로 생각함
- ㉢ 소비자에게 편리한 업무시간을 운영

2. SERVQUAL(서비스 품질 측정도구)의 GAP 모델

구분	발생원인	해결방안
GAP1 : 고객의 기대를 기업이 모를 때	• 많은 관리 단계 • 고객의 기대관리 실패 • 상향 커뮤니케이션 결여 • 마케팅 조사의 중요성에 대한 이해 부족 • 적절하지 않은 물리적 증거와 서비스 스케이프	• 조직의 관리단계 축소 • 고객의 기대 조사 • 적절한 물리적 증거와 서비스 스케이프
GAP2 : 적당한 서비스 설계 표준을 선택하지 못할 때	• 어수룩한 서비스 설계 • 고객서비스 업무의 표준화 결여	• 체계적인 서비스 설계 • 서비스 업무의 표준화
GAP3 : 서비스 표준을 제대로 제공하지 못할 때	• 인사정책 결함 • 부적합한 감독시스템 • 업무에 부적합한 종업원 • 수요와 공급을 일치시키는데 실패할 경우	• 종업원 업무 적합성 보장 • 서비스 수요와 공급을 연결
GAP4 : 외부 커뮤니케이션과 서비스 전달의 차이가 있을 때	• 기업의 과잉 약속 • 커뮤니케이션 부족이나 부적합	• 수평적이고 쌍방향적인 커뮤니케이션 증대 • 고객 기대의 효과적인 관리 • 광고와 인적 판매의 정확한 약속 수행
GAP5 : 고객이 기대한 서비스와 인식된 서비스가 불일치할 때	GAP1~GAP4가 모두 포함됨	GAP1~GAP4 해결 → GAP5에 의해 서비스 품질이 결정

3. 서비스 기대모델

① 희망서비스(Desired Service)

　ⓐ 제공받을 서비스에 대한 희망수준인 '바람(Want)과 소망(Hopes)'을 의미

　ⓑ 희망서비스와 관련된 개념으로 '이상적 서비스(Ideal Service)'와 '소비자가 기원하는(Wished-for) 바람직한 서비스' 수준이 있음

② 적정서비스(Adequate Service)

　ⓐ 고객이 불만 없이 받아들일 만한 서비스 수준, 즉 최소한의 허용 가능한 기대수준 또는 수용할 수 있는 성과의 최하 수준을 의미

　ⓑ 적정서비스 수준은 경험을 바탕으로 한 예측서비스 수준에 의해 형성되는데 이 예측된 서비스(Predicted Service) 수준은 고객이 해당 서비스 회사로부터 실제로 받을 것이라고 기대하는 서비스 수준

③ 허용영역(Zone of Tolerance)

　ⓐ 희망서비스 수준과 적정서비스 수준 사이의 영역

　ⓑ 서비스 실패가 잘 드러나지 않는 '미발각 지대(No Notice Zone)'의 서비스 수준

4. 서비스 기대의 영향 요인

① 내적 요인 : 개인적 욕구, 관여도 수준, 과거의 서비스 경험

② 외적 요인 : 경쟁적 대안, 사회적 상황, 구전 커뮤니케이션

③ 기업 요인 : 촉진, 가격, 유통, 서비스 직원의 용모·말씨·태도, 유형적 단서, 기업이미지, 고객의 대기시간 제약, 다른 고객과 비교

④ 상황 요인 : 구매 동기, 고객의 정서적 상태, 날씨 등

📖 핵심 기출 유형 문제

📌 나오는 유형 ❶ SERVQUAL의 품질 차원

'SERVQUAL'의 5가지 품질에 따른 차원별 설문 내용 중 응답성에 대한 사항과 가장 거리가 먼 것은?

① 즉각적인 서비스 제공
② 업무처리 시간의 알림
③ 안심하고 거래하기 위한 안전 확보
④ 자발적으로 소비자를 도와주려는 태도
⑤ 직원이 바쁠 때도 소비자의 요구에 신속한 대응

⊢ 해설

③ 신뢰성에 관련된 내용이다.

정답 ③

❗문제타파 TIP

SERVQUAL 품질에 따른 차원별 설문 내용의 종류를 모두 나열하여 각 개념별 내용을 정확하게 파악해 둘 것!

01 'SERVQUAL'의 5가지 품질에 따른 차원별 설문 내용 중 공감성에 대한 내용과 가장 거리가 먼 것은?

① 소비자 개개인에 대한 관심
② 소비자에 대한 개인적 관심
③ 소비자의 이익을 진심으로 생각
④ 소비자에게 편리한 업무시간 운영
⑤ 업무 수행을 위한 직원의 전문지식

01
공감성은 회사가 소비자에게 제공하는 개별적인 배려와 관심 등을 의미한다(예 소비자에게 편리한 업무시간 운영 등)

02 'SERVQUAL'의 5가지 품질에 따른 차원별 설문 내용 중 신뢰성에 대한 사항과 가장 거리가 먼 것은?

① 물리적 시설의 시각적 효과
② 약속한 시간 내에 서비스를 제공
③ 업무기록의 정확한 유지 및 보관
④ 소비자의 문제에 대해 관심을 보이고 해결
⑤ 정해진 시간 안에 업무처리 약속을 준수

02
① 유형성에는 물리적 시설의 시각적 효과, 장비, 직원 커뮤니케이션 자료의 외양 등이 있다.

정답 **01** ⑤ **02** ①

03

② 응답성(Responsiveness) : 고객을 돕고 신속한 서비스를 제공하려는 태세
③ 신뢰성(Reliability) : 약속한 서비스를 믿을 수 있고 정확하게 수행할 수 있는 능력
④ 유형성(Tangibles) : 물리적 시설의 시각적 효과, 장비, 직원 커뮤니케이션 자료의 외양 등
⑤ 공감성(Empathy) : 회사가 고객에게 제공하는 개별적 배려와 관심 등

03 'SERVQUAL'의 5가지 품질 차원 중 다음 〈보기〉의 설명에 해당하는 것은?

> ┤ 보기 ├
>
> 종업원이 고객에게 자신의 지식과 공손함, 믿음과 신뢰를 불어넣는 능력을 의미한다.

① Assurance ② Responsiveness
③ Reliability ④ Tangibles
⑤ Empathy

❗ 문제타파 TIP

SERVQUAL의 5가지 GAP 모델에서는 각 GAP별 원인과 해결방안을 묻은 문제가 주로 출제되므로 GAP 단계의 핵심적인 원인을 암기해 두자.

꼭 나오는 유형 ❷ SERVQUAL의 GAP 모델

'SERVQUAL'의 5가지 GAP 모델 중 GAP1이 발생될 경우 해결방안으로 가장 옳은 것은?

① 팀워크의 형성
② 수요와 공급의 연결
③ 경영통제 시스템 개발
④ 조직의 관리단계 축소
⑤ 종업원의 업무 적합성 보장

┤ 해설

GAP1의 발생 원인은 고객 기대와 기업 경영진의 인식의 차이이므로 조직의 관리단계를 축소하여 관리자가 고객의 욕구와 기대를 이해하기 위해 노력해야 한다.

정답 ④

04

GAP2

• 원인 : 빈약한 서비스 설계, 고객 중심적 서비스 업무의 표준화가 결여될 때 발생한다.
• 해결 방안 : 서비스 업무 표준화, 체계적인 서비스 설계를 한다.
② GAP1의 해결 방안이다.
③ GAP3의 해결 방안이다.
④ · ⑤ GAP4의 해결 방안이다.

04 'SERVQUAL'의 5가지 GAP 모델 중 GAP2가 발생되었을 경우, 그에 따른 해결 방안으로 옳은 것은?

① 서비스 업무의 표준화
② 조직의 관리단계 축소
③ 종업원 업무 적합성 보장
④ 고객 기대의 효과적인 관리
⑤ 광고와 인적 판매의 정확한 약속 수행

03 ① **04** ① 정답

05 'SERVQUAL'의 5가지 GAP 모델 중 GAP3이 발생될 경우 해결 방안으로 가장 옳은 것은?

① 고객의 기대 조사

② 체계적인 서비스 설계

③ 종업원 업무 적합성 보장

④ 고객 기대의 효과적인 관리

⑤ 적절한 물리적 증거와 서비스 스케이프

06 'SERVQUAL'의 5가지 GAP 모델 중 GAP3이 발생되었을 경우, 그 원인으로 가장 옳은 것은?

① 인사정책의 결함

② 기업의 과잉 약속

③ 고객의 기대 관리 실패

④ 상향 커뮤니케이션 결여

⑤ 마케팅 조사의 중요성에 대한 이해 부족

👍 **더 알아보기** **SERVQUAL의 다섯 가지 GAP 모델**

- GAP1 : 고객이 무엇을 기대하는지 알지 못할 때 발생(예 상향 커뮤니케이션 결여, 많은 관리 단계)
- GAP2 : 적당한 서비스 설계 표준을 찾지 못했을 때 발생(예 어수룩한 서비스 설계, 표준화 결여)
- GAP3 : 서비스 표준을 제대로 제공하지 못할 때 발생(예 인사정책 실패, 부적합한 감독시스템, 부적합한 종업원)
- GAP4 : 외부 커뮤니케이션과 서비스 전달의 차이가 있을 때 발생(예 과잉 약속, 커뮤니케이션 부족 등)
- GAP5 : 고객이 기대한 서비스와 인식된 서비스가 일치하지 않을 때 발생(예 GAP1~GAP4의 발생원인 모두 포함)

07 'SERVQUAL'의 5가지 GAP 모델 중 GAP1이 발생되는 원인으로 가장 옳지 않은 것은?

① 상향 커뮤니케이션이 결여될 경우

② 지나치게 많은 관리 단계가 존재할 경우

③ 수요와 공급을 일치시키는데 실패할 경우

④ 경영자가 고객의 기대를 파악하는데 실패할 경우

⑤ 마케팅 조사의 중요성에 대한 인식이 부족할 경우

문제타파 TIP

서비스 기대모델은 난이도가 높지 않은 영역으로 각 영역별 개념만 파악하도록 한다.

 나오는 유형 ❸ 서비스 기대모델

고객 서비스 기대모델 중 경험을 바탕으로 한 예측된 서비스 수준에 의해 형성되고 고객이 불만 없이 받아들일 만한 수준의 서비스 유형은?

① 허용영역
② 희망서비스
③ 예상서비스
④ 적정서비스
⑤ 이상적 서비스

┣해설 서비스 기대모델

- 희망서비스(Desired Service) : 희망서비스는 제공받을 서비스에 대한 희망수준, 즉 '바람(Want)과 소망(Hopes)'을 뜻한다. 희망서비스와 관련된 개념으로 이상적 서비스(Ideal Service)가 있다. 이는 소비자가 '기원하는(Wished-for)' 서비스 수준, 즉 바람직한 서비스 수준을 말한다.
- 적정서비스(Adequate Service) : 적정서비스란 고객이 불만 없이 받아들일 만한 서비스 수준, 즉 최소한의 허용 가능한 기대수준 또는 수용할 수 있는 성과의 최하수준을 의미한다. 적정서비스 수준은 경험을 바탕으로 한 예측서비스 수준에 의해 형성된다. 예측된 서비스(Predicted Service) 수준이란 고객이 해당 서비스 회사로부터 실제로 받을 것이라고 기대하는 서비스 수준이다.
- 허용영역(Zone of Tolerance) : 허용영역이란 희망서비스 수준과 적정서비스 수준 사이의 영역으로서 서비스 실패가 잘 드러나지 않는 '미발각 지대(No Notice Zone)'이다.

정답 ④

08

허용영역은 일정하지 않고 가격이 높다거나 해당 서비스에 대한 경험이 쌓일수록 줄어들고, 서비스 특성들 중 중요한 특성들에서 줄어든다.

08 서비스 기대 모델의 구성 요소 중 '허용영역'에 대한 설명으로 가장 거리가 먼 것은?

① 희망서비스와 적정서비스 사이의 영역으로 서비스 실패가 잘 드러나지 않는 '미발각 지대'를 말한다.
② 고객이 서비스의 이질적인 특징, 즉 다양성을 알고서 기꺼이 받아들일 수 있는 범위이다.
③ 허용영역의 구간은 고객과 서비스 차원에 따라 일정하게 나타난다.
④ 서비스가 허용영역 구간 안에 위치할 경우 고객은 서비스 성과에 별다른 반응을 보이지 않는 경우가 많다.
⑤ 허용영역 구간의 위쪽에 위치할수록 고객에게 감동을 줄 수 있는 가능성이 높아진다.

09

희망서비스
- 제공받을 서비스에 대한 희망수준, 즉 '바람(Want)과 소망(Hopes)'을 뜻한다.
- 희망서비스와 관련된 개념으로 이상적 서비스(Ideal Service)가 있다. 이는 소비자가 '기원하는(Wished-for)'서비스 수준, 즉 바람직한 서비스 수준을 말한다.

09 고객 서비스 기대 모델 중 소비자가 원하는 바람직한 수준의 서비스 유형은?

① 허용영역
② 적정서비스
③ 예상서비스
④ 희망서비스
⑤ 이상적 서비스

08 ③ 09 ④ 정답

꼭 나오는 유형 ❹ 서비스 기대의 영향 요인

고객의 기대에 대한 영향 요인 중 '내적 요인'에 해당하는 것은?

① 시간적 제약
② 사회적 상황
③ 구전 커뮤니케이션
④ 유형적 단서의 제공
⑤ 과거의 서비스 경험

┣ 해설
고객의 서비스 기대의 '내적 요인' 중 과거의 서비스 경험은 예측된 기대와 희망 기대 수준을 형성하는 데 영향을 미친다.

정답 ⑤

⚡ 문제타파 TIP

고객의 서비스 기대에 대한 내적·외적·기업 요인에 영향을 주는 사항들은 출제빈도가 높으므로 꼼꼼하게 확인해 두자.

👍 더 알아보기 고객의 서비스 기대에 대한 영향 요인

내적 요인	외적 요인	기업 요인
• 개인 욕구 • 관여 수준 • 과거의 서비스 경험	• 경쟁적 대안 • 사회적 상황 • 구전 커뮤니케이션	• 촉진, 가격, 유통 • 서비스 직원의 태도 등 • 기업 이미지, 대기 시간 등

10 고객의 기대에 대한 영향 요인 중 '외적 요인'에 해당하는 것은?

① 관여도
② 경쟁적 대안
③ 개인적 욕구
④ 과거의 서비스 경험
⑤ 유형적 단서의 제공

10
서비스 기대의 영향 요인
• 내적 요인 : 개인 욕구, 관여 수준, 과거 경험
• 외적 요인 : 경쟁적 대안, 사회적 상황, 구전
• 기업 요인 : 촉진, 가격, 유통, 유형적 단서, 기업 이미지, 대기 시간, 직원 태도 등

11 고객의 기대에 대한 영향 요인 중 '기업 요인'에 포함되지 않는 것은?

① 가격
② 구전(口傳)
③ 유형적 단서
④ 기업의 이미지
⑤ 서비스 직원의 역량

11
구전(口傳)은 서비스 기대의 영향 요인 중 외적 요인에 해당한다.

12 고객의 기대에 대한 영향 요인 중 '내적 요인'에 해당하는 것은?

① 관여도
② 시간적 제약
③ 환경적 조건
④ 기업 이미지
⑤ 구전 커뮤니케이션

12
① 내적 요인, ③ · ⑤ 외적 요인, ② · ④ 기업 요인에 해당한다.

정답 10 ② 11 ② 12 ①

02 고객만족(CS) 트렌드

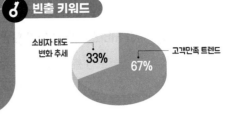

소비자 태도 변화 추세 33%
고객만족 트렌드 67%

📋 핵심 이론

1. 고객만족 트렌드 개념과 특징

① 트렌드는 어떤 방향으로 쏠리는 현상, 경향, 동향, 추세, 스타일 등을 의미함

② 트렌드는 생성, 성장, 정체, 후퇴 등 변동 경향을 나타내는 움직임으로 시대정신과 가치관이 반영됨

③ 트렌드는 공간적으로 미시, 거시, 초거시 트렌드로 구분

④ 트렌드는 시간적으로 단기, 중기, 장기, 초장기 트렌드로 구분

⑤ 트렌드는 '패드(Fad)' 혹은 '유행'과는 구별되며 단기간에 사라지는 것은 아님

⑥ 트렌드는 5년이나 10년 정도 지속되며 사회 전반에 걸쳐 영향을 미치는 변화의 흐름

2. 고객만족 트렌드 유형

① 메타 트렌드(Meta Trend)
  ㉠ 자연의 법칙이나 영원성을 지닌 진화의 법칙 등 사회적으로 일어나는 현상
  ㉡ 문화 전반을 아우르는 광범위하고 보편적인 트렌드
  ㉢ 기본적으로 글로벌한 성격을 지님
  ㉣ 삶의 모든 영역에서 징후를 찾을 수 있음

② 메가 트렌드(Mega Trend) : 사회 문화적 환경의 변화와 함께 트렌드가 모여 사회의 거대한 조류를 형성하는 현상(예 세계화)

③ 소비자 트렌드 : 5~10년 동안 지속되어 소비세계의 새로운 변화를 이끌어내는 소비문화로부터 소비의 표층 영역까지를 광범위하게 나타나는 현상

④ 사회 문화적 트렌드(Social Cultural Trend) : 트렌드 유형 중 사람들의 삶에 대한 감정과 동경, 문화적 갈증 등의 내용에 가장 부합하는 트렌드

3. IBM CX 포럼에서 발표된 소비자 태도 변화 추세 (2005년)

① 시장의 구조조정
② 소비자의 가치 변화
③ 대형 유통업체의 진출
④ 도시와 농촌의 격차 심화
⑤ 정보에 대한 거부감의 증가
⑥ 정보 활용도의 변화
⑦ 산업 변화에 따른 기업의 포커싱 변화

꼭 나오는 유형 ❶ 고객만족 트렌드

다음 중 '트렌드(Trend)'의 일반적인 개념과 특징에 대한 설명으로 가장 옳지 않은 것은?

① 트렌드의 사전적 의미는 어떤 방향으로 쏠리는 현상, 경향, 동향, 추세, 스타일 등을 뜻한다.

② 트렌드는 생성, 성장, 정체, 후퇴 등 변동 경향을 나타내는 움직임으로 시대정신과 가치관이 반영된다.

③ 트렌드는 공간적으로 미시, 거시, 초거시 트렌드로 구분할 수 있다.

④ 트렌드는 시간적으로 단기, 중기, 장기, 초장기 트렌드로 구분할 수 있다.

⑤ 시간적인 측면에서 트렌드는 1년 정도 지속하면서 선풍적인 인기를 끈 다음에 급속히 사라지는 '패드(Fad)'와 동일한 의미를 가진다.

해설
트렌드는 '패드(Fad)' 혹은 '유행'과는 대별되는 것으로 단기간에 나타나 사라지는 것이 아니라 적어도 5년이나 10년 정도 지속되며 사회 전반에 걸쳐 영향을 미치는 변화의 흐름이라고 할 수 있다.

정답 ⑤

> 💡 **문제타파 TIP**
>
> 고객만족 트렌드의 개념, 구분 방법, 기간, 유형 등을 잘 정리하도록 한다.

---

01 트렌드(Trend) 유형 중 사람들의 삶에 대한 감정과 동경, 문화적 갈증 등의 내용에 가장 부합하는 트렌드 유형은?

① 메타 트렌드(Meta Trend)

② 메가 트렌드(Mega Trend)

③ 마케팅 트렌드(Marketing Trend)

④ 소비자 트렌드(Consumer Trend)

⑤ 사회문화적 트렌드(Social Cultural Trend)

01

① 메타 트렌드 : 자연의 법칙이나 영원성을 지닌 진화의 법칙이다. 사회적으로 일어나는 현상들로써 문화 전반을 아우르는 광범위하고 보편적인 트렌드이다.

② 메가 트렌드 : 사회 문화적 환경의 변화와 함께 트렌드가 모여 사회의 거대한 조류를 형성하는 현상이다(예 세계화).

④ 소비자 트렌드 : 5~10년 동안 지속되어 소비세계의 새로운 변화를 이끌어 내는 소비문화로부터 소비의 표층 영역까지를 광범위하게 나타나는 현상이다.

정답 01 ⑤

02
소비자 트렌드에 대한 설명이다. 소비자 트렌드는 5~10년 동안 지속되어 소비세계의 새로운 변화를 이끌어내는 소비문화로부터 소비의 표층 영역까지를 광범위하게 나타나는 현상이다.

02 다음 중 메타 트렌드에 대한 설명으로 가장 옳지 않은 것은?

① 기본적으로 글로벌한 성격을 지니고 있다.
② 삶의 모든 영역에서 징후를 찾아볼 수 있다.
③ 최소한 5년 혹은 10년 동안 지속되는 흐름을 의미한다.
④ 자연의 기본 법칙이나 영원성을 지닌 진화의 법칙을 의미한다.
⑤ 사회 문화 전반을 아우르는 광범위하고 보편적인 트렌드를 말한다.

❗ 문제타파 TIP
소비자의 태도가 변화된 추세는 같은 문제가 반복적으로 출제되므로 반드시 암기해 둘 것!

꼭 나오는 유형 ❷ 소비자 태도 변화 추세

2005년 IBM CX 포럼에서 발표된 소비자 태도 변화 추세에 대한 내용으로 가장 거리가 먼 것은?
① 시장의 구조조정
② 소비자의 가치 변화
③ 대형 유통업체의 진출
④ 도시와 농촌의 격차 심화
⑤ 정보에 대한 승인과 거부감의 감소

┤해설├
2005년 IBM CX 포럼에서 발표된 소비자의 태도가 변화된 추세에는 정보에 대한 거부감이 늘어난 것이 포함되었다.

 정답 ⑤

03
④ 대형 유통업체의 진출이 2005년 IBM CX 포럼에서 발표된 소비자 태도 변화 추세이다.

03 2005년 IBM CX 포럼에서 발표된 소비자 태도 변화 추세에 대한 내용으로 가장 거리가 먼 것은?

① 시장의 구조조정
② 정보 활용도의 변화
③ 소비자의 가치 변화
④ 대형 유통업체의 몰락과 소멸
⑤ 산업의 변화에 따른 기업의 포커싱 변화

02 ③ 03 ④ 정답

빈출 키워드

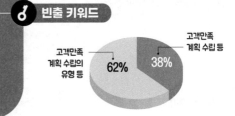

고객만족 계획 수립 등 38%

고객만족 계획 수립의 유형 등 62%

03 고객만족(CS) 계획 수립

핵심 이론

1. 고객만족 계획 수립의 장점
① 시간 관리를 할 수 있음
② 조직 구성원의 행동지침이 됨
③ 조정을 도와주는 역할을 수행
④ 조직 통제의 근원 역할
⑤ 집중도를 높이고 조직의 유연성을 향상시킴

2. 고객 만족 계획과 관련된 마케팅목표의 설정 기준
① 일정이 명확해야 함
② 기업의 목적에 일관성이 존재해야 함
③ 사업 단위는 현실적인 목표를 설정해야 함
④ 필요한 모든 조직 구성원과 커뮤니케이션해야 함
⑤ 마케팅 목표는 구체적이고 측정 가능하게 설정하며, 기간을 명시해야 함

3. 고객만족 계획 수립의 절차
기업목표 기술 → 기업환경 분석(SWOT) → 마케팅 목표 설정 → 목표달성을 위한 전략 수립 → 전략수행을 위한 프로그램 작성 → 실행 및 재검토

4. 고객만족 계획 수립의 유형
① 적용 범위에 따른 분류

전략적 계획 (Strategic Plans)	• 조직의 기본 방향을 장기적인 관점에서 수립하는 포괄적 계획 • 이사회나 중간관리층의 협의를 거쳐 최고경영층에서 개발
전술적 계획 (Tactical Plans)	• 단기적이고 구체적인 계획 • 전략적 계획을 수행 • 부서별 연간 예산 책정, 현재 운영 개선을 위한 과정을 계획 • 중간관리자 또는 초급관리자에 의해 만들어짐

운영 계획 (Operational Plans)	전략적 계획을 실천하기 위한 구체적인 활동이 담긴 계획

② 기간에 따른 분류
　㉠ 장기 계획 : 기업 수익 균형 및 목표의 우선순위를 정하고 자원을 바르게 배분하는 3년 이상의 계획 (예 기업 혁신, 신제품·서비스 개발 등)
　㉡ 중기 계획 : 생산시설 확충 및 축소 등 기업의 마케팅 효과가 실적으로 나타날 수 있는 1~2년 정도의 계획
　㉢ 단기 계획 : 생산시설 가동률 변경 효과가 마케팅 실적에 나타날 수 있는 1년 이내의 짧은 계획

5. 고객만족 계획 수립의 기법
① 예측 기법(미래 예측)
　㉠ 상황대응 계획법(단기간 예측기법) : 환경 변화로 인해 초기 계획이 부적절할 때 새로운 상황에 대응할 대안을 찾아 행동수정을 하는 과정의 기법
　㉡ 시나리오 계획법(시나리오 플래닝, 장기간 예측기법)
　　• 미래의 예측 상황별로 시나리오를 짜고 대응 계획을 수립하는 기법
　　• 미래의 예상 시나리오 도출과 각 시나리오별 전략적 대안을 미리 수립하는 기법
　　• 1950년대 미국이 적국의 공격 전략에 대응하기 위한 군사전략용으로 최초 개발하여 1970년대부터 기업의 경영 기법에 적용
　　• 불확실한 경영환경에서 중·장기적인 경영계획을 수립할 때 사용
　　• 중·장기적인 경영계획 수립 때 사용되는 기법
② 참여적 계획수립(내부의 조직원 기반) : MBO 기법
③ 벤치마킹(외부의 조직 기반)

📖 핵심 기출 유형 문제

문제타파 TIP

고객만족(CS)을 위해 계획을 수립하려면 어떤 문제를 해결해야 하는가에 초점을 맞추어 이해하고 학습할 것!

꼭 나오는 유형 ❶ 고객만족 계획 수립 등

고객만족(CS)을 위한 계획 수립(Planning)의 장점에 대한 내용으로 가장 옳지 않은 것은?

① 조정을 도와주는 역할을 한다.
② 시간 관리를 할 수 있게 해준다.
③ 조직 구성원의 행동지침이 된다.
④ 통제를 근본적으로 제거할 수 있도록 도와준다.
⑤ 집중도를 높이고 조직의 유연성을 향상시켜 준다.

정답 ④

해설
계획 수립의 장점은 통제의 근원이 된다는 것이다.

01
마케팅 목표는 구체적이고 측정 가능하게 설정해야 하며, 기간이 명시되어야 한다.

01 고객만족(CS) 계획 수립과 관련해 마케팅 목표 설정 기준에 대한 설명으로 가장 옳지 않은 것은?

① 일정이 명확해야 한다.
② 기업의 목적은 일관성이 있어야 한다.
③ 사업 단위는 현실적인 목표를 설정해야 한다.
④ 필요한 모든 조직 구성원과 커뮤니케이션해야 한다.
⑤ 모든 목표는 측정이 어려운 부분까지 고려하여 포괄적이고 정성적으로 표시해야 한다.

문제타파 TIP

적용 범위에 따른 계획 수립 유형에서는 전략적 계획과 운영계획, 전술적 계획 등의 내용 및 특징에 대해 알아둔다.

꼭 나오는 유형 ❷ 고객만족 계획 수립의 유형 등

적용 범위에 따른 계획 수립 유형 중 다음 〈보기〉의 내용에 해당하는 것은?

| 보기 |
조직 전반에 걸쳐 장기적인 관점에서 조직이 나아갈 기본 방향을 설정하는 것으로 주로 이사회나 중간관리층과의 협의를 거쳐 최고경영층에서 개발하는 계획 수립 유형이다.

① 공공 계획   ② 운영 계획
③ 상징적 계획   ④ 전술적 계획
⑤ 전략적 계획

01 ⑤ 정답

해설 **적용범위에 따른 계획 수립 유형**
• 전략적 계획 : 조직이 앞으로 나아갈 방향을 장기적인 관점에서 수립하는 포괄적 계획이다.
• 전술적 계획 : 단기적이고 구체적인 계획으로 전략적 계획을 수행하는 계획이다.
• 운영 계획 : 전략적 계획을 실천하기 위한 구체적인 활동과 자원에 대한 계획이다.

정답 ⑤

02 적용 범위에 따른 계획 수립 유형 중 다음 〈보기〉의 내용에 해당하는 것은?

┤ 보기 ├
전략적 계획을 실천하기 위한 구체적인 활동이 담긴 계획으로 전략적 계획을 수행하는 데 필요한 활동과 자원에 비중을 두는 계획수립 유형이다.

① 자원 계획
② 운영 계획
③ 파생 계획
④ 기술적 계획
⑤ 전술적 계획

02
적용 범위에 따른 계획 수립 유형에는 전략적 계획, 전술적 계획, 운영 계획 등이 있으며 〈보기〉는 운영 계획에 대한 내용이다.

03 적용 범위에 따른 계획 수립 유형 중 '전술적 계획(Tactical Plans)'에 대한 설명으로 가장 거리가 먼 것은?

① 무엇을, 누가, 어떻게 해야 하는지에 관한 구체적이고 단기적인 의사결정이다.
② 전술적 계획은 전략적 계획을 수행하고 전술적인 목적을 달성하기 위한 수단이다.
③ 일반적으로 전술적 계획보다 전략적 계획이 보다 자세하고 구체적이다.
④ 부서별 연간 예산을 책정, 현재의 운영을 개선하기 위한 일련의 과정을 계획하는 것을 말한다.
⑤ 대부분의 경우 전술적 계획은 중간 관리자 또는 초급 관리자에 의하여 만들어진다.

03
전략적 계획은 장기적인 관점에서 수립하는 포괄적인 계획이고, 전술적 계획은 단기적이고 구체적인 계획으로 전략적 계획을 수행하기 위한 계획이다.

정답 02 ② 03 ③

기간에 따른 계획 수립의 유형

- 장기계획 : 기업의 현재와 미래를 모두 포함하는 3년 이상의 계획으로 기업 혁신, 신제품 개발, 서비스 개발, 기업 수익의 균형 및 목표의 우선순위를 정하고 자원을 바르게 배분하는 것을 의미한다.
- 중기계획 : 기업의 생산시설을 확충 또는 축소하여 마케팅 효과가 실적으로 나타날 수 있도록 하는 1~2년 정도의 계획을 의미한다.
- 단기계획 : 생산시설의 가동률 변경 효과가 마케팅 실적에 나타날 수 있도록 하는 1년 이내의 짧은 계획을 의미한다.

04 기간에 따른 계획 수립 유형 중 다음 〈보기〉의 설명에 해당하는 것은?

┌ 보기 ┐
기업이 생산시설을 확충하거나 축소하여 그 효과가 마케팅 실적으로 나타날 수 있도록 하는 계획으로 산업이나 조직에 따라 기간이 다양하지만, 통산 1~2년 정도의 계획을 말한다.
└────┘

① 단기계획 ② 중기계획
③ 장기계획 ④ 분기계획
⑤ 교정계획

계획수립 기법 중 예측기법에는 상황 대응 계획법(단기간 예측기법), 장기간 예측기법, 시나리오 계획법 등이 있다.

05 다음 〈보기〉에서 계획 수립 기법 중 예측 기법에 해당되는 유형을 찾아 모두 선택한 것은?

┌ 보기 ┐
가. MBO   나. 벤치마킹
다. 상황대응 계획법   라. 시나리오 계획법
마. 참여적 계획수립   바. 외부조직 계획법
└────┘

① 가, 나 ② 가, 나, 다
③ 가, 나, 다, 라 ④ 다, 라
⑤ 다, 라, 바

불확실한 경영환경에서 중·장기적인 경영계획을 수립할 때 사용되는 방법이다.

06 계획수립 기법 중 '시나리오 계획법'에 대한 설명으로 가장 옳지 않은 것은?

① 미래에 전개될 여러 시나리오를 예측하고 각 시나리오에 대응되는 계획을 수립하는 기법이다.
② '시나리오 계획법'이란 명칭 이외에 영어 이름 그대로 '시나리오 플래닝'이라고도 불린다.
③ 1950년대 미국이 적국의 공격 전략에 대응하기 위한 군사전략용으로 최초 개발하였다.
④ 1970년대부터 기업의 경영 기법에 적용되기 시작하였다.
⑤ 일반적으로 시급한 단기 사업전략을 수립할 경우 많이 사용되는 방법이다.

04 ② 05 ④ 06 ⑤ 정답

고객만족(CS) 우수사례 벤치마킹

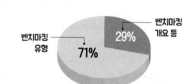

벤치마킹 개요 등 29%
벤치마킹 유형 71%

핵심 이론

1. 벤치마킹의 개요

① 원래 신발 맞춤 틀인 벤치에 고객의 발을 올려놓고 크기와 모양을 측정하던 데서 비롯됨

② 토목 분야에서 측량의 기준점 용어로 사용되었다가 기업경영에 도입

③ 기업이 자신의 경영 프로세스 및 성과를 다른 기업과 비교해 그 차이를 극복하기 위한 혁신을 시도하는 것을 의미

④ 동종 혹은 다른 업종의 선두기업 제품, 서비스 등의 우수한 부분을 모방하여 자기회사의 경영과 생산에 합법적으로 응용하는 것

⑤ 최고기업의 장점을 배운 후 새로운 방식으로 재창조하는 것으로 단순모방과는 다른 개념임

⑥ 새로운 업무 기준, 프로세스 개선 등을 위한 체계적인 비교 과정이며, 비교 대상은 업무 성과, 업무 프로세스까지 다양하게 나타남

⑦ 벤치마킹의 특성은 목표 지향적, 외부적 관점, 평가 기준에 기초, 정보 집약적, 객관적, 행동 수반과 같은 개선의 과정임

2. 벤치마킹의 유형

① 내부 벤치마킹

　㉠ 서로 다른 사업장이나 부서, 사업부 사이에서 일어나는 벤치마킹

　㉡ 내부의 정보를 수집하기 용이함

② 기능 벤치마킹

　㉠ 최신·최상의 제품이나 프로세스를 가지고 있는 조직을 대상으로 한 벤치마킹

　㉡ 새롭고 혁신적인 기법을 발견할 수 있음

　㉢ 서로 업종이 다를 경우에는 방법 이전에 한계가 있음

③ 경쟁 벤치마킹

　㉠ 직접적인 경쟁사에 대한 벤치마킹

　㉡ 동종 업종이기 때문에 직접 관련 있는 정보를 얻을 수 있고 비교도 가능함

　㉢ 정보를 수집하기 어렵고 서로 적대적인 관계라면 활동이 사실상 불가능함

④ 포괄 벤치마킹

　㉠ 다른 업종 기업들에 대한 벤치마킹

　㉡ 서로 관계가 없는 다른 기업들에 대한 벤치마킹이 수행됨

3. 마이클 스펜돌리니(Michael J. Spendolini)가 제시한 벤치마킹 이유

① 시장변화를 예측할 수 있게 함

② 전략을 수립하는 과정에 사용

③ 벤치마킹을 통해 새로운 아이디어 도출

④ 조직이 추구하는 적절한 목표 선정에 도움을 줌

⑤ 벤치마킹을 통해 경쟁 업체 또는 초우량 기업과 제품, 경영 프로세스를 비교하여 자사의 경쟁력 및 서비스 향상 방법 등을 파악함

📖 핵심 기출 유형 문제

문제타파 TIP

벤치마킹에 대한 일반적인 개요와 유형을 묻는 출제방식이 특히 많다. 벤치마킹의 유형별 개념은 확실하게 자신의 것으로 만들어 둘 것!

꼭 나오는 유형 ❶ 벤치마킹 유형

다음 〈보기〉의 설명에 해당하는 벤치마킹 유형은?

┤ 보기 ├

서로 다른 위치의 사업장이나 부서, 혹은 사업부 사이에서 일어나는 벤치마킹 활동으로 정보를 수집하기에 용이하다는 장점을 지니고 있다.

① 기능 벤치마킹　　　　　　　② 경쟁 벤치마킹
③ 설계 벤치마킹　　　　　　　④ 포괄 벤치마킹
⑤ 내부 벤치마킹

해설 벤치마킹의 유형

내부 벤치마킹	• 서로 다른 사업장이나 부서, 사업부 사이에서 일어나는 벤치마킹이다. • 내부의 정보를 수집하기 쉽다.
기능 벤치마킹	• 최신·최상의 제품이나 프로세스를 가지고 있는 조직을 대상으로 한 벤치마킹이다. • 새롭고 혁신적인 기법을 발견할 수 있다. • 서로 업종이 다를 경우에는 방법 이전에 한계가 있다.
경쟁 벤치마킹	• 직접적인 경쟁사에 대한 벤치마킹이다. • 동종 업종이기 때문에 직접 관련 있는 정보를 얻을 수 있고 비교도 가능하다. • 정보를 수집하기 어렵고 서로 적대적인 관계라면 활동이 사실상 불가능하다.
포괄 벤치마킹	• 다른 업종 기업들에 대한 벤치마킹이다. • 서로 관계가 없는 다른 기업들에 대한 벤치마킹이 수행된다.

정답 ⑤

01
경쟁 벤치마킹은 경쟁사에 대한 벤치마킹으로 직접적인 관련 정보의 수집과 비교가 가능하다.

01 다음 〈보기〉의 설명에 가장 부합하는 벤치마킹 유형은?

┤ 보기 ├

• 동종 업종이기 때문에 직접 관련 있는 정보를 얻을 수 있고 비교도 가능하다는 장점이 있다.
• 정보를 수집하기 어렵고 서로 적대적인 관계라면 활동이 사실상 불가능한 단점이 있다.

① 경쟁 벤치마킹　　　　　　　② 내부 벤치마킹
③ 포괄 벤치마킹　　　　　　　④ 설계 벤치마킹
⑤ 기능 벤치마킹

01 ① 정답

02 벤치마킹(Benchmarking) 유형 중 서로 관계가 없는 다른 업종 기업들에 대하여 벤치마킹이 수행되는 유형은?

① 기능 벤치마킹
② 포괄 벤치마킹
③ 유통 벤치마킹
④ 내부 벤치마킹
⑤ 경쟁 벤치마킹

02
① 기능 벤치마킹 : 최신이나 최상의 제품 혹은 프로세스를 가진 조직을 대상으로 한 벤치마킹이다.
④ 내부 벤치마킹 : 기업 내 다른 사업장, 부서 사이에서 일어나는 벤치마킹이다.
⑤ 경쟁 벤치마킹 : 직접적인 경쟁관계에 있는 회사에 대한 벤치마킹이다.

꼭 나오는 유형 ❷ 벤치마킹 개요 등

다음 중 벤치마킹(Benchmarking)에 대한 설명으로 가장 거리가 먼 것은?

① 원래 제화공이 신발을 맞추거나 수선할 때 맞춤 틀인 벤치에 고객의 발을 올려놓고 신발의 크기와 모양을 측정하던 데서 비롯되었다.
② 토목 분야에서 적용되는 측량의 기준점을 뜻하는 용어인 벤치마크로 사용되었다가 기업 경영에 도입되었다.
③ 기업이 자신의 경영 프로세스 및 성과를 다른 기업이나 다른 산업과 비교 평가해 그 차이를 극복하기 위한 문제 해결과 혁신을 시도하는 것을 의미한다.
④ 새로운 업무 기준을 마련하고 프로세스를 개선하기 위한 체계적인 비교 과정이며 비교의 대상은 업무 성과에서 업무 프로세스에 이르기까지 다양하게 나타날 수 있다.
⑤ 벤치마킹은 과정 지향적, 내부적 관점, 정보 집약적 특성을 수반한다.

┠ 해설
벤치마킹은 목표 지향적, 외부적 관점, 평가기준에 기초, 정보 집약적, 객관적, 행동 수반과 같은 개선의 과정이다.

정답 ⑤

❗ 문제타파 TIP
벤치마킹의 개념과 정의, 마이클 스펜돌리니의 벤치마킹의 이유 등이 간혹 출제된다. 벤치마킹 전반에 대한 내용을 이해한다.

---

03 기업의 경쟁력을 위해 벤치마킹(Benchmarking)을 하는 이유로 '마이클 스펜돌리니(Michael J. Spendolini)'가 제시한 내용과 가장 거리가 먼 것은?

① 벤치마킹은 시장 변화를 예측할 수 있게 한다.
② 벤치마킹을 통해 새로운 아이디어를 도출할 수 있다.
③ 조직이 추구하는 적절한 목표를 선정하는데 도움을 준다.
④ 벤치마킹을 통해 경쟁업체 또는 초우량 기업과 제품, 경영 프로세스를 비교하여 자사의 경쟁력 및 서비스 향상 방법 등을 파악할 수 있다.
⑤ 벤치마킹의 기능적인 목적으로 사용되며 여러 분야의 정보를 수집한 후 이를 실행하는데 아주 유용한 도구로 사용된다.

03
벤치마킹은 기능적인 목적에 사용되는 것이 아니고, 전략을 수립하는 과정에서 여러 분야의 정보를 수집하는 도구로 사용된다.

정답 **02** ② **03** ⑤

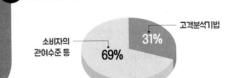

01 고객 분석 및 기획

핵심 이론

1. 고객분석기법

① RFM 분석법 : 언제(Recency : 구매시점), 자주 (Frequency : 구매빈도), 얼마나(Mometary : 구매금액)의 세 가지 요소를 가지고 고객의 등급을 분석하는 방법

② AIO분석법(조셉 플러머) : 활동(Activities), 관심 (Interests), 의견 (Opinions) 등으로 파악하는 라이프스타일 측정방법 중 하나

활동(Activities)	쇼핑, 상품에 대한 대화 등으로 관찰될 수 있지만 그 이유를 측정하기 어렵다.
관심(Interests)	어떤 사물과 사건, 화제 등에 대하여 특별하고 계속적인 주의를 부여하는 정도를 의미한다.
의견(Opinions)	질문이 제기된 상황에 대하여 개인이 제시하는 반응으로 예측, 신뢰, 평가, 해석, 기대 등을 의미한다.

2. 소비자의 관여 수준

① 관여도 관점

고 관여도	저 관여도
• 소비자는 정보탐색자, 목표지향적 정보처리자	• 소비자는 주어지는 대로 정보를 수용
• 소비자는 구매 전에 상표를 먼저 평가함	• 집단의 규범과 가치는 제품 구매에 중요하지 않음
• 소비자는 능동적 수신자여서 광고 효과는 약함	• 소비자는 수동적 수신자이므로 친숙도 형성을 위한 광고의 효과는 강함
• 소비자는 기대 만족을 위해 노력하며 최선의 선택을 위해 다수의 속성을 검토	• 제품이 소비자의 자아 이미지에 중요하지 않고 라이프스타일이 소비자행동에 영향을 주지 않음
• 제품은 소비자의 자아 이미지에 중요하며 라이프스타일이 소비자 행동에 큰 영향을 줌	• 소비자는 수용 가능한 만족 수준을 모색하며 상표 친숙도를 근거로 하여 소수의 속성만을 검토
• 집단의 규범과 가치는 제품 구매에 있어 중요	

② 편의적 서비스 상품 특징
  ㉠ 소비자가 최소한의 시간이나 노력만으로 구매하게 되는 서비스 상품
  ㉡ 소비자가 정보탐색이 쉽고 편리한 위치의 점포 선택
  ㉢ 서비스 상품 구매에 따른 위험 정도가 매우 낮음
  ㉣ 고객 관여도가 낮은 편으로 우편서비스, 세탁서비스 등이 있음

3. 소비자의 행동 특성

① 대부분의 소비자 행동은 매우 합리적인 목표를 수반
② 소비자는 스스로 제품, 서비스 정보를 수집과 구매 여부를 판단
③ 소비자의 제품 구매 동기와 행동은 조사로 파악이 가능
④ 소비자는 구매결정 과정 시 내·외부 환경의 영향을 받음
⑤ 소비자가 문화적·사회적·심리적 요인들에 의해 구매를 함

4. 로렌트(Laurent)와 캐퍼러(Kapferer)의 관여도 측정 차원

① 개인적 관심
② 쾌락적 가치
③ 부정적 결과의 중요성
④ 구매가 잘못될 가능성
⑤ 상징적 가치

핵심 기출 유형 문제

꼭 나오는 유형 ❶ 고객분석기법

고객가치 분석을 위해 'RFM 기법'을 사용할 경우, 해당 분석에 필요한 요소로 알맞은 것은?

① 구매위험, 구매빈도, 구매금액
② 구매요인, 구매빈도, 구매금액
③ 구매시점, 구매빈도, 구매태도
④ 구매시점, 구매빈도, 구매금액
⑤ 구매시점, 구매사유, 구매금액

해설 RFM 분석법
• 언제(Recency : 구매시점), 얼마나 자주 (Frequency : 구매빈도), 제품 구입에 얼마나 (Mometary : 구매금액)의 세 가지 요소를 가지고 고객의 등급을 분석하는 방법이다.
• 각 요소별로 점수를 매기고 이를 토대로 고객의 가치를 평가한다. 따라서 고객의 가치에 따라 다른 마케팅 계획을 세우고 구매를 촉진시키는 전략을 세운다.

정답 ④

문제타파 TIP

고객분석기법에서는 RFM과 AIO 분석법을 내용을 잘 숙지하고, 특히 AIO분석법에서 활동, 관심, 의견의 개념을 잘 알아둘 것!

---

01 AIO 분석 기법의 3가지 차원 중 다음 〈보기〉의 설명에 해당하는 것은?

┤ 보기 ├
어떠한 사물과 사건 또는 화제에 대하여 특별하고 계속적인 주의를 부여하는 정도를 조사하는 것을 의미한다.

① 희생   ② 요구
③ 관심   ④ 활동
⑤ 의견

01
〈보기〉는 조셉 플러머의 AIO 분석기법 중 '관심'에 해당한다.

더 알아보기 조셉 플러머의 AIO 분석기법

활동(Activities)	쇼핑, 상품에 대한 대화 등으로 관찰될 수 있지만 그 이유를 측정하기 어렵다.
관심(Interests)	어떤 사물과 사건, 화제 등에 대하여 특별하고 계속적인 주의를 부여하는 정도를 의미한다.
의견(Opinions)	• 어떤 질문이 제기된 상황에 대하여 개인이 제시하는 반응으로 예측, 신뢰, 평가, 해석, 기대 등을 의미한다. • 어떤 질문이 제기되는 상황에 대하여 개인이 제공하는 응답을 조사하는 것으로 자기 자신, 사회적 문제, 정치, 경제, 교육, 미래, 문화 등과 관련된 자신의 견해를 질문한다.

정답 01 ③

02

AIO 분석기법에는 활동, 관심, 의견이 있다. 〈보기〉는 의견(Opinions)에 대한 내용이며, 의견은 어떤 질문이 제기되었을 때 개인의 반응으로 예측, 신뢰, 평가, 해석, 기대 등을 의미한다.

02 AIO 분석기법의 3가지 차원 중 다음 〈보기〉의 설명에 가장 부합하는 것은?

┤ 보기 ├
어떤 질문이 제기되는 상황에 대하여 개인이 제공하는 응답을 조사하는 것으로 자기 자신, 사회적 문제, 정치, 경제, 교육, 미래, 문화 등과 관련된 자신의 견해를 질문한다.

① 활동　　　　　　　　　② 의견
③ 원칙　　　　　　　　　④ 교환
⑤ 태도

! 문제타파 TIP

소비자의 고관여도 관점과 저관여도 관점의 개념 비교, 편의적 서비스 상품의 내용, 소비자의 행동 특성 등을 잘 정리해두자.

꼭 나오는 유형　❷ 소비자의 관여수준 등

제품에 관한 소비자의 관여 수준에 따른 유형 중 고관여도 관점에 대한 내용으로 가장 거리가 먼 것은?

① 소비자는 정보탐색자이다.
② 소비자는 목표지향적인 정보처리자이다.
③ 소비자는 우선 구매하며, 상표평가는 구매 후에 일어난다.
④ 소비자는 능동적 수신자이기 때문에 태도 변경을 위한 광고의 효과는 약하다.
⑤ 소비자는 기대 만족을 극대화하려고 노력하며 최선의 선택을 위해 다수의 속성을 검토한다.

├ 해설
③ 소비자는 구매 전에 상표를 먼저 평가한다.

정답 ③

03

저관여도 관점의 경우 제품이 소비자의 자아 이미지에 중요하지 않고 라이프스타일이 소비자행동에 영향을 주지 않는다.

03 제품에 관한 소비자의 관여 수준에 따른 유형 중 저(低)관여도 관점에 대한 내용으로 가장 거리가 먼 것은?

① 소비자는 주어지는 대로 정보를 수용한다.
② 집단의 규범과 가치는 제품 구매에 중요하지 않다.
③ 소비자는 수동적 수신자이므로 친숙도 형성을 위한 광고의 효과는 강하다.
④ 제품이 소비자의 자아 이미지에 중요하며, 라이프스타일이 소비자 행동에 많은 영향을 미친다.
⑤ 소비자는 수용 가능한 만족 수준을 모색하며 상표친숙도를 근거로 하여 소수의 속성만을 검토한다.

04 고객 관점에 따른 서비스 상품의 분류 중 '편의적 서비스 상품'에 대한 설명으로 가장 옳지 않은 것은?

① 소비자가 최소한의 시간이나 노력만으로 구매하게 되는 서비스 상품을 말한다.

② 소비자가 정보탐색에 많은 노력을 기울이지 않기 때문에 편리한 위치의 점포를 선택하게 된다.

③ 서비스 상품 구매에 따른 위험의 정도가 매우 낮다.

④ 고객의 관여도가 매우 높은 편에 속한다.

⑤ 우편 서비스, 세탁 서비스 등이 대표적인 사례이다.

04
편의적 서비스 상품은 고객의 관여도가 매우 낮은 편이다.

05 다음 중 소비자 행동 특성에 대한 설명으로 가장 옳지 않은 것은?

① 소비자 행동은 경우에 따라 외부 사람들에게 불합리하게 보일 수 있으나 대부분의 소비자 행동은 매우 합리적인 목표를 수반한다.

② 소비자는 스스로 판단하여 필요한 제품이나 서비스에 관한 정보를 수집하고 이를 기반으로 구매를 할 것인지 판단한다.

③ 소비자의 제품 구매 동기와 행동은 조사를 통해 파악할 수 있다.

④ 소비자는 구매결정 과정에서 내·외부 환경의 영향을 받는다.

⑤ 소비자의 목표 지향적이고 능동적인 판단은 소비자가 최적의 정보를 가지고 최고의 대안을 선택한다는 의미를 지닌다.

05
소비자의 목표 지향적이고 능동적인 판단하여 움직인다 하더라도 이는 소비자가 반드시 최적의 정보를 가지고 최고의 대안을 선택한다는 의미로 해석되기 어렵다.

06 다음 중 로렌트(Laurent)와 캐퍼러(Kapferer)가 제시한 관여도 측정에 필요한 5가지 차원 중 가장 옳지 않은 것은?

① 개인적 관심
② 쾌락적 가치
③ 추상적 가치
④ 부정적 결과의 중요성
⑤ 구매가 잘못될 가능성

06
제품이 지닌 '상징적 가치'로 인해 소비자가 특정 제품에 깊이 관여하는 행동 변화를 보일 수 있다.

정답 **04** ④ **05** ⑤ **06** ③

02 소비자 심리와 소비 효과

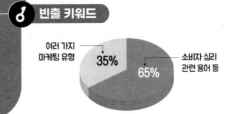

여러 가지 마케팅 유형 35%
소비자 심리 관련 용어 등 65%

핵심 이론

1. 소비자 심리 관련 용어

① 언더독 효과 : 사람들이 약자라고 믿는 주체의 성공을 기원하게 되는 현상이나 약자로 연출된 주체에게 부여하는 심리적 애착(≠탑독)

② 스놉 효과 : 어떤 상품에 대한 사람들의 소비가 증가하면 오히려 그 상품의 수요가 줄어드는 효과

③ 베블런 효과 : 상품의 가격이 오르면 수요가 더 증가하는 현상

④ 스티그마 효과 : 집단에서 대상에 대한 부정적인 인식(낙인)이 지속되고 강화되는 현상

⑤ 플라시보 효과 : 가짜 약 치료법 등을 믿은 환자가 병세가 호전되는 현상

⑥ 디드로 효과 : 하나의 물건을 구입한 후 그 물건과 어울리는 다른 제품들을 계속 구매하는현상

⑦ 톱니 효과 : 일단 어떤 상태에 도달하면 다시 원상태로 되돌리기 어렵게 되는 특성

⑧ 분수 효과 : 저소득층의 소득 증대가 총수요 진작 및 경기 활성화로 이어져 고소득층의 소득도 향상되는 효과

⑨ 바넘 효과 : 보편적인 성격 특성을 자신의 성격과 일치한다고 믿으려는 현상

⑩ 롤링 효과 : 금리수준이 일정하더라도 잔존기간이 짧아지면 채권가격은 오르고 수익률은 낮아지는 상황

⑪ 밴드왜건 효과 : 대중적으로 유행하고 있다는 정보에 따라 상품을 구입하는 현상

⑫ 리테일 소비 : 고객의 구매를 유도하는 소비

⑬ IoT(사물 인터넷) : 각종 기기를 센서와 통신기술 등으로 인터넷에 연결한 기술

⑭ 스마트라이프 : 스마트 기기 등을 이용하여 제품 및 서비스를 구매할 수 있는 생활

⑮ 스태그플레이션 : 경제 불황으로 물건이 팔리지 않으면서 상품의 가격은 상승하는 현상

⑯ 유인 효과 : 기업이 주력 브랜드를 키우고 싶은 경우, 상대적으로 열등한 자사의 신규 브랜드를 출시하여 소비자에게 주력 브랜드의 선택 확률을 높이는 효과

⑰ 부분적 리스트 제시 효과 : 사람들은 1위만 기억하는 특성 때문에 1, 2위의 맞대결을 벌이겠다는 메시지를 전달

⑱ 타협 효과 : 여러 가격대의 제품을 출시할 경우 주력 브랜드를 중간 정도에 내놓는 것이 안전함

⑲ 희소성의 원리 : 원하는 것을 모두 가질 수 없으므로 더 큰 만족을 얻을 수 있는 재화나 서비스를 선택하는 것

⑳ 언택트 라이프 : 기술의 발전을 통해 다른 사람과 접촉 없이 물건을 구매하고 서비스를 이용하는 방식

㉑ 마타도어(Matador) : 근거 없는 사실을 조작해서 상대방을 중상 모략하는 정치적 흑색선전

㉒ 레스 웨이스트(Less waeste) : 쓰레기를 줄이는 환경 운동

㉓ 제로 웨이스트(Zero waeste) : 쓰레기 버리는 것이 없도록 만드는 것

㉔ 미니멀 라이프(Minimal life) : 자발적으로 불필요한 물건이나 일을 줄이는 생활방식

㉕ 길티 플레저(Guilty pleasure) : 하면 안되는 행동을 하면서 즐기는 행동

㉖ 시피(Cipie)족 : 합리적인 소비를 하고 불필요한 소비를 거부하는 신세대

㉗ 몰링(Malling) : 복합 쇼핑몰에서 쇼핑과 문화생활을 함께 즐기는 형태

㉘ 스펜데믹(Spendemic) : 코로나19 시대의 과잉 소비를 의미하는 신조어

㉙ 리뷰슈머(Reviewsumer) : 리뷰(review)+컨슈머(consumer)의 합성어로 신제품을 미리 써보고 품평

을 남겨 다른 사람의 소비에 큰 영향을 미치는 집단

㉚ 다운시프트(Downshifts)족 : 저소득자일지라도 삶의 만족을 찾는 사람들

㉛ 마이크로미디어(Micro-media) 소비 : 매스 미디어 소비와 반대되는 개념으로 온라인 상에서 UCC, 개인 블로그, 미니 홈피 등을 제작해 소비하는 형태

㉜ 침묵의 나선 이론 : 여론이 형성되는 과정에서 자신의 입장이 소수의 의견일 경우에는 남에게 나쁜 평가를 받거나 고립되는 것이 두려워 침묵하는 현상

㉝ 시크(Chic) : 차갑다, 도도하다, 무심하다는 의미로 사용된다.

㉞ 셀럽(Celeb) : 유명인사나 유행을 이끄는 트렌드를 말한다.

㉟ 힙스터(Hipster) : 스스로를 비주류라고 구분 짓고 개성을 중시하거나 혹은 대중적이지 않은 음악과 예술을 하는 사람을 일컫는다.

㊱ 쇼 오프(Show off) : 자랑이 심한 사람을 말한다.

2. 여러 가지 마케팅 유형

① 코즈 마케팅 : 기업이 사회적 이슈를 기업의 이익 추구를 위해 활용하는 마케팅

② 레트로 마케팅 : 사람들의 옛 추억, 향수 등의 감성을 자극하여 기억에 각인하는 마케팅(빈티지 마케팅, 앤티크 마케팅)

③ 티저 마케팅 : 제품이나 서비스의 정체를 밝히지 않고 호기심을 자극하여 소비자가 자신과 주변인들에게 질문을 던지도록 유도하는 마케팅

④ 넛지 마케팅 : 구매를 유도하지만 구매자에게 선택의 자유를 주는 방식의 마케팅

⑤ 플래그십 마케팅 : 대표 상품의 긍정적 이미지를 다른 상품으로 확대하여 판촉 활동하는 마케팅

⑥ 뉴트로 마케팅 : 새로운(New)과 복고(Retro)의 신조어로 복고를 새롭게 즐기는 트렌드를 마케팅에 접목한 것

⑦ 인플루언서 마케팅 : 영향력 있는 개인을 활용한 마케팅

⑧ 앰부시 마케팅(매복 마케팅) : 교묘히 규제를 피해 행해지는 마케팅 기법이다.

⑨ PPL 마케팅 : 영화나 드라마에 상품이나 브랜드 이미지를 소도구로 끼워 넣어 광고하는 마케팅 기법이다.

⑩ 버즈 마케팅 : 인적인 네트워크를 통하여 소비자에게 상품정보를 전달하는 마케팅 기법이다.

⑪ 바이럴 마케팅 : 네티즌들이 전파 가능한 매체를 통해 자발적으로 어떤 기업이나 기업의 제품을 홍보할 수 있도록 제작하여 널리 퍼지게 하는 마케팅 기법이다.

⑫ 노이즈 마케팅 : 각종 구설수에 판매 제품이 휘말리도록 함으로써 소비자들의 이목을 집중시켜 판매를 늘리려는 마케팅 기법이다.

📖 핵심 기출 유형 문제

꼭 나오는 유형 ❶ 소비자 심리 관련 용어 등

소비자 심리와 관련해 다음 〈보기〉의 대화에 가장 가까운 용어는?

┤ 보기 ├

철수 : 너, 이번에 새롭게 출시된 KIE폴더블 폰 구매했다면서? 사용해 보니까 어때?

영희 : 우선 화면이 넓고 인터페이스도 간편해서 정말 대만족이야.

철수 : KIE 폴더블 폰이랑 연관해서 다른 상품도 같이 출시되었다고 들었는데?

영희 : 맞아. 스마트워치, VR기기도 같이 출시되었는데 이번 시리즈 슬로건이 너무 마음에 들어서 패키지로 모두 구매할 생각이야

① 톱니 효과　　　　　　　② 분수 효과

③ 바넘 효과　　　　　　　④ 롤링 효과

⑤ 디드로 효과

┤ 해설 ├

⑤ 디드로 효과 : 하나의 물건을 구입한 후 그 물건과 어울리는 다른 제품들을 계속 구매하는 현상이다.

① 톱니 효과 : 일단 어떤 상태에 도달하고 나면, 다시 원상태로 되돌리기 어렵다는 특성을 지칭하는 말이다. 불가역성(不可逆性) 또는 역진불가(逆進不可)라고도 부른다.

② 분수 효과 : 저소득층의 소득 증대가 총수요 진작 및 경기 활성화로 이어져 궁극적으로 고소득층의 소득도 높이게 되는 효과를 가리키는 용어이다.

③ 바넘 효과 : 보편적으로 적용되는 성격 특성을 자신의 성격과 일치한다고 믿으려는 현상이다.

④ 롤링 효과 : 채권은 액면가와 이자가 미리 정해져 있고, 할인식으로 판매하기 때문에 일반적으로 만기가 다가올수록 채권가격은 오른다. 즉 금리수준이 일정하더라도 잔존기간이 짧아지면 채권가격은 오르고 수익률은 낮아지는 상황을 설명한 용어이다.

정답 ⑤

01

③ 언더독 효과 : 사람들이 약자라고 믿는 주체의 성공을 기원하게 되는 현상이나, 약자로 연출된 주체에게 부여하는 심리적 애착을 의미한다.

① 스놉 효과 : 스놉(Snob)은 잘난 체하는 속물을 의미하며 스놉 효과는 어떤 상품에 대한 사람들의 소비가 증가하면 오히려 그 상품의 수요가 줄어드는 효과를 말한다.

② 베블런 효과 : 상품의 가격이 오르는 데도 일부 계층의 허영심과 과시욕 등으로 인해 수요가 증가하는 현상이다.

④ 스티그마 효과 : 집단에서 부정적으로 낙인찍히면 그 대상이 점점 더 부정적인 행태를 보이며, 대상에 대한 부정적인 인식이 지속되고 강화되는 현상이다.

⑤ 플라시보 효과 : 의사가 제안한 효과 없는 가짜 약이나 가짜 치료법이 환자의 믿음과 긍정적인 소망으로 인해 병세가 호전되는 현상이다.

01 ③ 정답

01 소비자 심리와 관련해 다음 〈보기〉의 대화에 가장 가까운 용어는?

┤ 보기 ├

철수 : 이번에 프로농구 올스타 투표를 보니까 '박○○' 떨어질 거 같아.

영희 : '박○○'이라면 2년 전에 발목 부상으로 시즌 아웃 당했던 그 선수 아니야?

철수 : 맞아. 최근 다시 복구해서 기량이 점점 올라가고 있거든 예전만 못하지만 나는 그 의지에 애착이 가서 응원하고 싶어져.

영희 : 투표 안 하려고 했는데 '박○○'에 투표해야 겠다.

① 스놉 효과　　　　　　　② 베블런 효과

③ 언더독 효과　　　　　　④ 스티그마 효과

⑤ 플라시보 효과

02 소비자 심리와 관련하여 〈보기〉의 빈칸에 들어갈 적절한 용어는?

┤ 보기 ├

코로나19 여파로 '사회적 거리두기'가 생활화되고 가정에서 보내는 시간이 늘어나면서 인공지능(AI) 서비스 이용이 급증한 것으로 나타났다. 또한 (   )의 영향으로 AI기기를 이용한 가정에서 장보기, 홈트레이닝 등이 인기를 얻고 있다.

① 리테일(Retail) 소비
② IoT(Internet of Things)
③ 스마트 라이프(Smart Life)
④ 언택트 라이프(Untact Life)
⑤ 스테그플레이션(Stagflation)

02

④ 언택트 라이프(Untact Life) : 산업 기술의 발전을 통해 다른 사람과 접촉 없이 물건을 구매하고 서비스를 이용하는 방식을 말한다.
① 리테일(Retail) 소비 : 고객의 구매를 유도하는 소비를 말한다.
② IoT(Internet of Things) : 각종 기기를 센서와 통신 기술 등으로 인터넷에 연결한 기술이다.
③ 스마트 라이프(Smart Life) : 스마트 기기 등을 이용하여 제품 및 서비스를 구매할 수 있는 생활을 말한다.
⑤ 스테그플레이션(Stagflation) : 경기의 불황으로 물건이 팔리지 않는데, 상품의 가격은 상승하는 현상이다.

제2과목

꼭 나오는 유형 ② 여러 가지 마케팅 유형

다음 〈보기〉의 설명에 해당하는 마케팅 유형은?

┤ 보기 ├

기업이 환경, 보건, 빈곤 등과 같은 사회적인 이슈를 기업의 이익 추구를 위해 활용하는 것으로 1987년 미국 아메리칸 익스프레스가 소비자들이 신용카드를 사용할 때 얻는 수입의 일부를 자유의 여신상 복원에 기부한 프로젝트가 대표적인 사례로 꼽힌다.

① 티저 마케팅   ② 코즈 마케팅
③ 넛지 마케팅   ④ 플레그십 마케팅
⑤ 레트로 마케팅

┤ 해설

① 티저 마케팅 : 제품이나 서비스의 정체를 밝히지 않고 호기심을 자극하여 소비자가 자신과 주변사람들에게 질문을 던지도록 유도하는 마케팅이다.
③ 넛지 마케팅 : 구매를 유도하지만 구매자에게 선택의 자유를 주는 방식의 마케팅이다.
④ 플레그십 마케팅 : 대표 상품의 긍정적 이미지를 다른 상품으로 확대하여 판촉 활동하는 마케팅이다.
⑤ 레트로 마케팅 : 사람들의 옛 추억, 향수 등의 감성을 자극하여 기억에 각인시키는 마케팅이다.

정답 ②

❗ 문제타파 TIP

각 마케팅 의미를 찬찬히 이해한 후에 마케팅별 핵심 내용을 잘 파악해두자.

정답 02 ④

03

레트로 마케팅은 사람들의 옛 추억, 향수 등의 감성을 자극하여 기억에 각인시키는 마케팅 전략방법이다.

03 다음 〈보기〉의 설명에 해당하는 마케팅 유형은?

┤ 보기 ├

최근 KIE 베이커리는 복고풍 도넛 제품인 '동네 도나쓰'를 출시했다. 옥수수가루로 반죽한 작은 도넛 7개를 종이봉투에 담고 가격도 1,500원으로 저렴하게 책정했다. 고객들이 어린 시절 엄마 손을 잡고 재래시장에서 도넛을 사먹던 기억을 떠올릴 수 있도록 도넛을 튀길 때 사용하는 검정 솥을 매장에 비치하고 그 안에 설탕을 담아 고객들이 원하는 만큼 묻혀 가져갈 수 있도록 했다.

① 코즈 마케팅
② 넛지 마케팅
③ 티저 마케팅
④ 레트로 마케팅
⑤ 플래그십 마케팅

04

⑤ 앰부시 마케팅은 교묘히 규제를 피해 행해지는 마케팅 기법이다.
① PPL 마케팅 : 영화나 드라마에 상품이나 브랜드 이미지를 소도구로 끼워 넣어 광고하는 마케팅 기법이다.
② 버즈 마케팅 : 인적인 네트워크를 통하여 소비자에게 상품정보를 전달하는 마케팅 기법이다.
③ 바이럴 마케팅 : 네티즌들이 전파가능한 매체를 통해 자발적으로 어떤 기업이나 기업의 제품을 홍보할 수 있도록 제작하여 널리 퍼지게 하는 마케팅 기법이다.
④ 노이즈 마케팅 : 각종 구설수에 판매 제품이 휘말리도록 함으로써 소비자들의 이목을 집중시켜 판매를 늘리려는 마케팅 기법이다.

04 다음 〈보기〉의 설명에 해당하는 마케팅 유형은?

┤ 보기 ├

금융권에 따르면 최근 KIE은행은 지난 15일 '오! 필승 코리아 적금'을 출시했다. 이 상품은 축구 국가대표팀의 러시아 월드컵 성적에 따라 추가 금리를 제공하는 상품이다. KIE은행은 이 상품을 홍보하면서 러시아 월드컵을 '러시아에서 개최되는 국제대회'로 표기했다. KIE은행은 축구 국가대표팀의 공식 후원사이지만 피파(FIFA)의 비후원사인 만큼 월드컵이란 명칭을 사용할 수 없었기 때문이다. 일각에서는 이와 같이 공식 후원사가 아닌 기업과 단체들이 대회와 직·간접적으로 연계된 것처럼 보이도록 하는 편법적인 마케팅에 대한 규제 강화를 요구하고 있다.

① PPL 마케팅 　　　　　　② 버즈 마케팅
③ 바이럴 마케팅 　　　　　④ 노이즈 마케팅
⑤ 앰부시 마케팅

03 ④ **04** ⑤ 정답

05 다음 〈보기〉의 대화에 해당하는 용어로 가장 옳은 것은?

┤ 보기 ├

- 박 부장 : 자! 이번에 우리 'KIE 베이커리'에서 새로 선보일 디저트에 대해 한번 설명해 보게.
- 김 대리 : 네, 이번에 저희 'KIE 베이커리'는 식음료 업계의 새로운 트렌드를 이끌기 위해 조금 이색적인 상품을 준비해 봤습니다.
- 박 부장 : 그래, 계속해 보게.
- 김 대리 : 전통 찻집이나 옛날 할머니 집에서 즐겼을 법한 쑥, 흑임자, 인절미, 쌍화차, 인삼을 디저트로 만나는 것이 낯설 수도 있습니다. 하지만 현대인들이 즐기는 서양식 음료와 케이크에 '예스러움'을 더한 이 이색적인 조합은, 기성세대들의 입맛을 사로잡았을 뿐만 아니라 젊은 세대들의 긍정적인 호응도 이끌어낼 수 있으리라 믿습니다.
- 박 부장 : 다시 말해 전통 식재료를 디저트에 담아 현대식으로 재해석한다는 얘기로군.
- 김 대리 : 그렇습니다. 부장님.

① 레트로(Retro) 마케팅
② 뉴트로(Newtro) 마케팅
③ 빈티지(Vintage) 마케팅
④ 앤티크(Antique) 마케팅
⑤ 인플루언서(Influencer) 마케팅

05
뉴트로 마케팅은 새로운(New)과 복고(Retro)의 신조어로 복고를 새롭게 즐기는 트렌드를 마케팅에 접목한 것이다.

06 다음 〈보기〉의 (　) 안에 들어갈 용어로 가장 옳은 것은?

┤ 보기 ├

소비자에게 특정 행동이나 무언가를 요구할 때는 소비자의 '저항'을 생각해야 한다. 특히 일방적인 소비를 요구하는 광고나 마케팅을 내세우면 반발심이 생기고 효과는 떨어질 수 있다. 그러나 소비자의 다양한 의견이나 니즈를 모두 반영하기는 현실적으로 불가능하다. 이에 마케팅에서는 저항을 최소화하는 방법을 연구하기 시작했고, 소비자들이 '스스로 선택하도록' 만드는 (　　)을 다양한 영역에서 활용하기 시작했다.
사전적 의미로 '살짝 건드리다', '주의를 끌다', '주변을 환기시키다'는 뜻의 (　　)은 강요하지 않고 부드러운 개입으로 사람들이 더 좋은 선택을 스스로 할 수 있도록 유도함으로써 흥미를 자극하여 소비자의 관심을 유발하고, 선택은 소비자 스스로가 할 수 있게 하는 마케팅 전략이다.

① 버즈(Buzz) 마케팅
② 니츠(Niche) 마케팅
③ 바이럴(Viral) 마케팅
④ 넛즈(Nudge) 마케팅
⑤ 플래그십(Flagship) 마케팅

06
④ 넛지 마케팅 : 구매를 유도하지만 구매자에게 선택의 자유를 주는 방식의 마케팅이다.

정답 **05** ② **06** ④

03 고객경험관리 및 고객가치

- 고객경험관리(CEM) 21%
- 경험적 마케팅 (슈미트) 27%
- 고객가치 등 52%

핵심 이론

1. 고객경험관리(CEM : Customer Experience Management)

① 개념 : 실시간으로 고객의 경험을 측정·분석하여 제품과 서비스 개발 전략 마련을 위한 프로세스

② 특징

  ㉠ 고객과의 경험프로세스를 전략적으로 관리하는 고객 지향적인 경영전략

  ㉡ 고객 상호작용의 순간, 즉 접점에서부터 시작함

  ㉢ 고객이 기업에 대해 생각하고 느끼는 것을 파악함

  ㉣ 기업에 대한 고객 경험의 향상을 위해 시스템, 기술, 단순화된 프로세스 등을 활용

  ㉤ 고객의 기대와 경험 간의 차이가 있는 곳에서 제품이나 서비스를 판매하는 선행적 성격이 강함

③ 고객경험관리 단계

고객의 경험 분석

↓

고객의 경험적 기반 확립

↓

상표 경험을 디자인

↓

고객 상호접촉 구축

↓

끊임없는 혁신

2. 슈미트의 경험마케팅

고객경험 제공 수단	경험적 마케팅의 5가지 요인
• 커뮤니케이션 경험 • 웹사이트(Web site)의 상호작용 • 시각적·언어적 아이덴티티(Identity) • 제품의 외형을 이용한 경험 수단 제공 • 인적 요소 • 공간적 환경 • 공동 브랜딩 경험	• 관계적 경험 : 사회·문화적 관계 등을 특정브랜드와 연결하여 공감대를 형성함 • 인지적 경험 : 지적 호기심과 브랜드 관여도를 높여, 브랜드 충성도를 제고하는 방법 • 감각적 경험 : 감각적인 경험을 제공 • 감성적 경험 : 제품의 친밀도를 높여 브랜드에 특별한 감정 유발 • 행동적 경험 : 고객 체험을 통해 라이프스타일을 제시함

3. 가격 책정 전략

① Mark-up 전략 : 원가에 일정한 이익을 더해 가격을 설정하는 전략

② Loss Leader 전략 : 특정 제품의 가격을 낮춰서 소비자를 유인한 후에 매출을 증대하려는 전략(=Promotion Pricing 전략)

③ Price Lining 전략 : 소비자는 큰 가격 차이만을 인식하므로 선정된 제품계열에 한정된 수의 가격만 설정하는 전략(예 고가·중가·저가 라인 제품)

④ Odd Pricing 전략 : 실제 별로 가격 차이가 나지 않지만 소비자들이 심리적 가격 차이를 이용하여 판매량의 변화를 노리는 전략(예 9900원 판매품)

⑤ Presting Pricing 전략 : 가격이 높으면 품질이 좋을 것이라는 소비자의 심리를 이용하는 전략

⑥ Customary Pricing 전략 : 일용품처럼 관습적으로 가격이 책정되어 있을 경우 가격인상 대신 함량이나 품질수준으로 단가를 조정하는 전략

4. 고객가치

특성	다차원	고객가치의 구성 요인은 다양하며 단계적으로 나타날 수 있음
	동적성	시간, 소유 과정에 의해 변함
	상황성	특정 상황에 따라 영향을 쉽게 받음
	주관성	자신이 주관적으로 인식하고 판단하는 기준
구성 요소 (파라수라만 & 그루얼)	획득가치	금전적 비용을 지불하고 얻는 가치
	거래가치	거래를 통해 얻는 즐거움이나 긍정적 감정으로 얻는 가치
	사용가치	제품이나 서비스 효용에 대한 사용상의 가치
	상환가치	거래 이후 오랫동안 제공되는 잉여가치

5. 스위니(Sweeny)와 수타르(Soutar)의 고객가치 유형

품질	제품의 품질과 기대와의 차이에서 오는 가치
사회적 가치	사회적인 개념을 증가시키는 제품력에서 오는 가치
기능적 가치	제품 사용에 따라 시간 절약에서 오는 비용 절감에 의한 가치
감정적 가치	제품에서 받은 느낌이나 정서적 측면에서 오는 가치

6. 고객가치지수(CVI : Customer Value Index)

필요성	측정모델[한국능률협회 컨설팅(KMAC)]
• 경영 수행을 위해서는 현재 고객가치의 요소를 발굴해 경쟁력을 높일 수 있는 새로운 가치제안을 제공 • 투입된 요소 대비 효용 크기를 측정하여 산출 • 고객가치 부여에 더 전략적인 의사결정을 선택함 • 고객의 제품 구매와 사용 가치를 더 잘 파악 • 구매동기와 재구매의 파악으로 기업은 투자와 자원 할당 성과를 향상시킴	• 1단계 : 고객니즈 수집 및 분석 • 2단계 : 고객가치 요소 발굴 • 3단계 : 리서치 시행 • 4단계 : 고객가치 측정모델로 현재의 가치 수준을 측정하고 핵심가치 추출 • 5단계 : 고객가치의 콘셉트 도출 • 6단계 : 고객가치 향상을 위한 전략과제 도출

📖 핵심 기출 유형 문제

문제타파 TIP

고객경험관리는 특징, 관리단계의 순서 등 출제되는 단원이 정해져 있으므로 집중적으로 학습하고 암기해 둘 것!

꼭 나오는 유형 ❶ 고객경험관리(CEM)

다음 중 고객경험관리(CEM)의 특징에 대한 설명으로 가장 거리가 먼 것은?

① 내부 지향적이며 운영 지향적이다.
② 고객 상호작용의 순간, 즉 접점에서부터 시작된다.
③ 고객이 기업에 대해 생각하고 느끼는 것을 파악한다.
④ 기업에 대한 고객 경험을 향상시키기 위해 시스템과 기술 및 단순화된 프로세스를 활용한다.
⑤ 고객의 기대와 경험 간의 차이가 있는 곳에 제품이나 서비스를 위치시켜 판매하는 선행적 성격이 강하다.

┤ 해설
고객경험관리(CEM)는 고객과의 경험프로세스를 전략적으로 관리하는 고객 지향적인 경영전략이다.

정답 ①

01
고객경험관리(CEM) 5단계

고객의 경험 분석
↓
고객의 경험적 기반 확립
↓
상표 경험을 디자인
↓
고객 상호접촉 구축
↓
끊임없는 혁신

01 **다음 중 고객경험관리(CEM) 5단계를 순서대로 나열한 것은?**

① 고객의 경험 분석 → 고객 상호접촉 구축 → 상표경험을 디자인 → 고객의 경험적 기반 확립 → 끊임없는 혁신
② 고객의 경험 분석 → 고객의 경험적 기반 확립 → 상표 경험을 디자인 → 고객 상호접촉 구축 → 끊임없는 혁신
③ 고객의 경험 분석 → 고객의 경험적 기반 확립 → 고객 상호접촉 구축 → 상표 경험을 디자인 → 끊임없는 혁신
④ 고객 상호접촉 구축 → 고객의 경험적 기반 확립 → 고객의 경험 분석 → 상표 경험을 디자인 → 끊임없는 혁신
⑤ 고객 상호접촉 구축 → 상표 경험을 디자인 → 고객의 경험 분석 → 고객의 경험적 기반 확립 → 끊임없는 혁신

01 ② 정답

꼭 나오는 유형 ❷ 경험적 마케팅(슈미트)

'슈미트'가 제시한 경험적 마케팅의 5가지 전략적 모듈 중 놀라움, 호기심, 흥미를 통해서 고객이 수렴적 사고 또는 확산적 사고를 갖도록 하는 것을 의미하는 유형은?

① 행동적 경험　　　　　　② 관계적 경험
③ 감성적 경험　　　　　　④ 인지적 경험
⑤ 감각적 경험

문제타파 TIP

5가지 전략적 모듈의 경험 유형과 내용을 파악해야 한다.

해설 경험마케팅의 유형

- 감각적 경험 : 시각, 촉각, 미각, 후각 등 고객의 오감을 자극하는 감각적인 경험을 고객에게 제공하는 기법이다.
- 감성적 경험 : 브랜드와 관련한 자부심, 즐거움 등의 긍정적 기분과 느낌으로 제품의 친밀도를 높여 브랜드에 특별한 감정을 유발하는 기법이다.
- 인지적 경험 : 놀라움, 호기심, 흥미를 통한 고객의 수렴적·확산적 사고와 기회를 제공하여 고객 참여 유도와 브랜드 관여도를 높이고, 고객의 브랜드 충성도를 제고하는 방법이다.
- 행동적 경험 : 제품의 브랜드 가치를 높이기 위해 고객과 체험 등을 통해 자긍심, 성취감 등을 공유하고, 라이프스타일을 제시하는 방법이다. 또한 고객의 육체적인 경험과 라이프스타일의 상호작용에 영향을 주는 것을 목표로 한다.
- 관계적 경험 : 자기 발전에 대한 욕구와 타인에게 긍정적으로 인식되고 싶은 욕구 등 고객이 속한 사회·문화적 관계 등을 특정브랜드와 연결하여 공감대를 형성하는 기법이다.

정답 ④

---

02 '슈미트(Schmitt)'가 제시한 경험적 마케팅의 5가지 전략적 모듈 중 소비자의 육체적인 경험과 라이프스타일(Life Style) 상호작용에 영향을 끼치는 것을 목표로 하는 유형은?

① 관계적 경험　　　　　　② 인지적 경험
③ 감각적 경험　　　　　　④ 감성적 경험
⑤ 행동적 경험

02
행동적 경험은 제품의 브랜드 가치를 높이기 위해 고객의 체험 등을 통해 자긍심, 성취감 등을 공유하고, 라이프스타일을 제시하는 방법이다.

---

03 '슈미트(Schmitt)'가 제시한 경험적 마케팅의 5가지 전략적 모듈 중 주로 기업과 브랜드 이름, 시각적인 상징, 컬러, 사운드, 슬로건 등과 같은 형식을 통해 경영자들이 기업이나 브랜드 아이덴티티(Identity)를 만들어 내고 유지하는데 있어 강력한 도구로 활용되는 유형은?

① 관계적 경험　　　　　　② 감각적 경험
③ 인지적 경험　　　　　　④ 행동적 경험
⑤ 감성적 경험

03
감각적 경험은 시각, 촉각, 미각, 후각 등 고객의 오감을 자극하여 고객에게 제공하는 기법이다.

정답 02 ⑤ 03 ②

04

슈미트의 고객에게 경험을 제공하는 수단

- 커뮤니케이션 경험 : 광고, 기업 홍보물, 팸플릿 등
- 웹사이트(Web site)의 상호작용 : 인터넷 통신
- 시각적 · 언어적 아이덴티티(Identity) : 로고, 그래픽 디자인
- 제품의 외형을 이용한 경험 수단 제공 : 제품 디자인, 포장
- 인적 요소 : 영업사원, AS담당자
- 공간적 환경 : 소매점
- 공동 브랜딩 경험 : 스폰서, 라이센싱, 캠페인 등

04 다음 중 '슈미트(Schmitt)'가 제시한 고객경험을 제공하는 수단으로 가장 거리가 먼 것은?

① 커뮤니케이션 경험
② 고객만족(CS) 평가지표 개발
③ 웹사이트(Web site)의 상호작용
④ 시각적 · 언어적 아이덴티티(Identity)
⑤ 제품의 외형을 이용한 경험 수단 제공

❗ 문제타파 TIP

파라수라만과 그루얼이 제시한 고객가치의 구성 요소의 유형과 개념을 알아두고 한국능률협회컨설팅이 제시한 고객가치지수의 측정 단계의 순서를 암기해 둘 것!

꼭 나오는 유형 ❸ 고객가치 등

'파라수라만과 그루얼'이 제시한 고객가치 구성 요소 중 거래 이후 장기간 제공되는 잉여가치에 해당되는 것은?

① 실용가치　　　　　　　② 사용가치
③ 획득가치　　　　　　　④ 상환가치
⑤ 거래가치

해설 '파라수라만'과 '그루얼'의 4가지 고객가치 구성 요소

- 획득가치 : 금전적 비용을 지불하고 얻는 가치이다.
- 거래가치 : 거래를 통해 얻는 즐거움이나 긍정적 감정으로 얻는 가치이다.
- 사용가치 : 제품이나 서비스 효용에 대한 사용상의 가치이다.
- 상환가치 : 거래 이후 오랫동안 제공되는 잉여가치이다.

정답 ④

05

④ '파라수라만과 그루얼'의 4가지 고객가치 구성 요소에는 사용가치, 거래가치, 상환가치, 획득가치가 있다.

05 고객인지 가치와 관련해 〈보기〉의 내용 중 '파라수라만(Parasuraman)과 그루얼(Grewal)'이 제시한 가치 유형을 찾아 모두 선택한 것은?

┤ 보기 ├

가. 집단가치　　　　　　　나. 사용가치
다. 거래가치　　　　　　　라. 상환가치
마. 획득가치　　　　　　　바. 선호가치

① 가, 나, 다　　　　　　② 가, 나, 다, 라
③ 나, 다, 마　　　　　　④ 나, 다, 라, 마
⑤ 나, 다, 라, 마, 바

06 다음 중 고객가치의 특성으로 가장 거리가 먼 것은?

① 다차원   ② 동적성

③ 통제성   ④ 상황성

⑤ 주관성

📃 정답 및 해설

06
고객가치의 특성에는 다차원, 동적성, 상황성, 주관성 등이 있다.

07 '한국능률협회컨설팅(KMAC)'에서 제시한 고객가치지수(CVI) 측정 모델의 측정 단계 중 다음 〈보기〉의 빈칸에 들어갈 내용으로 가장 옳지 않은 것은?

┤ 보기 ├
- 1단계 : 고객니즈 수집 및 분석
- 2단계 : (가)
- 3단계 : (나)
- 4단계 : (다)
- 5단계 : (라)
- 6단계 : (마)

① (가) : 고객가치 요소 발굴

② (나) : 리서치 시행

③ (다) : 고객가치 측정모델에 의해 현재의 가치 수준을 측정하고 핵심가치(Core Value) 추출

④ (라) : 창의적 서비스의 범주화

⑤ (마) : 고객가치 향상을 위한 전략과제 도출

07
④ 고객가치지수 측정모델의 5단계는 '고객가치의 콘셉트를 도출'하는 것이다.

01

서비스 디자인 사고의 5가지 원칙
- 사용자 중심 : 서비스는 고객의 입장에서 디자인한다.
- 공동 창작 : 모든 이해 관계자가 서비스를 디자인한다.
- 순서 결정 : 연관된 기능의 순서대로 시각화한다.
- 증거 생성 : 무형의 서비스는 유형의 형태로 시각화한다.
- 총체적 관점 : 서비스의 모든 환경을 고려한다.

02

침묵의 나선 이론 : 여론이 형성되는 과정에서 자신의 입장이 소수의 의견일 경우에는 남에게 나쁜 평가를 받거나 고립되는 것이 두려워 침묵하는 현상을 말한다.

03

선도자의 법칙 : 최초의 브랜드가 시장의 선도자가 될 뿐만 아니라 시장 점유율이나 판매순위가 브랜드의 시장화가 된 순서대로 되는 경우를 표현하는 용어이다.

신유형

01 다음 중 서비스 디자인을 위한 5가지 원칙으로 보기 어려운 것은?

① 서비스는 고객의 입장에서 디자인되어야 한다.
② 서비스의 모든 환경이 고려되어야 한다.
③ 무형의 서비스는 유형의 형태로 시각화시켜야 한다.
④ 서로 밀접하게 연관된 기능의 순서대로 시각화되어야 한다.
⑤ 모든 이해관계자가 참여할 경우 디자인에 혼선을 빚을 수 있기 때문에 핵심관계자 중심의 창작이 필수적이다.

신유형

02 다음 〈보기〉의 대화를 통해 유추할 수 있는 이론으로 가장 옳은 것은?

┌ 보기 ┐
- 박 대리 : 팀장님, 어제 회장님께서 회사 이미지가 너무 올드하다고 전 직원들에게 강제로 컬러풀 염색을 지시하셨다면서요?
- 김 팀장 : 그래, 뭐. 워낙 강압적이라 팀장 회의에서 누구나 거부 못하는 눈치더군.
- 박 대리 : 다들 월급 받는 처지라 싫어도 좋다고 하는 거군요?
- 김 팀장 : 그런 셈이지. 더군다나 직원들 대다수가 겉으로는 회장님 지지자들이니 어쩔 수 없이 따라가는 수밖에……

① 모방이론
② 침묵의 나선 이론
③ 스놉 이론
④ 속물 이론
⑤ 밴드왜건 이론

신유형

03 다음 〈보기〉의 대화에 해당하는 용어로 가장 옳은 것은?

┌ 보기 ┐
- 아들 : 엄마, 오늘 마트에 조미료 사러 가서 마트 삼촌한테 왜 '조미료 주세요.'라고 하지 않고 '미원 주세요.'라고 했어?
- 엄마 : 그거야 조미료 중에서 미원이 제일 유명하니까 그렇게 말했지.

① 유도자의 법칙
② 추종자의 법칙
③ 위협자의 법칙
④ 기여자의 법칙
⑤ 선도자의 법칙

01 ⑤ **02** ② **03** ⑤ **정답**

04 다음 중 '카노(Kano)'품질 모형의 장점에 대한 설명으로 가장 거리가 먼 것은?

① 품질 속성이 지닌 진부화 경향을 설명할 수 있는 단서를 제공한다.

② 만족·불만족이라는 주관적 측면과 물리적 충족·불충족이라는 객관적 측면을 함께 고려하고 있다.

③ 제품과 서비스에 대한 소비자 요구의 이해를 도와 소비자 만족에 가장 큰 영향을 주는 특성을 규명할 수 있다.

④ 기술적 또는 재정적 문제로 인하여 서비스와 제품을 동시에 프로모션 하지 못할 경우 고객만족에 더 많은 영향을 주는 방향으로 결정할 수 있다.

⑤ 설문지 응답 결과에서 최빈값을 기준으로 품질 유형을 분류하는 방법 이기 때문에 분류된 품질의 유형 내에서 각 품질 요소의 상대적 중요도 를 파악할 수 있다.

04
카노 품질 모형은 설문지 응답 결과 에서 최빈값을 기준으로 품질 유형을 분류하는 방법이기 때문에 분류된 품 질의 유형 내에서 각 품질 요소의 중 요도를 파악할 수 없다.

05 다음 〈보기〉의 설명에 해당하는 용어로 알맞은 것은?

> ┤ 보기 ├
>
> 카노(Kano)의 품질 모형 중 매력적 품질 요소는 경쟁사를 따돌리고 고객을 확보할 수 있는 주문 획득 인자로서 작용하게 되며, 고객은 이러한 품질 요소 의 존재를 모르거나 기대하지 못했기 때문에 충족이 되지 않더라도 불만을 느끼지 않는다. 그러나 고객의 기대수준이 높아짐에 따라 일원적 품질 요소, 또는 당연적 품질 요소로 옮겨갈 수 있다.

① 진부화 현상

② 가속화 현상

③ 미시적 환경 요인

④ 자기중심화 편향

⑤ 주도적 조정화 현상

05
진부화 현상
매력적 품질 요소는 고객이 미처 제 품에 대한 기대를 하지 못했기 때문 에 고객 감동의 원천이 되나, 그 제품 에 기대 심리가 높아짐에 따라 일원 적 요소 또는 당연적 요소로 옮겨갈 수 있다. 이런 현상을 '진부화 현상' 이 라고 한다.

06 고객지향 개념이라 칭하기도 하며 기업의 목표 달성 여부를 소비자의 욕구 파악 및 만족을 위한 활동을 경쟁자보다 효율적으로 추구하는데 의미를 두 는 마케팅 개념은?

① Result Concept

② Attitude Concept

③ Promote Concept

④ Purchase Concept

⑤ Marketing Concept

06
마케팅 개념(Marketing Concept)
1950년대 중반에 도입되어 기업의 관심을 제품에서 고객중심으로 변화 시켰다. 마케팅 개념은 기업이 소비자 의 욕구 파악 및 고객 만족을 위한 활 동을 경쟁 기업보다 효율적으로 추구 하는 것을 목표로 하는 것이다.

정답 **04** ⑤ **05** ① **06** ⑤

07

팽창가격 전략

특정 제품에 대해서는 확실한 가격을 제시하지 않고 가격의 범위를 제시하는 전략으로, 제품의 가격할인 광고에서 많이 활용된다. 예를 들면, 가격할인 광고를 10% 할인이라고 하는 것이 아니라 최고 30%까지 할인, 최소 10% 이상 할인, 10~30% 할인 등으로 표현함으로써 가격의 범위를 급속의 팽창개념을 이용하여 제시하는 것을 말한다.

신유형

07 다음 〈보기〉의 사례에 가장 부합하는 가격 책정 정책은?

보기

① 정산가격 전략　　　　② 팽창가격 전략
③ 종속가격 전략　　　　④ 할증가격 전략
⑤ 흡수가격 전략

08

④ 인지적 불협화 : 개인의 신념과 태도, 행동 간의 불일치 상태가 발생하면 불편감이 생기게 되고, 이를 해소하기 위해 기존의 태도나 행동을 바꾸게 된다는 이론이다.
① 라벨링 효과 : 외부에서 부여된 라벨과 같은 타인의 기대나 관심으로 인하여 능률이나 결과의 성취도가 변화하는 현상을 말한다.
② 방위적 노출 : 타인이나 외부에서 몰랐으면 하는 결점이나 불안을 지적받는 것이 두려워서 노출되었을 때의 쇼크가 가능한 한 최소화되도록 스스로 결점이나 불안을 드러내 버리는 현상을 말한다.
③ 맨털 리허설 : 운동 연습 법의 하나로, 머릿속에서 이미지를 그리면서 연습을 하는 것이다. 이 방법은 실제의 연습과 병용함으로써 효과를 나타내나 단독으로는 효과가 적다.

난도

08 다음 〈보기〉의 내용 중 ( ) 안에 들어갈 용어로 가장 옳은 것은?

보기

누구나 좋아하는 장난감을 눈앞에 두고 한 그룹에는 그 장난감을 가지고 놀면 안 된다고 부드럽게 말하고 다른 한 그룹에는 절대로 가지고 놀아서는 안 된다며 단호하게 말했다. 그 결과 부드럽게 말을 들었던 그룹의 아이들은 별로 그 장난감을 가지고 놀고 싶어 하지 않았다는 결과를 얻게 되었다. 단호하게 말을 들은 아이들은 엄격하게 금지 당했기 때문에 장난을 가지고 놀 수 없었다며 자신의 행동을 정당화할 수 있는 반면 부드럽게 말을 들은 아이들은 자신의 행동을 정당화할 수 있을 만큼 딱 부러진 이유를 찾을 수 없기 때문에 ( )(이)가 생겨 장난감에 대한 매력이 줄어들 수밖에 없었던 것이다.

① 라벨링 효과　　　　② 방위적 노출
③ 맨털 리허설　　　　④ 인지적 불협화
⑤ 내면 심리 조화

07 ② 08 ④ 정답

09 다음 〈보기〉의 내용에 해당되는 용어로 가장 옳은 것은?

> **보기**
>
> 올 여름 기록적인 폭염으로 농산물 가격이 오르는 상황에서 최근 폭우 피해 까지 거치면서 농산물 가격이 급등했다. 특히 농산물 가격은 계속 오를 것으로 예상, 추석명절을 앞두고 물가관리에 비상이 걸렸다. 이에 대해 정부는 지난주 관계 차관회의를 통해 수입 농산물 보강 방안을 발표하였으나 값싼 수입 농산물 증가로 인해 국내산 농산물 가격에 영향을 줄 것으로 보여 농가의 우려가 가중되고 있다.

① 천장 효과
② 분수 효과
③ 유인 효과
④ 샤워 효과
⑤ 낙수 효과

10 다음 〈보기〉의 ( ) 안에 들어갈 용어로 가장 옳은 것은?

> **보기**
>
> 단 한 명의 관중도 없었지만 전 세계 언론이 주목을 했다. 한국프로야구(KBO)를 생중계하게 된 미국 스포츠전문매체 ESPN의 베테랑 캐스터 칼 래비치는 자신의 소셜네트워크 서비스를 통해 KBO 리그를 중계할 수 있어 굉장히 흥분된다고 말했다.
>
> 프로야구 KBO 리그 2020 시즌이 개막하면서 관중석이 텅 빈 프로팀의 수도권 구장엔 십수 명의 외신 기자들이 개막 전 준비 상황과 경기 진행 모습을 세계 각국에 전달했다.
>
> 포스트 코로나 시대 우리의 모든 것이 세계의 주목을 받고 있다. 우리의 일거수일투족이 포스트 코로나 시대 세계의 (　　)이 되고 있는 것이다.

① 스타트업(Start Up)
② 블록 딜(Block Deal)
③ 뉴 노멀(New Normal)
④ 출구전략(Exit Strategy)
⑤ 뉴 애브노멀(New Abnormal)

09
① 천장 효과 : 약을 투여하는 양이 증가하면 진통 효과도 어느 정도 정비례하여 올라가다가 일정 지점에 달하면 아무리 많은 양을 투여해도 더 이상의 진통 효과가 나타나지 않는 것을 말한다. 이처럼 〈보기〉에서 폭우로 국내 농산물 가격 상승을 우려해 수입 농산물을 보강하여 물가를 조절했지만 일정 시점이 지나면 오히려 값싼 수입농산물의 증가가 국내 농산물 가격에 영향을 주게 됨에 따라 오히려 물가조절 효과가 없는 상황이 되는 것을 천장 효과에 비유한 것이다.
② 분수 효과 : 저소득층의 소비 증대가 생산 및 투자 활성화로 이어져 경기를 부양시키는 효과이다.
③ 유인 효과 : 극단적인 제품들이 제시되었을 때 상대적으로 중간 지점에 있는 제품의 판매량이 증가하는 효과를 말한다.
④ 샤워 효과 : 백화점 등에서 위층의 이벤트가 아래층의 고객유치로 나타나는 효과이다.
⑤ 낙수 효과 : 고소득층의 소득 증대가 소비 및 투자 확대로 이어져 궁극적으로 저소득층의 소득도 증가하게 되는 효과를 가리키는 말이다.

10
③ 뉴 노멀(New Normal) : 사회적·시대적 변화에 따라 새로운 기준이나 표준이 보편화되는 현상을 말한다.
① 스타트업(Start Up) : 설립된 지 오래되지 않은 신생 벤처기업으로 미국 실리콘밸리에서 만들어진 용어이다.
② 블록 딜(Block Deal) : 주식의 매도자와 매수자 간의 대량 매매를 의미한다.
④ 출구전략(Exit Strategy) : 경제 위기에 경기 부양을 위하여 풀었던 각종 완화정책을 경제 부작용 없이 정상으로 돌려놓는 전략이다.
⑤ 뉴 애브노멀(New Abnormal) : 시장 변동성이 항상 존재하므로 불확실성이 더욱 커진 상황을 말한다.

정답 **09** ① **10** ③

11

② 리쇼어링(Reshoring) : 인건비 등 각종 비용절감을 이유로 해외로 나갔던 자국 기업이 다시 본국으로 돌아오는 현상을 말한다.

① 스핀오프(Spin-off) : 기업 경쟁력 강화를 위해 다각화된 기업이 그 중 한 기업을 독립적 주체로 만드는 회사분할을 의미하는 용어이다.

③ 오프쇼어링(Off-shoring) : 아웃소싱의 한 형태로 기업 업무의 일부를 해외 기업에 맡겨 처리하는 현상을 말한다.

④ 오픈 소싱(Open sourcing) : 원청업체와 납품업체가 서로 매이지 않고 개방적인 납품-하청 관계를 만드는 납품-하청 전략을 말한다.

⑤ 크라우드 소싱(Crowd sourcing) : 대중(Crowd)과 아웃소싱(outsourcing)의 합성어로 기업의 일부 활동에 대중을 참여시키는 것을 의미한다.

고난도

11 다음 〈보기〉의 ( ) 안에 들어갈 용어로 가장 옳은 것은?

┤ 보기 ├

한국은행이 신종 코로나바이러스 감염증(코로나 19) 사태로 대내외 경제구조가 크게 변화를 겪을 것이란 분석을 내놓았다. 특히 경제 주체들의 위험 회피 성향 및 자국우선주의 확대로 물적, 인적 교류가 위축되면서 글로벌 교육 증가세가 이전보다 둔화될 것으로 보고 해외 생산기지의 본국 회귀, 즉 ( )에 따른 기업의 자국중심 공급망 재편, 주요 부품 현지조달 등으로 글로벌 가치사슬 악화 기조가 심화될 경우 중간재 교역을 중심으로 부정적 영향이 더 확대될 수 있다고 밝혔다.

① 스핀오프(Spin-off)
② 리쇼어링(Reshoring)
③ 오프쇼어링(Off-shoring)
④ 오픈 소싱(Open sourcing)
⑤ 크라우드 소싱(Crowd sourcing)

12

하청이나 아웃소싱은 기업의 업무 일부를 제3자에게 위탁하여 처리하는 방법이므로 너무 적은 수요 발생으로 공급능력을 줄이는 방법에는 맞지 않은 방안이다.

신유형

12 수요변동에 맞추어 공급능력을 재조정하기 위해 너무 적은 수요가 발생될 경우 추진할 수 있는 방안으로 가장 옳지 않은 것은?

① 과잉설비 매각
② 종업원 교육 또는 휴가
③ 종업원 감원 또는 해고
④ 시설장비 유지관리 및 개보수
⑤ 하청 또는 아웃소싱(Out sourcing)

13

스토너(Stoner)가 제시한 갈등 유형에는 개인적 갈등, 개인 간 갈등, 개인과 집단 간 갈등, 집단 간 갈등, 조직 간 갈등 등이 있다.

신유형

13 다음 중 행동 주체를 기준으로 '스토너(Stoner)'가 제시한 갈등 유형으로 가장 거리가 먼 것은?

① 개인적 갈등
② 개인 간 갈등
③ 개인과 집단 간 갈등
④ 집단적 갈등
⑤ 집단 간 갈등

11 ② **12** ⑤ **13** ④ 정답

14 '데이비드 보웬(David Bown)과 에드워드 로울러(Edward Lawler)'가 제시한 권한위임에 잘 맞는 조직의 설명으로 가장 옳은 것은?

① 사업 환경을 예측하기 쉽다.

② 기술이 일상적이고 단순하다.

③ 고객과 주로 단기적인 계약 관계를 갖는다.

④ 사업 전략이 고객화되고 차별화된 조직이다.

⑤ 임직원의 성장 욕구가 높은 반면 낮은 사회적 욕구를 가지고 있다.

14

데이비드 보웬과 에드워드 로울러는 권한위임에 잘 맞는 조직은 고객의 문제를 대할 때, 신속하고 우호적으로 고객과 접속하며, 사업전략 시 고객 지향적인 아이디어 제품을 개발하는 등 차별화된 조직이라 하였다.

15 서비스 가격결정 전략 중 '상층흡수 가격정책(Skimming Price Policy)'을 사용해야 할 경우로 가장 적합하지 않은 것은?

① 대량 생산이 어려운 경우

② 가격인상에 비(非)탄력적인 경우

③ 고(高)가격이 정당하게 받아들여지는 경우

④ 시장이 탄력적이고 규모의 경제효과가 존재할 경우

⑤ 서비스의 법적 보호, 또는 기타 이유로 경쟁사가 참여하기 어려운 경우

15

상층흡수 가격정책은 신제품을 출시할 때, 고품질의 제품을 높은 가격대로 설정하는 가격정책으로 경쟁사도 적고 소량을 고가로 판매할 때 적합하다.

16 서비스 청사진을 통해 얻을 수 있는 주요 정보에 대한 설명 중 다음 〈보기〉의 (   ) 안에 들어갈 내용으로 가장 옳은 것은?

┤ 보기 ├

• 서비스 시스템의 전체적 구조를 파악하고 서비스 설계와 관련된 의사 결정 문제를 도출할 수 있다.

• 서비스 시스템 내에 존재하는 중요한 관리 포인트인 (   ), 대기 포인트, 결정 포인트를 알 수 있다.

① 고객행동 포인트

② 상호작용 포인트

③ 구매(가능) 포인트

④ 실패(가능) 포인트

⑤ 만족(가능) 포인트

16

서비스 청사진의 시스템 내의 지원프로세스에는 중요한 관리 포인트인 실패 포인트(Fall point), 대기 포인트(Waiting point), 결정 포인트(Decision point) 등이 있다. 실패 포인트는 서비스의 실수나 오류가 일어날 잠재적 가능성을 아예 없애는 것이 가장 좋은 해결책이다. 대기 포인트(waiting point)는 고객이 제때 서비스 대기가 발생하지 않도록 공급관리를 철저히 하거나 대체 서비스 안을 제공해야 한다. 결정 포인트는 서비스 설계와 관련된 의사결정 문제를 도출할 때 서비스 개발이나 재설계 시 업무담당 결정, 순서 등을 고려해야 한다.

정답 **14** ④ **15** ④ **16** ④

제**3**과목

고객관리 실무론

01 이미지 컨설팅

핵심 이론

1. 이미지의 정의

① 어원 : 라틴어 'Imago'와 그의 동사형 'Imitari'에서 파생된 단어로, '모방하다'라는 뜻을 가지고 있음

② 정의 : '어떤 대상에서 연상되는 느낌' 또는 '어떤 대상의 외적 형태를 인위적으로 모방하거나 재현하는 것'이라는 의미를 포함

2. 이미지의 형성

① 이미지의 형성은 지각, 사고, 감정의 기본적 심리 과정의 상호작용을 통해 이루어짐

② 이미지의 형성 과정

지각 과정	• 인간이 환경에 대해 의미를 부여하는 과정 • 주관적이며 선택적으로 이루어지기 때문에 동일한 대상에 대해 사람마다 다른 이미지를 부여함
사고 과정	과거와 관련된 기억과 현재의 지각이라는 요소가 혼합되어 개인만의 이미지를 형성하는 단계
감정 과정	지각과 사고 이전의 감정에 의해 반응하는 과정으로 확장 효과를 가져옴

③ 내현 성격 이론(Implicit Personality Theory) : 개인이 주관적인 경험, 관습, 문화적 요인 등을 바탕으로 얻은 약간의 단서를 통해 틀을 만들어 그와 상관이 있다고 가정되는 타인의 성격을 추론하고 평가하는 것을 말함

3. 이미지의 분류

외적 이미지	• 인간의 외부로 나타나는 종합적인 이미지 • 카이저(Kaiser)는 외모를 전체적으로 보이는 모습이라 정의하고, 시각적 요소뿐만 아니라 비언어적 제스처, 표정, 자세도 중요하다고 주장함
내적 이미지	• 자신에 대해 스스로 가지고 있는 생각과 느낌의 총합 • 로젠버그(Rosenberg)는 자아 개념을 스스로의 신체, 행동, 능력을 판단하는 자신에 대한 지각의 본질인 동시에, 행동해야 할 방향을 결정하는 주체라고 봄
사회적 이미지	특정한 사회 속에서만 성립되고 또한 그 사회의 내부에서는 사회구성원이 모두 의심 없이 수용하고 있는 이미지

4. 첫인상의 일반적인 특징

① 일회성 : 단 한 번뿐

② 신속성 : 3~7초 내에 결정

③ 일방성 : 나의 의지와 상관없이 상대방이 판단

④ 초두 효과 : 처음에 강하게 들어온 정보가 뒤에 들어온 정보를 차단해버림 → 맥락 효과(Context Effect)로 이어짐

⑤ 본인의 숨겨진 내면이나 성향을 전달하는 데 어려움이 있음

5. 첫인상 형성의 법칙

맥락 효과	처음 주어진 정보에 대하여 판단을 내릴 경우 이것이 나중에 수용되는 정보의 기본 지침이 되어 맥을 잇게 되는 현상을 의미
일관성의 오류	사람들은 한 번 판단을 내리면 상황이 달라져도 그 판단을 지속하려는 욕구를 가지고 있음
인지적 구두쇠	인상 형성에 있어 사람들은 상대를 판단할 때 가능하면 노력을 덜 들이면서 결론에 도달하려는 경향이 나타남
부정성의 법칙	긍정적인 정보보다 부정적 특징이 더 강력하게 인상 형성에 작용
아스팔트 효과	'콘크리트 효과'라고도 하며, 첫인상은 콘크리트처럼 쉽게 굳어지는 특징이 있어 처음에 형성된 인상은 쉽게 바뀌지 않음

📖 핵심 기출 유형 문제

🔥 나오는 유형 ❶ 이미지 형성 과정

이미지의 형성 과정과 관련하여 다음 〈보기〉의 내용에 해당하는 것을 고르면?

┤ 보기 ├

인간이 환경에 대해 의미를 부여하는 과정으로, 주관적이며 선택적으로 이루어지기 때문에 동일한 대상에 대하여 다른 이미지를 부여하게 된다.

① 감정 과정
② 표현 과정
③ 지속 과정
④ 사고 과정
⑤ 지각 과정

해설 이미지 형성 과정

지각 과정	• 인간이 환경에 대해 의미를 부여하는 과정이다. • 주관적이며 선택적으로 이루어지기 때문에 동일한 대상에 대해 사람마다 다른 이미지를 부여한다.
사고 과정	과거와 관련된 기억과 현재의 지각이라는 요소가 혼합되어 개인만의 이미지를 형성하는 단계이다.
감정 과정	지각과 사고 이전의 감정에 의해 반응하는 과정으로 확장 효과를 가져온다.

정답 ⑤

문제타파 TIP

이미지의 형성 과정은 '지각 과정', '사고 과정', '감정 과정'의 3가지 과정이 있음을 기억해 둘 것!

---

01 이미지의 형성 과정과 관련하여 다음 〈보기〉의 내용에 해당하는 것을 고르면?

┤ 보기 ├

과거와 관련된 기억과 현재의 지각이라는 요소가 혼합되어 개인만의 이미지를 형성하는 단계이다.

① 지속 과정
② 사고 과정
③ 지각 과정
④ 감정 과정
⑤ 표현 과정

01

이미지의 형성은 지각 과정, 사고 과정, 감정 과정의 상호작용을 통해 이루어지는데, 기억과 지각이라는 요소가 혼합되어 개인만의 이미지를 형성하는 단계는 '사고 과정' 단계이다.

정답 01 ②

02

내현 성격 이론(Implicit Personality Theory)

개인이 주관적인 경험, 관습, 문화적 요인 등을 바탕으로 얻은 약간의 단서를 통해 틀을 만들어 그와 상관이 있다고 가정되는 타인의 성격을 추론하고 평가하는 것을 말한다.

03

개인이 주관적인 경험, 관습, 문화적 요인 등을 바탕으로 얻은 약간의 단서를 통해 틀을 만들어 그와 상관이 있다고 가정되는 타인의 성격을 추론하고 평가하는 것을 '내현 성격 이론(Implicit Personality Theory)'이라고 한다.

❗ 문제타파 TIP

'내적 이미지', '외적 이미지', '사회적 이미지'의 의미를 구분할 줄 알아야 한다.

02 이미지 형성 과정과 관련하여 다음 〈보기〉의 대화에 가장 부합하는 이론은?

┤ 보기 ├
- 철수 : 지난주 내 사촌동생 동석이 봤잖아? 어떤 것 같아?
- 영희 : 일단 굉장히 외향적인 거 같아 보이던데.
- 철수 : 맞아. 어렸을 때부터 나랑 성격이 반대였어.
- 영희 : 그래서 말인데 내가 보기에 좀 수다스럽기는 해도 매사에 활발하고 명랑할 것 같아.

① 편향 성격 이론
② 내현 성격 이론
③ 양립 성격 이론
④ 과장 성격 이론
⑤ 행위 성격 이론

03 이미지 형성 과정과 관련하여 다음 〈보기〉의 내용에 가장 부합하는 이론은?

┤ 보기 ├
- 개그맨 = 외향적이고 활발한 사람
- 능력 있는 사람 = 쾌활하고 똑똑한 사람
- 도덕적인 사람 = 친절하고 이타적인 사람

① 내현 성격 이론
② 편향 성격 이론
③ 행위 성격 이론
④ 양립 성격 이론
⑤ 과장 성격 이론

꼭 나오는 유형 ❷ **이미지의 분류**

로젠버그(Rosenberg)가 제시한 이미지의 분류와 관련하여 다음 〈보기〉의 설명에 해당하는 것은?

┤ 보기 ├
- 자신에 대하여 가지고 있는 개인의 생각과 느낌의 총합이다.
- 자신의 신체, 행동, 능력을 판단하는 자신에 대한 지각의 본질이며, 동시에 행동해야 할 방향을 결정하는 주체이다.

① 지적 이미지
② 외적 이미지
③ 내적 이미지
④ 원칙적 이미지
⑤ 사회적 이미지

해설 로젠버그(Rosenberg)의 '내적 이미지'
- 자신에 대해 스스로 가지고 있는 생각과 느낌의 총합
- 자아 개념을 스스로의 신체, 행동, 능력을 판단하는 자신에 대한 지각의 본질이며, 동시에 행동해야 할 방향을 결정하는 주체라고 봄

정답 ③

02 ② 03 ① 정답

04 다음 〈보기〉의 설명에 해당하는 이미지의 분류로 옳은 것은?

┌ 보기 ├
• 인간의 외부로 나타나는 종합적인 이미지이다.
• 카이저(Kaiser)는 외모를 전체적으로 보이는 모습이라 정의하고, 시각적 요소뿐만 아니라 비언어적 제스처, 표정, 자세도 중요하다고 주장하였다.

① 내적 이미지　　　　　　② 외적 이미지
③ 사회적 이미지　　　　　④ 선택적 이미지
⑤ 독립적 이미지

05 다음 〈보기〉의 설명에 해당하는 이미지의 분류로 옳은 것은?

┌ 보기 ├
'어린이들은 햄버거를 좋아한다.'와 같은 이미지는 동양권의 학생들에게는 어느 정도 인정될 수 있으나, 햄버거가 식사 메뉴로 일반화된 서양권의 학생들에게는 반드시 인정되기 어려울 수 있다.

① 내적 이미지　　　　　　② 외적 이미지
③ 사회적 이미지　　　　　④ 선택적 이미지
⑤ 독립적 이미지

꼭 나오는 유형　❸ 첫인상의 일반적인 특징

다음 중 첫인상의 일반적인 특징에 대한 설명으로 가장 거리가 먼 것은?

① 처음 전달된 첫 순간으로 결정되기 때문에 일회성의 특징을 지닌다.
② 첫인상은 처음 대면하여 대략 10초 이내에 결정되는 신속성의 특징을 보인다.
③ 본인의 숨겨진 내면이나 성향을 전달하는 데 어려움이 있다.
④ 본인의 의지와는 상관없이 상대방에게 보이는 대로 판단된다.
⑤ 뒤에 들어온 정보가 처음 들어온 정보를 차단해버리는 초두 효과의 특성을 보인다.

해설
⑤ 처음 들어온 정보가 뒤에 들어온 정보를 차단해버리는 '초두 효과'의 특성을 보인다.

첫인상의 일반적인 특징
• 일회성 : 단 한 번뿐이라는 것을 의미한다.
• 신속성 : 3~7초 사이에 결정된다.
• 일방성 : 나의 의지와 관계없이 상대방이 일방적으로 판단한다.
• 초두 효과 : 처음 들어온 정보가 뒤의 정보를 차단한다.
• 숨겨진 내면이나 성향을 전달하는 데 어려움이 있다.

정답 ⑤

📱 정답 및 해설

04
용모, 표정 등 인간의 외부로 드러나는 종합적인 이미지는 '외적 이미지'이다.

05
동양과 서양의 사회적 차이로 인해 햄버거에 대한 이미지가 동양에서는 간식, 서양에서는 일반적인 식사로 자리 잡고 있는 상황을 보여주는 사례로, 사회적 이미지를 설명할 수 있다.

문제타파 TIP

첫인상의 특징
'일회성, 신속성, 일방성, 초두 효과, 내면 전달의 어려움'을 기억해 둘 것!

06

처음 대면하여 각인되기까지 평균적으로 3~7초 내에 첫인상이 결정된다.

06 다음 중 첫인상의 일반적인 특징에 대한 설명으로 가장 거리가 먼 것은?

① 본인의 숨겨진 내면이나 성향을 전달하는 데 어려움이 있다.
② 본인의 의지와는 상관없이 상대방에게 보이는 대로 판단된다.
③ 처음 전달된 첫 순간으로 결정되기 때문에 일회성의 특징을 지닌다.
④ 처음 들어온 정보가 뒤의 정보를 차단해 버리는 초두 효과의 특성을 보인다.
⑤ 처음 대면하여 각인되기까지 평균적으로 대략 1분 이상의 시간이 필요하다.

🔔 문제타파 TIP

'맥락 효과, 일관성의 오류, 인지적 구두쇠, 초두 효과' 등을 묻는 문제가 자주 출제되니 용어별 정의를 꼼꼼히 알아두어야 한다.

꼭 나오는 유형 ❹ **첫인상 형성의 법칙**

첫인상 형성과 관련하여 다음 〈보기〉의 설명에 해당하는 용어는?

┤ 보기 ├
처음 주어진 정보에 대하여 판단을 내릴 경우 이것이 나중에 수용되는 정보의 기본 지침이 되어 맥을 잇게 되는 현상을 의미한다.

① 맥락 효과   ② 일관성의 오류
③ 인지적 구두쇠   ④ 아스팔트 효과
⑤ 부정성의 법칙

해설 첫인상 형성의 법칙

맥락 효과	처음 주어진 정보에 대하여 판단을 내릴 경우 이것이 나중에 수용되는 정보의 기본 지침이 되어 맥을 잇게 되는 현상을 의미한다.
일관성의 오류	사람들은 한 번 판단을 내리면 상황이 달라져도 그 판단을 지속하려는 욕구를 가지고 있다.
인지적 구두쇠	인상 형성에 있어 사람들은 상대를 판단할 때 가능하면 노력을 덜 들이면서 결론에 도달하려는 경향이 나타난다.
아스팔트 효과	콘크리트 효과라고도 하며, 첫인상은 콘크리트처럼 쉽게 굳어지는 특징이 있어 처음에 형성된 인상은 쉽게 바뀌지 않는다.
부정성의 법칙	긍정적인 정보보다 부정적 특징이 더 강력하게 인상 형성에 작용한다.

정답 ①

06 ⑤ 정답

07 첫인상 형성과 관련하여 다음 〈보기〉의 설명에 해당하는 용어는?

┤ 보기 ├

인상 형성에 있어 사람들은 상대를 판단할 때 가능하면 노력을 덜 들이면서 결론에 도달하려고 한다.

① 초두 효과
② 맥락 효과
③ 인지적 구두쇠
④ 부정성의 법칙
⑤ 일관성의 오류

🗩 정답 및 해설

07
인상 형성에 있어 사람들은 상대를 판단할 때 가능하면 노력을 덜 들이면서 결론에 도달하려는 경향이 나타나는데 이를 '인지적 구두쇠'라고 한다.

08 첫인상 형성과 관련해 다음 〈보기〉의 설명에 해당하는 용어는?

┤ 보기 ├

어떤 사람에 대한 초기의 정보가 나중의 정보보다 그 사람에 대한 인상 형성에 더욱 큰 비중을 차지한다.

① 맥락 효과
② 인지적 구두쇠
③ 부정성의 법칙
④ 초두 효과
⑤ 콘크리트 법칙

08
어떤 사람에 대한 초기의 정보가 나중의 정보보다 그 사람에 대한 인상 형성에 더욱 큰 비중을 차지하는 것은 '초두 효과'에 해당한다. 초두 효과는 맥락 효과(Context Effect)로 이어진다.

09 인상 형성과 관련된 내용 중 다음 〈보기〉의 사례에 해당하는 것은?

┤ 보기 ├

철수 : 너, 어제 저녁 뉴스 봤어?

영희 : 아니, 왜?

철수 : 왜 있잖아. 지난주 음원 차트에서 1위 했었던 'KIE 스타즈'라는 아이돌 그룹, 어제 새벽에 음주 운전으로 구속됐대.

영희 : 진짜? 얼마 전까지 기부 천사라고 칭찬이 자자해서 정말 좋아했는데 많이 실망스럽다.

① 고정 관념
② 맥락 효과
③ 가스등 효과
④ 부정성 효과
⑤ 일관성의 오류

09
부정성 효과
긍정적인 정보보다 부정적 특징이 더 강력하게 인상 형성에 작용한다.

👍 **더 알아보기**

• 고정 관념 : 특정 집단의 사람들이 지니고 있는 과잉 일반화 또는 부정확하게 일반화된 신념
• 가스등 효과 : 상대방을 위한다는 명목으로 상대방의 행동을 통제하고 조종하는 현상

정답 **07** ③ **08** ④ **09** ④

02 표정 및 패션 이미지 연출법

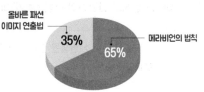

올바른 패션
이미지 연출법
35%

메라비언의 법칙
65%

핵심 이론

1. 메라비언의 법칙(Law of Mehrabian)

① 면대면 커뮤니케이션에서의 정보량 : 미국의 심리학자 앨버트 메라비언(Albert Mehrabian)은 면대면 커뮤니케이션에서의 정보량은 시각적인 요소가 55%, 청각적인 요소가 38%, 기타 언어적인 요소가 7%로 형성된다고 봄

> 시각적인 요소(55%) > 청각적인 요소(38%) > 언어적인 요소(7%)

→ 시각적 요소가 50% 이상으로, 이미지 형성에 가장 중요한 요소임을 알 수 있음

② 시각적인 요소 : 표정, 시선, 용모, 복장, 자세, 동작, 걸음걸이, 태도 등
③ 청각적인 요소 : 음성, 호흡, 말씨, 억양, 속도 등
④ 언어적인 요소 : 말의 내용, 전문지식, 숙련된 기술 등

2. 단정한 용모와 복장의 중요성

① 단정한 용모와 복장은 비즈니스의 기본으로, 상대에 대한 본인의 첫인상이며 그에 따라 타인의 신뢰와 일의 성과도 좌우됨
② 본인에게도 상쾌한 기분으로 업무에 임할 수 있는 자세를 만들어 직장의 분위기를 명랑하게 만들어 줌
③ 고객 만남에 있어서도 신뢰감을 주는 이미지를 형성하는 데 가장 기본이 되는 것이 복장 매너라고 할 수 있음
④ 바람직한 복장의 요건은 청결, 조화, 개성을 살리는 것임
⑤ 사회활동에 잘 어울리면서 자기의 개성도 살리는 옷차림을 하게 되면 주위 사람들에게 좋은 인상을 줄 수 있음

3. 여성의 올바른 패션 이미지 연출

① 지나치게 크고, 화려한 액세서리는 피함
② 핸드백은 정장 및 구두의 색과 어울리도록 해야 함
③ 핸드백 속의 소지품을 항상 잘 정돈해야 함
④ 스타킹은 파손을 대비하여 예비용으로 준비하는 것이 좋음
⑤ 너무 진하지 않은 적당한 메이크업을 하도록 함
⑥ 화려한 색깔의 모발 염색은 가급적 피하는 것이 좋음
⑦ 향수는 은은한 향을 소량 뿌리는 것이 좋음

4. 남성의 올바른 패션 이미지 연출

① 정장 차림이 직장 남성의 기본
② 단추는 항상 채워야 함(투 버튼 윗 단추, 쓰리 버튼 가운데 단추)
③ 드레스 셔츠는 흰색이 기본이며, 안에는 속옷을 입지 않음
④ 깃과 소매가 슈트보다 1.5cm가량 드러나는 셔츠를 입는 것이 좋음
⑤ 넥타이의 색은 슈트와 같은 계열로, 길이는 끝이 벨트 버클에 오도록 함
⑥ 끈이 달려 있고 코에 바늘땀 장식이 있는 갈색계통의 구두가 기본임
⑦ 바지 길이는 구두 등을 살짝 덮고, 걸을 때 양말이 보이지 않는 정도가 좋음
⑧ 구두, 벨트, 양말은 같은 계열의 색으로 통일하는 것이 좋음

📖 핵심 기출 유형 문제

꼭 나오는 유형 ❶ 메라비언의 법칙

미국의 심리학자 '앨버트 메라비언'이 제시한 면대면 커뮤니케이션에서의 정보량의 차이를 순서대로 바르게 나열한 것은?

① 시각적인 요소 < 청각적인 요소 < 언어적인 요소
② 청각적인 요소 < 언어적인 요소 < 시각적인 요소
③ 청각적인 요소 < 시각적인 요소 < 언어적인 요소
④ 언어적인 요소 < 시각적인 요소 < 청각적인 요소
⑤ 언어적인 요소 < 청각적인 요소 < 시각적인 요소

해설

미국의 심리학자 앨버트 메라비언(Albert Mehrabian)은 면대면 커뮤니케이션에서의 정보량은 시각적인 요소가 55%, 청각적인 요소가 38%, 기타 언어적인 요소가 7%로 형성된다고 하였다.

정답 ⑤

! 문제타파 TIP

시각적 > 청각적 > 언어적 요소 순으로 정보량이 작아짐을 외워 둘 것!

---

01 다음 〈보기〉의 내용 중 '메라비언의 법칙'에서 제시된 시각적인 요소를 찾아 모두 선택한 것은?

┤ 보기 ├
가. 음성	나. 동작	다. 표정
라. 복장	마. 억양	바. 전문지식

① 가, 나, 다   ② 나, 다, 라
③ 가, 나, 다, 라   ④ 나, 라, 마, 바
⑤ 다, 라, 마, 바

01
메라비언의 법칙
• 시각적인 요소 : 표정, 시선, 용모, 복장, 자세, 동작, 걸음걸이, 태도 등
• 청각적인 요소 : 음성, 호흡, 말씨, 억양, 속도 등
• 언어적인 요소 : 말의 내용, 전문지식, 숙련된 기술 등

---

02 다음 〈보기〉의 내용 중 '메라비언의 법칙'에서 제시된 청각적인 요소를 찾아 모두 선택한 것은?

┤ 보기 ├
가. 음성	나. 표정	다. 억양
라. 말씨	마. 말의 내용	바. 전문지식

① 가, 나, 다   ② 가, 다, 라
③ 가, 나, 다, 라   ④ 나, 라, 마, 바
⑤ 다, 라, 마, 바

02
청각적인 요소에는 음성, 호흡, 말씨, 억양, 속도 등이 해당한다.

정답 01 ② 02 ②

03

언어적인 요소에는 말의 내용, 전문지식, 숙련된 기술 등이 해당한다.

03 다음 중 메라비언(Mehrabian)의 법칙에서 제시된 언어적인 요소에 해당하는 것은?

① 억양 ② 표정 ③ 복장 ④ 동작 ⑤ 전문지식

! 문제타파 TIP

단정한 용모와 복장이 비즈니스의 기본 매너임을 기억하고 문제를 풀어야 한다.

꼭 나오는 유형 ❷ 올바른 패션 이미지 연출법

비즈니스 업무와 관련하여 여성의 올바른 패션 이미지 연출법과 가장 거리가 먼 것은?

① 핸드백 속의 소지품을 항상 잘 정돈한다.
② 핸드백은 정장과 구두의 색과 어울리도록 한다.
③ 지나치게 크고 화려한 액세서리는 삼간다.
④ 스타킹은 파손을 대비하여 예비용으로 준비하는 것이 좋다.
⑤ 향수는 상대방에게 확실히 향이 전달될 수 있도록 은은한 향보다는 가급적 자극적인 향수를 사용하는 것이 좋다.

⊢해설
⑤ 자극적인 향수보다는 은은한 향의 향수를 적당하게 사용한다.

그 밖의 올바른 패션 이미지 연출법
• 너무 진하지 않은 적당한 메이크업을 한다.
• 화려한 색깔의 모발 염색은 가급적 피하는 것이 좋다.

정답 ⑤

04

화장을 너무 진하게 하지 않은 적당한 메이크업이 비즈니스 업무 시 여성의 올바른 패션 이미지 연출법이다.

04 비즈니스 업무와 관련하여 여성의 올바른 패션 이미지 연출법과 가장 거리가 먼 것은?

① 지나치게 크고 화려한 액세서리는 삼간다.
② 향수는 은은한 향을 소량 뿌리는 것이 좋다.
③ 핸드백은 정장과 구두의 색과 어울리도록 한다.
④ 노메이크업을 통해 단정한 이미지를 연출하는 것이 중요하다.
⑤ 화려한 색깔의 모발 염색을 가급적 피하는 것이 좋다.

05

넥타이의 색은 슈트와 같은 계열로, 길이는 끝이 벨트 버클에 오도록 한다.

05 비즈니스 업무와 관련하여 남성의 올바른 패션 이미지 연출법과 가장 거리가 먼 것은?

① 단추는 항상 채워야 한다.
② 정장 차림은 직장 남성의 기본이다.
③ 드레스 셔츠는 흰색이 기본이며, 안에는 속옷을 입지 않는다.
④ 깃과 소매가 슈트보다 1.5cm가량 드러나는 셔츠를 입는 것이 좋다.
⑤ 넥타이의 색은 슈트와 다른 계열로, 길이는 끝이 벨트 버클보다 아래에 오도록 한다.

03 ⑤ 04 ④ 05 ⑤ 정답

03 인사 매너

빈출 키워드

방문 시
가져야 할 매너
15%

올바른 인사의
시기와 방법
31%

상황별 인사법
54%

핵심 이론

1. 올바른 인사의 시기와 방법

① 일반적으로 30보 이내에서 준비하는 것이 좋음

② 상대방의 인사에 응답하는 것보다 내가 먼저 반갑게 인사하는 것을 생활화하여야 함

③ 상대방과 방향을 마주할 경우 : 6~8보 정도에서의 인사가 가장 좋은 시기라 할 수 있음

④ 측방에서 상대를 갑자기 만났을 경우 : 상대를 확인하는 즉시 인사를 하는 것이 좋음

⑤ 복도에서 상사와 만났을 경우 : 걸음을 멈추지 않고, 한쪽 옆으로 비키며 가볍게 인사함

⑥ 상사를 외부인과 함께 복도에서 만났을 경우 : 멈추어 서서 인사하는 것이 좋음

⑦ 부득이하게 앉아서 인사를 하게 될 경우, 머리를 너무 숙여 얼굴 표정을 가리지 않도록 함

2. 인사의 종류(상황별 인사법)

① 목례(눈인사)

방법	미소를 띠며 가볍게 15도 정도 머리만 숙여서 예를 표함
목례를 하는 상황	• 손을 뗄 수 없는 작업을 하고 있을 경우 • 모르는 사내 사람과 마주칠 경우 • 통화 중에 손님이 오거나 상사가 들어올 경우 • 양손에 무거운 짐을 들고 있을 경우 • 다른 부서에서 근무하는 입사 동료를 만났을 경우 • 사람들이 길게 줄을 서 있는 구내식당에서 직장 선배를 만났을 경우 • 화장실과 같이 불편한 장소에서 상사를 만났을 경우 • 실내 혹은 복도에서 같은 사람을 자주 만날 경우 • 사람들이 많은 엘리베이터 안에서 임원과 만났을 경우

② 보통례

방법	일상생활에서 가장 많이 하는 인사로, 바로 선 자세에서 1~2m 정도 앞을 보고 상체를 30도 정도 앞으로 구부림
보통례를 하는 상황	• 사무실에 출근하여 상사에게 인사를 할 경우 • 지시 또는 보고를 하고 난 경우 • 상사가 외출하거나 귀가하는 경우 • 윗사람이나 내방객을 만나거나 헤어지는 경우 • 아버지의 고향 친구이신 어른을 만났을 경우

③ 정중례

방법	바로 선 자세에서 1.5m 정도 앞을 보고 상체를 45도 정도 숙인 후 천천히 상체를 일으킴
정중례를 하는 상황	• 공식 석상에서 처음 인사를 할 경우 • 고객에게 감사의 표현을 전할 경우 • 사죄하거나 예의를 갖추어 부탁할 경우 • 공식 업무상 처음으로 VIP를 접견하여 인사를 드릴 경우 • 구직을 위해 면접장에서 면접관과 처음 대면하였을 경우 • 부서 직원을 대표해 사내 대회의실에서 임원에게 표창장을 수여받는 경우 • 집안의 높은 어른을 처음 뵈었을 경우 • 상견례 자리에서 혼주 간에 처음 인사를 나누는 경우 • 결혼식의 주인공일 때 예식을 찾아오신 친척 어른께 인사를 할 경우

3. 방문 시 가져야 할 매너

① 가급적 바쁜 시간을 피해 미리 약속 시간을 잡음

② 방문 시간에 여유 있게 도착하여 미리 용모와 복장을 점검하는 것이 좋음

③ 응접실에서 대기하던 중 상대방이 들어올 경우 바로 일어나서 인사를 건네도록 함

④ 방문의 목적이 달성되지 않았다 하더라도 실망하는 내색을 보이지 않는 것이 예의

📖 핵심 기출 유형 문제

🏁 나오는 유형 ❶ 올바른 인사의 시기와 방법

다음 중 올바른 인사의 시기와 방법에 대한 설명으로 가장 거리가 먼 것은?

① 일반적으로 30보 이내에서 준비하는 것이 좋다.
② 상대방과 방향을 마주할 경우 6~8보 정도가 가장 좋은 시기라고 할 수 있다.
③ 상사를 외부 인사와 함께 복도에서 만났을 때는 멈추지 않고 간단히 인사하는 것이 일반적이다.
④ 상대방의 인사에 응답하는 것보다 자신이 먼저 반갑게 인사하는 것을 생활화하는 것이 중요하다.
⑤ 측면에서 갑자기 만났을 경우 상대를 확인하는 즉시 인사를 하는 것이 좋다.

🔑 해설

③ 상사를 사외 인사와 함께 마주칠 경우, 멈추어 서서 정중하게 인사하는 것이 올바른 인사법이다.

올바른 인사의 시기와 방법

• 일반적으로 30보 이내에서 준비하는 것이 좋다.
• 상대방의 인사에 응답하는 것보다 내가 먼저 반갑게 인사하는 것을 생활화해야 한다.
• 상대방과 방향을 마주할 경우 : 6~8보 정도에서의 인사가 가장 좋은 시기라 할 수 있다.
• 측면에서 상대를 갑자기 만났을 경우 : 상대를 확인하는 즉시 인사를 하는 것이 좋다.
• 복도에서 상사와 만났을 경우 : 걸음을 멈추지 않고, 한쪽 옆으로 비키며 가볍게 인사한다.
• 상사를 외부인과 함께 복도에서 만났을 경우 : 멈추어 서서 인사하는 것이 좋다.

정답 ③

01

갑자기 만났을 경우에는 즉시 인사하는 것이 올바른 인사 방법이다.

01 다음 중 올바른 인사의 시기와 방법에 대한 설명으로 가장 거리가 먼 것은?

① 상대방의 인사에 응답하는 것보다 내가 먼저 반갑게 인사하는 것을 생활화해야 한다.
② 일반적으로 30보 이내에서 준비하는 것이 좋다.
③ 상대방과 방향을 마주할 경우 6~8보 정도가 가장 좋은 시기라 할 수 있다.
④ 상사를 외부인과 함께 복도에서 만났을 때는 멈추어 서서 인사하는 것이 좋다.
⑤ 방에서 갑자기 만났을 경우에는 인사를 생략하는 것이 좋다.

02 다음 중 올바른 인사의 시기와 방법에 대한 설명으로 가장 거리가 먼 것은?

① 상대방과 방향을 마주할 경우 6~8보 정도가 가장 좋은 시기라 할 수 있다.
② 복도에서 상사 한 사람과 만났을 때는 상사 바로 앞에 멈추어 서서 인사를 하는 것이 좋다.
③ 상사를 외부인과 함께 복도에서 만났을 때는 멈추어 서서 인사하는 것이 좋다.
④ 일반적으로 30보 이내에서 준비하는 것이 좋다.
⑤ 방에서 갑자기 만났을 경우에는 상대를 확인하는 즉시 인사를 나누는 것이 좋다.

02
복도에서 상사 한 사람과 만났을 때는 멈춰 설 필요 없이, 한쪽 옆으로 비키며 가볍게 인사하는 것이 좋다.

제3과목

꼭 나오는 유형 ❷ 상황별 인사법

다음 중 상황별 인사에 대한 설명으로 가장 옳은 것은?

① 실내 혹은 복도에서 같은 사람을 자주 만날 때는 보통례를 하도록 한다.
② 사무실에 출근하여 상사에게 인사를 할 때는 정중례를 하도록 한다.
③ 사람들이 많은 엘리베이터 안에서 임원과 만났을 때는 필히 정중례를 하도록 한다.
④ 결혼식의 주인공일 경우, 예식을 찾아오신 친척 어른께는 감사의 의미로 정중례를 하는 것이 예의이다.
⑤ 화장실과 같이 불편한 장소에서 상사를 만났을 경우, 목례를 하는 것은 예의에 어긋나므로 주의한다.

⊢ 해설
결혼식의 주인공일 경우, 예식을 찾아오신 친척 어른께는 감사의 의미로 정중례를 하는 것이 올바른 인사법이다.
① 실내 혹은 복도에서 같은 사람을 자주 만날 때는 목례를 하도록 한다.
② 사무실에 출근하여 상사에게 인사를 할 때는 보통례를 하도록 한다.
③ 사람들이 많은 엘리베이터 안에서 임원과 만났을 때는 목례를 한다.
⑤ 화장실과 같이 불편한 장소에서 상사를 만났을 경우는 가볍게 목례를 한다.

정답 ④

❗문제타파 TIP

다양한 상황별로 인사법을 구별해 두어야 하며, 보통례와 정중례를 하는 경우가 헷갈릴 수 있으니 주의해야 한다.

정답 02 ②

03
사무실에 출근하여 상사에게 인사를
할 때는 보통례를 하도록 한다.

04
① 가 – 정중례
② 나 – 정중례
③ 다 – 보통례
④ 라 – 정중례

05
정중례는 상견례 장소나 공식 업무상
아주 큰 어른을 만났을 때 엄숙한 장
소에서 사용하는 인사로 손님과의 첫
대면에서는 정중례를 하지만, 이미 접
견실에 앉아 계신 손님에게 차를 대
접할 경우에는 어색할 수 있다.

06
① 보통례, ② 보통례,
③ 목례, ④ 목례
① 아버지의 고향 친구이신 어른을
만났을 경우에는 보통례, 집안의
큰 어른을 만났을 때는 정중례를
하는 것이 올바른 인사법이다.

03 다음 중 상황별 인사에 대한 설명으로 가장 옳지 않은 것은?
① 사무실에 출근하여 상사에게 인사를 할 때는 정중례를 하도록 한다.
② 결혼식의 주인공일 경우, 예식을 찾아오신 친척 어른께는 정중례를 하도록 한다.
③ 화장실과 같이 불편한 장소에서 상사를 만났을 경우, 목례를 하여도 무방하다.
④ 실내 혹은 복도에서 같은 사람을 자주 만날 때는 목례를 하도록 한다.
⑤ 사람들이 많은 엘리베이터 안에서 임원과 만났을 때는 목례를 하여도 무방하다.

04 다음 〈보기〉에서 상황별 인사의 종류를 찾아 옳게 짝지은 것은?

| 보기 |
가. 단체 손님을 배웅할 경우
나. 업무상 중요한 VIP를 배웅할 경우
다. 사무실로 출근하여 상사에게 인사할 경우
라. 상견례 장소에서 혼주 간의 인사를 나눌 경우
마. 전화통화 중 바로 옆 직속 상사가 호출할 경우

① 가 – 보통례　　② 나 – 보통례
③ 다 – 정중례　　④ 라 – 보통례
⑤ 마 – 목례

05 다음 중 정중례를 해야 될 경우로 가장 적절하지 않은 것은?
① 접견실을 방문한 손님에게 차를 접대할 경우
② 공식 업무상 처음으로 VIP를 접견하여 인사를 드릴 경우
③ 공식 업무상 외부의 단체손님을 맞이하여 인사를 드릴 경우
④ 자신의 결혼식을 방문한 회사 임원을 만나 인사를 드릴 경우
⑤ 부서 직원을 대표해 사내 대회의실에서 임원에게 표창장을 수여받는 경우

06 인사의 종류와 관련해 다음 중 정중례를 해야 될 경우로 가장 옳은 것은?
① 아버지의 고향 친구이신 어른을 만났을 경우
② 사무실에 출근하여 상사에게 인사를 할 경우
③ 다른 부서에서 근무하는 입사 동료를 만났을 경우
④ 사람들이 길게 줄 서 있는 구내식당에서 직장 선배를 만났을 경우
⑤ 부서 직원을 대표해 사내 대회의실에서 임원에게 표창장을 수여받는 경우

03 ① **04** ⑤ **05** ① **06** ⑤ 정답

07 인사의 종류와 관련해 다음 중 정중례를 해야 될 경우로 가장 적절하지 않은 것은?

① 집안의 높은 어른을 처음 뵈었을 경우
② 상견례 자리에서 혼주 간에 처음 인사를 나누는 경우
③ 공식 업무상 처음으로 VIP를 접견하여 인사를 드릴 경우
④ 구직을 위해 면접장에서 면접관과 처음 대면하였을 경우
⑤ 사람들이 길게 줄을 서 있는 구내식당에서 직장 선배를 만났을 경우

07
사람들이 많고 복잡한 곳에서 직장 선배를 만났을 경우에는 목례를 하는 것이 바람직하다.

🔖 나오는 유형 ❸ 방문 시 가져야 할 매너

다음 중 비즈니스 용무로 인한 방문 시 가져야 될 매너로 가장 거리가 먼 것은?

① 사무실을 방문할 경우 가급적 바쁜 시간을 피해서 미리 약속 시간을 잡도록 한다.
② 방문 시간에 여유 있게 도착하여 미리 화장실에서 용모와 복장을 점검하는 것이 좋다.
③ 응접실을 안내받아 앉아서 대기하던 중 상대방이 들어올 경우 바로 일어나서 인사를 건네도록 한다.
④ 면담 시 대화가 진행되는 중이라 하더라도 팔을 들어 착용 중인 손목시계를 확인하는 것은 크게 예의에 어긋나지 않는다.
⑤ 설사 방문의 목적이 달성되지 않았다 하더라도 실망하는 내색을 보이지 않고 정중히 인사를 나누는 것이 예의이다.

┝ 해설
④ 면담 시 대화가 진행되는 중일 때 팔을 들어 착용 중인 손목시계를 확인하는 것은 상대방에 대한 예의에 어긋나므로 주의한다.

정답 ④

❗문제타파 TIP
문제에서 기본적으로 가져야 할 에티켓이 아닌 것을 고르도록 한다.

제3과목

---

08 다음 중 비즈니스 용무로 인한 방문 시 가져야 할 매너로 가장 거리가 먼 것은?

① 사무실은 업무 공간이기 때문에 가급적 너무 오래 머무르지 않는 것이 좋다.
② 면담 시 대화가 진행되는 중이라면 팔을 들어 착용 중인 손목시계를 확인하지 않는 것이 예의이다.
③ 응접실을 안내 받을 경우 자리에 앉지 않고 문 앞에 서서 대기하는 것이 예의이다.
④ 사무실을 방문할 경우 가급적 바쁜 시간을 피해서 미리 약속 시간을 잡도록 한다.
⑤ 방문 시간에 여유 있게 도착하여 미리 화장실에서 용모와 복장을 점검하는 것이 좋다.

08
응접실을 안내 받을 경우 자리에 앉아 상대방을 기다리는 것이 바람직하다.

정답 **07** ⑤ **08** ③

04 전통 예절

절하는 방법 16%
절의 종류 30%
전통적인 공수법 54%

핵심 이론

1. 공수법(拱手法)의 의의
① 공수는 배례의 기본동작으로, 공손히 두 손을 앞으로 모아 맞잡고 있는 자세임
② 의식행사에 참석할 때와 전통 배례를 할 때, 어른 앞에서 공손한 자세를 취할 때 공수함
③ 공수법은 성별에 따라, 평상(平常)시와 흉사(凶事)시에 따라 다름

2. 공수의 기본동작
① 두 손의 손가락을 가지런히 붙여서 편 다음, 앞으로 모아 포갬
② 엄지손가락은 엇갈려 깍지를 끼고 네 손가락을 포갬
③ 아래에 있는 네 손가락은 가지런히 펴고, 위에 있는 손의 네 손가락은 아래에 있는 새끼손가락 쪽을 지긋이 쥐어도 됨

3. 공수한 손의 위치
① 소매가 넓고 긴 예복을 입었을 때는 팔뚝을 수평이 되게 해야 옷소매가 활짝 펴짐
② 평상복을 입었을 때는 앞으로 자연스럽게 내려 엄지가 배꼽 부위에 닿으면 편함
③ 공수하고 앉을 때 남자는 공수한 손을 아랫배 부위 중앙에 놓고, 여자는 오른쪽 다리 위에 놓으며, 한쪽 다리를 세우고 앉을 때는 세운 무릎 위에 놓음

4. 성별과 상황에 따른 공수법
① 평상(平常)시 : 남자는 왼손이 위, 여자는 오른손이 위
② 흉사(凶事)시 : 남자는 오른손이 위, 여자는 왼손이 위
③ 초상집, 영결식에서 인사하거나 상중인 사람에게 인사할 때는 흉사(凶事)의 공수를 해야 함

5. 절의 의미
① 몸을 굽혀 공경(恭敬)을 표시하는 인사법
② 상대방에 대한 공경과 반가움을 나타내는 가장 기본적인 행동예절로, 대개 진례(큰절), 행례(보통절, 평절), 초례(작은절)로 구분

6. 남자와 여자의 큰절
① 남자의 큰절

> • 왼손이 위로 가게 공수를 하고 어른을 향해 선다.
> • 공수한 손을 눈높이까지 올렸다가 내리면서 허리를 굽혀 공수한 손을 바닥에 짚는다.
> • 왼쪽 무릎을 먼저 꿇고 오른쪽 무릎을 꿇어 엉덩이를 깊이 내려앉는다.
> • 팔꿈치를 바닥에 붙이며 이마를 공수한 손등 가까이에 댄다. 이때 엉덩이가 들리면 안 된다.
> • 공손함이 드러나도록 잠시 머물러 있다가 머리를 들며 팔꿈치를 펴고, 오른쪽 무릎을 세워 공수한 손을 바닥에서 떼어 오른쪽 무릎 위를 짚고 일어난다.
> • 공수한 손을 눈높이까지 올렸다가 내린 후 목례한다.

② 여자의 큰절

> • 오른손이 위로 가게 공수를 하고 어른을 향해 선다.
> • 공수한 손을 어깨높이에서 수평이 되게 올리며, 고개를 숙여 이마에 손등을 댄다.
> • 왼쪽 무릎을 먼저 꿇고 오른쪽 무릎을 꿇어 엉덩이를 깊이 내려앉는다.
> • 상체를 앞으로 60도쯤 굽힌 후, 상체를 일으킨다.
> • 오른쪽 무릎을 먼저 세우고 일어나 두 발을 모은다.
> • 수평으로 올렸던 공수한 손을 내리고 가볍게 목례한다.

7. 절하는 횟수
① 남자는 기본 횟수로 한 번을 함
② 여자는 기본 횟수로 두 번을 함
③ 살아있는 사람에게는 기본 횟수만 함
④ 의식 행사에서나 고인(故人)에게는 기본 횟수의 배를 함

📖 핵심 기출 유형 문제

🔖 꼭 나오는 유형 ❶ 전통적인 공수법

전통적인 공수법(拱手法)에 대한 설명으로 옳은 것은?

① 남자와 여자의 손 위치는 같다.

② 평상(平常)시와 흉사(凶事)시의 손 위치는 같다.

③ 흉사(凶事)시, 여자는 오른손을 위로하여 두 손을 가지런히 모아서 잡는다.

④ 평상(平常)시, 남자는 오른손을 위로하여 두 손을 가지런히 모아서 잡는다.

⑤ 흉사(凶事)시, 남자는 오른손을 위로하여 두 손을 가지런히 모아서 잡는다.

🚩 해설

① 남자와 여자의 손 위치는 다르다.

② 평상(平常)시와 흉사(凶事)시의 손 위치는 다르다.

③ 흉사(凶事)시, 남자는 오른손을 위로하여 두 손을 가지런히 모아서 잡는다.

④ 평상(平常)시, 남자는 왼손을 위로하여 두 손을 가지런히 모아서 잡는다.

정답 ⑤

🔖 문제타파 TIP

여자는 평상시 오른손이 위, 흉사시 왼손이 위임을 기억해 둘 것!

---

01 전통적인 공수법(拱手法)에 대한 설명으로 가장 옳지 않은 것은?

① 공수는 의식행사에 참석하거나 어른을 뵐 때 반드시 하는 것이 좋다.

② 평상(平常)시, 여자는 왼손을 위로하여 두 손을 가지런히 모아서 잡는다.

③ 남자와 여자의 손 위치는 다르다.

④ 공수는 배례의 기본동작으로 두 손을 앞으로 모아서 잡는 것을 말한다.

⑤ 평상(平常)시와 흉사(凶事)시의 손 위치는 다르다.

평상(平常)시, 여자는 오른손을 위로 하여 두 손을 가지런히 모아서 잡는 다.

배례는 머리 숙여 절을 하는 일을 말 하며, 공수는 배례의 기본동작이라 할 수 있다.

---

02 전통적인 공수법(拱手法)에 대한 설명으로 가장 옳지 않은 것은?

① 공수는 배례의 기본동작으로 두 손을 앞으로 모아서 잡는 것을 말한다.

② 공수는 의식행사에 참석하거나 어른을 뵐 때 반드시 하는 것이 좋다.

③ 평상(平常)시와 흉사(凶事)시의 손 위치는 동일하다.

④ 남자와 여자의 손 위치는 서로 다르다.

⑤ 평상시 남자는 왼손을 위로하고, 여자는 오른손을 위로하여 두 손을 가 지런히 모아 잡도록 한다.

02

평상(平常)시와 흉사(凶事)시의 손 위 치는 남성과 여성 모두 반대이다.

정답 01 ② 02 ③

03

① 남자와 여자의 손 위치는 다르다.

③ 공수는 의식행사에 참석하거나 어른을 뵐 때 반드시 하는 것이 좋다.

④ 공수는 배례의 기본동작으로 두 손을 앞으로 모아서 잡는 것이다.

⑤ 평상시, 여자는 오른손을 위로한다.

03 전통적인 공수법(拱手法)에 대한 설명으로 가장 옳은 것은?

① 남자와 여자의 손 위치는 같다.

② 평상시와 흉사시의 손 위치는 다르다.

③ 의식행사에 참석하거나 어른을 뵐 때 공수는 생략해도 무방하다.

④ 공수는 배례의 기본동작으로 두 손을 옆으로 가지런히 놓은 것을 말한다.

⑤ 평상시, 여자는 왼손을 위로하여 두 손을 가지런히 모아서 잡는다.

❗ 문제타파 TIP

• 큰절의 경우 공수한 손을 눈높이까지 올렸다가 내리면서 허리를 굽히고, 평절의 경우 공수한 손을 가슴높이 정도로 올리는 차이점이 있음을 기억해 둘 것!

• 무릎을 꿇을 때는 남녀 모두 왼쪽 무릎을 먼저 꿇는다는 점을 주의해 둘 것!

꼭 나오는 유형 **❷ 절의 종류**

다음 〈보기〉의 설명에 해당하는 절의 종류는?

┤ 보기 ├

• 왼손이 위로 가게 공수를 하고 어른을 향해 선다.

• 공수한 손을 눈높이까지 올렸다가 내리면서 허리를 굽혀 공수한 손을 바닥에 짚는다.

• 왼쪽 무릎을 먼저 꿇고 오른쪽 무릎을 꿇어 엉덩이를 깊이 내려앉는다.

• 팔꿈치를 바닥에 붙이며 이마를 공수한 손등 가까이에 댄다. 이때 엉덩이가 들리면 안 된다.

• 공손함이 드러나도록 잠시 머물러 있다가 머리를 들며 팔꿈치를 펴고, 오른쪽 무릎을 세워 공수한 손을 바닥에서 떼어 오른쪽 무릎 위를 짚고 일어난다.

• 공수한 손을 눈높이까지 올렸다가 내린 후 목례한다.

① 여성의 작은 절

② 여성의 평절

③ 여성의 큰절

④ 남성의 평절

⑤ 남성의 큰절

┤ 해설 ├

• 왼손이 위로 가게 공수를 하고 어른을 향해 선다. → 남성

• 공수한 손을 눈높이까지 올렸다가 내리면서 허리를 굽혀 공수한 손을 바닥에 짚는다. → 큰절

• 팔꿈치를 바닥에 붙이며 이마를 공수한 손등 가까이에 댄다. → 큰절

정답 ⑤

03 ② 정답

04 다음 〈보기〉의 설명에 해당하는 절의 종류는?

┤ 보기 ├
- 오른손이 위로 가게 공수를 하고 어른을 향해 선다.
- 공수한 손을 어깨높이에서 수평이 되게 올리며, 고개를 숙여 이마에 손등을 댄다.
- 왼쪽 무릎을 먼저 꿇고 오른쪽 무릎을 꿇어 엉덩이를 깊이 내려앉는다.
- 상체를 앞으로 60도쯤 굽힌 후, 상체를 일으킨다.
- 오른쪽 무릎을 먼저 세우고 일어나 두 발을 모은다.
- 수평으로 올렸던 공수한 손을 내리고 가볍게 목례한다.

① 여성의 작은 절 ② 여성의 평절
③ 여성의 큰절 ④ 남성의 평절
⑤ 남성의 큰절

04
- 오른손이 위로 가게 공수를 하고 어른을 향해 선다. → 여성
- 공수한 손을 어깨높이에서 수평이 되게 올리며, 고개를 숙여 이마에 손등을 댄다. → 큰절

05 다음 〈보기〉의 설명에 해당하는 절의 종류는?

┤ 보기 ├
- 공수한 손을 풀어 내린 다음, 왼쪽 무릎을 먼저 꿇고 오른쪽 무릎을 가지런히 꿇은 다음 엉덩이를 깊이 내려앉는다.
- 몸을 앞으로 30도 정도 숙이면서 손끝을 무릎 선과 나란히 바닥에 댄다.
- 잠깐 머물렀다가 윗몸을 일으키며 두 손바닥을 바닥에서 떼고 오른쪽 무릎을 먼저 세우고 일어난다.
- 두 발을 모으고 공수한 다음 가볍게 목례한다.

① 남성의 작은 절 ② 남성의 평절
③ 남성의 큰절 ④ 여성의 작은 절
⑤ 여성의 평절

05
여성의 평절은 큰절과 다르게 손을 풀어 내린 후, 손끝을 무릎 선에 맞춰 바닥에 대는 특징이 있다.

06 전통 예절에서 절의 종류 중 답배(答拜)를 하지 않아도 되는 높은 어른이나 의식행사에 주로 사용되는 것은?

① 진례 ② 배례
③ 봉례 ④ 초례
⑤ 행례

06
답배를 하지 않아도 되는 높은 어른이나 의식행사에 주로 사용되는 절은 큰절, 진례이다.

👍 **더 알아보기** **절의 종류와 구분**
- 작은절(초례, 반절) : 웃어른이 아랫사람의 절에 대한 답배(答拜) 시에 한다.
- 보통절(행례, 평절) : 항렬이 같은 사람, 관직의 품계가 같을 경우에 한다.
- 큰절(진례) : 자기가 절을 해도 답배를 하지 않아도 되는 높은 어른에게나 의식행사에서 한다.
- 매우 큰절(배례) : 관, 혼, 상, 제, 수연, 고희 시에 한다.

정답 **04** ③ **05** ⑤ **06** ①

꼭 나오는 유형 **❸ 절하는 방법**

전통예절에서 절하는 방법에 대한 설명으로 가장 옳은 것은?

① 남자는 기본 횟수로 세 번을 한다.

② 여자는 기본 횟수로 두 번을 한다.

③ 의식행사에서는 기본 횟수만 한다.

④ 살아있는 사람에게는 기본 횟수의 배를 한다.

⑤ 고인(故人)에게는 기본 횟수만 한다.

► 해설
① 남자는 기본 횟수로 한 번을 한다.
③ 의식행사에서는 기본 횟수의 배로 한다.
④ 살아있는 사람에게는 기본 횟수만 한다.
⑤ 고인(故人)에게는 기본 횟수의 배를 한다.

정답 ②

07

① 의식행사에서는 기본 횟수의 배로 한다.

② 고인(故人)에게는 기본 횟수의 배를 한다.

④ 여자는 기본 횟수로 두 번을 한다.

⑤ 남자는 기본 횟수로 한 번을 한다.

07 전통예절에서 절하는 방법에 대한 설명으로 가장 옳은 것은?

① 의식행사에서는 기본 횟수만 한다.

② 고인(故人)에게는 기본 횟수만 한다.

③ 살아있는 사람에게는 기본 횟수만 한다.

④ 여자는 기본 횟수로 한 번을 한다.

⑤ 남자는 기본 횟수로 두 번을 한다.

01 상황별 응대기법

빈출 키워드

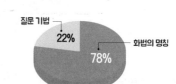

질문 기법 22%
화법의 명칭 78%

핵심 이론

1. 여러 화법의 종류 및 특징

보상 화법	약점이 있으면 반대로 강점이 있기 마련이라는 점을 강조한 화법 예 '가격이 비싼 만큼 품질이 좋습니다.', '가격이 비싼 만큼 멋쟁이들이 사용합니다.' 등
신뢰 화법	상대방에게 신뢰감을 줄 수 있는 말을 전하는 화법 예 '이쪽으로 안내해드리겠습니다.', '저희 부서에서 해결해드리겠습니다.' 등
맞장구 표현법	일단 고객의 말에 동의하며 긍정의 맞장구를 치고 반대의견을 제시하는 화법
쿠션 화법	단호한 표현보다는 미안한 마음을 먼저 전해서 사전에 쿠션 역할을 할 수 있는 말을 전하는 화법 예 '죄송합니다만', '수고스러우시겠지만' 등
후광 화법	유명 연예인의 사용 기록이나 매출 자료를 제시하여 고객의 반대 저항을 감소시켜나가는 화법 예 '유명 연예인 ○○○ 씨도 이 제품을 사용하십니다.', '우리 매장에서 매출이 가장 높은 상품입니다.' 등
레이어드 화법	반발심이나 거부감이 들 수 있는 명령조를 질문 형식으로 바꾸어 완곡하게 표현하는 화법 예 '이쪽 자리 괜찮으십니까?' 등
산울림 화법 (=앵무새 화법)	고객이 한 말을 반복하여 이해와 공감을 얻고 고객이 거절하는 말을 솔직하게 받아주는 데 포인트가 있는 화법
아론슨 화법	부정과 긍정의 내용을 혼합해야 할 경우, 가능하면 부정(-)적 내용을 먼저 말한 후 긍정(+)적 내용으로 끝마치는 화법 예 '날씨는 흐리지만(-), 기온은 적절하네요(+).', '가격은 좀 비싸지만(-), 품질은 최고입니다(+).' 등
역전 화법	일단 고객의 의견에 동의하고 반대의견을 말하는 화법

부메랑 화법	고객이 제품에 대해 부정적인 이야기를 할 때 사실 그 부정적인 부분이 제품의 장점 또는 특징이라고 설득하는 화법 예 '가격이 너무 비싸서 구매하기 어렵다.' 할 때 '가격이 좀 비싼 것이 이 제품의 특징입니다.', '가입 조건이 까다롭다.' 할 때 '가입 조건이 까다로운 것이 그만큼 신뢰가 높은 우리 회사의 장점입니다.' 등
샌드위치 화법	충고를 칭찬과 격려 사이에 넣어 상대방이 충고를 거부감 없이 받아들이게 하는 화법
'나' 전달 화법	나를 주어로 하는 대화법이며, 타인의 행동이 나에게 어떠한 영향을 주었는지 이야기하는 화법으로서 표현하는 형식은 상황-결과-느낌임

2. 질문 기법

① 질문 효과
　ㄱ. 상대방으로 하여금 말하고자 하는 중요한 부분을 다시 한번 상기시키게 도와줌
　ㄴ. 대화의 초점이 흐려졌을 때 주위를 환기시킬 수 있음

② 질문의 종류

개방형 질문 (확대형 질문)	• 고객이 자유롭게 의견이나 정보를 말할 수 있도록 묻는 질문 • 고객들의 마음에 여유가 생기도록 함 • 고객이 적극적으로 말함으로써 고객의 니즈를 파악할 수 있음
선택형 질문 (단답형 질문)	• 고객에게 '예/아니요'로 대답하거나 선택지를 고르게 하는 질문 • 단순한 사실 또는 몇 가지 중 하나를 선택하게 하여 고객의 욕구를 파악할 수 있도록 함 • 고객의 니즈에 초점을 맞출 수 있고, 화제를 정리하고 정돈된 대화를 할 수 있음
확인형 질문	• 고객의 입을 통해 직접 확인받는 질문 • 고객의 답변에 초점을 맞춤 • 고객의 니즈를 정확하게 파악할 수 있음 • 처리해야 할 사항을 확인받을 수 있는 장점이 있음

제3과목

📖 핵심 기출 유형 문제

🥇 나오는 유형 ❶ 화법의 명칭

다음 〈보기〉의 내용에 해당하는 화법의 명칭은?

┤ 보기 ├

고객님! 이번에 새롭게 출시된 2018년 KIE 스마트워치 모델의 경우 무게가 20g 정도 늘어나긴 했지만, 그만큼 배터리 용량이 늘어나서 이전에 비해 훨씬 더 대기 시간이 길어졌습니다.

① 신뢰 화법　　　　　　　　② 보상 화법
③ 쿠션 화법　　　　　　　　④ 맞장구 표현법
⑤ 후광 화법

┤ 해설 ├

② 보상 화법 : 약점과 강점을 같이 제시하여 약점이 더 좋은 강점을 만들어낸다는 관계를 강조하는 화법이다.
① 신뢰 화법 : 상대방에게 신뢰감을 줄 수 있는 말을 사용하는 화법이다.
③ 쿠션 화법 : '죄송합니다만', '수고스러우시겠지만' 등의 말을 적절하게 활용한 화법이다.
④ 맞장구 표현법 : 일단 고객의 말에 동의하며 긍정의 맞장구를 치고 반대의견을 제시하는 화법이다.
⑤ 후광 화법 : 유명 연예인의 사용 기록이나 매출 자료를 제시하여 고객의 반대 저항을 감소시켜나가는 화법이다.

정답 ②

⚠️ 문제타파 TIP

〈보기〉에서 제시한 사례가 그대로 출제되는 경우가 많으니, 〈보기〉의 사례와 짝지어 화법의 명칭을 잘 기억해두어야 한다.

01
쿠션 화법
'죄송합니다만', '수고스러우시겠지만' 등의 말을 적절하게 활용한 화법이다.

01 다음 〈보기〉의 사례에 해당하는 화법의 명칭은?

┤ 보기 ├

• 죄송하지만, 잠시 기다려 주시겠습니까?
• 번거로우시겠지만, 정문 옆에 있는 안내 데스크로 이동하셔서 안내를 받아 주시기 바랍니다.
• 수고스러우시겠지만, 다음 기회에 다시 방문해 주시겠습니까?

① 역전 화법　　　　　　　　② 신뢰 화법
③ 후광 화법　　　　　　　　④ 쿠션 화법
⑤ 씨뿌림 화법

01 ④ 정답

02 다음 〈보기〉의 사례에 해당하는 화법의 명칭은?

┤ 보기 ├
- 이쪽으로 앉으시겠습니까?
- 다시 한번 말씀해 주시겠습니까?
- 다시 전화드려도 괜찮으시겠습니까?

① 역전 화법　　　　　② 보상 화법
③ 산울림 화법　　　　④ 아론슨 화법
⑤ 레이어드 화법

03 다음 〈보기〉의 대화에 해당하는 화법의 명칭은?

┤ 보기 ├
박 대리가 이번에 제안한 'KIE 스마트 워치' 디자인은 정말 뛰어나! 그런데 너무 스마트 기기의 느낌이 강하게 전달되는 것 같더군. 조금 더 전통적인 손목시계의 감성을 강조하면 완벽하겠어.

① 역전 화법　　　　　② 후광 화법
③ 보상 화법　　　　　④ 부메랑 화법
⑤ 샌드위치 화법

04 다음 〈보기〉의 설명에 해당하는 화법의 명칭은?

┤ 보기 ├
상대와 어떤 대화를 나눌 때 부정과 긍정의 내용을 혼합해야 하는 경우 기왕이면 부정적 내용을 먼저 말하고 끝날 때는 긍정적 언어로 마감하는 화법을 말한다.

① 칭찬 화법　　　　　② 보상 화법
③ 역전 화법　　　　　④ 아론슨 화법
⑤ 부메랑 화법

02
레이어드 화법
반발심이나 거부감이 들 수 있는 명령조를 질문 형식으로 바꾸어 완곡하게 표현하는 화법이다.

03
샌드위치 화법
충고를 칭찬과 격려 사이에 넣어 상대방이 충고를 거부감 없이 받아들이게 하는 화법이다.

04
아론슨 화법
부정과 긍정의 내용을 혼합해야 할 경우, 가능하면 부정(−)적 내용을 먼저 말한 후 긍정(+)적 내용으로 끝마치는 화법이다.
예 '날씨는 흐리지만(−), 기온은 적절하네요(+).', '가격은 좀 비싸지만(−), 품질은 최고입니다(+).' 등

정답　**02** ⑤ **03** ⑤ **04** ④

05

후광 화법

유명 연예인의 사용 기록이나 매출 자료를 제시하여 고객의 반대 저항을 감소시켜나가는 화법이다.

05 다음 〈보기〉의 대화에 해당하는 화법의 명칭은?

┤ 보기 ├

고객 : 다른 브랜드에 비해 구스다운 패딩 치고 가격이 좀 비싼 편이네요.

점원 : 이게 바로 요즘 유행하는 연예인 OOO의 '사O' 패딩입니다. 입어 보시면 따뜻하고 옷맵시를 잘 살려줘서 만족하실 겁니다, 고객님.

① 역전 화법
② 긍정법
③ 후광 화법
④ 쿠션 화법
⑤ 간접부정법

06

신뢰 화법

상대방에게 신뢰감을 줄 수 있는 말을 사용하는 화법이다.

06 다음 〈보기〉의 사례에 해당하는 화법의 명칭은?

┤ 보기 ├

• 네, 그럼 제가 해결해 드리겠습니다.

• A/S 부서에서 책임지고 처리해 드리겠습니다.

• 저희가 오전 중으로 확인해서 꼭 다시 연락드리겠습니다.

① 긍정법
② 신뢰 화법
③ 정돈 화법
④ 역전 화법
⑤ 간접 화법

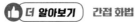 **더 알아보기** **간접 화법**

문장이나 대화의 표현에 있어서 남의 말을 전할 때, 말하는 이가 남의 말을 자기의 말로 고쳐서 전하는 화법이다.

07

'나' 전달 화법

나를 주어로 하는 대화법으로, 타인의 행동이 나에게 어떠한 영향을 주었는지 이야기하는 화법이다.

07 다음 〈보기〉의 대화에 해당하는 화법의 명칭은?

┤ 보기 ├

조 대리 : 과장님, 하실 말씀이 있다고 하셔서 왔습니다.

박 과장 : 그래, 조 대리. 내 말 오해하지 말고 듣게. 최근 내가 열심히 일하고 있는데 자꾸 자네가 충고를 하니 조금 불편하더군. 내가 일하고 있을 때는 말없이 지나쳐주면 좋겠어.

① 역전 화법
② 신뢰 화법
③ 간접부정법
④ 산울림 화법
⑤ '나' 전달 화법

05 ③ 06 ② 07 ⑤ 정답

08 다음 〈보기〉의 설명에 해당하는 화법의 명칭은?

┤ 보기 ├
고객이 해당 제품에 대하여 변명을 하거나 트집을 잡을 경우, 트집을 잡은 내용이 장점이라고 설득하여 제품을 구입하게 하는 화법을 의미한다.

① 칭찬 화법   ② 쿠션 화법
③ 신뢰 화법   ④ 레이어드 화법
⑤ 부메랑 화법

💬 정답 및 해설

08

부메랑 화법
고객이 제품에 대해 부정적인 이야기를 할 때 사실 그 부정적인 부분이 제품의 장점 또는 특징이라고 설득하는 화법

예 '가격이 너무 비싸서 구매하기 어렵다.' 할 때 '가격이 좀 비싼 것이 이 제품의 특징입니다.' 등

꼭 나오는 유형 ❷ 질문 기법

다음 〈보기〉의 설명에 해당하는 질문 기법은?

┤ 보기 ├
• 단순한 사실 또는 몇 가지 중 하나를 선택하게 하여 고객의 욕구를 파악할 수 있도록 한다.
• 고객의 니즈에 초점을 맞출 수 있고, 화제를 정리하고 정돈된 대화를 할 수 있다.

① 선택형 질문   ② 적응형 질문
③ 개방형 질문   ④ 확인형 질문
⑤ 절차형 질문

⊢해설 질문의 종류

개방형 질문 **(확대형 질문)**	• 고객이 자유롭게 의견이나 정보를 말할 수 있도록 묻는 질문이다. • 고객들의 마음에 여유가 생기도록 한다. • 고객이 적극적으로 말함으로써 고객의 니즈를 파악할 수 있다.
선택형 질문 **(단답형 질문)**	• 고객에게 '예/아니요'로 대답하거나 선택지를 고르게 하는 질문이다. • 단순한 사실 또는 몇 가지 중 하나를 선택하게 하여 고객의 욕구를 파악할 수 있도록 한다. • 고객의 니즈에 초점을 맞출 수 있고, 화제를 정리하고 정돈된 대화를 할 수 있다.
확인형 질문	• 고객의 입을 통해 직접 확인받는 질문이다. • 고객의 답변에 초점을 맞춘다. • 고객의 니즈를 정확하게 파악할 수 있다. • 처리해야 할 사항을 확인받을 수 있다.

정답 ①

❗ **문제타파 TIP**

개방형은 '고객의 마음에 여유가 생기게', 선택형은 '고객의 니즈에 초점', 확인형은 '고객의 입을 통해 직접 확인받게'를 기억해 둘 것!

정답 08 ⑤

09

고객이 자유롭게 의견을 말할 수 있도록 묻는 질문은 개방형 질문이다.

10

③ 개방형 질문은 고객이 자유롭게 의견이나 정보를 말할 수 있도록 묻는 질문으로, 고객들의 마음에 여유가 생기도록 한다.
① · ② 확인형 질문
④ · ⑤ 선택형 질문

09 다음 〈보기〉의 설명에 해당하는 질문 기법은?

┤ 보기 ├
• 고객의 마음에 여유가 생기도록 한다.
• 고객이 적극적으로 이야기하게 함으로써 고객의 니즈를 파악할 수 있다.
• 고객이 자유롭게 의견이나 정보를 말할 수 있도록 한다.

① 선택형 질문
② 개방형 질문
③ 확인형 질문
④ 비유형 질문
⑤ 논거형 질문

10 고객 상담과 비즈니스를 위한 질문 기법 중 개방형 질문에 대한 설명으로 가장 옳은 것은?

① 고객의 답변에 초점을 맞춘다.
② 처리해야 할 사항을 확인받을 수 있다.
③ 고객들의 마음에 여유가 생기도록 한다.
④ 화제를 정리하고 정돈된 대화를 할 수 있다.
⑤ 몇 가지 중 하나를 선택하게 하여 고객의 욕구를 파악할 수 있다.

09 ② **10** ③ 정답

02 컴플레인과 클레임 분석

'씽(Singh)'의
불평 고객 유형

고객 불만의 원인 23%

다양한
상황에 따른
고객 불만의 요인 39%

고객 불만
유형 23%

15%

핵심 이론

1. 컴플레인과 클레임의 개념

① 컴플레인
  ㉠ 상대방의 잘못된 행위에 대한 불만 사항 통보
  ㉡ 흔히 고객이 상품을 구매하는 과정 또는 구매한 상품에 관한 품질 및 서비스 등을 이유로 불만을 제기하는 것
  ㉢ 자체 내에서 즉시 해결 가능

② 클레임
  ㉠ 상대방의 잘못된 행위에 대한 시정 요구
  ㉡ 클레임이 처리되지 않을 경우 물질적, 정신적, 법적 보상으로 해결해야 함
  ㉢ '당연한 것으로의 권리, 유산 등을 요구 또는 청구하다'라는 의미 내포

2. 고객 불만의 원인 분석

① 판매자(기업) 측의 잘못으로 발생되는 고객 불만의 원인

- 무성의한 접객 행위
- 잘못된 애프터 서비스
- 고객에 대한 직원의 인식 부족
- 상품 지식의 결여로 인한 정보 제공의 미흡
- 고객의 요구에 대한 일방적인 무시 행위

② 고객의 잘못으로 발생되는 고객 불만의 원인

- 고객의 기억착오로 인한 마찰
- 고객의 고압적 태도와 감정적 반발
- 고객의 성급한 결론과 독단적인 해석
- 제품, 브랜드, 매장, 회사 등에 대한 고객의 잘못된 지식과 인식
- 할인, 거래중단, 교환 등의 이유로 고의나 악의에서 제기하는 불만

3. 고객 불만 유형

① 심리적 불만 : 서비스 및 제품의 성능이나 기능보다는 사회적 수용, 개인 존중, 자아실현 측면의 불만을 의미

② 상황적 불만 : 여러 가지 형태의 소비생활과 관련된 상황적 조건 즉, 시간, 장소, 목적 등에 따른 불만을 의미

③ 효용 불만 : 경제적 측면의 개념으로, 고객이 제품이나 서비스를 이용한 후 고객의 욕구를 충족시키지 못했을 경우 발생되는 고객 불만을 의미

④ 균형 불만 : 고객의 기대 수준을 중요시하는 것으로, 고객의 필요와 욕구를 충족시켰더라도 고객의 기대 수준보다 낮을 경우 나타나는 불만을 의미

4. 다양한 상황에 따른 고객 불만의 요인

물리적 상황에 대한 불만	외형, 인테리어, 호텔이나 음식점, 매장의 입지조건, 설비, 재질에 대한 불만
시간적 상황에 대한 불만	매장 운영 시간, 고객 상담 시간, 지연 시간 등에 대한 불만
감각적 상황에 대한 불만	오감으로 느낄 수 있는 색조, 그림, 소음 정도, 청결함, 음악 종류에 대한 불만
인적 상황에 대한 불만	종업원 복장, 접객 태도, 상담 태도, 대화 정도에서의 불만
절차적 상황에 대한 불만	회원 가입 절차, 물건 사는 절차 등에서의 불만
정보적 상황에 대한 불만	카탈로그, 상품설명서, 통보서, 인터넷 게시판 등의 정보제공에 대한 불만
금전적 상황에 대한 불만	지불 수단이나 결제 조건, 멤버십 유무에 따른 금전적인 부담 정도, 금전적인 혜택이나 우대 등에 대한 불만
제공적 상황에 대한 불만	제품이나 서비스를 제공하는 주체의 핵심적인 역할에 대한 불만

제3과목

안심Touch

5. '씽(Singh)'의 불평 고객 유형

① 씽(Singh)은 식료품, 자동차 수리 서비스, 의료 서비스, 금융 서비스를 대상으로 한 연구에서 불평하는 고객을 네 가지 유형으로 분류함

② 불평 고객 유형 분류

수동적 불평자 (Passives) – 소극적으로 불평하는 사람	• 어떤 조치를 취할 가능성이 가장 적은 고객의 유형이다. • 제품이나 서비스의 제공자에게 어떤 것도 말하려 하지 않는다. • 타인에게 부정적 구전을 하려 하지 않는다. • 제3자에게 제품이나 서비스에 대한 불평을 하지 않는다. • 제품이나 서비스에 대한 불평결과가 투입하게 될 시간과 노력에 대한 보상을 해주지 못할 것이라고 생각하며 불평의 효율성에 대해 의구심을 가진다. • 개인적 가치 및 규범이 불평을 하지 않게 하는 경우도 있다. • 화내는 불평자나 행동 불평자보다 불평을 체험한 해당기업에서 떠날 가능성이 낮다.
표현 불평자 (Voicers) – 불평을 표현하는 사람	• 제품이나 서비스의 제공자에게 적극적으로 불평하고자 하는 고객의 유형이다. • 부정적 구전을 퍼뜨리거나 거래 기업을 전환하거나 제3자에게 불평을 하려 하지 않는다. • 제품이나 서비스 제공자에게 최고의 고객으로 전환될 수 있는 고객의 유형이다. • 적극적인 불평을 통해 기업에게 두 번째 기회를 준다. • 수동적 불평자와 마찬가지로 화내는 불평자나 행동 불평자보다 불평을 체험한 해당기업에서 떠날 가능성이 낮다. • 제품이나 서비스의 제공자에게 불평한 결과가 긍정적일 것이라 믿는다. • 구전의 확산 및 제3자에게 불평하는 것은 덜 긍정적이라고 생각한다. • 이들의 개인적 규범은 자신들의 불평과 일치한다.
화내는 불평자 (Irates) – 화내면서 불평하는 사람	• 친구나 친척들에게 부정적 구전을 하고 다른 업체로 전환할 의도가 높은 고객의 유형이다. • 제품이나 서비스의 제공자에게 불평하는 성향은 평균 수준이다. • 제3자에게 불평을 하려 하지는 않지만 불평해봤자 들어 주지도 않는다는 소외의식을 가지고 있다. • 기업에게 두 번째 기회를 주지 않는 유형이다.
행동 불평자 (Activists) – 행동으로 불평하는 사람	• 모든 상황에서 평균 이상의 불평 성향을 갖는 고객의 유형이다. • 제품이나 서비스의 제공자에게 불평을 하는 고객이다. • 다른 사람들이나 제3자에게도 불평을 하는 고객이다. • 이들의 개인적 규범과 불평은 일치한다. • 다른 유형의 사람들보다 더 높은 소외의식을 가진다. • 행동으로 표현하는 불평의 결과가 긍정적인 의미를 가져온다고 믿는다. • 극단적인 경우, 이들은 테러리스트의 가능성이 있다.

6. 불만 관리의 필요성

① 불만을 제기하는 고객이 그렇지 않은 고객보다 계속 거래할 확률이 높음

② 불만을 해결하는 과정에서 문제점과 취약점을 발견하고, 유용한 정보를 얻을 수 있음

③ 불만 처리가 잘 된 고객은 재방문 및 재구매율이 높고, 긍정적 구전을 전파하여 신규 고객 창출에 도움이 됨

④ 고객 유지율의 증가로 인해 매출 향상 및 회사 이미지 상승에 도움이 됨

📖 핵심 기출 유형 문제

꼭 나오는 유형 ❶ 고객 불만의 원인

다음 중 **고객의 잘못으로 발생되는 고객 불만의 원인**과 가장 거리가 먼 것은?

① 고객의 기억착오로 인한 마찰

② 고객의 고압적 태도와 감정적 반발

③ 고객의 성급한 결론과 독단적인 해석

④ 고객의 요구에 대한 일방적인 무시 행위

⑤ 제품, 브랜드, 매장, 회사 등에 대한 고객의 잘못된 지식과 인식

해설

④ 고객의 요구에 대한 직원의 불친절한 응대는 판매자(기업) 측의 잘못으로 발생되는 고객 불만에 속한다.

고객의 잘못으로 발생되는 고객 불만의 원인

• 고객의 기억착오로 인한 마찰

• 고객의 고압적 태도와 감정적 반발

• 고객의 성급한 결론과 독단적인 해석

• 제품, 브랜드, 매장, 회사 등에 대한 고객의 잘못된 지식과 인식

• 할인, 거래중단, 교환 등의 이유로 고의나 악의에서 제기하는 불만

정답 ④

---

01 다음 중 고객의 잘못으로 발생되는 고객 불만의 원인과 가장 거리가 먼 것은?

① 고객의 성급한 결론과 독단적인 해석

② 고객의 기억착오로 인한 마찰

③ 고객의 고압적 태도와 감정적 반발

④ 부족한 상품 지식으로 인한 잘못된 상품 설명

⑤ 할인, 거래중단, 교환 등의 이유로 고의나 악의에서 제기하는 불만

01
부족한 상품 지식으로 인한 잘못된 상품 설명은 판매자(기업)측의 잘못으로 발생되는 고객 불만에 속한다.

---

02 다음 중 판매자 측의 잘못으로 발생되는 고객 불만의 원인과 가장 거리가 먼 것은?

① 무성의한 접객 행위

② 잘못된 애프터 서비스

③ 고객에 대한 직원의 인식 부족

④ 상품 지식의 결여로 인한 정보 제공의 미흡

⑤ 할인, 교환, 거래중단 등의 핑계로 제기되는 악의적인 불만

02
할인, 교환, 거래중단 등의 핑계로 제기되는 악의적인 불만은 고객 스스로의 문제로 인한 불만 원인에 해당한다.

정답 **01** ④ **02** ⑤

03

행동 또는 내부의 자체 조치를 통해 즉시 해결될 수 있는 정도로 상대방의 잘못된 행위에 대한 불만 사항을 통보하는 행위는 '컴플레인(Complain)'에 해당한다.

03 다음 중 '클레임(claim)'에 대한 설명으로 가장 옳지 않은 것은?

① '당연한 것으로서의 권리, 유산 등을 요구 혹은 청구하다'라는 의미를 내포하고 있다.

② 행동 또는 내부의 자체 조치를 통해 즉시 해결될 수 있는 정도로 상대방의 잘못된 행위에 대한 불만 사항을 통보하는 행위를 말한다.

③ 상대방의 잘못된 행위에 대한 시정 요구를 말한다.

④ 실제로 고객이 경험하게 되는 사소한 상처, 즉 컴플레인(Complain)에서 비롯되어 시작되기도 한다.

⑤ 클레임이 처리되지 않을 경우 물질적·정신적 보상 또는 법적 보상을 통해 해결해야 한다.

❗ 문제타파 TIP

자아실현 측면, 상황적 조건, 욕구 불충족, 기대 수준 불충족이 각 불만의 포인트임을 기억해야 한다.

🔑 나오는 유형 ❷ 고객 불만 유형

다음 중 제품의 성능이나 기능보다는 사회적인 수용, 개인 존중, 자아실현 측면의 불만을 의미하는 것은?

① 효용 불만　　　　　　② 균형 불만
③ 심리적 불만　　　　　④ 논리적 불만
⑤ 상황적 불만

🔑 해설 고객 불만 유형

심리적 불만	서비스 및 제품의 성능이나 기능보다는 사회적 수용, 개인 존중, 자아실현 측면의 불만을 의미한다.
상황적 불만	여러 가지 형태의 소비생활과 관련된 상황적 조건 즉, 시간, 장소, 목적 등에 따른 불만을 의미한다.
효용 불만	경제적 측면의 개념으로, 고객이 제품이나 서비스를 이용한 후 고객의 욕구를 충족시키지 못했을 경우 발생되는 고객 불만을 의미한다.
균형 불만	고객의 기대 수준을 중요시하는 것으로, 고객의 필요와 욕구를 충족시켰더라도 고객의 기대 수준보다 낮을 경우 나타나는 불만을 의미한다.

정답 ③

04

고객의 기대 수준을 중요시하는 것으로, 고객의 필요와 욕구를 충족시켰더라도 고객의 기대 수준보다 낮을 경우 나타나는 불만은 '균형 불만'에 해당한다.

04 고객의 기대 수준을 중요시하는 개념으로 고객이 필요와 욕구를 충족시켰다하더라도 고객의 기대 수준보다 낮았을 경우 발생되는 고객 불만 유형은?

① 균형 불만　　　　　　② 효용 불만
③ 심리적 불만　　　　　④ 상황적 불만
⑤ 정서적 불만

03 ② 04 ① 정답

05 고객이 제품이나 서비스를 이용한 후, 고객의 욕구를 충족시키지 못했을 경우 발생되는 고객 불만 유형은?

① 효용 불만
② 선택 불만
③ 관계 불만
④ 정서적 불만
⑤ 상황적 불만

05

경제적 측면의 개념으로, 고객이 제품이나 서비스를 이용한 후 고객의 욕구를 충족시키지 못했을 경우 발생되는 고객 불만은 '효용 불만'에 해당한다.

🔖 **나오는 유형** ❸ 다양한 상황에 따른 고객 불만의 요인

다양한 상황에 따른 고객 불만 요인 중 외형이나 인테리어, 매장의 입지조건, 설비 등에 대한 불만을 의미하는 것은?

① 정보적 상황에 대한 불만
② 물리적 상황에 대한 불만
③ 시간적 상황에 대한 불만
④ 절차적 상황에 대한 불만
⑤ 금전적 상황에 대한 불만

┤해설├
① 정보적 상황에 대한 불만 : 카탈로그, 상품설명서, 통보서, 인터넷 게시판 등의 정보 제공에 대한 불만
③ 시간적 상황에 대한 불만 : 매장 운영 시간, 고객 상담 시간, 지연 시간 등에 대한 불만
④ 절차적 상황에 대한 불만 : 회원 가입 절차, 물건 사는 절차 등에서의 불만
⑤ 금전적 상황에 대한 불만 : 지불 수단이나 결제 조건, 멤버십 유무에 따른 금전적인 부담 정도, 금전적인 혜택이나 우대 등에 대한 불만

정답 ②

🔖 **문제타파 TIP**

각 상황별 불만 사례가 무엇이 있는지 자세히 파악해두어야 한다.

---

06 다양한 상황에 따른 고객 불만 요인 중 금전적 상황에 대한 불만 요인으로 가장 거리가 먼 것은?

① 결제 조건
② 회원 가입 절차
③ 지불 수단
④ 금전적인 혜택이나 우대 사항
⑤ 멤버십 유무에 다른 금전적인 부담 정도

06

회원 가입 절차는 '절차적 상황에 대한 불만'에 해당한다.

---

07 다양한 상황에 따른 고객 불만 요인 중 감각적 상황에 대한 불만 요인으로 가장 거리가 먼 것은?

① 그림
② 소음 정도
③ 음악 종류
④ 청결함
⑤ 매장 운영 시간

07

매장 운영 시간은 '시간적 상황에 대한 불만'에 해당한다.

정답 05 ① 06 ② 07 ⑤

문제타파 TIP

• '~불평하는 사람' 또는 '~불평자' 2가지 형태로 선지 유형이 나오므로 2가지 모두 기억해두어야 한다.

• 불평 고객 유형의 강도가 수동적 불평자 < 표현 불평자 < 화내는 불평자 < 행동 불평자 순으로 세짐을 기억해두어야 한다.

나오는 유형 ❹ '씽(Singh)'의 불평 고객 유형

다음 〈보기〉의 설명에 해당하는 불평 고객 유형을 고르면?

┤ 보기 ├
• 제품이나 서비스의 제공자에게 적극적으로 불평하고자 하는 고객의 유형이다.
• 구전의 확산 및 제3자에게 불평하는 것은 덜 긍정적이라고 생각하는 유형이다.
• 부정적 구전을 퍼뜨리거나 거래 기업의 전환 혹은 제3자에게 불평을 하려고 하지는 않는다.

① 불평을 표현하는 사람
② 화내면서 불평하는 사람
③ 행동으로 불평하는 사람
④ 소극적으로 불평하는 사람
⑤ 적극적으로 불평하는 사람

해설 '씽(Singh)'의 불평 고객 유형

소극적으로 불평하는 사람 (=수동적 불평자)	제품이나 서비스의 제공자에게 어떤 것도 말하려 하지 않으며, 타인에게 부정적 구전을 하려 하지 않는다.
불평을 표현하는 사람 (=표현 불평자)	제품이나 서비스의 제공자에게 적극적으로 불평하고자 하나, 구전의 확산 및 제3자에게 불평하는 것은 덜 긍정적이라고 생각한다.
화내면서 불평하는 사람 (=화내는 불평자)	제품이나 서비스의 제공자에게 불평하는 성향은 평균 수준이며, 친구나 친척들에게 부정적 구전을 하고 다른 업체로 전환할 의도가 높은 고객 유형이다. 제3자에게 불평을 하려 하지는 않지만 불평해봤자 들어 주지도 않는다는 소외의식을 가지고 있다.
행동으로 불평하는 사람 (=행동 불평자)	제품이나 서비스의 제공자뿐만 아니라 다른 사람들이나 제3자에게도 불평을 하는 고객이며, 모든 상황에서 평균 이상의 불평 성향을 갖는 고객의 유형이다. 다른 유형의 사람들보다 더 높은 소외의식을 가진다.

정답 ①

08

수동적 불평자(=소극적으로 불평하는 사람)
• 어떤 조치를 취할 가능성이 가장 적은 고객의 유형이다.
• 제품이나 서비스의 제공자에게 어떤 것도 말하려 하지 않는다.
• 타인에게 부정적 구전을 하려 하지 않으며, 제3자에게 제품이나 서비스에 대한 불평을 하지 않는다.

08 '씽(Singh)'이 제시한 불평 고객 유형 중 다음 〈보기〉의 설명에 해당하는 것은?

┤ 보기 ├
어떤 조치를 취할 가능성이 가장 적고 제품이나 서비스의 제공자에게 어떤 것도 말하려 하지 않는 유형이다.

① 행동 불평자
② 표현 불평자
③ 타성적 불평자
④ 수동적 불평자
⑤ 화내는 불평자

09 다음 〈보기〉의 설명에 해당하는 불평 고객 유형은?

┤ 보기 ├
- 제3자에게 불평을 하려 하지는 않지만 불평해 봤자 들어주지도 않는다는 생각을 가진다.
- 기업에게 두 번의 기회를 주지 않는다.

① 불평을 표현하는 사람
② 화내면서 불평하는 사람
③ 행동으로 불평하는 사람
④ 집단적으로 불평하는 사람
⑤ 소극적으로 불평하는 사람

10 다음 〈보기〉의 설명에 해당하는 불평 고객 유형은?

┤ 보기 ├
- 모든 상황에서 평균 이상의 불평 성향을 갖는 고객의 유형이다.
- 행동으로 표현하는 불평의 결과가 긍정적인 의미를 가져온다고 믿는다.

① 불평을 표현하는 사람
② 화내면서 불평하는 사람
③ 행동으로 불평하는 사람
④ 집단적으로 불평하는 사람
⑤ 소극적으로 불평하는 사람

11 다음 중 '씽(Singh)'이 제시한 불평 고객 유형으로 보기 어려운 것은?

① 화내는 불평자
② 표현 불평자
③ 수동적 불평자
④ 행동 불평자
⑤ 권유적 불평자

03 불만 고객 응대

불만 고객의 처리 프로세스 12%
컴플레인 처리 시의 유의사항 40%
고객을 화나게 하는 7가지 태도 32%
불만 고객 응대의 기본 원칙 16%

핵심 이론

1. 컴플레인 처리 시의 유의사항

① 잘못된 점은 솔직하게 사과함
② 상대방에게 동조해 가면서 긍정적으로 들어야 함
③ 요점을 파악하여 고객의 착오는 없었는지를 검토
④ 고객에 대한 선입견을 갖지 않고, 고객은 근본적으로 선의를 가지고 있다고 믿어야 함
⑤ 설명은 사실을 바탕으로 명확하게 해야 함
⑥ 컴플레인 처리 시 상담사 개인의 견해는 말하지 않는 것이 좋음
⑦ 신속하게 해결책을 마련하여 처리하고, 친절하게 해결책을 납득시킴
⑧ 결과를 검토·반성하여 두 번 다시 동일한 불만이 발생하지 않도록 유의함

2. 불만 고객 응대의 기본 원칙

책임 공감의 원칙	자신이 고객의 불만을 야기한 것이 아니라도 같은 조직 구성원의 일부로서 고객의 불만족에 대한 책임을 같이 져야 한다.
피뢰침의 원칙	고객은 나에게 개인적인 감정이 있어서 화를 내는 것이 아니라 일처리에 대한 불만으로 복잡한 규정과 제도에 대해 항의하는 것이라는 관점을 가져야 한다. (*피뢰침은 번개를 직접 맞지만, 건물 등에 피해를 주지 않고 번개를 땅으로 흘려보낸다.)
언어절제의 원칙	고객의 말을 많이 들어주는 것만으로도 고객들은 좋은 느낌을 가지고 돌아가게 된다.
역지사지의 원칙	고객을 이해하기 위해서는 반드시 그의 입장에서 문제를 바라봐야 한다.
감정통제의 원칙	고객을 직접적으로 응대하려면 사람과의 만남에서 오는 부담감을 극복하고 자신의 감정까지도 통제할 수 있어야 한다.

3. 고객을 화나게 하는 7가지 태도(칼 알브레이트)

① 무관심(Apathy) : 내 책임이 아니며, 나와는 아무 관계없다는 태도로, 고객에 대한 책임감과 조직에 대한 소속감이 없는 직원에게 나타날 수 있는 태도
② 무시(Brush-off) : 고객의 요구나 불만을 못 들은 체하거나 별일 아니라는 식으로 대하는 태도
③ 냉담(Coldness) : 고객을 귀찮은 존재로 취급하며 차갑고 퉁명스럽게 대하는 태도
④ 거만/생색(Condescension) : 낯설어하는 고객에게 생색을 내고, 고객을 어수룩하게 보거나 투정을 부린다는 식으로 대하는 태도
⑤ 경직화(Robotism, 로봇화) : 직원이 고객을 기계적으로 응대하려는 태도
⑥ 규정 제일(Rule Apology) : 회사의 규정을 강조하며 고객에게 강요하는 완고한 태도
⑦ 발뺌(Run around, 뺑뺑이 돌리기) : "저희 담당이 아니니 다른 부서로 문의하세요."라는 말로 발뺌하고 타 부서로 미루는 태도

4. 불만 고객의 처리 프로세스(=불만 고객 처리 4원칙)

제1원칙 – 공정성 유지	• 실제로 공정해야 할 뿐만 아니라 고객에게도 공정하게 보여야 한다. • 독립적인 조사 기관이 필요하다.
제2원칙 – 효과적인 대응	• 보상방침을 관대하게 한다. • 불평 처리에 드는 비용은 적은 부분이지만, 고객에게 보여주는 데는 굉장한 효과가 있다.
제3원칙 – 고객 프라이버시 보장	불평 행동에 대한 비밀이 유지되기를 바라는 고객이 있음을 알고 이를 존중한다.
제4원칙 – 체계적 관리	• 고객이 제기한 불평 내용에 대해 조치를 취하고 결과를 고객에게 알린다. • 고객의 불평에서 알게 된 내용을 조직 내의 다른 사람과 공유한다.

핵심 기출 유형 문제

꼭 나오는 유형 ❶ 컴플레인 처리 시의 유의사항

불만 고객 관리와 관련해 컴플레인 처리 시의 유의사항으로 가장 거리가 먼 것은?

① 잘못된 점은 솔직하게 사과한다.
② 고객에 대한 선입견을 갖지 않는다.
③ 설명은 사실을 바탕으로 명확하게 한다.
④ 고객의 입장에서 성의 있는 자세로 임한다.
⑤ 고객의 잘못이 있을 경우 확실하게 책망하여 책임소재를 분명히 가리도록 한다.

해설

⑤ 잘못에 대한 지적이 불쾌감을 주어 고객을 적으로 만들 수 있으므로, 인내심을 가지고 겸손하며 정감 어린 설명으로 설득한다.

컴플레인 처리 시의 유의사항
• 잘못된 점은 솔직하게 사과한다.
• 상대방에게 동조해 가면서 긍정적으로 듣는다.
• 고객이 말하는 것을 성의를 가지고 듣고, 불평 사항을 긍정적으로 받아들인다.
• 요점을 파악하여 고객의 착오는 없었는지를 검토한다.
• 고객에 대한 선입견을 갖지 않고, 고객은 근본적으로 선의를 가지고 있다고 믿는다.
• 설명은 사실을 바탕으로 명확하게 한다.
• 컴플레인 처리 시 상담사 개인의 견해는 말하지 않는다.
• 신속하게 해결책을 마련하여 처리하고, 친절하게 해결책을 납득시킨다.
• 결과를 검토 · 반성하여 두 번 다시 동일한 불만이 발생하지 않도록 유의한다.

정답 ⑤

문제타파 TIP

컴플레인 처리 시 상담사 개인의 견해는 말하지 않으며, 권한 밖의 상황에 대해서는 무리하여 처리하지 않고 상급자에게 보고하여 처리한다는 점 등을 주의해야 한다.

01 불만 고객 관리와 관련해 컴플레인 처리 시의 유의사항으로 가장 거리가 먼 것은?

① 고객에 대한 선입견을 갖지 않는다.
② 불평 사항을 긍정적으로 받아들인다.
③ 고객의 입장에서 성의 있는 자세로 임한다.
④ 설명은 개인 견해를 바탕으로 진솔하게 한다.
⑤ 요점을 파악하여 고객의 착오는 없었는지를 검토한다.

01
컴플레인 처리 시 개인적 견해는 말하지 않는다. 공정성을 유지하며 정해진 체계에 따라 결과를 고객에게 피드백하는 것이 바람직하다.

정답 01 ④

02

고객의 잘못에 대한 명확한 지적이 고객에게 불쾌감을 주어 고객을 적으로 만들 수 있으므로, 인내심을 가지고 겸손하며 정감 어린 설명으로 설득하는 것이 바람직하다.

02 불만 고객 관리와 관련해 컴플레인 처리 시의 유의사항으로 가장 거리가 먼 것은?

① 설명은 사실을 바탕으로 명확하게 한다.
② 고객의 입장에서 성의 있는 자세로 임한다.
③ 상대방에게 동조해 가면서 긍정적으로 듣는다.
④ 고객은 근본적으로 선의를 가지고 있다고 믿는다.
⑤ 고객의 잘못이 있을 경우 명확하게 지적하여 회사의 피해를 최소화한다.

03

권한 밖의 상황에 대해서는 무리하여 처리하지 않고, 고객의 양해를 구하여 상사나 상급 결정권자에게 보고하여 처리하도록 한다.

03 다음 중 고객 불만 처리 방법에 대한 설명으로 가장 옳지 않은 것은?

① 요점을 파악하여 고객의 착오는 없었는지를 검토한다.
② 신속하게 해결책을 마련하여 처리하고 친절하게 해결책을 납득시킨다.
③ 고객이 말하는 것을 성의를 가지고 듣고 불평사항을 긍정적으로 받아들인다.
④ 결과를 검토·반성하여 두 번 다시 동일한 고객불만이 발생되지 않도록 유의한다.
⑤ 회사의 방침과 결부하여 자신의 권한 밖에 있을 때는 적절한 절차를 거쳐 권한을 부여받아 직접 처리토록 한다.

문제타파 TIP

각 원칙의 이름을 관련 내용과 함께 잘 구분하여 기억해두어야 한다.

꼭 나오는 유형 ❷ 불만 고객 응대의 기본 원칙

불만 고객 응대의 기본 원칙과 관련해 다음 〈보기〉의 설명에 해당하는 것은?

┤ 보기 ├
고객의 비난과 불만이 나의 업무가 아니라고 해서 고객의 불만족에 대한 책임이 전혀 없다는 말은 성립되지 않는다. 고객에게는 누가 담당자인지가 중요한 것이 아니라, 나의 문제를 해결해 줄 것인지 아닌지가 중요한 것이다.

① 책임 공감의 원칙　　② 역지사지의 원칙
③ 언어 절제의 원칙　　④ 피뢰침의 원칙
⑤ 감정통제의 원칙

02 ⑤ 03 ⑤ **정답**

⊢ 해설

① '책임 공감의 원칙'에 해당한다.

불만 고객 응대의 기본 원칙

책임 공감의 원칙	자신이 고객의 불만을 야기한 것이 아니라도 같은 조직 구성원의 일부로서 고객의 불만족에 대한 책임을 같이 져야 한다.
피뢰침의 원칙	고객은 나에게 개인적인 감정이 있어서 화를 내는 것이 아니라 일처리에 대한 불만으로 복잡한 규정과 제도에 대해 항의하는 것이라는 관점을 가져야 한다(*피뢰침은 번개를 직접 맞지만, 건물 등에 피해를 주지 않고 번개를 땅으로 흘려보낸다).
언어절제의 원칙	고객의 말을 많이 들어주는 것만으로도 고객들은 좋은 느낌을 가지고 돌아가게 된다.
역지사지의 원칙	고객을 이해하기 위해서는 반드시 그의 입장에서 문제를 바라봐야 한다.
감정통제의 원칙	고객을 직접적으로 응대하려면 사람과의 만남에서 오는 부담감을 극복하고 자신의 감정까지도 통제할 수 있어야 한다.

정답 ①

---

04 불만 고객 응대의 기본 원칙과 관련해 다음 〈보기〉의 설명에 해당하는 것은?

┌ 보기 ┐

고객은 나에게 개인적인 감정이 있어서 화를 내는 것이 아니라 일처리에 대한 불만으로 복잡한 규정과 제도에 대해 항의하는 것이라는 관점을 가져야 한다.

① 피뢰침의 원칙　　　　② 언어절제의 원칙
③ 역지사지의 원칙　　　　④ 책임 공감의 원칙
⑤ 감정통제의 원칙

04
피뢰침의 원칙
피뢰침은 번개를 직접 맞지만, 건물 등에 피해를 주지 않고 번개를 땅으로 흘려보낸다. 이처럼 고객이 자신에게 화를 내는 것이 아니라 회사나 제도에 항의하는 것이라는 관점을 가지고 일처리를 해나가야 상처를 입지 않고 고객의 불만에 적절히 응대할 수 있다.

---

05 불만 고객 응대의 기본 원칙과 관련해 다음 〈보기〉의 설명에 해당하는 것은?

┌ 보기 ┐

고객을 직접적으로 응대하려면 사람과의 만남에서 오는 부담감을 극복하고 자신의 감정까지도 통제할 수 있어야 한다.

① 피뢰침의 원칙　　　　② 언어절제의 원칙
③ 역지사지의 원칙　　　　④ 책임 공감의 원칙
⑤ 감정통제의 원칙

05
감정통제의 원칙
인간관계에서 오는 부담감으로부터 자유로울 수 있는 사람은 없겠지만, 사람을 만나고 의사소통하며 결정·집행하는 것이 직업이라면 사람과의 만남에서 오는 부담감을 극복하고 자신의 감정까지도 통제할 수 있어야 한다.

정답 **04** ① **05** ⑤

꼭 나오는 유형 ❸ 고객을 화나게 하는 7가지 태도

고객을 화나게 하는 7가지 태도 중 마음을 담지 않고 인사나 응대, 답변 등이 기계적이며 반복적으로 고객을 대하는 태도를 의미하는 것은?

① 발뺌   ② 무시

③ 냉담   ④ 경직화

⑤ 규정 제일

해설 고객을 화나게 하는 7가지 태도

무관심(Apathy)	내 소관, 내 책임이 아니며, 나와는 아무 관계없다는 태도로, 고객에 대한 책임감과 조직에 대한 소속감이 없는 직원에게 나타날 수 있는 태도
무시(Brush-off)	고객의 요구나 불만을 못 들은 체 하거나 별일 아니라는 식으로 대하는 태도
냉담(Coldness)	고객을 귀찮은 존재로 취급하며 차갑고 퉁명스럽게 대하는 태도
거만/생색 (Condescension)	낯설어하는 고객에게 생색을 내고, 고객을 무지하고 어수룩하게 보거나 투정을 부린다는 식으로 대하는 태도
경직화 (Robotism, 로봇화)	직원이 고객을 기계적으로 응대하고, 따뜻함이나 인간미를 전혀 느낄 수 없는 태도
규정 제일 (Rule Apology)	고객의 만족보다는 회사의 규정을 강조하며 고객에게 강요하는 완고한 태도
발뺌(Run around, 뺑뺑이 돌리기)	"저희 담당이 아니니 다른 부서로 문의하세요."라는 말로 발뺌하고 타 부서로 미루는 태도

정답 ④

06

① 발뺌 : 자신의 업무영역과 책임 한계를 이야기하며 다른 부서에 떠넘기는 태도

② 거만 : 고객을 무지하고 어수룩하게 보거나 투정을 부린다는 식으로 대하는 태도

④ 경직화 : 마음을 담지 않고 인사나 응대, 답변 등이 기계적이며 반복적으로 고객을 대하는 태도

⑤ 규정 제일 : 회사의 규정을 강조하며 고객에게 강요하는 완고한 태도

06 고객을 화나게 하는 7가지 태도 중 내 소관, 내 책임이 아니며 나와는 상관이 없다는 태도로서 고객에 대한 책임감과 조직에 대한 소속감이 없는 직원에게 나타날 수 있는 태도 유형은?

① 발뺌   ② 거만

③ 무관심   ④ 경직화

⑤ 규정 제일

07

① 경직화 : 마음을 담지 않고 인사나 응대, 답변 등이 기계적이며 반복적으로 고객을 대하는 태도

③ 발뺌 : 자신의 업무영역과 책임 한계를 이야기하며 다른 부서에 떠넘기는 태도

④ 냉담 : 고객을 귀찮은 존재로 취급하며 차갑게 대하는 태도

⑤ 규정 제일 : 회사의 규정을 강조하며 고객에게 강요하는 완고한 태도

07 고객을 화나게 하는 7가지 태도 중 고객을 무지하고 어수룩하게 보거나 투정을 부린다는 식으로 대하는 태도로서 의사 등 전문가들 사이에 많이 나타나는 태도 유형은?

① 경직화   ② 거만

③ 발뺌   ④ 냉담

⑤ 규정 제일

06 ③ **07** ② 정답

🏴 나오는 유형 ❹ 불만 고객의 처리 프로세스

다음 중 불만 고객의 처리 프로세스에 대한 설명으로 가장 옳지 않은 것은?

① 독립적인 조사 기관이 필요하다.

② 고객에게 공정하게 보이는 것보다 실제 공정하게 처리되는 것이 더 중요하다.

③ 고객이 제기한 불평 내용에 대해 조치를 취한 뒤 그 결과를 고객에게 알리도록 한다.

④ 고객의 불평 행동에 대한 비밀을 유지하여 고객 프라이버시가 보장될 수 있도록 한다.

⑤ 고객의 불평을 통해 알게 된 내용을 조직 내부의 다른 사람들과 공유하여 체계적으로 관리하도록 한다.

🏴 해설

② 실제로 공정해야 할 뿐만 아니라 고객에게도 공정하게 보여야 한다.

불만 고객의 처리 프로세스(=불만 고객 처리 4원칙)

제1원칙 – 공정성 유지	• 실제로 공정해야 할 뿐만 아니라 고객에게도 공정하게 보여야 한다. • 독립적인 조사 기관이 필요하다.
제2원칙 – 효과적인 대응	• 보상방침을 관대하게 한다. • 불평 처리에 드는 비용은 적은 부분이지만, 고객에게 보여주는 데는 굉장한 효과가 있다.
제3원칙 – 고객 프라이버시 보장	불평 행동에 대한 비밀이 유지되기를 바라는 고객이 있음을 알고 이를 존중한다.
제4원칙 – 체계적 관리	• 고객이 제기한 불평 내용에 대해 조치를 취하고 결과를 고객에게 알린다. • 고객의 불평에서 알게 된 내용을 조직 내의 다른 사람과 공유한다.

정답 ②

---

08 다음 〈보기〉 중 불만 고객의 처리 프로세스에 해당되는 내용을 찾아 모두 선택한 것은?

┌ 보기 ┐
가. 인적 선발 기준 강화　　　나. 고객 불만 처리 기준 재정립
다. 체계적 관리　　　　　　　라. 공정성 유지
마. 효과적인 대응
└──────────────────────┘

① 가, 나

② 가, 나, 다

③ 나, 다, 라

④ 나, 다, 라, 마

⑤ 다, 라, 마

08

불만 고객 처리 프로세스(=불만 고객 처리 4원칙)

• 제1원칙 – 공정성 유지
• 제2원칙 – 효과적인 대응
• 제3원칙 – 고객 프라이버시 보장
• 제4원칙 – 체계적 관리

정답 **08** ⑤

04 파워 코칭 (Power Coaching)

핵심 이론

1. 코칭(Coaching)의 개념과 필요성

① 코칭의 개념
- ㉠ 즉각적인 수행 향상을 목적으로 함
- ㉡ 스스로 문제점을 찾아 해결할 수 있도록 도움
- ㉢ 수평적이고 협력적이며 파트너십에 중점을 둠
- ㉣ 개인지도나 수업의 방식을 통해 지식과 기능의 향상을 도모

② 코칭의 필요성
- ㉠ 조직차원 : 핵심인재 보유 및 육성, 인간관계를 개선하고 신뢰문화 구축 등
- ㉡ 개인차원 : 지속적인 자기개발을 통한 성취, 성공 경험을 통한 자신감 배양 등

2. 코칭 대화 프로세스 모형(GROW 모델)

목표 설정(G) → 현실 확인(R) → 대안 탐색(O) → 실행 의지 확인(W)

3. 코치의 다양한 역할

후원자 (Sponsor)	직원들이 개인적인 성장과 경력상 목표를 달성하는 데 도움이 되는 업무가 무엇인지 결정하는 것을 도와주는 사람
멘토 (Mentor)	어떤 분야에서 존경받는 조언자이며, 기업의 정치적 역학관계에 대처하는 방법 및 영향력을 행사해서 파워를 형성하는 방법을 아는 사람
평가자 (Appraiser)	직원의 성과를 관찰하여 적절한 피드백이나 지원을 하기로 직원과 약속한 사람
역할모델 (Role Model)	맡은 바를 행동으로 보여주는 역할을 수행하면서 직원들의 기업문화에 적합한 리더십 유형을 보여 주는 사람

교사 (Teacher)	업무상 비전, 가치, 전략, 서비스 및 제품, 고객 등에 관한 정보를 제공하는 중요한 역할을 하는 사람

〈멘토의 역할〉
- 업무 또는 사고 등에 의미 있는 변화를 일으키게 해주는 조언자이다.
- 멘토의 역할은 일생을 거칠 만큼 장기적일 수도 있고, 단기적 혹은 일회성일 수도 있다.
- 팀원이 원하거나 또는 프로세스상 필요한 경우 지원할 수 있다.
- 전문적이고 구체적인 지식이나 지혜를 통해 도움을 주는 내용 전문가이다.
- 주로 같은 조직에 있는 사람이나 외부 전문가가 수행하게 된다.

4. 코칭과 유사 개념 – 멘토링, 컨설팅, 카운슬링

① 멘토링 : 한 걸음 물러서서 학습자의 지식과 기능의 발전을 위해 조언과 상담을 실시
② 컨설팅 : 당면한 문제를 시급히 해결하고 싶은 사람에게 현재 중심적 시각에서 전문가의 조언을 제공
③ 카운슬링 : 자신의 실적에 영향을 미치는 인간적인 문제를 스스로 해결하도록 도와주는 과정

5. 코칭의 장점과 단점

장점	• 업무 수행성과와 직접적으로 연관되어 있다. • 코치와 학습자가 동시에 성장할 수 있다. • 상·하 간 커뮤니케이션 능력을 향상시킬 수 있다. • 일대일로 지도하기 때문에 교육 효과가 높다.
단점	• 교육의 성패가 코치의 능력에 좌우된다. • 일대일 방식이므로 코치의 시간이 많이 소요되며 노동집약적이다. • 매일의 코칭은 학습자에게 부담이 될 수 있다. • 코치와 학습자 간의 계약관계가 학습에 지장을 줄 수 있다.

핵심 기출 유형 문제

꼭 나오는 유형 **❶ 코칭(Coaching)의 개념과 필요성**

다음 중 코칭(Coaching)의 개념에 대한 설명으로 가장 옳지 않은 것은?

① 즉각적인 수행 향상을 목적으로 한다.

② 스스로 문제점을 찾아 해결할 수 있도록 돕는다.

③ 수평적이고 협력적이며 파트너십에 중점을 둔다.

④ 개인지도나 수업의 방식을 통해 지식과 기능의 향상을 도모한다.

⑤ 계약에 관계없이 별도로 이루어지며 개인보다 조직의 변화와 발전을 지원하는 데 초점을 맞춘다.

┣ 해설

⑤ 코치와 학습자 간의 계약 관계에 의해 코칭(Coaching)이 이루어지며, 개인과 조직의 변화와 발전을 가져오는 데 도움을 준다.

코칭(Coaching)의 개념

• 즉각적인 수행 향상을 목적으로 한다.

• 스스로 문제점을 찾아 해결할 수 있도록 돕는다.

• 수평적이고 협력적이며 파트너십에 중점을 둔다.

• 개인지도나 수업의 방식을 통해 지식과 기능의 향상을 도모한다.

정답 ⑤

문제타파 TIP

'즉각적인 수행 향상', '스스로 문제점을 찾아 해결', '수평적이고 협력적이며 파트너십에 중점', '지식과 기능의 향상을 도모' 등 특징적 내용을 기억해두도록 한다.

---

01 다음 중 코칭(Coaching)의 필요성에 대한 설명으로 가장 옳지 않은 것은?

① 코치를 받는 사람이 지속적인 자기개발을 통하여 성취를 이룰 수 있도록 돕는다.

② 조직(기업)이 나아가고자 하는 방향을 이해하고 성과를 가져다주는 핵심 인재 육성에 도움을 준다.

③ 코치와의 파트너십을 통해 새로운 시각으로 가능성을 창조해냄으로써 성과 창출에 도움을 준다.

④ 지시 및 명령 하달의 커뮤니케이션을 과감히 탈피하고 수평적인 조직 문화를 형성하는 데 도움을 준다.

⑤ 코치를 받는 사람이 자신의 목표를 설정하고 이에 대한 성공 경험을 바탕으로 자신감을 배양할 수 있도록 돕는다.

01

지시, 명령 하달의 커뮤니케이션의 경청과 질문을 지원함으로써 조직 내 인간관계를 개선하고 신뢰 문화를 구축하는 데 공헌한다.

정답 01 ④

꼭 나오는 유형 ❷ 코칭 대화 프로세스 모형

코칭 대화 프로세스 모형 중 'GROW 모델'을 구성하는 절차적 단계와 가장 거리가 먼 것은?

① 목표 설정
② 현실 확인
③ 대안 탐색
④ 실행의지 확인
⑤ 결과 확인 및 점검

해설 GROW 모델

Goal (목표 설정)		Reality (현실 확인)		Option (대안 탐색)		Will (실행의지 확인)
코칭의 주제와 목표 설정	⇨	목표와 관련된 현재 상황 파악	⇨	구체적으로 어떤 방법을 통해 목표를 실현시킬 수 있을지에 대한 탐색	⇨	함께 세운 계획을 실행에 옮길 수 있도록 코치의 역할이 중요하며, 코칭을 마무리하는 동시에 전체 과정을 리뷰하고 피드백하는 과정

정답 ⑤

02 코칭 대화 프로세스 모형 중 GROW 모델을 구성하는 절차적 단계와 가장 거리가 먼 것은?

① 대안 탐색
② 목표 설정
③ 현실 확인
④ 성취결과 인정
⑤ 실행의지 확인

꼭 나오는 유형 ❸ 코치의 역할

코치(Coach)의 역할과 관련해 다음 〈보기〉의 설명에 해당하는 것은?

┤ 보기 ├
직원들이 자신의 업무를 효과적으로 수행할 수 있도록 업무상 비전, 가치, 전략, 서비스 및 제품, 고객 등에 관한 정보를 제공하는 중요한 역할을 하는 사람이다.

① 교사
② 멘토
③ 후원자
④ 평가자
⑤ 역할모델

02 ④ 정답

해설 코치의 다양한 역할

후원자 (Sponsor)	직원들이 개인적인 성장과 경력상 목표를 달성하는 데 도움이 되는 업무가 무엇인지 결정하는 것을 도와주는 사람이다.
멘토 (Mentor)	어떤 분야에서 존경받는 조언자이며, 기업의 정치적 역학관계에 대처하는 방법 및 영향력을 행사해서 파워를 형성하는 방법을 알고 있는 사람이다.
평가자 (Appraiser)	특정한 상황하에서 직원의 성과를 관찰하여 적절한 피드백이나 지원을 하기로 직원과 약속한 사람이다.
역할모델 (Role Model)	맡은 바를 행동으로 보여주는 역할을 수행하면서 직원들의 기업문화에 적합한 리더십 유형을 보여준다.
교사 (Teacher)	직원들이 자신의 업무를 효과적으로 수행할 수 있도록 업무상 비전, 가치, 전략, 서비스 및 제품, 고객 등에 관한 정보를 제공하는 중요한 역할을 한다.

정답 ①

03 '코치(Coach)'의 역할과 관련해 다음 〈보기〉의 설명에 해당하는 것은?

┤ 보기 ├

직원들이 개인적인 성장과 경력상 목표를 달성하는 데 도움이 되는 업무가 무엇인지 결정하는 것을 도와주는 사람이다.

① 교사
② 멘토
③ 평가자
④ 후원자
⑤ 역할모델

03
개인적인 성장과 경력상 목표를 달성하는 데 도움이 되는 업무가 무엇인지 결정하는 것을 도와주는 역할은 '후원자'로서의 역할이다.

04 코치(Coach)의 역할과 관련해 다음 〈보기〉의 설명에 해당하는 것은?

┤ 보기 ├

맡은 바를 행동으로 보여주는 역할을 수행하면서 직원들의 기업문화에 적합한 리더십 유형을 보여준다.

① 멘토
② 교사
③ 평가자
④ 후원자
⑤ 역할모델

04
코치의 역할 중 맡은 바를 행동으로 보여주는 역할을 수행하면서 직원들의 기업문화에 적합한 리더십 유형을 보여주는 것은 '역할모델(Role Model)'로서의 역할이다.

정답 03 ④ 04 ⑤

05
같은 조직에 있는 사람 또는 외부 전문가가 멘토의 역할을 수행할 수 있다.

06
멘토의 역할은 일생을 거칠 만큼 장기적일 수도 있고, 단기적 혹은 일회성일 수도 있다.

07
신입 직원에 대한 적응 지도 및 훈련이 필요한 경우에는 '코칭(Coaching)'을 사용하는 것이 적당하다.

05 다음 중 멘토(Mentor)의 역할에 대한 설명으로 가장 옳지 않은 것은?

① 전문적이고 구체적인 지식이나 지혜를 가지고 도움을 주는 내용 전문가이다.
② 같은 조직에 있는 사람이 아니라 외부 전문가를 통해서만 수행토록 한다.
③ 멘토의 역할은 일생을 거칠 만큼 장기적일 수도 있고, 반면에 단기적일 수도 있다.
④ 팀원이 원할 때 또는 프로세스상 필요할 때 지원할 수 있다.
⑤ 업무 또는 사고에 있어 의미있는 변화를 일으키게 해주는 조언자이다.

06 다음 중 멘토(Mentor)의 역할에 대한 설명으로 가장 거리가 먼 것은?

① 업무 또는 사고 등에 의미 있는 변화를 일으키게 해주는 조언자이다.
② 멘토의 역할은 대부분 단기적인 경우에 한해 제한적으로 실시하게 된다.
③ 팀원이 원하거나 또는 프로세스상 필요한 경우 지원할 수 있다.
④ 전문적이고 구체적인 지식이나 지혜를 통해 도움을 주는 내용 전문가이다.
⑤ 주로 같은 조직에 있는 사람이나 외부 전문가가 수행하게 된다.

07 다음 중 조직 내부에서 '카운슬링(counseling)'이 필요한 경우로 보기 어려운 것은?

① 스트레스가 쌓이고 지친 팀원이 발생된 경우
② 자신의 업무에 불만을 가진 팀원이 발생한 경우
③ 신입 직원에 대한 적응 지도 및 훈련이 필요한 경우
④ 동료와의 사이에 갈등을 겪고 있는 팀원이 발생된 경우
⑤ 지원이 필요한 개인적인 문제를 가진 팀원이 발생된 경우

👍 **더 알아보기** 카운슬링이 필요한 경우

- 카운슬링은 상처받은 사람을 치유하는 개념으로 볼 수 있다.
- 스트레스가 쌓이고 지친 팀원의 발생한 경우, 경영환경에 따른 인사상의 불이익이 생긴 경우, 업무에 대한 불만족이 있는 팀원이 있는 경우, 동료와의 사이에 갈등을 겪고 있는 팀원이 있는 경우 등에 필요하다.

05 ② **06** ② **07** ③ 정답

꼭 나오는 유형 **❹ 코칭(Coaching)의 장점 및 단점**

다음 중 코칭(Coaching)의 장점에 대한 설명으로 가장 옳지 않은 것은?

① 코치와 학습자의 동시 성장이 가능하다.

② 업무 수행성과에 직접적으로 관련되어 있다.

③ 일대일로 지도하기 때문에 교육 효과가 높다.

④ 교육의 성패가 코치의 능력에 의해 좌우된다.

⑤ 상 · 하 간의 커뮤니케이션 능력을 향상시킬 수 있다.

⊨ 해설

④ 교육의 성패가 코치의 능력에 의해 좌우될 수 있는 것은 코칭의 단점에 해당한다.

코칭(Coaching)의 단점

• 교육의 성패가 코치의 능력에 좌우된다.

• 매일의 코칭은 학습자에게 부담이 될 수 있다.

• 코치와 학습자 간의 계약관계가 학습에 지장을 줄 수 있다.

• 일대일 방식이므로 코치의 시간이 많이 소요되며 노동집약적이다.

정답 ④

!문제타파 TIP

코칭의 장·단점을 묻는 문제가 자주 출제되니 장점과 단점을 꼼꼼히 기억해 두어야 한다.

---

08 다음 중 코칭(Coaching)의 단점에 대한 설명으로 가장 옳지 않은 것은?

① 교육의 성패가 코치의 능력에 지나치게 좌우된다.

② 코치와 학습자 간의 계약관계는 학습에 지장을 줄 수 있다.

③ 일대일 방식이므로 코치의 시간이 많이 소요되며 노동집약적이다.

④ 코치에 비해 학습자의 비약적 성장이 가능하다.

⑤ 매일의 코칭은 학습자에게 부담이 될 수 있다.

08
코칭(Coaching)을 통해 코치와 학습자의 동시 성장이 가능하며, 이는 코칭의 장점에 해당한다.

---

09 다음 중 코칭(Coaching)의 단점에 대한 설명으로 가장 옳지 않은 것은?

① 업무 수행성과에 직접적인 관련성이 없다.

② 교육의 성패가 코치의 능력에 지나치게 좌우된다.

③ 코치와 학습자 간의 계약관계는 학습에 지장을 줄 수 있다.

④ 매일 실시되는 코칭은 학습자에게 부담이 될 수 있다.

⑤ 일대일 방식이므로 코치의 시간이 많이 소요되며 노동집약적이다.

09
코칭(Coaching)은 업무 수행성과에 직접적으로 도움이 되며, 이는 코칭의 장점에 해당한다.

---

10 다음 중 코칭(Coaching)의 장점에 대한 설명으로 가장 옳지 않은 것은?

① 일대일로 지도하므로 교육 효과가 높다.

② 코치와 학습자의 동시 성장이 가능하다.

③ 상 · 하 간의 커뮤니케이션 능력을 향상시킬 수 있다.

④ 업무 수행성과에 직접적으로 관련되어 있다.

⑤ 일대일 방식으로 진행되기 때문에 코치의 시간을 획기적으로 줄일 수 있다.

10
일대일 방식이므로 코치의 시간이 많이 소요되며 노동집약적이다. 이는 코칭의 단점에 해당한다.

정답 **08** ④ **09** ① **10** ⑤

01 상황별 전화응대

핵심 이론

1. 전화응대의 3대 원칙

신속	• 인사나 농담이 길어지지 않도록 하고, 요점만 주고 받도록 한다. • 불필요한 말은 반복하지 않는다. • 전화를 걸기 전에 '5W1H'로 말하는 순서와 요점을 정리한다.
정확	• 발음을 명확히 또박또박한다. • 상대의 말을 지레짐작하여 응답하지 않는다. • 상대가 이해하지 못할 전문용어나 틀리기 쉬운 단어는 사용하지 않는다. • 중요한 부분은 강세를 주어 강조한다.
친절	• 상대방이 누구든지 차별하지 않고 경어를 쓰도록 한다. • 상대방이 언성을 높이거나 불쾌해하면 한발 물러서서 언쟁을 피하도록 한다. • 상대방의 말을 끊거나 가로채지 않는다. • 필요 이상으로 소리를 크게 내거나 과하게 웃지 않는다. • 상대방의 기분을 이해하고, 긍정적으로 생각하도록 대화를 리드한다.

※ 5W1H(육하원칙) : When(언제), Where(어디서), Who(누가), What(무엇을), Why(왜), How(어떻게)

2. 전화응대의 구성 요소

- 음성
- 억양
- 속도
- 명확한 발음
- 띄어 읽기
- 효과적인 의사소통의 단어 선택
- 적극적 경청

3. 올바른 전화응대의 자세

① 언어는 정확하고 간결한 표현을 사용
② 상대를 마주보고 대하는 것처럼 정중하며 친절한 태도로 응대
③ 전화기 옆에는 필기도구를 준비하여 항상 메모할 수 있도록 대비
④ 통화 도중 상대방을 기다리게 할 경우 주위 소음이 들어가지 않도록 주의
⑤ 도중에 끊어지면 먼저 건 쪽에서 다시 전화를 걸음
⑥ 통화는 용건만 간단히 함
⑦ 통화가 끝났을 경우 상대방이 먼저 끊은 것을 확인한 다음 수화기를 내려놓음

4. 전화응대 시 유의사항

① 명령형이나 지시형보다는 의뢰형이나 권유형으로 말하는 것이 좋음
② 음량을 조절하여 고객의 목소리보다 조금 낮은 목소리로 통화하는 것이 좋음
③ 강조할 부분, 쉬어야 할 부분을 구별해 또박또박 말하도록 함
④ 고객이 말하는 속도에 맞추어서 일치감을 형성하는 것이 좋음
⑤ 부정적인 말은 우회하여 표현하는 것이 좋음
⑥ 고객의 욕구를 충족시키지 못했을 경우 차선책 또는 대안을 제시할 수 있도록 함

5. 효과적인 경청을 위한 방안

① 비판하거나 평가하지 않음
② 편견을 갖지 않고 고객의 입장에서 들어야 함
③ 고객에게 집중하고, 고객의 말에 계속 반응해야 함
④ 정확한 이해를 위해 고객이 말한 것을 복창
⑤ 고객의 말을 가로막지 않아야 함
⑥ 중요한 내용이나 요점은 기록함

📖 핵심 기출 유형 문제

🔖 나오는 유형 ❶ 전화응대의 3대 원칙

다음 〈보기〉의 내용 중 전화응대의 3대 원칙을 찾아 모두 선택한 것은?

┤ 보기 ├

가. 정확　　　　　나. 성장　　　　　다. 신속

라. 개발　　　　　마. 자신감　　　　바. 친절

① 가, 나, 다　　　　　　② 가, 다, 바

③ 나, 다, 라　　　　　　④ 나, 라, 바

⑤ 라, 마, 바

해설

전화응대의 3대 원칙은 '신속', '정확', '친절'이다.

전화응대의 3대 원칙

신속	• 인사나 농담이 길어지지 않도록 하고, 요점만 주고받도록 한다. • 불필요한 말은 반복하지 않는다. • 전화를 걸기 전에 '5W1H'로 말하는 순서와 요점을 정리한다.
정확	• 발음을 명확히 또박또박한다. • 상대의 말을 지레짐작하여 응답하지 않는다.
친절	• 상대방이 누구든지 차별하지 않고 경어를 쓰도록 한다. • 상대방이 언성을 높이거나 불쾌해하면 한발 물러서서 언쟁을 피하도록 한다.

정답 ②

01 다음 〈보기〉의 내용 중 전화응대의 3대 원칙을 찾아 모두 선택한 것은?

┤ 보기 ├

가. 시간　　　　　나. 친절　　　　　다. 신속

라. 성장　　　　　마. 전문지식　　　바. 정확

① 가, 나, 다　　　　　　② 가, 다, 바

③ 나, 다, 라　　　　　　④ 나, 다, 바

⑤ 라, 마, 바

01
전화응대의 3대 원칙은 '신속', '정확', '친절'이다.

정답 **01** ④

02
늦어지는 경우에는 중간보고를 한다.

02 전화응대 시 신속성을 증대시키기 위한 방안으로 가장 옳지 않은 것은?

① 불필요한 농담이나 말을 반복하지 않는다.
② 늦어지는 경우 중간보고는 생략하도록 한다.
③ 전화를 걸기 전에 '5W1H'로 말하는 순서와 요점을 정리한다.
④ 소속과 이름을 밝혀 쌍방 모두의 시간을 아낄 수 있도록 한다.
⑤ 간결하게 통화하며, 문의사항에 대한 보고나 결과 통보의 경우 예정시간 등을 미리 알린다.

03
④ '질문'과 '경쟁'은 전화응대의 구성 요소에 포함된 내용이 아니다.
전화응대의 구성 요소
음성, 억양, 속도, 명확한 발음, 띄어 읽기, 효과적인 의사소통의 단어 선택, 적극적 경청

03 다음 〈보기〉의 내용 중 전화응대의 구성 요소를 찾아 모두 선택한 것은?

┤ 보기 ├─		
가. 억양	나. 질문	다. 속도
라. 경쟁	마. 띄어 읽기	바. 적극적 경청

① 가, 나, 다, 라   ② 가, 나, 라, 바
③ 가, 다, 라, 바   ④ 가, 다, 마, 바
⑤ 나, 다, 마, 바

⚠ 문제타파 TIP

통화 도중 상대방을 기다리게 할 경우 주위 소음이 들어가지 않도록 수화기를 손으로 가리거나 대기 버튼을 누르는 것이 바람직하며, 도중에 끊어지면 먼저 건 쪽에서 다시 건다는 점을 주의해야 한다.

꼭 나오는 유형 ❷ 올바른 전화응대의 자세

다음 중 올바른 전화응대의 자세와 가장 거리가 먼 것은?

① 언어는 정확하고 간결한 표현을 사용한다.
② 상대를 마주보고 대하는 것처럼 정중하며 친절한 태도로 응대한다.
③ 전화기 옆에는 필기도구를 준비하여 항상 메모할 수 있도록 대비한다.
④ 통화 도중 상대방을 기다리게 할 경우 주위 소음이 들어가지 않도록 대기 버튼을 사용하는 것은 실례가 된다.
⑤ 통화가 끝났을 경우 상대방이 먼저 끊은 것을 확인한 다음 수화기를 내려놓는다.

02 ② 03 ④ 정답

├─ 해설

④ 통화 도중 상대방을 기다리게 할 경우 주위 소음이 들어가지 않도록 수화기를 손으로 가리거나 대기 버튼을 누른다.

올바른 전화응대 자세
- 간결하고 정확한 언어를 쓴다.
- 상대와 마주한 것처럼 정중하고 친절하게 대한다.
- 적당한 통화음성을 사용하며, 중요한 내용은 반복하여 확인한다.
- 가까운 곳에 필기도구를 준비하여 항상 메모할 수 있는 준비를 한다.
- 통화는 용건만 간단히 한다.
- 상대방을 기다리게 할 경우 수화기를 손으로 가리거나 대기 버튼을 누른다.
- 도중에 끊어지면 먼저 건 쪽에서 다시 건다.
- 상대방이 끊은 것을 확인한 후 수화기를 조용히 내려놓는다.

정답 ④

---

04 다음 중 올바른 전화응대의 자세와 가장 거리가 먼 것은?

① 도중에 끊어지면 전화를 먼저 건 쪽에서 다시 건다.
② 상대가 자신보다 연하 혹은 손아래일지라도 경어를 사용하는 것이 좋다.
③ 통화내용 중 중요한 사항은 반복하여 확인한다.
④ 상대의 전화통화 가능 여부를 확인한다.
⑤ 상대의 신뢰를 확보하기 위해 전문 용어를 사용한다.

04
고객이 이해하지 못할 전문용어나 틀리기 쉬운 단어는 사용하지 않는다.

---

05 다음 중 올바른 전화응대의 자세와 가장 거리가 먼 것은?

① 정확한 언어를 사용하고 간결한 표현을 쓰도록 한다.
② 통화내용 중 중요한 사항은 반복하여 확인한다.
③ 상대가 이해하지 못할 전문용어나 틀리기 쉬운 단어는 사용하지 않는다.
④ 도중에 통화가 끊어지면 전화를 받은 쪽에서 다시 거는 것이 원칙이다.
⑤ 통화 도중 상대방을 기다리게 할 때는 주위의 대화 내용이나 소음이 들리지 않도록 주의한다.

05
도중에 통화가 끊어지면 먼저 건 쪽에서 다시 건다.

정답 **04** ⑤ **05** ④

꼭 나오는 유형 ❸ 전화응대 시 유의 사항

다음 중 전화응대 시 유의 사항으로 가장 거리가 먼 것은?

① 명령형이나 지시형보다는 의뢰형이나 권유형으로 말하는 것이 좋다.
② 부정적인 말을 우회적으로 표현하는 것이 좋다.
③ 음량을 조절하여 고객의 목소리보다 조금 낮은 목소리로 통화하는 것이 좋다.
④ 강조할 부분, 쉬어야 할 부분을 구별해 또박또박 말하도록 한다.
⑤ 고객이 말하는 속도보다 조금 빠르게 진행함으로 처리 업무량을 증가시키는 것이 좋다.

해설
⑤ 고객이 말하는 속도에 맞추어서 일치감을 형성하는 것이 좋다.

전화응대 시 유의 사항
• 고객의 이야기에 귀 기울일 준비를 갖춘다.
• 정겨운 목소리로 좋은 첫인상을 남긴다.
• 고객보다 조금 낮은 목소리로 이야기한다.
• 고객의 말 속도에 맞추어 일치감을 형성한다.
• 또박또박 말하며, 말씨와 억양에 유의한다.
• 명령형이나 지시형보다는 의뢰형이나 권유형으로 말한다.
• 부정적인 말은 가급적 사용하지 않고, 우회적으로 표현한다.
• 플러스 화법을 사용한다.
• 고객이 욕구를 해결하지 못했을 때 최선을 다해 차선책 또는 대안을 제시한다.

정답 ⑤

06
② 부정적인 말은 가급적 사용하지 않고, 우회적으로 돌려서 표현한다.

06 다음 중 전화응대 시 유의 사항으로 가장 거리가 먼 것은?

① 플러스 화법을 사용하며, 말씨와 억양에 유의한다.
② 부정적인 말을 우회적으로 돌려서 표현하지 않는다.
③ 상대방의 말을 가로채거나 혼자서만 말하지 않는다.
④ 고객이 이해하기 어려운 전문용어 사용은 가급적 자제한다.
⑤ 고객의 욕구를 충족시키지 못했을 때는 최선을 다해서 차선책 또는 대안을 제시해야 한다.

 더 알아보기 플러스 화법

'신발 벗고 들어오세요.' → '신발장이 입구에 준비되어 있습니다.'처럼 좀 더 공손하게 표현하는 화법이다.

07 다음 중 전화응대 시 유의 사항으로 가장 거리가 먼 것은?

① 부정적인 말은 우회하여 표현하는 것이 좋다.

② 강조할 부분, 쉬어야 할 부분을 구별해 또박또박 말하도록 한다.

③ 명령형이나 지시형보다는 의뢰형이나 권유형으로 말하는 것이 좋다.

④ 음량을 조절하여 고객의 목소리보다 높고 강한 목소리로 통화하는 것이 좋다.

⑤ 고객의 욕구를 충족시키지 못했을 경우 최선을 다해서 차선책 또는 대안을 제시할 수 있도록 한다.

07
목소리 음량을 조절하여 고객의 목소리보다 조금 낮은 목소리로 이야기하는 것이 좋다.

08 다음 중 전화응대 시 유의 사항으로 가장 거리가 먼 것은?

① 마이너스 화법을 사용하며, 말투와 억양에 유의해야 한다.

② 상대방의 말을 가로채거나 혼자서만 말하지 않도록 주의한다.

③ 고객이 이해하기 어려운 전문 용어의 사용은 가급적 자제한다.

④ 고객이 말하는 속도와 맞추어 고객과 일치감을 형성하는 것이 좋다.

⑤ 고객의 욕구를 충족시키지 못했을 때는 최선을 다해서 차선책 또는 대안을 제시해야 한다.

08
플러스 화법을 사용하며, 말씨와 억양에 유의한다.

제3과목

꼭 나오는 유형 ❹ 효과적인 경청을 위한 방안

다음 중 효과적인 경청을 위한 방안으로 가장 옳지 않은 것은?

① 주의를 고객에게 집중한다.

② 고객에 대한 편견을 갖지 않는다.

③ 고객에게 계속적인 반응을 보이는 것이 좋다.

④ 정확한 이해를 위해 고객이 말한 것을 복창한다.

⑤ 조직 구성원으로서 기업의 입장을 적극적으로 대변할 수 있어야 한다.

─ 해설

⑤ 편견을 갖지 않고 고객의 입장에서 듣는다.

효과적인 경청을 위한 방안

• 비판하거나 평가하지 않는다.

• 편견을 갖지 않고 고객의 입장에서 듣는다.

• 고객에게 집중하며, 고객의 말에 계속 반응한다.

• 고객의 말을 끊지 않으며, 고객의 요점을 기록한다.

• 정확한 이해를 위해 고객이 말한 것을 복창한다.

정답 ⑤

문제타파 TIP

고객을 최대한 배려하는 입장임을 기억해야 한다.

정답 **07** ④ **08** ①

09
고객에게 계속적인 반응을 보이는 것이 바람직하다.

09 다음 중 효과적인 경청을 위한 방안으로 가장 옳지 않은 것은?

① 중요한 내용이나 요점을 기록한다.
② 주의를 고객에게 집중한다.
③ 고객의 말을 가로막지 않는다.
④ 고객에게 계속적인 반응을 보이는 것은 부담이 될 수 있으므로 주의해야 한다.
⑤ 비판하거나 평가하지 않는다.

10
고객의 말을 복창하는 것은 중요한 내용을 정확하게 이해하고, 소통하는 데 도움이 된다.

10 다음 중 효과적인 경청을 위한 방안으로 가장 옳지 않은 것은?

① 고객에 대한 편견을 버리고 고객의 입장에서 듣는다.
② 주의를 고객에게 집중한다.
③ 고객의 말을 복창하는 것은 효과적인 경청의 방해 요소가 된다.
④ 고객의 말을 가로막지 않는다.
⑤ 고객에게 계속적인 반응을 보이는 것이 좋다.

11
냉정한 비판과 평가는 오히려 전화응대에 대한 불만과 불신을 심어줄 수 있다.

11 다음 중 효과적인 경청을 위한 방안으로 보기 어려운 것은?

① 냉정한 비판과 평가가 수반되어야 한다.
② 정확한 이해를 위해 고객이 말한 것을 복창한다.
③ 중요한 내용이나 요점을 기록한다.
④ 고객의 말을 가로막지 않는다.
⑤ 편견을 갖지 않고 고객의 입장에서 듣는다.

09 ④ **10** ③ **11** ① 정답

02 바람직한 경어 사용법

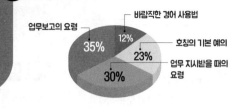

핵심 이론

1. 경어(敬語) 예절

존경어, 겸양어, 공손어, 간접높임을 상황에 맞게 사용

2. 호칭(呼稱)의 기본 예의

① **직장** : 직급과 직책 중에서 더 상위 개념을 칭하는 것이 예의
② 자신보다 나이가 많거나 지위가 상급인 경우 : 공손하게 직위나 적정한 사회적 경칭(敬稱)을 사용
③ 공적인 자리에서 친구나 동료처럼 대등한 위치에 있는 사람일 경우 : 'OO 씨'라고 하여 상대방을 존중해 주는 것이 좋음
④ 사적인 자리에 한해 친구나 동료처럼 대등한 위치에 있는 사람 : 이름을 불러도 괜찮음
⑤ 자신보다 아랫사람이라 하더라도 처음 대면하는 경우 : 'OO 씨' 혹은 이와 유사한 존칭을 사용
⑥ 직장 상사가 미혼 여성 직원을 호칭할 경우 : 'OO 씨'라고 가능한 한 이름을 부르는 것이 바람직

3. 업무를 지시받을 때의 요령

① 업무 지시에 대해 호명을 받으면 곧바로 '예'라고 대답하는 것이 좋음
② 메모지를 준비해서 지시 내용을 잘 듣고 요점을 기록해 정리하는 것이 좋음
③ 요점을 간단히 복창한 후에 능력, 시간, 내용 등을 잘 생각하여 수행
④ **불가능한 지시의 경우** : 불가능한 이유를 말하고 재지시를 받음
⑤ **이중으로 지시를 받았을 경우** : 일의 우선순위를 먼저 결정한 후 처리하며, 우선순위를 판단하기 어려울 경우 상사나 선배에게 상의

⑥ 직속 상사 이외의 지시가 있을 경우 : 먼저 직속 상사에게 보고하고 그 지시를 따름
⑦ 끝까지 잘 듣고도 모호한 점이 있을 경우 : 5W1H 원칙에 따라 질문하여 명령의 내용을 완전하게 파악해야 함
⑧ 지시한 내용에 대해 의견이 있을 때는 겸허한 마음으로 사실에 의거해서 있는 그대로 간결하고 솔직하게 의견을 제시함

4. 업무보고의 요령

① 보고할 내용이 긴 경우, 결론부터 말하고 경과, 절차 등의 내용을 간결하게 보고
② 보고할 내용이 몇 가지 겹쳐졌을 경우, 전체사항을 먼저 보고하고, 하나씩 나누어서 보고
③ 지시받은 사항에 대해 완료되는 즉시 보고
④ 필요한 경우 반드시 중간보고(업무가 완료되기까지 상당한 시간이 걸릴 때, 주요한 상황에 변화가 생겼을 때 등)
⑤ 지시한 사람에게 직접 보고하는 것이 원칙
⑥ 사실을 토대로 보고하며, 필요 시 대안을 마련하여 보고
⑦ 의사결정에 도움이 되도록 모든 자료를 빠뜨리지 않고 준비

5. 보고의 일반적인 원칙

- 적시성
- 정확성
- 완전성
- 필요성
- 간결성
- 유효성

📖 핵심 기출 유형 문제

꼭 나오는 유형 ❶ 바람직한 경어 사용법

바람직한 경어(敬語) 사용을 위한 방법 중 '간접높임'의 올바른 사례로 가장 거리가 먼 것은?

① 지금 거기가 어디십니까?
② 부장님 말씀이 타당하십니다.
③ 장모님께서는 머리가 하얗게 세셨습니다.
④ 고객님께서 말씀하신 사이즈가 없으십니다.
⑤ 외삼촌께서는 회사가 가까우셔서 걸어 다니십니다.

해설

④ 간접높임은 높여야 할 대상의 신체 부분, 성품, 심리, 소유물과 같이 주어와 밀접한 관계를 맺고 있는 대상을 통하여 주어를 간접적으로 높이는 방법이다. '웃음이 많으시다', '구두가 멋있으시다'처럼 '-시-'를 동반한다. 그러나 '사이즈가 없으시다'의 사이즈는 높여야 할 대상과 밀접한 관계를 맺은 사물이 아니기 때문에 간접높임의 사용이 적절하지 않다.

경어(敬語) 예절

존경어	말하는 상대, 즉 듣는 사람이나 또는 화제 중에 등장하는 인물에 대한 경의를 나타내는 말이다. 예 ○○ 씨 / ○○ 여사 / 귀하 / 어느 분 / 사장님께서
겸양어	말하는 사람의 입장을 낮추고 상대방이나 화제에 등장하는 사람에게 경의를 나타내는 말이다. 예 여쭙다 / 뵙다 / 저희 / 드리다
공손어	상대방에게 공손한 마음을 표현할 때 또는 말하는 사람의 자기품위를 위하여 쓰는 경우를 의미한다. 예 보고 드립니다 / 말씀해 주십시오
간접높임	높여야 할 대상의 신체 부분, 성품, 심리, 소유물과 같이 주어와 밀접한 관계를 맺고 있는 대상을 통하여 주어를 간접적으로 높이는 방법이다. 예 부장님 말씀이 타당하십니다 / 장모님께서는 머리가 하얗게 세셨습니다

정답 ④

---

01 바람직한 경어(敬語) 사용을 위한 방법 중 간접높임의 옳은 사례와 가장 거리가 먼 것은?

① 지금 교수님 말씀은 옳으십니다.
② 이사님께서도 몸살이 나셨습니까?
③ 부장님 셔츠 색상이 참 화사해 보이십니다.
④ 현재 고객님의 차량 상태는 문제가 없으십니다.
⑤ 고객님께서 문의하신 상품은 현재 품절이십니다.

꼭 나오는 유형 ❷ 호칭(呼稱)의 기본 예의

다음 중 호칭(呼稱)의 기본 예의에 대한 설명으로 가장 옳지 않은 것은?

① 직급과 직책 중에서 더 상위 개념을 칭하는 것이 통상적인 예의이다.

② 친구나 동료처럼 대등한 위치에 있는 사람이라면 사적인 자리에 한해 이름을 불러도 크게 문제가 되지 않는다.

③ 자신보다 나이가 많거나 지위가 상급인 경우 공손하게 직위나 적정한 사회적 경칭(敬稱)을 사용하는 것이 좋다.

④ 자신보다 아랫사람을 처음 대면하는 경우 친근감을 형성하기 위해 이름을 부르거나 '자네'라는 표현을 사용하는 것이 통상적인 예의이다.

⑤ 공적인 자리에서 친구나 동료처럼 대등한 위치에 있는 사람일 경우, 'OO 씨'라고 하여 상대방을 존중해 주는 것이 좋다.

해설
④ 자신보다 아랫사람이라 하더라도 처음 대면하는 경우 'OO 씨' 혹은 이와 유사한 존칭(尊稱)을 사용하는 것이 좋다.

호칭 예절
• 직장에서는 직급과 직책 중에서 더 상위 개념을 칭하는 것이 통상적인 예의이다.
• 자신보다 나이가 많거나 지위가 상급인 경우, 공손하게 직위나 적정한 사회적 경칭(敬稱)을 사용하는 것이 좋다.
• 공적인 자리에서 친구나 동료처럼 대등한 위치에 있는 사람일 경우, 'OO 씨'라고 하여 상대방을 존중해 주는 것이 좋다.
• 사적인 자리에 한해 친구나 동료처럼 대등한 위치에 있는 사람이라면 이름을 불러도 크게 문제가 되지 않는다.
• 자신보다 아랫사람이라 하더라도 처음 대면하는 경우, 'OO 씨' 혹은 이와 유사한 존칭을 사용하는 것이 좋다.
• 직장 상사가 미혼 여성 직원을 호칭할 경우, 'OO 씨'라고 가능한 한 이름을 부르는 것이 바람직하다.

정답 ④

문제타파 TIP
호칭 사용의 기본 예의를 각각의 상황별로 구분해서 꼼꼼히 알아두어야 한다.

---

02 다음 중 '호칭(呼稱)'의 기본 예의에 대한 설명으로 가장 거리가 먼 것은?

① 자신보다 나이가 많거나 지위가 상급인 경우 공손하게 직위나 적정한 사회적 경칭(敬稱)을 사용하는 것이 좋다.

② 직장 상사가 미혼 여성 직원을 호칭할 경우 'OO 씨'라고 하는 것은 실례가 되므로 직원의 성(姓)을 이용하여 '미스 O' 또는 'O 양' 등으로 불러주어야 한다.

③ 자신보다 아랫사람이라 할지라도 처음 대면하는 경우에는 'OO 씨' 또는 이와 유사한 존칭을 붙여주는 것이 예의이다.

④ 공적인 자리에서 친구나 동료처럼 대등한 위치에 있는 사람일 경우, 'OO 씨'라고 하여 상대방을 존중해 주는 것이 좋다.

⑤ 친구나 동료처럼 대등한 위치에 있는 사람이라면 사적인 자리에 한해 이름을 불러도 크게 문제가 되지 않는다.

02
② 미혼 여성 직원을 호칭할 경우 직원의 성(姓)을 이용하여 '미스 O' 또는 'O 양' 등으로 부르기보다는 가능하면 'OO 씨'와 같이 이름을 부르는 것이 바람직하다.

정답 02 ②

03

① 직급과 직책 중에서 상위개념으로 칭하는 것이 통상적인 예의이다.

03 다음 중 '호칭(呼稱)'의 기본 예의에 대한 설명으로 가장 거리가 먼 것은?

① 직급과 직책 중에서 직책을 기준으로 칭하는 것이 통상적이 예의이다.

② 공적인 자리에서 친구나 동료처럼 대등한 위치에 있는 사람일 경우, 'OO 씨'라고 하여 상대방을 존중해 주는 것이 좋다.

③ 자신보다 나이가 많거나 지위가 상급인 경우 공손하게 직위나 적정한 사회적 경칭(敬稱)을 사용하는 것이 좋다.

④ 자신보다 아랫사람이라 하더라도 처음 대면하는 경우 'OO 씨' 혹은 이와 유사한 존칭(尊稱)을 사용하는 것이 좋다.

⑤ 친구나 동료처럼 대등한 위치에 있는 사람이라면 사적인 자리에 한해 이름을 불러도 크게 문제가 되지 않는다.

🔔 문제타파 TIP

업무 지시를 받을 때의 상황에 맞춰 올바른 요령을 꼼꼼히 기억해두어야 한다.

꼭 나오는 유형 ❸ **업무 지시받을 때의 요령**

다음 중 업무 지시를 받을 때의 요령에 대한 설명으로 가장 거리가 먼 것은?

① 지시 내용을 잘 듣고 요점을 기록해 정리하는 것이 좋다.

② 불가능한 지시의 경우 불가능한 이유를 말하고 재지시를 받는다.

③ 이중으로 지시를 받은 경우 앞서 부여받은 지시를 우선하여 처리한다.

④ 직속 상사 이외의 지시가 있을 경우 먼저 직속 상사에게 보고하고 그 지시를 따른다.

⑤ 지시한 내용에 대해 의견이 있을 때는 겸허한 마음으로 사실에 의거해서 있는 그대로 간결하고 솔직하게 의견을 제시한다.

🖃 해설

③ 이중으로 지시를 받은 경우 일의 우선순위를 결정하여 중요한 일부터 처리한다. 판단할 수 없을 때 상사나 선배와 상의하여 결정한다.

명령을 받는 방법(수명)

• 메모지를 준비해서 지시 내용을 잘 듣고 요점을 기록해 정리하는 것이 좋다.

• 불가능한 지시의 경우 : 불가능한 이유를 말하고 재지시를 받는다.

• 이중으로 지시를 받았을 경우 : 일의 우선순위를 먼저 결정한 후 처리해야 한다.

• 직속 상사 이외의 지시가 있을 경우 : 먼저 직속 상사에게 보고하고 그 지시를 따른다.

• 끝까지 잘 듣고도 모호한 점이 있을 경우 : 5W1H 원칙에 따라 질문하여 명령의 내용을 완전하게 파악한다.

• 지시한 내용에 대해 의견이 있을 때는 겸허한 마음으로 사실에 의거해서 있는 그대로 간결하고 솔직하게 의견을 제시한다.

정답 ③

04 다음 중 업무 수행과 관련해 명령을 받는 방법에 대한 설명으로 가장 옳지 않은 것은?

① 메모지를 준비해서 요점을 기록해 정리한다.

② 끝까지 잘 듣고 '5H1W'로 모호한 점을 질문한다.

③ 업무 지시에 대해 호명을 받으면 곧바로 '예'하고 대답한다.

④ 근거가 되는 데이터를 갖추고 다시 상사의 지시를 구한다.

⑤ 요점을 간단히 복창한 후에 능력, 시간, 내용 등을 잘 생각하여 수행토록 한다.

👍 **더 알아보기** **5W1H(육하원칙)**

- When(언제)   - Where(어디서)   - Who(누가)
- What(무엇을)   - Why(왜)   - How(어떻게)

05 다음 중 업무 지시를 받을 때의 요령에 대한 설명으로 가장 옳지 않은 것은?

① 직속 상사 이외의 지시가 있을 경우 직위 등급이 높은 상급자의 지시를 우선하여 처리한다.

② 이중으로 지시를 받아 우선순위를 판단하기 어려울 경우 상사나 선배와 상의하여 결정하도록 한다.

③ 지시한 내용에 대해 의견이 있을 때는 겸허한 마음으로 사실에 의거해서 있는 그대로 간결하고 솔직하게 의견을 제시한다.

④ 불가능한 지시의 경우 불가능한 이유를 말하고 재지시를 받는다.

⑤ 지시 내용을 잘 듣고 요점을 기록해 정리하는 것이 좋다.

06 다음 중 업무 수행과 관련해 명령을 받는 방법에 대한 설명으로 가장 옳지 않은 것은?

① 메모지를 준비해서 요점을 기록해 정리한다.

② 근거가 되는 데이터를 갖추고 다시 상사의 지시를 구한다.

③ 업무 지시에 대해 호명을 받으면 곧바로 '예'라고 대답한다.

④ 요점을 간단히 복창한 후에 능력, 시간, 내용 등을 잘 생각하여 수행토록 한다.

⑤ 끝까지 잘 듣고 모호한 점이 있을 경우, 재진술의 법칙을 사용하여 업무를 수행하는 중간에 질문하여야 한다.

정답 **04** ② **05** ① **06** ⑤

꼭 나오는 유형 ❹ 업무보고의 요령

다음 중 업무보고의 요령에 대한 설명으로 가장 옳지 않은 것은?

① 지시받은 사항에 대해 완료되는 즉시 보고한다.

② 필요한 경우 반드시 중간보고를 한다.

③ 보고할 내용이 긴 경우, 결론부터 말하고 경과, 절차 등의 내용은 생략하여도 무방하다.

④ 보고할 내용이 몇 가지 겹쳐졌을 경우, 전체 사항을 먼저 보고하고 하나씩 나누어서 보고한다.

⑤ 지시한 사람에게 직접 보고하는 것이 원칙이다.

해설

③ 보고할 내용이 긴 경우, 결론부터 말하고 경과, 절차 등의 내용을 간결하게 보고한다.

업무보고의 요령

• 보고할 내용이 긴 경우, 결론부터 말하고 경과, 절차 등의 내용을 간결하게 보고한다.
• 보고할 내용이 몇 가지 겹쳐졌을 경우, 전체사항을 먼저 보고하고, 하나씩 나누어서 보고한다.
• 지시받은 사항에 대해 완료되는 즉시 보고한다.
• 필요한 경우 반드시 중간보고를 한다.
• 지시한 사람에게 직접 보고하는 것이 원칙이다.
• 사실을 토대로 보고한다.
• 필요 시 대안을 마련하여 보고한다.
• 의사결정에 도움이 되도록 모든 자료를 빠뜨리지 않고 준비한다.

정답 ③

07

보고할 내용이 몇 가지 이상 겹쳤다면 전체 상황을 먼저 보고한 후, 개별적으로 나누어서 보고한다.

07 다음 중 업무보고 요령에 대한 설명으로 가장 옳지 않은 것은?

① 지시한 사람에게 직접 보고하는 것이 원칙이다.

② 지시받은 사항에 대해 완료되는 즉시 보고한다.

③ 필요한 경우 반드시 중간보고를 한다.

④ 보고할 내용이 몇 가지 겹쳐졌을 경우, 우선 개별적으로 나누어 보고한 후 전체 상황을 요약하여 보고한다.

⑤ 보고할 내용이 긴 경우, 결론부터 말하고 경과, 절차 등의 순으로 간결하게 보고한다.

07 ④ **정답**

08 다음 중 보고(報告)의 일반적인 원칙으로 가장 거리가 먼 것은?

① 중대성의 원칙　　② 완전성의 원칙

③ 유효성의 원칙　　④ 필요성의 원칙

⑤ 간결성의 원칙

08

보고의 일반적인 원칙
- 적시성
- 정확성
- 완전성
- 필요성
- 간결성
- 유효성

09 다음 중 보고(報告)의 일반원칙과 가장 거리가 먼 것은?

① 정확성의 원칙　　② 소요성의 원칙

③ 완전성의 원칙　　④ 필요성의 원칙

⑤ 적시성의 원칙

09

보고의 일반적인 원칙
- 적시성
- 정확성
- 완전성
- 필요성
- 간결성
- 유효성

10 다음 중 '중간보고'가 필요한 경우로 보기 어려운 것은?

① 상황이 바뀌어 방법을 변경해야 할 경우

② 업무가 완료되기까지 상당한 시간이 걸릴 경우

③ 지시받은 방침이나 방법으로 불가능해 보일 경우

④ 지시에 따른 결과나 전망이 도저히 보이지 않는 경우

⑤ 자신의 판단으로 처리하기 어려운 경우에 부딪혔을 경우

10

지시에 따른 결과나 전망이 보이는 경우에 중간보고를 하는 것이 옳다.

👍 더 알아보기　중간보고가 필요한 경우

- 업무가 완료되기까지 상당한 시간이 걸릴 때
- 주요한 상황에 변화가 생겼을 때
- 작업 진행 과정에 문제가 생겼을 때
- 상사가 지시한 방법으로는 작업 진행이 불가능할 때
- 결과나 전망이 예상될 때

정답 08 ① 09 ② 10 ④

03 콜센터 조직의 특성

콜센터 조직의 집단의식 21%
콜센터의 전략적 정의 20%
콜센터 조직의 일반적인 특성 33%
콜센터의 유형 26%

📖 핵심 이론

1. 콜센터의 전략적 정의

① 우량고객창출 센터
② 고정 고객의 관계개선 센터
③ 고객접근이 용이한 개방형 고객 상담 센터
④ 원스톱 고객 서비스를 제공하는 서비스 품질 제공 센터
⑤ 고객감동을 실현할 수 있는 휴먼릴레이션 센터

2. 조직 구성원에 따른 콜센터의 유형

직할 콜센터 (직영 콜센터)	기업 내부의 조직원들이 고객정보 보호, 지속적인 업무 진행, 고객 관리의 질을 지속적으로 향상시키기 위해 직접 운영하는 방식
아웃소싱형 콜센터	기업 외부의 전문 콜센터 업체에 의뢰하여 콜센터를 운영하는 방식
제휴형 콜센터	콜센터의 장점과 전문성을 지닌 업체와 제휴하여 시스템 및 인력을 공유하여 운영하는 방식
클라우딩 콜센터	클라우드 기술을 적용해 별도의 콜센터 장비 없이 어느 곳에서든 PC만으로 콜센터 업무가 가능한 운영 방식

3. 장비 시스템에 따른 콜센터의 유형

CTI (Computer Telephony Integration)	• 전화장치 처리 시스템과 컴퓨터 처리 시스템이 연동되어 음성 처리와 데이터 처리가 가능하다. • CTI 시스템에는 자동적인 콜 처리 및 콜 분배, 콜 데이터 분석 및 관리가 가능한 CTI 시스템 콜센터가 있고, 인터넷, 컴퓨터 장치를 통해 실시간 화면을 보며 다양한 고객 상담을 할 수 있는 웹 콜센터가 있다.

VOIP (Voice Over Internet Protocol)	기존의 전화 교환망의 음성 서비스를 인터넷 IP기술을 사용하여 데이터로 전환, 인터넷 팩스, 웹콜, 통합 메시지 처리 등의 향상된 인터넷 전화 서비스를 제공한다.
IPCC (IP Call Center)	인터넷 프로토콜 기반의 콜센터로, 멀티채널, 양방향, 아날로그 음성, VOIP, 화상, 채팅, e-메일, 팩스 등이 가능하다.

4. 콜센터 조직의 일반적인 특성

개인 편차, 특정 업무의 선호, 콜센터만의 독특한 집단의식, 커뮤니케이션 장벽, 비정규직 중심의 전문조직

5. 콜센터 조직의 집단의식

한우리 문화 (=도시락 문화)	평소 자신들과 가장 친한 사람들과 무리를 이루어 어울리고 나머지 사람들은 배타적으로 보는 집단 심리 현상
둥지 속삭임 현상	근무조건, 급여 차이, 업무난이도, 복리후생에 대한 소문이 직원들 사이에 빠르게 전파되며 직원들이 동시에 이탈할 수 있게 되는 현상
철새 둥지 현상	근무조건의 변화, 업무의 난이도, 급여 차이, 복리후생 정책 차이나 타 기업과의 업무 환경 비교 등으로 인해 심리변화와 태도 변화를 일으켜 조금이라도 자신에게 유리한 콜센터로 근무지를 옮기는 현상
콜센터 바이러스	상담원들이 고객과 상담을 하는 과정에서 심리적·정서적으로 지치기 때문에 스트레스가 누적되어 생기는 현상으로 자극적인 말, 근무 조건, 분위기 변화 등에 금세 전염되는 현상
콜센터 집단 현상	콜센터 내의 직원들이 집단적으로 행동하게 되는 현상
콜센터 심리공황	상담원들 간의 갈등이 집단 이탈과 운영 효율의 저하를 초래하고, 관리자도 자기 역할의 한계를 느낌에 따라 결국 콜센터 조직이 와해를 빚게 되는 현상

📖 **핵심 기출 유형 문제**

🔖 나오는 유형 **❶ 콜센터의 전략적 정의**

다음 중 콜센터의 전략적 정의에 대한 설명으로 가장 옳지 않은 것은?

① 콜센터는 우량고객창출 센터이다.
② 콜센터는 고정 고객의 관계개선 센터이다.
③ 콜센터는 고객접근이 어려운 폐쇄형 고객 상담 센터이다.
④ 콜센터는 원스톱 고객 서비스를 제공하는 서비스 품질 제공 센터이다.
⑤ 콜센터는 고객감동을 실현할 수 있는 휴먼릴레이션 센터이다.

🔑 해설
③ 콜센터는 고객 접근이 용이한 개방형 고객 상담 센터이다.

콜센터의 전략적 정의
• 우량고객창출 센터
• 고정 고객의 관계개선 센터
• 고객접근이 용이한 개방형 고객 상담 센터
• 원스톱 고객 서비스를 제공하는 서비스 품질 제공 센터
• 고객감동을 실현할 수 있는 휴먼릴레이션 센터

정답 ③

> ❗ **문제타파 TIP**
> 휴먼릴레이션(human relation)
> 은 '인간관계'를 말한다.

01 다음 중 콜센터의 전략적 정의에 대한 설명으로 가장 옳지 않은 것은?

① 콜센터는 고객감동을 실현할 수 있는 휴먼릴레이션 센터이다.
② 콜센터는 원스톱 고객 서비스를 제공하는 서비스 품질 제공 센터이다.
③ 콜센터는 불량 고객의 분석대응 센터이다.
④ 콜센터는 우량고객 창출 센터이다.
⑤ 콜센터는 고객접근이 용이한 개방형 고객 상담 센터이다.

01
콜센터는 고정고객 관계 개선 센터이다. 고객 획득에 드는 비용이 고객 유지에 필요한 비용보다 크기 때문에 기존 고객 관리, 관계 개선이 기업의 지속에 큰 영향을 미친다.

02 다음 중 콜센터의 전략적 정의에 대한 설명으로 가장 거리가 먼 것은?

① 콜센터는 우량고객창출 센터이다.
② 콜센터는 고정 고객의 관계개선 센터이다.
③ 콜센터는 고객접근이 용이한 개방형 고객 상담 센터이다.
④ 콜센터는 원스톱 고객 서비스를 제공하는 서비스 품질 제공 센터이다.
⑤ 콜센터는 내부고객 만족을 실현할 수 있는 휴먼 인덱스(Human Index) 센터이다.

02
콜센터는 내외 모든 고객 감동을 실현할 수 있는 휴먼릴레이션(human relation)—인간관계 센터이다.

정답 01 ③ 02 ⑤

꼭 나오는 유형   ❷ 콜센터의 유형

다음 〈보기〉의 설명에 해당하는 콜센터 유형으로 가장 옳은 것은?

┤ 보기 ├

기업 내부의 조직원들이 고객정보 보호, 지속적인 업무 진행, 고객 관리의 질
을 지속적으로 향상시키기 위해 직접 운영하는 방식의 콜센터 유형이다.

① 직할 콜센터   ② 제휴형 콜센터
③ 디지털 콜센터   ④ 클라우딩 콜센터
⑤ 아웃소싱형 콜센터

ᯮ해설 조직 구성원에 따른 콜센터 유형 분류

직할 콜센터 (직영 콜센터)	기업 내부의 조직원들이 고객정보 보호, 지속적인 업무 진행, 고객 관리의 질을 지속적으로 향상시키기 위해 직접 운영하는 방식
아웃소싱형 콜센터	• 기업 외부의 전문 콜센터 업체에 의뢰하여 콜센터를 운영하는 방식 • 운영에 따른 리스크를 방지하고 효율성, 생산성 등을 고려해 외부 전문 콜센터 업체에서 인력, 시스템, 시설 등을 조달하는 방식
제휴형 콜센터	전문 업체와 제휴하여 인력, 시스템, 시설 등을 공유하여 운영하는 방식
클라우딩 콜센터	클라우드 기술을 적용해 별도의 콜센터 장비 없이 어느 곳에서든 PC만으로 콜센터 업무가 가능한 운영 방식

정답 ①

03
콜센터 운영의 장점과 전문성을 지닌
업체의 도움을 받아 시스템, 인력, 업
무 노하우를 결합 또는 공유하여 운
영하는 방식은 '제휴형 콜센터' 유형
이다.

03 다음 〈보기〉의 설명에 해당하는 콜센터 유형으로 가장 옳은 것은?

┤ 보기 ├

콜센터 운영의 장점과 전문성을 지닌 업체의 도움을 받아 시스템, 인력, 업무
노하우를 결합 또는 공유하여 운영하는 방식의 콜센터 유형이다.

① 직영 콜센터   ② 직할 콜센터
③ 제휴형 콜센터   ④ 아웃소싱 콜센터
⑤ 커스터마이징 콜센터

04
외부의 전문 콜센터 업체에 의뢰하여
콜센터를 운영하는 방식은 '아웃소싱
형 콜센터' 유형이다.

04 다음 〈보기〉의 설명에 해당하는 콜센터 유형으로 가장 옳은 것은?

┤ 보기 ├

운영에 따른 리스크를 방지하고 효율성, 생산성 등을 고려해 외부 전문 콜센
터 업체에서 인력, 시스템, 시설 등을 조달하는 방식의 콜센터 유형이다.

① 직할 콜센터   ② 직영 콜센터
③ 아웃소싱형 콜센터   ④ 제휴형 콜센터
⑤ 커스터마이징 콜센터

03 ③ 04 ③ 정답

05 전화장치 처리 시스템과 컴퓨터 처리 시스템이 연동되어 음성 처리와 데이터 처리가 가능한 시스템 콜센터 유형은?

① IPCC
② IPTC
③ VOIP
④ PDS
⑤ CTI

정답 및 해설

05

⑤ CTI(Computer Telephony Integration) : 전화장치 처리 시스템과 컴퓨터 처리 시스템이 연동되어 음성 처리와 데이터 처리가 가능하다.
① IPCC(IP Call Center) : 인터넷 프로토콜 기반의 콜센터로, 멀티채널, 양방향, 아날로그 음성, VOIP, 화상, 채팅, e-메일, 팩스 등이 가능하다.
③ VOIP(Voice Over Internet Protocal) : 인터넷 전화
④ PDS(Physical Delivery System) : 물리적 전송 시스템

제3과목

꼭 나오는 유형 ❸ 콜센터 조직의 일반적인 특성

다음 중 콜센터 조직의 일반적인 특성과 가장 거리가 먼 것은?

① 개인 편차
② 특정 업무의 선호
③ 비정규직 중심의 전문조직
④ 콜센터만의 독특한 집단의식
⑤ 커뮤니케이션 장벽의 해체

해설 콜센터 조직의 일반적인 특성
• 개인 편차 : 직원 간 적극성, 인간관계, 고객응대 능력의 수준 등에서 차이가 나는 경우가 많다.
• 특정 업무 선호 : 개인의 특정 업무 선호도에 따라 조직 적응력, 근무매력도, 구직과정 등에 상당한 차이가 발생한다.
• 독특한 집단의식 : 우호적인 직원들끼리 무리를 지어 친밀감과 유대감을 형성한다.
• 커뮤니케이션 장벽 : 조직 내 정규직과 비정규직, 근속기간의 차이 등으로 보이지 않는 커뮤니케이션 장벽이 존재한다.

정답 ⑤

문제타파 TIP

콜센터 조직만의 독특한 집단의식 및 커뮤니케이션 장벽이 존재함을 유의해야 한다.

---

06 다음 중 콜센터 조직의 일반적인 특성과 가장 거리가 먼 것은?

① 개인 편차
② 특정 업무의 선호
③ 커뮤니케이션 장벽
④ 정규직 중심의 전문조직
⑤ 콜센터만의 독특한 집단의식

06

콜센터는 비정규직이나 계약직 중심의 근무형태가 주종을 이루어 정규직이 다수인 일반 기업 조직과는 차이점을 보이며 이에 따른 콜센터만의 독특한 집단의식을 갖는다.

정답 **05** ⑤ **06** ④

07

조직 내에서 정규직과 비정규직 간의 의식·시각 차이, 참여도, 학습능력의 차이, 근속기간의 차이 등으로 인한 보이지 않는 커뮤니케이션 장벽이 존재한다.

❗문제타파 TIP

문제에서 〈보기〉 안의 설명을 읽고 어떠한 집단의식에 대한 내용인지를 빠르게 구분할 줄 알아야 한다.

07 다음 중 콜센터 조직의 일반적인 특성과 가장 거리가 먼 것은?

① 특정 업무의 선호
② 개인 편차
③ 비정규직 중심의 전문조직
④ 콜센터만의 독특한 집단의식
⑤ 개방적인 내부 커뮤니케이션 구조

꼭 나오는 유형 ❹ 콜센터 조직의 집단의식

우리나라 콜센터 조직의 특성과 관련해 다음 〈보기〉의 내용에 해당하는 것은?

┤ 보기 ├

• 공식적으로 발표하지 않았는데도 좋지 않은 소문이나 근무조건 변경 등의 내용이 콜센터 조직 내에 금방 확산되는 현상을 말한다.
• 특정한 사람에게만 알려준 정보가 대부분의 상담원들에게 재빠르게 전파되는 현상을 말한다.

① 한우리 문화   ② 콜센터 집단 현상
③ 콜센터 바이러스 현상   ④ 콜센터 심리공황
⑤ 둥지 속삭임 현상

ᄇ해설

둥지 속삭임 현상

근무조건, 급여 차이, 업무난이도, 복리후생에 대한 소문이 직원들 사이에 빠르게 전파되며 직원들이 동시에 이탈할 수 있게 되는 현상이다.

콜센터 조직의 집단의식

한우리 문화 (=도시락 문화)	평소 자신들과 가장 친한 사람들과 무리를 이루어 어울리고 나머지 사람들은 배타적으로 보는 집단 심리 현상
둥지 속삭임 현상	근무조건, 급여 차이, 업무난이도, 복리후생에 대한 소문이 직원들 사이에 빠르게 전파되며 직원들이 동시에 이탈할 수 있게 되는 현상
철새 둥지 현상	근무조건의 변화, 업무의 난이도, 급여 차이, 복리후생 정책 차이나 타 기업과의 업무 환경 비교 등으로 인해 심리변화와 태도 변화를 일으켜 조금이라도 자신에게 유리한 콜센터로 근무지를 옮기는 현상
콜센터 바이러스	상담원들이 고객과 상담을 하는 과정에서 심리적·정서적으로 지치기 때문에 스트레스가 누적되어 생기는 현상으로 자극적인 말, 근무 조건, 분위기 변화 등에 금세 전염되는 현상
콜센터 집단 현상	콜센터 내의 직원들이 집단적으로 행동하게 되는 현상
콜센터 심리공황	상담원들 간의 갈등이 집단 이탈과 운영 효율의 저하를 초래하고, 관리자도 자기 역할의 한계를 느낌에 따라 결국 콜센터 조직이 와해를 빚게 되는 현상

정답 ⑤

08 우리나라 콜센터 조직의 특성과 관련해 다음 〈보기〉의 ( ) 안에 들어갈 내용으로 가장 옳은 것은?

┤ 보기 ├

콜센터 조직이 점차 커지고 활성화됨에 따라 상담원들이 선호하지 않는 업종이나 기업의 콜센터는 상담원의 기피, 집단이탈, 인력 채용과 운영 효율의 저하를 초래하여 급기야는 콜센터의 관리직도 자기역할의 한계를 느낌에 따라 콜센터 조직의 와해를 빚게 되는 (   ) 현상이 나타난다.

① 한우리 문화
② 물리적 결빙
③ 거품 활동
④ 프로젝트 리스크
⑤ 콜센터 심리공황

08

콜센터 심리공황
상담원들 간의 갈등이 다른 동료나 관리자의 이탈까지 일으키며 콜센터 조직이 와해되는 현상이다.

09 우리나라 콜센터 조직의 특성과 관련해 다음 〈보기〉의 내용에 해당하는 것은?

┤ 보기 ├

상담원들이 근무조건의 변화, 급여 차이, 업무 난이도에 대한 적응 실패, 복리후생 빈약 등으로 인해 심리 변화와 태도 변화를 일으켜 조금이라도 낫다고 생각하는 콜센터로 이직하는 심리 현상을 말한다.

① 한우리 문화
② 철새 둥지 현상
③ 콜센터 심리공황
④ 둥지 속삭임 현상
⑤ 콜센터 바이러스 현상

09

② 우리나라 콜센터 조직의 특성 중 '철새 둥지 현상'에 대한 설명이다.

정답 **08** ⑤ **09** ②

04 콜센터 운영 사이클

핵심 이론

1. 업무 성격에 따른 콜센터의 분류

① 인바운드 콜 서비스

㉠ 고객으로부터 걸려온 전화를 상담하는 업무로, 상품개발이나 서비스 개선을 위한 고객의 의견과 제안 등을 얻을 수 있으며, 고객 불만이나 문제를 해결하는 역할을 함

㉡ 주요 업무 : 요구 및 불만사항 처리, 제품 설명, 제품의 주문 및 신청, A/S 접수, 신규가입 문의 및 상담, 신규가입 접수 및 처리 등

㉢ 특징 : 신속 · 정확성, 서비스성, 정밀성, 프로세스성

② 아웃바운드 콜 서비스

㉠ 기존 고객 및 잠재적 고객에게 직접 전화를 걸어 상담하는 업무로, 적극적인 판매와 마케팅, 캠페인 활동 등의 업무를 수행함

㉡ 주요 업무 : 판촉활동 강화, 해피콜, 시장조사, 연체고객 관리, 고객 만족도 조사, 기념일 및 생일축하 전화, 텔레마케팅 등

㉢ 특징 : 기업주도형, 목표 달성과 성과 분석, 고객 데이터 보유, 적극적인 커뮤니케이션 능력과 고객 설득 능력, 사후 관리, 성과 지향성, CRM, D/B 마케팅 기법 및 솔루션의 전략적 활용

③ 혼합형 콜 서비스 : 인바운드와 아웃바운드를 함께 처리하는 서비스(=블랜딩(Blending) 콜 서비스)

2. 콜센터의 효율적 운영을 위한 핵심 요소

① 전략 수립

② 체계적인 운영 프로세스

③ 효율적인 작업 인프라 구축

④ 콜센터의 상담원

3. 콜센터의 역할

서비스 전략적 측면	• 콜센터 운영지표 확보 • 다양한 커뮤니케이션 채널 확보 • 고객 니즈의 정확한 이해와 피드백 제공 • 서비스 실행 조직으로 기업 전체에 미칠 영향을 중요시해야 함
경영전략 측면	• 고객 확보를 위한 고객 정보 DB 습득에 노력 • 고객 DB를 기반으로 고객 특성에 맞는 맞춤 서비스 제공 • 습득한 고객 정보를 통해 이탈고객 재유치 및 잠재고객을 활성화 • 기존 고객과의 장기적인 관계 유지 및 관리 • 고객 가치 증대를 위해 지속적으로 차별화된 가치 제공 • 고객과의 잦은 대면 접촉을 통해 고객의 속성 및 특징을 파악하여 고객 만족 서비스 제공

4. 콜센터의 생산성 관리 방안

① 지속적인 교육

② 공정한 평가와 그에 따른 보상

③ 우수한 상담원의 채용

④ 직업에 대한 비전 제시

⑤ 적절한 업무 배치

⑥ 숙련된 상담원의 재택근무 지원

5. 콜센터 운영 시 고려 사항

• 효율성
• 적응성
• 합목적성
• 고객 서비스성
• 복잡 상황 대응성
• 전문성

📖 핵심 기출 유형 문제

꼭 나오는 유형 **❶ 인바운드·아웃바운드 콜 서비스**

콜센터의 업무 성격에 따른 분류 중 인바운드 콜 서비스의 활용 사례와 가장 거리가 먼 것은?

① A/S 접수
② 주문 및 신청
③ 판촉활동 강화
④ 신규가입 문의 및 상담
⑤ 신규가입 접수 및 처리

🔑 해설

③은 아웃바운드 콜 서비스에 해당한다.

인바운드 콜 서비스	• 고객으로부터 걸려온 전화를 상담하는 업무로, 상품개발이나 서비스 개선을 위한 고객의 의견과 제안 등을 얻을 수 있으며, 고객 불만이나 문제를 해결하는 역할을 한다. • 주요 업무 : 요구 및 불만사항 처리, 제품 설명, 제품의 주문 및 신청, A/S 접수, 신규가입 문의 및 상담, 신규가입 접수 및 처리 등
아웃바운드 콜 서비스	• 기존 고객 및 잠재적 고객에게 직접 전화를 걸어 상담하는 업무로, 적극적인 판매와 마케팅, 캠페인 활동 등의 업무를 수행한다. • 주요 업무 : 판촉활동 강화, 해피콜, 시장조사, 연체고객 관리, 기념일 및 생일축하 전화, 텔레마케팅 등
혼합형 콜 서비스	인바운드와 아웃바운드를 함께 처리하는 혼합형 콜 서비스이다.

정답 ③

01 콜센터의 업무 성격에 따른 분류 중 인바운드 콜 서비스의 활용 사례와 가장 거리가 먼 것은?

① 상품 신청
② 상품 문의
③ 상품 가입 접수
④ 고객만족도 조사
⑤ A/S 센터 위치 안내

01
'고객만족도 조사'는 아웃바운드 콜 서비스의 활용 사례이다.

02 콜센터의 업무 성격에 따른 분류 중 아웃바운드 콜 서비스의 활용 사례와 가장 거리가 먼 것은?

① 해피콜
② 반복구매 유도
③ 이탈고객 방지
④ 요금관리 안내
⑤ 신규가입 접수 및 처리

02
'신규가입 접수 및 처리'는 인바운드 콜 서비스의 활용 사례이다.

정답 01 ④ 02 ⑤

03

인바운드 콜 서비스는 걸려오는 고객들의 전화를 받아 그들의 필요와 요구, 불만사항을 처리하거나 주문접수 처리, 제품 설명, 의문점을 해결해주는 서비스이다. 그러므로 '다'와 '마'는 인바운드 콜 서비스의 특징과 거리가 멀다.

03 다음 〈보기〉의 내용 중 인바운드 콜 서비스의 특징을 찾아 모두 선택한 것은?

┌ 보기 ├─────────────────────
가. 정밀성   나. 서비스성
다. 목표 달성과 성과 분석   라. 신속·정확성
마. 판매 이후의 사후 관리   바. 프로세스성
└──────────────────────────

① 가, 나, 다   ② 가, 나, 마
③ 가, 나, 다, 라   ④ 가, 나, 라, 바
⑤ 다, 라, 마, 바

04

아웃바운드 콜센터는 판매나 마케팅, 캠페인 전개 등의 업무를 수행하기 위해 고객에게 전화를 거는 업무를 수행한다.
③의 고객접근 용이성은 인바운드 콜센터와 관련된 내용이다.

04 콜센터의 업무 성격에 따른 분류 중 아웃바운드 콜센터의 특징으로 가장 거리가 먼 것은?

① 기업주도형   ② 성과 지향성
③ 고객접근 용이성   ④ 판매 이후의 사후 관리
⑤ 목표 달성과 성과 분석

❗문제타파 TIP

통합 마케팅 관점에서 콜센터는 마케팅 부문과 연계하여 업무 프로세스 및 역할 분담이 설계되어야 함을 유의해야 한다.

꼭 나오는 유형 ❷ 콜센터 운영을 위한 핵심 요소

다음 중 콜센터 운영을 위한 핵심 요소에 대한 설명으로 가장 옳지 않은 것은?

① 업무 프로세스 맵과 운영 매뉴얼 등을 작성하여 체계적으로 운영해야 한다.
② 콜센터의 효율성과 생산성 향상을 위한 새로운 기술 도입에 관심을 기울여야 한다.
③ 조직의 고유한 독립성이 유지될 수 있도록 회사의 마케팅 부문과의 연계를 최대한 자제하여야 한다.
④ 콜센터 상담원의 고객접점 서비스는 회사 전체에 긍정적 이미지를 가지게 하며 불친절한 서비스는 부정적 이미지를 가지게 하여 고객 이탈을 증대시킨다.
⑤ 센터의 목표를 어떻게 설정하느냐에 따라 필요한 인적·물적 자원과 모든 세부 행동 지침이 결정된다.

03 ④ 04 ③   정답

┤해설├

③ 콜센터는 관련 부서 간 협조가 중요한데 특히 마케팅 부서와 연계하여 운영되었을 때 더욱 효과적이다.

콜센터의 효율적 운영을 위한 핵심 요소

전략 수립	• 콜센터의 핵심 전략 과제는 비전을 이루기 위한 기본적인 목표를 구체적으로 설정하는 것이다. • 센터의 목표를 어떻게 설정하느냐에 따라 필요한 인적, 물적 자원과 모든 세부행동 지침이 결정된다.
체계적인 운영 프로세스	• 업무 프로세스 맵과 운영 매뉴얼 등을 작성하여 체계적으로 운영해야 한다. • 콜센터는 관련 부서 간 협조가 중요한데 특히 마케팅 부서와 연계하여 운영되었을 때 더욱 효과적이다.
효율적인 작업 인프라 구축	콜센터의 효율성과 생산성을 향상시키기 위해 새로운 기술 도입에 관심을 기울여야 한다.
콜센터의 상담원	콜센터 상담원의 고객접점 서비스는 회사 전체에 긍정적 이미지를 가지게 하며 불친절한 서비스는 부정적 이미지를 가지게 하여 고객 이탈을 증대시킨다.

정답 ③

05 다음 중 콜센터 운영을 위한 핵심 요소에 대한 설명으로 가장 옳지 않은 것은?

① 콜센터의 목표를 어떻게 설정하느냐에 따라 필요한 인적, 물적 자원과 모든 세부행동 지침이 결정된다.

② 업무 프로세스 맵과 운영 매뉴얼 등을 작성하여 체계적으로 운영해야 한다.

③ 콜센터의 효율성과 생산성 향상을 위한 새로운 기술 도입에 관심을 기울여야 한다.

④ 조직의 고유한 독립성이 유지될 수 있도록 회사의 마케팅 부문과의 연계를 최대한 자제하여야 한다.

⑤ 콜센터 상담원의 고객접점 서비스는 회사 전체에 긍정적인 이미지를 가지게 하고 불친절한 서비스는 부정적 이미지를 가지게 하여 고객 이탈을 증대시킨다.

05

④ 콜센터는 독립 부서가 아니라 마케팅 부서와 연계하여 운영되어야 한다.

정답 05 ④

나오는 유형 ❸ 콜센터의 역할

다음 중 콜센터의 역할과 관련해 서비스 전략적인 측면으로 보기 어려운 것은?

① 콜센터 운영지표 확보
② 다양한 커뮤니케이션 채널 확보
③ 기업의 수익 향상을 위한 고객 확보
④ 고객 니즈의 정확한 이해와 피드백 제공
⑤ 서비스 실행 조직으로 기업 전체에 미칠 영향의 중요성

해설
③ 기업의 수익 향상을 위한 고객 확보는 서비스 전략적인 측면에서의 콜센터 역할이라고 보기 어렵다.

콜센터의 역할

서비스 전략적 측면	• 콜센터 운영지표 확보 • 다양한 커뮤니케이션 채널 확보 • 고객 니즈의 정확한 이해와 피드백 제공 • 서비스 실행 조직으로 기업 전체에 미칠 영향을 중요시해야 함
경영전략 측면	• 고객 확보를 위한 고객 정보 DB 습득에 노력 • 고객 DB를 기반으로 고객 특성에 맞는 맞춤 서비스 제공 • 습득한 고객 정보를 통해 이탈고객 재유치 및 잠재고객을 활성화 • 기존 고객과의 장기적인 관계 유지 및 관리 • 고객 가치 증대를 위해 지속적으로 차별화된 가치 제공 • 고객과의 잦은 대면 접촉을 통해 고객의 속성 및 특징을 파악하여 고객 만족 서비스 제공

정답 ③

06
경영전략 측면에서의 콜센터의 역할에는 고객 유지 측면, 고객 확보 측면, 고객 가치 증대 측면의 역할이 있다.

06 콜센터의 역할과 관련해 경영전략 측면의 내용을 다음 〈보기〉에서 찾아 모두 선택한 것은?

보기
가. 고객 유지 측면
나. 고객 확보 측면
다. 고객 가치 증대의 측면
라. 콜센터 운영지표 확보의 측면
마. 다양한 커뮤니케이션 채널 확보의 측면

① 가, 나, 다　　② 가, 다, 라
③ 가, 나, 다, 라　　④ 나, 다, 라, 마
⑤ 다, 라, 마, 바

더 알아보기 경영전략 측면에서의 콜센터의 역할

고객 확보 측면	• 고객 확보를 위한 고객 정보 DB 습득에 노력 • 고객 DB를 기반으로 고객 특성에 맞는 맞춤 서비스 제공 • 습득한 고객 정보를 통해 이탈고객 재유치 및 잠재고객을 활성화
고객 유지 측면	기존 고객과의 장기적인 관계 유지 및 관리
고객 가치 증대의 측면	• 지속적으로 차별화된 가치 제공 • 고객과의 잦은 대면 접촉을 통해 고객의 속성 및 특징을 파악하여 고객 만족 서비스 제공

07 다음 중 콜센터의 역할과 관련해 서비스 전략적인 측면으로 보기 어려운 것은?

① 콜센터 운영지표 확보
② 다양한 커뮤니케이션 채널 확보
③ 고객 니즈의 정확한 이해와 피드백 제공
④ 서비스 실행 조직으로 기업 전체에 미칠 영향의 중요성
⑤ 기존 고객과의 장기적인 관계 유지 및 관리를 통한 고객생애가치(CLV) 증대

07
⑤는 기업 경영전략 측면에서의 콜센터 역할 중 고객가치 증대의 측면과 관련된다.

제3과목

꼭 나오는 유형 ❹ 콜센터의 생산성 관리 방안

다음 중 콜센터의 생산성을 효율적으로 관리하기 위해 고려해야 할 사항으로 보기 어려운 것은?

① 지속적인 교육　　　　　② 적절한 업무 배치
③ 직업에 대한 비전 제시　④ 우수한 상담원의 채용
⑤ 평가와 보상의 분리

해설
⑤ 성과에 대한 객관적 평가에 따라 보상한다면 직원들에게 동기부여가 되고 생산의 효율성이 증대된다.

콜센터 생산성 관리 방안
• 지속적인 교육
• 공정한 평가와 그에 따른 보상
• 우수한 상담원의 채용
• 직업에 대한 비전 제시
• 적절한 업무 배치
• 숙련된 상담원의 재택근무 지원

정답 ⑤

문제타파 TIP

콜센터의 생산성을 높이려면 직원에 대한 공정한 평가와 그에 따른 적극적 보상 및 복지 혜택 등이 충분히 이루어져야 함을 기억해두어야 한다.

정답 **07** ⑤

숙련 상담원에 대한 재택근무 지원 및 혜택의 부여는 직원들에게 확실한 동기부여가 되고 콜센터의 생산성을 높일 수 있는 방법이다.

08 다음 중 콜센터의 생산성을 효율적으로 관리하기 위해 고려해야 할 사항으로 보기 어려운 것은?

① 우수한 상담원의 채용
② 상담원의 적절한 업무 배치
③ 상담원에 대한 지속적인 교육
④ 상담원의 재택근무 지원 및 혜택 금지
⑤ 상담원의 합리적인 평가와 이에 따른 보상

④ 고객 서비스성 : 고객배려, 고객참여, 고객감동 등에 대한 기법 개발과 고객 서비스 향상 방안 고려
① 효율성 : 수익성, 경쟁성, 투자 대비 성과 등 고려
② 적응성 : 업무, 데이터 활용, 팀워크에 대한 적응 등 고려
③ 합목적성 : 대상 고객, 서비스 운영방법 등에 대한 합목적성 고려
⑤ 복잡 상황 대응성 : 여러 가지 비대면 상황에 대한 대응 능력 고려

09 콜센터 운영 시 고려해야 할 사항 중 고객배려, 고객참여, 고객감동 기법의 발굴과 교육 훈련 등에 해당하는 것은?

① 효율성
② 적응성
③ 합목적성
④ 고객 서비스성
⑤ 복잡 상황 대응성

05 매뉴얼 작성 체계

스크립트 작성 원칙 및 방법 **63%**

스크립트의 정의 **37%**

핵심 이론

1. 스크립트(Script)의 정의

① 고객응대를 기본으로 작성한 가상의 시나리오

② 대화를 어떻게 이끌어갈 것인지 그 순서를 도식화한 것

③ 상담원이 고객과 텔레마케팅 대화를 이끌어 가기 위해 필요한 일종의 역할 연기 대본

④ 고객, 마케팅 상황에 따라 능동적 대처가 가능하도록 작성해야 하며, 탄력적으로 활용해야 함

⑤ 효과적인 스크립트는 고객의 니즈를 파악하여 일관된 흐름에 따라 대화가 진행되어야 함

2. 스크립트의 필요성

① 일관성 : 목적 및 방향을 제시해 주므로 상담내용에 일관성을 가질 수 있음

② 생산성 향상 : 제한된 시간 내에 고객 상담 또는 서비스 업무를 효과적으로 수행하므로 일관된 통화 수행이 가능하며, 생산성을 향상시킬 수 있음

③ 텔레마케터들의 능력 향상 : 스크립트를 가지고 반복된 훈련을 함으로써, 체계적이고 계획적인 상담능력을 기를 수 있음

④ 서비스 표준화 : 상담사의 상담능력 차이를 좁히고 일관성 있는 서비스를 수행함으로써, 상담 능력을 상향 평준화시킬 수 있음

⑤ 효과 측정 : 정확한 효과 측정이 가능

3. 스크립트의 작성 원칙

활용 목적 명확화	텔레마케팅 목표는 상황에 따라 달라질 수 있기 때문에 처음부터 활용 목적을 명확하게 정해야 한다.
고객 중심	고객에게 이익이 될 수 있는 사항을 안내해서 고객이 신뢰와 확신을 가질 수 있도록 해야 한다.
상황 대응	변화하는 상황에 대응하고 상대방이 거부할 경우에 대비한 질문을 추가한다.

상황 관리	스크립트의 작성 목적, 수정 시 동기 등을 수시로 체크하여 문서의 변화상황을 바로 알 수 있게 하며, 눈에 띄기 쉬운 곳에 배치한다.
간단명료	스크립트의 원고 내용은 고객에게 반드시 알리고 설명 및 설득할 것에 대하여 핵심적인 내용만 명확하게 제시되어야 한다.
논리적으로 쉽게 작성	고객이 납득할 수 있도록 논리적으로 작성되어야 하며, 장황한 설명이나 전문용어는 피하고 쉽게 작성해야 한다.
차별성	원고 내용은 요점이 있어야 하므로 상대방에게 제공할 수 있는 특별한 편익을 강조한다.
유연	끊어읽기 등을 활용하여 대화 흐름이 유연하고 자연스럽도록 한다.
회화체 활용	회화체로 고객에 대한 배려있는 대화를 할 수 있도록 한다.

4. 스크립트의 표현 방법

차트식	'예', '아니요'에 따라 다음 질문이나 설명이 뒤따르도록 작성하는 방식
회화식	상대방과 대화하면서 진행하는 경우에 작성하며 이때는 말의 표현을 통일
혼합식	차트식과 회화식을 혼합하여 작성하는 방식

5. 스크립트 작성 시 유의사항

① 고객에게 이익이 될 수 있는 상품의 혜택과 신뢰성이 있어야 함

② 요점을 집약하여 알기 쉬운 구어체로 표현해야 함

③ 너무 많은 정보를 전달하거나, 과장하는 것은 위험하므로 사실에 입각하여 전달해야 함

④ 일반적으로 2~3분 이내에 끝낼 수 있도록 구성

⑤ 상황과 시기에 적절하게 수정, 보완할 수 있어야 함

⑥ 마지막에는 반드시 감사의 인사로 끝을 맺음

⑦ 일관된 내용으로 논리적인 줄거리를 만들어야 함

📖 핵심 기출 유형 문제

꼭 나오는 유형 ❶ 스크립트(Script)의 정의

다음 중 스크립트(Script)에 대한 설명으로 가장 옳지 않은 것은?

① 고객응대를 기본으로 작성된 가상의 시나리오이다.
② 대화를 어떻게 이끌어갈 것인지 그 순서를 도식화한 것이다.
③ 상담원이 고객과 텔레마케팅 대화를 이끌어 가기 위해 필요한 일종의 역할 연기 대본이다.
④ 효과적인 스크립트는 고객의 니즈를 파악하여 일관된 흐름에 따라 대화가 진행되어야 한다.
⑤ 고객의 상황 변화에 따라 탄력적으로 운영되지 않도록 주의해야 한다.

해설
⑤ 스크립트는 고객이나 마케팅 상황에 따라 탄력적으로 활용되는 매뉴얼이기 때문에 상황에 따라 구성이 달라지며 고객의 요구에 능동적으로 대처하며 운영해야 한다.

스크립트(Script)의 정의
• 고객응대를 기본으로 작성한 가상의 시나리오이다.
• 상담원이 고객과 텔레마케팅 대화를 이끌어 가기 위해 필요한 일종의 역할 연기 대본이다.
• 대화를 어떻게 이끌어갈 것인지 그 순서를 도식화한 것이다.
• 고객, 마케팅 상황에 따라 능동적 대처가 가능하도록 작성해야 하며, 탄력적으로 활용한다.
• 효과적인 스크립트는 고객의 니즈를 파악하여 일관된 흐름에 따라 대화가 진행되어야 한다.

정답 ⑤

---

01 다음 중 스크립트(Script)에 대한 설명으로 가장 옳지 않은 것은?

① 상담원이 고객과 텔레마케팅 대화를 이끌어 가기 위해 필요한 일종의 역할 연기 대본이다.
② 대화를 어떻게 이끌어갈 것인지 그 순서를 도식화한 것이다.
③ 고객응대를 기본으로 작성한 가상의 시나리오이다.
④ 고객이나 마케팅 상황에 따라 탄력적으로 활용되는 매뉴얼이다.
⑤ 효과적인 스크립트는 표준화된 스크립트 없이 고객의 니즈에 따라 즉흥적인 대화가 진행되어야 한다.

01 ⑤ **정답**

02 다음 중 스크립트(Script)의 필요성에 대한 내용으로 가장 옳지 않은 것은?

① 상담원들이 어느 정도 표준화된 언어 표현과 상담방법으로 고객을 응대할 수 있도록 도와준다.

② 상담원들이 일정한 상담 수준을 유지하게 되어 고객이 어느 상담원과 상담을 하더라도 불편을 겪지 않도록 도와준다.

③ 스크립트 작성을 통해 통화 목적에 대한 효율적인 메시지를 고객에게 전달할 수 있다.

④ 스크립트 작성은 콜센터 내의 생산성 관리에 도움을 준다.

⑤ 기본적으로 평균 통화시간을 조절할 수는 없지만 상담원들이 불필요한 표현을 하지 않거나 상담 도중 흐름을 잃어버리지 않도록 도와준다.

02

스크립트 작성을 통해 상담원들이 불필요한 표현이나 상담 중간에 흐름을 잃어버리지 않게 하여 평균 통화시간을 조절할 수 있게 된다.

꼭 나오는 유형 ❷ 스크립트 작성 원칙 및 방법

스크립트 작성 원칙과 관련해 다음 〈보기〉의 설명에 해당하는 것은?

┤ 보기 ├
스크립트의 원고 내용은 고객에게 반드시 알리고 설명 및 설득할 것에 대하여 핵심적인 내용만 명확하게 제시되어야 한다.

① 회화체 활용　　　　　② 상황 대응
③ 상황 관리　　　　　　④ 간단명료
⑤ 유연

🖐 해설 스크립트 작성 원칙

활용 목적 명확화	텔레마케팅 목표는 상황에 따라 달라질 수 있기 때문에 처음부터 활용 목적을 명확하게 정해야 한다.
고객 중심	고객에게 이익이 될 수 있는 사항을 안내해서 고객이 신뢰와 확신을 가질 수 있도록 해야 한다.
상황 대응	변화하는 상황에 대응하고 상대방이 거부할 경우에 대비한 질문을 추가한다.
상황 관리	스크립트의 작성 목적, 수정 시 동기 등을 수시로 체크하여 문서의 변화상황을 바로 알 수 있게 하며, 눈에 띄기 쉬운 곳에 배치한다.
간단명료	스크립트의 원고 내용은 고객에게 반드시 알리고 설명 및 설득할 것에 대하여 핵심적인 내용만 명확하게 제시되어야 한다.
논리적으로 쉽게 작성	고객이 납득할 수 있도록 논리적으로 작성되어야 하며, 장황한 설명이나 전문용어는 피하고 쉽게 작성해야 한다.
차별성	원고 내용은 요점이 있어야 하므로 상대방에게 제공할 수 있는 특별한 편익을 강조한다.
유연	끊어읽기 등을 활용하여 대화 흐름이 유연하고 자연스럽도록 한다.
회화체 활용	회화체로 고객에 대한 배려있는 대화를 할 수 있도록 한다.

정답 ④

❗ **문제타파 TIP**

고객에게 이익이 될 수 있는 사항에 대해서는 적극적으로 안내하고, 회화체로 작성하여 배려있는 대화가 진행되도록 해야함을 기억해 둘 것!

제3과목

정답 **02** ⑤

03

회화체로 작성한다. 회화체는 고객에 대한 배려있는 대화를 원활하게 이끌어준다.

03 다음 중 스크립트(Script) 작성 원칙으로 보기 어려운 것은?

① 고객 중심
② 문어체 활용
③ 논리적 작성
④ 간단명료한 작성
⑤ 활용 목적 명확화

04

고객에게 이익이 될 수 있는 사항을 안내해서 고객이 신뢰와 확신을 가질 수 있도록 해야 한다.

04 다음 중 콜센터 운영을 위한 스크립트(Script) 작성 원칙에 대한 설명으로 가장 옳지 않은 것은?

① 고객이 납득할 수 있도록 논리적으로 작성되어야 한다.
② 장황한 설명이나 전문용어는 피하고 쉽게 작성해야 한다.
③ 끊어읽기 등을 활용하여 대화 흐름이 유연하고 자연스럽도록 한다.
④ 기업의 수익성 극대화에 초점을 맞추어 고객에게 제공할 수 있는 편익이 미리 강조되지 않도록 주의한다.
⑤ 텔레마케팅 목표는 상황에 따라 달라질 수 있기 때문에 처음부터 활용 목적을 명확하게 정해야 한다.

05

'차트식'에 대한 설명이다.
스크립트의 표현 방법
• 차트식 : '예', '아니요'에 따라 다음 질문이나 설명이 변하는 경우에 활용
• 회화식 : 상대방과 대화하면서 진행하는 경우에 활용
• 혼합식 : 차트식과 회화식을 혼합

05 텔레마케팅을 위한 스크립트 작성 방법 중 응답되는 내용을 '예/아니요'의 방식으로 나누고 이에 따라 다음의 질문이나 설명이 뒤따르도록 작성하는 유형은?

① 질문식
② 차트식
③ 혼합식
④ 회화식
⑤ 주문식

03 ② 04 ④ 05 ② 정답

06 텔레마케팅을 위한 스크립트 작성 방법 중 상대방과 대화하면서 진행하는 경우 활용되는 작성 유형은?

① 회화식
② 질문식
③ 요약식
④ 점검식
⑤ 혼합식

06
스크립트는 고객응대를 기본으로 작성한 가상 시나리오이다. 대화 상황에서 효율적으로 메시지를 전달하기 위해 문어체가 아닌 구어체, 즉 회화식으로 작성한다.

07 다음 중 콜센터 업무 수행을 위한 스크립트 진행 과정에 대한 설명으로 가장 옳지 않은 것은?

① 도입단계 시 첫인사가 끝나면 다음 단계로 회사 및 상담원을 소개한다.
② 통화의 상대방이 본인이 맞는지 반드시 확인하고 난 이후 계속 상담을 진행해야 한다.
③ 상품에 대한 직접적인 설명보다 고객에 대한 서비스를 강조하며 접근하는 것이 유리하다.
④ 고객에 대한 정보를 토대로 상황에 맞는 상품을 제안하거나 고객에 맞는 정보를 제공해 주는 것이 전화 상담의 주요 포인트이다.
⑤ 고객들이 반론이 있을 경우 이에 대비한 자료를 미리 준비하여 극복하기보다 현재 소개 중인 상품에 대한 확신을 심어주는 것이 중요하다.

07
고객들의 반론에 대한 자료를 미리 준비해야 한다. 반론을 극복하기 위해서는 반론 상황에 따른 스크립트를 작성하여 충분히 연습한다.

👍 **더 알아보기** 스크립트 구성 요소

도입	본론	종결
• 첫인사 • 회사 및 상담원 소개 • 상대방이 결정권자인지 확인 후 상담 진행(부재 중일 경우 메모)	• 본격 상담 진행 • 상담 목적 설명(고객 서비스 강조하며 접근) • 고객에 대한 정보를 토대로 상황에 맞는 상품 제안 및 정보 제공 • 고객들의 반론에 대한 자료 준비	• 상품 및 서비스 설명 마무리 • 고객에게 상품 선택에 대한 자신감 및 확신을 심어 줌 • 구매에 대한 감사 인사 전달(마지막에 자신의 이름을 말함으로써 고객에게 인식)

정답 **06** ① **07** ⑤

06 텔레마케터 성과관리

핵심 이론

1. 콜센터 조직의 구성

텔레마케터 (Telemarketer)	텔레마케팅 실무자로서 고객관리 및 고객유치에 관련되는 일련의 고객 상담 업무를 수행
유니트 리더 (Unit Leader)	• 텔레마케터 10여명 정도의 소단위에 리더로서 업무 수행 • 문의사항에 대해 직접 처리하거나 슈퍼바이저에게 보고하여 업무가 원활히 진행될 수 있도록 보조함
슈퍼바이저 (Supervisor)	• 텔레마케팅 실무와 텔레마케팅의 업무를 지휘, 감독하는 사람 • 인원의 확보 및 훈련에서부터 업무관리 및 모니터링, 긴급시기의 대응, 텔레마케터의 성과관리, 환경 정비 등을 담당
매니저 (Manager)	• 조직관리 : 텔레마케터의 인터뷰 및 상담, 인원조정 • 실적관리 : 실적관리 및 근무환경 개선 등
통화품질관리자 (QAA : Quality Assurance Analyst)	• 역할 : 고객 상담에 대한 전문적 지식과 객관적 판단능력으로 상담내용을 평가ㆍ관리하여 콜센터의 통화품질을 향상시키는 업무를 수행 • 자격 요건 : 지식(Knowledge), 기술(Skill), 태도((Attitude)

2. 텔레마케터(TMR) 성과관리

① 텔레마케터의 업무 수행 능력을 향상시키기 위해 지속적이고 개별적으로 지도, 강화, 교정하는 활동
② 모니터링을 통해 문제를 발견한 후 그 문제를 처리할 수 있는 능력을 개발시켜 줌
③ 주로 통화품질관리자(QAA)의 모니터링과 슈퍼바이저의 코칭을 통해 이루어짐
④ 성과관리 모니터링 방법 중 'QC(Quality Control)'는 잘못된 점을 찾아 정정해 주는 것이고, 'PI(Performance Improvement)'는 잘된 점을 찾아 칭찬해 주는 것임

⑤ 사전 목표 설정과 실현을 위한 전략 및 사업 계획을 준비함

3. 콜센터 모니터링 방법(유형)

① Peer Monitoring : 정해진 동료의 상담내용을 듣고, 피드백한 뒤 벤치마킹하게 하는 방법
② Self Monitoring : 직접 자신의 상담내용을 듣고 정해진 평가표에 따라 스스로를 평가하고 개선하는 방법
③ Real Time Monitoring : 상담원이 모니터링 여부를 모르게 하여 무작위로 추출한 내용을 듣고 정해진 평가표에 따라 평가하는 방법
④ Silent (Remote) Monitoring
  ㉠ 상담원과 약간 떨어진 곳에서 관리자 혹은 QAA가 실시간으로 상담원의 콜을 모니터링하는 방법
  ㉡ 상담원과 고객 사이의 자연스러운 상호작용을 모니터링할 수 있다는 장점이 있지만 즉각적인 피드백을 하기 어렵고, 상담원은 누군가가 지켜보고 있다는 '빅브라더' 공포가 생길 수 있음
⑤ Side-by-Side Monitoring
  ㉠ 관리자가 상담원 근처에서 상담내용과 업무 처리과정, 행동을 직접 관찰하고 즉각적으로 피드백을 하는 방법
  ㉡ 즉각적인 피드백과 코칭이 가능하고, 상담원과 QAA 간 관계를 강화시킬 수 있는 반면에 자연스러운 상담원의 행동을 발견하기 어려움
⑥ Recording Monitoring
  ㉠ 콜 샘플을 녹음한 후 평가자가 무작위로 콜을 선택해 모니터링하는 방법
  ㉡ 무작정 콜이 오기를 기다리지 않아도 되기 때문에 효율적이고, 상담사와 QAA는 필요한 만큼 콜의 대화 내용을 반복해서 검토 가능
⑦ Call Taping : 녹음된 콜 샘플을 무작위로 선택하여 듣고 상담원 자신의 성과를 평가하는 방법

4. 콜센터 모니터링을 위한 코칭의 종류

① **프로세스 코칭** : 일정한 형식을 유지하며 진행되는 방식으로, 가장 흔히 사용하는 형태임. QAA나 코칭을 하는 사람이 사전에 코칭 대상과 시기, 코칭 내용을 선정하여 상담원에게 코칭을 정해진 프로세스에 따라 실시

② **스팟 코칭** : 짧은 시간 동안 콜센터 상담원을 대상으로 수시로 주의를 집중시켜 적극적인 참여를 통해 성취를 이루는 형태로, 고도의 기술을 요함

③ **풀 코칭** : 미니 코칭보다 코칭 시간이 길고 코칭의 내용이 구체적으로 이루어짐. 일반적으로 모니터링 평가표에 따라 업무 및 2~3개의 통화품질 기준에 관한 내용을 가지고 진행

④ **피드백 코칭** : 상담원에게 표준 업무 수행과 관련한 피드백을 제공함으로써 상담원의 스킬과 업무수행 능력을 향상시킬 수 있는 코칭

5. 감정노동으로 인한 직무 스트레스 대처법

적응하기	고객의 입장을 이해해 보려고 노력하는 것
분노조절 훈련	심호흡, 자극 피하기, 관심 바꾸기, 용서, 소리지르기 등으로 분노를 조절하는 것
타인과 교류하기	어려움을 나눌 수 있는 상사나 동료를 만들거나 동호회 · 봉사활동 등을 통해 심리적으로 재충전할 수 있는 기회를 갖는 것
생각 멈추기	마음속으로 "그만!"을 외치고 생각을 멈추어 보는 것
일과 나와의 분리	일 때문에 다른 사람이 되어 연극을 하는 중이라고 생각하며 자신과 업무를 분리하는 것
혼잣말 등 인지적 기법	스스로 위로하고 격려하는 혼잣말이나 자기암시를 하는 것

📖 핵심 기출 유형 문제

📌 꼭 나오는 유형 ❶ 콜센터 조직의 구성

콜센터 조직 구성과 관련해 다음 〈보기〉의 설명에 가장 부합하는 것은?

┤ 보기 ├

상담원의 상담 내용을 모니터링하여 평가하고 관리, 감독을 통해 통화품질을 향상시키는 업무를 수행한다.

① QAA
② TA
③ CA
④ 텔레컨설턴트
⑤ 유니트 리더

┤해설

통화품질관리자(QAA : Quality Assurance Analyst)

고객 상담에 대한 전문적 지식과 객관적 판단능력으로 상담 내용을 평가 · 관리하여 콜센터의 통화품질을 향상시키는 업무를 수행한다.

통화품질관리자의 자격 요건

지식 (Knowledge)	QAA는 기업 및 고객 센터의 비즈니스 전략에 대해 이해하고 통화품질 관리가 왜 중요한지, 상품 지식 및 성과 분석 지표와 산출 · 통계에 의한 수치 관리법, 관련 서류(보고서 등) 작성법을 숙지해야 한다.
기술 (Skill)	QAA는 고객과 상담원의 통화를 경청한 후 정확하게 평가하는 능력을 필요로 한다. 또한 스크립트 작성법에 능숙하고, 효과적인 비평과 피드백을 통해 상담원의 통화 수준을 업그레이드 시킬 수 있어야 한다. 따라서 요즘은 QAA를 QAD(Quality Assurance Developer)라고 부르기도 한다.
태도 (Attitude)	QAA는 공정한 인품과 감정에 치우치지 않고 객관성을 유지할 수 있는 자세가 있어야 하며, 풍부한 서비스 마인드를 지닌 사람이어야 한다.

정답 ①

01 콜센터 조직 구성과 관련해 다음 〈보기〉의 설명에 가장 부합하는 것은?

┤ 보기 ├

텔레마케팅 실무자로 고객관리 및 고객유치와 관련된 고객 상담 업무를 수행한다.

① 슈퍼바이저(Supervisor)
② TA(Technical Assistant)
③ CA(Communication Assistant)
④ 텔레마케터(Telemarketer)
⑤ QAA(Quality Assurance Analyst)

02 콜센터 조직 구성과 관련해 다음 〈보기〉의 설명에 가장 부합하는 것은?

┌ 보기 ├─
텔레마케터 10여명 정도 소단위 리더로서 업무를 수행하며 일반 텔레마케터
와 함께 고객 상담 업무를 담당한다.
└─

① 유니트 리더(Unit Leader)
② TA(Technical Assistant)
③ CA(Communication Assistant)
④ 텔레컨설턴트(Tele-Consultant)
⑤ QAA(Quality Assurance Analyst)

👍 **더 알아보기**) **유니트 리더(Unit Leader)의 역할**

• 텔레마케터 10여명 정도의 소단위에 리더로서 업무를 수행한다.
• 일반 텔레마케터와 함께 고객 상담 업무를 수행한다.
• 텔레마케터 교육 및 모니터링을 하며 보고를 한다.
• 문의사항에 대해 직접 처리하거나 슈퍼바이저에게 보고하여 업무가 원활히 진행되도록 보조한다.

03 다음 중 텔레마케터의 주요 업무로 가장 거리가 먼 것은?

① 제품홍보
② 고객관리
③ 정보수집
④ 자료정리
⑤ 재고정리

04 콜센터 매니지먼트 부재의 근본적인 원인으로 가장 거리가 먼 것은?

① 콜센터 매니저의 업무 과중
② 장기적 인재육성 의욕과 관심 부족
③ 전문화, 표준화, 고급화되지 못한 조직 관리
④ 텔레마케팅 산업의 급속한 퇴보로 인한 전문 인력 발생의 급증
⑤ 경력 · 전문성 중심의 채용 및 발탁으로 인한 근본적인 매니저 자질 부족

👍 **더 알아보기**) **콜센터 매니지먼트 부재의 원인**

• 경력 · 전문성 중심의 채용으로 매니저로서의 자질 부재
• 과중한 업무로 인한 자기계발의 한계
• 기업의 콜센터 매니저 육성에 대한 관심 부족
• 텔레마케팅 산업의 급속한 발전으로 인한 전문 인력 부족 현상
• 전문화, 표준화, 고급화되지 못한 조직 관리 체계
• 비정규직 근로자 관리에 대한 노하우 부재와 자기학습 부족
• 정규 조직과 비정규 조직 간의 이해관계 대립과 갈등

02
텔레마케터 10여명 정도 소단위 리더는 '유니트 리더(Unit Leader)'이다.

03
텔레마케터는 텔레마케팅 실무자로, 고객관리 및 고객유치에 관련된 고객 상담 업무를 수행한다. 따라서 재고정리는 텔레마케터의 주요 업무와 거리가 멀다.

04
텔레마케팅 산업의 급속한 발전으로 인한 전문 인력 부족 현상이 원인이 될 수 있다.

정답 **02** ① **03** ⑤ **04** ④

05

④ 성과관리 모니터링 방법에는 QC(Quality Control, 품질 관리)와 PI(Performance Improvement, 성과 향상)가 있는데, 'QC(Quality Control)'는 잘못된 점을 찾아 정정해 주는 것이고, 'PI(Performance Improvement)'는 잘된 점을 찾아 칭찬해 주는 것이다.

! 문제타파 TIP

각각의 모니터링 방법의 특징을 구별할 줄 알아야 한다.

06

상담원 스스로 본인의 상담내용을 청취하여 평가하는 방법은 'Self Monitoring'이다.

05 다음 중 텔레마케터(TMR) 성과관리에 대한 내용으로 가장 거리가 먼 것은?

① 텔레마케터의 업무 수행 능력을 향상시키기 위해 지속적이고 개별적으로 지도, 강화, 교정하는 활동을 말한다.

② 모니터링을 통해 문제를 발견한 후 그 문제를 처리할 수 있는 능력을 개발시켜 준다.

③ 주로 통화품질관리자(QAA)의 모니터링과 슈퍼바이저의 코칭을 통해 이루어진다.

④ 성과관리 모니터링 방법 중 'QC(Quality Control)'는 잘된 점을 찾아 칭찬해 주는 유형을 말한다.

⑤ 사전 목표 설정과 실현을 위한 전략 및 사업 계획을 준비한다.

꼭 나오는 유형 ❷ 콜센터 모니터링 방법

콜센터 모니터링 방법 중 다음 〈보기〉의 설명에 해당하는 것은?

┤ 보기 ├

상담원이 모르도록 무작위로 추출한 상담자의 상담내용을 평가자가 녹음하여 평가 결과를 상담원과 공유하는 방식의 모니터링 기법이다.

① Self Monitoring   ② Peer Monitoring
③ Silent Monitoring   ④ Side-by-Side Monitoring
⑤ Recording Monitoring

┤ 해설 ├

⑤ 상담내용을 평가자가 녹음하여 평가 결과를 상담원과 공유하는 방식의 모니터링 기법은 'Recording Monitoring'이다.

① Self Monitoring : 상담원 스스로 본인의 상담내용을 청취하여 평가한다.

② Peer Monitoring : 정해진 동료의 상담내용을 듣고 피드백하고 벤치마킹하게 하는 방법이다.

③ Silent Monitoring : 상담원과 약간 떨어진 장소에서 상담원의 통화를 모니터링한다.

④ Side-by-Side Monitoring : 관리자가 상담원 근처에서 상담내용과 업무처리 과정, 행동을 직접 관찰하여 즉각적으로 피드백하는 방법이다.

정답 ⑤

06 콜센터 모니터링 방법 중 직접 자신의 상담내용을 듣고 정해진 평가표에 따라 스스로를 평가하고 개선하는 방식의 모니터링 기법은?

① Silent Monitoring   ② Side-by-Side Monitoring
③ Peer Monitoring   ④ Self Monitoring
⑤ Real Time Monitoring

07 콜센터 모니터링 방법 중 상담원과 고객 모두 누가 모니터링을 하는지 모르도록 상담원과 떨어져 있는 장소에서 상담내용을 평가하는 방법으로 고객과 상담원 간의 자연스러운 상호작용을 관찰할 수 있는 모니터링 기법은?

① Self Monitoring
② Peer Monitoring
③ Real Time Monitoring
④ Side-by-Side Monitoring
⑤ Silent Monitoring

07
상담원과 떨어진 장소에서 상담원의 통화를 모니터링하는 방법은 'Silent Monitoring'이다.

08 콜센터 모니터링 방법 중 'Side-by-Side Monitoring'의 단점에 해당하는 것은?

① 즉각적인 피드백이 불가능하다.
② 상담원과 인간적인 관계를 형성하기 어렵다.
③ 신규 상담원에게 적용하기 부적절한 방법이다.
④ 상담원이 제약을 받는다고 느끼면 자연스럽고 편안한 콜처리가 힘들 수 있다.
⑤ 통화품질개발자(QAD)가 상담원의 참고 자료 이용을 통해 행동을 관찰하기 어렵다.

08
'Side-by-Side Monitoring'은 관리자가 상담원 근처에서 상담내용과 업무처리 과정, 행동을 직접 관찰하여 즉각적으로 피드백하는 방법이다.

👍 **더 알아보기**) 'Side-by-Side Monitoring'의 장·단점

장점	단점
• 즉각적인 피드백 가능 • 신규 상담원에게 좋은 방법 • 상담원과 인간적인 관계 성립 • QAD가 상담원의 참고 자료 이용 등 행동을 관찰할 수 있음 • 질문에 대답 가능	• 상담원이 제약을 받는다고 느끼면 자연스럽고 편안하게 콜을 처리하지 못함 • 상담원이 Best Behavior를 보여 주려 하기 때문에 측정된 성과가 전형적인 성과가 아닐 수 있음

09 콜센터 모니터링 방법 중 'Call Taping'의 장점에 대한 설명으로 가장 거리가 먼 것은?

① 피드백과 성과의 즉각적인 연결이 가능하다.
② QAD의 일정에 상관없이 빠른 피드백이 가능하다.
③ 자신의 콜을 듣고 콜 처리에 대해 객관적으로 평가할 수 있다.
④ 모니터 할 기간을 계획하여 유연성 및 컨트롤 향상을 기대할 수 있다.
⑤ QAD(Quality Assurance Developer)가 대기하는 시간을 줄일 수 있다.

09
② QAD의 바쁜 일정으로 피드백이 늦어질 수 있다(지난 주의 콜에 대해 다음 주에 코칭).

정답 **07** ⑤ **08** ④ **09** ②

👍 **더 알아보기**) **'Call Taping'의 장·단점**

장점	단점
• 상담원이 자신의 콜을 듣고 콜 처리에 대해 객관적으로 평가할 수 있다. • 피드백과 성과 간의 즉각적인 연결이 가능하다. • QAD(Quality Assurance Developer)는 상담원을 모니터 할 특정 기간을 계획하여 유연성 및 컨트롤 향상을 기대할 수 있다(QAD가 대기하는 시간을 줄일 수 있음).	• 즉각적인 피드백이 어렵다. • QAD의 바쁜 일정으로 피드백이 늦어질 수 있다(지난 주의 콜에 대해 다음 주에 코칭).

🚩 **문제타파 TIP**

각 코칭별 세부 특징을 구분할 줄 알아야 한다.

꼭 **나오는 유형** ❸ **콜센터 모니터링을 위한 코칭의 종류**

콜센터 모니터링을 위한 코칭의 종류 중 다음 〈보기〉의 설명에 해당하는 것은?

┤ 보기 ├
• 일정한 형식을 가지고 진행되는 방식으로 콜센터에서 가장 흔하게 사용되는 형태이다.
• 사전에 코칭 대상과 시기, 코칭 내용을 선정하여 정해진 절차에 따라 실시된다.

① 서포팅 코칭　　　　　　　② 시그널 코칭
③ 시스템 코칭　　　　　　　④ 프로세스 코칭
⑤ 아날로그 코칭

┤해설├
④ 일정한 형식을 유지하며 진행되는 방식으로 가장 흔히 사용하는 형태의 코칭은 '프로세스 코칭'이다.

콜센터 모니터링을 위한 코칭의 종류

프로세스 코칭	일정한 형식을 유지하며 진행되는 방식으로 가장 흔히 사용하는 형태이다. QAA나 코칭을 하는 사람이 사전에 코칭 대상과 시기, 코칭 내용을 선정하여 상담원에게 코칭을 정해진 프로세스에 따라 실시한다.
스팟 코칭	짧은 시간 동안 콜센터 상담원을 대상으로 수시로 주의를 집중시켜 적극적인 참여를 통해 성취를 이루는 형태로, 고도의 기술을 요한다.
풀 코칭	미니 코칭보다 코칭 시간이 길고 코칭의 내용이 구체적으로 이루어진다. 일반적으로 모니터링 평가표에 따라 업무 및 2~3개의 통화품질 기준에 관한 내용을 가지고 진행된다.
피드백 코칭	상담원에게 표준 업무 수행과 관련한 피드백을 제공함으로써 상담원의 스킬과 업무수행 능력을 향상시킬 수 있는 코칭이다.

정답 ④

10 콜센터 모니터링을 위한 코칭의 종류 중 다음 〈보기〉의 설명에 해당하는 것은?

┤ 보기 ├
- 미니 코칭보다 코칭 시간이 길고 코칭의 내용이 구체적으로 이루어진다.
- 일반적으로 모니터링 평가표에 따라 업무 및 2~3개의 통화품질 기준에 관한 내용을 가지고 진행된다.

① 피드백 코칭
② 풀 코칭
③ 프로세스 코칭
④ 시스템 코칭
⑤ 서포팅 코칭

10

미니 코칭보다 코칭 시간이 길고 코칭의 내용이 구체적으로 이루어지는 것은 '풀 코칭'이다.

꼭 나오는 유형 **❹ 감정노동으로 인한 직무 스트레스 대처법**

감정노동으로 인한 직무 스트레스 대처법과 관련해 다음 〈보기〉의 내용에 해당하는 것은?

┤ 보기 ├
감정노동으로 인한 스트레스로 분노를 억누를 수 없다면 적극적인 스트레스 해소법을 찾아야 한다. 가장 좋은 것이 '이완 호흡'으로 눈을 감고 3, 4회 정도 깊고 크게 숨을 들이마신 뒤 천천히 내쉬도록 한다.

① 적응하기
② 생각 멈추기
③ 분노조절 훈련
④ 일과 나와의 분리
⑤ 혼잣말 등 인지적 기법

문제타파 TIP

직무 스트레스 대처법에는 무엇이 있는지 꼼꼼히 살펴보도록 한다.

해설
③ '분노조절 훈련'에 대한 설명이다.

감정노동의 직무 스트레스 대처법
- 적응하기 : 고객의 입장을 이해해 보려고 노력한다.
- 생각 멈추기 : 마음속으로 "그만!"을 외치고 생각을 멈추어 본다.
- 분노조절 훈련 : 심호흡, 자극 피하기, 관심 바꾸기, 용서, 소리지르기 등으로 분노를 조절해본다.
- 일과 나와의 분리 : 일 때문에 다른 사람이 되어 연극을 하는 중이라고 생각하며 자신과 업무를 분리한다.
- 혼잣말 등 인지적 기법 : 스스로 위로하고 격려하는 혼잣말이나 자기암시를 한다.
- 타인과 교류하기 : 어려움을 나눌 수 있는 상사나 동료를 만들거나 동호회, 봉사활동 등을 통해 심리적으로 재충전할 수 있는 기회를 갖는다.

정답 ③

정답 10 ②

11

고객의 입장을 이해해 보려고 노력하는 것은 '적응하기'에 해당한다.

11 감정노동으로 인한 직무 스트레스 대처법과 관련해 다음 〈보기〉의 사례에 가장 부합하는 것은?

┤ 보기 ├─

KIE 콜센터에서 근무하는 정○○ 상담사는 고객의 심한 욕설과 폭언을 듣고 침착하게 상담을 마친 후, 마음속으로 이렇게 생각했다.

'방금 전 고객은 집에서 무슨 일이 있어 화를 낸 것이겠지, 나를 무시하려고 그런 말을 한 것은 아닐 거야.'

① 원인규명 의지　　　　　　② 적응하기
③ 분노조절 훈련　　　　　　④ 타인과 교류하기
⑤ 생각 멈추기

12

혹실드(Hochschild)는 스스로의 의지와 무관하게 어쩔 수 없이 서비스 표준에 맞추어 표현해야 하는 행위를 '표면화 행위'로 정의하였다.

12 '혹실드(Hochschild)'가 제시한 감정노동의 유형 중 다음 〈보기〉의 설명에 해당하는 것은?

┤ 보기 ├─

자신의 감정을 외면한 채 조직의 강요에 의해 나타낼 수밖에 없는 목소리, 억양, 얼굴 표정 등을 지어야 하는 것으로 스스로의 의지와 무관하게 어쩔 수 없이 서비스 표준에 맞추어 표현해야 하는 행위를 의미한다.

① 실질적 행위　　　　　　② 구별적 행위
③ 전문적 행위　　　　　　④ 표면화 행위
⑤ 내면화 행위

더 알아보기 '혹실드(Hochschild)'의 감정노동의 유형(2가지)

- 표면화 행위 : 언어적·비언어적 표현수단으로 실제와 다른 감정을 위장하여 표현하고 실제의 감정을 의도적으로 숨기는 행위
- 내면화 행위 : 내면의 감정 상태를 조직의 서비스 표준에 맞게 조정하도록 적극적으로 자신의 감정 상태와 표현을 일치시키는 행위

01 비즈니스 매너(1)

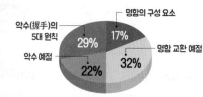

명함의 구성 요소 17%
명함 교환 예절 32%
악수 예절 22%
악수(握手)의 5대 원칙 29%

📋 핵심 이론

1. 명함의 구성 요소

① 일반적으로 사각형 순 백지에 깔끔하게 인쇄
② 주로 사용되는 명함 사이즈는 '90mm×50mm'임
③ 이름과 직함은 물론 직장 주소와 휴대전화 및 직장 전화번호, 팩스번호를 각각 기입하여 제작하는 것이 일반적
④ 이메일 주소는 이름 머리글자와 성을 조합해서 만드는 것이 비즈니스 매너임
⑤ 남녀에 따라 명함의 크기, 모양 등에 특별한 차이를 두지는 않음

2. 명함을 줄 때의 예절

- 목례를 하며 가슴선과 허리선 사이에서 건넴
- 평소 명함 지갑을 이용해 충분한 양의 명함을 가지고 다니는 것이 좋음
- 앉아서 대화를 나누다가도 명함을 교환할 때는 일어서서 건네는 것이 좋음
- 일반적으로 방문하는 사람이 자신을 알리면서 먼저 건네는 것이 좋음
- 명함을 건넬 경우 상대방이 읽기 쉽도록 반대로 돌려 잡고 건네는 것이 좋음
- 상대방이 2명 이상일 경우, 연장자 혹은 상급자에게 먼저 건네는 것이 좋음
- 동시에 주고받을 때는 오른손으로 주고 왼손으로 받는 것이 좋음

3. 명함을 받을 때의 예절

- 명함을 건넬 때와 마찬가지로 받을 때도 일어선 채로 두 손으로 받음
- 명함에 한자 등 읽기 어려운 글자가 있으면 바로 물어보는 것이 바람직함
- 상대방에게 받은 명함은 가급적 자신의 명함과 구분하여 넣어두는 것이 좋음
- 상대방의 명함을 접거나 부채질을 하는 행위는 예의에 어긋나므로 주의
- 대화를 나누는 동안 상대방의 명함을 테이블 위에 놓고 상대방을 지칭하는 데 도움이 되도록 하는 것이 좋음
- 명함을 받으면 그 뒷면이나 여백에 만난 날짜나 장소, 이유 등을 메모해 두어 상대방을 잘 기억할 수 있도록 하는 것이 좋음. 하지만 그 사람의 면전에서 메모를 하는 것은 결례이므로 주의

4. 악수 예절

① 악수는 원칙적으로 오른손으로 하는 것이 좋음
② 마주 잡은 손을 상하로 흔들 때, 과도하게 높이 올리지 않는 것이 좋음
③ 손을 너무 세거나 약하지 않게 잡는 것이 중요
④ 우리나라의 경우 악수는 연장자가 연소자에게 먼저 권하는 것이 보편적임(윗사람이 아랫사람에게/여성이 남성에게/기혼자가 미혼자에게/선배가 후배에게)
⑤ 국가원수, 왕족, 성직자 등의 경우에는 이러한 기준에서 예외가 됨
⑥ 남성은 일어서고 여성은 윗사람이 아닐 경우 앉아서 해도 상관없음

5. 악수의 5대 원칙

- 미소(Smile)
- 눈맞춤(Eye-Contact)
- 적당한 거리(Distance)
- 리듬(Rhythm)
- 적당한 힘(Power)

제3과목

📖 핵심 기출 유형 문제

문제타파 TIP

이메일 주소는 이름 머리글자와 성을 조합해서 만드는 것이 바람직함을 유의해야 한다.

비즈니스 매너와 관련해 우리나라에서 주로 사용되는 명함의 구성 요소에 대한 설명으로 가장 옳지 않은 것은?

① 일반적으로 사각형 순 백지에 깔끔하게 인쇄한다.

② 주로 많이 사용되는 명함 사이즈는 '90mm×50mm'이다.

③ 이름과 직함은 물론 직장 주소와 휴대전화 및 직장 전화번호, 팩스번호를 각각 기입하여 제작하는 것이 일반적이다.

④ 이메일 주소는 한 번에 알아볼 수 있도록 개성 있는 단어를 조합해서 만드는 것이 일반적인 매너이다.

⑤ 남녀에 따라 명함의 크기, 모양 등에 특별한 차이를 두지는 않는다.

해설

④ 이메일 주소는 이름 머리글자와 성을 조합해서 만드는 것이 비즈니스 매너이다.

명함의 구성 요소

• 일반적으로 사각형 순 백지에 깔끔하게 인쇄한다.
• 주로 많이 사용되는 명함 사이즈는 '90mm×50mm'이다.
• 이름과 직함은 물론 직장 주소와 휴대전화 및 직장 전화번호, 팩스번호를 각각 기입하여 제작하는 것이 일반적이다.
• 이메일 주소는 이름 머리글자와 성을 조합해서 만드는 것이 비즈니스 매너이다.
• 남녀에 따라 명함의 크기, 모양 등에 특별한 차이를 두지는 않는다.

정답 ④

01

⑤ 남녀에 따라 명함의 크기, 모양 등에 특별한 차이를 두지는 않는다.

01 비즈니스 매너와 관련해 우리나라에서 주로 사용되는 명함의 구성 요소에 대한 설명으로 가장 거리가 먼 것은?

① 일반적으로 사각형 순 백지에 깔끔하게 인쇄한다.

② 주로 많이 사용되는 명함 사이즈는 '90mm×50mm'이다.

③ 이메일 주소는 이름 머리글자와 성을 조합하여 만드는 것이 일반적이다.

④ 이름과 직함은 물론 직장 주소와 휴대전화 및 직장 전화번호, 팩스번호를 각각 기입하여 제작하는 것이 일반적이다.

⑤ 남성은 주로 명함 케이스를 이용하기 때문에 기성 사이즈를 사용하는 반면 여성의 경우 크기가 크고 다양한 형태의 명함을 사용하는 것이 일반적이다.

꼭 나오는 유형 ❷ 명함 교환 예절

다음 중 비즈니스 상황에서 필요한 명함 교환 예절에 대한 설명으로 가장 옳지 않은 것은?

① 앉아서 대화를 나누다가도 명함을 교환할 때는 일어서서 건네는 것이 좋다.
② 명함은 상대방이 바로 볼 수 있도록 건넨다.
③ 목례를 하며 가슴선과 허리선 사이에서 건넨다.
④ 상대방이 2명 이상일 경우, 연장자에게 먼저 건네는 것이 좋다.
⑤ 명함에 모르는 한자가 있을 경우 상대방에게 질문하는 것은 예의에 어긋나므로 주의하도록 한다.

해설
⑤ 모르는 한자가 있을 경우 그 자리에서 어떻게 읽는지 질문한다.

정답 ⑤

문제타파 TIP
명함을 교환하는 상황을 상상해보며, 올바른 교환 예절을 기억해 둘 것!

02 다음 중 비즈니스 상황에서 필요한 명함 교환 예절에 대한 설명으로 가장 옳지 않은 것은?

① 상대방보다 먼저 명함을 꺼내 준비하도록 한다.
② 목례를 하며 양손으로 공손하게 받는다.
③ 동시에 주고받을 때는 오른손으로 주고 왼손으로 받는 것이 좋다.
④ 혹시 모르는 한자가 있을 경우, 바로 물어봐도 실례가 되지 않는다.
⑤ 미팅이 진행될 경우, 상대방의 명함을 테이블 위에 올려놓고 이야기를 하는 것은 실례가 되므로 주의한다.

02
미팅이 진행될 경우, 대화를 나누는 동안 테이블 위에 놓고 이야기를 나눔으로써 상대방을 정확히 지칭하는 데 도움이 된다.

03 다음 중 비즈니스 상황에서 필요한 명함 교환 예절에 대한 설명으로 가장 옳지 않은 것은?

① 평소 명함 지갑을 이용해 충분한 양의 명함을 가지고 다니는 것이 좋다.
② 명함을 건넬 경우 상대방이 읽기 쉽도록 반대로 돌려 잡고 건네는 것이 좋다.
③ 상대방이 2명 이상일 경우, 연장자 혹은 상급자에게 먼저 건네는 것이 좋다.
④ 일반적으로 방문자와 접견자 사이일 경우, 방문하는 사람이 자신을 알리면서 먼저 건네는 것이 좋다.
⑤ 상대방에게 미리 양해를 구했다 하더라도 건네받은 명함 뒷면 여백에 날짜와 장소, 미팅 내용 등을 메모하는 것은 예의에 어긋나므로 주의하도록 한다.

03
명함을 받고 면전에서 그 뒷면이나 여백에 만난 날짜나 장소, 이유 등을 메모하는 것은 결례이지만, 상대방에게 미리 양해를 구했다면 예의에 어긋나지 않는다.

정답 02 ⑤ 03 ⑤

04

명함이 없을 경우에는 상대방에게 사과를 한 후 필요에 따라 이름과 연락처 등을 적은 메모를 건네준다.

04 다음 중 비즈니스 상황에서 필요한 명함 교환 예절에 대한 설명으로 가장 옳지 않은 것은?

① 상대방의 명함에 어려운 한자가 있을 경우, 정중하게 물어봐도 예의에 어긋나지 않는다.

② 대화를 나누는 동안 상대방의 명함을 테이블 위에 놓고 상대방을 지칭하는 데 도움이 되도록 하는 것이 좋다.

③ 만약 명함이 없을 경우 공손하게 사과하고 상대방의 근무지에 우편으로 발송토록 한다.

④ 상대방의 명함을 접거나 부채질을 하는 행위는 예의에 어긋나므로 주의해야 한다.

⑤ 상대방에게 받은 명함은 가급적 자신의 명함과 구분하여 넣어두는 것이 좋다.

꼭 나오는 유형 ❸ 악수 예절

다음 중 악수 예절에 대한 설명으로 가장 옳지 않은 것은?

① 악수는 원칙적으로 오른손으로 하는 것이 좋다.

② 우리나라의 경우 연장자가 연소자에게 먼저 권하는 것이 보편적이다.

③ 국가원수, 왕족, 성직자 등이라 할지라도 보편적 악수 예절에 예외가 허락되어선 안 된다.

④ 마주 잡은 손을 상하로 흔들 때, 과도하게 높이 올리지 않는 것이 좋다.

⑤ 상대방의 손을 너무 세거나 약하게 잡지 않는 것이 중요하다.

해설 악수의 예외 사항
• 국가원수, 왕족, 성직자는 악수 예절에서 예외가 허락된다.
• 남성은 일어서고 여성은 윗사람이 아닐 경우 앉아서 악수해도 상관없다.

정답 ③

05

오른손을 다쳤을 경우 악수를 생략해도 예절에 어긋나지 않는다.

05 다음 중 악수 예절에 대한 설명으로 가장 옳지 않은 것은?

① 상대방의 손을 너무 세거나 약하게 잡지 않는 것이 중요하다.

② 우리나라의 경우 연장자가 연소자에게 먼저 권하는 것이 보편적이다.

③ 마주 잡은 손을 상하로 흔들 때, 과도하게 높이 올리지 않는 것이 좋다.

④ 오른손을 다쳐 붕대로 고정하였을 경우라 하더라도 악수를 생략하는 것은 예절에 어긋나므로 주의한다.

⑤ 국가원수, 왕족, 성직자 등의 경우 악수 예절에 예외 사항이 적용될 수 있다.

04 ③ 05 ④ 정답

06 다음 중 악수의 기본 원칙과 순서에 대한 내용으로 가장 옳지 않은 것은?

① 선배가 후배에게 먼저 청할 수 있다.

② 연장자가 연소자에게 먼저 청할 수 있다.

③ 상급자가 하급자에게 먼저 청할 수 있다.

④ 기혼자가 미혼자에게 먼저 청할 수 있다.

⑤ 남성이 여성에게 먼저 청할 수 있다. 단, 남성이 직장 상사일 경우라도 예외가 없다.

👍 **더 알아보기** 악수의 기본 원칙

• 여성이 남성에게(직장 상사의 경우 남자가 먼저임)
• 연장자가 연소자에게
• 기혼자가 미혼자에게
• 지위가 높은 사람이 지위가 낮은 사람에게
• 선배가 후배에게

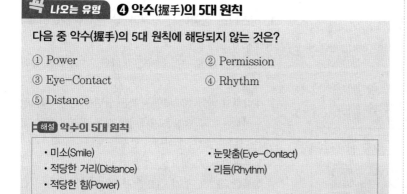

꼭 **나오는 유형** ❹ 악수(握手)의 5대 원칙

다음 중 악수(握手)의 5대 원칙에 해당되지 않는 것은?

① Power   ② Permission
③ Eye-Contact   ④ Rhythm
⑤ Distance

┤**해설** 악수의 5대 원칙

• 미소(Smile)	• 눈맞춤(Eye-Contact)
• 적당한 거리(Distance)	• 리듬(Rhythm)
• 적당한 힘(Power)	

정답 ②

07 다음 중 악수(握手)의 5대 원칙으로 가장 거리가 먼 것은?

① Respect   ② Smile
③ Rhythm   ④ Distance
⑤ Eye-Contact

08 다음 중 악수(握手)의 5대 원칙에 해당되지 않는 것은?

① Distance   ② Smile
③ Elegant   ④ Power
⑤ Eye-Contact

📋 **정답 및 해설**

06

⑤ 여성이 남성에게 먼저 청하는 것이 일반적이다.

❗ **문제타파 TIP**

악수의 5대 원칙은 영단어로 출제되는 경우가 대부분이므로 뜻과 영단어를 같이 외워둘 것!

07

'존경(Respect)'은 악수의 5대 원칙에 포함되지 않는다.

08

'우아한(Elegant)'은 악수의 5대 원칙에 포함되지 않는다.

정답 **06** ⑤ **07** ① **08** ③

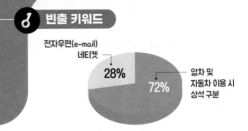

02 비즈니스 매너(2)

핵심 이론

1. 상석의 구분

① 승용차의 상석 구분 : 운전기사가 있는 경우에는 운전기사의 대각선에 있는 뒷줄 좌석이 상석, 운전기사 옆 좌석이 말석임

② 열차의 상석 구분 : 열차 진행 방향을 바라보고 창문을 통해 전망을 볼 수 있는 자리가 상석이고, 마주보는 곳이 차석임

③ 비행기의 상석 구분 : 비행기에서는 비행기 밖을 볼 수 있는 창가가 상석, 통로 쪽 좌석이 차석, 가운데 불편한 좌석이 말석임

④ 회의실의 상석 구분 : 출입문에서 먼 쪽이 상석이며, 전망이나 그림을 볼 수 있는 곳이 상석임

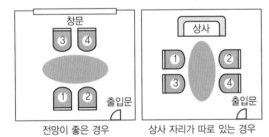

[회의실의 상석 구분]

2. 비즈니스 상황에서 엘리베이터를 이용할 경우의 예절

① 처음 손님이 방문했을 경우 손님보다 나중에 타고, 내릴 때는 손님보다 먼저 내림으로써 낯선 곳에 온 손님에게 방향을 안내해 주어야 함

② 엘리베이터는 여러 사람이 이용하는 밀폐된 공간이기 때문에 큰 소리로 떠들거나 통화를 하지 않도록 주의해야 함

③ 이미 방향을 잘 알고 있는 윗사람이나 여성과 함께 엘리베이터를 이용할 경우 윗사람 또는 여성이 먼저 타고 내리는 것이 좋음

④ 엘리베이터 버튼 앞에 서게 될 경우 다른 사람을 위해 버튼을 눌러주고 제일 나중에 내릴 수 있는 여유와 매너가 필요함

⑤ 사람들이 많고 복잡한 엘리베이터 안쪽에 위치하고 있을 경우 정중하게 "○○층 부탁드립니다."라고 부탁하는 것이 바람직함

3. 비즈니스 상황에서 지켜야 할 전자우편(e-mail) 네티켓

① 지나친 약어 및 속어 사용은 명확한 의미전달을 방해할 수 있음

② 대다수의 비즈니스 메일은 빠른 답변을 원함. 하지만 수신하는 즉시 답장을 보내야만 하는 원칙이 있는 것은 아니며, 24시간 이내에 답장을 보내도록 함

③ 첨부파일은 꼭 필요한 경우에만 보내도록 함. 보다 상세한 정보를 주기 위한 첨부파일이라도 용량이 큰 경우 e-mail을 확인하는 데 오랜 시간을 매달려야 하는 불편을 줄 수 있음

④ 유머 메일 또는 정보성 메일은 수신자의 동의를 받는 것이 네티켓임

⑤ 첨부파일의 용량이 큰 파일의 경우 다운로드 받을 때 시간이 많이 소요될 수 있기 때문에 압축하여 보내는 것이 좋음

📖 핵심 기출 유형 문제

꼭 나오는 유형 ❶ 열차 및 자동차 이용 시 상석 구분

다음 〈보기〉의 그림에서 열차 탑승 시 가장 높은 상석에 해당하는 것은?

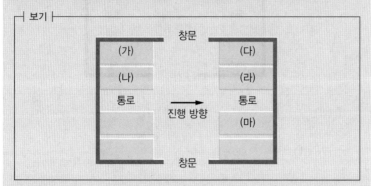

┤ 보기 ├

창문

(가) (다)

(나) (라)

통로 통로

진행 방향 (마)

창문

① (가) ② (나)
③ (다) ④ (라)
⑤ (마)

┤해설├ 열차 탑승 시 상석

열차 진행 방향을 바라보고 창문을 통해 전망을 볼 수 있는 자리가 상석(가)이고, 마주보는 곳이 차석(다)이다.

정답 ①

01 다음 〈보기〉의 그림에서 열차 탑승 시 가장 낮은 말석에 해당하는 것은?

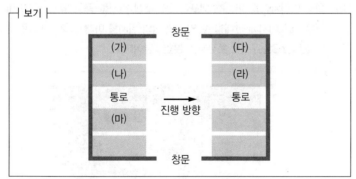

┤ 보기 ├

창문

(가) (다)

(나) (라)

통로 통로

(마) 진행 방향

창문

① (가) ② (나)
③ (다) ④ (라)
⑤ (마)

01
④ 열차의 상석은 열차의 진행 방향을 바라보는 창가 자리(가)이다. 말석은 이와 반대로 열차의 진행 방향을 등진 통로 쪽 자리(라)라고 할 수 있다.

정답 01 ④

02

② 그림에서 열차의 상석은 열차의 진행 방향을 바라보는 창가 자리 (나)이다.

02 다음 〈보기〉의 그림에서 열차 탑승 시 가장 높은 상석에 해당하는 것은?

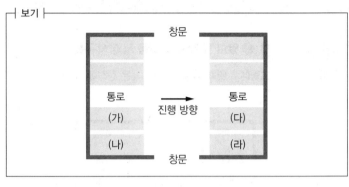

① (가)　　　　　　　　② (나)

③ (다)　　　　　　　　④ (라)

⑤ (가), (나)

03

자동차의 상석 위치

운전자의 대각선 뒷좌석이 상석(마), 운전자의 뒷좌석이 차석(다)이다.

03 회사 법인차량을 이용해 대표이사와 수행 비서를 공항까지 모셔드려야 할 경우, 대표이사께 안내할 수 있는 상석의 위치를 아래 〈보기〉의 그림에서 찾아 선택한 것은? (단, 운전자는 본인 1명이다.)

① (가)　　　　　　　　② (나)

③ (다)　　　　　　　　④ (라)

⑤ (마)

02 ② 03 ⑤ 정답

04 다음 중 비즈니스 상황에서 엘리베이터를 이용할 경우의 예절로 가장 옳지 않은 것은?

① 처음 손님이 방문했을 경우 손님보다 먼저 타고, 내릴 때는 손님보다 나중에 내리는 것이 좋다.

② 엘리베이터는 여러 사람이 이용하는 밀폐된 공간이기 때문에 큰 소리로 떠들거나 통화를 하지 않도록 주의해야 한다.

③ 이미 방향을 잘 알고 있는 윗사람이나 여성과 함께 엘리베이터를 이용할 경우 윗사람 또는 여성이 먼저 타고 내리는 것이 좋다.

④ 엘리베이터 버튼 앞에 서게 될 경우 다른 사람을 위해 버튼을 눌러주고 제일 나중에 내릴 수 있는 여유와 매너가 필요하다.

⑤ 사람들이 많고 복잡한 엘리베이터 안쪽에 위치하고 있을 경우 정중하게 "○○층 부탁드립니다."라고 부탁하는 것은 예의에 어긋나지 않는다.

꼭 나오는 유형 ❷ 전자우편(e-mail) 네티켓

다음 중 비즈니스 상황에서 지켜야 할 전자우편(e-mail) 네티켓에 대한 설명으로 가장 옳은 것은?

① 약어 및 속어 사용을 통해 보다 명확하게 의미가 전달될 수 있도록 한다.

② 대다수의 비즈니스 메일은 빠른 답변을 원하기 때문에 수신하는 즉시 답장을 보내는 것이 원칙이다.

③ 상세한 정보를 전달하기 위해 첨부파일은 용량에 상관없이 모든 경우에 예외를 두지 않고 발송하여야 한다.

④ 수신자의 동의에 상관없이 유머 메일 또는 정보성 메일을 통해 상대방과의 유대감을 강화하는 것이 중요하다.

⑤ 첨부파일의 용량이 큰 파일의 경우 다운로드 받을 때 시간이 많이 소요될 수 있기 때문에 압축하여 보내는 것이 좋다.

├ 해설

① 지나친 약어 및 속어 사용은 명확한 의미전달을 방해한다.

② 대다수의 비즈니스 메일은 빠른 답변을 원한다. 하지만 수신하는 즉시 답장을 보내야만 하는 원칙이 있는 것은 아니다. 24시간 이내에 답장을 보내도록 한다.

③ 첨부파일은 꼭 필요한 경우에만 보내도록 한다. 보다 상세한 정보를 주기 위한 첨부파일이라도 용량이 큰 경우 e-mail을 확인하는 데 오랜 시간을 매달려야 하는 불편을 줄 수 있다.

④ 유머 메일 또는 정보성 메일은 수신자의 동의를 받는 것이 네티켓이다.

정답 ⑤

❗문제타파 TIP

파일 다운로드에 오랜 시간을 기다려야 하거나 빠른 답변을 하지 않음으로써 상대방에게 불편함을 주어서는 안 됨을 유의한다.

05

① 지나친 약어 및 속어 사용은 명확한 의미전달을 방해한다.

② 첨부파일은 꼭 필요한 경우에만 보내도록 한다. 보다 상세한 정보를 주기 위한 첨부파일이라도 용량이 큰 경우 e-mail을 확인하는 데 오랜 시간을 매달려야 하는 불편을 줄 수 있다.

③ 유머 메일 또는 정보성 메일은 수신자의 동의를 받는 것이 네티켓이다.

④ 첨부파일의 용량이 큰 파일의 경우 다운로드 받을 때 시간이 많이 소요될 수 있기 때문에 압축하여 보내는 것이 좋다.

05 다음 중 비즈니스 상황에서 지켜야 할 전자우편(e-mail) 네티켓에 대한 설명으로 가장 옳은 것은?

① 약어 및 속어 사용을 통해 보다 명확하게 의미가 전달될 수 있도록 한다.

② 상세한 정보를 전달하기 위해 첨부파일은 용량에 상관없이 모든 경우에 예외를 두지 않고 발송하여야 한다.

③ 수신자의 동의에 상관없이 유머 메일 또는 정보성 메일을 통해 상대방과의 유대감을 강화하는 것이 중요하다.

④ 첨부파일의 경우 바이러스 감염의 위험성이 있기 때문에 압축하지 않고 원본 상태로 발송하는 것이 원칙이다.

⑤ 대다수의 비즈니스 메일은 빠른 답변을 원하기 때문에 회신 일자가 정해지지 않았을 경우 가능하면 24시간 안에 답장을 보내는 것이 좋다.

05 ⑤ 정답

03 다른 문화 이해 및 국제 회의

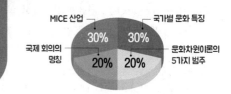

국제 회의의 명칭 20% / MICE 산업 30% / 국가별 문화 특징 30% / 문화차원이론의 5가지 범주 20%

📋 핵심 이론

1. 국가별 문화 특징

① 일본은 자신의 밥그릇이나 국그릇을 들어서 음식을 먹는 습관이 있음

② 일본은 짝으로 된 것이 행운을 가져다준다고 믿기 때문에 선물을 짝으로 된 세트로 준비하는 것이 좋음

③ 중국은 자신의 젓가락을 이용해 상대방에게 음식을 집어주는 습관이 있음

④ 중국에서 박쥐는 행운을 전해주는 동물로 여김

⑤ 홍콩에서는 시계를 죽음의 상징으로 여기기 때문에 선물을 하지 않는 것이 좋음

⑥ 인도네시아는 대부분의 인구가 이슬람교도이기 때문에 일반적으로 돼지고기나 술을 먹지 않음. 또한 남에게 물건을 건네거나 받을 때 오른손을 사용하므로 주의해야 함

⑦ 태국, 말레이시아에서는 사람의 머리를 신성시하기 때문에 상대방의 머리를 함부로 만져서는 안 됨

⑧ 태국은 불교 국가로 불상과 승려를 신성시하며 왕가에 대한 존경심을 가지고 있기 때문에 이들을 욕되게 하는 언행을 하지 않도록 주의해야 함

⑨ 인도의 힌두교도는 소를 신성시하며, 소고기를 먹지 않기 때문에 식사 메뉴 선정에 주의해야 함

⑩ 영국과 프랑스에서 승리를 나타내는 'V'자 사인을 할 경우 손등이 상대방을 향하지 않도록 주의해야 함

2. 홉스테드의 문화차원이론 5가지 범주

권력 거리 지수	조직이나 단체에서 권력이 작은 구성원이 권력의 불평등한 분배를 수용하고 기대하는 정도
개인주의 대 집단주의	한 개인이 가족이나 집단에 대한 책임보다 개인적인 자유를 더 중시하는 정도를 나타내는 척도
불확실성 회피지수	사회구성원이 불확실성을 최소화함으로써 불안에 대처하려고 하는 정도
남성성 대 여성성	성별 간 감정적 역할의 분화를 나타내는 척도
장기지향성 대 단기지향성	• 사회의 시간 범위를 설명하는 척도 • 장기지향적인 사회는 미래에 더 많은 중요성을 부여하고, 단기지향적인 사회에서는 끈기, 전통에 대한 존중 등을 강조함

3. 국제 회의의 종류

① 포럼(Forum) : 일종의 공개 토론회로, 청중에게 기회가 많음

② 클리닉(Clinic) : 특정한 병이나 장애 따위에 대해 포괄적으로 진단하고 치료하는 곳

③ 워크숍(Workshop) : 보통 30여 명의 인원으로 개최되는 소규모 회의로, 참가 인원이 특정 문제나 과제에 대하여 새로운 기술, 지식, 연구방법 등을 교환

④ 세미나(Seminar) : 전문인 등이 특정한 주제로 행하는 연수회나 강습회

⑤ 박람회(Trade Fair) : 견본전시로서 각종의 상품견본을 일정한 장소에 전시하고 상품의 품질, 성질, 효용을 알기 쉽게 설명하고 때로는 실제로 가동시켜 소개, 선전을 하고 동시에 매매거래를 촉진시키기 위하여 개최되는 시장

⑥ 컨벤션(Convention) : 회의 분야에서 가장 일반적으로 사용되는 용어로 정보형 전시회나 국제회의를 지칭하며, 본회의와 분과회의 등을 포함

⑦ 컨퍼런스(Conference) : 컨벤션과 유사한 의미로, 본 회의와 사교행사, 관광행사 등을 동반하며 전문적 문제를 토론하기 위한 회의 모임

⑧ 컨그레스(Congress) : 컨퍼런스(Conference)와 성격이 유사하며 참가 인원도 매우 다양하지만 유럽에서 국제 회의를 지칭할 경우 일반적으로 사용되는 회의 명칭

⑨ 심포지엄(Symposium) : 2명 이상의 전문가가 하나의 주제에 대해 서로 다른 입장에서 짧은 강연을 한 뒤 청중으로부터 질문이나 의견을 듣는 방식으로, 넓은 시야에서 문제를 논의하여 결론을 이끌어내려고 하는 공개 토론

4. MICE 산업

① Meeting(회의)

ㄱ Convention(컨벤션) 기준에는 부합하지 않지만, 전체 참가자가 10명 이상인 정부, 협회, 학회, 기업 회의로, 아이디어 교환, 토론, 정보교환, 사회적 네트워크 형성 등을 목적으로 하여 4시간 이상 진행되는 모든 회의를 의미함

ㄴ 일반적으로 회의에는 컨퍼런스(컨그레스), 세미나, 워크숍, 포럼 등이 있음

② Incentive Tour(포상 관광)

ㄱ 국내 숙박시설에 1박 이상 체류하는 외국인 10명 이상이 참가하는 회의로, 조직원들의 성과에 대한 보상 및 동기부여를 위한 순수 보상 관광 회의

ㄴ 최근에는 인센티브 여행의 영향력과 파급효과 때문에 지역별로 활발한 유치 활동이 전개되고 있음

③ Convention(컨벤션)

ㄱ 아이디어 교환, 토론, 정보교환, 사회적 네트워크 형성을 위한 각종 회의를 말함

ㄴ 외국인 참가자가 10명 이상인 동시에 전체 참가자가 250명 이상인 큰 규모의 정부, 협회, 학회, 기업 회의로, 전문회의시설, 준회의시설, 중소규모 회의시설, 호텔, 휴양콘도미니엄 등에서 개최되는 회의임

④ Exhibition(전시회/이벤트)

ㄱ 유통 · 무역업자, 소비자, 일반인 등을 대상으로 판매, 홍보, 마케팅 활동을 하는 각종 전시회를 말함

ㄴ 주로 상업적인 목적으로 개최되며, 경제적인 효과를 기대해 진행함

📖 핵심 기출 유형 문제

🔲 나오는 유형 ❶ 국가별 문화 특징

국제 비즈니스 매너를 위해 숙지해야 할 국가별 문화 특징에 대한 설명으로 가장 옳지 않은 것은?

① 일본은 자신의 밥그릇이나 국그릇을 들어서 음식을 먹는 습관이 있다.

② 중국은 자신의 젓가락을 이용해 상대방에게 음식을 집어주는 습관이 있다.

③ 홍콩에서는 시계를 죽음의 상징으로 여기기 때문에 선물을 하지 않는 것이 좋다.

④ 인구의 대부분이 이슬람교도인 인도네시아에서는 일반적으로 돼지고기나 술을 입에 대지 않고 오른손을 부정하게 생각한다.

⑤ 태국, 말레이시아에서는 사람의 머리를 신성시하기 때문에 상대방의 머리를 함부로 만져서는 안 된다.

├ 해설

④ 인구의 대부분이 이슬람교도인 인도네시아에서는 일반적으로 돼지고기나 술을 입에 대지 않고 왼손을 부정하게 생각한다.

국가별 문화 특징

- 일본은 자신의 밥그릇이나 국그릇을 들어서 음식을 먹는 습관이 있다.
- 일본은 짝으로 된 것이 행운을 가져다준다고 믿기 때문에 선물을 짝으로 된 세트로 준비하는 것이 좋다.
- 중국은 자신의 젓가락을 이용해 상대방에게 음식을 집어주는 습관이 있다.
- 중국에서 박쥐는 행운을 전해주는 동물로 여긴다.
- 홍콩에서는 시계를 죽음의 상징으로 여기기 때문에 선물을 하지 않는 것이 좋다.
- 인도네시아는 대부분의 인구가 이슬람교도이기 때문에 일반적으로 돼지고기나 술을 먹지 않는다. 또한 남에게 물건을 건네거나 받을 때 오른손을 사용하므로 주의해야 한다.
- 태국, 말레이시아에서는 사람의 머리를 신성시하기 때문에 상대방의 머리를 함부로 만져서는 안 된다.
- 태국은 불교 국가로 불상과 승려를 신성시하며 왕가에 대한 존경심을 가지고 있기 때문에 이들을 욕되게 하는 언행을 하지 않도록 주의해야 한다.
- 인도의 힌두교도는 소를 신성시하며, 소고기를 먹지 않기 때문에 식사 메뉴 선정에 주의해야 한다.

정답 ④

⚠️ **문제타파 TIP**

수많은 국가별 문화 특징이 있지만, 문제에 나온 특징 위주로 기억해 둘 것!

01

영국과 프랑스에서 손등을 바깥쪽으로 향한 V자 사인은 '꺼져버려'라는 의미를 나타낸다.

01 국제 비즈니스 매너를 위해 숙지해야 할 국가별 문화 특징에 대한 설명으로 가장 옳지 않은 것은?

① 영국은 승리를 나타내는 'V'자 사인을 할 경우 반드시 손등이 상대방을 향하도록 해야 한다.

② 일본은 짝으로 된 것이 행운을 가져다준다고 믿기 때문에 선물을 짝으로 된 세트로 준비하는 것이 좋다.

③ 태국은 불교 국가로 불상과 승려를 신성시하며 왕가에 대한 존경심을 가지고 있어 이들을 욕되게 하는 언행을 하지 않도록 주의해야 한다.

④ 인도의 힌두교도는 소를 신성시하며, 소고기를 먹지 않기 때문에 식사 메뉴 선정에 주의해야 한다.

⑤ 중국에서 박쥐는 행운을 전해주는 동물로 여긴다.

문제타파 TIP

5가지 범주에 포함되지 않는 것을 묻는 문제 형태가 주로 출제되니 5가지 범주에 해당하는 용어를 꼭 기억해 둘 것!

꼭 나오는 유형 ❷ **문화차원이론의 5가지 범주**

다음 중 사회 문화에 따른 구성원의 가치관과 이에 대한 행동의 연관성을 설명하기 위해 '홉스테드'가 제시한 '문화차원이론'의 5가지 범주에 포함되지 않는 것은?

① 언론 공정 지수
② 남성성 대 여성성
③ 불확실성 회피지수
④ 개인주의 대 집단주의
⑤ 장기지향성 대 단기지향성

해설 홉스테드의 문화차원이론 5가지 범주

사회 문화에 따른 구성원의 가치관과 이에 대한 행동의 연관성을 설명하기 위해 제시

권력 거리 지수	조직이나 단체에서 권력이 작은 구성원이 권력의 불평등한 분배를 수용하고 기대하는 정도
개인주의 대 집단주의	한 개인이 가족이나 집단에 대한 책임보다 개인적인 자유를 더 중시하는 정도를 나타내는 척도
불확실성 회피지수	사회구성원이 불확실성을 최소화함으로써 불안에 대처하려고 하는 정도
남성성 대 여성성	성별 간 감정적 역할의 분화를 나타내는 척도
장기지향성 대 단기지향성	사회의 시간 범위를 설명하는 척도. 장기지향적인 사회는 미래에 더 많은 중요성을 부여하고, 단기지향적인 사회에서는 끈기, 전통에 대한 존중 등을 강조함

정답 ①

01 ① 정답

02 다음 중 사회 문화에 따른 구성원의 가치관과 이에 대한 행동의 연관성을 설명하기 위해 홉스테드(Hofstede)가 제시한 문화차원이론의 5가지 범주에 포함되지 않는 것은?

① 시간 성향
② 권위주의적 성향
③ 개인주의적 성향
④ 불확실성 회피 성향
⑤ 사회 현상의 묵시적 성향

정답 및 해설

02

홉스테드(Hofstede)가 제시한 문화차원이론의 5가지 범주는 개인주의적 성향, 권위주의적 성향, 불확실성 회피 성향, 남성적 성향, 시간 성향으로 구분할 수 있다.

꼭 나오는 유형 ❸ 국제 회의의 명칭

다음 〈보기〉의 내용에 해당하는 회의의 명칭으로 가장 옳은 것은?

┌─ 보기 ┐
• 소그룹 형태의 모임으로 특정 문제나 과제를 주로 다루는 방식이다.
• 교육담당자의 주도하에 참석자들은 서로 문제에 대한 새로운 지식이나 기술 등을 교환하면서 교육이 이루어진다.
└────────────┘

① 포럼
② 워크숍
③ 컨벤션
④ 심포지엄
⑤ 컨퍼런스

문제타파 TIP

회의의 명칭 및 특징을 자세히 알아두어야 한다.

┤ 해설 ├

② 〈보기〉의 설명은 '워크숍'에 대한 설명이다.
① 포럼 : 공개 토의로 전문가와 청중이 함께 공공의 문제에 대해 토의하는 형식이다.
③ 컨벤션 : 정보형 전시회나 국제 회의를 지칭한다.
④ 심포지엄 : 특정한 문제에 대해 두 사람 이상의 전문가가 서로 다른 의견을 발표하고 청중의 질문에 답하는 형식의 공개 토론회로 포럼에 비해 다소 형식적이다.
⑤ 컨퍼런스 : 공통의 주제로 토론하여 서로 다른 의견과 관점을 듣고, 어떤 경우에는 수용가능한 해결책을 달성하기 위한 토의 형식으로 본회의와 사교행사, 관광행사 등을 동반한다.

정답 ②

---

03 다음 중 컨퍼런스(Conference)와 성격이 유사하며 참가 인원도 매우 다양하지만 유럽에서 국제 회의를 지칭할 경우 일반적으로 사용되는 회의 명칭은?

① 클리닉(Clinic)
② 세미나(Seminar)
③ 박람회(Trade Fair)
④ 컨그레스(Congress)
⑤ 심포지엄(Symposium)

03

컨그레스(Congress)
컨퍼런스(Conference)와 성격이 유사하며 참가 인원도 매우 다양하지만 유럽에서 국제 회의를 지칭할 경우 일반적으로 사용되는 회의 명칭이다.

정답 02 ⑤ 03 ④

❗문제타파 TIP

MICE 산업에 해당하는 각각의 용어와 특징을 구분할 줄 알아야 한다.

꼭 나오는 유형 ④ MICE 산업

다음 중 MICE 산업 구성 요소와 관련해 'MICE'라는 용어가 뜻하는 의미에 해당되지 않는 것은?

① 포상 관광　　　　　　② 컨벤션
③ 언론 환경　　　　　　④ 회의
⑤ 전시회

┣해설┫ MICE 산업

회의 (Meeting)	• Convention(컨벤션) 기준에는 부합하지 않지만, 전체 참가자가 10명 이상인 정부, 협회, 학회, 기업 회의로, 아이디어 교환, 토론, 정보교환, 사회적 네트워크 형성 등을 목적으로 하여 4시간 이상 진행되는 모든 회의를 의미한다. • 일반적으로 회의에는 컨퍼런스(컨그레스), 세미나, 워크숍, 포럼 등이 있다.
포상 관광 (Incentive Tour)	• 국내 숙박시설에 1박 이상 체류하는 외국인 10명 이상이 참가하는 회의로, 조직원들의 성과에 대한 보상 및 동기부여를 위한 순수 보상 관광 회의이다. • 최근에는 인센티브 여행의 영향력과 파급효과 때문에 지역별로 활발한 유치 활동이 전개되고 있다.
컨벤션 (Convention)	• 아이디어 교환, 토론, 정보교환, 사회적 네트워크 형성 등을 위한 각종 회의를 말한다. • 외국인 참가자가 10명 이상인 동시에 전체 참가자가 250명 이상인 큰 규모의 정부, 협회, 학회, 기업 회의로, 전문회의시설, 준회의시설, 중소규모회의시설, 호텔, 휴양콘도미니엄 등에서 개최되는 회의이다.
전시회 (Exhibition)	• 유통·무역업자, 소비자, 일반인 등을 대상으로 판매, 홍보, 마케팅 활동을 하는 각종 전시회를 말한다. • 주로 상업적인 목적으로 개최되며, 경제적인 효과를 기대해 진행한다.

정답 ③

04

기업 회의(Meeting)보다 규모가 큰 3개국 10명 이상이 참가하여 정보교환, 네트워킹, 사업 등을 목적으로 하는 회의 유형은 Convention(컨벤션)이다.

04 MICE 산업의 분류 중 기업 회의보다 규모가 큰 3개국 10명 이상이 참가하여 정보교환, 네트워킹, 사업 등을 목적으로 하는 회의 유형은?

① Seminar(세미나)
② Meeting(회의)
③ Exhibition(전시회)
④ Convention(컨벤션)
⑤ Incentive Tour(포상 관광)

05 MICE 산업의 분류 중 조직이 구성원의 성과에 대한 보상 및 동기부여를 위해 비용의 전체 혹은 일부를 부담하는 순수 보상 관광 회의로 상업용 숙박시설에서 1박 이상 체류하는 유형은?

① Seminar

② Meeting

③ Exhibition

④ Convention

⑤ Incentive Tour

06 다음 〈보기〉의 설명에 해당하는 MICE 산업 분류의 유형은?

┤ 보기 ├─
마케팅 활동의 하나로 제품 생산자 및 판매업자들이 제품을 홍보 또는 판매하기 위해 정해진 특정 장소에서 관람객과 잠재적 바이어를 대상으로 제품의 전시, 홍보, 거래 등의 활동을 하는 것을 말한다.

① Seminar   ② Meeting

③ Exhibition   ④ Convention

⑤ Incentive Tour

💬 정답 및 해설

05

⑤ 국내 숙박시설에 1박 이상 체류하는 외국인 10명 이상이 참가하는 회의로, 조직원들의 성과에 대한 보상 및 동기부여를 위한 순수 보상 관광 회의는 포상 관광(Incentive Tour)이다.

06

③ 마케팅 활동의 하나로, 유통·무역업자, 소비자, 일반인 등을 대상으로 홍보 또는 판매를 위해 특정 장소에서 제품 전시, 홍보, 거래 등의 활동을 하는 것은 'Exhibition(전시회)'이다.

04 국제 비즈니스 에티켓

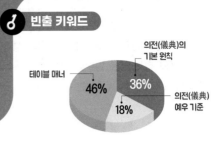

의전(儀典)의 기본 원칙 36%
의전(儀典) 예우 기준 18%
테이블 매너 46%

핵심 이론

1. 의전(儀典)의 기본 원칙(5R)

① 의전은 상대방과 상대 문화에 대한 존중(Respect)과 배려(Consideration)임

② 의전은 특정 지역과 특정 문화를 이해하고 행하는 문화의 반영(Reflecting Culture)임

③ 의전은 상호주의(Reciprocity)가 원칙임. 국력에 관계없이 모든 국가가 동등한 대우를 받아야 함

④ 의전의 가장 기본은 서열(Rank)임. 서열을 무시하면 해당 인사뿐만 아니라 그 인사가 대표하는 국가나 조직 전체를 모욕하는 것에 해당

⑤ 왼쪽을 부정적으로 여겨온 문화적, 종교적 전통으로 인해 오른쪽(Right)이 상석에 해당

2. 의전 예우 기준

① 공직자의 경우 각 국가별로 헌법, 정부조직법 등 법령에 따른 직위 순서가 기준

② 공직자와 민간인이 섞여 있을 때는 고위직의 공직자를 우선하고, 민간인은 연령, 행사 관련성 등을 감안하여 서열을 정함

③ 서열 기준

직위에 의한 서열 기준	• 직급(계급) 순위 • 헌법 및 정부조직법상의 기관 순위 • 기관장 선순위 • 상급기관 선순위 • 국가기관 선순위 등
공적 직위가 없는 인사의 서열 기준	• 전직(前職) • 연령 • 행사 관련성 • 정부산하단체 및 관련민간단체장 등

3. 테이블 매너

① 식사 중에는 담배를 피우지 않고, 담배는 가급적 식사 후에 상대방의 양해를 구하고 피우는 것이 예의임

② 음식이 담긴 식기에 직접 입을 대고 먹지 않는 것이 바람직함

③ 다른 손님들에게 방해가 될 수 있기 때문에 종업원을 부를 때는 크게 소리 내지 않고 손만 가만히 들어 부름

④ 식사 중에 손으로 머리나 귀, 코 등을 만질 경우 손으로 빵을 먹을 때 비위생적일 수 있기 때문에 가급적 자제함

⑤ 규모가 큰 레스토랑을 이용할 경우 사전에 미리 예약을 하는 것이 일반적임

⑥ 중요한 비즈니스와 관계된 경우 옷차림에 격식을 갖추어 참석하는 것이 예의

⑦ 테이블의 상석을 정할 때 연령이 어리지만 직위가 높을 경우에는 직위를 우선하고, 같은 조건이면 여성을 우선함

⑧ 서양의 경우 부부가 함께 동반했을 때는 사각 테이블을 기준으로 서로 마주보고 앉는 것이 일반적임

⑨ 식사 주문 시 메뉴판에 모르는 음식이 있을 경우 음식에 대해 웨이터에게 물어보는 것은 크게 예의에 어긋나지 않음

⑩ 식사 중 바닥에 나이프나 포크가 떨어지면 종업원을 부르도록 함

⑪ 빵은 칼을 이용해 자르는 것보다 손을 이용해 떼어서 먹는 것이 바람직함

⑫ 고급 식당의 경우 빈자리에 그냥 앉는 것이 아니라 종업원의 안내를 받는 것이 일반적임

⑬ 계산서에서 Service Charge가 포함되어 있는 경우에는 팁을 주지 않아도 되며, Service Charge가 포함되어 있지 않은 경우에는 청구액의 10~15% 정도를 팁으로 지불하는 것이 좋음

📖 핵심 기출 유형 문제

🎯 나오는 유형 ❶ 의전의 기본 원칙

다음 중 의전의 기본 원칙에 대한 설명으로 가장 옳지 않은 것은?

① 의전은 상호주의를 원칙으로 한다.

② 의전은 기본적으로 오른쪽을 상석으로 한다.

③ 의전은 상대 문화 및 상대방에 대한 존중과 배려를 바탕으로 한다.

④ 의전은 문화의 다양성을 추구하되 특정 지역의 문화가 반영되지 않도록 주의하여야 한다.

⑤ 참석자 서열을 지키는 것은 의전의 핵심이자 의전 행사에 있어 가장 기본이 되는 기준이다.

🔑 해설

④ 의전은 특정 지역과 특정 문화를 이해하고 행하는 문화의 반영(Reflecting Culture)이다.

의전(儀典)의 '5R(원칙)'

• 의전은 상대방과 상대 문화에 대한 <u>존중(Respect)</u>과 배려(Consideration)이다.
• 의전은 특정 지역과 특정 문화를 이해하고 행하는 <u>문화의 반영(Reflecting Culture)</u>이다.
• 의전은 <u>상호주의(Reciprocity)</u>를 원칙으로 한다. 국력에 관계없이 모든 국가가 동등한 대우를 받아야 한다.
• 의전에서 가장 핵심이며 기본은 <u>서열(Rank)</u>이다. 서열을 무시하면 해당 인사뿐만 아니라 그 인사가 대표하는 국가나 조직 전체를 모욕하는 것이다.
• 왼쪽을 부정적으로 여겨온 문화적, 종교적 전통으로 인해 <u>오른쪽(Right)</u>이 상석이다.

정답 ④

❗ 문제타파 TIP

의전의 '5R'에서 '5R' 각각의 의미가 무엇인지 알아야 하며, 영단어로도 기억해 두어야 한다.

---

01 **다음 중 의전(儀典)의 기본 원칙에 대한 설명으로 가장 옳지 않은 것은?**

① 의전은 양자주의를 원칙으로 한다.

② 의전은 특정 지역의 문화를 반영한다.

③ 의전은 기본적으로 오른쪽을 상석으로 한다.

④ 의전은 상대 문화 및 상대방에 대한 존중과 배려를 바탕으로 한다.

⑤ 참석자 서열을 지키는 것은 의전의 핵심이자 의전 행사에 있어 가장 기본이 되는 기준이다.

01
의전은 상호주의를 원칙으로 한다.

02 **다음 의전(儀典)의 '5R(원칙)'에 해당되지 않는 것은?**

① Rank ② Right

③ Reflecting Culture ④ Respect

⑤ Reference

02
⑤ Reference(참조)는 의전(儀典)의 '5R(원칙)'에 해당하지 않는다.

정답 01 ① 02 ⑤

❗ 문제타파 TIP

'직위에 의한 서열 기준'과 '공적 직위가 없는 인사의 서열 기준'을 구분하여 알아둘 것!

꼭 나오는 유형 ❷ 의전(儀典) 예우 기준

다음 중 일반적 의전(儀典) 예우 기준과 관련해 직위에 의한 서열 기준으로 보기 어려운 것은?

① 전직(前職)
② 기관장 선순위
③ 국가기관 선순위
④ 직급(계급) 순위
⑤ 헌법, 정부조직법상의 기관 순위

┣ 해설

① '전직(前職)'은 공적 직위가 없는 인사의 서열 기준에 해당한다.

직위에 의한 서열 기준	공적 직위가 없는 인사의 서열 기준
• 직급(계급) 순위 • 헌법 및 정부조직법상의 기관 순위 • 기관장 선순위 • 상급기관 선순위 • 국가기관 선순위 등	• 전직(前職) • 연령 • 행사 관련성 • 정부산하단체 및 관련민간단체장 등

정답 ①

03

관련민간단체장은 '공적 직위가 없는 인사의 서열 기준'에 해당한다.

03 다음 중 일반적 의전(儀典) 예우 기준과 관련해 직위에 의한 서열 기준으로 보기 어려운 것은?

① 기관장 선순위
② 국가기관 선순위
③ 관련민간단체장
④ 직급(계급) 순위
⑤ 헌법, 정부조직법상의 기관 순위

03 ③ 정답

🔖 나오는 유형 ❸ 테이블 매너

국제 비즈니스 에티켓과 관련해 테이블 매너 시 유의사항에 대한 설명으로 가장 옳지 않은 것은?

① 큰 소리로 웨이터를 부르는 것은 예의에 어긋나므로 주의해야 한다.
② 나이프에 음식이 묻었을 경우, 입에 가져가는 일은 예의에 어긋나므로 가급적 삼가는 것이 좋다.
③ 나이프나 포크가 떨어졌을 때는 본인이 줍지 말고 웨이터를 불러 가져 가도록 한다.
④ 식사가 아직 끝나지 않았을 때는 나이프와 포크를 접시 위에 팔(八)자로 올려두도록 한다.
⑤ 여성의 경우 테이블에서 화장을 고치더라도 예의에 어긋나지 않는다.

🗝️ 문제타파 TIP
테이블 매너를 묻는 문제는 자주 출제되니 꼼꼼히 알아두어야 한다.

├해설

⑤ 화장을 할 때는 테이블이 아닌 화장실을 이용하는 것이 바람직하다.

테이블 예절

• 식사 중에는 담배를 피우지 않고, 담배는 가급적 식사 후에 상대방의 양해를 구하고 피우는 것이 예의이다.
• 음식이 담긴 식기에 직접 입을 대고 먹지 않는 것이 바람직하다.
• 다른 손님들에게 방해가 될 수 있기 때문에 종업원을 부를 때는 크게 소리 내지 않고 손만 가만히 들어 부른다.
• 식사 중에 손으로 머리나 귀, 코 등을 만질 경우 손으로 빵을 먹을 때 비위생적일 수 있기 때문에 가급적 자제한다.
• 규모가 큰 레스토랑을 이용할 경우 사전에 미리 예약을 하는 것이 일반적이다.
• 중요한 비즈니스와 관계된 경우 옷차림에 격식을 갖추어 참석하는 것이 예의이다.
• 테이블의 상석을 정할 때 연령이 어리지만 직위가 높을 경우에는 직위를 우선하고, 같은 조건이면 여성을 우선한다.
• 서양의 경우 부부가 함께 동반했을 때는 사각 테이블을 기준으로 서로 마주보고 앉는 것이 일반적이다.
• 식사 주문 시 메뉴판에 모르는 음식이 있을 경우 음식에 대해 웨이터에게 물어보는 것은 크게 예의에 어긋나지 않는다.

정답 ⑤

---

04 국제 비즈니스 에티켓과 관련해 테이블 매너 시 유의사항에 대한 설명으로 가장 옳지 않은 것은?

① 식사 중에는 담배를 피우지 않는 것이 좋다.
② 음식이 담긴 식기에 직접 입을 대고 먹지 않는다.
③ 테이블에서 화장을 고치는 것은 예의에 어긋나므로 주의해야 한다.
④ 종업원을 부를 때 손을 높이 들고 소리 내어 불러도 예의에 어긋나지 않는다.
⑤ 식사 중에 손으로 머리나 귀, 코 등을 만질 경우 손으로 빵을 먹을 때 비위생적일 수 있기 때문에 가급적 자제한다.

04
종업원을 부를 때는 다른 손님들에게 방해가 될 수 있기 때문에 크게 소리 내지 않고 손만 가만히 들어 부른다.

정답 04 ④

05

상대방의 식사에 방해가 되지 않는 선에서 서로 대화하는 것은 예의에 어긋나지 않는다.

05 국제 비즈니스 에티켓과 관련해 테이블 매너 시 유의사항에 대한 설명으로 가장 옳지 않은 것은?

① 음식이 담긴 식기에 직접 입을 대고 먹지 않는다.

② 식사 중 테이블에서 화장을 고치는 것은 예의에 어긋나므로 주의한다.

③ 담배는 가급적 식사 후에 상대방의 양해를 구하고 피우는 것이 예의이다.

④ 상대방의 식사에 방해가 되지 않도록 식사 중에는 최대한 대화를 자제하는 것이 좋다.

⑤ 다른 손님들에게 방해가 될 수 있기 때문에 큰 소리로 웨이터를 부르지 않도록 주의한다.

06

계산서에 Service Charge가 포함되어 있는 경우 팁을 주지 않으며, Service Charge가 포함되어 있지 않은 경우에는 청구액의 10~15% 정도를 팁으로 지불하는 것이 좋다.

06 국제 비즈니스 에티켓과 관련해 테이블 매너 시 유의사항에 대한 설명으로 가장 옳지 않은 것은?

① 일반적으로 부부는 서로 마주보고 앉는 것이 원칙이다.

② 여러 사람이 함께 식사를 할 경우, 연령이나 직위를 기준으로 상석을 정한다.

③ 빵은 칼을 이용해 자르는 것보다 손을 이용해 떼어서 먹는 것이 더 바람직하다.

④ 고급 식당의 경우 빈자리에 그냥 앉는 것이 아니라 종업원의 안내를 받는 것이 일반적이다.

⑤ 계산서에 'Service Charge'가 포함되어 있는 경우 청구액의 4.4% 정도를 팁으로 지급하는 것이 일반적이다.

01 소비자의 정의 및 권리와 책무

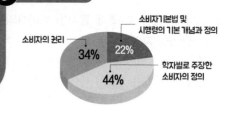

📋 핵심 이론

1. 소비자기본법의 목적(소비자기본법 제1조)

① 소비자의 권익을 증진하기 위하여 소비자의 권리와 책무, 국가 · 지방자치단체 및 사업자의 책무, 소비자 단체의 역할 및 자유시장경제에서 소비자와 사업자 사이의 관계를 규정하기 위함이다.

② 소비자 정책의 종합적 추진을 위한 기본적인 사항을 규정함으로써 소비생활의 향상과 국민경제의 발전에 이바지함을 목적으로 한다.

2. 소비자기본법상의 정의(소비자기본법 제2조)

① "소비자"라 함은 사업자가 제공하는 물품 또는 용역(시설물 포함)을 소비생활을 위하여 사용하는 자 또는 생산 활동을 위하여 사용하는 자로서 대통령령이 정하는 자를 말한다.

② "사업자"라 함은 물품을 제조(가공 또는 포장 포함) · 수입 · 판매하거나 용역을 제공하는 자를 말한다.

③ "소비자단체"라 함은 소비자의 권익을 증진하기 위하여 소비자가 조직한 단체를 말한다.

④ "사업자단체"라 함은 2 이상의 사업자가 공동의 이익을 증진할 목적으로 조직한 단체를 말한다.

> **소비자의 범위(소비자기본법 시행령 제2조)**
> 소비자기본법 제2조 제1호의 소비자 중 물품 또는 용역을 생산 활동을 위하여 사용하는 자의 범위는 다음과 같다.
> - 제공된 물품 또는 용역을 최종적으로 사용하는 자. 다만, 제공된 물품 등을 원재료, 자본재 또는 이에 준하는 용도로 생산 활동에 사용하는 자는 제외한다.
> - 제공된 물품 등을 농업(축산업을 포함) 및 어업 활동을 위하여 사용하는 자. 다만, 「원양산업발전법」 제6조 제1항에 따라 해양수산부장관의 허가를 받아 원양어업을 하는 자는 제외한다.

3. 학자별 소비자의 정의

① 가토 이치로(Kato Ichiro) : 소비자란 국민 일반을 소비생활이라고 하는 시민생활의 측면에서 포착한 개념이다.

② 폰 히펠(Von Hippel) : 소비자란 개인적인 용도에 쓰기 위하여 상품이나 서비스를 제공받는 사람을 의미한다.

③ 이마무라 세이와(Imamura Seiwa) : 소비자는 생활자이며 일반 국민임과 동시에 거래 과정의 말단에서 구매자로 나타나는 것을 의미한다.

④ 타케우치 쇼우미(Takeuchi Shoumi) : 소비자란 타인이 공급하는 물자나 용역을 소비생활을 위하여 구입 또는 이용하는 자로서 공급자에 대립하는 개념이다.

4. 소비자의 4대 권리(미국 케네디 대통령의 '소비자의 이익 보호를 위한 특별교서')

안전에 대한 권리 (The right to be safety)	건강과 생명에 위험한 제품의 판매로부터 보호받을 권리
정보를 제공받을 권리 (The right to be informed)	사기, 기만, 심한 오인 등을 주는 정보, 광고, 표시 등으로부터 보호받고, 선택하는 데 필요한 지식을 얻을 권리
선택의 권리 (The right to be choose)	다양한 물품과 용역을 가능한 한 경쟁력 있는 가격으로 사용할 수 있도록 보장받을 권리. 경쟁이 배제되고 정부규제가 대체되는 업종에 대해서는 만족스러운 품질과 서비스를 공정한 가격으로 제공받을 권리
의견을 반영시킬 권리 (The right to be heard)	정부 정책에서 소비자 이익이 충분히 배려되고, 행정 절차에서 공정하고 신속하게 대우받을 권리

제3과목

5. 소비자기본법 제4조에 명시된 소비자의 기본적 권리(=소비자의 8대 권리)

① 물품 또는 용역(이하 "물품 등"이라 한다)으로 인한 생명·신체 또는 재산에 대한 위해로부터 보호받을 권리

② 물품 등을 선택함에 있어서 필요한 지식 및 정보를 제공받을 권리

③ 물품 등을 사용함에 있어서 거래상대방·구입장소·가격 및 거래조건 등을 자유로이 선택할 권리

④ 소비생활에 영향을 주는 국가 및 지방자치단체의 정책과 사업자의 사업활동 등에 대하여 의견을 반영시킬 권리

⑤ 물품 등의 사용으로 인하여 입은 피해에 대하여 신속·공정한 절차에 따라 적절한 보상을 받을 권리

⑥ 합리적인 소비생활을 위하여 필요한 교육을 받을 권리

⑦ 소비자 스스로의 권익을 증진하기 위하여 단체를 조직하고 이를 통하여 활동할 수 있는 권리

⑧ 안전하고 쾌적한 소비생활 환경에서 소비할 권리

6. 소비자의 책무(소비자기본법 제5조)

① 소비자는 사업자 등과 더불어 자유시장경제를 구성하는 주체임을 인식하여 물품 등을 올바르게 선택하고, 제4조의 규정에 따른 소비자의 기본적 권리를 정당하게 행사하여야 한다.

② 소비자는 스스로의 권익을 증진하기 위하여 필요한 지식과 정보를 습득하도록 노력하여야 한다.

③ 소비자는 자주적이고 합리적인 행동과 자원절약적이고 환경친화적인 소비생활을 함으로써 소비생활의 향상과 국민경제의 발전에 적극적인 역할을 다하여야 한다.

7. 국제소비자기구가 제시한 소비자의 5대 책무

- 비판적 의식
- 자기주장과 행동
- 사회적 관심
- 환경에의 자각
- 연대

📖 핵심 기출 유형 문제

🔑 나오는 유형 ❶ 소비자기본법 및 시행령의 기본 개념과 정의

다음 중 소비자기본법 및 시행령의 기본 개념과 정의에 대한 설명으로 옳지 않은 것은?

① 소비자라 함은 사업자가 제공하는 물품 또는 용역을 소비생활을 위하여 사용하는 자로서 대통령령이 정하는 자를 말한다.

② 사업자라 함은 물품을 제조·수입·판매하거나 용역을 제공하는 자를 말한다.

③ 소비자단체라 함은 소비자의 권익을 증진하기 위하여 소비자가 조직한 단체를 말한다.

④ 사업자단체라 함은 5명 이상의 사업자가 공동의 이익을 증진할 목적으로 조직한 단체를 말한다.

⑤ 제공된 물품 등을 원재료, 자본재 또는 이에 준하는 용도로 생산 활동에 사용하는 자는 소비자의 범위에서 제외된다.

┠ 해설

④ "사업자단체"라 함은 2 이상의 사업자가 공동의 이익을 증진할 목적으로 조직한 단체를 말한다. (소비자기본법 제2조 제4호)
① 소비자기본법 제2조 제1호
② 소비자기본법 제2조 제2호
③ 소비자기본법 제2조 제3호
⑤ 소비자기본법 시행령 제2조 제1호

정답 ④

!문제타파 TIP

소비자기본법은 어려운 부분에 속한다. 법 조항들을 반복해서 읽어 보아야 한다.

제3과목

01 다음 중 소비자기본법 및 시행령의 기본 개념과 정의에 대한 설명으로 가장 옳지 않은 것은?

① 소비자라 함은 사업자가 제공하는 물품 또는 용역을 소비생활을 위하여 사용하는 자 또는 생산 활동을 위하여 사용하는 자로서 대통령령이 정하는 자를 말한다.

② 사업자라 함은 물품을 제조, 수입, 판매하거나 용역을 제공하는 자를 말한다.

③ 제공된 물품 등을 원재료, 자본재 또는 이에 준하는 용도로 생산 활동에 사용하는 자는 사업자의 범위에서 제외된다.

④ 사업자단체라 함은 2 이상의 사업자가 공동의 이익을 증진할 목적으로 조직한 단체를 말한다.

⑤ 소비자단체라 함은 소비자의 권익을 증진하기 위하여 소비자가 조직한 단체를 말한다.

01

③ 제공된 물품 등을 원재료, 자본재 또는 이에 준하는 용도로 생산활동에 사용하는 자는 소비자의 범위에서 제외된다. (소비자기본법 시행령 제2조 제1호)

정답 01 ③

다음 중 학자별로 주장한 소비자의 정의에 대한 내용과 가장 거리가 먼 것은?

① 가토 이치로 : 소비자란 국민 일반을 소비생활이라고 하는 시민생활의 측면에서 포착한 개념이다.
② 홀스타인 베블린 : 소비자란 제공된 물품 등을 원재료로 하여 생산 활동에 사용하는 사람을 의미한다.
③ 폰 히펠 : 소비자란 개인적인 용도에 쓰기 위하여 상품이나 서비스를 제공받는 사람을 의미한다.
④ 이마무라 세이와 : 소비자는 생활자이며 일반 국민임과 동시에 거래 과정의 말단에서 구매자로 나타나는 것을 의미한다.
⑤ 타케우치 쇼우미 : 소비자란 타인이 공급하는 물자나 용역을 소비생활을 위하여 구입 또는 이용하는 자로서 공급자에 대립하는 개념이다.

해설

②는 '소비자기본법'에서 정한 소비자의 정의이다.

학자별 소비자의 정의

가토 이치로 (Kato Ichiro)	소비자란 국민 일반을 소비생활이라고 하는 시민생활의 측면에서 포착한 개념이다.
폰 히펠 (Von Hippel)	소비자란 개인적인 용도에 쓰기 위하여 상품이나 서비스를 제공받는 사람을 의미한다.
이마무라 세이와 (Imamura Seiwa)	소비자는 생활자이며 일반 국민임과 동시에 거래 과정의 말단에서 구매자로 나타나는 것을 의미한다.
타케우치 쇼우미 (Takeuchi Shoumi)	소비자란 타인이 공급하는 물자나 용역을 소비생활을 위하여 구입 또는 이용하는 자로서 공급자에 대립하는 개념이다.

정답 ②

02 다음 〈보기〉의 내용과 같이 소비자에 대하여 정의한 학자는?

보기
소비자란 국민 일반을 소비생활이라고 하는 시민생활의 측면에서 포착한 개념이다.

① 폰 히펠(Von Hippel)
② 가토 이치로(Kato Ichiro)
③ 이마무라 세이와(Imamura Seiwa)
④ 우자와 히로후미(Ugawa Hirofumi)
⑤ 타케우치 쇼우미(Takeuchi Shoumi)

02 ② 정답

03 다음 〈보기〉의 내용과 같이 소비자에 대하여 정의한 학자는?

┤ 보기 ├
소비자는 생활자이며 일반 국민임과 동시에 거래 과정의 말단에서 구매자로 나타나는 것을 의미한다.

① 폰 히펠
② 제프리 삭스
③ 가토 이치로
④ 이마무라 세이와
⑤ 타케우치 쇼우미

📝 정답 및 해설

03
〈보기〉는 '이마무라 세이와(Imamura Seiwa)'가 소비자에 대하여 정의한 내용이다.

04 다음 〈보기〉의 내용과 같이 소비자에 대하여 정의한 학자는?

┤ 보기 ├
소비자란 타인이 공급하는 물자나 용역을 소비생활을 위하여 구입 또는 이용하는 자로서 공급자에 대립하는 개념이다.

① 폰 히펠
② 가토 이치로
③ 라구람 라잔
④ 타케우치 쇼우미
⑤ 이마무라 세이와

04
〈보기〉는 '타케우치 쇼우미(Takeuchi Shoumi)'가 소비자에 대하여 정의한 내용이다.

꼭 나오는 유형 ❸ 소비자의 권리

1962년 미국 케네디 대통령의 '소비자의 이익 보호를 위한 특별교서'에 포함된 소비자의 권리와 가장 거리가 먼 것은?
① 선택의 권리
② 안전에 대한 권리
③ 의견을 반영시킬 권리
④ 정보를 제공받을 권리
⑤ 시장 제도 개선의 권리

❗ 문제타파 TIP

소비자의 4대 권리가 아닌 것을 묻는 문제가 주로 출제되니, 4대 권리에 무엇이 있는지만 꼼꼼히 외워둘 것!

해설 소비자의 4대 권리(미국 케네디 대통령의 '소비자의 이익 보호를 위한 특별교서')
• 안전에 대한 권리(The right to be safety) : 건강과 생명에 위험한 제품의 판매로부터 보호받을 권리
• 정보를 제공받을 권리(The right to be informed) : 사기, 기만, 심한 오인 등을 주는 정보, 광고, 표시 등으로부터 보호받고, 선택하는 데 필요한 지식을 얻을 권리
• 선택의 권리(The right to be choose) : 다양한 물품과 용역을 가능한 한 경쟁력 있는 가격으로 사용할 수 있도록 보장받을 권리. 경쟁이 배제되고 정부규제가 대체되는 업종에 대해서는 만족스러운 품질과 서비스를 공정한 가격으로 제공받을 권리
• 의견을 반영시킬 권리(The right to be heard) : 정부 정책에서 소비자 이익이 충분히 배려되고, 행정 절차에서 공정하고 신속하게 대우받을 권리

정답 ⑤

정답 **03** ④ **04** ④

05
④는 미국 케네디 대통령의 '소비자의 이익 보호를 위한 특별교서'에 포함된 소비자의 4대 권리에 해당하지 않는다.

06
③은 소비자의 기본적 권리(소비자의 8대 권리)에 해당하지 않는다.

07
국제소비자기구가 제시한 소비자의 5대 책무에는 '비판적 의식, 자기주장과 행동, 사회적 관심, 환경에의 자각, 연대'가 있다.

05 ④ **06** ③ **07** ⑤ 정답

05 1962년 미국 케네디 대통령의 '소비자의 이익 보호를 위한 특별교서'에 포함된 소비자의 권리와 가장 거리가 먼 것은?

① 선택의 권리
② 안전에 대한 권리
③ 정보를 제공받을 권리
④ 공정분배 촉구의 권리
⑤ 의견을 반영시킬 권리

06 다음 중 우리나라 소비자기본법에 명시된 소비자의 기본적 권리로 보기 어려운 것은?

① 물품 등을 선택함에 있어서 필요한 지식 및 정보를 제공받을 권리
② 물품 또는 용역으로 인한 생명 · 신체 또는 재산에 대한 위해로부터 보호받을 권리
③ 물품 등을 사용할 때의 지시사항이나 경고 등 표시할 내용과 방법을 결정할 권리
④ 물품 등의 사용으로 인하여 입은 피해에 대하여 신속 · 공정한 절차에 따라 적절한 보상을 받을 권리
⑤ 물품 등을 사용함에 있어서 거래상대방 · 구입장소 · 가격 및 거래조건 등을 자유로이 선택할 권리

07 다음 중 국제소비자기구가 제시한 소비자의 5대 책무에 포함되지 않는 것은?

① 사회적 관심
② 비판적 의식
③ 환경에의 자각
④ 자기주장과 행동
⑤ 소비 활동의 표준 확립

02 국가·지방자치단체 및 사업자의 책무

빈출 키워드

국가 및 지방자치단체의 책무 15%
표시의 기준 (제10조) 24%
소비자기본법 제12조~제16조 38%
사업자의 책무 23%

핵심 이론

1. 국가 및 지방자치단체의 책무

① 국가 및 지방자치단체의 책무(소비자기본법 제6조)
- ㉠ 관계 법령 및 조례의 제정 및 개정·폐지
- ㉡ 필요한 행정조직의 정비 및 운영 개선
- ㉢ 필요한 시책의 수립 및 실시
- ㉣ 소비자의 건전하고 자주적인 조직 활동의 지원·육성

② 표시의 기준(소비자기본법 제10조)
- ㉠ 국가는 소비자가 사업자와의 거래에 있어서 표시나 포장 등으로 인하여 물품 등을 잘못 선택하거나 사용하지 아니하도록 물품 등에 대하여 다음 각 호의 사항에 관한 표시기준을 정하여야 한다.
  - 상품명·용도·성분·재질·성능·규격·가격·용량·허가번호 및 용역의 내용
  - 물품 등을 제조·수입 또는 판매하거나 제공한 사업자의 명칭(주소 및 전화번호를 포함) 및 물품의 원산지
  - 사용방법, 사용·보관할 때의 주의사항 및 경고사항
  - 제조연월일, 품질보증기간 또는 식품이나 의약품 등 유통과정에서 변질되기 쉬운 물품은 그 유효기간
  - 표시의 크기·위치 및 방법
  - 물품 등에 따른 불만이나 소비자피해가 있는 경우의 처리기구 및 처리방법
  - 「장애인차별금지 및 권리구제 등에 관한 법률」 제20조에 따른 시각장애인을 위한 표시방법
- ㉡ 국가는 소비자가 사업자와의 거래에 있어서 표시나 포장 등으로 인하여 물품 등을 잘못 선택하거나 사용하지 아니하도록 사업자가 제1항 각 호의

사항을 변경하는 경우 그 변경 전후 사항을 표시하도록 기준을 정할 수 있다.

③ 거래의 적정화(소비자기본법 제12조)
- ㉠ 국가는 사업자의 불공정한 거래조건이나 거래방법으로 인하여 소비자가 부당한 피해를 입지 아니하도록 필요한 시책을 수립·실시하여야 한다.
- ㉡ 국가는 소비자의 합리적인 선택을 방해하고 소비자에게 손해를 끼칠 우려가 있다고 인정되는 사업자의 부당한 행위를 지정·고시할 수 있다.
- ㉢ 국가 및 지방자치단체는 약관에 따른 거래 및 방문판매·다단계판매·할부판매·통신판매·전자거래 등 특수한 형태의 거래에 대하여는 소비자의 권익을 위하여 필요한 시책을 강구하여야 한다.

④ 소비자에의 정보제공(소비자기본법 제13조)
- ㉠ 국가 및 지방자치단체는 소비자의 기본적인 권리가 실현될 수 있도록 소비자의 권익과 관련된 주요시책 및 주요결정사항을 소비자에게 알려야 한다.
- ㉡ 국가 및 지방자치단체는 소비자가 물품 등을 합리적으로 선택할 수 있도록 하기 위하여 물품 등의 거래조건·거래방법·품질·안전성 및 환경성 등에 관련되는 사업자의 정보가 소비자에게 제공될 수 있도록 필요한 시책을 강구하여야 한다.

⑤ 소비자의 능력 향상(소비자기본법 제14조)
- ㉠ 국가 및 지방자치단체는 소비자의 올바른 권리행사를 이끌고, 물품 등과 관련된 판단능력을 높이며, 소비자가 자신의 선택에 책임을 지는 소비생활을 할 수 있도록 필요한 교육을 하여야 한다.
- ㉡ 국가 및 지방자치단체는 경제 및 사회의 발전에 따라 소비자의 능력 향상을 위한 프로그램을 개발하여야 한다.
- ㉢ 국가 및 지방자치단체는 소비자교육과 학교교육·평생교육을 연계하여 교육적 효과를 높이기

위한 시책을 수립·시행하여야 한다.
- ㉣ 국가 및 지방자치단체는 소비자의 능력을 효과적으로 향상시키기 위한 방법으로 「방송법」에 따른 방송사업을 할 수 있다.
⑥ 개인정보의 보호(소비자기본법 제15조)
- ㉠ 국가 및 지방자치단체는 소비자가 사업자와의 거래에서 개인정보의 분실·도난·누출·변조 또는 훼손으로 인하여 부당한 피해를 입지 아니하도록 필요한 시책을 강구하여야 한다.
- ㉡ 국가는 소비자의 개인정보를 보호하기 위한 기준을 정하여야 한다.
⑦ 소비자분쟁의 해결(소비자기본법 제16조)
- ㉠ 국가 및 지방자치단체는 소비자의 불만이나 피해가 신속·공정하게 처리될 수 있도록 관련기구의 설치 등 필요한 조치를 강구하여야 한다.
- ㉡ 국가는 소비자와 사업자 사이에 발생하는 분쟁을 원활하게 해결하기 위하여 대통령령이 정하는 바에 따라 소비자분쟁해결기준을 제정할 수 있다.
- ㉢ 소비자분쟁해결기준은 분쟁당사자 사이에 분쟁해결방법에 관한 별도의 의사표시가 없는 경우에 한하여 분쟁해결을 위한 합의 또는 권고의 기준이 된다.

2. 사업자의 책무

① 사업자의 책무(소비자기본법 제19조)
- ㉠ 사업자는 물품 등으로 인하여 소비자에게 생명·신체 또는 재산에 대한 위해가 발생하지 아니하도록 필요한 조치를 강구하여야 한다.
- ㉡ 사업자는 물품 등을 공급함에 있어서 소비자의 합리적인 선택이나 이익을 침해할 우려가 있는 거래조건이나 거래방법을 사용하여서는 아니 된다.
- ㉢ 사업자는 소비자에게 물품 등에 대한 정보를 성실하고 정확하게 제공하여야 한다.
- ㉣ 사업자는 소비자의 개인정보가 분실·도난·누출·변조 또는 훼손되지 아니하도록 그 개인정보를 성실하게 취급하여야 한다.
- ㉤ 사업자는 물품 등의 하자로 인한 소비자의 불만이나 피해를 해결하거나 보상하여야 하며, 채무불이행 등으로 인한 소비자의 손해를 배상하여야 한다.

② 소비자의 권익증진 관련기준의 준수(소비자기본법 제20조)
- ㉠ 사업자는 국가가 정한 기준에 위반되는 물품 등을 제조·수입·판매하거나 제공하여서는 아니 된다.
- ㉡ 사업자는 국가가 정한 표시기준을 위반하여서는 아니 된다.
- ㉢ 사업자는 국가가 정한 광고기준을 위반하여서는 아니 된다.
- ㉣ 사업자는 국가가 지정·고시한 행위를 하여서는 아니 된다.
- ㉤ 사업자는 국가가 정한 개인정보의 보호기준을 위반하여서는 아니 된다.

③ 소비자중심경영의 인증(소비자기본법 제20조의2)
- ㉠ 공정거래위원회는 물품의 제조·수입·판매 또는 용역의 제공의 모든 과정이 소비자 중심으로 이루어지는 경영(소비자중심경영)을 하는 사업자에 대하여 소비자중심경영에 대한 인증(소비자중심경영인증)을 할 수 있다.
- ㉡ 소비자중심경영인증을 받으려는 사업자는 대통령령으로 정하는 바에 따라 공정거래위원회에 신청하여야 한다.
- ㉢ 소비자중심경영인증을 받은 사업자는 대통령령으로 정하는 바에 따라 그 인증의 표시를 할 수 있다.
- ㉣ 소비자중심경영인증의 유효기간은 그 인증을 받은 날부터 2년으로 한다.
- ㉤ 공정거래위원회는 소비자중심경영을 활성화하기 위하여 대통령령으로 정하는 바에 따라 소비자중심경영인증을 받은 기업에 대하여 포상 또는 지원 등을 할 수 있다.
- ㉥ 공정거래위원회는 소비자중심경영인증을 신청하는 사업자에 대하여 대통령령으로 정하는 바에 따라 그 인증의 심사에 소요되는 비용을 부담하게 할 수 있다.

📖 핵심 기출 유형 문제

🔒 나오는 유형 ❶ 국가 및 지방자치단체의 책무

다음 중 소비자기본법에 규정된 국가 및 지방자치단체의 책무로 가장 옳지 않은 것은?

① 관계 법령 및 조례의 제정 및 개정 · 폐지
② 필요한 행정조직의 정비 및 운영 개선
③ 필요한 시책의 수립 및 실시
④ 기업 윤리 강령의 제정 및 지도 · 감독
⑤ 소비자의 건전하고 자주적인 조직 활동의 지원 · 육성

🔖 해설
④ '기업 윤리 강령의 제정 및 지도 · 감독'은 국가 및 지방자치단체의 책무라고 볼 수 없다.

국가 및 지방자치단체의 책무(제6조)
• 관계 법령 및 조례의 제정 및 개정 · 폐지
• 필요한 행정조직의 정비 및 운영 개선
• 필요한 시책의 수립 및 실시
• 소비자의 건전하고 자주적인 조직 활동의 지원 · 육성

정답 ④

문제타파 TIP

'국가 및 지방자치단체'가 소비자의 권익보호를 위해 해야 할 책무가 무엇인지 생각해보면서 개념을 이해해두도록 한다.

---

01 다음 중 소비자기본법에 규정된 국가 및 지방자치단체의 책무로 가장 옳지 않은 것은?

① 필요한 시책의 수립 및 실시
② 필요한 행정조직의 정비 및 운영 개선
③ 관계 법령 및 조례의 제정 및 개정 · 폐지
④ 소비자의 건전하고 자주적인 조직 활동의 지원 · 육성
⑤ 물품 등의 하자로 인한 소비자의 불만이나 피해의 해결 · 보상

01
물품 등의 하자로 인한 소비자의 불만이나 피해의 해결 · 보상은 '사업자의 책무'에 해당한다.

정답 01 ⑤

🔖 나오는 유형 ❷ 표시의 기준(제10조)

다음 중 소비자기본법상 명시된 물품 등에 대한 '표시의 기준(제10조)'에 대한 내용으로 가장 거리가 먼 것은?

① 표시의 크기 · 위치 및 방법

② 사용방법, 사용 · 보관할 때의 주의사항 및 경고사항

③ 물품 등을 제조 · 수입 또는 판매하거나 제공한 사업자의 명칭 및 물품의 물류번호 · 통관고유번호

④ 물품 등에 따른 불만이나 소비자피해가 있는 경우의 처리기구 및 처리방법

⑤ 제조연월일, 품질보증기간 또는 식품이나 의약품 등 유통과정에서 변질되기 쉬운 물품은 그 유효기간

해설 표시의 기준(제10조)

① 국가는 소비자가 사업자와의 거래에 있어서 표시나 포장 등으로 인하여 물품 등을 잘못 선택하거나 사용하지 아니하도록 물품 등에 대하여 다음 각 호의 사항에 관한 표시기준을 정하여야 한다.
1. 상품명 · 용도 · 성분 · 재질 · 성능 · 규격 · 가격 · 용량 · 허가번호 및 용역의 내용
2. 물품 등을 제조 · 수입 또는 판매하거나 제공한 사업자의 명칭(주소 및 전화번호를 포함한다) 및 물품의 원산지
3. 사용방법, 사용 · 보관할 때의 주의사항 및 경고사항
4. 제조연월일, 품질보증기간 또는 식품이나 의약품 등 유통과정에서 변질되기 쉬운 물품은 그 유효기간
5. 표시의 크기 · 위치 및 방법
6. 물품 등에 따른 불만이나 소비자피해가 있는 경우의 처리기구 및 처리방법
7. 「장애인차별금지 및 권리구제 등에 관한 법률」 제20조에 따른 시각장애인을 위한 표시방법

정답 ③

02

⑤에서 사업자의 주소 및 전화번호를 포함해야 한다.

02 다음 중 소비자기본법상 명시된 '표시의 기준(제10조)'에 대한 내용으로 가장 거리가 먼 것은?

① 표시의 크기 · 위치 및 방법

② 사용방법, 사용 · 보관할 때의 주의사항 및 경고사항

③ 상품명 · 용도 · 성분 · 재질 · 성능 · 규격 · 가격 · 용량 · 허가번호 및 용역의 내용

④ 제조연월일, 품질보증기간 또는 식품이나 의약품 등 유통과정에서 변질되기 쉬운 물품은 그 유효기간

⑤ 물품 등을 제조 · 수입 또는 판매하거나 제공한 사업자의 주소 및 전화번호를 제외한 명칭 및 물품의 원산지

03 다음 중 소비자기본법상 명시된 물품 등에 대한 '표시의 기준(제10조)'에 대한 내용으로 가장 거리가 먼 것은?

① 표시의 크기·위치 및 방법

② 사용방법, 사용·보관할 때의 주의사항 및 경고사항

③ 물품 등에 따른 불만이나 소비자피해가 있는 경우의 처리기구 및 처리방법

④ 제조연월일, 품질보증기간 또는 식품이나 의약품 등 유통과정에서 변질되기 쉬운 물품은 그 유효기간

⑤ 물품 등의 유통이력, 결함, 피해사례, 품질인증 등 소비자의 선택, 피해의 예방 또는 구제와 관련된 정보

03
⑤는 소비자기본법 제10조(표시의 기준)에 포함된 내용이 아니다.

꼭 나오는 유형 **❸ 소비자기본법 제12조~제16조**

소비자기본법의 내용 중 다음 〈보기〉의 내용에 해당하는 것은?

┤ 보기 ├

국가 및 지방자치단체는 소비자교육과 학교교육·평생교육을 연계하여 교육적 효과를 높이기 위한 시책을 수립·시행하여야 한다.

① 거래의 적정화(제12조)

② 소비자에의 정보제공(제13조)

③ 소비자의 능력 향상(제14조)

④ 개인정보의 보호(제15조)

⑤ 소비자분쟁의 해결(제16조)

해설
③ 소비자기본법 제14조 '소비자의 능력 향상'에 대한 내용이다.

소비자기본법에 규정된 국가 및 지방자치단체의 책무

거래의 적정화 (제12조)	국가는 사업자의 불공정한 거래조건이나 거래방법으로 인해 소비자가 부당한 피해를 입지 아니하도록 필요한 시책을 수립하고 실시
소비자에의 정보제공 (제13조)	소비자의 기본적인 권리가 실현될 수 있도록 소비자의 권익과 관련된 주요시책 및 주요결정사항을 소비자에게 알림
소비자의 능력 향상 (제14조)	소비자가 올바른 권리행사를 할 수 있도록 소비자교육과 학교교육·평생교육을 연계하여 교육적 효과를 높이기 위한 시책 수립
개인정보의 보호 (제15조)	개인정보의 분실·도난·누출·변조 등이 일어나지 않도록 필요한 시책을 강구
소비자분쟁의 해결 (제16조)	소비자의 불만이나 피해가 신속하고 공정하게 처리될 수 있도록 관련기구를 설치하고 필요한 조치를 취해야 함

정답 ③

문제타파 TIP

법 조항별 내용과 제목을 짝지어 알아두어야 한다.

정답 **03** ⑤

04
〈보기〉는 소비자기본법 제12조 '거래의 적정화'에 대한 내용이다.

04 소비자기본법의 내용 중 다음 〈보기〉의 내용에 해당하는 것은?

┤ 보기 ├
국가는 사업자의 불공정한 거래조건이나 거래방법으로 인하여 소비자가 부당한 피해를 입지 아니하도록 필요한 시책을 수립·실시하여야 한다.

① 거래의 적정화(제12조)
② 소비자에의 정보제공(제13조)
③ 소비자의 능력 향상(제14조)
④ 개인정보의 보호(제15조)
⑤ 소비자분쟁의 해결(제16조)

05
〈보기〉는 소비자기본법 제14조 '소비자의 능력 향상'에 대한 내용이다.

05 소비자기본법의 내용 중 다음 〈보기〉의 내용에 해당하는 것은?

┤ 보기 ├
국가 및 지방자치단체는 소비자의 올바른 권리행사를 이끌고, 물품 등과 관련된 판단능력을 높이며, 소비자가 자신의 선택에 책임을 지는 소비생활을 할 수 있도록 필요한 교육을 하여야 한다.

① 거래의 적정화(제12조)
② 소비자에의 정보제공(제13조)
③ 소비자의 능력 향상(제14조)
④ 개인정보의 보호(제15조)
⑤ 소비자분쟁의 해결(제16조)

06
〈보기〉는 소비자기본법 제15조 '개인정보의 보호'에 대한 내용이다.

06 소비자기본법의 내용 중 다음 〈보기〉의 내용에 해당하는 것은?

┤ 보기 ├
국가 및 지방자치단체는 소비자가 사업자와의 거래에서 개인정보의 분실·도난·누출·변조 또는 훼손으로 인하여 부당한 피해를 입지 아니하도록 필요한 시책을 강구하여야 한다.

① 거래의 적정화(제12조)
② 소비자에의 정보제공(제13조)
③ 소비자의 능력향상(제14조)
④ 개인정보의 보호(제15조)
⑤ 소비자분쟁의 해결(제16조)

04 ① **05** ③ **06** ④ 정답

다음 중 소비자기본법에 명시된 '사업자의 책무(제19조)'로 가장 옳지 않은 것은?

① 사업자는 물품 등으로 인하여 소비자에게 생명·신체 또는 재산에 대한 위해가 발생하지 아니하도록 필요한 조치를 강구하여야 한다.
② 사업자는 물품 등을 공급함에 있어서 소비자의 합리적인 선택이나 이익을 침해할 우려가 있는 거래조건이나 거래방법을 사용하여서는 아니 된다.
③ 사업자는 소비자에게 물품 등에 대한 정보를 성실하고 정확하게 제공하여야 한다.
④ 사업자는 스스로의 권익을 증진하기 위하여 필요한 지식과 정보를 습득하도록 노력하여야 한다.
⑤ 사업자는 물품 등의 하자로 인한 소비자의 불만이나 피해를 해결하거나 보상하여야 하며, 채무불이행 등으로 인한 소비자의 손해를 배상하여야 한다.

⊢ 해설
④ '스스로의 권익을 증진하기 위하여 필요한 지식과 정보를 습득하도록 노력하여야 한다.'는 소비자의 책무에 해당한다.

사업자의 책무(제19조)
• 사업자는 물품 등으로 인하여 소비자에게 생명·신체 또는 재산에 대한 위해가 발생하지 아니하도록 필요한 조치를 강구하여야 한다.
• 사업자는 물품 등을 공급함에 있어서 소비자의 합리적인 선택이나 이익을 침해할 우려가 있는 거래조건이나 거래방법을 사용하여서는 아니 된다.
• 사업자는 소비자에게 물품 등에 대한 정보를 성실하고 정확하게 제공하여야 한다.
• 사업자는 소비자의 개인정보가 분실·도난·누출·변조 또는 훼손되지 아니하도록 그 개인정보를 성실하게 취급하여야 한다.
• 사업자는 물품 등의 하자로 인한 소비자의 불만이나 피해를 해결하거나 보상하여야 하며, 채무불이행 등으로 인한 소비자의 손해를 배상하여야 한다.

정답 ④

❗문제타파 TIP

국가 및 지방자치단체의 책무와 구별하여 사업자의 책무도 자세히 알아두도록 한다.

제3과목

07

⑤ '자주적이고 합리적인 행동과 자원 절약적이고 환경친화적인 소비생활을 함으로써 소비생활의 향상과 국민경제의 발전에 적극적인 역할을 다하여야 한다.'는 소비자의 책무에 해당한다.

08

⑤ 공정거래위원회는 소비자중심경영을 활성화하기 위하여 대통령령으로 정하는 바에 따라 소비자중심경영인증을 받은 기업에 대하여 포상 또는 지원 등을 할 수 있다.

07 다음 중 소비자기본법에 명시된 사업자의 책무(제19조)로 가장 옳지 않은 것은?

① 사업자는 소비자에게 물품 등에 대한 정보를 성실하고 정확하게 제공하여야 한다.

② 사업자는 소비자의 개인정보가 분실, 도난, 누출, 변조 또는 훼손되지 아니하도록 그 개인정보를 성실하게 취급하여야 한다.

③ 사업자는 물품 등을 공급함에 있어서 소비자의 합리적인 선택이나 이익을 침해할 우려가 있는 거래조건이나 거래방법을 사용하여서는 아니 된다.

④ 사업자는 물품 등의 하자로 인한 소비자의 불만이나 피해를 해결하거나 보상하여야 하며, 채무불이행 등으로 인한 소비자의 손해를 배상하여야 한다.

⑤ 사업자는 자주적이고 합리적인 행동과 자원절약적이고 환경친화적인 소비생활을 함으로써 소비생활의 향상과 국민경제의 발전에 적극적인 역할을 다하여야 한다.

08 다음 중 소비자기본법상 명시된 소비자중심경영의 인증(제20조의 2)에 대한 내용으로 가장 거리가 먼 것은?

① 소비자중심경영인증을 받으려는 사업자는 대통령령으로 정하는 바에 따라 공정거래위원회에 신청하여야 한다.

② 소비자중심경영인증을 받은 사업자는 대통령령으로 정하는 바에 따라 그 인증의 표시를 할 수 있다.

③ 소비자중심경영인증의 유효기간은 그 인증을 받은 날부터 2년으로 한다.

④ 공정거래위원회는 소비자중심경영인증을 신청하는 사업자에 대하여 대통령령으로 정하는 바에 따라 그 인증의 심사에 소요되는 비용을 부담하게 할 수 있다.

⑤ 공정거래위원회는 소비자중심경영을 활성화하기 위하여 대통령령으로 정하는 바에 따라 소비자중심경영인증을 신청하였으나 최종 선정되지 못한 기업에 대하여 포상 또는 지원 등을 할 수 있다.

07 ⑤ **08** ⑤ 정답

03 소비자정책의 수립과 소비자단체

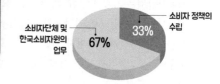

소비자단체 및 한국소비자원의 업무 **67%**
소비자 정책의 수립 **33%**

핵심 이론

1. 소비자정책의 수립

① 기본계획의 수립 등(소비자기본법 제21조)

ㄱ 공정거래위원회는 소비자정책위원회의 심의 · 의결을 거쳐 소비자정책에 관한 기본계획을 3년마다 수립하여야 한다.

ㄴ 기본계획에는 다음 각 호의 사항이 포함되어야 한다.
- 소비자정책과 관련된 경제 · 사회 환경의 변화
- 소비자정책의 기본방향
- 다음의 사항이 포함된 소비자정책의 목표
  - 소비자안전의 강화
  - 소비자와 사업자 사이의 거래의 공정화 및 적정화
  - 소비자교육 및 정보제공의 촉진
  - 소비자피해의 원활한 구제
  - 국제소비자문제에 대한 대응
  - 그 밖에 소비자의 권익과 관련된 주요한 사항
- 소비자정책의 추진과 관련된 재원의 조달방법
- 어린이 위해방지를 위한 연령별 안전기준의 작성
- 그 밖에 소비자정책의 수립과 추진에 필요한 사항

ㄷ 공정거래위원회는 소비자정책위원회의 심의 · 의결을 거쳐 기본계획을 변경할 수 있다.

ㄹ 기본계획의 수립 · 변경 절차 등에 관하여 필요한 사항은 대통령령으로 정한다.

② 시행계획의 수립 등(소비자기본법 제22조)

ㄱ 관계 중앙행정기관의 장은 기본계획에 따라 매년 10월 31일까지 소관 업무에 관하여 다음 연도의 소비자정책에 관한 시행계획(중앙행정기관별시행계획)을 수립하여야 한다.

ㄴ 특별시장 · 광역시장 · 특별자치시장 · 도지사 또는 특별자치도지사(시 · 도지사)는 기본계획과 중앙행정기관별시행계획에 따라 매년 11월 30일까지 소비자정책에 관한 다음 연도의 시 · 도별시행계획을 수립하여야 한다.

ㄷ 공정거래위원회는 매년 12월 31일까지 중앙행정기관별시행계획 및 시 · 도별시행계획을 취합 · 조정하여 제23조의 규정에 따른 소비자정책위원회의 심의 · 의결을 거쳐 종합적인 시행계획(종합시행계획)을 수립하여야 한다.

ㄹ 관계 중앙행정기관의 장 및 시 · 도지사는 종합시행계획이 실효성 있게 추진될 수 있도록 매년 소요비용에 대한 예산편성 등 필요한 재정조치를 강구하여야 한다.

ㅁ 종합시행계획의 수립 및 그 집행실적의 평가 등에 관하여 필요한 사항은 대통령령으로 정한다.

2. 소비자단체

① 소비자단체의 업무 등(소비자기본법 제28조)

ㄱ 소비자단체는 다음 각 호의 업무를 행한다.
- 국가 및 지방자치단체의 소비자의 권익과 관련된 시책에 대한 건의
- 물품 등의 규격 · 품질 · 안전성 · 환경성에 관한 시험 · 검사 및 가격 등을 포함한 거래조건이나 거래방법에 관한 조사 · 분석
- 소비자문제에 관한 조사 · 연구
- 소비자의 교육
- 소비자의 불만 및 피해를 처리하기 위한 상담 · 정보제공 및 당사자 사이의 합의의 권고

ㄴ 소비자단체는 조사 · 분석 등의 결과를 공표할 수 있다. 다만, 공표되는 사항 중 물품 등의 품질 · 성능 및 성분 등을 시험 · 검사하기 위해 전문적인 인력과 설비를 필요로 하는 경우에는 대통령령이 정하는 시험 · 검사기관의 시험 · 검사를 거친 후 공표하여야 한다.

제3과목

ⓒ 소비자단체는 자료 및 정보의 제공을 요청하였음
에도 사업자 또는 사업자단체가 정당한 사유 없이
이를 거부·방해·기피하거나 거짓으로 제출한
경우에는 그 사업자 또는 사업자단체의 이름(상호
그 밖의 명칭을 포함), 거부 등의 사실과 사유를
일반일간신문에 게재할 수 있다.

ⓔ 소비자단체는 업무상 알게 된 정보를 소비자의 권
익을 증진하기 위한 목적이 아닌 다른 용도로 사
용할 수 없다.

ⓜ 소비자단체는 사업자 또는 사업자단체로부터 제
공받은 자료 및 정보를 소비자의 권익을 증진하기
위한 목적이 아닌 다른 용도로 사용함으로써 사업
자 또는 사업자단체에 손해를 끼친 때에는 그 손
해에 대하여 배상 책임을 진다.

② 소비자단체 등록의 취소(소비자기본법 제30조)

ⓐ 공정거래위원회 또는 지방자치단체의 장은 소비
자단체가 거짓 그 밖의 부정한 방법으로 제29조의
규정에 따른 등록을 한 경우에는 등록을 취소하여
야 한다.

ⓑ 공정거래위원회 또는 지방자치단체의 장은 등록
소비자단체가 제29조 제1항 각 호의 요건을 갖추
지 못하게 된 경우에는 3월 이내에 보완을 하도록
명할 수 있고, 그 기간이 경과하여도 요건을 갖추
지 못하는 경우에는 등록을 취소할 수 있다.

3. 한국소비자원

① 한국소비자원의 수행 업무(소비자기본법 제35조 제1항)

ⓐ 소비자의 권익과 관련된 제도와 정책의 연구 및
건의

ⓑ 소비자의 권익증진을 위하여 필요한 경우 물품 등
의 규격, 품질, 안전성, 환경성에 관한 시험, 검사
및 가격 등을 포함한 거래조건이나 거래방법에 대
한 조사, 분석

ⓒ 소비자의 권익증진, 안전 및 소비생활의 향상을
위한 정보의 수집, 제공 및 국제협력

ⓔ 소비자의 권익증진, 안전 및 능력개발과 관련된
교육, 홍보 및 방송사업

ⓜ 소비자의 불만처리 및 피해구제

ⓗ 소비자의 권익증진 및 소비생활의 합리화를 위한
종합적인 조사, 연구

ⓢ 국가 또는 지방자치단체가 소비자의 권익증진과
관련하여 의뢰한 조사 등의 업무

ⓞ「독점규제 및 공정거래에 관한 법률」 제51조의3
제6항에 따라 공정거래위원회로부터 위탁받은 동
의 의결의 이행관리

ⓩ 그 밖에 소비자의 권익증진 및 안전에 관한 업무

② 임원의 직무(소비자기본법 제39조)

ⓐ 원장은 한국소비자원을 대표하고 한국소비자원의
업무를 총괄한다.

ⓑ 부원장은 원장을 보좌하며, 원장이 부득이한 사유
로 직무를 수행할 수 없는 경우에 그 직무를 대행
한다.

ⓒ 소장은 원장의 지휘를 받아 제51조 제1항의 규정
에 따라 설치되는 소비자안전센터의 업무를 총괄
하며, 원장·부원장 및 소장이 아닌 이사는 정관
이 정하는 바에 따라 한국소비자원의 업무를 분장
한다.

ⓔ 원장·부원장이 모두 부득이한 사유로 직무를 수
행할 수 없는 때에는 상임이사·비상임이사의 순
으로 정관이 정하는 순서에 따라 그 직무를 대행
한다.

ⓜ 감사는 한국소비자원의 업무 및 회계를 감사한다.

📖 핵심 기출 유형 문제

🎯 나오는 유형 ❶ 소비자정책의 수립

다음 중 소비자기본법 제21조(기본계획의 수립 등)에 명시된 소비자정책의 목표와 가장 거리가 먼 것은?

① 소비자안전의 강화
② 소비자피해의 원활한 구제
③ 국제소비자문제에 대한 대응
④ 소비자교육 및 정보제공의 촉진
⑤ 불공정 기업 회생 및 퇴출기업 구제

⊢해설

⑤ 불공정 기업 회생 및 퇴출기업 구제는 소비자 정책의 목표가 될 수 없다.

소비자정책의 목표

• 소비자안전의 강화
• 소비자와 사업자 사이의 거래의 공정화 및 적정화
• 소비자교육 및 정보제공의 촉진
• 소비자피해의 원활한 구제
• 국제소비자문제에 대한 대응
• 그 밖에 소비자의 권익과 관련된 주요 사항

정답 ⑤

❗문제타파 TIP

소비자정책의 목표는 소비자 권익과 관련되어 있음을 주의해야 한다.

---

01 소비자기본법에 명시된 소비자정책의 수립에 대한 내용 중 제21조(기본계획의 수립 등) 및 제22조(시행계획의 수립 등)의 내용과 가장 거리가 먼 것은?

① 공정거래위원회는 소비자정책위원회의 심의·의결을 거쳐 소비자정책에 관한 기본계획을 5년마다 수립하여야 한다.
② 기본계획에는 소비자정책과 관련된 경제·사회 환경의 변화, 소비자정책의 기본방향, 소비자정책의 목표가 포함되어야 한다.
③ 공정거래위원회는 소비자정책위원회의 심의·의결을 거쳐 기본계획을 변경할 수 있다.
④ 기본계획의 수립·변경 절차 등에 관하여 필요한 사항은 대통령령으로 정한다.
⑤ 공정거래위원회는 매년 12월 31일까지 중앙행정기관별시행계획 및 시·도별시행계획을 취합·조정하여 소비자정책위원회의 심의·의결을 거쳐 종합적인 시행계획(종합시행계획)을 수립하여야 한다.

01
① 공정거래위원회는 소비자정책위원회의 심의·의결을 거쳐 소비자정책에 관한 기본계획을 3년마다 수립하여야 한다. (소비자기본법 제21조 제1항)

정답 01 ①

🐧 나오는 유형 ❷ 소비자단체 및 한국소비자원의 업무

다음 중 소비자기본법상 명시된 '소비자단체의 업무(제28조)'에 대한 내용으로 가장 거리가 먼 것은?

① 소비자의 교육

② 소비자문제에 관한 조사 · 연구

③ 소비자의 불만 및 피해를 처리하기 위한 상담 · 정보제공 및 당사자 사이의 합의 조정 · 심의

④ 국가 및 지방자치단체의 소비자의 권익과 관련된 시책에 대한 건의

⑤ 물품 등의 규격 · 품질 · 안전성 · 환경성에 관한 시험 · 검사 및 가격 등을 포함한 거래조건이나 거래방법에 관한 조사 · 분석

> **해설**
>
> ③ 소비자의 불만 및 피해를 처리하기 위한 상담 · 정보제공 및 당사자 사이의 합의의 권고
>
> **소비자단체의 업무 등(제28조)**
> - 국가 및 지방자치단체의 소비자의 권익과 관련된 시책에 대한 건의
> - 물품 등의 규격 · 품질 · 안전성 · 환경성에 관한 시험 · 검사 및 가격 등을 포함한 거래조건이나 거래방법에 관한 조사 · 분석
> - 소비자문제에 관한 조사 · 연구
> - 소비자의 교육
> - 소비자의 불만 및 피해를 처리하기 위한 상담 · 정보제공 및 당사자 사이의 합의의 권고
>
> 정답 ③

02 다음 〈보기〉의 소비자단체의 취소에 관한 조항에서 ( ) 안에 들어갈 용어로 알맞은 것은?

> ─ 보기 ├─
> (   ) 또는 지방자치단체의 장은 소비자단체가 거짓 그 밖의 부정한 방법으로 제29조의 규정에 따른 등록을 한 경우에는 등록을 취소하여야 한다.
> – 소비자기본법 제30조 –

① 한국소비자원

② 공정거래위원회

③ 한국소비자 연맹

④ 한국소비자보호원

⑤ 한국소비자고발센터

02 ② 정답

03 다음 중 소비자기본법상 명시된 '소비자단체의 업무(제28조)'에 대한 내용으로 가장 거리가 먼 것은?

① 소비자단체는 제1항 제2호의 규정에 따른 조사·분석 등의 결과를 공표할 수 있다.

② 공표되는 사항 중 물품 등의 품질·성능 및 성분 등에 관한 시험·검사로서 전문적인 인력과 설비를 필요로 하는 시험·검사인 경우에는 대통령령이 정하는 시험·검사기관의 시험·검사를 거친 후 공표하여야 한다.

③ 소비자단체는 제78조의 규정에 따라 자료 및 정보의 제공을 요청하였음에도 사업자 또는 사업자단체가 정당한 사유 없이 이를 거부·방해·기피하거나 거짓으로 제출한 경우에는 그 사업자 또는 사업자단체의 이름(상호명)을 제외한 거부 등의 사실과 사유를 「방송문화진흥회법」에 따른 일간뉴스에 게재할 수 있다.

④ 소비자단체는 업무상 알게 된 정보를 소비자의 권익을 증진하기 위한 목적이 아닌 용도에 사용하여서는 아니 된다.

⑤ 소비자단체는 사업자 또는 사업자단체로부터 제공받은 자료 및 정보를 소비자의 권익을 증진하기 위한 목적이 아닌 용도로 사용함으로써 사업자 또는 사업자단체에 손해를 끼친 때에는 그 손해에 대하여 배상할 책임을 진다.

03
③ 소비자단체는 제78조의 규정에 따라 자료 및 정보의 제공을 요청하였음에도 사업자 또는 사업자단체가 정당한 사유 없이 이를 거부·방해·기피하거나 거짓으로 제출한 경우에는 그 사업자 또는 사업자단체의 이름(상호 그 밖의 명칭을 포함한다), 거부 등의 사실과 사유를 「신문 등의 진흥에 관한 법률」에 따른 일반 일간 신문에 게재할 수 있다. (소비자기본법 제28조 제3항)

04 다음 중 소비자기본법에 명시된 한국소비자원의 업무와 가장 거리가 먼 것은?

① 소비자의 권익과 관련된 제도와 정책의 입법 및 정책 결정

② 소비자의 권익증진 및 소비생활의 합리화를 위한 종합적인 조사, 연구

③ 소비자의 권익증진, 안전 및 능력개발과 관련된 교육, 홍보 및 방송사업

④ 국가 또는 지방자치단체가 소비자의 권익증진과 관련하여 의뢰한 조사 등의 업무

⑤ 소비자의 권익증진을 위하여 필요한 경우 물품 등의 규격, 품질, 안전성, 환경성에 대한 시험, 검사 및 가격 등을 포함한 거래조건이나 거래방법에 대한 조사, 분석

04
① 한국소비자원이 직접 정책의 입법 및 결정을 하지는 않는다. 한국소비자원의 업무는 '소비자의 권익과 관련된 제도와 정책의 연구 및 건의'에 해당한다.

정답 **03** ③ **04** ①

04 소비자분쟁의 해결

소비자단체소송을 제기할 수 있는 비영리민간단체 **50%**

소비자분쟁 조정위원회 **50%**

📖 핵심 이론

1. 소비자분쟁의 조정

① 소비자분쟁조정위원회의 설치(소비자기본법 제60조)
- ⓐ 소비자와 사업자 사이에 발생한 분쟁을 조정하기 위하여 한국소비자원에 소비자분쟁조정위원회(조정위원회)를 둔다.
- ⓑ 조정위원회의 심의 · 의결 사항
  - 소비자분쟁에 대한 조정 결정
  - 조정위원회의 의사(議事)에 관한 규칙의 제정 및 개정 · 폐지
  - 그 밖에 조정위원회의 위원장이 토의에 부치는 사항
- ⓒ 조정위원회의 운영 및 조정절차 등에 관하여 필요한 사항은 대통령령으로 정한다.

② 조정위원회의 구성(소비자기본법 제61조)
- ⓐ 조정위원회는 위원장 1명을 포함한 150명 이내의 위원으로 구성하며, 위원장을 포함한 5명은 상임으로 하고, 나머지는 비상임으로 한다.
- ⓑ 위원은 다음 각 호의 어느 하나에 해당하는 자 중에서 대통령령이 정하는 바에 따라 원장의 제청에 의하여 공정거래위원회위원장이 임명 또는 위촉한다.
  - 대학이나 공인된 연구기관에서 부교수 이상 또는 이에 상당하는 직에 있거나 있었던 자로서 소비자권익 관련 분야를 전공한 자
  - 4급 이상의 공무원 또는 이에 상당하는 공공기관의 직에 있거나 있었던 자로서 소비자 권익과 관련된 업무에 실무경험이 있는 자
  - 판사 · 검사 또는 변호사의 자격이 있는 자
  - 소비자단체의 임원의 직에 있거나 있었던 자

- 사업자 또는 사업자단체의 임원의 직에 있거나 있었던 자
- 그 밖에 소비자권익과 관련된 업무에 관한 학식과 경험이 풍부한 자
- ⓒ 위원장은 상임위원 중에서 공정거래위원회위원장이 임명한다.
- ⓓ 위원장이 부득이한 사유로 직무를 수행할 수 없는 때에는 위원장이 아닌 상임위원이 위원장의 직무를 대행하고, 위원장이 아닌 상임위원이 부득이한 사유로 위원장의 직무를 대행할 수 없는 때에는 공정거래위원회위원장이 지정하는 위원이 그 직무를 대행한다.
- ⓔ 위원의 임기는 3년으로 하며, 연임할 수 있다.
- ⓕ 조정위원회의 업무를 효율적으로 수행하기 위하여 조정위원회에 분야별 전문위원회를 둘 수 있다.
- ⓖ ⓕ의 규정에 따른 전문위원회의 구성 및 운영에 관하여 필요한 사항은 대통령령으로 정한다.

③ 조정위원회의 회의(소비자기본법 제63조)
- ⓐ 조정위원회 회의의 구분
  - 분쟁조정회의 : 위원장, 상임위원과 위원장이 회의마다 지명하는 5명 이상 9명 이하의 위원으로 구성하는 회의
  - 조정부 : 위원장 또는 상임위원과 위원장이 회의마다 지명하는 2명 이상 4명 이하의 위원으로 구성하는 회의
- ⓑ 조정위원회 회의의 주재
  - 분쟁조정회의 : 위원장
  - 조정부 : 위원장 또는 상임위원
- ⓒ 조정위원회의 회의는 위원 과반수 출석과 출석위원 과반수의 찬성으로 의결한다. 이 경우 조정위원회의 회의에는 소비자 및 사업자를 대표하는 위원이 각 1명 이상 균등하게 포함되어야 한다.

④ 분쟁조정의 기간(소비자기본법 제66조)
  ㉠ 조정위원회는 제58조 또는 제65조 제1항의 규정에 따라 분쟁조정을 신청받은 때에는 그 신청을 받은 날부터 30일 이내에 그 분쟁조정을 마쳐야 한다.
  ㉡ 조정위원회는 제1항의 규정에 불구하고 정당한 사유가 있는 경우로서 30일 이내에 그 분쟁조정을 마칠 수 없는 때에는 그 기간을 연장할 수 있다. 이 경우 그 사유와 기한을 명시하여 당사자 및 그 대리인에게 통지하여야 한다.

> **소비자기본법 제68조 제7항**
> 제66조 제1항에도 불구하고 집단 분쟁 조정은 제2항에 따른 공고가 종료된 날의 다음 날부터 30일 이내에 마쳐야 한다. 다만, 정당한 사유가 있는 경우로서 해당 기간 내에 분쟁 조정을 마칠 수 없는 때에는 2회에 한하여 각각 30일의 범위에서 그 기간을 연장할 수 있으며, 이 경우 그 사유와 기한을 구체적으로 밝혀 당사자 및 그 대리인에게 통지하여야 한다.

⑤ 분쟁조정의 효력(소비자기본법 제67조)
  ㉠ 조정위원회의 위원장은 제66조의 규정에 따라 분쟁조정을 마친 때에는 지체 없이 당사자에게 그 분쟁조정의 내용을 통지하여야 한다.
  ㉡ 제1항의 규정에 따른 통지를 받은 당사자는 그 통지를 받은 날부터 15일 이내에 분쟁조정의 내용에 대한 수락 여부를 조정위원회에 통보하여야 한다. 이 경우 15일 이내에 의사표시가 없는 때에는 수락한 것으로 본다.
  ㉢ 제2항의 규정에 따라 당사자가 분쟁조정의 내용을 수락하거나 수락한 것으로 보는 경우 조정위원회는 조정조서를 작성하고, 조정위원회의 위원장 및 각 당사자가 기명날인하거나 서명하여야 한다. 다만, 수락한 것으로 보는 경우에는 각 당사자의 기명날인 또는 서명을 생략할 수 있다.
  ㉣ 제2항의 규정에 따라 당사자가 분쟁조정의 내용을 수락하거나 수락한 것으로 보는 때에는 그 분쟁조정의 내용은 재판상 화해와 동일한 효력을 갖는다.

2. 소비자단체의 소송

① 소비자단체소송의 대상(소비자기본법 제70조)
  ㉠ 규정에 따라 공정거래위원회에 등록한 소비자단체로서 다음의 요건을 모두 갖춘 단체
    • 정관에 따라 상시적으로 소비자의 권익증진을 주된 목적으로 하는 단체일 것
    • 단체의 정회원수가 1천 명 이상일 것
    • 등록 후 3년이 경과하였을 것
  ㉡ 규정에 따라 설립된 한국소비자원
  ㉢ 대한상공회의소, 중소기업협동조합중앙회 및 전국 단위의 경제단체로서 대통령령이 정하는 단체
  ㉣ 비영리민간단체로서 다음의 요건을 모두 갖춘 단체
    • 법률상 또는 사실상 동일한 침해를 입은 50인 이상의 소비자로부터 단체소송의 제기를 요청받을 것
    • 정관에 소비자의 권익증진을 단체의 목적으로 명시한 후 최근 3년 이상 이를 위한 활동실적이 있을 것
    • 단체의 상시 구성원 수가 5천 명 이상일 것
    • 중앙행정기관에 등록되어 있을 것

② 소비자단체소송의 허가요건(소비자기본법 제74조)
  ㉠ 물품 등의 사용으로 인하여 소비자의 생명ㆍ신체 또는 재산에 피해가 발생하거나 발생할 우려가 있는 등 다수 소비자의 권익보호 및 피해예방을 위한 공익상의 필요가 있을 것
  ㉡ 소송허가신청서의 기재사항에 흠결이 없을 것
  ㉢ 소제기단체가 사업자에게 소비자권익 침해행위를 금지ㆍ중지할 것을 서면으로 요청한 후 14일이 경과하였을 것
  ㉣ 단체소송을 허가하거나 불허가하는 결정에 대하여는 즉시 항고할 수 있다.

📖 **핵심 기출 유형 문제**

❗문제타파 TIP

감정평가사, 회계사 자격이 있는 자는 해당하지 않음을 유의해야 한다.

🔑 **나오는 유형** ❶ **소비자분쟁조정위원회**

다음 중 소비자분쟁조정위원회의 위원에 임명 또는 위촉되기 위한 자격 조건으로 보기 어려운 것은?

① 변리사, 감정평가사, 회계사 자격이 있는 자

② 사업자 또는 사업자단체의 임원의 직에 있거나 있었던 자

③ 대학이나 공인된 연구기관에서 부교수 이상 또는 이에 상당하는 직에 있거나 있었던 자로서 소비자권익 관련 분야를 전공한 자

④ 소비자단체의 임원의 직에 있거나 있었던 자

⑤ 4급 이상의 공무원 또는 이에 상당하는 공공기관의 직에 있거나 있었던 자로서 소비자 권익과 관련된 업무에 실무경험이 있는 자

┣ **해설**

① 판사·검사, 변호사의 자격이 있는 자이다.

소비자분쟁조정위원회의 위원에 임명 또는 위촉되기 위한 자격 조건

• 대학이나 공인된 연구기관에서 부교수 이상 또는 이에 상당하는 직에 있거나 있었던 자로서 소비자권익 관련 분야를 전공한 자

• 4급 이상의 공무원 또는 이에 상당하는 공공기관의 직에 있거나 있었던 자로서 소비자 권익과 관련된 업무에 실무경험이 있는 자

• 판사·검사 또는 변호사의 자격이 있는 자

• 소비자단체의 임원의 직에 있거나 있었던 자

• 사업자 또는 사업자 단체의 임원의 직에 있거나 있었던 자

• 그 밖에 소비자권익과 관련된 업무에 관한 학식과 경험이 풍부한 자

정답 ①

01

⑤ 4급 이상의 공무원 또는 이에 상당하는 공공기관의 직에 있거나 있었던 자로서 소비자권익과 관련된 업무에 실무경험이 있는 자

01 다음 중 소비자분쟁조정위원회 위원에 임명 또는 위촉되기 위한 자격 조건으로 보기 어려운 것은?

① 소비자단체의 임원의 직에 있거나 있었던 자

② 사업자 또는 사업자단체의 임원의 직에 있거나 있었던 자

③ 대학이나 공인된 연구기관에서 부교수 이상 또는 이에 상당하는 직에 있거나 있었던 자로서 소비자권익 관련 분야를 전공한 자

④ 판사·검사 또는 변호사 자격이 있는 자

⑤ 5급 이상의 공무원 또는 이에 상당하는 공공기관의 직에 있었던 자로서 소비자권익과 관련된 업무에 실무경험이 있는 자

02 다음 중 소비자분쟁조정위원회에서 시행되는 조정위원회의 회의 중 분쟁조정회의의 구성요건에 해당하는 것은?

① 위원장, 상임위원과 위원장이 회의마다 지명하는 2명 이상 4명 이하의 위원으로 구성하는 회의

② 위원장, 상임위원과 위원장이 회의마다 지명하는 3명 이상 6명 이하의 위원으로 구성하는 회의

③ 위원장, 상임위원과 위원장이 회의마다 지명하는 4명 이상 7명 이하의 위원으로 구성하는 회의

④ 위원장, 상임위원과 위원장이 회의마다 지명하는 5명 이상 9명 이하의 위원으로 구성하는 회의

⑤ 위원장, 상임위원과 위원장이 회의마다 지명하는 6명 이상 10명 이하의 위원으로 구성하는 회의

02
• 분쟁조정회의 : 위원장, 상임위원과 위원장이 회의마다 지명하는 5명 이상 9명 이하의 위원으로 구성하는 회의
• 조정부 : 위원장 또는 상임위원과 위원장이 회의마다 지명하는 2명 이상 4명 이하의 위원으로 구성하는 회의

03 다음 중 소비자기본법에서 명시된 소비자분쟁조정에 대한 내용으로 옳지 않은 것은?

① 소비자와 사업자 사이에 발생한 분쟁을 조정하기 위하여 한국소비자원에 소비자분쟁조정위원회를 둔다.

② 소비자분쟁조정위원회는 위원장 1명을 포함한 150명 이내의 위원으로 구성하며, 위원장을 포함한 5명은 상임으로 하고, 나머지는 비상임으로 한다.

③ 소비자분쟁조정위원회는 제58조 또는 제65조 제1항의 규정에 따라 분쟁조정을 신청받은 때에는 그 신청을 받은 날부터 30일 이내에 그 분쟁조정을 마쳐야 하며 그 기간을 연장할 수 없다.

④ 분쟁 조정 결과 통지를 받은 당사자는 그 통지를 받은 날부터 15일 이내에 분쟁조정의 내용에 대한 수락 여부를 조정위원회에 통보하여야 한다. 이 경우 15일 이내에 의사표시가 없는 때에는 수락한 것으로 본다.

⑤ 당사자가 분쟁조정의 내용을 수락하거나 수락한 것으로 보는 경우 조정위원회는 조정조서를 작성하고, 조정위원회의 위원장 및 각 당사자가 기명날인하거나 서명하여야 한다. 다만, 수락한 것으로 보는 경우에는 각 당사자의 기명날인 또는 서명을 생략할 수 있다.

03
③ 소비자분쟁조정위원회는 제58조 또는 제65조 제1항의 규정에 따라 분쟁조정을 신청받은 때에는 그 신청을 받은 날부터 30일 이내에 그 분쟁조정을 마쳐야 하며, 이 규정에 불구하고 정당한 사유가 있는 경우로서 30일 이내에 그 분쟁조정을 마칠 수 없는 때에는 그 기간을 연장할 수 있다. 이 경우 그 사유와 기한을 명시하여 당사자 및 그 대리인에게 통지하여야 한다(소비자기본법 제66조).
① 소비자기본법 제60조(소비자분쟁조정위원회의 설치)
② 소비자기본법 제61조(조정위원회의 구성)
④ · ⑤ 소비자기본법 제67조(분쟁조정의 효력 등)

정답 **02** ④ **03** ③

꼭 나오는 유형 ❷ 소비자단체소송을 제기할 수 있는 비영리민간단체

다음 중 소비자단체소송을 제기할 수 있는 비영리민간단체가 갖추어야 될 요건으로 가장 옳은 것은?.

① 법률상 또는 사실상 동일한 침해를 입은 30인 이상의 소비자로부터 단체소송의 제기를 요청받을 것

② 정관에 소비자의 권익증진을 단체의 목적으로 명시한 후, 최근 2년 이상 이를 위한 활동실적이 있을 것

③ 단체의 상시 구성원 수가 3천 명 이상일 것

④ 중앙행정기관에 등록되어 있을 것

⑤ 단체의 정회원 수가 5백 명 이상일 것

┣ **해설**

① 법률상 또는 사실상 동일한 침해를 입은 <u>50인 이상</u>의 소비자로부터 단체소송의 제기를 요청받을 것

② 정관에 소비자의 권익증진을 단체의 목적으로 명시한 후, 최근 <u>3년 이상</u> 이를 위한 활동실적이 있을 것

③ 단체의 상시 구성원 수가 <u>5천 명 이상</u>일 것

⑤ 비영리민간단체의 정회원 수에 대한 언급은 없다.

정답 ④

04 다음 중 소비자단체소송을 제기할 수 있는 비영리민간단체가 갖추어야 될 요건으로 보기 어려운 것은?

① 정관에 소비자 권익증진을 단체의 목적으로 명시할 것

② 소비자 권익증진을 위해 최근 1년 이상 이를 위한 활동실적이 있을 것

③ 중앙행정기관에 등록되어 있을 것

④ 법률상 또는 사실상 동일한 침해를 입은 50인 이상의 소비자로부터 단체소송의 제기를 요청받을 것

⑤ 단체의 상시 구성원 수가 5천 명 이상일 것

05 다음 중 소비자기본법에 명시된 단체소송의 대상 등(제70조)의 내용 중 비영리민간단체의 요건으로 보기 어려운 것은?

① 중앙행정기관에 등록되어 있을 것

② 단체의 상시 구성원 수가 5천명 이상일 것

③ 공정거래위원회의 등록 검토와 승인 후 3년이 경과하였을 것

④ 법률상 또는 사실상 동일한 침해를 입은 50인 이상의 소비자로부터 단체소송의 제기를 요청받을 것

⑤ 정관에 소비자의 권익증진을 단체의 목적으로 명시한 후, 최근 3년 이상 이를 위한 활동실적이 있을 것

01 개인정보의 정의 및 유형

와이블(Weible)이 분류한 개인정보의 유형 43%

개인정보보호법에 명시된 용어의 정의 57%

핵심 이론

1. 용어의 정의(개인정보보호법 제2조)

① **개인정보** : 살아 있는 개인에 관한 정보로서 다음의 어느 하나에 해당하는 정보

- 성명, 주민등록번호 및 영상 등을 통하여 개인을 알아볼 수 있는 정보
- 해당 정보만으로는 특정 개인을 알아볼 수 없더라도 다른 정보와 쉽게 결합하여 알아볼 수 있는 정보(쉽게 결합할 수 있는지 여부는 다른 정보의 입수 가능성 등 개인을 알아보는 데 소요되는 시간, 비용, 기술 등을 고려)
- 가명처리를 통해 원래의 상태로 복원하기 위한 추가 정보의 사용·결합 없이는 특정 개인을 알아볼 수 없는 정보(가명처리란, 개인정보의 일부를 삭제하거나 일부 또는 전부를 대체하는 등의 방법으로 추가 정보가 없이는 특정 개인을 알아볼 수 없도록 처리하는 것)

② **처리** : 개인정보의 수집, 생성, 연계, 연동, 기록, 저장, 보유, 가공, 편집, 검색, 출력, 정정(訂正), 복구, 이용, 제공, 공개, 파기(破棄), 그 밖에 이와 유사한 행위

③ **정보주체** : 처리되는 정보에 의하여 알아볼 수 있는 사람으로서 그 정보의 주체가 되는 사람

④ **개인정보파일** : 개인정보를 쉽게 검색할 수 있도록 일정한 규칙에 따라 체계적으로 배열하거나 구성한 개인정보의 집합물(集合物)

⑤ **개인정보처리자** : 업무를 목적으로 개인정보 파일을 운용하기 위하여 스스로 또는 다른 사람을 통하여 개인정보를 처리하는 공공기관, 법인, 단체 및 개인 등

⑥ **공공기관** : 국회, 법원, 헌법재판소, 중앙선거관리위원회의 행정사무를 처리하는 기관, 중앙행정기관 및 그 소속 기관, 지방자치단체, 그 밖의 국가기관 및 공공단체 중 대통령령으로 정하는 기관

⑦ **영상정보처리기기** : 일정한 공간에 지속적으로 설치되어 사람 또는 사물의 영상 등을 촬영하거나 이를 유·무선망을 통하여 전송하는 장치로서 대통령령으로 정하는 장치

⑧ **과학적 연구** : 기술의 개발과 실증, 기초연구, 응용연구 및 민간 투자 연구 등 과학적 방법을 적용하는 연구

2. 와이블(Weible)이 분류한 개인정보 유형

일반정보	이름, 주민등록번호, 운전면허, 주소, 전화번호, 생년월일, 출생지, 본적지, 성별
가족정보	부모, 배우자, 부양가족, 가족구성원들의 이름 및 직업, 출생지, 생년월일 정보
교육 및 훈련정보	학교출석사항, 최종학력, 성적, 기술자격증, 면허증, 서클활동, 상벌사항
병역정보	군번, 계급, 제대유형, 주특기, 근무부대
부동산정보	소유주택, 토지, 자동차, 건물
동산정보	보유현금, 저축현황, 주식, 채권, 수집품
소득정보	봉급, 봉급경력, 보너스 및 수수료, 이자소득, 사업소득
기타 수익정보	보험, 가입현황, 수익자, 회사채, 투자프로그램, 퇴직프로그램, 휴가, 병가
신용정보	대부, 저당, 신용카드, 지불연기 및 미납 횟수, 임금압류 통보에 대한 기록
고용정보	회사명, 고용주, 회사주소, 상관의 이름, 직무수행 평가기록, 훈련기록, 출석기록, 직무태도
법적정보	전과기록, 교통위반기록, 파산 및 담보기록, 구속기록, 이혼기록, 납세기록
의료정보	가족병력기록, 신체장애여부, 혈액형
조직정보	노조가입, 종교단체 가입, 정당가입
습관 및 취미정보	흡연, 음주량, 선호 스포츠 및 오락, 여가활동, 도박성향

📖 핵심 기출 유형 문제

🗝 **나오는 유형** ❶ **개인정보보호법에 명시된 용어의 정의**

다음 중 개인정보보호법에 명시된 용어(제2조)의 정의로 가장 옳지 않은 것은?

① '개인정보'란 개인(사망한 자와 태아까지 포함한다)에 관한 정보로서 성명, 주민등록번호 및 영상 등을 통하여 개인을 알아볼 수 있는 정보(해당 정보만으로는 특정 개인을 알아볼 수 없더라도 다른 정보와 쉽게 결합하여 알아볼 수 있는 것을 포함한다)를 말한다.

② '개인정보파일'이란 개인정보를 쉽게 검색할 수 있도록 일정한 규칙에 따라 체계적으로 배열하거나 구성한 개인정보의 집합물(集合物)을 말한다.

③ '개인정보처리자'란 업무를 목적으로 개인정보파일을 운용하기 위하여 스스로 또는 다른 사람을 통하여 개인정보를 처리하는 공공기관, 법인, 단체 및 개인 등을 말한다.

④ '처리'란 개인정보의 수집, 생성, 연계, 연동, 기록, 저장, 보유, 가공, 편집, 검색, 출력, 정정(訂正), 복구, 이용, 제공, 공개, 파기, 그 밖에 이와 유사한 행위를 말한다.

⑤ '영상정보처리기기'란 일정한 공간에 지속적으로 설치되어 사람 또는 사물의 영상 등을 촬영하거나 이를 유·무선망을 통하여 전송하는 장치로서 대통령령으로 정하는 장치를 말한다.

🔑 해설
① 개인정보란 살아 있는 개인에 관한 정보로, 개인정보의 개인에 사망한 자와 태아는 포함하지 않는다.

정답 ①

---

01 다음 중 개인정보보호법에 명시된 용어(제2조)의 정의로 가장 옳지 않은 것은?

① 정보주체란 처리되는 정보에 의하여 알아볼 수 있는 사람으로서 그 정보의 주체가 되는 사람을 말한다.

② 과학적 연구란 민간 투자 연구를 제외한 기술의 개발과 실증, 기초연구, 응용연구 등 과학적 방법을 적용하는 연구를 말한다.

③ 개인정보파일이란 개인정보를 쉽게 검색할 수 있도록 일정한 규칙에 따라 체계적으로 배열하거나 구성한 개인정보의 집합물을 말한다.

④ 개인정보처리자란 업무를 목적으로 개인정보파일을 운용하기 위하여 스스로 또는 다른 사람들을 통하여 개인정보를 처리하는 공공기관, 법인, 단체 및 개인 등을 말한다.

⑤ 처리란 개인정보의 수집, 생성, 연계, 연동, 기록, 저장, 보유, 가공, 편집, 검색, 출력, 정정, 복구, 이용, 제공, 공개, 파기 그 밖에 이와 유사한 행위를 말한다.

01 ② 정답

02 다음 중 개인정보의 정의와 개념에 대한 설명으로 옳지 않은 것은?

① 개인정보란 개인의 신념, 신체, 재산, 사회적 지위, 신분 등에 관한 사실, 판단, 그리고 평가를 나타내는 일체의 정보를 의미한다.

② 개인과 관련된 사실적인 정보(주민등록번호)와는 달리 해당 개인에 대한 타인이 가진 주관적인 정보(신용평가정보) 등은 관련성이 떨어진다고 볼 수 있다.

③ 혈액형과 같이 고유 식별이 불가능한 정보라 하더라도 주민등록번호 및 주소 등의 정보와 결합하여 개인 식별이 가능할 경우는 개인정보에 해당한다.

④ 일반적으로 법인(法人)의 상호, 영업소재지, 대표이사의 성명 등은 개인정보의 범위에 포함되지 않으나, 광의적 의미에서는 개인정보로 인식될 수 있다.

⑤ 일반적으로 사망하였거나 실종신고 등 관계법령에 의하여 사망한 것으로 간주되는 자의 개인정보는 인정되지 않으나, 그에 따른 정보가 유족 등 후손과 관련이 있는 경우에는 적용 대상이 될 수 있다.

02
② 개인과 관련된 사실적인 정보(주민등록번호)뿐만 아니라 해당 개인에 대한 타인이 가진 주관적인 정보(신용평가정보)도 관련성이 인정된다고 볼 수 있다.

03 다음 〈보기〉 중 개인정보보호법 제2조(정의)에 명시된 '개인정보'의 범위에 해당되지 않는 내용을 찾아 모두 선택한 것은?

┤ 보기 ├
가. 태아(胎兒)와 관련된 정보
나. 살아 있는 개인에 관한 정보
다. 사자(死者)와 관련된 정보
라. 개인사업자 및 법인에 관한 정보

① 가, 나   ② 가, 다, 라
③ 가, 나, 다, 라   ④ 나, 다
⑤ 나, 다, 라

03
'가, 다, 라' 모두 '개인정보'의 범위에 해당되지 않는다.

04 개인정보보호법에 명시된 용어(제2조) 중 '공공기관'의 범위와 가장 거리가 먼 것은?

① '국가인권위원회법'에 따른 국가인권위원회

② '공공기관의 운영에 관한 법률'에 따른 공공기관

③ '비영리민간단체지원법'에 따라 설립된 비영리법인 및 민간법인

④ '초 · 중등교육법', '고등교육법' 그 밖의 다른 법률에 따라 설치된 각급 학교

⑤ '고위공직자범죄수사처 설치 및 운영에 관한 법률'에 따른 고위공직자범죄수사처

04
'비영리민간단체지원법'에 따라 설립된 비영리법인 및 민간법인은 '공공기관'에 해당하지 않는다.

꼭 나오는 유형 ❷ 와이블(Weible)이 분류한 개인정보의 유형

와이블(Weible)이 분류한 개인정보의 14개 유형 중 성명, 주민등록번호, 운전면허정보, 주소, 전화번호 등에 해당하는 것은?

① 법적정보 ② 소득정보 ③ 조직정보 ④ 신용정보 ⑤ 일반정보

해설 와이블(Weible)의 개인정보 유형

일반정보	이름, 주민등록번호, 운전면허, 주소, 전화번호, 생년월일, 출생지, 본적지, 성별
가족정보	부모, 배우자, 부양가족, 가족구성원들의 이름 및 직업, 출생지, 생년월일 정보
교육 및 훈련정보	학교출석사항, 최종학력, 성적, 기술자격증, 면허증, 서클활동, 상벌사항
병역정보	군번, 계급, 제대유형, 주특기, 근무부대
부동산정보	소유주택, 토지, 자동차, 건물
동산정보	보유현금, 저축현황, 주식, 채권, 수집품
소득정보	봉급, 봉급경력, 보너스 및 수수료, 이자소득, 사업소득
기타 수익정보	보험, 가입현황, 수익자, 회사채, 투자프로그램, 퇴직프로그램, 휴가, 병가
신용정보	대부, 저당, 신용카드, 지불연기 및 미납 횟수, 임금압류 통보에 대한 기록
고용정보	회사명, 고용주, 회사주소, 상관의 이름, 직무수행 평가기록, 훈련기록, 출석기록, 직무태도
법적정보	전과기록, 교통위반기록, 파산 및 담보기록, 구속기록, 이혼기록, 납세기록
의료정보	가족병력기록, 신체장애여부, 혈액형
조직정보	노조가입, 종교단체 가입, 정당가입
습관 및 취미정보	흡연, 음주량, 선호 스포츠 및 오락, 여가활동, 도박성향

정답 ⑤

05 와이블(Weible)이 분류한 개인정보의 14가지 유형 중 회사명, 직무수행 평가기록, 출근기록, 직무태도 등에 해당하는 것은?

① 법적정보 ② 고용정보 ③ 계층정보 ④ 업종정보 ⑤ 구성정보

06 와이블(Weible)이 분류한 개인정보의 14개 유형 중 봉급, 보너스 및 수수료, 이자소득, 사업소득 등에 해당하는 것은?

① 일반정보 ② 법적정보 ③ 소득정보 ④ 신용정보 ⑤ 조직정보

05 ② 06 ③ 정답

02 개인정보보호원칙

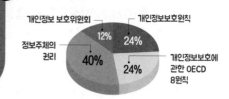

빈출 키워드

핵심 이론

1. 개인정보보호원칙(개인정보보호법 제3조)

① 개인정보처리자는 개인정보의 처리 목적을 명확하게 하여야 하고 그 목적에 필요한 범위에서 최소한의 개인정보만을 적법하고 정당하게 수집하여야 한다.

② 개인정보처리자는 개인정보의 처리 목적에 필요한 범위에서 적합하게 개인정보를 처리하여야 하며, 그 목적 외의 용도로 활용하여서는 아니 된다.

③ 개인정보처리자는 개인정보의 처리 목적에 필요한 범위에서 개인정보의 정확성, 완전성 및 최신성이 보장되도록 하여야 한다.

④ 개인정보처리자는 개인정보의 처리 방법 및 종류 등에 따라 정보주체의 권리가 침해받을 가능성과 그 위험 정도를 고려하여 개인정보를 안전하게 관리하여야 한다.

⑤ 개인정보처리자는 개인정보 처리방침 등 개인정보의 처리에 관한 사항을 공개하여야 하며, 열람청구권 등 정보주체의 권리를 보장하여야 한다.

⑥ 개인정보처리자는 정보주체의 사생활 침해를 최소화하는 방법으로 개인정보를 처리하여야 한다.

⑦ 개인정보처리자는 개인정보의 익명처리가 가능한 경우에는 익명에 의하여, 익명처리로 목적을 달성할 수 없는 경우에는 가명에 의하여 처리될 수 있도록 하여야 한다.

⑧ 개인정보처리자는 이 법 및 관계 법령에서 규정하고 있는 책임과 의무를 준수하고 실천함으로써 정보주체의 신뢰를 얻기 위하여 노력하여야 한다.

2. 개인정보보호에 관한 OECD 8원칙

수집 제한의 원칙	개인정보 수집은 원칙적으로 제한되고, 수집될 경우에는 동의를 받고 합법적이고 정당한 절차에 의해 수집되어야 한다.
정확성의 원칙	개인정보는 그 목적에 부합된 것이어야 하고, 이용목적에 필요한 범위에서 정확하고 완전한 최신상태로 보존되어야 한다.
목적 명확화의 원칙	개인정보 수집 목적은 미리 특정되어 있어야 하고, 정보의 사용 시 특정된 목적의 달성을 위해서만 사용되어야 하며, 수집 목적이 변경될 때마다 그 목적을 명확하게 하여야 한다.
이용제한의 원칙	개인정보는 정보 주체의 동의가 있거나 법률의 규정에 의한 경우를 제외하고는 목적의 명확화 원칙에 따라 명확한 목적 이외의 다른 목적으로 이용되어서는 안 된다.
안전조치의 원칙	보관 중인 개인정보는 분실, 훼손, 불법적인 접근에 의한 사용, 변조, 무단 공개 등의 위험으로부터 적절한 조치를 통해 보호되어야 한다.
공개의 원칙	개인정보 처리와 관련된 정보처리 장치, 활용 정책 등은 일반에 공개되어야 한다.
개인 참여의 원칙	개인은 자기에 관한 정보의 상태를 확인할 권리를 가지며, 필요한 경우에는 자신의 정보를 통지받을 권리를 가진다.
책임의 원칙	정보 관리자는 상기 모든 원칙들이 지켜질 수 있도록 필요한 조치를 취할 책임이 있다.

제3과목

3. 정보주체의 권리(개인정보보호법 제4조)

① 개인정보의 처리에 관한 정보를 제공받을 권리
② 개인정보의 처리에 관한 동의 여부, 동의 범위 등을 선택하고 결정할 권리
③ 개인정보의 처리 여부를 확인하고 개인정보에 대하여 열람(사본 발급을 포함)을 요구할 권리
④ 개인정보의 처리 정지, 정정·삭제 및 파기를 요구할 권리
⑤ 개인정보의 처리로 인하여 발생한 피해를 신속하고 공정한 절차에 따라 구제받을 권리

4. 개인정보 보호위원회

① 보호위원회의 구성 등(개인정보보호법 제7조의2)
　㉠ 보호위원회는 상임위원 2명(위원장 1명, 부위원장 1명)을 포함한 9명의 위원으로 구성한다.
　㉡ 보호위원회의 위원은 개인정보 보호에 관한 경력과 전문지식이 풍부한 다음 각 호의 사람 중에서 위원장과 부위원장은 국무총리의 제청으로, 그 외 위원 중 2명은 위원장의 제청으로, 2명은 대통령이 소속되거나 소속되었던 정당의 교섭단체 추천으로, 3명은 그 외의 교섭단체 추천으로 대통령이 임명 또는 위촉한다.
　　• 개인정보 보호 업무를 담당하는 3급 이상 공무원(고위공무원단에 속하는 공무원을 포함한다)의 직에 있거나 있었던 사람
　　• 판사·검사·변호사의 직에 10년 이상 있거나 있었던 사람
　　• 공공기관 또는 단체(개인정보처리자로 구성된 단체를 포함한다)에 3년 이상 임원으로 재직하였거나 이들 기관 또는 단체로부터 추천받은 사람으로서 개인정보 보호 업무를 3년 이상 담당하였던 사람
　　• 개인정보 관련 분야에 전문지식이 있고 「고등교육법」 제2조 제1호에 따른 학교에서 부교수 이상으로 5년 이상 재직하고 있거나 재직하였던 사람

　㉢ 위원장과 부위원장은 정무직 공무원으로 임명한다.
　㉣ 위원장, 부위원장, 제7조의13에 따른 사무처의 장은 「정부조직법」 제10조에도 불구하고 정부위원이 된다.

② 위원의 임기(개인정보보호법 제7조의4)
　㉠ 위원의 임기는 3년으로 하되, 한 차례만 연임할 수 있다.
　㉡ 위원이 궐위된 때에는 지체 없이 새로운 위원을 임명 또는 위촉하여야 한다. 이 경우 후임으로 임명 또는 위촉된 위원의 임기는 새로이 개시된다.

③ 보호위원회의 소관 사무(개인정보보호법 제7조의8)
보호위원회는 다음 각 호의 소관 사무를 수행한다.
　㉠ 개인정보의 보호와 관련된 법령의 개선에 관한 사항
　㉡ 개인정보 보호와 관련된 정책·제도·계획 수립·집행에 관한 사항
　㉢ 정보주체의 권리침해에 대한 조사 및 이에 따른 처분에 관한 사항
　㉣ 개인정보의 처리와 관련한 고충처리·권리구제 및 개인정보에 관한 분쟁의 조정
　㉤ 개인정보 보호를 위한 국제기구 및 외국의 개인정보 보호기구와의 교류·협력
　㉥ 개인정보 보호에 관한 법령·정책·제도·실태 등의 조사·연구, 교육 및 홍보에 관한 사항
　㉦ 개인정보 보호에 관한 기술개발의 지원·보급 및 전문인력의 양성에 관한 사항
　㉧ 이 법 및 다른 법령에 따라 보호위원회의 사무로 규정된 사항

④ 회의(개인정보보호법 제7조의10)
　㉠ 보호위원회의 회의는 위원장이 필요하다고 인정하거나 재적위원 4분의 1 이상의 요구가 있는 경우에 위원장이 소집한다.
　㉡ 위원장 또는 2명 이상의 위원은 보호위원회에 의안을 제의할 수 있다.
　㉢ 보호위원회의 회의는 재적위원 과반수의 출석으로 개의하고, 출석위원 과반수의 찬성으로 의결한다.

꼭 나오는 유형 ❶ 개인정보보호원칙

다음 중 개인정보보호법에 명시된 '개인정보보호원칙(제3조)'에 대한 내용으로 가장 거리가 먼 것은?

① 개인정보처리자는 개인정보의 처리 목적을 명확하게 하여야 하고 그 목적에 필요한 범위에서 최소한의 개인정보만을 적법하고 정당하게 수집하여야 한다.

② 개인정보처리자는 개인정보의 처리 목적에 필요한 범위에서 개인정보의 무결성, 신속성 및 표준성이 보장되도록 하여야 한다.

③ 개인정보처리자는 개인정보의 처리 목적에 필요한 범위에서 적합하게 개인정보를 처리하여야 하며, 그 목적 외의 용도로 활용하여서는 아니 된다.

④ 개인정보처리자는 개인정보의 처리 방법 및 종류 등에 따라 정보주체의 권리가 침해받을 가능성과 그 위험 정도를 고려하여 개인정보를 안전하게 관리하여야 한다.

⑤ 개인정보처리자는 개인정보 처리방침 등 개인정보의 처리에 관한 사항을 공개하여야 하며, 열람청구권 등 정보주체의 권리를 보장하여야 한다.

해설

② 개인정보처리자는 개인정보의 처리 목적에 필요한 범위에서 개인정보의 정확성, 완전성 및 최신성이 보장되도록 하여야 한다.

개인정보보호법 제3조(개인정보보호원칙)

- 개인정보처리자는 개인정보의 처리 목적을 명확하게 하여야 하고 그 목적에 필요한 범위에서 최소한의 개인정보만을 적법하고 정당하게 수집하여야 한다.
- 개인정보처리자는 개인정보의 처리 목적에 필요한 범위에서 적합하게 개인정보를 처리하여야 하며, 그 목적 외의 용도로 활용하여서는 아니 된다.
- 개인정보처리자는 개인정보의 처리 목적에 필요한 범위에서 개인정보의 정확성, 완전성 및 최신성이 보장되도록 하여야 한다.
- 개인정보처리자는 개인정보의 처리 방법 및 종류 등에 따라 정보주체의 권리가 침해받을 가능성과 그 위험 정도를 고려하여 개인정보를 안전하게 관리하여야 한다.
- 개인정보처리자는 개인정보 처리방침 등 개인정보의 처리에 관한 사항을 공개하여야 하며, 열람청구권 등 정보주체의 권리를 보장하여야 한다.
- 개인정보처리자는 정보주체의 사생활 침해를 최소화하는 방법으로 개인정보를 처리하여야 한다.
- 개인정보처리자는 개인정보의 익명처리가 가능한 경우에는 익명에 의하여 처리될 수 있도록 하여야 한다.
- 개인정보처리자는 이 법 및 관계 법령에서 규정하고 있는 책임과 의무를 준수하고 실천함으로써 정보주체의 신뢰를 얻기 위하여 노력하여야 한다.

정답 ②

❗문제타파 TIP

법을 다 외울 수는 없으므로 틀린 문장 위주로 옳은 내용이 무엇인지 살펴보도록 한다.

01

① 개인정보처리자는 정보주체의 사생활 침해를 최소화하는 방법으로 개인정보를 처리하여야 한다.

01 다음 중 개인정보보호법에 명시된 개인정보보호원칙(제3조)에 대한 내용으로 가장 거리가 먼 것은?

① 개인정보처리자는 정보주체의 경미한 사생활 침해라 하더라도 피해가 발생되지 않는 방법을 최대한 강구하여 개인정보를 처리하여야 한다.

② 개인정보처리자는 개인정보의 처리 목적에 필요한 범위에서 개인정보의 정확성, 완전성 및 최신성이 보장되도록 하여야 한다.

③ 개인정보처리자는 개인정보 처리방침 등 개인정보의 처리에 관한 사항을 공개하여야 하며, 열람 청구권 등 정보주체의 권리를 보장하여야 한다.

④ 개인정보처리자는 개인정보의 처리 목적에 필요한 범위에서 적합하게 개인정보를 처리하여야 하며, 그 목적 외의 용도로 활용하여서는 아니 된다.

⑤ 개인정보처리자는 개인정보의 처리 목적을 명확하게 하여야 하고 그 목적에 필요한 범위에서 최소한의 개인정보만을 적법하고 정당하게 수집하여야 한다.

❗ **문제타파 TIP**

개인정보보호에서는 개인의 권리가 무엇보다 우선되어야 함을 유의해야 한다.

🔖 **나오는 유형** ❷ **개인정보보호에 관한 OECD 8원칙**

개인정보보호에 관한 OECD 8원칙 중 다음 〈보기〉의 설명에 해당하는 것은?

┤ 보기 ├

개인은 자기에 관한 정보의 소재를 확인할 권리를 가지며 필요한 경우에는 자신에 관한 정보를 합리적인 기간 내에 합리적인 비용과 방법에 의해 알기 쉬운 형태로 통지받을 권리를 갖는다.

① 공개의 원칙　　　　　　　　② 목적 명확화의 원칙
③ 안전조치의 원칙　　　　　　④ 개인 참여의 원칙
⑤ 정확성의 원칙

┤ 해설 ├ **개인정보보호에 관한 OECD 8원칙**

수집 제한의 원칙	개인정보 수집은 원칙적으로 제한되고, 수집될 경우에는 동의를 받고 합법적이고 정당한 절차에 의해 수집되어야 한다.
정확성의 원칙	개인정보는 그 목적에 부합된 것이어야 하고, 이용목적에 필요한 범위에서 정확하고 완전한 최신상태로 보존되어야 한다.
목적 명확화의 원칙	개인정보 수집 목적은 미리 특정되어 있어야 하고, 정보의 사용 시 특정된 목적의 달성을 위해서만 사용되어야 하며, 수집 목적이 변경될 때마다 그 목적을 명확하게 하여야 한다.
이용제한의 원칙	개인정보는 정보 주체의 동의가 있거나 법률의 규정에 의한 경우를 제외하고는 목적의 명확화 원칙에 따라 명확한 목적 이외의 다른 목적으로 이용되어서는 안 된다.

01 ① 정답

안전조치의 원칙	보관 중인 개인정보는 분실, 훼손, 불법적인 접근에 의한 사용, 변조, 무단 공개 등의 위험으로부터 적절한 조치를 통해 보호되어야 한다.
공개의 원칙	개인정보 처리와 관련된 정보처리 장치, 활용 정책 등은 일반에 공개되어야 한다.
개인 참여의 원칙	개인은 자기에 관한 정보의 상태를 확인할 권리를 가지며, 필요한 경우에는 자신의 정보를 통지받을 권리를 가진다.
책임의 원칙	정보 관리자는 상기 모든 원칙들이 지켜질 수 있도록 필요한 조치를 취할 책임이 있다.

정답 ④

02 다음 중 개인정보보호에 관한 OECD 8원칙으로 보기 어려운 것은?

① 공개의 원칙
② 안전조치의 원칙
③ 수집 제한의 원칙
④ 집단 참여의 원칙
⑤ 목적 명확화의 원칙

02
집단 참여의 원칙이 아니라 '개인 참여의 원칙'이다.

 꼭 나오는 유형 **❸ 정보주체의 권리**

개인정보처리와 관련하여 개인정보보호법에 명시된 정보주체의 권리로 가장 거리가 먼 것은?

① 개인정보의 처리에 관한 정보를 제공받을 권리
② 개인정보의 처리 정지, 정정·삭제 및 파기의 집행을 감독할 권리
③ 개인정보의 처리 여부를 확인하고 개인정보에 대하여 열람을 요구할 권리
④ 개인정보의 처리에 관한 동의 여부, 동의 범위 등을 선택하고 결정할 권리
⑤ 개인정보의 처리로 인하여 발생한 피해를 신속하고 공정한 절차에 따라 구제받을 권리

⊩ 해설
② 정보주체는 개인정보의 처리 정지, 정정·삭제 및 파기를 <u>요구할 권리</u>가 있다.

정보주체의 권리(개인정보보호법 제4조)
• 개인정보의 처리에 관한 정보를 제공받을 권리
• 개인정보의 처리에 관한 동의 여부, 동의 범위 등을 선택하고 결정할 권리
• 개인정보의 처리 여부를 확인하고 개인정보에 대하여 열람(사본 발급을 포함)을 요구할 권리
• 개인정보의 처리 정지, 정정·삭제 및 파기를 요구할 권리
• 개인정보의 처리로 인하여 발생한 피해를 신속하고 공정한 절차에 따라 구제받을 권리

정답 ②

❗문제타파 TIP

정보주체의 권리를 묻는 문제는 자주 출제되므로 5가지 조항을 꼼꼼히 학습해두어야 한다.

정답 **02** ④

03
정보주체는 개인정보의 처리 정지, 정정·삭제 및 파기를 <u>요구할 권리</u>가 있다.

03 개인정보의 처리와 관련하여 개인정보보호법에 명시된 정보주체의 권리에 해당되지 않는 것은?

① 개인정보의 처리에 관한 정보를 제공받을 권리

② 개인정보의 처리 여부를 확인하고 개인정보에 대하여 열람을 요구할 권리

③ 개인정보의 처리에 관한 동의 여부, 동의 범위 등을 선택하고 결정할 권리

④ 개인정보의 처리 정지, 정정·삭제 및 파기 방법을 선택하고 결정할 권리

⑤ 개인정보의 처리로 인하여 발생한 피해를 신속하고 공정한 절차에 따라 구제받을 권리

04
②는 개인정보보호법에 명시된 정보주체의 권리에 해당하지 않는다.

04 개인정보의 처리와 관련하여 개인정보보호법에 명시된 정보주체의 권리에 해당되지 않는 것은?

① 개인정보의 처리에 관한 정보를 제공받을 권리

② 개인정보 처리로 인하여 발생한 피해에 대한 징벌 수위를 조정할 권리

③ 개인정보의 처리 여부를 확인하고 개인정보에 대하여 열람을 요구할 권리

④ 개인정보의 처리에 관한 동의 여부, 동의 범위 등을 선택하고 결정할 권리

⑤ 개인정보의 처리 정지, 정정·삭제 및 파기를 요구할 권리

❗문제타파 TIP

법은 내용이 많고 어려우므로 반복해서 읽어나간다는 생각으로 여러 번 꼼꼼히 읽어보도록 한다.

꼭 나오는 유형 ❹ 개인정보 보호위원회

다음 중 개인정보보호법에 규정된 '개인정보 보호위원회(이하 보호위원회)'에 대한 설명으로 옳지 않은 것은?

① 보호위원회는 상임위원 2명(위원장 1명, 부위원장 1명)을 포함한 9명의 위원으로 구성한다.

② 위원장과 위원의 임기는 3년으로 하되 한 차례만 연임할 수 있다.

③ 위원장은 위원 중에서 공무원이 아닌 사람으로 대통령이 위촉한다.

④ 보호위원회의 회의는 재적위원 과반수의 출석과 출석위원 과반수의 찬성으로 의결한다.

⑤ 보호위원회의 회의는 위원장이 필요하다고 인정하거나 재적위원 4분의 1 이상의 요구가 있는 경우에 위원장이 소집한다.

┣해설
① 개인정보보호법 제7조의2 제1항(보호위원회의 구성 등)
② 개인정보보호법 제7조의4 제1항(위원의 임기)
④ 개인정보보호법 제7조의10 제3항(회의)
⑤ 개인정보보호법 제7조의10 제1항(회의)

개인정보보호법 제7조의2(보호위원회의 구성 등)
① 보호위원회는 상임위원 2명(위원장 1명, 부위원장 1명)을 포함한 9명의 위원으로 구성한다.
② 보호위원회의 위원은 개인정보 보호에 관한 경력과 전문지식이 풍부한 다음 각 호의 사람 중에서 위원장과 부위원장은 국무총리의 제청으로, 그 외 위원 중 2명은 위원장의 제청으로, 2명은 대통령이 소속되거나 소속되었던 정당의 교섭단체 추천으로, 3명은 그 외의 교섭단체 추천으로 대통령이 임명 또는 위촉한다.
　1. 개인정보 보호 업무를 담당하는 3급 이상 공무원(고위공무원단에 속하는 공무원을 포함한다)의 직에 있거나 있었던 사람
　2. 판사·검사·변호사의 직에 10년 이상 있거나 있었던 사람
　3. 공공기관 또는 단체(개인정보처리자로 구성된 단체를 포함한다)에 3년 이상 임원으로 재직하였거나 이들 기관 또는 단체로부터 추천받은 사람으로서 개인정보 보호 업무를 3년 이상 담당하였던 사람
　4. 개인정보 관련 분야에 전문지식이 있고 「고등교육법」 제2조 제1호에 따른 학교에서 부교수 이상으로 5년 이상 재직하고 있거나 재직하였던 사람
③ 위원장과 부위원장은 정무직 공무원으로 임명한다.
④ 위원장, 부위원장, 제7조의13에 따른 사무처의 장은 「정부조직법」 제10조에도 불구하고 정부위원이 된다.

정답 ③

---

05 다음 중 개인정보보호법에 명시된 개인정보 보호위원회의 구성(제7조의2)에 대한 내용으로 가장 거리가 먼 것은?

① 보호위원회는 상임위원 2명(위원장 1명, 부위원장 1명)을 포함한 7명의 위원으로 구성한다.

② 보호위원회의 위원은 개인정보 보호에 관한 경력과 전문지식이 풍부한 다음 각 호의 사람 중에서 위원장과 부위원장은 국무총리의 제청으로, 그 외 위원 중 2명은 위원장의 제청으로, 2명은 대통령이 소속되거나 소속되었던 정당의 교섭단체 추천으로, 3명은 그 외의 교섭단체 추천으로 대통령이 임명 또는 위촉한다.

③ 개인정보 관련 분야에 전문지식이 있고 「고등교육법」 제2조 제1호에 따른 학교에서 부교수 이상으로 5년 이상 재직하고 있거나 재직하였던 사람일 경우 보호위원회의 위원 자격을 부여받을 수 있다.

④ 위원장과 부위원장은 정무직 공무원으로 임명한다.

⑤ 위원장, 부위원장, 제7조의13에 따른 사무처의 장은 「정부조직법」 제10조에도 불구하고 정부위원이 된다.

05
① 보호위원회는 상임위원 2명(위원장 1명, 부위원장 1명)을 포함한 9명의 위원으로 구성한다.

정답 05 ①

03 개인정보의 수집 및 제한

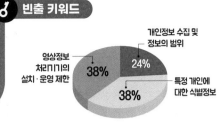

핵심 이론

1. 개인정보의 수집 · 이용(개인정보보호법 제15조)

① 개인정보처리자는 다음의 어느 하나에 해당하는 경우에는 개인정보를 수집할 수 있으며 그 수집 목적의 범위에서 이용할 수 있다.

- 정보주체의 동의를 받은 경우
- 법률에 특별한 규정이 있거나 법령상 의무를 준수하기 위하여 불가피한 경우
- 공공기관이 법령 등에서 정하는 소관 업무의 수행을 위하여 불가피한 경우
- 정보주체와의 계약의 체결 및 이행을 위하여 불가피하게 필요한 경우
- 정보주체 또는 그 법정대리인이 의사표시를 할 수 없는 상태에 있거나 주소불명 등으로 사전 동의를 받을 수 없는 경우로서 명백히 정보주체 또는 제3자의 급박한 생명, 신체, 재산의 이익을 위하여 필요하다고 인정되는 경우
- 개인정보처리자의 정당한 이익을 달성하기 위하여 필요한 경우로서 명백하게 정보주체의 권리보다 우선하는 경우, 이 경우 개인정보처리자의 정당한 이익과 상당한 관련이 있고 합리적인 범위를 초과하지 않는 경우에 한한다.

② 개인정보처리자는 다음의 사항을 정보주체에게 알려야 하며, 어느 하나의 사항을 변경하는 경우에도 이를 알리고 동의를 받아야 한다.

- 개인정보의 수집 · 이용 목적
- 수집하려는 개인정보의 항목
- 개인정보의 보유 및 이용 기간
- 동의를 거부할 권리가 있다는 사실 및 동의 거부에 따른 불이익이 있는 경우에는 그 불이익의 내용

③ 개인정보처리자는 당초 수집 목적과 합리적으로 관련된 범위에서 정보주체에게 불이익이 발생하는지 여부, 암호화 등 안전성 확보에 필요한 조치를 하였는지 여부 등을 고려하여 대통령령으로 정하는 바에 따라 정보주체의 동의 없이 개인정보를 이용할 수 있다.

2. 민감정보의 처리 제한(개인정보보호법 제23조)

① 개인정보처리자는 사상 · 신념, 노동조합 · 정당의 가입 · 탈퇴, 정치적 견해, 건강, 성생활 등에 관한 정보, 그 밖에 정보주체의 사생활을 현저히 침해할 우려가 있는 개인정보로서 대통령령으로 정하는 정보(이하 "민감정보"라 한다)를 처리하여서는 아니 된다. 다만, 다음 각 호의 어느 하나에 해당하는 경우에는 그러하지 아니하다.

- 정보 주체에게 수집 · 이용 사항을 알리고 다른 개인정보의 처리에 대한 동의와 별도로 동의를 받은 경우
- 법령에서 민감정보의 처리를 요구하거나 허용하는 경우

② 개인정보처리자가 민감정보를 처리하는 경우에는 그 민감정보가 분실 · 도난 · 유출 · 위조 · 변조 또는 훼손되지 않도록 안전성 확보에 필요한 조치를 하여야 한다.

3. 영상정보처리기기의 설치 · 운영 제한(개인정보보호법 제25조 제1항)

다음 경우를 제외하고는 공개된 장소에 영상정보처리기기를 설치 · 운영하여서는 아니 된다.
- 법령에서 구체적으로 허용하고 있는 경우
- 범죄의 예방 및 수사를 위하여 필요한 경우
- 시설안전 및 화재 예방을 위하여 필요한 경우
- 교통 단속을 위해 필요한 경우
- 교통정보의 수집 · 분석 및 제공을 위해 필요한 경우

📖 핵심 기출 유형 문제

꼭 나오는 유형 ❶ 개인정보 수집 및 정보의 범위

개인정보처리자가 정보주체로부터 개인정보 수집에 대한 동의를 받은 이후,
개인정보를 제공받기 이전에 알려야 할 사항으로 가장 거리가 먼 것은?

① 개인정보의 수집 · 이용 목적
② 수집하려는 개인정보의 항목
③ 개인정보의 보유 및 이용 기간
④ 개인정보처리자의 법규 준수 현황
⑤ 동의를 거부할 권리가 있다는 사실 및 동의 거부에 따른 불이익이 있는
　경우에는 그 불이익의 내용

🔑 해설
④ '개인정보처리자의 법규 준수 현황'은 개인정보를 제공받기 이전에 알려야 할 사항에
　해당하지 않는다.

개인정보를 제공받기 이전에 알려야 할 사항
• 개인정보의 수집 · 이용 목적
• 수집하려는 개인정보 항목
• 개인정보의 보유 및 이용 기간
• 동의를 거부할 권리가 있다는 사실 및 동의 거부에 따른 불이익이 있는 경우에 그 불
　이익의 내용

정답 ④

---

01 개인정보처리자가 정보주체로부터 개인정보 수집에 대한 동의를 받은 이후,
개인정보를 제공받기 이전에 알려야 할 사항으로 가장 거리가 먼 것은?

① 개인정보의 수집, 이용 목적
② 수집하려는 개인정보의 항목
③ 개인정보의 보유 및 이용 기간
④ 개인정보처리자의 교육 및 훈련정보
⑤ 동의를 거부할 권리가 있다는 사실 및 동의 거부에 따른 불이익이 있는
　경우에는 그 불이익의 내용

02 다음 중 개인정보보호법에 명시된 민감정보의 범위와 가장 거리가 먼 것은?

① 건강　　　　　　　② 성생활
③ 여권번호　　　　　④ 정당의 가입 · 탈퇴
⑤ 노동조합의 가입 · 탈퇴

01
'개인정보처리자의 교육 및 훈련정보'
는 개인정보를 제공받기 이전에 알려
야 할 사항에 해당하지 않는다.

02
'여권번호'는 민감정보에 해당한다고
볼 수 없다.
**민감정보의 처리 제한(개인정보보호
법 제23조)**
개인정보처리자는 사상 · 신념, 노동조
합 · 정당의 가입 · 탈퇴, 정치적 견해,
건강, 성생활 등에 관한 정보, 그 밖에
정보주체의 사생활을 현저히 침해할
우려가 있는 개인정보로서 대통령령
으로 정하는 정보(이하 "민감정보"라
한다)를 처리하여서는 아니 된다.

정답 **01** ④ **02** ③

03

개인통관 고유번호는 고유식별정보에 해당하지 않는다.

03 다음 중 개인정보보호법에 명시된 '고유식별정보의 범위(시행령 제19조)'와 가장 거리가 먼 것은?

① 여권번호
② 주민등록번호
③ 외국인등록번호
④ 개인통관 고유번호
⑤ 운전면허의 면허번호

🔖 **더 알아보기** 고유식별정보의 범위(개인정보보호법 시행령 제19조)

법 제24조 제1항 각 호 외의 부분에서 "대통령령으로 정하는 정보"란 다음 각 호의 어느 하나에 해당하는 정보를 말한다(다만, 공공기관이 법 제18조 제2항 제5호부터 제9호까지의 규정에 따라 다음 각 호의 어느 하나에 해당하는 정보를 처리하는 경우의 해당 정보는 제외한다).
1. 「주민등록법」 제7조의2 제1항에 따른 <u>주민등록번호</u>
2. 「여권법」 제7조 제1항 제1호에 따른 <u>여권번호</u>
3. 「도로교통법」 제80조에 따른 <u>운전면허의 면허번호</u>
4. 「출입국관리법」 제31조 제5항에 따른 <u>외국인등록번호</u>

문제타파 TIP

특정 개인의 식별정보에서 각 내용들이 어떤 정보에 해당하는지 구별할 줄 알아야 한다.

🔖 **꼭 나오는 유형** ❷ 특정 개인에 대한 식별정보

특정 개인에 대한 식별정보 중 재정 및 금융, 진료 및 건강 정보, 직장, 직위, 근무평가, 각종 시험평가정보 등에 해당하는 것은?

① 개인에 대한 호칭
② 개인의 특성에 대한 정보
③ 개인을 구별하기 위해 부여된 식별기호
④ 특정 개인의 상황이나 상태를 나타낼 수 있는 정보
⑤ 특정 개인의 생각이나 의견 또는 감정 등을 나타내는 정보

해설

④ 재정 및 금융, 진료 및 건강 정보, 직장, 직위, 근무평가, 각종 시험평가 등의 정보는 개인의 경제적 상황이나 건강 상태, 직장에서의 업무능력과 같은 <u>개인의 상황이나 상태를 나타낼 수 있는 정보</u>에 속한다.

특정 개인의 식별정보

개인에 대한 호칭	특정 개인의 이름, 닉네임, 어떤 조직 내에서의 호칭, 직책 등의 정보
개인의 특성에 대한 정보	개인의 신장, 체중, 나이, 혈액형, 지문 등의 객관적 정보
특정 개인의 행동 특성을 나타내는 정보	개인의 서명패턴, 온·오프라인의 행동패턴, 행태정보
특정 개인의 상황이나 상태를 나타낼 수 있는 정보	개인의 교육이나 재정상황, 건강상태 등에 관한 정보, 직장에서의 근무평가나 각종 시험 평가에 대한 정보
특정 개인의 생각이나 의견 또는 감정 등을 나타내는 정보	개인의 글이나 의견, 개인에 대한 타인의 평가, 개인에 대한 사회적 조직 내에서의 평가에 대한 정보

정답 ④

04 특정 개인에 대한 식별정보 중 개인의 신장(身長), 체중, 나이, 지문, 혈액형 등과 같은 객관적 사실에 관한 정보에 해당하는 것은?

① 개인에 대한 호칭

② 개인의 특성에 대한 정보

③ 개인을 구별하기 위해 부여된 식별기호

④ 특정 개인의 행동 특성을 나타내는 정보

⑤ 특정 개인의 상황이나 상태를 나타낼 수 있는 정보

정답 및 해설

04
신장, 체중, 나이, 지문, 혈액형 등의 객관적 사실은 개인의 특별한 성질을 나타내는 개인의 특성에 대한 정보이다.

05 특정 개인에 대한 식별정보 중 개인의 서명패턴, 온·오프라인의 행동패턴, 행태정보 등의 사례에 해당하는 것은?

① 개인에 대한 호칭

② 개인의 특성에 대한 정보

③ 특정 개인의 행동 특성을 나타내는 정보

④ 특정 개인의 상황이나 상태를 나타낼 수 있는 정보

⑤ 특정 개인의 생각이나 의견 또는 감정 등을 나타내는 정보

05
개인의 서명패턴, 온·오프라인의 행동패턴, 행태정보 등의 사례는 특정 개인의 행동 특성을 나타내는 정보에 해당한다.

꼭 나오는 유형 ❸ 영상정보처리기기의 설치·운영 제한

다음 〈보기〉 중 영상정보처리기기의 설치·운영 제한 제외 항목에 해당되는 내용을 찾아 모두 선택한 것은?

┤ 보기 ├
가. 교통 단속을 위하여 필요한 경우
나. 범죄의 예방 및 수사를 위하여 필요한 경우
다. 시설안전 및 화재 예방을 위하여 필요한 경우
라. 교통정보의 수집·분석 및 제공을 위하여 필요한 경우

① 나, 다   ② 나, 라   ③ 가, 나, 다
④ 나, 다, 라   ⑤ 가, 나, 다, 라

해설
'가, 나, 다, 라' 모두 영상정보처리기기의 설치·운영 제한의 제외 항목에 해당한다.

영상정보처리기기의 설치·운영 제한(개인정보호법 제25조 제1항)
다음 경우를 제외하고는 공개된 장소에 영상정보처리기기를 설치·운영하여서는 아니 된다.
• 법령에서 구체적으로 허용하고 있는 경우
• 범죄의 예방 및 수사를 위하여 필요한 경우
• 시설안전 및 화재 예방을 위하여 필요한 경우
• 교통 단속을 위해 필요한 경우
• 교통정보의 수집·분석 및 제공을 위해 필요한 경우

정답 ⑤

문제타파 TIP

공개된 장소에 영상정보처리기기를 설치·운영해도 되는 경우 5가지를 기억해 둘 것!

06 다음 〈보기〉 중 영상정보처리기기의 설치 · 운영 제한 제외에 해당되는 내용을 찾아 모두 선택한 것은?

┤ 보기 ├
가. 교통 단속을 위하여 필요한 경우
나. 시설안전 및 화재 예방을 위하여 필요한 경우
다. 교통정보의 수집 · 분석 및 제공을 위하여 필요한 경우
라. 대중 편의시설, 화장실, 탈의실 등에서 도난, 성범죄 발생이 우려될 경우

① 가, 나   ② 가, 다   ③ 가, 라
④ 가, 나, 다   ⑤ 가, 나, 다, 라

07 다음 중 개인정보보호법에 명시된 '영상정보처리기기의 설치 · 운영 제한(제25조)'에 대한 내용으로 가장 옳지 않은 것은?

① 영상정보처리기기 운영자는 영상정보처리기기의 설치 · 운영에 관한 사무를 위탁할 수 있다.
② 영상정보처리기기 운영자는 대통령령으로 정하는 바에 따라 영상정보처리기기 운영 · 관리 방침을 마련하여야 한다.
③ 영상정보처리기기 운영자는 개인정보가 분실 · 도난 · 유출 · 위조 · 변조 또는 훼손되지 아니하도록 제29조에 따라 안전성 확보에 필요한 조치를 하여야 한다.
④ 영상정보처리기기 운영자는 영상정보처리기기의 설치 목적과 다른 목적으로 영상정보처리기기를 임의로 조작하거나 다른 곳을 비춰서는 아니 되며, 규정을 정해 녹음기능을 선택적으로 사용할 수 있다.
⑤ 누구든지 불특정 다수가 이용하는 목욕실, 화장실, 발한실(發汗室), 탈의실 등 개인의 사생활을 현저히 침해할 우려가 있는 장소의 내부를 볼 수 있도록 영상정보처리기기를 설치 · 운영하여서는 아니 된다.

👍 **더 알아보기**

영상정보처리기기의 설치·운영 제한(개인정보보호법 제25조)
제2항. 누구든지 불특정 다수가 이용하는 목욕실, 화장실, 발한실(發汗室), 탈의실 등 개인의 사생활을 현저히 침해할 우려가 있는 장소의 내부를 볼 수 있도록 영상정보처리기기를 설치 · 운영하여서는 아니 된다.
제5항. 영상정보처리기기 운영자는 영상정보처리기기의 설치 목적과 다른 목적으로 영상정보처리기기를 임의로 조작하거나 다른 곳을 비춰서는 아니 되며, 녹음기능은 사용할 수 없다.
제6항. 영상정보처리기기 운영자는 개인정보가 분실 · 도난 · 유출 · 위조 · 변조 또는 훼손되지 아니하도록 제29조에 따라 안전성 확보에 필요한 조치를 하여야 한다.
제7항. 영상정보처리기기 운영자는 대통령령으로 정하는 바에 따라 영상정보처리기기 운영 · 관리 방침을 마련하여야 한다. 이 경우 제30조에 따른 개인정보 처리방침을 정하지 아니할 수 있다.
제8항. 영상정보처리기기 운영자는 영상정보처리기기의 설치 · 운영에 관한 사무를 위탁할 수 있다.

04 개인정보의 유출 통지 및 배상 책임

손해배상책임 43%
개인정보 유출 통지 57%

핵심 이론

1. 개인정보 유출 통지(개인정보보호법 제34조)

① 개인정보 유출 시 개인정보처리자가 정보주체에게 알려야 할 사항

- 유출된 개인정보의 항목
- 유출된 시점과 그 경위
- 유출로 인하여 발생할 수 있는 피해를 최소화하기 위하여 정보주체가 할 수 있는 방법 등에 관한 정보
- 개인정보처리자의 대응조치 및 피해 구제절차
- 정보주체에게 피해가 발생한 경우 신고 등을 접수할 수 있는 담당부서 및 연락처

② 개인정보처리자는 개인정보가 유출된 경우 그 피해를 최소화하기 위한 대책을 마련하고 필요한 조치를 하여야 한다.

③ 개인정보처리자는 대통령령으로 정한 규모 이상의 개인정보가 유출된 경우에는 조치 결과를 지체 없이 보호위원회 또는 대통령령으로 정하는 전문기관에 신고하여야 한다. 이 경우 보호위원회 또는 대통령령으로 정하는 전문기관은 피해 확산방지, 피해 복구 등을 위한 기술을 지원할 수 있다.

2. 개인정보 유출 신고의 범위 및 기관(개인정보보호법 시행령 제39조)

① 개인정보보호법 제34조에서 대통령령으로 정한 규모 이상의 개인정보란 1천 명 이상의 정보주체에 관한 개인정보를 말한다.

② 개인정보보호법 제34조에서 대통령령으로 정하는 전문기관이란 각각 한국인터넷진흥원을 말한다.

3. 개인정보 유출 통지의 방법 및 절차(개인정보보호법 시행령 제40조)

① 개인정보처리자는 개인정보가 유출되었음을 알게 되었을 때에는 서면 등의 방법으로 지체 없이 정보주체에게 알려야 한다. 다만, 유출된 개인정보의 확산 및 추가 유출을 방지하기 위하여 조치가 필요한 경우에는 그 조치를 한 후 정보주체에게 알릴 수 있다.

② 1천명 이상의 정보주체에 관한 개인정보가 유출된 경우에는 서면 등의 방법과 함께 인터넷 홈페이지에 정보주체가 알아보기 쉽도록 법 제34조 제1항 각 호의 사항을 7일 이상 게재하여야 한다.

4. 과징금의 부과 등(개인정보보호법 제34조의2)

① 보호위원회는 개인정보처리자가 처리하는 주민등록번호가 분실·도난·유출·위조·변조 또는 훼손된 경우에는 5억원 이하의 과징금을 부과·징수할 수 있다. 다만, 주민등록번호가 분실·도난·유출·위조·변조 또는 훼손되지 아니하도록 개인정보처리자가 제24조 제3항에 따른 안전성 확보에 필요한 조치를 다한 경우에는 그러하지 아니하다.

② 보호위원회는 제1항에 따른 과징금을 부과하는 경우에는 다음 각 호의 사항을 고려하여야 한다.

- 제24조 제3항에 따른 안전성 확보에 필요한 조치 이행 노력 정도
- 분실·도난·유출·위조·변조 또는 훼손된 주민등록번호의 정도
- 피해확산 방지를 위한 후속 조치 이행 여부

③ 보호위원회는 제1항에 따른 과징금을 내야 할 자가 납부기한까지 내지 아니하면 납부기한의 다음 날부터 과징금을 낸 날의 전날까지의 기간에 대하여 내지 아니한 과징금의 연 100분의 6의 범위에서 대통령령으로 정하는 가산금을 징수한다. 이 경우 가산금을 징수하는 기간은 60개월을 초과하지 못한다.

제3과목

④ 보호위원회는 제1항에 따른 과징금을 내야 할 자가 납부기한까지 내지 아니하면 기간을 정하여 독촉을 하고, 그 지정한 기간 내에 과징금 및 제2항에 따른 가산금을 내지 아니하면 국세 체납처분의 예에 따라 징수한다.

⑤ 과징금의 부과·징수에 관하여 그 밖에 필요한 사항은 대통령령으로 정한다.

5. 손해배상책임(개인정보보호법 제39조)

① 정보주체는 개인정보처리자가 이 법을 위반한 행위로 손해를 입으면 개인정보처리자에게 손해배상을 청구할 수 있다. 이 경우 그 개인정보처리자는 고의 또는 과실이 없음을 입증하지 못하면 책임을 면할 수 없다.

② 개인정보처리자의 고의 또는 중대한 과실로 인하여 정보주체에게 손해가 발생한 때에는 법원은 그 손해액의 3배를 넘지 아니하는 범위에서 손해배상액을 정할 수 있다. 다만, 개인정보처리자가 고의 또는 중대한 과실이 없음을 증명한 경우에는 그러하지 아니하다.

③ 개인정보 피해 배상액 산정에 따른 고려사항

- 고의 또는 손해 발생의 우려를 인식한 정도
- 위반행위로 인하여 입은 피해 규모
- 위법행위로 인하여 개인정보처리자가 취득한 경제적 이익
- 위반행위에 따른 벌금 및 과징금
- 위반행위의 기간·횟수 등
- 개인정보처리자의 재산상태
- 개인정보처리자가 정보주체의 개인정보 분실·도난·유출 후 해당 개인정보를 회수하기 위하여 노력한 정도
- 개인정보처리자가 정보주체의 피해구제를 위하여 노력한 정도

6. 개인정보 분쟁조정위원회 설치 및 구성(개인정보보호법 제40조)

① 개인정보에 관한 분쟁의 조정(調停)을 위하여 개인정보 분쟁조정위원회(이하 "분쟁조정위원회"라 한다)를 둔다.

② 분쟁조정위원회는 위원장 1명을 포함한 20명 이내의 위원으로 구성하며, 위원은 당연직위원과 위촉위원으로 구성한다.

③ 위촉위원은 다음 각 호의 어느 하나에 해당하는 사람 중에서 보호위원회 위원장이 위촉하고, 대통령령으로 정하는 국가기관 소속 공무원은 당연직위원이 된다.

- 개인정보 보호업무를 관장하는 중앙행정기관의 고위공무원단에 속하는 공무원으로 재직하였던 사람 또는 이에 상당하는 공공부문 및 관련 단체의 직에 재직하고 있거나 재직하였던 사람으로서 개인정보 보호업무의 경험이 있는 사람
- 대학이나 공인된 연구기관에서 부교수 이상 또는 이에 상당하는 직에 재직하고 있거나 재직하였던 사람
- 판사·검사 또는 변호사로 재직하고 있거나 재직하였던 사람
- 개인정보 보호와 관련된 시민사회단체 또는 소비자단체로부터 추천을 받은 사람
- 개인정보처리자로 구성된 사업자단체의 임원으로 재직하고 있거나 재직하였던 사람

④ 위원장은 위원 중에서 공무원이 아닌 사람으로 보호위원회 위원장이 위촉한다.

⑤ 위원장과 위촉위원의 임기는 2년으로 하되, 1차에 한하여 연임할 수 있다.

⑥ 분쟁조정위원회는 분쟁조정 업무를 효율적으로 수행하기 위하여 필요하면 대통령령으로 정하는 바에 따라 조정사건의 분야별로 5명 이내의 위원으로 구성되는 조정부를 둘 수 있다. 이 경우 조정부가 분쟁조정위원회에서 위임받아 의결한 사항은 분쟁조정위원회에서 의결한 것으로 본다.

⑦ 분쟁조정위원회 또는 조정부는 재적위원 과반수의 출석으로 개의하며 출석위원 과반수의 찬성으로 의결한다.

⑧ 보호위원회는 분쟁조정 접수, 사실 확인 등 분쟁조정에 필요한 사무를 처리할 수 있다.

⑨ 이 법에서 정한 사항 외에 분쟁조정위원회 운영에 필요한 사항은 대통령령으로 정한다.

📖 핵심 기출 유형 문제

꼭 나오는 유형 ❶ 개인정보 유출 통지

개인정보 유출 통지와 관련하여 다음 〈보기〉의 밑줄 친 내용에 해당하는 것은?

┌ 보기 ┐

개인정보처리자는 '대통령령으로 정한 규모' 이상의 개인정보가 유출된 경우에는 제1항에 따른 통지 및 제2항에 따른 조치 결과를 지체 없이 행정안전부장관 또는 대통령령으로 정하는 전문기관에 신고하여야 한다.

– 개인정보보호법 제34조 제3항 –

① 1천 명　② 2천 명　③ 5천 명　④ 2만 명　⑤ 3만 명

해설 **개인정보 유출 신고의 범위 및 기관(개인정보보호법 시행령 제39조)**
- 개인정보보호법 제34조에서 대통령령으로 정한 규모 이상의 개인정보란 1천 명 이상의 정보주체에 관한 개인정보를 말한다.
- 개인정보보호법 제34조에서 대통령령으로 정하는 전문기관이란 각각 한국인터넷진흥원을 말한다.

정답 ①

01 개인정보 유출 통지와 관련하여 다음 〈보기〉의 밑줄 친 내용에 해당하는 것은?

┌ 보기 ┐

개인정보처리자는 대통령령으로 정한 규모 이상의 개인정보가 유출된 경우에는 제1항에 따른 통지 및 제2항에 따른 조치 결과를 지체 없이 행정안전부장관 또는 '대통령령으로 정하는 전문기관'에 신고하여야 한다.

① 개인정보보호협회
② 개인정보보호위원회
③ 한국개인정보보호협의회
④ 한국인터넷기술원
⑤ 한국인터넷진흥원

01 개인정보 유출 신고 기관(개인정보보호법 시행령 제39조)
개인정보보호법 제34조에서 대통령령으로 정하는 전문기관이란 각각 한국인터넷진흥원을 말한다.

02 개인정보 유출 통지와 관련해 다음 〈보기〉의 ( ) 안에 들어갈 내용으로 옳은 것은?

┌ 보기 ┐

1천 명 이상의 정보주체에 관한 개인정보가 유출된 경우에는 서면 등의 방법과 함께 인터넷 홈페이지에 정보주체가 알아보기 쉽도록 법 제34조 제1항 각 호의 사항을 ( ) 이상 게재하여야 한다(개인정보보호법 시행령 제40조).

① 7일　② 15일　③ 30일　④ 60일　⑤ 90일

02 개인정보 유출 통지의 방법 및 절차(개인정보보호법 시행령 제40조)
1천 명 이상의 정보주체에 관한 개인정보가 유출된 경우에는 서면 등의 방법과 함께 인터넷 홈페이지에 정보주체가 알아보기 쉽도록 법 제34조 제1항 각 호의 사항을 7일 이상 게재하여야 한다.

정답 01 ⑤ 02 ①

03

개인정보보호법 제34조의2 제3항

보호위원회는 제1항에 따른 과징금을 내야 할 자가 납부기한까지 내지 아니하면 납부기한의 다음 날부터 과징금을 낸 날의 전날까지의 기간에 대하여 내지 아니한 과징금의 연 100분의 6의 범위에서 대통령령으로 정하는 가산금을 징수한다. 이 경우 가산금을 징수하는 기간은 60개월을 초과하지 못한다.

03 개인정보의 안전한 관리와 관련해 다음 〈보기〉의 (   ) 안에 들어갈 내용으로 옳은 것은?

┤ 보기 ├

보호위원회는 제1항에 따른 과징금을 내야 할 자가 납부기한까지 내지 아니하면 납부기한의 다음 날부터 과징금을 낸 날의 전날까지의 기간에 대하여 내지 아니한 과징금의 연 (가)의 범위에서 대통령령으로 정하는 가산금을 징수한다. 이 경우 가산금을 징수하는 기간은 (나)개월을 초과하지 못한다.

– 개인정보보호법 제34조의2(과징금의 부과 등) –

① (가) : 100분의 3, (나) : 20
② (가) : 100분의 3, (나) : 30
③ (가) : 100분의 4, (나) : 40
④ (가) : 100분의 5, (나) : 50
⑤ (가) : 100분의 6, (나) : 60

문제타파 TIP

'3배'를 넘지 아니하는 범위에서 손해배상액을 정할 수 있음을 기억할 것!

 나오는 유형 ❷ **손해배상책임**

개인정보보호법의 손해배상책임과 관련해 다음 〈보기〉의 (   )안에 들어갈 내용으로 알맞은 것은?

┤ 보기 ├

개인정보처리자의 고의 또는 중대한 과실로 인하여 개인정보가 분실 · 도난 · 유출 · 위조 · 변조 또는 훼손된 경우로서 정보주체에게 손해가 발생한 때에는 법원은 그 손해액의 (   )(을)를 넘지 아니하는 범위에서 손해배상액을 정할 수 있다.

– 개인정보보호법 제39조 –

① 원금   ② 2배
③ 3배   ④ 4배
⑤ 제한 없음

해설 개인정보보호법 제39조
개인정보처리자의 고의 또는 중대한 과실로 인하여 개인정보가 분실 · 도난 · 유출 · 위조 · 변조 또는 훼손된 경우로서 정보주체에게 손해가 발생한 때에는 법원은 그 손해액의 3배를 넘지 아니하는 범위에서 손해배상액을 정할 수 있다. 다만, 개인정보처리자가 고의 또는 중대한 과실이 없음을 증명한 경우에는 그러하지 아니하다.

정답 ③

03 ⑤ 정답

04 다음 중 개인정보보호법 제39조(손해배상책임)에 명시된 배상액 산정에 따른 고려사항으로 가장 거리가 먼 것은?

① 위반행위의 기간·횟수 등
② 위반행위에 따른 벌금 및 과징금
③ 위반행위로 인하여 입은 피해 규모
④ 고의 또는 손해 발생을 기획·의도한 정도
⑤ 위법행위로 인하여 개인정보처리자가 취득한 경제적 이익

🗩 정답 및 해설

04
④ '고의 또는 손해 발생의 우려를 인식한 정도'이다.

05 다음 중 개인정보보호법 제40조(설치 및 구성)에 명시된 개인정보 분쟁조정위원회 위촉위원의 자격 요건으로 보기 어려운 것은?

① 개인정보 보호업무를 관장하는 중앙행정기관의 고위공무원단에 속하는 공무원으로 재직하였던 사람 또는 이에 상당하는 공공부문 및 관련 단체의 직에 재직하고 있거나 재직하였던 사람으로서 개인정보 보호업무의 경험이 있는 사람
② 대학이나 공인된 연구기관에서 부교수 이상 또는 이에 상당하는 직에 재직하고 있거나 재직하였던 사람
③ 판사·검사 또는 변호사로 재직하고 있거나 재직하였던 사람
④ 개인정보보호와 관련된 시민사회단체 또는 소비자단체로부터 추천을 받은 사람
⑤ 개인정보처리자로 구성된 사업자단체의 임원으로 재직하였으며, 중앙행정부처로부터 심의·의결을 거쳐 최종 추천을 받은 사람

05
⑤ '개인정보처리자로 구성된 사업자단체의 임원으로 재직하고 있거나 재직하였던 사람'이 옳다.

정답 **04** ④ **05** ⑤

01 교육훈련의 이해

📋 핵심 이론

1. 교육훈련의 개념

① **훈련(Traning)** : 종업원이 현재하는 일 또는 고용되어서 해야 할 직무에 대한 수행능력을 증진시키기 위한 제반활동 ─나들러(Nadler, 1989)

② **인적자원개발(HRD)** : 개인, 집단, 조직의 효율성 향상을 목적으로 하여 훈련개발, 경력개발, 조직개발을 통한 의도적, 계획적, 조직적 학습활동 ─맥라간(McLagan, 1989)

③ **교육(Education)** : 교육은 전인의 개발에만 쓰이는 용어로 훈련이나 교화와 같은 것은 교육에서 제외되어야 함 ─노울즈(Knowles, 1979)

④ **교육훈련** : 직무요구에 일치하기 위해서 필요한 기술과 지식을 개인이 습득하는 과정 ─카시오 & 어워드(Cascio & Award, 1981)

2. 근래의 교육훈련의 의미

① 근래에는 교육과 훈련의 두 개념을 통합하여 '교육훈련'이라 하며 상호보완적인 관계를 갖음

② **교육훈련의 정의** : 조직구성원들이 기업의 환경과 수행해야 할 직무에 적응할 수 있도록 돕고, 조직에서 필요로 하는 기술과 지식을 단시일 내에 습득하고 역량을 개발하기 위한 체계적이고 계획적인 활동

3. 교육훈련의 종류

구분	내용
OJT (On the Job Training)	학습자를 업무 현장에 직접 투입하여 교육하는 방법으로, 직장 내에서 실시되는 직무훈련에 해당한다. • 직무교육훈련　• 직무순환 • 코칭　　　　　• 멘토링
Off-JT (Off the Job Training)	다수의 학습자에게 동일한 내용을 전체적으로 교육하기 위해 일정한 시간과 장소에서 시행되는 활동으로, 업무 현장 외 집합훈련에 해당한다. • 강의법　　　　• 토의법 • 사례연구법　　• 역할연기법 • 시범
OJL (On the Job Learning)	업무 내용 및 업무 현장과 관련이 있으면서도 학습자의 의도적인 학습 활동을 중시하는 방법으로, 작업현장에서 일을 통해 스스로 깨달음으로써 배우는 활동이다. • 자기학습　　　• 실천학습
Off-JL (Off the Job Learning)	담당 업무와 직접 관련은 없지만 학습자의 역량 향상에 장기적으로 도움이 되는 학습자 중심의 의도적인 활동으로, 업무현장 외에서의 자기계발 활동이다. • 독서　　　　• 자기계발 활동

→ OJT와 Off-JT 형태가 가장 일반적으로 사용된다.

4. '나들러(Nadler)'가 제시한 교육훈련 강사의 역할

교수 프로그램 개발자	조직의 문제를 확인하고 분석하여 이를 충족할 학습 내용을 구성한다.
학습 촉진자	학습자들과 직접 학습 활동을 하거나 도와주는 역할이다. 따라서 강사는 다양한 경험과 이론적 배경지식을 갖춰야 한다. 강의, 토의 진행, 시범 등을 수행한다.
교수 전략 개발자	교육 훈련 프로그램이 효과적으로 전달될 수 있도록 학습 보조 도구와 시청각 자료 등의 매체를 선정 및 제작하고, 방법을 찾는 역할을 한다.

📖 핵심 기출 유형 문제

꼭 나오는 유형 ❶ 교육훈련의 종류

기업교육의 종류 중 학습자를 업무 현장에 직접 투입하여 교육하는 방법으로 직무교육훈련, 직무순환, 코칭, 멘토링 등에 해당하는 것은?

① OJT(On the Job Training)
② OJL(On the Job Learning)
③ Off-JT(Off the Job Training)
④ Off-JL(Off the Job Learning)
⑤ Off-ST(Off the Self Training)

├ 해설

① OJT : 현장실무교육을 뜻하는 용어로 일상 업무 수행과정을 통해 지식, 기능, 태도를 향상시키는 교육활동을 의미한다. OJT에는 직무교육훈련, 직무순환, 코칭, 멘토링 등 이 해당한다.

교육훈련의 종류

- OJT(On the Job Training) : 업무 현장 내에서 실시되는 직무훈련
- Off-JT(Off the Job Training) : 업무 현장 외에서 실시되는 집합훈련
- OJL(On the Job Learning) : 작업현장에서 일을 통해 스스로 깨달음으로써 배움
- Off-JL(Off the Job Learning) : 업무 현장 외에서의 자기계발 활동
- Off-ST(Off the Self Training) : 업무 현장 외 본인 중심의 자기훈련

정답 ①

문제타파 TIP

교육훈련 종류별로 축약자와 특징을 구별할 줄 알아야 한다.

---

01 기업교육의 종류 중 학습자를 업무 내용 및 업무 현장과 관련이 있으면서도 학습자의 의도적인 학습 활동을 중시하는 방법으로 자기 학습, 액션 러닝 (Action Learning) 등에 해당하는 것은?

① OJT(On the Job Training)
② OJL(On the Job Learning)
③ Off-JT(Off the Job Training)
④ Off-JL(Off the Job Learning)
⑤ Off-ST(Off the Self Training)

01

OJL(On the Job Learning)
작업현장에서 일을 통해 스스로 깨달음으로써 배우는 것으로, 자기학습 및 실천학습이 해당한다.

정답 **01** ②

02

독서, 자기계발 활동 등 직장 외에서의 학습자 중심의 자기계발 활동은 Off-JL(Off the Job Learning)에 해당한다.

02 일반적으로 기업에서 실시하고 있는 교육훈련 방법 중 다음 〈보기〉의 설명에 가장 부합하는 것은?

┤ 보기 ├

독서나 자기계발 활동과 같이 담당 업무와 직접적인 관련은 없지만 학습자의 역량 향상에 장기적으로 도움이 되는 학습자 중심의 의도적인 활동을 말한다.

① OJT   ② OJL
③ Off-JL   ④ Off-JT
⑤ Job Rotation

03

Off-JT(Off the Job Training)에 대한 설명이다.

03 교육훈련의 종류 중 가장 전통적인 교육훈련 방법으로 다수의 학습자에게 동일한 내용을 전체적으로 교육하기 위하여 일정한 시간과 장소에서 시행되는 교육활동 유형은?

① OJL   ② OJT
③ Off-JT   ④ Off-JL
⑤ Self-Improvement

04

⑤ OJT(On the Job Training)는 상사와 부하, 선·후배 간의 인간관계가 두터워지며, 상사와 선배의 자기계발 기회가 많아지는 장점이 있다.

04 다음 중 OJT(On the job Training)의 단점으로 가장 거리가 먼 것은?

① 상급자의 능력에 지나치게 좌우될 염려가 있다.
② 비싼 장비 사용 시 고장이 나면 전체 생산에 지장이 초래된다.
③ 현장에 교육을 방해하는 소음 등의 방해물과 안전사고 발생의 가능성이 존재한다.
④ 학습자가 교육 내용을 자신의 주 업무와 관련이 없다고 생각할 경우 시간 낭비가 될 수도 있다.
⑤ 상사와 부하, 선·후배 간의 인간관계에 장애가 초래될 수 있으며, 상사와 선배의 자기계발 기회의 희생이 불가피하다.

👍 **더 알아보기**   **OJT 교육의 장·단점**

장점	단점
• 구체적이고 실제적인 교육훈련이 가능하다. • 계속적이고 반복적으로 할 수 있다. • 평가가 용이하다. • 상사와 부하, 선·후배 간의 인간관계가 두터워지며 상사와 선배의 자기계발의 기회가 많다.	• 현장에 교육을 방해하는 소음 등의 방해물과 안전사고 발생의 가능성이 존재한다. • 비싼 장비 사용 시 고장이 나면 전체 생산에 지장이 초래된다. • 고객이 함께 있을 때는 고객에 대한 서비스의 질이 떨어진다. • 상급자의 능력에 지나치게 좌우될 염려가 존재한다. • 학습자가 OJT의 교육내용을 자신의 주 업무와 관련이 없다고 생각할 경우 시간 낭비가 될 수도 있다. • 일상 지도가 중심이 되면 시야가 좁은 지도가 되기 쉽다. • 유능한 지도자가 부족하다.

02 ③ 03 ③ 04 ⑤   정답

꼭 나오는 유형 ② '나들러(Nadler)'가 제시한 교육훈련 강사의 역할

'나들러(Nadler)'가 제시한 교육훈련 강사의 역할 중 다음 〈보기〉의 내용에 해당하는 것은?

┤보기├
- 교육훈련 프로그램이 효과적으로 전달될 수 있도록 매체 선정과 방법을 찾는 일을 한다.
- 각종 학습 보조 도구와 시청각 자료를 제작하고 활용하여 학습 효과를 상승시킬 수 있는 방안을 강구한다.

① 학습 성취자　　　　　　　② 학습 촉진자
③ 교수전략 개발자　　　　　④ 교수 프로그램 개발자
⑤ 직무기술 지도자

해설 '나들러(Nadler)'가 제시한 교육훈련 강사의 역할
- 교수 프로그램 개발자 : 조직의 문제를 확인하고 학습요구를 분석하여, 학습내용을 확정한다.
- 학습 촉진자 : 학습자가 효율적으로 학습할 수 있도록 도와주는 역할을 한다.
- 교수전략 개발자 : 교육훈련 프로그램이 효과적으로 전달될 수 있도록 매체 선정과 방법을 찾는 일을 한다.

정답 ③

문제타파 TIP

나들러가 제시한 교육훈련 강사의 3가지 역할에 대한 각각의 포인트를 잡아 기억해 둔다.
- 교수프로그램 개발자 – '학습요구를 분석'
- 학습 촉진자 – '도와주는 역할'
- 교수전략 개발자 – '매체 선정과 방법을 찾는 일'

---

05 '나들러(Nadler)'가 제시한 교육훈련 강사의 역할 중 다음 〈보기〉의 내용에 해당하는 것은?

┤보기├
학습자들과 직접 학습 활동을 하거나 도와주는 역할로 강의, 토의 진행, 시범 등을 수행하며, 강의가 진행될 경우 강사는 다양한 경험과 이론적 배경지식을 갖추어야 한다.

① 학습 촉진자　　　　　　　② 직무능력평가자
③ 실천학습 조언자　　　　　④ 역량강화 지도자
⑤ 교수 프로그램 개발자

05
학습 촉진자로써의 역할에 해당한다.

정답 05 ①

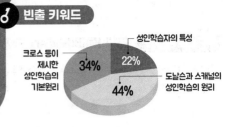

02 성인학습의 원리

핵심 이론

1. 성인학습의 특성–앤드라고지(Andragogy)

① 학습자가 독립적 성향을 지님(자기 주도적)

② 문제 중심적 학습 경향성을 보임

③ 학습에 대하여 내재적 동기를 지님

④ 학습자의 풍부한 경험을 자원으로 활용 가능

⑤ 실제 적용 위주의 학습 프로그램을 구성할 수 있음

2. 성인학습자의 특성

① 알려고 하는 욕구가 있음

② 참여 동기는 목표 지향적

③ 선택적으로 학습상황에 임함

④ 학습 수행을 위해 많은 시간이 요구되기도 함

⑤ 자기 주도적 학습을 원함

⑥ 다양한 경험을 가지고 있음

3. 성인학습의 원리

① 도날슨(Donaldson)과 스캐널(Scannel)의 성인학습 기본원리

- 학습 속도는 사람마다 다르다.
- 학습은 끊임없이 지속되는 과정이다.
- 훈련 시간이 적절해야 한다.
- 자극(Stimulation)에서 시작해서 감각(Sense)으로 끝난다.
- '전체–부분–전체'의 순서를 따를 때 학습 효과가 발생된다.
- 긍정적 강화는 학습을 강화시킨다.
- 지지적인 학습 환경일 때 효율성이 높아진다.
- 학습은 학습자 스스로의 활동이다.
- 최선의 학습은 '실행(Doing)'을 통해 획득된다.

② 크로스(Cross)의 성인학습 기본원리

- 실용성을 확인하라 : 새로운 정보를 제공할 때 학습자들에게 의미 있고 현실감 있는 것인지 확인한다.
- 능숙하게 할 수 있는 기회를 부여하라 : 신체적 · 지각적 능력이 저하된 성인들이 정보를 이해하는 데 필요한 시간을 준다.
- 잦은 피드백과 요점정리를 하라 : 잦은 피드백과 요점정리를 통해 학습자들의 자료를 응용하는 능력을 향상시키고 기억을 유지되게 한다.
- 한 번에 하나의 아이디어나 개념만을 제공하라 : 기존의 지식과 새로운 지식을 통합하는 데 도움을 받을 수 있고, 이해력을 향상시키며 지적 손실을 최소화할 수 있게 된다.

③ 피고스(Pigors)와 마이어스(Myers)의 성인학습의 효과

- 재해 및 기계설비 소모 등의 감소에 유효하다.
- 새로 도입된 신기술에 대하여 직원의 적응을 원활히 한다.
- 직원의 불만과 결근, 이동을 방지할 수 있다.
- 승진에 대비한 능력 향상을 도모할 수 있다.
- 신입사원은 직무에 관한 지도를 받고 직무성과가 향상되어 임금의 증가를 도모할 수 있다.
- 신입사원은 기업의 내용, 방침, 규정 등을 파악하여 친근감과 안심감을 얻는다.

④ 앤드라고지(Andragogy) 이론의 성인학습 실천원리

- 학습에 적합한 물리적 · 심리적 분위기를 형성하라.
- 학습자들로 하여금 자신의 학습 목표를 형성하도록 격려하라.
- 교육과정과 방법을 계획하는 데 스스로 참여하도록 하라.
- 스스로의 학습요구를 진단하는 데 참여하도록 하라.
- 학습자들이 그들의 목표를 위한 자원을 확인하고 자원을 활용할 전략을 고안하도록 하라.
- 학습자들이 학습계획을 수행할 수 있도록 도우라.
- 자신의 학습을 평가하도록 하라.

📖 핵심 기출 유형 문제

꼭 나오는 유형 ❶ 성인학습자의 특성

다음 중 성인학습의 원리와 특성에 대한 설명으로 가장 옳지 않은 것은?

① 성인학습자는 알려고 하는 욕구가 있다.
② 성인학습자는 다양한 경험을 가지고 있다.
③ 성인학습자는 자기 주도적 학습을 원한다.
④ 성인학습자의 참여 동기는 목표 지향적이다.
⑤ 성인학습자는 수동적으로 학습상황에 임한다.

해설

⑤ 성인학습자는 능동적 · 선택적으로 학습상황에 임한다.

성인학습자의 특성

• 성인학습자는 알려고 하는 욕구가 있다.
• 성인학습자의 참여 동기는 목표 지향적이다.
• 성인학습자는 선택적으로 학습상황에 임한다.
• 성인학습자는 학습 수행을 위해 많은 시간이 요구되기도 한다.
• 성인학습자는 자기 주도적 학습을 원한다.
• 성인학습자는 다양한 경험을 가지고 있다.

정답 ⑤

> **문제타파 TIP**
>
> 기업의 교육훈련은 성인을 대상으로 진행되므로 성인학습자의 특성과 성인학습의 원리를 이해해 두어야 한다.

---

01 다음 중 성인학습의 원리와 특성에 대한 설명으로 가장 옳지 않은 것은?

① 성인학습자는 알려고 하는 욕구가 있다.
② 성인학습자의 참여 동기는 목표 지향적이다.
③ 성인학습자는 선택적으로 학습상황에 임한다.
④ 학습 수행을 위해 많은 시간이 요구되기도 한다.
⑤ 성인학습자는 다양한 경험이 부족하기 때문에 학습을 통해 개인 능력의 향상이 필요하다.

> **01**
> 성인학습자는 경험이 풍부하므로 교육내용이 학습자의 경험과 관련된 내용일수록 더욱 학습을 촉진시킬 수 있다.

---

02 다음 중 '앤드라고지(Andragogy)' 학습의 주요 내용으로 가장 옳지 않은 것은?

① 학습자가 독립적 성향을 지닌다.
② 문제 중심적 학습 경향성을 보인다.
③ 학습에 대하여 외재적 동기를 지닌다.
④ 학습자의 풍부한 경험을 자원으로 활용할 수 있다.
⑤ 실제 적용 위주의 학습 프로그램을 구성할 수 있다.

> **02**
> 성인학습은 학습에 대하여 내재적 동기를 지니는 특징이 있다.

정답 01 ⑤ 02 ③

꼭 나오는 유형 ❷ 도날슨과 스캐널이 제시한 성인학습의 원리

도날슨(Donaldson)과 스캐널(Scannel)이 제시한 성인학습의 원리에 대한 설명으로 가장 옳지 않은 것은?

① 긍정적 강화는 학습을 강화시킨다.
② 훈련시간이 적정하게 분배되어야 한다.
③ 학습은 자극으로 시작해서 감각으로 끝난다.
④ 지지적인 학습 환경에서 학습의 효율성이 높아진다.
⑤ 최선의 학습은 '숙고(Consideration)'를 통해 얻어진다.

╟해설

⑤ 최선의 학습은 '실행(Doing)'을 통해 얻어진다.

도날슨(Donaldson)과 스캐널(Scannel)의 성인학습 원리

• 학습은 학습자 스스로의 활동이다.
• 학습속도는 사람마다 다르다.
• 학습은 끊임없이 지속되는 과정이다.
• 학습은 자극(Stimulation)으로 시작하여 감각(Sense)으로 끝난다.
• 긍정적 강화는 학습을 강화시킨다.
• 최선의 학습은 '실행(Doing)'을 통해 얻어진다.
• 학습이 '전체-부분-전체'의 순서일 때 효과가 나타난다.
• 지지적인 학습 환경에서 학습의 효율성이 높아진다.
• 훈련시간이 적정하게 분배되어야 한다.

정답 ⑤

03
학습은 자극(Stimulation)에서 시작해서 감각(Sense)으로 끝난다.

03 도날슨(Donaldson)과 스캐널(Scannel)이 제시한 성인학습의 원리에 대한 설명으로 가장 옳지 않은 것은?

① 학습 속도는 사람마다 다르다.
② 긍정적 강화는 학습을 강화시킨다.
③ 학습은 끊임없이 지속되는 과정이다.
④ '전체-부분-전체'의 순서에 따를 때 학습의 효과가 나타난다.
⑤ 학습은 감각(Sense)으로 시작해서 자극(Stimulation)으로 끝난다.

04
학습은 '전체-부분-전체'의 순서를 따를 때 학습 효과가 발생된다.

04 도날슨(Donaldson)과 스캐널(Scannel)이 제시한 성인학습의 원리에 대한 설명으로 가장 옳지 않은 것은?

① 학습 속도는 사람마다 다르다.
② 긍정적 강화는 학습을 강화시킨다.
③ 학습은 끊임없이 지속되는 과정이다.
④ 학습은 자극으로 시작해서 감각으로 끝난다.
⑤ '부분-전체-부분'의 순서에 따를 때 학습의 효과가 나타난다.

03 ⑤ 04 ⑤ 정답

꼭 나오는 유형 ❸ 크로스 등이 제시한 성인학습의 기본원리

다음 중 '크로스'가 제시한 성인학습의 기본원리에 대한 내용으로 가장 옳지 않은 것은?

① 한 번에 하나의 아이디어나 개념만을 제공하라.
② 자신의 학습을 스스로 평가하지 않도록 통제하라.
③ 정보를 제공할 때는 능숙하게 할 수 있는 기회를 부여하라.
④ 잦은 피드백과 요점정리를 하여 기억을 유지할 수 있도록 하라.
⑤ 새로운 정보를 제공할 때에는 그것이 학습자들에게 의미 있고 현실감이 있는지 실용성 여부를 확인하라.

⊢ 해설

②는 '크로스'의 성인학습 기본원리에 해당되지 않는다. '앤드라고지'는 학습자들이 자신의 학습을 평가하도록 하라고 하였다.

크로스(Cross)의 성인학습 기본원리

실용성을 확인하라	새로운 정보를 제공할 때 학습자들에게 의미 있고 현실감 있는 것인지 확인한다. 이는 성인학습자들이 가지고 있는 보수적 저항 심리를 줄일 수 있는 방안이 될 수 있다.
능숙하게 할 수 있는 기회를 부여하라	신체적·지각적 능력이 저하된 성인들이 정보를 이해하는 데 필요한 시간을 준다.
잦은 피드백과 요점정리를 하라	잦은 피드백과 요점정리를 통해 학습자들의 자료를 응용하는 능력을 향상시키고 기억을 유지하게 한다.
한 번에 하나의 아이디어나 개념만을 제공하라	기존의 지식과 새로운 지식을 통합하는 데 도움을 받을 수 있고, 이해력을 향상시키며 지적 손실을 최소화할 수 있게 된다.

정답 ②

문제타파 TIP

크로스, 피고스와 마이어스가 주장한 성인학습의 특성이 골고루 출제되니 학자마다 구분하여 두루 학습해두어야 한다.

05 '피고스'와 '마이어스'가 제시한 성인학습의 효과에 대한 설명으로 가장 옳지 않은 것은?

① 재해 및 기계설비 소모 등의 감소에 유효하다.
② 종사원의 불만과 결근·이동을 방지할 수 있다.
③ 승진에 대비한 능력 향상을 도모할 수 있다.
④ 새로 도입된 신기술에 대하여 종사원의 적응을 원활히 한다.
⑤ 신입사원은 기업의 규정과 방침을 파악하여 항상 긴장감이 저하되지 않도록 촉구하는 역할을 한다.

05
신입사원은 기업의 내용, 방침, 규정 등을 파악하여 친근감과 안심감을 얻는다.

정답 05 ⑤

06

학습자들이 지닌 보수적 저항 심리를 줄일 수 있도록 '실용성을 확인하라' 고 '크로스'가 성인학습의 기본원리로 제시하였다.

06 다음 중 '앤드라고지'가 제시한 성인학습의 실천원리에 대한 내용으로 가장 옳지 않은 것은?

① 학습자들로 하여금 자신의 학습 목표를 형성하도록 격려하라.

② 학습자들이 학습 계획을 수행할 수 있도록 도와주라.

③ 학습자들이 지닌 보수적 저항 심리를 줄일 수 있도록 적절한 방안을 마련하라.

④ 학습에 적합한 물리적 · 심리적 분위기를 형성하라.

⑤ 학습자들로 하여금 자신의 학습 요구들을 진단하는 데 참여하도록 하라.

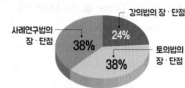

03 교육훈련의 기법

핵심 이론

1. 강의법(Lecture Method)

① 학습 자료나 설명 등을 이용하여 교육하는 교수 중심적 수업 형태

② 강의법의 절차

도입	학습 목표 제시, 강의 진행 방식 설명, 선수학습의 확인
전개	연역적 방법 또는 귀납적 방법을 사용한 학습문제 해결, 강의 내용의 요약 정리, 중요 내용의 반복 설명
종결	강의를 일반화시켜 실제 상황에서의 적용, 다음 학습 내용 예고

③ 강의법의 장점

- 교사나 학습자 모두 친숙한 방법이다.
- 한 교사가 여러 명의 학습자를 동시에 가르치므로 경제적이다.
- 넓은 분야의 지식을 교육할 수 있다.
- 사실적인 정보나 최근의 정보를 교육하기 용이하다.

④ 강의법의 단점

- 수업이 교사 개인의 능력이나 기술에 의존하여 진행된다.
- 학습자의 다양한 능력, 지식, 경험 등이 고려될 여지가 거의 없다.
- 학습자들을 단순하게 기계적인 청취자로만 길러 낼 위험성이 크다.
- 많은 학습자가 동시에 수업에 참여하므로 개인의 차이를 맞추기 힘들다.
- 준비가 덜 되고 질문을 할 수 없는 교육생들은 뒤로 빠지게 된다.
- 학습자들에게 인지적 부담을 많이 주는 질문을 하거나 질문에 대하여 생각을 하지 못하게 한다.

2. 토의법(Discussion Method)

① 학습자들 간, 학습자와 교사 간 토의를 통해 문제를 해결하는 탐구 방식의 수업으로, 학습자들의 참여와 역할을 강조

② 토의법의 장점

- 토의 과정에서 자연스럽게 서로의 지식과 정보를 교환할 수 있다.
- 민주적이고 적극적인 사고를 유발시킬 수 있다.
- 높은 수준의 인지적 학습 목표를 달성할 수 있다.
- 학습자의 동기를 유발시켜 능동적으로 참여하게 할 수 있다.
- 문제에 대한 관심과 흥미를 높일 수 있고 깊은 생각을 할 수 있다.
- 학습자들 간에 서로 존중하고, 의견을 공유하여 합의를 도출해내는 과정을 배울 수 있다.

③ 토의법의 단점

- 참석자의 수준에 따라 교육이 좌우된다.
- 적절한 강사나 지도자를 구하기가 어렵다.
- 수업 준비 및 진행에 시간이 많이 소요된다.
- 토의 과정에서 학습자별로 적절하게 시간을 분배하기가 어렵다.
- 토의의 목적에서 벗어난 논쟁이 일어나기 쉽고, 소수의 학습자 중심으로 토의가 주도될 가능성이 높다.
- 대규모 집단 교육에는 적용하기 어렵다.
- 다양하고 많은 양을 학습하기에는 부적절하다.

3. 브레인 스토밍(Brain Storming)

① 집단 토의 기법 중 하나로 특정한 문제나 주제를 놓고 머릿속에서 폭풍이 몰아치듯 떠오르는 아이디어를 가능한 한 많이 산출하도록 하는 방법

② 브레인 스토밍을 할 때에는 다른 사람의 아이디어에 대해 비판하거나 평가하지 않는 것이 중요

③ 여러 사람이 자유롭게 제시한 아이디어를 종합하여 합리적인 해결책을 찾음

4. 사례연구법(Case-study Method)

① 성인교육의 영역에서 많이 활용되어 왔던 방법 중의 하나로, 특정 사례를 소재로 정보를 수집해서 문제 상황을 파악하고, 원인을 분석하여 구한 해결책에 따라 계획을 세우고, 그것을 이행해 나가도록 하는 단계로 진행

② 사례연구법의 장점

- 정보수집력과 문제해결력을 향상시키는 데에 적절하다.
- 현실적인 문제를 학습 주제로 다룰 수 있다.
- 사고력을 바탕으로 한 학습 교류가 가능하다.
- 커뮤니케이션 스킬 향상에 도움이 된다.
- 사례 속의 문제를 다양한 관점에서 바라볼 수 있게 한다.

③ 사례연구법의 단점

- 원칙과 이론을 체계적으로 습득하기 어렵다.
- 실제 상황이 아니기 때문에 사례 활용이 실전적 체험으로 이어지지 못한다.
- 사례를 분석하고 적용하는 연습에 그칠 수 있다(결론 일반화의 한계).
- 학습자의 의사 결정이 타당한지 검증하기 어렵다.
- 커뮤니케이션 리더의 역할이 매우 중요하다.
- 자료 수집이 쉽지 않고, 시간이 많이 소요된다.

5. 역할연기법(Role-playing)

① 가능한 실제상황과 매우 흡사하게 설정한 가상의 상황에서 신체적, 언어적인 표현을 통하여 대인관계 능력을 개발하는 교육 방법

② 역할연기법의 장점

- 현실감 있는 학습이 가능하며, 학습자의 동기 유발에 용이하다.
- 개개인의 약점과 단점을 알 수 있다.
- 아는 것과 실제로 행하는 것 사이의 차이를 깨달을 수 있다.
- 그동안 억압되어 있었던 심리가 행동으로 표출될 수 있다.
- 집단 구성원 간의 친근감을 증대시킨다.
- 타인의 연기를 통해 아이디어나 영감을 얻을 수 있다.

③ 역할연기법의 단점

- 고도의 의사 결정을 하기에는 부족하다.
- 교육 훈련 장소를 찾기가 쉽지 않다.
- 교육 효과를 객관적으로 예측하기가 어렵다.
- 교육 준비에 많은 시간이 소요된다.
- 강사의 많은 노력과 기술이 요구된다.
- 실제 상황이 아니므로 놀이에 그칠 우려가 있다.

핵심 기출 유형 문제

꼭 나오는 유형 ❶ 강의법의 장·단점

교육훈련 기법 중 강의법(Lecture Method)의 단점으로 가장 거리가 먼 것은?

① 거의 전적으로 학습자의 수준에 의존하여 수업이 진행된다.
② 학습자의 다양한 능력, 지식, 경험 등이 고려될 여지가 거의 없다.
③ 학습자들을 단순하게 기계적인 청취자로만 길러 낼 위험성이 크다.
④ 준비가 덜 되고 질문을 할 수 없는 교육생들은 뒤로 빠지게 된다.
⑤ 학습자들에게 인지적 부담을 많이 주는 질문을 하거나 질문에 대하여 생각을 하지 못하게 한다.

해설

① 수업이 교사 개인의 능력이나 기술에 의존하여 진행된다.

강의법의 단점
• 수업이 교사 개인의 능력이나 기술에 의존하여 진행된다.
• 학습자의 다양한 능력, 지식, 경험 등이 고려될 여지가 거의 없다.
• 학습자들을 단순하게 기계적인 청취자로만 길러 낼 위험성이 크다.
• 많은 학습자가 동시에 수업에 참여하므로 개인의 차이를 맞추기 힘들다.
• 준비가 덜 되고 질문을 할 수 없는 교육생들은 뒤로 빠지게 된다.
• 학습자들에게 인지적 부담을 많이 주는 질문을 하거나 질문에 대하여 생각을 하지 못하게 한다.

정답 ①

제3과목

---

01 교육훈련 기법 중 강의법의 장점에 대한 설명으로 가장 옳지 않은 것은?

① 교사나 학습자 모두 친숙한 방법이다.
② 넓은 분야의 지식을 교육할 수 있다.
③ 사실적인 정보나 최근의 정보를 교육하기 용이하다.
④ 한 교사가 여러 명의 학습자를 동시에 가르치므로 경제적이다.
⑤ 학습자의 동기를 유발시켜 능동적 참여를 조장하는 데 효과적인 방법이다.

01
⑤ 강의법은 학습자의 동기를 유발시켜 능동적 참여를 조장하지 못하는 단점이 있다.

정답 01 ⑤

꼭 나오는 유형 ❷ 토의법의 장·단점

교육훈련 기법 중 토의법의 장점에 대한 설명으로 가장 옳지 않은 것은?

① 높은 수준의 인지적 학습 목표를 달성하는 데 효과적이다.

② 문제에 대한 관심과 흥미를 높일 수 있고 깊은 생각을 할 수 있다.

③ 강의법에 비해 학습자의 동기를 유발시켜 능동적 참여를 조장하는 데 효과적인 방법이다.

④ 수업 진행 단계뿐만 아니라 준비와 계획 단계부터 비교적 짧은 시간에 운영이 가능하다.

⑤ 현대 조직사회에 필요한 여러 가지 태도, 즉 타인의 의견을 존중하고 합의를 도출하여 실천해 가는 생활 태도를 육성할 수 있다.

해설

④ 토의법은 토의 과정에 있어 시간 분배가 어렵고 시간 소비량이 다른 수업에 비해 많은 한계를 가지고 있다.

토의법의 장점

• 토의 과정에서 자연스럽게 서로의 지식과 정보를 교환할 수 있다.
• 민주적이고 적극적인 사고를 유발시킬 수 있다.
• 높은 수준의 인지적 학습 목표를 달성할 수 있다.
• 학습자의 동기를 유발시켜 능동적으로 참여하게 할 수 있다.
• 문제에 대한 관심과 흥미를 높일 수 있고 깊은 생각을 할 수 있다.
• 학습자들 간에 서로를 존중하고, 의견을 공유하여 합의를 도출해내는 과정을 배울 수 있다.

정답 ④

02

④ 강의법에 비해 학습자의 동기를 유발시켜 능동적 참여를 조장할 수 있다.

02 교육훈련 기법 중 토의법의 단점에 대한 설명으로 가장 옳지 않은 것은?

① 대규모 집단 교육에는 적용하기 어렵다.

② 적절한 강사 또는 지도자를 구하기가 어렵다.

③ 다양하고 많은 양의 학습 내용을 다루기에 부적절할 수 있다.

④ 강의법에 비해 학습자의 동기를 유발시켜 능동적 참여를 조장하는 데 어려움이 있다.

⑤ 토의 과정에 있어 시간 분배가 어렵고 시간 소비량이 다른 수업에 비해 많은 한계를 가지고 있다.

03 다음 〈보기〉의 설명에 해당하는 교육훈련 기법은?

┌ 보기 ┐
1941년 미국의 오스번(A. F. Osborn)이 그의 저서를 통해 제시한 기법으로 일정한 테마에 대하여 회의 형식을 채택하고, 참여자의 자유발언을 통한 아이디어의 제시를 요구하여 발상을 찾아내려는 방법을 말한다.
└────────────┘

① 강의법　　　　　② 토의법　　　　　③ 델파이 기법
④ 브레인 스토밍　　⑤ 사례연구법

👍 **더 알아보기**　**델파이 기법**

미래를 예측하는 질적 방법의 하나로, 여러 전문가의 의견을 반복해 수집·교환하고, 발전시켜 미래를 예측하는 방법이다.

꼭 **나오는 유형**　❸ **사례연구법의 장·단점**

교육훈련 기법 중 사례연구법의 단점에 대한 설명으로 가장 옳지 않은 것은?

① 현실적인 문제의 학습이 가능하다.
② 원칙과 이론의 체계적인 습득이 어렵다.
③ 커뮤니케이션 리더의 역할이 매우 중요하다.
④ 학습자의 의사 결정이 타당한지 검증할 방법이 없다.
⑤ 학습자는 사례에 관한 자료를 수집하는 것이 쉽지 않다.

❗**문제타파 TIP**

사례연구법은 현실적인 문제 학습이 가능하지만, 실전적 체험으로 이어지지는 못하고 연습에 그칠 수 있는 단점이 있음을 유의해야 한다.

🔑 **해설**
① 현실적인 문제 학습이 가능한 것은 사례연구법의 장점에 포함된다.

사례연구법의 단점
• 원칙과 이론을 체계적으로 습득하기 어렵다.
• 실제 상황이 아니기 때문에 사례 활용이 실전적 체험으로 이어지지 못한다.
• 사례를 분석하고 적용하는 연습에 그칠 수 있다(결론 일반화의 한계).
• 학습자의 의사 결정이 타당한지 검증하기 어렵다.
• 커뮤니케이션 리더의 역할이 매우 중요하다.
• 자료 수집이 쉽지 않고, 시간이 많이 소요된다.

정답 ①

---

04 교육훈련 기법 중 사례연구법의 단점에 대한 설명으로 가장 옳지 않은 것은?

① 생각하는 학습 교류가 매우 어렵다.
② 원칙과 이론의 체계적인 습득이 어렵다.
③ 학습자의 의사 결정이 타당한지 검증하기 어렵다.
④ 학습자는 사례에 관한 자료를 수집하는 것이 쉽지 않다.
⑤ 실제 상황이 아니기 때문에 사례 활용이 실전적 체험으로 이어지지 못한다.

04 프레젠테이션

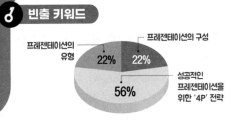

핵심 이론

1. 프레젠테이션의 구성

도입 (서론)	주의집중, 동기부여, 강의개요 설명
	• 앞으로 진행될 강의의 개요를 간단히 설명하며 관객의 주의를 집중시키고, 강의에 대한 동기 부여 • 시각적인 자료 등을 이용하여 이어질 본론에 관객의 적극적 관심과 흥미를 유발
전개 (본론)	논리적 내용 설명, 보조 자료 활용, 마무리 단계에서 질문 받기
	• 내용 조직은 논리적으로 체계화되어 설명할 수 있어야 함 • 부차적인 점을 강조하여 중요한 핵심 내용을 무의미하게 만들지 말아야 함 • 보조 자료를 잘 준비하여 적절히 사용함 • 본론의 마지막 즉, 종결단계로 넘어가기 전에 질문받는 시간을 마련하여 청중의 의문점을 해소시켜주는 것이 좋음
종결 (결론)	요약, 재동기 부여, 질의응답, 마무리
	• 본론에서 언급했던 핵심 내용을 요약하고 다시 한 번 반복하며 마무리함 • 마지막 마무리를 통해 프레젠테이션을 성공적으로 마칠 수도 있고 또는 잘 진행했던 프레젠테이션을 한순간에 망칠 수도 있으므로 주의해야 함 • 본론에서 내용을 잘못 설명했다고 하더라도 마무리 단계에서 부연 설명하거나 정정하게 되면 청중에게 혼란을 줄 수 있으므로 준비했던 결론을 간결하고 확실하게 말하도록 함

2. 프레젠테이션 '4P' 분석 전략

① People(사람) : 청중의 수준, 반응 및 자세, 청중의 요구 확인 등
② Purpose(목적) : 프레젠테이션의 목적이 무엇인지 파악
③ Place(장소) : 발표 장소와 주변 장소의 영향, 시설 등 전자기구의 불량 확인, 좌석배치, 통행로 등 확인
④ Preparation(사전준비) : 정보와 자료의 수집, 발표자료 제작

3. 프레젠테이션의 유형

정보적 프레젠테이션	지식 공유와 상호 이해 형성을 목적으로 하여 청중과 지식을 공유함 • 서술적 프레젠테이션 : '누가, 무엇을, 어디에서'와 같은 질문의 답을 제시해주는 형태 • 설명적 프레젠테이션 : '왜'라는 질문이나 주제를 가지고 청중이 명확하게 해석할 수 있도록 해주는 방법 • 논증적 프레젠테이션 : '어떻게'라는 질문에 답을 제시해주는 형태
설득적 프레젠테이션	청중의 가치관을 바꾸거나 강화하거나 창출하며 발표자가 의도한 행동양식을 받아들이게 함 • 경향적 프레젠테이션 : 청중의 믿음, 태도, 가치관의 경향성에 영향을 주는 형태 • 작용적 프레젠테이션 : 청중의 행동에 영향을 주기 위한 방법
의례적 프레젠테이션	발표자와 청중 혹은 청중 상호 간을 사회적으로 보다 강하게 결합시키려는 목적을 가진 프레젠테이션 유형
동기부여적 프레젠테이션	청중의 의욕을 환기하고, 기대하는 행동을 받아들이게 하려는 목적을 가진 프레젠테이션 유형
엔터테인먼트 프레젠테이션	메시지를 포함하지만 청중이 '재미있다'고 느끼게 만들기 위한 목적을 가진 프레젠테이션 유형

📖 핵심 기출 유형 문제

꼭 나오는 유형 ❶ 프레젠테이션의 구성

다음 중 프레젠테이션 구성과 관련해 '전개단계(본론)'에 대한 설명으로 가장 옳지 않은 것은?

① 보조 자료를 잘 준비하여 적절히 사용한다.

② 내용 조직은 논리적으로 체계화되어 설명할 수 있어야 한다.

③ 부차적인 점을 강조하여 중요한 핵심 내용을 무의미하게 만들지 말아야 한다.

④ 동기부여와 관련된 내용은 도입단계에서만 언급하되 본론에서는 반복되지 않도록 주의한다.

⑤ 본론의 마지막, 즉 종결단계로 넘어가기 전에 질문받는 시간을 마련하여 청중의 의문점을 해소시켜 주는 것이 좋다.

해설
④ 동기부여는 도입부문에서만 필요한 것이 아니라, 프레젠테이션 중간중간에 동기부여를 하며 주의 집중을 위한 기술들을 구사하는 것이 바람직하다.

정답 ④

📌 문제타파 TIP
선지마다 '도입', '전개', '종결' 중 어디에 해당하는 내용인지 구별할 줄 알아야 한다.

---

01 다음 중 프레젠테이션 구성과 관련해 '마무리(closing)'에 대한 설명으로 가장 옳지 않은 것은?

① 프레젠테이션에 있어 첫인상 못지않게 끝인상 역시 매우 중요하다.

② 마지막 마무리를 통해 프레젠테이션을 성공적으로 마칠 수 있고 또는 잘 진행했던 프레젠테이션을 한순간에 망치게 할 수도 있다.

③ 멋진 마무리는 프레젠테이션에 있어 가장 중요한 전략요점이면서 청중들에게 깊은 인상을 심어줄 수 있다.

④ 정해진 시간이 최종적으로 종료되었다고 하더라도 본론 부분에서 실수한 부분이 있다면 세부적인 부연 설명을 통하여 정정하는 것이 원칙이다.

⑤ 마무리 단계는 프레젠테이션의 목적을 이룰 수 있는 마지막 단계로 핵심 내용을 요약하고 반복하여 강조하도록 한다.

01
④ 본론에서 내용을 잘못 설명했다고 하더라도 마무리 단계에서 부연 설명하거나 정정하게 되면 청중에게 혼란을 줄 수 있으므로 준비했던 결론을 간결하고 확실하게 말하도록 한다.

정답 **01** ④

꼭 나오는 유형 **❷ 성공적인 프레젠테이션을 위한 '4P' 전략**

성공적인 프레젠테이션을 위한 '4P' 전략 중 청중의 수준, 참가자의 수, 성별, 연령, 직업과 직급 등에 대하여 사전에 확인하고 분석하는 요소는?

① People ② Place ③ Preparation ④ Passion ⑤ Purpose

해설 **프레젠테이션 '4P' 전략**
- People(사람) : 청중의 수준, 반응 및 자세, 청중의 요구 확인 등
- Purpose(목적) : 프레젠테이션의 목적이 무엇인지 파악
- Place(장소) : 발표 장소와 주변 장소의 영향, 시설 등 전자기구의 불량 확인, 좌석배치, 통행로 등 확인
- Preparation(사전준비) : 정보와 자료의 수집, 발표자료 제작

정답 ①

02

Place(장소)
발표 장소와 주변 장소의 영향, 시설 등 전자기구의 불량 확인, 좌석배치, 통행로 등 확인

02 프레젠테이션 '4P' 분석과 관련해 다음 〈보기〉의 내용에 해당하는 것은?

┤ 보기 ├
- 발표장 위치(실내/실외)
- 발표장의 배치와 발표자의 위치
- 발표장의 형태(연회장, 회의실, 컴퓨터실 등)
- 시설 확인(컴퓨터, 마이크, 스크린, 조명 등)

① Place ② People ③ Purpose ④ Perform ⑤ Preparation

03

Preparation(사전준비)
정보와 자료의 수집, 발표자료 제작

03 프레젠테이션 '4P' 분석과 관련해 다음 〈보기〉의 설명에 해당하는 것은?

┤ 보기 ├
다양하고 중요한 정보와 자료를 모은 뒤, 이것을 철저히 분석하고 잘 가공하여 프레젠테이션에서 사용할 발표자료를 만든다.

① Place ② People ③ Purpose ④ Practice ⑤ Preparation

04

Purpose(목적)
프레젠테이션의 목적이 무엇인지 점검

04 프레젠테이션 '4P' 분석과 관련해 다음 〈보기〉의 내용에 해당하는 것은?

┤ 보기 ├
- 정보 전달 : 신제품, 새로운 정보, 신기술 등에 대한 내용을 회사 직원들에게 알리거나 고객들에게 소개
- 설득/제안 : 새로운 기획안이나 사업 계획 등을 준비하여 관계자들에게 발표함으로써 기존의 기준이나 가치관을 바꾸어 그들의 동의와 지원을 얻어냄

① Perform ② Purpose ③ Place ④ Preparation ⑤ People

02 ① **03** ⑤ **04** ② **정답**

❸ 프레젠테이션의 유형

다음 〈보기〉의 설명에 해당하는 프레젠테이션 유형으로 가장 옳은 것은?

┤ 보기 ├

발표자와 청중 혹은 청중 상호 간을 사회적으로 보다 강하게 결합시키려는 목적을 가진 프레젠테이션 유형을 말한다.

① 의례적 프레젠테이션　　　② 설명적 프레젠테이션
③ 정보적 프레젠테이션　　　④ 서술적 프레젠테이션
⑤ 논증적 프레젠테이션

❗문제타파 TIP

프레젠테이션 유형별 이름이 어렵고 다양하니 특징을 세세히 구별하여 학습해야 한다.

┤해설 ├ **프레젠테이션의 유형**

정보적 프레젠테이션	지식 공유와 상호 이해 형성을 목적으로 하여 청중과 지식을 공유한다. • 서술적 프레젠테이션 : '누가, 무엇을, 어디에서'와 같은 질문의 답을 제시해주는 형태 • 설명적 프레젠테이션 : '왜'라는 질문이나 주제를 가지고 청중이 명확하게 해석할 수 있도록 해주는 방법 • 논증적 프레젠테이션 : '어떻게'라는 질문에 답을 제시해주는 형태
설득적 프레젠테이션	청중의 가치관을 바꾸거나 강화하거나 창출하며 발표자가 의도한 행동양식을 받아들이게 한다. • 경향적 프레젠테이션 : 청중의 믿음, 태도, 가치관의 경향성에 영향을 주는 형태 • 작용적 프레젠테이션 : 청중의 행동에 영향을 주기 위한 방법
의례적 프레젠테이션	발표자와 청중 혹은 청중 상호 간을 사회적으로 보다 강하게 결합시키려는 목적을 가진 프레젠테이션 유형
동기부여적 프레젠테이션	청중의 의욕을 환기하고, 기대하는 행동을 받아들이게 하려는 목적을 가진 프레젠테이션 유형
엔터테인먼트 프레젠테이션	메시지를 포함하지만 청중이 '재미있다'고 느끼게 만들기 위한 목적을 가진 프레젠테이션 유형

정답 ①

05 **다음 〈보기〉의 설명에 해당하는 프레젠테이션 유형으로 가장 옳은 것은?**

┤ 보기 ├

청중과의 지식 공유를 최우선 목적으로 두고 이를 통해 상호 간의 이해를 형성시키는 유형으로 프레젠테이션의 효과적인 성공을 위해 청중의 주의집중 획득과 유지가 매우 중요하다.

① 설득적 프레젠테이션　　　② 정보적 프레젠테이션
③ 의례적 프레젠테이션　　　④ 동기부여적 프레젠테이션
⑤ 엔터테인먼트 프레젠테이션

05
지식 공유와 상호 이해 형성을 목적으로 하여 청중과 지식을 공유하는 것은 '정보적 프레젠테이션'에 해당한다.

정답 **05** ②

05 프레젠테이션 자료 제작

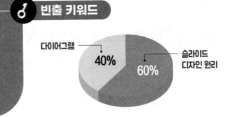

다이어그램 40%
슬라이드 디자인 원리 60%

핵심 이론

1. 프레젠테이션 슬라이드 디자인 원리

① **균형성** : 심미적으로 안정적인 배치가 되도록 함
② **명료성** : 이해하기 쉽도록 내용을 단순화
③ **단순성** : 전달하려는 필수 정보만을 제공하고, 너무 많은 글씨나 그림을 넣는 것은 피함
④ **조화성** : 화면의 구성이 상호보완적이며, 색의 적절한 배합을 이루게 함
⑤ **원근법** : 공간을 느끼게 하고 입체감을 줌
⑥ **통일성** : 구성 요소들이 전체적으로 통일감이 들도록 배치
⑦ **조직성** : 구성 요소들의 배열에 흐름이 느껴지게 함
⑧ **강조성** : 중요한 부분을 색이나 선을 이용해 두드러져 보이도록 함

2. 프레젠테이션(파워포인트) 자료 개발 원리

① 내용은 최대한 적게
② 슬라이드 화면의 여백을 살려서 제작
③ 가급적이면 그림, 표, 차트 등 시각적 자료를 사용
④ 다양한 멀티미디어 기능을 사용
⑤ 장식 효과에 치중하지 않도록 함
⑥ 환경에 따른 배경 색상에 주의

3. 다이어그램

① 기호, 선, 점 등을 사용해 자료의 상호관계나 과정, 구조 등을 이해시키는 설명적인 그림으로, 나타내고자 하는 자료의 특징이나 양상 형태에 따라 기호나 선의 배치를 사용함
② 표현 내용에 따라 비교 통계 다이어그램, 기구 계통 다이어그램, 기능 및 해부 다이어그램, 행사 예정표, 통계지도 등으로 나눌 수 있음

③ 다이어그램의 이용

㉠ 순서나 성장, 상승 등을 나타내고자 할 때

㉡ 순환, 주기를 표현하고자 할 때

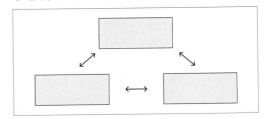

㉢ 위치, 단계를 나타내고자 할 때

㉣ 전개, 예측을 나타내고자 할 때

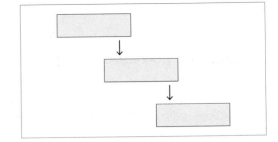

📖 핵심 기출 유형 문제

🎯 나오는 유형 ❶ 슬라이드 디자인 원리

프레젠테이션 자료 제작 시 슬라이드 디자인 원리 중 '명료성'에 대한 설명으로 옳은 것은?

① 공간을 느끼게 하고 입체감을 준다.
② 내용의 배열에 흐름이 있도록 한다.
③ 심미적으로 좋은 배치가 되도록 한다.
④ 이해하기 쉽도록 내용을 단순화한다.
⑤ 구성 요소들이 전체적으로 하나라고 생각되도록 배치한다.

📝 해설 슬라이드 디자인 원리
• 균형성 : 심미적으로 안정적인 배치가 되도록 한다.
• 명료성 : 이해하기 쉽도록 내용을 단순화한다.
• 단순성 : 필수적인 정보만을 제공한다.
• 조화성 : 화면의 구성이 상호보완적이며, 색의 적절한 배합을 이루게 한다.
• 원근법 : 공간을 느끼게 하고 입체감을 준다.
• 통일성 : 구성 요소들이 하나를 이루는 느낌이 들게 한다.
• 조직성 : 구성 요소들의 배열에 흐름이 느껴지게 한다.
• 강조성 : 중요한 부분을 색이나 선을 이용해 두드러져 보이도록 한다.

정답 ④

📌 문제타파 TIP

명료성과 단순성을 헷갈리지 않게 주의할 것!

---

01 프레젠테이션 자료 제작 시 슬라이드 디자인 원리 중 '균형성'에 대한 설명으로 가장 옳은 것은?

① 공간을 느끼게 하고 입체감을 준다.
② 내용의 배열에 흐름이 있어야 한다.
③ 중요한 부분은 두드러지게 보이도록 한다.
④ 심미적으로 안정적인 배치가 되도록 한다.
⑤ 전하려고 하는 필수적인 정보만을 제공해 준다.

01
① 원근법, ② 조직성,
③ 강조성, ⑤ 단순성

---

02 다음 중 파워포인트 자료를 제작할 경우 유의해야 할 점으로 가장 거리가 먼 것은?

① 장식 효과에 치중하지 않도록 한다.
② 환경에 따른 배경 색상에 주의한다.
③ 도해를 사용하여 시각적으로 이해하기 쉽도록 제작한다.
④ 청중에게 부담감을 주지 않도록 여백을 살려서 제작한다.
⑤ 동영상, 사운드 등의 멀티미디어 자료는 정보에 대한 집중력에 방해가 될 수 있으므로 최대한 사용을 자제한다.

02
⑤ 다양한 멀티미디어 기능을 사용한다.

정답 01 ④ 02 ⑤

❷ 다이어그램

프레젠테이션 자료 제작 시 다음 〈보기〉의 다이어그램을 사용해야 할 경우로
가장 적합한 것은?

① 위치, 단계를 나타내고자 할 때
② 공통, 특성을 표현하고자 할 때
③ 성장, 상승을 나타내고자 할 때
④ 순환, 주기를 표현하고자 할 때
⑤ 확산, 하위분류를 나타내고자 할 때

해설
〈보기〉의 다이어그램은 순서나 성장, 상승 등을 나타낼 때 사용할 수 있는 형태를 취하
고 있다.

다이어그램
• 기호, 선, 점 등을 사용해 자료의 상호관계나 과정, 구조 등을 이해시키는 설명적인 그
림으로, 나타내고자 하는 자료의 특징이나 양상 형태에 따라 기호나 선의 배치를 사용
한다.
• 표현 내용에 따라 비교 통계 다이어그램, 기구 계통 다이어그램, 기능 및 해부 다이어
그램, 행사 예정표, 통계지도 등으로 나눌 수 있다.

정답 ③

03
〈보기〉의 다이어그램은 순환, 주기를
표현하고자 할 때 사용할 수 있는 형
태를 취하고 있다.

03 프레젠테이션 자료 제작 시 다음 〈보기〉의 다이어그램을 사용해야 할 경우
로 가장 적합한 것은?

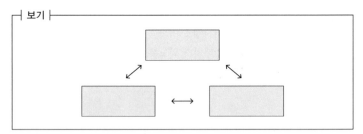

① 위치, 단계를 나타내고자 할 때
② 공통, 특성을 표현하고자 할 때
③ 순환, 주기를 표현하고자 할 때
④ 성장, 상승을 나타내고자 할 때
⑤ 확산, 하위분류를 나타내고자 할 때

03 ③ 정답

고난도

01 인상 형성 요인 중 특정한 사람이나 인종적 집단에 의해서 선호되는 행위, 관습, 제도를 지칭하는 것으로 비교적 초기에 형성되어 오랜 시간 동안 안정적으로 유지되는 요인의 명칭은?

① 욕구   ② 생활 가치
③ 인물 배경   ④ 개인의 평판
⑤ 개인의 경험

01

② 인상 형성 요인 중 특정한 사람이나 인종적 집단에 의해서 선호되는 행위, 관습, 제도를 지칭하는 것으로 비교적 초기에 형성되어 오랜 시간 동안 안정적으로 유지되는 것은 '생활 가치'이다.

👍 **더 알아보기**   **인상 형성의 영향 요인**

생활 가치	• 개인의 생활 가치는 비교적 초기에 형성되어 오랜 시간 동안 안정적으로 유지된다. • 가치는 잠정적인 것으로, 그 나름의 태도와 선택을 관찰하고 추론함으로써 명백해진다.
경험과 배경	• 자신의 경험뿐만 아니라 타인의 경험을 통해 전해들은 것도 대상의 이미지 결정에 영향을 준다. • 매스컴의 발달로 생활 환경이 확대되었고, 정보를 통한 간접 경험이 중요한 영향을 준다.
욕구	대상에 대한 개인 욕구의 만족 또는 불만족이 이미지 형성에 영향을 준다.

신유형

02 인상 형성과 관련된 다음 〈보기〉의 대화에 가장 부합하는 것은?

┤ 보기 ├

수연 : 너 요즘 기획실 윤○○ 대리랑 사귄다면서? 너희 두 사람 완전 앙숙이지 않았어? 어떻게 된 거야?

영주 : 그게 기획실에 파견 갈 때마다 그 사람이 엄청 까칠해서 속상했는데, 지난번 부서 단합회 뒤풀이 때 이런저런 이야기 하면서 오해도 풀고 막상 서로 통하는 부분이 참 많이 있더라고.

수연 : 왜! 너희 두 사람 완전 반전이다. 그래서 윤 대리는 너한테 잘해 주니?

영주 : 응, 예전하고는 대하는 게 달라지니까 더 좋은 것 같아.

① 부정성의 법칙   ② 호감득실 이론
③ 콘크리트 법칙   ④ 인지적 구두쇠
⑤ 일관성의 오류

02

② 호감득실 이론 : 호감에서 비호감으로, 비호감에서 호감으로 변화하게 되는 과정을 설명해 주는 이론으로, 처음에는 싫어하다가 좋아진 사람이 더 좋고, 좋아하다가 싫어진 사람이 더 싫다는 호감의 상대성을 설명해 준다.

정답 01 ② 02 ②

03 절의 종류와 구분
- 작은절(초례, 반절) : 웃어른이 아랫사람의 절에 대한 답배(答拜) 시에 한다.
- 보통절(행례, 평절) : 항렬이 같은 사람, 관직의 품계가 같을 경우에 한다.
- 큰절(진례) : 자기가 절을 해도 답배를 하지 않아도 되는 높은 어른에게나 의식행사에서 한다.
- 매우 큰절(배례) : 관, 혼, 상, 제, 수연, 고희 시에 한다.

04
① 허위 정보를 올리거나 과장 광고를 하지 않으며, 정품 여부나 인증 마크를 위조하지 않는 것은 기업의 '윤리적인 운영 노력'에 해당한다.

05
⑤ 위법한 상태는 아니나, 자기주장 반복, 장시간 통화를 요구하는 경우 이를 '강성민원' 이라고 한다.
- 악성민원
  - 욕설, 폭언, 협박, 모욕 등 언어폭력
  - 성희롱
- 강성민원
  - 민원 요지 불명
  - 반복 · 억지 민원
  - 장시간 통화(20분 이상)
  - 상습 강요 민원

03 전통 예절에서 절의 종류 중 항렬(行列)이 같은 사람, 관직의 품계(品階)가 같을 경우 주로 사용되는 것은?

① 진례
② 공례
③ 봉례
④ 초례
⑤ 행례

04 다음 〈보기〉의 내용에 해당하는 고객 불만 처리 유형은?

┤ 보기 ├
- 허위 정보를 올리거나 과장 광고를 하지 않는다.
- 정품 여부나 인증마크를 위조하지 않는다.

① 윤리적인 운영 노력
② 교환에 대한 불만 처리
③ 신속하고 공손한 불만 처리
④ 서비스로 대체하는 불만 처리
⑤ 반품 및 환불에 대한 불만 처리

05 공공 부문에서 발생되는 고객 문제행동에 관한 용어 중 다음 〈보기〉의 ( ) 안에 들어갈 내용으로 가장 옳은 것은?

┤ 보기 ├
고질민원에서 '고질(痼疾)'이란 오래도록 낫지 않아 고치기 어려운 병(病)이라는 사전적 의미를 지니고 있으며 이에 대한 표현은 개별 행정 기관 민원의 성격에 따라 다양하게 사용되고 있다. 특히, 서울시 다산콜센터는 위법한 상태는 아니나, 자기주장 반복, 장시간 통화를 요구하는 경우 이를 (   )이라는 용어를 통해 표현하고 있다.

① 불량민원
② 특이민원
③ 악성민원
④ 악덕민원
⑤ 강성민원

03 ⑤ **04** ① **05** ⑤ 정답

신유형

06 불만고객과 관련해 다음 〈보기〉의 설명에 가장 부합하는 것은?

┌ 보기 ┐

고충처리에 불만을 품은 고객의 비호의적인 소문의 영향은 만족한 고객의 호의적인 소문의 영향에 비해 두 배나 강하게 판매를 방해한다.

① 굿맨의 제1법칙   ② 굿맨의 제2법칙
③ 굿맨의 제3법칙   ④ 굿맨의 제4법칙
⑤ 굿맨의 제5법칙

👍 **더 알아보기**   **굿맨의 3대 법칙**

굿맨의 제1법칙	불만을 제기해서 불만이 해결될 경우 동일회사의 동일제품을 재구입할 확률은 불만이 있으면서 고충을 제기하지 않는 고객에 비해 높다.
굿맨의 제2법칙	고충처리에 불만을 품은 고객의 비호의적인 소문의 영향은 만족한 고객의 호의적인 소문의 영향에 비해 두 배나 강하게 판매를 방해한다.
굿맨의 제3법칙	소비자 교육을 받은 고객은 기업에 대한 신뢰가 높아 호의적인 소문의 파급 효과가 기대될 뿐 아니라, 상품의 구입 의도가 높아져 시장 확대에 공헌한다.

06

② 고충처리에 불만을 품은 고객의 비호의적인 소문의 영향은 만족한 고객의 호의적인 소문의 영향에 비해 두 배나 강하게 판매를 방해한다는 것은 '굿맨의 제2법칙'에 대한 내용이다.

난도

07 '코칭(Coaching)'에 대하여 다음 〈보기〉와 같이 정의한 학자는?

┌ 보기 ┐

부하의 잘못된 행동이 멈춰 바람직하게 행동하도록 리더와 부하 간에 행해지는 쌍방 간의 대면 대화를 말한다.

① 알데그(Aldag)   ② 스토웰(Stowell)
③ 킨로우(Kinlaw)   ④ 쿠즈하라(Kuzuhara)
⑤ 포니즈(Fournies)

👍 **더 알아보기**   **코칭(Coaching)의 정의**

포니즈 (Fournies, 1978)	부하의 잘못된 행동이 멈춰 바람직하게 행동하도록 리더와 부하 간에 행해지는 쌍방 간의 대면 대화를 말한다.
킨로우 (Kinlaw, 1989)	예측할 수 있는 과정을 수행함으로써 탁월한 성과를 이끌어내고 지속적으로 개선하기 위한 몰입, 긍정적인 관계를 갖도록 하는 관리자와 종업원 간의 대화를 말한다.
CCU (Corporate Coach University, 2009)	코치와 발전하려고 하는 의지가 있는 개인이 자신의 잠재능력을 최대한 개발하고, 발견 프로세스를 통해 목표 설정, 전략적인 행동 그리고 매우 뛰어난 결과를 성취하도록 해주는 강력하면서도 협력적인 관계이다.
한국코치협회 (2009)	개인과 조직이 잠재력을 극대화하여 최상의 가치를 실현할 수 있도록 돕는 수평적 파트너십이다.

07

⑤ 코칭(Coaching)을 '부하의 잘못된 행동이 멈춰 바람직하게 행동하도록 리더와 부하 간에 행해지는 쌍방 간의 대면 대화를 말한다.'와 같이 정의한 학자는 '포니즈(Fournies)'이다.

정답 **06** ② **07** ⑤

제3과목

08

① 일반적인 텔레마케팅은 '기획 →
실행 → 반응 → 측정 → 평가' 순
으로 전개된다.

09

① 전화를 활용하면 시간과 노력의
효율이 증가하므로 문제 해결 방
법을 신속히 얻을 수 있는 장점이
있다.

10

③ 콜센터의 유형은 업무에 따라 크
게 인바운드(Inbound) 콜센터, 아
웃바운드(Outbound) 콜센터, 그리
고 이 두 가지를 혼합하여 동시에
처리하는 블랜딩(Blending) 콜센터
로 분류할 수 있다.

08 ① 09 ① 10 ③ 정답

고난도

08 다음 중 일반적인 텔레마케팅의 전개 과정을 순서대로 옳게 나열한 것은?

① 기획 → 실행 → 반응 → 측정 → 평가
② 기획 → 실행 → 평가 → 측정 → 반응
③ 기획 → 측정 → 실행 → 반응 → 평가
④ 기획 → 측정 → 실행 → 평가 → 반응
⑤ 기획 → 측정 → 반응 → 실행 → 평가

신유형

09 다음 중 전화응대의 단점에 대한 설명으로 가장 옳지 않은 것은?

① 문제 해결 방법을 신속하게 얻기 어렵다.
② 의사소통의 애로가 있는 경우 오류를 범하기 쉽다.
③ 의사소통의 장애로 인해 상담 내용이 잘못 전달될 수 있다.
④ 상담 내용이 복잡할 경우 전화 상담을 통해 이해시키고 설득하기가 어
렵다.
⑤ 상대방의 얼굴 표정 등과 같은 비언어적 정보를 얻는 것이 어렵기 때문
에 고객의 욕구를 파악하는데 한계가 있다.

신유형

10 업무 성격에 따른 콜센터의 분류 중 인바운드 콜과 아웃바운드 콜을 동시에
처리하여 콜센터 생산성을 극대화하기 위해 필요한 콜센터 유형은?

① 업셋(Up-set) 콜센터
② 리뉴얼(Renewal) 콜센터
③ 블랜딩(Blending) 콜센터
④ 리소스(Resource) 콜센터
⑤ 크로스오버(Cross-over) 콜센터

난도

11 다음 중 앤톤(Anton)이 제시한 콜센터 인바운드 성과지표와 가장 거리가 먼 것은?

① 평균 판매가치
② 평균 대기시간
③ 평균 응대속도
④ 평균 통화시간
⑤ 평균 통화 후 처리시간

👍 **더 알아보기** **앤톤(Anton)의 인바운드·아웃바운드 성과지표**

인바운드 성과지표	아웃바운드 성과지표
• 80%의 콜에 대한 응대속도 • 평균 응대속도 • 평균 통화시간 • 평균 통화 후 처리시간 • 평균 포기율 • 평균 대기시간 • 첫통화 해결률 • 불통률 • 상담원 착석률	• 콜당 비용 • 판매건당 비용 • 시간당 판매량 • 평균 판매가치 • 아웃바운드에 의한 판매비율 • 시간당 접촉횟수 • 1인당 연간 평균매출 • 1교대당 평균매출

 난도

12 콜센터 문화에 영향을 미치는 요소 중 직업의 매력도 및 인식정도, 행정당국의 제도적 지원 등에 해당하는 것은?

① 개인적 요소
② 사회적 요소
③ 기업적 요소
④ 경험적 요소
⑤ 잠재적 요소

👍 **더 알아보기** **콜센터 문화에 영향을 미치는 요소**

기업적 요소	제품과 서비스의 질과 경쟁력, 콜센터 위치, 시설정도, 시스템의 자동화 정도 등이 있다.
인간적 요소	상담원과 슈퍼바이저의 인간적 친밀감, 복리후생, 동료 간의 친밀감, 경영진의 배려 등이 있다.
관리적 요소	근로조건·급여조건 제시와 성과, 교육시스템, 상품 학습전개와 서비스품질의 전문성 제공, 이직방지를 위한 대안, 성과분석, 리스크 방지책 등이 있다.
사회적 요소	콜센터 근무자에 대한 직업의 매력도, 인식정도, 취업정보 개방에 따른 이직의 자유로움, 그리고 관련 행정당국의 제도적·비즈니스적 지원 정도가 해당된다.
커뮤니케이션적 요소	고객과의 커뮤니케이션, 조직원 간의 커뮤니케이션으로 분류할 수 있다. 경영진과 관리직의 배려와 우호적인 커뮤니케이션 등이 영향을 미친다.
개인적 요소	개인의 직업관, 사명감, 자발적인 노력, 전문직으로서의 도전, 콜센터 적응 정도, 콜센터 근무만족도 등이 콜센터 문화에 영향을 미친다.

📃 **정답 및 해설**

11
① 평균 판매가치는 아웃바운드의 성과지표에 해당한다.

12
② 직업의 매력도 및 인식정도, 행정당국의 제도적 지원 등에 해당하는 것은 '사회적 요소'이다.

제3과목

정답 11 ① 12 ②

13

④ ARPU : Average Revenue Per User, 사업자의 서비스 가입자당 평균 수익
① DAU : Daily Active Users, 일간 순수 서비스 이용자 수
② MAU : Monthly Active Users, 월간 순수 서비스 이용자 수
③ CPM : Cost Per Mille, 1,000회 노출되었을 때 지출되는 광고요금 비율
⑤ Retention Rate : 재방문율

14

자기의식화는 'iCAN 전략 모형'의 단계에 포함되지 않는다.

15

① 고객과 전화통화를 마친 후에 새로운 전화를 받아 처리할 때까지의 이전 통화에서 일어났던 일을 마무리하는 데 필요한 평균 시간을 나타내는 콜센터 용어는 'Wrap-up Time'이다.

고난도

13 다음 〈보기〉의 ( ) 안에 들어갈 용어로 알맞은 것은?

| 보기 |
( )(이)란 사업자의 서비스 가입자당 평균 수익을 뜻하는 용어로, 주로 통신 서비스 사업 지표로 많이 사용된다. 또한 기업 콜센터 현장에서 기존 고객의 ( )(을)를 높일 목적으로 교차 판매 및 상향 판매 활동을 강화하기도 한다.

① DAU
② MAU
③ CPM
④ ARPU
⑤ Retention Rate

고난도

14 코칭 대화 프로세스 모형 중 'iCAN 전략 모형'을 구성하는 절차적 단계와 가장 거리가 먼 것은?

① 정형화
② 양육 지원
③ 상황 파악
④ 자기의식화
⑤ 실행계획 수립

🔼 더 알아보기 **iCAN 전략 모형**

코칭 대화 프로세스는 연구자에 따라 다양한 모델이 있는데, 이 중 iCAN 전략 모형(조성진, 2009)은 GROW에 근거하여 만든 모형으로 '정형화하기(identify) – 상황파악하기(Circumstance) – 실행계획 수립하기(Action plan) – 양육하기(Nurturing)'의 단계를 거친다.

신유형

15 고객과 전화통화를 마친 후에 새로운 전화를 받아 처리할 때까지 이전 통화에서 일어났던 일을 마무리하는 데 필요한 평균 시간을 나타내는 콜센터 용어는?

① Wrap-up Time
② Agent Call Time
③ Average Talk Time
④ Average Speed Answer
⑤ Average Handing Time

🔼 더 알아보기 **콜센터 용어**

• Agent : 상담원, 걸려오는 전화를 처리하는 사람들에 대한 일반적인 용어
• ATT(Average Talk Time) : 걸려온 전화를 마칠 때까지 걸리는 평균 통화 시간
• ASA(Average Speed Answer) : 상담원이 고객의 전화를 응답하는 데 걸리는 평균 시간
• AHT(Average Handling Time) : 통화할 때 평균적으로 걸리는 시간으로, 통화 시간뿐만 아니라 대기 시간과 지속 시간을 포함한 평균 시간

13 ④ **14** ④ **15** ① 정답

고난도

16 의전(Protocol) 행사와 관련해 자리와 예우에 관한 기준으로 가장 옳지 않은 것은?

① 자리를 기준으로 할 때에는 중앙이 가장 우선이다.

② 자리를 둘로 나눌 수 있는 경우에는 맞은편에서 보았을 때 좌측이 우선이다.

③ 아랫사람은 윗사람에게 먼저 경의를 표시하고 대등한 관계에서는 서로 경의를 표시한다.

④ 예우의 서열은 일정한 기준에 따라 정하며 직위의 높고 낮음, 나이, 직위가 같을 때는 행정조직법상의 순서 등에 의한다.

⑤ 각종 행사에서 특별한 역할이 있을 때는 서열에 관계없이 자리 등의 배치를 달리 할 수도 있다.

16

④ 예우의 서열에 일정한 기준은 없으나 직위의 높고 낮음, 나이, 직위가 같을 때는 정부조직법상의 순서 등에 의한다.

👍 **더 알아보기** 자리와 예우에 관한 기준

- 자리를 기준으로 할 때에는 중앙이 가장 우선이다.
- 자리를 둘로 나눌 수 있는 경우에는 상대편이 보는 방향에서 좌측이 우선이다.
- 시간적으로 볼 때는 앞이 우선일 때가 있고 뒤가 우선일 때도 있다. 앞의 것이 공경스러울 때는 앞이 우선이고 뒤의 것이 공경스러운 것일 때는 뒤가 우선이다.
- 아랫사람은 윗사람에게 먼저 경의를 표시하고 대등한 관계에서는 서로 경의를 표시한다.
- 예우의 서열에 일정한 기준은 없으나 직위의 높고 낮음, 나이, 직위가 같을 때는 정부조직법상의 순서 등에 의한다.
- 각종 행사에서 특별한 역할이 있을 때에는 서열에 관계없이 자리 등의 배치를 달리 할 수도 있다.

신유형

17 중세 영국에서 기사(Knight) 다음가는 봉건 신분의 칭호로 사용된 것이 유래이며, 미스터(Mr)보다 더 심오한 존경의 뜻을 담는 경칭으로 님, 귀하 등을 의미하는 용어는?

① Sir　　　　② Dr

③ Noble　　　④ Esquire

⑤ The Hon

17

④ 미스터(Mr)보다 더 심오한 존경의 뜻을 담는 경칭으로 님, 귀하 등을 의미하는 용어는 'Esquire'이다.

👍 **더 알아보기** Esquire

중세 영국에서 기사 다음가는 봉건 신분의 칭호로 사용된 것이 유래이며, 의미가 점점 변화되어 법조계의 유력 인사나 군경의 고위 간부들에게 주는 칭호가 되었다. 그리고 남성들에게만 주는 칭호이므로 여성에게는 이 호칭을 붙이지 않지만, 미국에서는 남녀 구분 없이 변호사의 경칭으로 주로 쓰인다.

정답 **16** ④ **17** ④

18

③ 공식적인 회의에서 다루어질 주된 의제를 의미하는 것은 'Agenda'이다.

① Gavel : 의장 · 판사 · 경매 진행자가 쓰는 작은 망치
② Ballot : 무기명(비밀) 투표
④ Quorum : 의사결정에 필요한 정족수
⑤ Rhetoric : 수사법

19

소비자기본법 시행령 제6조

국가 및 지방자치단체는 법 제14조(소비자의 능력 향상) 제1항에 따른 소비자교육을 다음 각 호의 어느 하나에 해당하는 방법으로 실시할 수 있다.

1. 정보통신매체를 이용하는 방법
2. 현장실습 등 체험 위주의 방법
3. 평생교육시설(「평생교육법」제2조 제2호에 따른 평생교육기관으로서 법인 · 단체가 아닌 것을 말한다)을 활용하는 방법
4. 「방송법」제73조 제4항에 따른 비상업적 공익광고 등 다양한 매체를 활용하는 방법

20

① '물품 등의 안전성에 관한 사실의 공표'가 옳은 내용이다.

고난도

18 다음 컨벤션 관련 용어 중 공식적인 회의에서 다루어질 주된 의제를 의미하는 것은?

① Gavel
② Ballot
③ Agenda
④ Quorum
⑤ Rhetoric

고난도

19 소비자기본법에 명시된 소비자 교육의 방법으로 가장 거리가 먼 것은?

① 정보통신매체를 이용하는 방법
② 현장실습 등 체험 위주의 방법
③ 평생교육시설을 활용하는 방법
④ 법인 · 단체 등의 교육기관을 활용하는 방법
⑤ 비상업적 공익광고 등 다양한 매체를 활용하는 방법

신유형

20 소비자기본법에 명시된 '위해정보의 수집 및 처리(제52조)'의 내용으로 가장 거리가 먼 것은?

① 물품 등의 안전성에 관한 국제학술 게재
② 위해 물품 등을 제공하는 사업자에 대한 시정 권고
③ 국가 또는 지방자치단체에의 시정조치 · 제도개선 건의
④ 위해방지 및 사고 예방을 위한 소비자안전경보의 발령
⑤ 그 밖에 소비자안전을 확보하기 위하여 필요한 조치로서 대통령령이 정하는 사항

👍 더 알아보기 **소비자기본법 제52조(위해정보의 수집 및 처리)**

① 소비자안전센터는 물품 등으로 인하여 소비자의 생명 · 신체 또는 재산에 위해가 발생하였거나 발생할 우려가 있는 사안에 대한 정보(이하 "위해정보"라 한다)를 수집할 수 있다.

② 소장은 제1항의 규정에 따라 수집한 위해정보를 분석하여 그 결과를 원장에게 보고하여야 하고, 원장은 위해정보의 분석결과에 따라 필요한 경우에는 다음 각 호의 조치를 할 수 있다.

1. 위해방지 및 사고 예방을 위한 소비자안전경보의 발령
2. 물품 등의 안전성에 관한 사실의 공표
3. 위해 물품 등을 제공하는 사업자에 대한 시정 권고
4. 국가 또는 지방자치단체에의 시정조치 · 제도개선 건의
5. 그 밖에 소비자안전을 확보하기 위하여 필요한 조치로서 대통령령이 정하는 사항

18 ③ **19** ④ **20** ① 정답

21 개인정보 유출에 따른 과징금 기본 산정기준과 관련해 다음 〈보기〉의 위반 정도에 해당될 경우 산정기준액은?

┌ 보기 ┐

고의 또는 중과실로 인하여 10만 건 이상의 주민등록번호가 분실 · 도난 · 유출 · 변조 또는 훼손(이하 "분실 등"이라 한다)된 경우를 말한다.

① 1억 원 　　　　　② 1억 5천만 원

③ 2억 원 　　　　　④ 3억 원

⑤ 3억 5천만 원

21
⑤ 매우 중대한 위반행위에 속하므로 산정기준액은 3억 5천만 원이다.

👍 더 **알아보기** 　개인정보보호법 시행령 별표1의3 (과징금의 부과기준)

가. 기본 산정 기준

위반 정도	산정기준액	비고
매우 중대한 위반행위	3억 5천만 원	고의 또는 중과실로 인하여 10만 건 이상의 주민등록번호가 분실 · 도난 · 유출 · 변조 또는 훼손(이하 "분실 등"이라 한다)된 경우를 말한다.
중대한 위반행위	2억 3천만 원	고의 또는 중과실로 인하여 10만 건 미만의 주민등록번호가 분실 등이 된 경우 및 경과실로 인하여 10만건 이상의 주민등록번호가 분실 등이 된 경우를 말한다.
일반 위반행위	1억 원	경과실로 인하여 10만 건 미만의 주민등록번호가 분실 등이 된 경우를 말한다.

22 다음 중 '페다고지(Pedagogy)' 학습의 기본 전제와 주요 내용으로 가장 옳지 않은 것은?

① 학습자가 의존적 성향을 지닌다.

② 교과 중심적 학습 경향성을 보인다.

③ 표준화된 교육과정 운영이 가능하다.

④ 학습에 대하여 외재적 동기를 지닌다.

⑤ 주로 토론 및 문제 해결식 교수법이 사용된다.

22
⑤ 주로 토론 및 문제 해결식 교수법이 사용되는 것은 '앤드라고지(Andragogy)'의 기본 전제라고 할 수 있다.

정답　**21** ⑤ **22** ⑤

👍 더 알아보기

페다고지(Pedagogy)와 앤드라고지(Andragogy)의 비교

페다고지(Pedagogy)-교육학, 아동학습	앤드라고지(Andragogy)-성인학습
• 학습자는 의존적이다. • 학습자의 경험은 문제 제기 단계에서나 환기 단계에서 제한적으로 사용될 뿐이다. • 교육과정에 따라 학습준비도가 결정된다. • 교육과정은 학령에 따라 표준화된다. • 동일 학령층은 학습준비도가 같아진다. • 학습자가 성인이 되었을 때를 대비하여 학습이 이루어지므로, 교과목 지향적이다.	• 학습자는 자기주도적이다. • 학습자의 경험은 역할수행 동안 얻어진 것이므로, 학습의 전 과정에 유용한 자원이다. • 학습자들의 학습준비도에 따라 교육과정이 편성된다. • 학습의 진행단계는 교육과정보다 학습자들의 학습준비도에 맞게 정해져야 한다. • 학습자가 현재의 실생활에 활용하도록 학습하므로, 성과지향적이다.

23

⑤ 왓킨스(Watkins)는 인적자원개발(HRD)을 개인, 집단, 조직의 장기적인 직무와 관계된 학습 역량을 촉진하는 연구와 실천 영역으로 파악하였다. 이와 유사한 맥락에서 맥라간(McLagan) 교수는 인적자원개발(HRD)을 개인, 집단, 조직의 효율성 향상을 목적으로 하여 훈련개발, 경력개발, 조직개발을 통한 의도적, 계획적, 조직적 학습활동이라고 하였다.

🔒 고난도

23 인적자원개발(HRD)에 대하여 다음 〈보기〉와 같이 정의한 학자는?

┌ 보기 ┐
인적자원개발은 개인, 집단, 조직의 장기적인 직무와 관련된 학습 능력을 고양하기 위한 연구와 실천 분야이다.
└─────┘

① 존스(Jones)
② 하비슨(Harbison)
③ 길리(Gilley)
④ 맥라간(McLagan)
⑤ 왓킨스(Watkins)

24

④ 서술형 어미를 생략하고 명사형 종결 어미를 사용하며 표현한다.

🆕 신유형

24 프레젠테이션 자료에서 텍스트(Text)를 작성할 경우 서술형 문장을 간결하게 요약하는 요령으로 가장 거리가 먼 것은?

① 중요한 내용이 아니면 최대한 삭제한다.
② 쉼표, 마침표 등의 문장부호는 생략한다.
③ 키워드는 세부 내용보다는 중심 제목에서 추출해 요약한다.
④ 명사형 종결 어미를 생략하고 서술형 어미를 사용하여 표현한다.
⑤ 단어의 순서를 조정하고 의미에 변화가 없는 한 조사(助詞)를 생략한다.

오디오북과 함께하는

CS 리더스 관리사

편저 CS 리더스관리연구소

+기출무료강의

총정리 문제집

모의고사 및 해설

오디오북

전과목 이론 강의

▲기출무료강의

항균99.9% 안심도서
본 도서는 항균잉크로 인쇄하였습니다.

SD에듀
(주)시대고시기획

이 책의 차례
Contents

실전 대비 모의고사

모의고사 정답 및 해설

CS 리더스관리사
총정리문제집

실전 대비 모의고사

CS 리더스관리사 모의고사 1회

정답과 해설 49쪽

제1과목 고객만족(CS) 개론

01 고객만족(CS) 관리의 역사와 관련해 1990년대의 주요 내용에 해당하는 것은?

① 미국 농산부에서 농산품에 대한 소비자만족지수 측정·발표
② 일본 도요타가 경제위기 타개책으로 '고객만족 경영(CSM)' 도입
③ 우리나라 LG그룹이 국내 최초로 고객가치창조 기업이념 도입
④ 업종을 불문하고 대부분 기업이 '고객만족 경영(CSM)' 도입
⑤ 고객생애가치(CLV) 창출을 통한 고객 기여도 극대화

02 '기대-불일치 이론'과 관련해 다음 〈보기〉의 대화 내용에 해당하는 것은?

┤ 보기 ├
최부장 : 박대리, 어제 과음한 것 같은데 해장국이나 먹으러 갈까?
박대리 : 그럼 사무실 앞에 새로 생긴 육개장 가게로 가시죠. 그저께 가서 먹어 봤는데 기대했던 것보다 훨씬 맛있었습니다.

① 합치
② 부정적 일치
③ 긍정적 일치
④ 부정적 불일치
⑤ 긍정적 불일치

03 '공정성 이론(Equity Theory)'과 관련해 '절차상의 공정성'을 설명한 내용으로 가장 옳은 것은?

① 기여, 요구, 평등성 등의 요소로 제시된다.
② 도출결과에 영향을 미치는 정보의 공유 정도를 말한다.
③ 투입과 도출 사이의 상호관계에서 투입과 도출에 대한 평가가 우선시되는 기준이다.
④ 의사소통 방식, 우호적인 정도, 흥미, 존경, 정직, 예의 등으로 구성되어 있다.
⑤ 인간적인 측면과 비인간적인 측면까지 포함하여 의사결정을 수행하는 스타일과 관련된 것을 말한다.

04 다음 〈보기〉 중 '귀인 이론(Attribution Theory)'의 '내적 귀인'에 해당하는 내용을 찾아 모두 선택한 것은?

┤ 보기 ├
가. 운수   나. 태도
다. 기질   라. 성격 특성
마. 사회적 규범

① 가, 나, 다,
② 가, 나, 다, 라
③ 나, 다, 라
④ 나, 다, 라, 마
⑤ 가, 나, 다, 라, 마

05 '데이비드 마이스터(David Maister)'가 분류한 대기시간에 영향을 미치는 통제 요인 중 '기업의 완전 통제 요인'에 해당하지 않는 것은?

① 편안함
② 확실성
③ 공정성
④ 대기단계
⑤ 대기목적가치

06 다음 중 '품질기능전개(QFD)'의 발전 과정에 대한 설명으로 옳지 않은 것은?

① 1960년대 후반 일본의 '아카오 요지'에 의해 연구되기 시작했다.

② 1972년 미쓰비시 중공업의 고베 조선소에서 원양어선 제작에 처음으로 사용되었다.

③ 1983년 미국 품질학회지에 소개된 후, 시카고 세미나를 통해 미국 내 널리 보급되었다.

④ 1994년 대우전자의 냉장고, 전자레인지 신제품 개발에 처음으로 적용되었다.

⑤ 1995년 삼성전자, 삼성SDI, 현대엘리베이터, 현대자동차, 쌍방울 등에 보급 확산되었다.

07 고객만족 경영(CSM) 패러다임의 변화에 대한 설명으로 가장 옳지 않은 것은?

① 시장의 성숙함, 국제화, 개방화, 인터넷의 발달, 무한경쟁 시대의 도래로 인해 기업 환경이 변화되었다.

② 소비자 위주의 소비시장에서 생산자 위주의 공급 시장으로 변화되었다.

③ 생존 차원의 필수적 소비에서 선택적 소비 형태로 변화되었다.

④ 기성세대와 차별되는 소비 형태, 가치관을 지닌 새로운 세대가 등장하였다.

⑤ 기업이 목표시장의 니즈를 파악하고 고객의 니즈와 기대를 만족시키려는 시장 지향성 기업경영이 요구되고 있다.

08 다음 〈보기〉와 같이 항공기 출발 지연 분석을 위해 '피시본 다이어그램'을 작성할 경우, 기내식 서비스 지연, 수하물 탑재 및 연료 공급 지연 등에 해당하는 요인은?

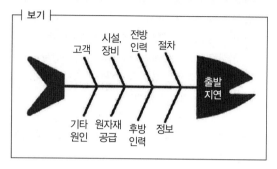

① 원자재 공급   ② 고객
③ 정보   ④ 시설, 장비
⑤ 전방 인력

09 다음 중 '구전(口傳)'의 개념에 대한 설명으로 가장 거리가 먼 것은?

① 구전은 개인들의 경험에 기초한 대면 커뮤니케이션이다.

② 구전은 언어적 커뮤니케이션만을 의미하는 것이 아니다.

③ 특정 주제에 관하여 고객들의 개인적인 직·간접인 경험에 대해 긍정적, 혹은 부정적인 내용의 정보를 비공식적으로 교환하는 의사소통이다.

④ 영향력의 특성과는 별개로 집단이 아닌 개인 간에 전파되는 고유한 정보 교환을 의미한다.

⑤ 구전 정보는 광고와 같은 상업 정보와 견주어 신뢰성이 더 높다.

10 프로세스의 분류 중 '핵심 프로세스(Core Process)'에 대한 설명으로 가장 옳은 것은?

① 기능의 경계를 넘어 외부고객에게 전달되는 최종 제품과 서비스를 의미한다.
② 조직이 영위하는 사업 영역에서 경쟁자보다 뛰어나게 고객 가치를 제공하는 프로세스를 의미한다.
③ 비용으로 경쟁하는 경우 경쟁자보다 낮은 가격으로 생산하는 프로세스를 의미한다.
④ 고객에게 직접적으로 가치를 전달하는 프로세스는 아니지만 다른 프로세스가 제대로 진행되도록 지원하는 프로세스이다.
⑤ 변화하는 고객의 니즈와 기술적 변화에 맞추어 조직의 지속적인 경쟁 우위 확보를 위해 역량을 개발하는 프로세스를 말한다.

11 슈메너(Schmenner)가 제시한 '서비스 프로세스 매트릭스'에 대한 설명으로 가장 옳지 않은 것은?

① 노동 집중도, 고객과의 상호작용, 개별화를 기준으로 서비스 프로세스를 구분할 수 있다.
② 노동 집중도란 '기업에 의한 의존도'와 '개인에 의한 의존도'의 상대적인 비율을 말한다.
③ 고객과의 상호작용이란 고객이 서비스 프로세스와 상호작용하는 정도를 말한다.
④ 개별화는 서비스가 고객에게 개별화되는 정도를 의미한다.
⑤ 분류 기준에 따라 '서비스 팩토리, 서비스 숍, 대중 서비스, 전문 서비스'와 같이 4가지 유형으로 구분할 수 있다.

12 1990년대 초 일본의 경제 불황으로 인해 정상적인 직장이 아니라 아르바이트 또는 파트타임 등을 생계 수단으로 삼아 생활하는 계층을 일컫는 용어는?

① 애플족
② 듀크족
③ 오팔족
④ 프리터족
⑤ 히키코모리

13 '그레고리 스톤(Gregory Stone)'의 고객 분류 중 다음 〈보기〉의 내용에 큰 비중을 두는 고객 유형은?

┌ 보기 ┐
최근 사회공헌 활동에 관심을 많이 기울이는 기업이 늘어나는 추세이다. 유한킴벌리도 공익활동에 관심이 많은 기업 중 하나이며, 유한킴벌리 환경보전 활동은 사회적으로도 널리 알려져 있다. 1984년 환경경영에 대한 굳은 의지로 시작된 유한킴벌리의 '우리강산 푸르게 푸르게'는 37년의 역사를 자랑하는 대한민국 최고의 환경캠페인으로 인정받고 있다.
└─────┘

① 개인적 고객
② 편의적 고객
③ 정보적 고객
④ 윤리적 고객
⑤ 경제적 고객

14 다음 〈보기〉의 내용 중 기업 및 제품 선택에 영향을 미치는 위험의 유형을 찾아 모두 선택한 것은?

┌ 보기 ┐
가. 심리적 위험   나. 사회적 위험
다. 재무적 위험   라. 기대반영의 위험
마 시간상실 위험   바. 가치창조의 위험
└─────┘

① 가, 나, 다
② 가, 나, 다, 마
③ 나, 다, 라, 마
④ 나, 마, 바
⑤ 나, 다, 라, 마, 바

15 고객평생가치(CLV)를 올리기 위한 활동 중 기존의 상품 계열에 고객이 관심을 가질 만한 다른 상품을 접목시켜 판매하는 유형은?

① 축소 판매
② 추가 판매
③ 대량 판매
④ 교차 판매
⑤ 상향이동 판매

16 다음 중 고객의 범주와 관련해 평면적·전통적 관점의 고객에 해당하는 것은?

① 기업과 유통업체
② 기업과 협력업체
③ 도매상 또는 소매상
④ 직장 동료 또는 부하 직원
⑤ 재화나 서비스를 구매하는 사람

17 다음 중 '고객관계 관리(CRM)'의 장점에 대한 설명으로 가장 거리가 먼 것은?

① 광고비를 절감할 수 있다.
② 특정 캠페인의 효과 측정이 용이하다.
③ 가격이 아닌 서비스를 통해 기업 경쟁력을 확보할 수 있다.
④ 특정 고객의 요구에 초점을 맞춤으로써 표적화가 용이하다.
⑤ 기업이 창출하는 판매 수익에 상관없이 마케팅 비용을 사용하는 것이 가능하다.

18 고객관계 관리(CRM) 전략 수립과 관련해 고객 분석에 있어 고객을 평가하는 방법 중 다음 〈보기〉의 설명에 해당하는 것은?

┤ 보기 ├
얼마나 최근에, 자주, 얼마의 금액으로 구매했는가를 파악하여 기업의 입장에서 가장 가치 있는 고객을 파악하는 방법을 말한다.

① RFM
② Scoring
③ Risk Score
④ Coverage Score
⑤ Profitability Score

19 고객관계 관리(CRM) 목적을 달성하기 위한 활동 중 '고객 수(數) 증대'와 가장 거리가 먼 것은?

① 이벤트
② 외부 업체와의 제휴
③ 사용 방법의 다양화
④ 기존 고객 유지 활동
⑤ 기존 고객의 추천을 통한 신규 고객 창출

20 다음 중 'e-CRM'에 대한 설명으로 가장 옳지 않은 것은?

① 초기 기반 시설에 대한 설치비용이 높은 반면 유지 관리 비용이 낮다.
② 영업점 방문, 전화, DM, TM 등 복수의 분산된 채널을 적절하게 활용한다.
③ 고객 요청 시 언제든지 온라인에 접속하여 처리할 수 있기 때문에 단순한 절차와 실시간 처리가 가능하다.
④ 커뮤니케이션, 마케팅의 다양성을 중시하여 적극적인 고객화를 통한 장기적인 수익 실현을 목적으로 한다.
⑤ 구매 이력 이외에 방문 횟수, 관심 횟수, 광고 관심 횟수, 게시판 사용 횟수 등 고객의 행위를 표현하는 다양한 정보를 사용할 수 있다.

21 '존 포웰(John Powell)'이 제시한 자기개방의 5단계 중 다음 〈보기〉의 내용에 가장 부합하는 것은?

┤ 보기 ├
아직 자기개방이 이루어지지 않은 상태로 단지 누가 어떤 일을 했다는 등의 객관적인 정보를 전달하는 수준으로 개인적인 느낌이나 감정은 개입되지 않는 단계이다.

① 상투적인 표현의 단계
② 최상의 의사소통 단계
③ 느낌, 감정, 직관의 단계
④ 사실 정보들을 교환하는 단계
⑤ 생각과 판단을 이어가는 단계

22 다음 중 '호손 실험(Hawthorn Experiment)'의 의의(意義)에 대한 설명으로 가장 옳지 않은 것은?

① 경제적 요인만이 중요한 동기 유발 요인은 아니다.

② 비경제적인 사회적 요인도 경제적 유인의 효과를 제한하고 감소시킨다.

③ 노동자들은 개인으로서뿐만 아니라 공식 집단의 일원으로서 경영자에게 반응한다.

④ 개인은 기계의 톱니바퀴와 같은 수동적 존재가 아니라 적극적으로 활동하는 인간이다.

⑤ 조직을 분업화된 전문적 집단으로 만드는 것이 가장 효과적인 작업집단을 만드는 방식은 아니다.

23 '머튼 (Merton)'이 주장한 '아노미 이론(Anomie Theory)'의 문제점과 비판에 대한 설명으로 가장 거리가 먼 것은?

① 문화의 다양성과 더불어 추구하는 목표의 다양성을 무시하고 있다.

② 아노미 조건에 대한 개인적 반응의 차이를 충분히 설명하지 못하고 있다.

③ 중산층이나 상류 계층에서 발생되는 비행이나 범죄에 대하여 설명하지 못한다.

④ 문화적인 목표와 상관없이 일시적으로 발생하는 범죄에 대하여 설득력이 떨어진다.

⑤ 유럽 사회에 국한된 이론으로 성직자와 같이 윤리적 계층의 일탈에 초점을 맞추고 있다.

24 '에드워드 홀(Edward Hall)'이 제시한 공간 행동학과 관련해 '사회적 거리'에 대한 설명으로 가장 옳은 것은?

① 개인적으로 누군가와 대화하거나 설득하는 것은 거의 불가능한 거리이다.

② 전혀 모르는 타인과의 거리 혹은 연설이나 강의와 같이 특수한 경우에 한정된다.

③ 가족이나 연인 이 외의 사람이 이 거리 안으로 들어오게 되면 매우 불쾌감을 느끼게 된다.

④ 이 거리의 대화는 별다른 제약 없이 제3자의 개입이 허용되며, 대화 도중 개입과 이탈이 자유롭다.

⑤ 친한 친구, 동료 등 신뢰감을 가지고 편안하게 대화할 수 있는 대상이나 오랜 기간 친근한 관계를 맺어온 고객 사이에 형성되는 적당한 간격을 의미한다.

25 의사소통 장애 요인 중 수신자들이 전체 메시지를 수신하기 전에 미리 형성하고 있는 고정관념을 근거로 판단하는 경향을 의미하는 것은?

① 가치판단　　　　② 능동적 청취

③ 공간적 거리　　　④ 정보의 과부화

⑤ 정보원의 신뢰도

26 하버마스(Habermas)가 제시한 이상적인 의사소통 상태를 특정 짓는 준거에 대한 내용으로 가장 거리가 먼 것은?

① 발언의 맥락이 맞아야 한다.

② 발언에 속임수가 있어서는 안 된다.

③ 교환되는 메시지가 진실이어야 한다.

④ 발언에 분명한 의도를 노출시켜서는 안 된다.

⑤ 전문용어 사용으로 대중을 소외시키지 말아야 한다.

27 다음 중 관광 서비스의 특징에 대한 설명으로 가장 옳지 않은 것은?

① 관광 수요의 계절성으로 수요가 불규칙적이다.

② 인적 서비스에 대한 높은 의존성을 가지고 있다.

③ 인적, 물적 서비스가 혼합되어 존재하는 개념이다.

④ 고객이 직접 참여하지 않더라도 서비스를 창출할 수 있다.

⑤ 일반 서비스와 마찬가지로 비용 산출의 난이성, 서비스 선택 시 지각의 위험도 등의 특성을 갖는다.

28 감성 리더십을 구성하는 요소 중 돈과 지위를 넘어서는 목표를 위해 일하려는 열정, 에너지와 끈기를 가지고 목표를 추구하는 성향을 의미하는 것은?

① 자아의식   ② 감정이입

③ 동기부여   ④ 자기 통제

⑤ 대인 관계 기술

29 다음 중 교류분석(TA)의 기본개념에 대한 설명으로 가장 옳지 않은 것은?

① 미국의 정신과 의사인 에릭 번(Eric Bern)에 의해 창안된 이론이다.

② 사회비평과 구조주의에 기반을 두고 있다.

③ 상호 반응하고 있는 인간 사이에서 이루어지고 있는 교류를 분석하는 방법을 의미한다.

④ 개인의 성장과 변화를 위한 체계적인 심리 치료법이며 성격 이론이다.

⑤ 초기에는 집단 치료에 이용되었으나 점차 개인 상담이나 개인 치료로 확대되었다.

30 '해리스(Harris)'가 제시한 인간관계 유형 중 다음 〈보기〉의 내용에 해당하는 것은?

┤ 보기 ├

이 유형에 해당하는 사람은 타인과의 거리를 유지할 뿐만 아니라 타인에 대한 불신과 경계를 게을리하지 않는다. 그래서 좋은 관계로 지속시키거나 발전시키는 것이 아니라 관계를 단절하게 되는 쪽으로 발전시키게 된다.

① I'm OK or not OK

② I'm OK – You're OK

③ I'm OK – You're not OK

④ I'm not OK – You're OK

⑤ I'm not OK – You're not OK

제2과목 고객만족(CS) 전략론

31 서비스 청사진 설계 작성 시 기본적인 요건에 대한 설명으로 가장 옳지 않은 것은?

① 허용된 서비스의 변동 정도를 명확하게 정해야 한다.

② 에러, 병목과 다른 프로세스상의 특징을 추정하고 파악해야 한다.

③ 프로세스 차트의 형식은 시간과 활동의 흐름을 시계열적으로 나타내어야 한다.

④ 전체 부서가 아닌 특정 부서가 작업을 전담하여 효율성과 전문성을 재고해야 한다.

⑤ 접점 종업원과 내부 과정에서 어떠한 영향을 미칠 것인지 파악하고 전반적인 효율성과 생산성을 평가한다.

32 다음 중 서비스 모니터링의 궁극적인 목적으로 볼 수 없는 것은?

① 서비스 직원의 통제 수단으로 활용할 수 있다.
② 고객 응대의 질적 개선을 통한 고객만족도를 향상시킨다.
③ 고객 만족과 수익성 향상을 위한 관리 수단이 된다.
④ 직원에 대한 객관적인 평가가 가능하다.
⑤ 기본 서비스 기준 사항을 정확히 준수하는지를 확인한다.

33 MOT 사이클 차트 분석 5단계 중 4단계에 해당하는 것은?

① 고객접점 사이클 세분화
② 서비스 접점 진단
③ 고객접점 시나리오 만들기
④ 서비스 표준안으로 행동하기
⑤ 서비스 접점 설계

34 SWOT 분석의 마케팅 전략 중 조직 외부의 기회를 활용하여 조직 내부의 약점을 극복하려는 전략은?

① SO 전략
② ST 전략
③ SW 전략
④ WT 전략
⑤ WO 전략

35 '코틀러'가 제시한 시장 세분화의 요건 중 〈보기〉의 설명에 해당하는 것은?

┤ 보기 ├
• 세분시장에 효과적으로 도달할 수 있는 정도
• 유통경로나 매체 등을 통해 고객이 주요 유통채널, 지역 등의 정보에 대한 접근이 쉬워야 함

① 측정 가능성
② 실질성
③ 행동 가능성
④ 접근 가능성
⑤ 차별화 가능성

36 내구성과 유형성 및 용도에 따른 소비재 분류 중 의류, 가전제품으로 서비스가 수반되며 여러 번 사용할 수 있는 제품은?

① 서비스
② 산업재
③ 준내구재
④ 비내구재
⑤ 내구재

37 다음 〈보기〉에서 설명하는 전략으로 옳은 것은?

┤ 보기 ├
특정 고객집단의 다양한 욕구를 충족시키기 위해 다양한 제품을 판매하기 위한 전략이다. 그러나 이 전략은 구매가 급격히 줄어드는 경우 위험분산이 되지 않는 단점이 발생한다.

① 단일시장 집중화 전략
② 제품전문화 전략
③ 시장전문화 전략
④ 선택적 전문화 전략
⑤ 전체시장 도달 전략

38 서비스 포지셔닝의 일반적인 방법 중 다음 〈보기〉의 사례에 해당하는 유형은?

┤ 보기 ├
• 무궁화 등급이 높은 호텔은 타 호텔들에 비해 비싼 투숙료를 받는다.
• 미쉐린 평가는 레스토랑의 음식 맛과 분위기, 서비스 등을 평가한 후 별을 주는 방식이다.

① 가격–품질
② 서비스 이용자
③ 서비스 용도
④ 서비스 속성
⑤ 서비스 등급

39 확장된 마케팅 믹스 7Ps 중 서비스가 제공되는 접점에서 서비스 외의 부가적인 유형적 증거를 확인함으로써 서비스의 질을 평가하는 요소는?

① Price   ② People

③ Place   ④ Process

⑤ Physical Evidence

40 '칼 알브레히트'가 제시한 서비스 삼각형의 요소 중 (다)에 들어갈 내용으로 옳은 것은?

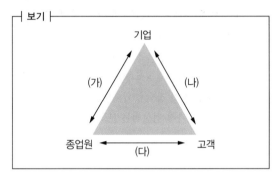

① 품질 마케팅   ② 복합 마케팅

③ 외부 마케팅   ④ 내부 마케팅

⑤ 상호작용 마케팅

41 서비스 실패 처리에서 고객이 기대하는 공정성 유형 중 절차상의 공정성에 해당하는 것은?

① 가격 할인   ② 교환

③ 회사 규정   ④ 종업원의 친절

⑤ 쿠폰 제공

42 '브래디(Brady)와 크로닌(Cronin)'이 제시한 애프터서비스(A/S)의 품질차원 중 물리적 환경 품질에 해당하는 것은?

① 전문성   ② 편의성

③ 기술   ④ 서비스 처리시간

⑤ 직원의 태도

43 고객인지 가치와 관련해 '세스(Sheth), 뉴먼(Newman), 그로스(Gross)'가 제시한 5가지 가치유형 중 상품을 소비하는 사회계층 집단과 연관된 가치는?

① 인식 가치   ② 상황 가치

③ 사회 가치   ④ 정서 가치

⑤ 기능 가치

44 서비스 수익체인의 구성과 관련해 외부 서비스 품질을 의미하는 요소인 것은?

① 작업장의 설계

② 업무설계와 의사결정권한

③ 충분한 보상과 인정

④ 긍정적인 제품의 구전과 권유

⑤ 직원 선발과 경력 개발

45 '레빗'이 제시한 3가지 제품차원 중 〈보기〉에서 설명하는 것은?

┤ 보기 ├

실체제품에 추가적으로 있는 A/S, 품질보증, 설치서비스와 같은 사후 서비스와 직·배송 등의 혜택을 주는 제품이다.

① 실체제품   ② 잠재제품

③ 확장제품   ④ 기본제품

⑤ 핵심제품

46 다음 〈보기〉의 내용에 해당하는 의료관광의 유형은?

┤ 보기 ├

만성 질환, 알레르기와 같은 질환을 치료하고 건강을 유지하기 위해 온천이나 전통의학을 체험하는 웰빙형 의료관광을 말한다.

① 수술 치료형   ② 미용 의료용

③ 전통 치료형   ④ 휴양 의료용

⑤ 응급 치료형

47 서비스 품질 측정이 어려운 이유에 대한 설명으로 가장 옳지 않은 것은?

① 서비스 품질은 객관화하여 측정하기 어렵다.
② 서비스 전달이 완료되기 이전에는 검증하기 어렵다.
③ 고객으로부터 데이터를 수집하는 시간과 비용은 적으나 회수율이 낮다.
④ 고객이 서비스 자원을 관찰할 수 있어 품질 측정의 객관성이 떨어진다.
⑤ 고객은 서비스 프로세스의 일부이며 변화를 일으키는 중요 요인이므로 고객을 대상으로 하는 서비스 측정이 어렵다.

48 다음 〈보기〉의 빈칸에 들어갈 용어로 알맞은 것은?

┤ 보기 ├
카메라 기능이 처음 도입이 되었을 때는 매력적 품질요소로 인식되었지만, 현재는 거의 모든 휴대폰에 그러한 기능이 있으므로 지금은 (   )가 되었다.

① 당연적 품질요소
② 매력적 품질요소
③ 무관심 품질요소
④ 일원적 품질요소
⑤ 역 품질요소

49 서비스 품질 결정에 영향을 미치는 요인 중 지각(知覺)된 서비스의 영향 요인을 〈보기〉에서 모두 고른 것은?

┤ 보기 ├
가. 구전   나. 고객의 개인적 욕구
다. 과거의 경험   라. 기술적 자원
마. 물질적 자원   바. 참여고객

① 가, 나, 바
② 나, 다, 라
③ 나, 다, 마
④ 가, 다, 바
⑤ 라, 마, 바

50 다음 중 '스콧과 미셸'이 제시한 내부 커뮤니케이션의 주요 기능에 대한 설명으로 옳지 않은 것은?

① 종업원 공개 채용의 역할을 수행한다.
② 종업원들의 동기유발을 촉진한다.
③ 종업원들이 감정을 표현하는 주요 수단이 되기도 한다.
④ 의사결정을 하는 데 중요한 정보기능을 담당한다.
⑤ 종업원들은 내부 커뮤니케이션 경로를 통해 관리자에게 행동을 통제받기도 한다.

51 고객만족지수 측정의 필요성과 가장 거리가 먼 것은?

① 자사와 경쟁사의 고객충성도를 분석한다.
② 경쟁사의 강점과 약점을 분석한다.
③ 효율성 평가와 불만해소의 영향을 분석한다.
④ 잠재적인 시장진입 장벽을 규명한다.
⑤ 제품과 서비스 가격 인상액을 분석한다.

52 고객만족 조사를 위한 자료수집방법에서 정량조사 기법을 적용해야 하는 경우가 아닌 것은?

① 가설 검증으로 확정적 결론 획득
② 고객의 특성별 요구차이
③ 가설의 검증 및 확인
④ 시장세분화 및 표적시장 선정
⑤ 시장상황과 소비자의 행태 파악

53 행동적·태도적 충성도 차원의 고객 세분화 유형 중 다음 〈보기〉의 설명에 해당하는 것은?

┤ 보기 ├
기업 브랜드에 호감이 없어도 꾸준한 구매를 하는 태도로 습관성, 편안함, 경제적 이익 등의 요인에 의해 생성된 충성도를 가진 집단을 말한다.

① 낮은 충성도
② 거짓된 충성도
③ 잠복된 충성도
④ 진실한 충성도
⑤ 긍정적 충성도

54 고객의 서비스 기대에 대한 영향 요인 중 '기업요인'에 해당하는 것은?

① 촉진
② 구전
③ 개인 욕구
④ 사회적 상황
⑤ 경쟁적 대안

55 사회 문화적 환경의 변화와 함께 만들어진 트렌드가 모여 사회의 거대한 조류를 형성하게 되는 트렌드 유형은?

① 메타 트렌드
② 메가 트렌드
③ 마케팅 트렌드
④ 소비자 트렌드
⑤ 사회 문화적 트렌드

56 적용범위에 따른 계획수립 유형 중 다음 〈보기〉의 설명에 해당하는 것은?

┤ 보기 ├
• 구체적이고 단기적인 의사결정과정이다.
• 기업 전략을 집행하거나 부서별 예산을 책정한다.
• 현재의 운영 개선을 위한 과정들을 계획한다.

① 전략적 계획
② 전술적 계획
③ 장기 계획
④ 중기 계획
⑤ 운영 계획

57 다음 중 혁신적인 업무방식을 추구하는 기업을 대상으로 하는 벤치마킹은?

① 경쟁 벤치마킹
② 산업 벤치마킹
③ 기능 벤치마킹
④ 선두그룹 벤치마킹
⑤ 포괄 벤치마킹

58 '조셉 플러머'의 AIO 분석기법 중 다음 〈보기〉의 설명에 해당하는 것은?

┤ 보기 ├
쇼핑, 상품에 대한 대화 등으로 관찰될 수 있지만 그 이유를 측정하기 어렵다.

① 관심
② 활동
③ 요구
④ 의견
⑤ 교환

59 소비자 심리와 관련해 다음 〈보기〉와 가장 가까운 용어는?

┤ 보기 ├
• 일부 백화점은 일정 금액 이상을 구매한 고객에게 VIP 등급을 지정하여 각종의 혜택을 부여한다.
• 남을 따라 소비하는 행태인 밴드왜건 효과(Bandwagon effect)와 반대된다.
• 잘난 체 하는 속물을 뜻하는 말로 '백로 효과'라고도 한다.

① 바넘 효과
② 베블런 효과
③ 스놉 효과
④ 언더독 효과
⑤ 디드로 효과

60 '슈미트'가 제시한 경험적 마케팅의 5가지 전략적 모듈 중 긍정적인 기분과 느낌 등으로 제품 친밀도를 높여 브랜드에 특별한 감정을 유발하는 방법은?

① 감각적 경험
② 관계적 경험
③ 감성적 경험
④ 행동적 경험
⑤ 인지적 경험

61 이미지 형성 과정 중 과거와 관련된 기억과 현재의 지각이라는 투입 요소가 혼합되어 개인의 이미지가 형성되는 것은?

① 전달 과정
② 감정 과정
③ 표현 과정
④ 지각 과정
⑤ 사고 과정

62 다음 중 첫인상의 일반적인 특징에 대한 설명으로 가장 거리가 먼 것은?

① 본인의 숨겨진 내면이나 성향이 쉽게 전달된다.
② 본인의 의지와는 상관없이 상대방에게 보이는 대로 판단된다.
③ 처음 전달된 첫 순간으로 결정되기 때문에 일회성의 특징을 지닌다.
④ 첫인상은 처음 대면하여 대략 3~7초 사이에 결정되는 신속성의 특징을 보인다.
⑤ 처음에 들어온 정보가 뒤에 들어온 정보를 차단해 버리는 초두 효과의 특성을 보인다.

63 미국의 심리학자 '앨버트 메라비언'이 제시한 면대면 커뮤니케이션에서의 정보량의 차이를 순서대로 옳게 나열한 것은?

① 시각적인 요소 > 청각적인 요소 > 언어적인 요소
② 청각적인 요소 > 언어적인 요소 > 시각적인 요소
③ 청각적인 요소 > 시각적인 요소 > 언어적인 요소
④ 언어적인 요소 > 시각적인 요소 > 청각적인 요소
⑤ 언어적인 요소 > 청각적인 요소 > 시각적인 요소

64 다음 〈보기〉에서 상황별 인사의 종류를 찾아 옳게 짝지은 것은?

┤ 보기 ├
가. 단체 손님을 마지막으로 배웅할 경우
나. 업무상 중요한 VIP를 배웅할 경우
다. 사무실로 출근하여 상사에게 인사할 경우
라. 상견례 장소에서 혼주 간의 인사를 나눌 경우
마. 복잡한 엘리베이터 안에서 회사 임원을 만났을 경우

① 가 - 정중례
② 나 - 보통례
③ 다 - 정중례
④ 라 - 보통례
⑤ 마 - 정중례

65 전통 예절에서 절의 종류 중 답배(答拜)를 하지 않아도 되는 높은 어른이나 의식행사에 주로 사용되는 것은?

① 초례
② 행례
③ 봉례
④ 진례
⑤ 배례

66 다음 〈보기〉의 대화에 해당하는 화법의 명칭은?

┤ 보기 ├
박대리는 정말 프레젠테이션 능력이 뛰어나. 그런데 발표 중에 가끔 천장을 쳐다보는 버릇이 있던데 그 사항을 고쳐야 될 것 같아. 그것만 해결되면 정말 최고로 완벽하겠어.

① 샌드위치 화법
② 역전 화법
③ 부메랑 화법
④ 후광 화법
⑤ 보상 화법

67 다양한 상황에 따른 고객 불만 요인 중 카탈로그, 상품설명서, 인터넷 게시판 등에 대한 불만을 의미하는 것은?

① 인적 상황에 대한 불만
② 시간적 상황에 대한 불만
③ 금전적 상황에 대한 불만
④ 물리적 상황에 대한 불만
⑤ 정보적 상황에 대한 불만

68 불만 고객 응대의 기본 원칙과 관련해 다음 〈보기〉의 설명에 해당하는 것은?

┤ 보기 ├
서비스 종사자의 입장에서 고객이 화를 낼 경우, 그것은 나에게 개인적인 감정이 있어서 화를 내는 것이 아니라 일 처리에 대한 불만으로 복잡한 규정과 제도에 대해 항의하는 것이라는 관점을 가져야 한다.

① 언어절제의 원칙
② 피뢰침의 원칙
③ 역지사지의 원칙
④ 책임공감의 원칙
⑤ 감정통제의 원칙

69 다음 중 멘토(Mentor)의 역할에 대한 설명으로 가장 옳지 않은 것은?

① 팀원이 원할 때 또는 프로세스상 필요할 때 지원할 수 있다.
② 업무 또는 사고에 있어 의미있는 변화를 일으키게 해주는 조언자이다.
③ 같은 조직에 있는 사람이 아니라 외부 전문가를 통해서만 수행토록 한다.
④ 전문적이고 구체적인 지식이나 지혜를 가지고 도움을 주는 내용 전문가이다.
⑤ 멘토의 역할은 일생을 거칠 만큼 장기적일 수도 있고, 반면에 단기적일 수도 있다.

70 다음 중 올바른 전화응대의 자세와 가장 거리가 먼 것은?

① 통화내용 중 중요한 사항은 반복하여 확인한다.
② 정확한 언어를 사용하고 간결한 표현을 쓰도록 한다.
③ 도중에 통화가 끊어지면 전화를 받은 쪽에서 다시 거는 것이 원칙이다.
④ 통화 도중 상대방을 기다리게 할 때는 주위의 대화내용이나 소음이 들리지 않도록 주의한다.
⑤ 통화가 끝났을 경우 상대방이 먼저 끊은 것을 확인한 다음 수화기를 내려놓는다.

71 바람직한 경어(敬語) 사용을 위한 방법 중 간접높임의 올바른 사례와 가장 거리가 먼 것은?

① 팀장님 말씀이 옳으십니다.
② 사모님께서도 독감에 걸리셨습니까?
③ 고객님! 수선한 옷이 나오셨습니다.
④ 부장님 오늘 양복이 참 멋있으십니다.
⑤ 현재 고객님의 재정 상태는 넉넉하십니다.

72 다음 중 업무보고 요령에 대한 설명으로 가장 옳지 않은 것은?

① 필요한 경우 반드시 중간보고를 한다.
② 지시받은 사항에 대해 완료되는 즉시 보고한다.
③ 지시한 사람에게 직접 보고하는 것이 원칙이다.
④ 보고할 내용이 긴 경우, 결론부터 말하고 경과, 절차 등의 순으로 간결하게 보고한다.
⑤ 보고할 내용이 몇 가지 겹쳐졌을 경우, 먼저 하나씩 나누어 보고한 후 전체 상황을 보고한다.

73 다음 〈보기〉 중 조직 구성원에 따른 콜센터의 분류 유형을 찾아 모두 선택한 것은?

┤ 보기 ├
가. 직할 콜센터
나. 제휴형 콜센터
다. 아웃소싱형 콜센터
라. VOIP(Voice Over Internet Protocal)
마. CTI(Computer Telephony Integration)
바. IPCC(Internet Protocal Call Center)

① 가, 나, 다
② 가, 다, 라
③ 가, 나, 다, 라
④ 나, 다, 라, 마
⑤ 다, 라, 마, 바

74 콜센터의 업무 성격에 따른 분류 중 인바운드 서비스의 활용 사례와 가장 거리가 먼 것은?

① 상품 신청
② 상품 문의
③ 연체 고객 관리
④ 상품 가입 접수
⑤ A/S 센터 위치 안내

75 다음 중 스크립트(Script)의 필요성에 대한 내용으로 가장 옳지 않은 것은?

① 스크립트 작성은 콜센터 내의 생산성 관리에 도움을 준다.
② 스크립트 작성을 통해 통화 목적에 대한 효율적인 메시지를 고객에게 전달할 수 있다.
③ 상담원들이 어느 정도 표준화된 언어 표현과 상담방법으로 고객을 응대할 수 있도록 도와준다.
④ 상담원들의 상담 수준에 따른 개별 역량의 편차를 파악하여 업무량을 조정하고 배정할 수 있다.
⑤ 상담원들이 불필요한 표현이나 상담 도중 흐름을 잃어버리지 않게 하여 평균 통화시간을 조절할 수 있다.

76 콜센터 조직 구성원 중 상담원의 상담 내용을 모니터링하여 평가하고 관리, 감독을 통해 통화품질을 향상시키는 업무를 수행하는 사람은?

① QAA
② TA
③ CA
④ 유니트 리더
⑤ 텔레컨설턴트

77 콜센터 모니터링을 위한 코칭의 종류 중 다음 〈보기〉의 설명에 해당하는 것은?

┤ 보기 ├
짧은 시간 안에 콜센터 상담원을 대상으로 주의를 집중시켜 적극적이고 긍정적인 참여를 통해 성취를 북돋우는 고도의 코칭 기술이다.

① 풀 코칭
② 스팟 코칭
③ 피드백 코칭
④ 프로세스 코칭
⑤ 아날로그 코칭

78 비즈니스 매너와 관련해 우리나라에서 주로 사용되는 명함의 구성 요소에 대한 설명으로 가장 옳지 않은 것은?

① 일반적으로 사각형 순 백지에 깔끔하게 인쇄한다.
② 주로 많이 사용되는 명함 사이즈는 '90mm×50mm'이다.
③ 남녀에 따라 명함의 크기, 모양 등에 특별한 차이를 두지는 않는다.
④ 가장 중요한 내용인 이름과 휴대전화 및 직장 전화번호만 기입하여 제작하는 것이 일반적이다.
⑤ 이메일 주소는 이름 머리글자와 성을 조합하여 만드는 것이 일반적이다.

79 다음 중 악수의 5대 원칙과 가장 거리가 먼 것은?

① Power
② Rhythm
③ Distance
④ Kindliness
⑤ Eye-Contact

80 다음 중 사회 문화에 따른 구성원의 가치관과 이에 대한 행동의 연관성을 설명하기 위해 홉스테드(Hofstede)가 제시한 문화차원이론의 5가지 범주에 포함되지 않는 것은?

① 권위주의적 성향
② 경험 중심적 성향
③ 남성적 성향
④ 불확실성 회피 성향
⑤ 개인주의적 성향

81 다음 중 일반적 의전(儀典) 예우 기준과 관련해 직위에 의한 서열 기준에 해당하는 것은?

① 연령
② 전직(前職)
③ 행사 관련성
④ 헌법 및 정부조직법상의 기관 순위
⑤ 정부산하단체 및 관련 민간단체장 등

82 다음 〈보기〉의 내용과 같이 소비자에 대하여 정의한 학자는?

┌ 보기 ┐
소비자란 개인적인 용도에 쓰기 위하여 상품이나 서비스를 제공받는 사람을 의미한다.
└────┘

① 폰 히펠(Von Hippel)
② 가토 이치로(Kato Ichiro)
③ 이마무라 세이와(Imamura Seiwa)
④ 우자와 히로후미(Ugawa Hirofumi)
⑤ 타케우치 쇼우미(Takeuchi Shoumi)

83 소비자기본법의 내용 중 다음 〈보기〉의 내용에 해당하는 것은?

┌ 보기 ┐
국가 및 지방자치단체는 소비자의 불만이나 피해가 신속·공정하게 처리될 수 있도록 관련기구의 설치 등 필요한 조치를 강구하여야 한다.
└────┘

① 거래의 적정화(제12조)
② 소비자에의 정보제공(제13조)
③ 소비자의 능력 향상(제14조)
④ 개인정보의 보호(제15조)
⑤ 소비자 분쟁의 해결(제16조)

84 다음 〈보기〉의 피해구제 신청에 관한 조항에서 ( ) 안에 들어갈 용어로 알맞은 것은?

┌ 보기 ┐
1) 소비자는 물품 등의 사용으로 인한 피해의 구제를 (   )에 신청할 수 있다.
2) 국가·지방자치단체 또는 소비자단체는 소비자로부터 피해구제의 신청을 받은 때에는 (   )에 그 처리를 의뢰할 수 있다.
　　　　　　　　　　　　　　　　　　　－ 소비자기본법 제55조 －
└────┘

① 한국소비자원　　　　　② 한국소비자보호청
③ 한국소비자연맹　　　　④ 한국소비자관리위원회
⑤ 한국소비자고발센터

85 다음 중 개인정보보호법에 명시된 용어(제2조)의 정의로 가장 옳지 않은 것은?

① '개인정보'란 살아 있는 개인에 관한 정보로서 성명, 주민등록번호 및 영상 등을 통하여 개인을 알아볼 수 있는 정보를 포함해 해당 정보만으로는 특정 개인을 알아볼 수 없더라도 다른 정보와 쉽게 결합하여 알아볼 수 있는 정보를 말한다.
② '개인정보파일'이란 개인정보를 쉽게 검색할 수 있도록 일정한 규칙에 따라 체계적으로 배열하거나 구성한 개인정보의 집합물(集合物)을 말한다.
③ '가명처리'란 개인정보의 일부가 아니라 전부를 삭제 또는 대체하는 등의 방법으로 추가 정보에 상관없이 특정 개인을 알아볼 수 없도록 처리하는 것을 말한다.
④ '처리'란 개인정보의 수집, 생성, 연계, 연동, 기록, 저장, 보유, 가공, 편집, 검색, 출력, 정정(訂正), 복구. 이용, 제공, 공개, 파기, 그 밖에 이와 유사한 행위를 말한다.
⑤ '영상정보처리기기'란 일정한 공간에 지속적으로 설치되어 사람 또는 사물의 영상 등을 촬영하거나 이를 유·무선망을 통하여 전송하는 장치로서 대통령령으로 정하는 장치를 말한다.

86 특정 개인에 대한 주민등록번호, 여권번호, 운전면허증을 포함해서 학교의 학생번호, 기업의 직원번호, 고객번호 등의 정보에 해당하는 것은?

① 개인에 대한 호칭
② 개인을 구별하기 위해 부여된 식별 기호
③ 특정 개인의 행동 특성을 나타내는 정보
④ 특정 개인의 상황이나 상태를 나타낼 수 있는 정보
⑤ 특정 개인의 생각이나 의견 또는 감정 등을 나타내는 정보

87 다음 중 개인정보보호법 제39조(손해배상책임)에 명시된 배상액 산정에 따른 고려사항으로 가장 거리가 먼 것은?

① 개인정보처리자의 재산상태
② 위반행위에 따른 벌금 및 과징금
③ 위반행위로 인하여 입은 피해 규모
④ 고의 또는 손해 발생을 기획·의도한 정도
⑤ 개인정보처리자가 정보주체의 피해구제를 위하여 노력한 정도

88 '나들러(Nadler)'가 제시한 교육훈련 강사의 역할 중 조직의 문제를 확인하고 학습 요구를 분석하여 이를 충족할 학습 내용을 확정하는 사람을 의미하는 것은?

① 학습 성취자
② 학습 촉진자
③ 교수전략 개발자
④ 직무기술 지도자
⑤ 교수 프로그램 개발자

89 교육훈련 기법 중 '토의법'의 장점에 대한 설명으로 가장 옳지 않은 것은?

① 다양하고 많은 양의 학습 내용을 다루는 데 용이한 방식이다.
② 지식과 경험을 자유롭게 교환할 수 있다.
③ 학습자 중심의 자율적인 학습이 가능하다.
④ 높은 수준의 인지적 학습 목표를 달성하는 데 효과적이다.
⑤ 현대 조직사회에 필요한 여러 가지 태도, 즉 타인의 의견을 존중하고 합의를 도출하여 실천해 가는 생활 태도를 육성할 수 있다.

90 다음 중 프레젠테이션 구성과 관련해 '전개단계(본론)'에 대한 설명으로 가장 옳지 않은 것은?

① 내용 조직은 논리적으로 체계화되어 설명할 수 있어야 한다.
② 동기부여는 도입단계뿐만 아니라, 이야기 중간중간에도 필요하며 주위집중을 위한 기술들을 구사하는 것이 바람직하다.
③ 부차적인 점을 강조하여 중요한 핵심 내용을 무의미하게 만들지 말아야 한다.
④ 보조 자료를 잘 준비하여 적절히 사용한다.
⑤ 본론 마지막에서, 즉 종결단계로 넘어가기 전에 질문 받는 시간을 마련하는 것은 삼가는 것이 좋다.

CS 리더스관리사 모의고사 2회

정답과 해설 62쪽

제1과목 고객만족(CS) 개론

01 고객만족(CS)의 3요소 중 휴먼웨어에 해당하는 내용을 다음 〈보기〉에서 찾아 모두 선택한 것은?

| 보기 |

가. 다양한 상품이 진열되어 있다.
나. 직원이 단정하게 유니폼을 착용하고 있다.
다. 고객이 매장을 나갈 때 친절하게 인사를 한다.
라. 고객이 주문 처리 절차를 쉽게 따라할 수 있다.

① 가, 나
② 가, 다, 라
③ 나, 다
④ 나, 라
⑤ 다, 라

02 다음 중 고객만족(CS)을 위한 실천 과제로 가장 옳지 않은 것은?

① 고객만족 지향적 기업 문화를 구축해야 한다.
② 고객을 가장 중요시하는 역(逆)피라미드의 조직 구조가 필요하다.
③ 최고 경영자는 고객만족을 경영 목표로 하는 패러다임을 받아들이고 이를 달성하기 위해 기업 내부 조직 구성원과 함께 공유해야 한다.
④ 고객만족 성과를 명확하게 측정하고 이에 방해가 되지 않도록 보상을 위한 평가시스템은 지양하는 노력이 필요하다.
⑤ 고객만족도를 지수화하고 이를 통한 지속적인 개선 활동이 가능하도록 고객만족 실현을 위한 고객정보 관리 체계를 구축해야 한다.

03 '워너(Weiner)'가 제시한 귀인 이론의 범주화 체계 중 다음 〈보기〉의 ( ) 안에 들어갈 내용으로 가장 옳은 것은?

| 보기 |

(   )(이)란 어떤 원인이 일시적인지 또는 영원한 것인지, 실수에 의한 것인지 또는 반복적인 것인지 그 원인을 추론하는 것을 의미한다.

① 안정성
② 통제성
③ 교환성
④ 집중도
⑤ 인과성의 위치

04 다음 〈보기〉의 대화 내용 중 '김○○ 부장'의 상황에 가장 부합하는 이론은?

| 보기 |

김○○ 부장 : 정과장, 우리 담배 한 대 피우고 와서 마무리하지.
정○○ 과장 : 죄송합니다. 저 지난주부터 담배 끊었습니다. 이참에 부장님께서도 금연에 동참하시는 건 어떻습니까?
김○○ 부장 : 건강에 해로운 건 나도 알지만, 이렇게 담배 필터를 끼워서 피우면 나쁘지만은 않다네.

① 교환 이론
② 귀인 이론
③ 순응 수준 이론
④ 인지 부조화 이론
⑤ 기대–불일치 이론

05 대기행렬 모형 중 다음 〈보기〉의 도식에 해당하는 유형은?

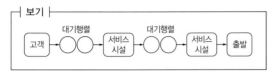

① 단일경로 단일단계 대기 시스템
② 단일경로 복수단계 대기 시스템
③ 복수경로 단일단계 대기 시스템
④ 복수경로 복수단계 대기 시스템
⑤ 혼합경로 연속단계 대기 시스템

06 서비스 접점 유형 중 '원격 접점(Remote Encounter)'에 대한 설명으로 가장 옳지 않은 것은?

① 고객이 어떠한 인적 접촉 없이 서비스 기업과 접촉하는 것을 말한다.
② 현금자동인출기를 이용한 출금, 자동발매기를 통한 각종 티켓 발급 등의 사례에 해당한다.
③ 직접적인 인적 접촉이 발생되지 않더라도 고객의 품질 지각을 긍정적으로 구축 또는 재(再)강화 할 수 있다.
④ 인간적 요소가 배제된 물리적 단서가 중요한 요소로 작용하기 때문에 허용 오차가 많고 통제가 어렵다.
⑤ 서비스의 유형적 증거와 기술적 프로세스 및 시스템을 통해 서비스 품질 판단의 근본을 제공할 수 있다.

07 다음 〈보기〉에서 '총체적 고객만족 경영(TCS)'의 혁신 요소 중 시장 경쟁력 강화를 위한 혁신 활동을 찾아 모두 선택한 것은?

┌ 보기 ┐
가. 지식　　　　　나. 이미지
다. 인사조직　　　라. 가격 경쟁력
마. 요소 상품력
└────────┘

① 가, 나, 다　　　　② 가, 다, 라
③ 가, 다, 라, 마　　④ 나, 라, 마
⑤ 다, 라, 마

08 노드스트롬(Nordstrom) 백화점의 경영 방식 중 내부고객 만족을 위한 정책과 가장 거리가 먼 것은?

① 권한위임
② 동기부여와 인센티브
③ 내부승진 원칙과 인사관리
④ 개인별 고객 수첩의 활용
⑤ 피상적인 조건을 내세우지 않는 종업원 선발

09 '슈메너(Schmenner)'의 서비스 프로세스 매트릭스와 관련해 다음 〈보기〉의 그림에서 (다)에 해당하는 업종은?

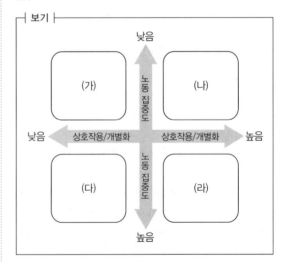

① 회계　　　　　② 학교
③ 병원　　　　　④ 호텔
⑤ 항공

10 다음 중 '고객(Costomer)'의 일반적 개념에 대한 설명으로 가장 거리가 먼 것은?

① 여러 번의 구매와 상호작용을 통해 형성된다.

② 반복 구매 또는 접촉이 없는 사람이라 할지라도 고객의 의미가 부여된다.

③ 습관적으로 자사의 물품을 구매하거나 서비스를 이용하는 사람을 의미한다.

④ 단골 고객은 높은 친밀감과 비용 가치를 지니고 있으나 로열티 고객과는 다른 개념이라 할 수 있다.

⑤ 일정 기간 동안 상호 접촉과 커뮤니케이션을 통해 반복 구매나 고객생애가치 수익을 창출해 줄 수 있는 사람을 의미한다.

11 '마이클 포터(Michael Porter)' 교수가 제시한 산업 경쟁을 촉진하는 '5대 세력(Five Force)' 중 제품의 차별성이나 브랜드력, 구매량, 구매 비중, 교체 비용 등에 대하여 분석하는 유형은?

① 공급자　　　　　② 구매자

③ 신규 진입자　　　④ 경쟁자

⑤ 대체자

12 제품 구매나 사용 시 소비자가 지각하는 위험 요인 중 구매한 상품이 준거집단으로부터 부정적으로 평가를 받을 수 있는 위험에 해당하는 것은?

① 사회적 위험　　　② 재무적 위험

③ 심리적 위험　　　④ 신체적 위험

⑤ 시간상실의 위험

13 다음 중 구매 행위의 의사결정 단계에서 가족 구성원의 역할로 보기 어려운 것은?

① 소비자　　　　　② 정보수집자

③ 동기관측자　　　④ 의사결정자

⑤ 구매 담당자

14 고객의 역할과 관련해 다음 〈보기〉의 사례에 해당하는 것은?

┌ 보기 ├
- 교육 서비스의 경우 가만히 앉아서 듣는 교육생보다 직접 참여하는 교육생의 학습 효과가 더 크게 나타난다.
- 의료 서비스의 경우 환자가 의사의 처방과 식사 습관의 변경을 받아들이지 않는다면 건강의 회복을 기대하기 어렵다.

① 품질에 기여하는 공헌자

② 잠재적 경쟁자로서의 고객

③ 인적자원의 역할을 하는 고객

④ 부분 직원의 역할을 하는 고객

⑤ 생산자원으로 역할을 하는 고객

15 마이어스-브릭스 유형 지표(MBTI)의 해석에 관한 유의 사항으로 가장 옳지 않은 것은?

① MBTI는 다양한 성향과 기질을 가진 여러 사람을 범주화하거나 명명하는 데 도움을 준다.

② MBTI 검사의 대중성과 결과 해석의 단순성 때문에 종종 MBTI를 과신하는 사람들이 있을 수 있다.

③ MBTI는 해석을 통해 내담자가 다양한 상황에서 융통성 있게 행동할 수 있도록 지도해야 한다.

④ 일반적으로 성격 검사를 사용하는 검사자는 검사의 장점과 더불어 제한점을 확실히 알고 있어야 한다.

⑤ 심리 검사에 대한 전문적 지식이 부족한 사람들에 의해 MBTI가 실시, 해석되는 경우가 종종 있기 때문에 주의가 필요하다.

16 다음 중 '스탠리 브라운(Stanley Brown)'이 제시한 성공적인 CRM(고객관계 관리) 구현 단계에 대한 내용으로 보기 어려운 것은?

① 목표를 분명하게 설정한다.

② 최대한 전문화된 솔루션을 채택한다.

③ 비판적인 자세로 방법론을 선택한다.

④ 프로젝트의 진척 현황을 주의 깊게 살핀다.

⑤ 이해관계가 상충되는 부서와 끊임없이 소통한다.

17 고객관계관리(CRM) 전략 수립 단계 중 다음 〈보기〉의 ( ) 안에 들어갈 내용으로 가장 옳은 것은?

┤ 보기 ├
1단계 : 환경 분석
2단계 : 고객 분석
3단계 : CRM 전략 방향 설정
4단계 : ( )
5단계 : 개인화 설계
6단계 : 대화 설계

① 기업 유통 범위의 확장
② 마케팅 조사비용의 절감
③ 정보처리 산업 육성 지원
④ 고객에 대한 마케팅 제안 결정
⑤ 고객만족 성과 측정 지표 구축

18 메타(Meta)그룹에서 제시한 '고객관계관리(CRM)'의 분류 중 협업 CRM에서 적용되는 솔루션(Solution)을 다음 〈보기〉에서 찾아 모두 선택한 것은?

┤ 보기 ├
가. 콜센터
나. e-mail
다. Web-log solution
라. FOD(Fax On Demand)
마. ODS(Operation Date Store)

① 가, 나, 다
② 가, 나, 라
③ 나, 다, 라
④ 나, 다, 라, 마
⑤ 다, 라, 마

19 다음 중 'e-CRM' 전략에서 '고객접근 전략'에 해당하는 것은?

① 옵트 인 메일(Opt-in Mail)
② 리마인드 서비스(Remind Service)
③ 어드바이스 서비스(Advice Service)
④ 인센티브 서비스(Incentive Service)
⑤ 개인화 서비스(Personalize Service)

20 부적응적 인간관계 유형 중 실제로 깊이 있는 인간관계를 맺지 못하지만, 겉으로는 넓고 원만한 인간관계를 맺고 있는 것으로 보이는 유형은?

① 관리형
② 피상형
③ 미숙형
④ 활동형
⑤ 회피형

21 '머튼 (R. K. Merton)'이 주장한 '아노미 이론(Anomie Theory)'에서 다음 〈보기〉의 내용에 해당하는 부적응 유형은?

┤ 보기 ├
문화적 목표와 수단을 모두 거부하지만 기존의 것을 새로운 것으로 대치하려는 유형을 의미한다.

① 동조형
② 반역형
③ 혁신형
④ 패배주의형
⑤ 의례주의형

22 대인지각 왜곡유형 중 판단을 함에 있어 아주 나쁘다거나 아주 좋다거나 하는 판단을 기피하고 중간 정도인 것을 판단하려는 경향을 보이는 유형은?

① 중심화 경향
② 수용화 경향
③ 관대화 경향
④ 양시론(兩是論)
⑤ 양비론(兩非論)

23 의사소통의 유형 중 '수평적 의사소통'에 대한 설명으로 가장 거리가 먼 것은?

① 횡적 의사소통이라고도 하며, 상하관계에 있지 않은 동일한 계층 사람들 간에 이루어진다.
② 주로 조직 안에서 동료들 간이나 부서 간에 이루어지는 의사소통 방식이다.
③ 회의, 위원회, 회람, 사전심사제도 등의 전달 방법을 주로 사용한다.
④ 직원들 간이나 부서 간의 갈등을 해결하기 위한 수단으로 활용할 수 있다.
⑤ 조직 구조에 유연성을 확보하는 데 어려움이 있다.

24 다음 중 포도넝쿨 의사소통 유형의 장점에 해당하지 않는 것은?

① 전달 속도가 빠르다

② 하급자들 스스로 스트레스를 해소해 준다.

③ 공식적인 의사소통이 전달하지 못하는 유익한 정보를 제공한다.

④ 하급자의 태도나 성과, 아이디어 등 가치 있는 정보를 제공한다.

⑤ 정보가 전달 과정에서 왜곡되어 전달될 가능성이 현저히 낮다.

25 다음 중 '현장 서비스(On Service)'에 대한 설명으로 가장 옳지 않은 것은?

① 고객과 기업의 직원 간에 직접적으로 상호 거래가 이루어지는 서비스로서 고객에게 제품을 인도하는 데 직접적으로 관련된 것들을 의미한다.

② 인도시간, 오더필링(Order Filling)의 정확성, 인도할 때 제품의 상태, 재고 가용성 등에 영향을 미친다.

③ 재고수준을 설정하고 수송수단을 선택하며 주문처리 절차를 확립하는 등의 활동에 해당한다.

④ 현장 서비스는 서비스의 본질적인 것으로 고객이 업장에 들어오는 순간부터 현장 서비스가 본격적으로 진행된다.

⑤ 정상적인 서비스에 영향을 미칠 수 있는 파업 혹은 자연재해에 대한 긴급 상황계획, 고객에게 기술적 훈련과 지침서를 제공하는 것 또한 공급자와 구매자의 관계를 긍정적으로 유지하는 방안이 된다.

26 러브록(Lovelock)이 제시한 다차원적 서비스 분류에서 다음 도표의 (나)에 들어갈 업종으로 알맞은 것은?

		서비스 지점	
		단일입지	복수입지
고객과 서비스 기업과의 관계	고객이 서비스 기업으로 간다.	(가)	(나)
	서비스 기업이 고객에게 간다.	(다)	(라)

① 패스트푸드
② 택시
③ 방역
④ 우편배달
⑤ 긴급 자동차 수리

27 한국인의 특성에 맞는 감성경영 전략에서 경영자(리더)가 고려해야 할 사항으로 가장 거리가 먼 것은?

① 화합과 권위를 조화시키려는 리더의 노력이 필요하다.

② 깊이 있는 사고와 토론의식이 필요하다.

③ 공동체 의식을 강화하고 개인주의를 최대한 자제하기 위한 노력이 필요하다.

④ 가족주의를 바탕으로 한 경영가족주의 시도, 조직의 간소화, 건전한 자본주의 정신의 함양이 필요하다.

⑤ 시대 변화에 따른 세대별 이성과 감성의 구성 비율이 다를 수 있으므로 유연성 있는 리더십의 발휘가 요구된다.

28 다음 중 '커트 라이만(Curt Reimann)'이 제시한 서비스 리더십의 특성에 대한 내용으로 가장 옳지 않은 것은?

① 우수한 리더는 업무에 누구보다도 열정을 가지고 있다.
② 우수한 리더는 반드시 달성 가능한 합리적 목표를 세운다.
③ 우수한 리더는 항상 고객을 염두에 두고 리더십을 발휘한다.
④ 우수한 리더는 강력하게 일을 추진하는 능력을 가지고 있다.
⑤ 우수한 리더는 무엇을 어떻게 해야 하는지 정확히 알고 동시에 솔선수범하는 모습을 보인다.

29 교류패턴의 분석과 관련해 다음 〈보기〉의 내용에 해당하는 교류 유형은?

┤ 보기 ├
타인의 어떤 반응을 기대하기 시작한 교류에 대해 예상 외의 반응이 되돌아오는 유형으로 상황에 따라 침묵 현상이 일어나거나 화제가 바뀌기도 하며 때로 싸움이 되어버리는 경우도 적지 않다.

① 이면교류   ② 교차교류
③ 상보교류   ④ 수행교류
⑤ 평행교류

30 접촉경계혼란의 원인 중 타인이나 환경과 상호작용 하는 대신 자기 자신을 대상으로 삼아 외부에 하고 싶은 행동을 자신에게 하거나, 외부에서 나에게 해주길 바라는 행동을 스스로에게 하는 상태를 의미하는 것은?

① 투사(Projection)   ② 자의식(Egotism)
③ 내사(Introjection)   ④ 융합(Confluence)
⑤ 반전(Retroflexion)

제2과목 고객만족(CS) 전략론

31 다음 중 '린 쇼스택'의 서비스 청사진의 위험요소가 아닌 것은?

① 주관성   ② 불완전성
③ 기술적 오류   ④ 편향된 해석
⑤ 지나친 단순화

32 서비스 모니터링의 구성 요소 중 표본추출 테크닉으로 전체 서비스의 특성과 수준이 측정 가능해야 하는 것은?

① 차별성   ② 신뢰성
③ 객관성   ④ 유용성
⑤ 대표성

33 다음 중 서비스 표준안 작성 시 고려해야 할 사항으로 보기 어려운 것은?

① 고객의 요구를 바탕으로 작성한다.
② 서비스 표준이 관찰할 수 있고 객관적인 측정이 가능해야 한다.
③ 전 조직원이 고객의 요구를 받아들이고 상호 이해와 협조 하에 작성한다.
④ 간단하고 명확하게 지시되어야 한다.
⑤ 고객에게 명확하고 정확한 지침을 제공하기 위해 구체적으로 작성한다.

34 '80%의 비주류 제품도 20%의 핵심 주류 제품보다 뛰어난 가치를 창출할 수 있다'는 관점에서 본 마케팅 이론은?

① 2080법칙   ② 파레토 법칙
③ 롱테일의 법칙   ④ 황금비율의 법칙
⑤ 250의 법칙

35 소비재 시장에서 세분화 방법 중 라이프스타일 분석과 같이 소비자가 가진 여러 가지 개인적 특성이나 개성, 태도 등에 가장 부합하는 변수는?

① 지리적 변수
② 심리학적 변수
③ 구매행동 변수
④ 행동 분석적 변수
⑤ 인구통계적 변수

36 소비자의 쇼핑 습관을 기준으로 한 소비재 분류에서 비누나 치약처럼 단가가 싸고 빈번하게 구매하는 제품 유형에 해당하는 것은?

① 필수품
② 선매품
③ 비탐색품
④ 전문품
⑤ 충동제품

37 표적시장 선정을 위한 표적 마케팅 활동 중 '차별화 전략'에 대한 설명으로 가장 거리가 먼 것은?

① 각각의 세분 시장에 대해 다른 프로그램을 설계하는 마케팅이다.
② 광범위한 고객을 대상으로 하는 시장 전략이다.
③ 둘 이상의 세분 시장들을 표적시장으로 선정하여 각각의 시장에 적합한 독특한 서비스를 제공하는 접근법이다.
④ 각기 다른 소비자의 욕구에 맞추어 여러 서비스를 다양한 가격·형태로 제공하고 복수의 유통경로를 사용한다.
⑤ 대기업에 적절한 포지셔닝 선정방법이다.

38 '아커(Aaker)와 샨비(Shanby)'가 제시한 포지셔닝 전략 수행절차 6단계 중 〈보기〉의 ( ) 안에 들어갈 내용으로 가장 옳지 않은 것은?

┌─ 보기 ├─
- 1단계 : 경쟁자 확인
- 2단계 : (가)의 인식 및 평가 분석
- 3단계 : (나)과 제품 시장에서의 포지셔닝 결정
- 4단계 : (다) 분석 수행
- 5단계 : (라) 의사 결정
- 6단계 : (마)

① 가 : 경쟁자
② 나 : 경쟁 기업
③ 다 : 판매자
④ 라 : 포지셔닝
⑤ 마 : 모니터링

39 다음 중 이상적인 틈새시장이 존재하기 위해 필요한 전제조건과 가장 거리가 먼 것은?

① 중요 경쟁자들의 관심 밖에 있어야 한다.
② 단기적인 시장 잠재력이 존재해야 한다.
③ 기업은 시장의 욕구 충족을 위한 능력과 자원을 보유해야 한다.
④ 기업은 주요 경쟁자들의 공격을 방어할 수 있어야 한다.
⑤ 중소기업의 경우 수익성이 보장되는 시장 규모와 구매력이 있어야 한다.

40 마케팅 관리의 개념의 변화와 관련해 '제품 개념'에 대한 내용으로 옳지 않은 것은?

① 소비자는 최고의 품질 제품, 혁신적인 특성 제품을 선호할 것이다.
② 제품공급이 과잉생산에 처한 경우에 수행한다.
③ 소비자의 선택 기준은 제품의 품질과 성능에 있다.
④ 기업은 지속적으로 제품의 기능 개선을 위해 노력해야 한다.
⑤ 실제 시장의 요구는 소비자의 기준에 따르지 못하는 경우가 많다.

41 '수잔 키비니(Susan Keaveney)' 교수의 서비스 전환 유형 중 서비스 제공자의 무례함, 냉담한 반응, 전문성 부족 등에 해당되는 것은?

① 윤리적 문제
② 불공정한 가격
③ 핵심서비스 실패
④ 서비스 접점 실패
⑤ 비자발적 전환

42 애프터서비스(A/S) 품질 차원의 요인 중 영향도가 가장 높은 것은?

① 정책
② 처리시간
③ 종업원 태도
④ 편의성
⑤ 전문성

43 다음 중 고도로 차별화된 개별적 서비스를 제공하는 리츠칼튼 호텔의 서비스 활용 사례가 아닌 것은?

① 고객인지 프로그램
② 고객이력 데이터베이스
③ 고객 코디네이터
④ 고객 기호카드
⑤ 획일화된 고객서비스

44 서비스 수익체인을 이용하여 기업의 핵심 역량을 향상시키고 운영 단위를 지속적으로 관리하기 위해 고려해야 할 사항 중 가장 거리가 먼 것은?

① 성과 향상을 위한 행동지침을 설계한다.
② 측정한 결과에 대한 보상을 개발한다.
③ 개별 영업 단위에서 결과에 대한 커뮤니케이션을 한다.
④ 자체 평가한 결과를 토대로 성과 측정기준을 정한다.
⑤ 모든 의사결정 단위를 거쳐 서비스 수익체인의 연관 관계를 측정한다.

45 제품 차별화 요소 중 기업에게 경쟁적인 우위를 가져오게 하는 요인은?

① 디자인
② 성능 품질
③ 신뢰성
④ 내구성
⑤ 스타일

46 다음 중 의료기관의 특징에 대한 설명으로 가장 옳지 않은 것은?

① 진료 결과의 효과 판별이 어렵다.
② 병원은 기본적으로 비영리적 동기를 가진다.
③ 병원은 고도로 노동집약적이며 자본집약적인 조직체이다.
④ 공익성으로 인해 사업 이윤의 극대화는 허용되지 않는다.
⑤ 진료서비스를 위해 타 직종 간의 상하명령 전달체계가 생긴다.

47 다음 중 서비스 품질 측정이 어려운 이유에 대한 설명으로 가장 옳은 것은?

① 서비스 품질은 객관적이기 때문에 고객의 주관적인 품질 평가를 기반으로 한 다양한 요소를 측정하기 어렵다.
② 고객으로부터 데이터를 수집하는 일에 시간과 비용이 많이 들고 회수율도 낮다.
③ 서비스 품질은 서비스의 특성상 생산과 소비가 동시에 이루어지기 때문에 서비스의 전달이 완료되기 이전에는 검증하기가 어렵다.
④ 고객이 서비스 프로세스의 일부이며 변화를 일으킬 수 있는 중요한 요인이기 때문에 고객을 대상으로 하는 서비스 품질의 연구 및 측정에 어려움이 있다.
⑤ 자원이 서비스 전달과정 중 고객과 함께 이동할 수 있기 때문에 고객이 자원의 흐름을 관찰할 수 있어 서비스 품질 측정의 객관성이 저해된다.

48 다음 중 '카노(Kano)'의 품질 모형의 장점에 대한 설명으로 가장 옳지 않은 것은?

① 품질 속성이 지닌 진부화 경향을 설명할 수 있는 단서를 제공한다.
② 제품과 서비스에 대한 소비자의 요구를 이해할 수 있도록 도와주기 때문에 소비자 만족에 가장 큰 영향을 주는 특성을 규명할 수 있다.
③ 물리적 충족·불충족의 객관적인 측면이 아니라 만족·불만족의 주관적 측면을 고려하여 대응할 수 있다.
④ 거래(Trade-off) 상황에서 중요한 가이드라인을 제공한다.
⑤ 기술적 또는 재정적 문제로 인하여 서비스와 제품을 동시에 프로모션 하지 못할 경우 고객 만족에 더 많은 영향을 주는 방향으로 결정할 수 있다.

49 적용범위에 따른 고객만족 계획수립 유형 중 '전술적 계획(Tactical Plans)'에 대한 설명으로 가장 거리가 먼 것은?

① 무엇을, 누가, 어떻게 해야 하는지에 관한 구체적이고 단기적인 의사결정이다.
② 전술적 계획은 전략적 계획을 수행하고 전술적 목적을 달성하기 위한 수단이다.
③ 부서별 연간 예산을 책정, 현재의 운영을 개선하기 위한 일련의 과정을 계획하는 것을 말한다.
④ 일반적으로 전술적 계획보다 전략적 계획이 보다 자세하고 구체적이다.
⑤ 대부분의 경우 전술적 계획은 중간 관리자 또는 초급 관리자에 의해 만들어진다.

50 다음 중 '베리'가 제시한 서비스 종사원에게 역할모호성이 발생되는 원인이 아닌 것은?

① 서비스 표준이 없을 경우
② 하향적 의사소통이 수행될 경우
③ 서비스 표준이 제대로 커뮤니케이션 되지 않을 경우
④ 우선순위가 없이 너무 많은 서비스 표준이 존재할 경우
⑤ 서비스 표준이 성과측정, 평가, 보상시스템과 연결되어 있지 않을 경우

51 다음 〈보기〉의 내용 중 고객만족도 조사 원칙을 찾아 모두 선택한 것은?

┌ 보기 ┐
가. 편의성의 원칙	나. 반응성의 원칙
다. 공감성의 원칙	라. 정량성의 원칙
마. 정확성의 원칙	바. 계속성의 원칙

① 가, 나
② 가, 나, 다, 마
③ 나, 다, 마, 바
④ 다, 라, 마
⑤ 라, 마, 바

52 평가 시스템 구축을 위해 다음 〈보기〉와 같이 조사 계획을 수립할 경우 이에 해당하는 자료수집 방법은?

보기	
조사제목	KIE 뱅크 이용 실태와 의견에 대한 자료 수집
조사방식	각 면접원은 자신에게 할당된 조사 지역에서 조사대상자에게 설문지를 주고 응답하게 함
조사절차	할당된 지역에 도착하면 해당 지점의 고객에게 무작위로 접근하여 정중히 자신을 소개하고 설문 조사에 협조를 요청함
기　간	2021.5.17.~5.21
면접대상	KIE 뱅크 ○○○지점 이용 고객(면접원 당 30명 배정)
제 공 물	설문지 35매(여분 5매 포함)

① 실험법
② 관찰법
③ 서베이법
④ 문헌연구법
⑤ 표적집단면접법

53 '보웬(Bowen)과 첸(Chen)'이 제시한 고객 충성도 측정 방법 중 다음 〈보기〉의 설명에 해당하는 것은?

| 보기 |
특정 제품이나 서비스에 대하여 일정 기간 동안 고객의 지속적이고 반복적인 구매 행위를 고려하여 반복 구매, 구매 비율 및 구매 빈도 등으로 측정이 가능하다.

① 개념적 측정 방법
② 전략적 측정 방법
③ 포괄적 측정 방법
④ 행동적 측정 방법
⑤ 통합적 측정 방법

54 'SERVQUAL'의 5가지 GAP 모델 중 GAP4가 발생되었을 경우, 그에 따른 해결 방안으로 옳은 것은?

① 고객의 기대 조사
② 수요와 공급의 연결
③ 서비스 업무의 표준화
④ 기술-직무 적합성 보장
⑤ 고객 기대의 효과적인 관리

55 다음 〈보기〉의 (　) 안에 들어갈 마케팅 용어로 알맞은 것은?

| 보기 |
프로축구 K리그는 올 시즌 '마케팅'으로 울고 웃었다. 지난 5월 서울 월드컵경기장에서 열린 FC서울과 광주FC의 하나원큐 K리그1(1부) 2020 2라운드에서 발생한 '리얼돌 응원단 설치' 사태로 국제적 망신을 당했다. 한국프로축구연맹이 서울 구단에 제재금 1억 원의 중징계를 내리면서 사태는 일단락됐지만, 한번 실추된 K리그의 명예는 좀처럼 회복하기 어려웠다.
프로축구연맹은 사건의 재발 방지를 위해 지난 8월 대대적으로 마케팅 규정을 손봤다. 마케팅 규정에 허용된 광고보드 이외의 광고물 또는 상업 광고 노출로 인식될 수 있는 물건을 경기장 내에 설치할 경우 반드시 연맹의 사전 승인을 받도록 했다. 구단이 제3자로 하여금 이를 설치하도록 할 경우에도 해당된다.
리그 공식 명칭 등을 사용할 권리가 없는 타인이 이를 사용하거나 연상케 하는 광고를 하는 (　　　) 행위를 막는 규정도 신설했다. 연맹으로선 리그 관련 마케팅의 중요성을 재확인하게 된 계기였다.

① 버즈 마케팅
② 바이럴 마케팅
③ 노이즈 마케팅
④ 앰부시 마케팅
⑤ PPL 마케팅

56 다음 중 마케팅 개념의 흐름과 관련해 소비자의 선택 기준이 품질, 성능 및 혁신적인 특성에 있다고 가정하고 '마케팅 근시안(Marketing Myopia)'을 초래할 가능성이 높은 마케팅 개념은?

① 제품 개념
② 가치 개념
③ 관리 개념
④ 자원 개념
⑤ 투자 개념

57 다음 〈보기〉의 설명에 해당하는 벤치마킹 유형은?

┤ 보기 ├
최신의 제품, 서비스, 프로세스를 가지고 있는 조직을 대상으로 한 벤치마킹 유형으로 새롭고 혁신적인 기법을 발견할 수 있다는 장점이 있지만, 서로 다른 업종일 경우 방법을 이전하는데 한계가 있다.

① 경쟁 벤치마킹　　② 포괄 벤치마킹
③ 기능 벤치마킹　　④ 시설 벤치마킹
⑤ 내부 벤치마킹

58 다음 〈보기〉의 ( ) 안에 들어갈 용어로 가장 알맞은 것은?

┤ 보기 ├
코로나 19 이후 플라스틱 사용량이 더욱 늘었다. 집에서 시키는 택배와 배달이 늘면서 지난해 폐플라스틱과 폐비닐 매출은 전년보다 각각 144.6%, 11% 늘었다. '플라스틱 세상'에서 이를 절대 안 쓰기란 현실적으로 불가능에 가깝다.
그래서 각자 할 수 있는 만큼만 실천하자는 (　　)(이)가 주목받고 있다. 플라스틱 절대 쓰지 않기, 일회 용기 거부하기, 리필 제품 이용하기 등 작은 행동이지만 꾸준히 할 수 있는 걸 찾자는 게 (　　)의 핵심이다.
'버리는 것'에서 벗어날 수 없다면 조금씩이라도 '덜' 버릴 순 있지 않을까?

① 시피(Cipie)족
② 레스 웨이스트(Less waeste)
③ 제로 웨이스트(Zero waeste)
④ 미니멀 라이프(Minimal life)
⑤ 길티 플레저(Guilty pleasure)

59 다음 중 '고객가치지수(CVI)'에 대한 설명으로 가장 옳지 않은 것은?

① 고객가치 경영을 수행하기 위해서는 현재 고객가치 수준을 측정하고, 고객가치에 핵심적으로 영향을 주는 가치 요소를 발굴해 가치 경쟁력을 높일 수 있는 새로운 가치제안이 제공되도록 해야 한다.
② 고객가치지수는 '투입 전(前) 요소' 대비 '잠재 획득 효용'의 크기를 측정함으로써 산출이 가능하다.
③ 고객가치를 파악하고 경영하게 되면 고객이 무엇에 더 가치를 두고 있는지를 알 수 있기 때문에 전략적인 의사결정을 할 수 있게 된다.
④ 고객가치 측정을 통해 고객이 물건을 구입할 때 어떤 요소에 더 가치를 두는지, 물건을 사용하면서 어떤 요소에 더 가치를 두는지를 파악할 수 있다.
⑤ 구매동기와 재구매의 원인이 파악되면 기업에서는 이러한 원인에 결정적인 영향을 미치는 요소들에 집중적인 투자와 자원을 할당하여 성과를 높일 수 있다.

60 소비자 심리와 관련해 다음 〈보기〉의 내용에 가장 가까운 용어는?

┤ 보기 ├
1948년 미국 대통령 선거 당시, 해리 트루먼(Harry S. Truman) 후보는 사전 여론조사에서 계속 상대 후보 토머스 듀이(Thomas Edmund Dewey)에게 뒤졌습니다.
그런데 막상 선거를 마치니 그 결과는 정반대로 트루먼이 상대 후보를 4.4% 포인트 차로 누르고 당선되었습니다.
전문가들은 사전 여론조사의 예상을 깨고 트루먼이 승리할 수 있었던 까닭을 잇따른 여론조사로 인해 대중에게 각인된 약자 이미지가 오히려 동정표 결집의 원동력이 되었기 때문으로 분석했습니다.
이는 대중의 심리 저변에 약자에 대한 관대함 또는 일체감이 작용하고 있음을 의미합니다.

① 탑독(Topdog) 효과
② 언더독(Underdog) 효과
③ 마타도어(Matador) 효과
④ 레임덕(Lame duck) 효과
⑤ 포크배럴(Pork Barrel) 효과

61 이미지 형성 과정과 관련하여 다음 〈보기〉의 내용에 가장 부합하는 이론은?

┤ 보기 ├

• 도식의 일종으로 성격 특성들 간의 관계에 대해 개인이 가지고 있는 신념이나 이론을 의미한다.
• 일반 사람들이 다른 사람의 성격을 판단하는데 사용하는 나름대로의 틀을 의미한다.

① 내현 성격 이론
② 편향 성격 이론
③ 행위 성격 이론
④ 양립 성격 이론
⑤ 과장 성격 이론

62 첫인상 형성과 관련하여 다음 〈보기〉의 설명에 해당하는 용어는?

┤ 보기 ├

콘크리트 효과라고도 하며, 첫인상은 콘크리트처럼 쉽게 굳어지는 특징이 있어 처음에 형성된 인상은 쉽게 바뀌지 않는다.

① 맥락 효과
② 일관성의 오류
③ 인지적 구두쇠
④ 아스팔트 효과
⑤ 부정성의 법칙

63 다음 〈보기〉의 내용 중 '메라비언의 법칙'에서 제시된 시각적인 요소를 찾아 모두 선택한 것은?

┤ 보기 ├

| 가. 동작 | 나. 표정 | 다. 복장 |
| 라. 음성 | 마. 속도 | 바. 전문지식 |

① 가, 나, 다
② 가, 다, 라
③ 가, 나, 다, 라
④ 나, 라, 마, 바
⑤ 다, 라, 마, 바

64 다음 중 정중례를 해야 될 경우로 가장 적절하지 않은 것은?

① 결혼식장에서 신랑, 신부가 하객에게 올리는 인사
② 회사에서 높은 직급의 손님을 배웅할 경우의 인사
③ 아주 큰 어른을 만났을 경우 올리는 인사
④ 입사 면접을 위해 기업 임원에게 올리는 인사
⑤ 화장실에서 VIP를 만났을 경우의 인사

65 다음 〈보기〉의 설명에 해당하는 절의 종류는?

┤ 보기 ├

• 오른손이 위로 가게 포개 잡고 공수한 손을 어깨 높이만큼 올린 다음 시선은 손등을 본다.
• 왼쪽 무릎을 먼저 꿇고 오른쪽 무릎을 가지런히 꿇은 다음 엉덩이를 깊이 내려앉는다.
• 윗몸을 45도쯤 앞으로 굽힌 다음 잠시 머물러 있다가 윗몸을 일으킨다. 머리를 깊이 숙이지 못하는 이유는 전통 복장의 머리 장식 때문이다.
• 오른 무릎을 먼저 세우고 일어나 두 발을 모은 후 올렸던 두 손을 내려 공수한 후 가볍게 목례한다.

① 여성의 작은 절
② 여성의 평절
③ 여성의 큰절
④ 남성의 평절
⑤ 남성의 작은 절

66 고객 상담 화법 중 유명 연예인이나 매출 자료를 제시하여 고객의 반대 저항을 감소시켜 나가는 심리적 화법의 명칭은?

① 후광 화법
② 간접부정법
③ 쿠션 화법
④ 역전 화법
⑤ 긍정법

67 다음 〈보기〉의 설명에 해당하는 불평 고객 유형을 고르면?

┌ 보기 ┐
- 모든 상황에서 평균 이상의 불평 성향을 갖는 고객의 유형이다.
- 다른 유형의 사람들보다 더 높은 소외의식을 가진다.
- 제품이나 서비스의 제공자뿐만 아니라 다른 사람들이나 제3자에게도 불평을 하는 고객이다.
└─────┘

① 표현 불평자
② 화내는 불평자
③ 행동 불평자
④ 수동적 불평자
⑤ 불평 제공자

68 고객을 화나게 하는 7가지 태도 중 고객을 귀찮고 성가신 존재로 취급하여 차갑고 퉁명스럽게 대하는 유형은?

① 발뺌
② 경직화
③ 냉담
④ 거만
⑤ 규정 제일

69 다음 중 조직 내부에서 '카운슬링(Counseling)'이 필요한 경우로 가장 거리가 먼 것은?

① 조직의 재구성이 필요한 경우
② 교육 훈련 후 추가적인 지도가 필요한 경우
③ 동료와의 사이에서 갈등을 겪고 있는 팀원이 발생된 경우
④ 지원이 필요한 개인적인 문제를 가진 팀원이 발생된 경우
⑤ 개인적인 문제를 가진 팀원이 팀의 실적에 영향을 미치고 있는 경우

70 다음 중 전화응대 시 유의 사항으로 가장 거리가 먼 것은?

① 플러스 화법을 사용하며, 말씨와 억양에 유의한다.
② 강조할 부분, 쉬어야 할 부분을 구별해 또박또박 말하도록 한다.
③ 명령형이나 지시형보다는 의뢰형이나 권유형으로 말하는 것이 좋다.
④ 고객이 말하는 속도보다 조금 빠르게 진행하여 처리 업무량을 증가시키는 것이 좋다.
⑤ 고객이 이해하기 어려운 전문 용어의 사용은 가급적 자제한다.

71 다음 중 '호칭(呼稱)'의 기본 예의에 대한 설명으로 가장 거리가 먼 것은?

① 자신보다 아랫사람을 처음 대면하는 경우 친근감을 형성하기 위해 이름을 부르거나 '자네'라는 표현을 사용하는 것이 통상적인 예의이다.
② 자신보다 나이가 많거나 지위가 상급인 경우 공손하게 직위나 적정한 사회적 경칭(敬稱)을 사용하는 것이 좋다.
③ 공적인 자리에서 친구나 동료처럼 대등한 위치에 있는 사람일 경우, 'OO 씨'라고 하여 상대방을 존중해 주는 것이 좋다.
④ 친구나 동료처럼 대등한 위치에 있는 사람이라면 사적인 자리에 한해 이름을 불러도 크게 문제가 되지 않는다.
⑤ 직급과 직책 중에서 더 상위 개념을 칭하는 것이 통상적인 예의이다.

72 다음 중 보고(報告)의 일반적인 원칙으로 가장 거리가 먼 것은?

① 일시성의 원칙
② 정확성의 원칙
③ 유효성의 원칙
④ 적시성의 원칙
⑤ 간결성의 원칙

73 다음 중 콜센터 조직의 일반적인 특성과 가장 거리가 먼 것은?

① 특정 업무의 선호
② 개인 가치의 평준화
③ 콜센터만의 독특한 집단의식
④ 비정규직 중심의 전문조직
⑤ 커뮤니케이션 장벽 존재

74 콜센터의 업무 성격에 따른 분류 중 아웃바운드 콜 서비스의 활용 사례와 가장 거리가 먼 것은?

① 해피콜
② A/S 접수
③ 판촉 활동 강화
④ 부가 서비스 가입 촉진
⑤ 고객만족도 및 시장 조사

75 다음 〈보기〉에서 스크립트(Script) 작성 원칙으로 보기 어려운 내용을 찾아 모두 선택한 것은?

┌ 보기 ├
가. 상황 관리	나. 상황 대응
다. 기업 중심	라. 차별성
마. 문어체 활용	바. 활용 목적 명확화

① 가, 나, 다
② 가, 나, 다, 라
③ 나, 다, 라
④ 다, 마
⑤ 라, 마, 바

76 콜센터 모니터링 방법 중 다음 〈보기〉의 설명에 해당하는 것은?

┌ 보기 ├
정해진 동료 파트너의 상담 내용을 듣고 장·단점에 대하여 피드백을 제공함으로 벤치마킹이 가능한 동료평가제 유형의 콜센터 모니터링 기법을 말한다.

① Self Monitoring
② Peer Monitoring
③ Silent Monitoring
④ Side-by-side Monitoring
⑤ Recording Monitoring

77 감정노동으로 인한 직무 스트레스 대처법과 관련해 다음 〈보기〉의 내용에 해당하는 것은?

┌ 보기 ├
KIE 콜센터에서 근무하는 박○○ 상담사는 고객의 심한 욕설과 폭언을 듣고 침착하게 상담을 마친 후, 마음속으로 이렇게 생각했다.
'나는 지금 연극을 하고 있어. 나는 일 때문에 다른 사람이 되어 있는 거야.'

① 적응하기
② 생각 멈추기
③ 분노조절 훈련
④ 일과 나와의 분리
⑤ 혼잣말 등 인지적 기법

78 다음 중 비즈니스 상황에서 필요한 명함 교환 예절에 대한 설명으로 가장 옳지 않은 것은?

① 명함은 상대방이 바로 볼 수 있도록 건넨다.
② 목례를 하며 가슴선과 허리선 사이에서 건넨다.
③ 상대방이 2명 이상일 경우, 연장자에게 먼저 건네는 것이 좋다.
④ 동시에 주고받을 때는 왼손으로 주고 오른손으로 받는 것이 좋다.
⑤ 상대방에게 받은 명함은 가급적 자신의 명함과 구분하여 넣어두는 것이 좋다.

79 다음 〈보기〉의 그림과 같이 서로 마주보는 좌석의 고속 열차 탑승 시 가장 높은 상석부터 순서대로 옳게 나열한 것은?

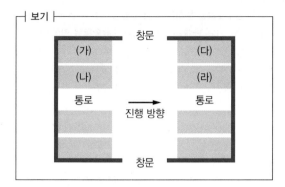

① (가) > (나) > (다) > (라)
② (가) > (나) > (라) > (다)
③ (가) > (다) > (나) > (라)
④ (나) > (라) > (가) > (다)
⑤ (나) > (라) > (다) > (가)

80 다음 〈보기〉의 내용에 해당하는 회의의 명칭으로 가장 옳은 것은?

┤ 보기 ├─
서로 상반된 견해를 가지고 있는 2명 이상의 연사가 사회자의 주도하에 청중 앞에서 벌이는 공개토론회로써 청중이 자유롭게 질의에 의해 참여할 수 있으며 사회자는 쌍방의 견해를 요약해 주고 토론을 이끌어가는 역할을 한다.

① 포럼(Forum)
② 세미나(Seminar)
③ 컨벤션(Convention)
④ 심포지엄(Symposium)
⑤ 컨퍼런스(Conference)

81 국제 비즈니스 에티켓과 관련해 올바른 테이블 매너에 대한 설명으로 가장 거리가 먼 것은?

① 규모가 큰 레스토랑을 이용할 경우 사전에 미리 예약을 하는 것이 일반적이다.
② 중요한 비즈니스와 관계된 경우 옷차림에 격식을 갖추어 참석하는 것이 예의이다.
③ 테이블의 상석은 연령이나 직위를 기준으로 하되, 직위보다는 연령을 우선으로 해야 한다.
④ 서양의 경우 부부가 함께 동반했을 때는 사각 테이블을 기준으로 서로 마주보고 앉는 것이 일반적이다.
⑤ 식사 주문 시 메뉴판에 모르는 음식이 있을 경우 음식에 대해 웨이터에게 물어보는 것은 크게 예의에 어긋나지 않는다.

82 우리나라 소비자기본법상 소비자의 8대 권리에 해당하지 않는 것은?

① 소비생활에 영향을 주는 국가 및 지방자치단체의 정책과 사업자의 사업 활동 등에 대하여 의견을 반영시킬 권리
② 어떠한 경우에도 소비를 제한받지 않을 권리
③ 물품 또는 용역으로 인한 생명·신체 또는 재산에 대한 위해로부터 보호받을 권리
④ 물품 등을 사용함에 있어서 거래상대방·구입장소·가격 및 거래조건 등을 자유로이 선택할 권리
⑤ 물품 등을 선택함에 있어서 필요한 지식 및 정보를 제공받을 권리

83 다음 중 소비자기본법상 명시된 '소비자단체의 업무(제28조)'에 대한 내용으로 가장 거리가 먼 것은?

① 소비자의 교육
② 소비자 문제에 관한 조사·연구
③ 국가 및 지방자치단체의 소비자의 권익과 관련된 시책의 심의 및 시행규칙 제정
④ 소비자의 불만 및 피해를 처리하기 위한 상담·정보 제공 및 당사자 사이의 합의의 권고
⑤ 물품 등의 규격·품질·안전성·환경성에 관한 시험·검사 및 가격 등을 포함한 거래조건이나 거래방법에 관한 조사·분석

84 소비자 분쟁 조정과 관련해 다음 〈보기〉의 ( ) 안에 들어갈 내용으로 옳은 것은?

┤ 보기 ├

집단 분쟁 조정은 제2항에 따른 공고가 종료된 날의 다음 날부터 (가)일 이내에 마쳐야 한다. 다만, 정당한 사유가 있는 경우로서 해당 기간 내에 분쟁 조정을 마칠 수 없는 때에는 (나)회에 한하여 각각 (다)일의 범위에서 그 기간을 연장할 수 있으며, 이 경우 그 사유와 기한을 구체적으로 밝혀 당사자 및 그 대리인에게 통지하여야 한다.

– 소비자기본법 제68조(분쟁조정의 특례) –

① (가) : 15, (나) : 2, (다) : 15
② (가) : 15, (나) : 2, (다) : 30
③ (가) : 30, (나) : 2, (다) : 30
④ (가) : 30, (나) : 3, (다) : 30
⑤ (가) : 30, (나) : 3, (다) : 60

85 와이블(Weible)이 분류한 개인정보의 14개 유형 중 흡연 여부, 음주량, 여가 활동, 선호하는 스포츠 및 오락 등에 해당하는 것은?

① 일반정보
② 선택정보
③ 개별정보
④ 포괄정보
⑤ 습관 및 취미정보

86 다음 〈보기〉 중 영상정보처리기기의 설치 · 운영 제한에 해당되지 않는 내용을 찾아 모두 선택한 것은?

┤ 보기 ├

가. 법령에서 구체적으로 허용하고 있는 경우
나. 교통 단속을 위하여 필요한 경우
다. 범죄의 예방 및 수사를 위하여 필요한 경우
라. 시설안전 및 화재 예방을 위하여 필요한 경우
마. 도난 사고 및 예방을 위하여 다수가 이용하는 목욕실, 화장실, 발한실, 탈의실 등에 설치가 필요한 경우

① 가, 나, 다
② 나, 라, 마
③ 가, 나, 다, 라
④ 가, 다, 라, 마
⑤ 나, 다, 라, 마

87 교육훈련의 종류 중 다음 〈보기〉의 설명에 해당하는 것은?

┤ 보기 ├

현장실무교육을 뜻하는 용어로 일상 업무 수행과정을 통해 지식, 기능, 태도를 향상시키는 교육활동을 의미한다.

① OJT
② Off-JT
③ OJL
④ Off-JL
⑤ QMS

88 다음 중 성인학습의 원리와 특성에 대한 설명으로 가장 옳지 않은 것은?

① 성인학습자는 알려고 하는 욕구가 있다.
② 성인학습자는 자기 주도적 학습을 원한다.
③ 성인학습자는 다양한 경험을 가지고 있다.
④ 성인학습자는 선택적으로 학습상황에 임한다.
⑤ 성인학습자는 학습 수행을 위해 절대 많은 시간이 요구되지 않는다.

89 교육훈련을 위한 강의 기법 중 '역할연기법'의 단점에 대한 설명으로 가장 옳지 않은 것은?

① 연기놀이로 끝날 우려가 있다.
② 교육훈련 장소의 확보가 어렵다.
③ 준비하는데 많은 시간이 소요된다.
④ 다른 방법과 병용하지 않으면 의미가 없다.
⑤ 자기의 습관을 알 수 없고 발표력 향상을 기대하기 어렵다.

90 다음 중 파워포인트 자료를 제작할 경우 유의해야 할 점으로 가장 거리가 먼 것은?

① 환경에 따른 배경 색상에 주의한다.
② 장식 효과를 극대화해 자료 전달의 효율성을 높인다.
③ 다양한 멀티미디어 기능을 활용한다.
④ 표, 도형, 차트 등의 도해를 사용한다.
⑤ 한 화면의 내용을 되도록 적게 넣는다.

CS 리더스관리사 모의고사 3회

정답과 해설 76쪽

제1과목 고객만족(CS) 개론

01 고객만족(CS)과 관련해 다음 〈보기〉와 같이 정의한 학자는?

┤ 보기 ├
소비자가 제품이나 서비스를 구매, 비교, 평가, 선택하는 과정에서 경험하는 호의적, 비호의적 감정 및 태도

① 올리버(Oliver)
② 코틀러(Kotler)
③ 굿맨(Goodman)
④ 앤더슨(Anderson)
⑤ 웨스트브룩(Westbrook), 뉴먼(Newman)

02 다음 〈보기〉의 이야기에 가장 부합하는 이론은?

┤ 보기 ├
더운 어느 날 여우가 길을 걷고 있었습니다. 한참 길을 걷다 보니 탐스러운 포도송이가 높은 나무 위에 주렁주렁 매달려 있지 뭐예요? 포도를 먹기 위해 여우는 발버둥을 쳐 보지만 결국 실패하고 말았어요. 여우는 날이 더우니 포도가 시고 맛이 없을 거라고 투덜대며 결국 포기하고 가던 길을 재촉하였답니다.

① 교환 이론
② 귀인 이론
③ 순응 수준 이론
④ 기대-불일치 이론
⑤ 인지 부조화 이론

03 귀인 이론(Attribution Theory)의 결정 요인 중 개인의 행동이 다양한 상황에서 나타나는지 아니면 특정한 상황에 국한된 것인지를 의미하는 것은?

① 차별성
② 합의성
③ 일치성
④ 지속성
⑤ 일관성

04 다음 중 서비스 프로세스 설계의 기본 원칙에 대한 내용으로 가장 거리가 먼 것은?

① 평가는 고객이 한다.
② 고객 개별 니즈에 적응해야 한다.
③ 고객은 기대 대비 성과를 평가한다.
④ 개별 니즈에 적응하는 효율적인 방법은 일선 직원이나 지원 시스템이다.
⑤ 모든 의사결정 시 기업의 입장을 먼저 고려하여 고객에게 적절한 서비스를 제공해야 한다.

05 다음 중 'Moment of Truth(MOT)'의 유래와 관련된 인물 또는 키워드로 가장 옳은 것은?

① 경우의 수
② 리차드 노먼
③ 케세이퍼시픽 항공
④ 스티브 노르드룬드
⑤ 모멘토 모리

06 다음 중 품질기능전개(QFD)에 대한 설명으로 가장 거리가 먼 것은?

① 1960년대 일본에서 처음 개발되어 1972년 미쓰비시 중공업의 고베조선소에서 원양어선 제작에 사용되었다.

② 1980년대 초반 자동차 회사인 GM과 Ford(社), IT제조회사인 3M과 휴렛팩커드(HP)에 의해 미국 산업계에 소개되었다.

③ 시스템의 개발 초기 단계부터 고객을 참여시켜 고객의 요구를 반영한 설계 방법이다.

④ 고객이 가진 세부적이고 구체적인 생각과 실질적 디자인을 기반으로 고객이 직접 제품 설계 및 개발에 주도적으로 참여하고 기업은 생산 공정만을 전개해 나가는 것을 의미한다.

⑤ 품질기능전개를 도입한 기업은 판매 후 하자 발생 감소, 품질 보증비용 감소, 기능부서 간 팀워크 향상 등의 효과를 기대할 수 있다.

07 다음 〈보기〉에서 두 사람의 대화를 통해 유추할 수 있는 법칙으로 가장 옳은 것은?

┌─ 보기 ┐

철수 : 너 혹시 배달앱에 있는 KIE 닭갈비 먹어 봤니? 완전 맛있다던데…….

영희 : 음……. 맛이 없는 건 아닌데, 매장 내부 소개하는 사진 보니까 정리 상태도 엉망이고 테이블도 더러운 거 같아서 영 찜찜 해. 왠지 주방도 불결할 거 같아서 추천하기 좀 그렇다.

└─────────────────────┘

① 덧셈의 법칙
② 반사의 법칙
③ 굴절의 법칙
④ 파레토의 법칙
⑤ 통나무 물통의 법칙

08 우리나라 고객만족 경영(CSM)의 시기별 흐름 중 1980년대의 내용에 해당하는 것은?

① 데이터베이스 마케팅 도입

② 전사적 고객만족 경영 체제 도입

③ 고객관계관리(CRM) 및 A/S 제도 도입

④ 공공기관의 고객만족 경영기법 도입 시작

⑤ 제품 설명, 성능 위주의 기초적인 친절 서비스 중심

09 생산성 향상 운동의 하나인 '3S'의 내용 중 이후에 실행해야 할 행위, 구성 요소의 규격 등 복잡함을 일으키는 요소들에 대한 기준을 잡는 것을 의미하는 요소는?

① 보상화(Satisfaction)

② 명세화(Specification)

③ 단순화(Simplification)

④ 전문화(Specialization)

⑤ 표준화(Standardization)

10 노드스트롬(Nordstrom) 백화점의 경영 방식 중 외부고객 만족을 위한 정책과 가장 거리가 먼 것은?

① 다양한 제품 구색

② 동기 부여와 인센티브

③ 개인별 고객 수첩의 활용

④ 조건 없는 반품 수용 정책

⑤ 매력적인 쇼핑 환경의 제공

11 다음 〈보기〉의 내용 중 프로세스의 분류에서 '지원 프로세스(Supporting Process)'의 사례를 찾아 모두 선택한 것은?

| 보기 |
가. 재무 회계 프로세스
나. 교육 훈련 프로세스
다. 인적자원 관리 프로세스
라. 신규 제품 개발 프로세스
마. 학습 조직 구축 프로세스

① 가, 나, 다
② 가, 나, 다, 라
③ 나, 다, 라
④ 다, 라, 마
⑤ 라, 마

12 준거집단 영향 유형 중 다음 〈보기〉의 설명에 해당하는 것은?

| 보기 |
• 준거집단 구성원의 의견을 신뢰하게 되어 영향을 받게 되는 유형이다.
• 현상에 대한 판단·평가의 기준을 획득하기 위해 타인의 행동을 관찰하는 특성을 보인다.

① 학습 영향
② 정보적 영향
③ 선택적 영향
④ 보상적 영향
⑤ 가치대립 영향

13 참여 관점에 따른 고객의 분류 중에서 '한계 고객'에 대한 설명으로 옳은 것은?

① 전략이나 고객 관리 등에 중요한 인식을 심어 주는 고객 유형이다.
② 자사의 제품이나 서비스를 반복적 또는 지속적으로 애용하는 고객을 말한다.
③ 제품이나 서비스를 구매하기보다 평판, 심사, 모니터링 등에 영향을 미치는 집단을 의미한다.
④ 직접적으로 제품이나 서비스를 구입하거나 돈을 지불하지는 않지만, 1차 고객이 선택하는 데 커다란 영향을 미치는 개인 또는 집단을 말한다.

⑤ 자사의 이익 실현에 마이너스를 초래하는 고객으로 고객 명단에서 제외하거나 해약 유도를 통해 고객의 활동을 중지시켜야 하는 유형을 말한다.

14 구매의도에 영향을 미치는 상황 요인 중 구매상황 요인으로 가장 거리가 먼 것은?

① 인적 요인
② 시간적 요인
③ 물리적 요인
④ 소비자의 경제적 요인
⑤ 소비자가 직접 탐색 가능한 상품 요인

15 고객 행동의 영향요인 중 문화의 특성과 가장 거리가 먼 것은?

① 학습성(學習性)
② 공유성(共有性)
③ 연대성(連帶性)
④ 규범성(規範性)
⑤ 정태성(靜態性)

16 고객의 역할과 관련해 다음 〈보기〉의 사례에 해당하는 것은?

| 보기 |
• 고객이 서비스 제공 과정의 일부분을 수행하기도 하고 전체적으로 수행하기도 한다.
• 서비스를 고객이 직접 생산할 것인지 외부에서 조달할 것인지 결정하는 것으로 선택과정에서 서비스를 외부에서 제공받지 않고 내부에서 직접 생산하는 경우에 해당한다.

① 품질에 기여하는 공헌자
② 잠재적 경쟁자로서의 고객
③ 인적자원의 역할을 하는 고객
④ 부분 직원의 역할을 하는 고객
⑤ 생산자원으로 역할을 하는 고객

17 성격유형지표(MBTI)를 통해 예측할 수 있는 고객의 성격유형별 구매행동 특성 중 다음 〈보기〉의 내용에 해당하는 것은?

┤ 보기 ├
쇼핑 시 판매자의 관심으로부터 부담감을 느껴 혼자서 상품을 선택하는 것을 선호하며, 만족한 제품은 재구매로 이어질 확률이 높으며 상표충성도가 비교적 높다.

① 인식형
② 감각형
③ 사고형
④ 감정형
⑤ 내향형

18 다음 중 '고객관계관리(CRM)'의 특징에 대한 설명으로 가장 거리가 먼 것은?

① 다양한 방법으로 고객의 데이터와 정보를 얻고 이를 전사적 차원에서 활용한다.
② 기업 업무 프로세스의 통합과 혁신을 요구한다.
③ 신뢰를 바탕으로 고객과 쌍방향의 관계를 형성하고 지속적으로 발전시키는 것을 의미한다.
④ 수익의 원천을 상품으로 보고 시장 점유율 중심의 메스 마케팅(Mass Marketing)을 활용한다.
⑤ 차별적 타깃 마케팅(Target Marketing)을 추진하여 전반적인 마케팅 활동에 통합적 효율성을 제고한다.

19 고객관계관리(CRM) 전략 수립과 관련해 시장 매력도에 영향을 미치는 요인 중 '산업 요인'에 해당하는 내용을 다음 〈보기〉에서 찾아 모두 선택한 것은?

┤ 보기 ├
가. 기술적 환경   나. 시장의 규모
다. 경쟁자의 수준   라. 매출의 순환성
마. 공급업자의 협상력 바. 신규 진입자의 위협

① 가, 나, 다
② 가, 다, 라
③ 나, 다, 마
④ 나, 마, 바
⑤ 다, 마, 바

20 다음 중 고객관계관리(CRM) 사이클을 순서대로 바르게 나열한 것은?

① 신규고객 획득 – 고객가치 증진 – 우수고객 유지 – 잠재고객 활성화 – 평생 고객화
② 신규고객 획득 – 고객가치 증진 – 잠재고객 유지 – 우수고객 활성화 – 평생 고객화
③ 신규고객 획득 – 잠재고객 유지 – 고객가치 증진 – 우수고객 활성화 – 평생 고객화
④ 신규고객 획득 – 우수고객 유지 – 고객가치 증진 – 잠재고객 활성화 – 평생 고객화
⑤ 신규고객 획득 – 우수고객 유지 – 평생 고객화 – 잠재고객 활성화 – 고객가치 증진

21 e-CRM의 구성 요소 중 기업의 웹 사이트 또는 쇼핑몰 사이트에 인터넷 카페 등을 지원하거나 다양한 문화생활 정보 및 온라인 뉴스레터를 제공하는 활동을 의미하는 것은?

① e-Service
② e-Security
③ e-Sales
④ e-Community
⑤ e-Marketing

22 다음 중 〈보기〉의 설명에 해당하는 인간관계의 유형은?

┤ 보기 ├
사회적 지위나 위치가 서로 유사한 사람들 사이의 상호작용이며 자발적인 속성을 가진다.

① 종적 관계
② 횡적 관계
③ 공유적 관계
④ 교환적 관계
⑤ 선택적 관계

23 '넬슨 존스(R. Nelson Jones)가 제시한 인간관계 심화 요인 중 다음 〈보기〉의 설명에 해당하는 것은?

┌ 보기 ┐
인간관계에서 보상이 서로 균형 있게 교류되는 것으로 긍정적 보상의 영역이 넓어지고 인간관계는 더 심화된다.
└────┘

① 원칙
② 구조
③ 경향
④ 규칙
⑤ 상호성

24 자아의식 모델인 '조하리(Johari)의 창' 유형 중 '숨겨진 영역'에 대한 설명으로 가장 옳은 것은?

① 자기표현과 경청을 잘한다.
② 현대인에게 가장 많은 유형이다.
③ 고집이 세고 주관이 지나치게 강하다.
④ 타인의 말에 귀를 기울일 줄 알아야 한다.
⑤ 지나치면 주책없고 경박스럽게 보일 수 있다.

25 다음 중 의사소통 장애 요인에 대한 설명으로 가장 옳지 않은 것은?

① 수신자가 전달자의 말이나 행동을 얼마나 신뢰하느냐에 따라 전달된 메시지의 반응 양식이 달라질 수 있다.
② 전달자와 수신자는 각자 다른 입장에 처해 있으므로 동일한 문제에 대하여 각기 다른 기준을 적용할 수 있다.
③ 집단의 응집력이 약할수록 집단 내에서만 통용되는 독특한 언어가 없기 때문에 집단 밖의 사람들과의 의사소통에 장애가 유발될 수 있다.
④ 수신자들은 전체 메시지를 수신하기 이전에 미리 형성된 고정관념으로 메시지를 판단하는 경우가 있다.
⑤ 지나치게 많은 정보를 가지고 있을 겨우 전달자의 메시지가 올바르게 해석되지 않은 채 배제될 수 있다.

26 다음 의사소통 채널의 종류 중 의사소통의 충실성이 가장 높은 것은?

① 공지
② 전화
③ 음성메일
④ 면대면 회의
⑤ 화상(영상) 회의

27 '에릭 번(Eric Berne)'이 제시한 시간의 구조화 영역 중 다음 〈보기〉의 내용에 해당하는 것은?

┌ 보기 ┐
직업, 취미, 스포츠, 육아 등 무난한 화제를 대상으로 특별히 깊이 들어가지 않고 즐거운 스트로크의 교환을 나누는 것이 특징이다.
└────┘

① 친교
② 게임
③ 활동
④ 의식
⑤ 잡담

28 서비스의 정의에 대하여 다음 〈보기〉의 내용과 같이 주장한 학자는?

┌ 보기 ┐
제품은 유형물, 고안물, 객관적 실체인 반면 서비스는 무형 활동이나 노력이다. 그러므로 구매하는 대상의 본질이 유형적 혹은 무형적인가의 여부로 판단해야 한다.
└────┘

① 베리(Berry)
② 세이(Say)
③ 레티넨(Lehtinen)
④ 마샬(Marshall)
⑤ 자이다믈(Zeithaml)

29 '에릭 번(Eric Berne)'이 제시한 '교류분석(TA)'의 인간관 중 자율성에 대한 내용으로 가장 거리가 먼 것은?

① 자율성은 생리적이고 생득적(生得的)인 특성을 지닌다.
② 인간의 내부에는 자율성을 회복할 수 있는 상당한 잠재력이 있다.
③ 인간은 재결단의 선택을 통해 생애 초기의 잘못을 새롭게 변화할 수 있다.
④ 인간은 자신의 정서를 표현할 수 있는 자발성 및 다른 사람과 사랑을 나누고 친교를 나눌 수 있는 친밀성을 가지고 있다.
⑤ 어린 시절 부모의 일방적 명령과 금지에 복종하면서 유보된 자율성을 스스로 되찾게 하여 포기된 자율성을 증대시키는 것이다.

30 기존 고객 유지를 위한 시장 방어 전략 중 '보복 전략(Retaliation)'에 해당하는 것은?

① 집중 광고
② 서비스 보증
③ 높은 전환비용
④ 가격인하, 판매촉진
⑤ 입지 · 유통 등의 통제

제2과목 **고객만족(CS) 전략론**

31 다음 중 서비스 청사진의 작성 목적으로 가장 거리가 먼 것은?

① 공유된 서비스 비전의 개발을 위해
② 전반적인 효율성과 생산성을 평가하기 위해
③ 서비스의 복잡한 이해관계를 재인식하기 위해
④ 개발하려는 프로세스에서 서비스 청사진의 개념을 명확하게 하기 위해
⑤ 직원의 역할과 책임에 따른 경계를 허물고 기업 차원에서 전사적으로 업무를 추진하기 위해

32 서비스 모니터링을 위해 '고객패널(Customer Panel)'을 활용할 경우 구성원들은 동일하게 유지되지만 수집되는 정보가 경우에 따라 달라지는 패널 유형은?

① 순수 패널
② 대리 패널
③ 공유 패널
④ 전시 패널
⑤ 혼합 패널

33 다음 중 MOT 사이클 차트 분석 단계 중 서비스 표준안 작성 및 행동에 대한 설명으로 가장 옳지 않은 것은?

① 새로운 고객접점 표준은 구체적이고 평가가 가능해야 한다.
② 고객접점 개선안에서 마련된 새로운 고객서비스 행동지침을 정리하여 고객접점 표준안을 만든다.
③ 새로운 고객접점 표준은 고객의 만족 여하에 따라 새로운 표준이 도입될 수 있는 융통성을 가지고 있어야 한다.
④ 새로운 고객접점 표준안대로 행동하고 있는지를 추가적으로 점검하고 미비한 부분에 대하여 보완하는 피드백이 있어야 한다.
⑤ 새롭게 만들어진 표준안은 세부적인 부분보다 고객서비스 상황의 단순한 업무적 대응에 초점을 맞추어 운영되어야 한다.

34 다음 〈보기〉의 설명에 해당되는 제품 차별화 방법은?

┤ 보기 ├
혁신적인 기술에 의해 기존 제품이 해결하는 방식보다 효율적이고 편리 · 신속하며 보다 적은 노력을 통해 경제적으로 해결할 수 있는 제품을 제공한다. 그러나 중소기업의 경우 자원이 우수한 대기업에 의해 시장기반이 쉽게 빼앗길 위험성이 있기 때문에 주의해야 한다.

① 성장 요소 차별화
② 제공 요소 차별화
③ 대체 요소 차별화
④ 기능 요소 차별화
⑤ 효용 요소 차별화

35 세분시장 유형 중 다음 〈보기〉의 설명에 해당하는 것은?

┤ 보기 ├
- 시장을 세분화한 후 모든 세분시장을 표적시장으로 선정하여 각 부분에 적합한 제품과 마케팅믹스를 투입하는 형태의 전략이다.
- 제품개발비, 생산비, 관리비, 재고관리비, 촉진비용 등 비용 증대를 유발하는 단점을 가진다.

① 제품 전문화 전략
② 시장 전문화 전략
③ 선택적 전문화 전략
④ 단일시장 집중 전략
⑤ 다수제품 전체시장 도달 전략

36 다음 소비재 시장에서 가능한 시장 세분화 방법 중 지리적 변수에 해당하는 것은?

① 종교
② 세대
③ 교육 수준
④ 인구밀도
⑤ 상표 충성도

37 다음 중 '헤스켓(Heskett)'이 제시한 전략적 서비스 비전의 구성에 포함되지 않는 것은?

① 표적시장
② 운영전략
③ 서비스 개념
④ 서비스 전달 시스템
⑤ 산업 구조의 유동성

38 틈새시장(Niche Market) 전략 유형 중 소비자의 적극적인 개성화 의식을 전제로 이에 따른 소비자 개개인의 니즈를 충족시키고자 하는 유형은?

① 시장 확장 전략
② 개성화 대응 전략
③ 세분단위 시장개척 전략
④ 세분단위 시장교환 전략
⑤ 세분단위 시장심화 전략

39 고객의 서비스 기대에 대한 영향 요인 중 외적 요인에 해당하는 것은?

① 개인적 욕구
② 사회적 상황
③ 관여도
④ 유형적 단서의 제공
⑤ 과거의 서비스 경험

40 의료관광 서비스의 수요와 관련해 '라이프스타일(Life style) 의료관광'의 사례로 가장 거리가 먼 것은?

① 영양 섭취
② 몸무게 감량
③ 웰니스(Wellness)
④ 치과 및 성형 시술
⑤ 안티에이징(Anti-aging)

41 고객만족도 측정 원칙 중 다음 〈보기〉의 설명에 해당하는 것은?

┤ 보기 ├
고객의 니즈는 주변 환경에 따라 항상 변하기 때문에 고객만족도를 파악하기 위해서는 과거·현재·미래와 비교할 수 있어야 하며 이를 통해 미래에 어떻게 변할 것인지에 대해 파악할 수 있어야 한다.

① 능동성의 원칙
② 정확성의 원칙
③ 정량성의 원칙
④ 계속성의 원칙
⑤ 공급성의 원칙

42 고객만족(CS) 평가를 위해 일반적으로 사용되는 조사 유형 중 표적모집단이나 시장의 특성으로 소비자의 태도, 구매행동, 시장점유율에 관한 자료를 수집·분석하고 결과를 기술하는 조사유형은?

① 기술조사　　　　② 탐험조사
③ 경험조사　　　　④ 자원조사
⑤ 인과관계 조사

43 마케팅 개념의 변화와 관련해 '생산 개념'에 대한 설명으로 가장 옳지 않은 것은?

① 가장 오래된 마케팅 개념이다.
② 생산 지향적 기업은 높은 생산성, 원가 절감, 광범위한 유통 범위에 집중한다.
③ 소비자의 선택 기준이 제품의 활용성보다 가격에 훨씬 더 높은 비중을 둔다는 가정에서 출발한다.
④ 소비자는 이용 범위가 넓고 원가가 낮은 제품을 선호할 것이라는 주장이다.
⑤ 시장의 욕구보다 기업의 내적인 능력에 초점을 맞추는 판매자의 관점에 해당된다.

44 다음 중 서비스 회복(Service Recovery)에 대한 설명으로 가장 옳지 않은 것은?

① 서비스 회복은 서비스 실패에 대응하여 조직이 취하는 일련의 조치, 즉 불만을 해소하기 위한 체계적인 활동을 말한다.
② 서비스 회복의 핵심은 불평하는 고객뿐만 아니라 불만을 표현하지 않는 고객까지도 사전에 조사하여 서비스 접점의 문제점을 해결하는 것이다.
③ 서비스 회복이 제대로 이루어지지 않을 경우 고객이 이탈하게 되고 다른 사람들에게 부정적 구전을 전할 수도 있다.
④ 서비스 회복 노력을 서두르지 않을 경우 고객의 마음에 다시 한 번 실패를 가져오는 '이중일탈 효과(Double-Deviation Effect)'가 발생될 수 있다.

⑤ '그렌루스'는 서비스 회복에 대하여 '부정적 불일치로 인해 발생되는 서비스 실패는 결국 고객 불만족으로 이어지므로 적절한 서비스 회복을 통해 불만족한 고객을 만족한 상태로 회복시킬 수 있다'고 언급하였다.

45 다음 중 고객인지 프로그램의 활용에 따른 장점을 설명한 내용으로 가장 옳지 않은 것은?

① 고객에게 차별화된 서비스 제공하고 고객의 행동을 예측할 수 있다.
② 고객정보 파일은 관계 마케팅을 수행하는데 있어 여러 가지 측면에서 기초가 된다.
③ 고객과의 원활한 의사소통을 가능하게 해주며 기존 고객 유지의 측면이 아닌 잠재 고객 확보를 기본으로 하고 있다.
④ 서비스 기업은 고객 각자의 개인 취향에 맞는 서비스를 제공할 수 있다.
⑤ 서비스 기업에서 가장 중요한 고객을 파악하여 적절한 제품이나 서비스를 적시에 제공할 수 있으므로 효율적 마케팅 활동을 가능하게 한다.

46 다음 중 'NPS(Net Promoter Score, 순 추천고객지수)'에 대한 설명으로 가장 옳지 않은 것은?

① 베인 컨설팅(Bain Consulting)의 프레드릭 라이할트(Frederick F. Reichheld)에 의해 개발되었다.
② 친구나 동료들에게 해당 제품 또는 서비스를 얼마나 추천할 의향이 있는지을 질문하고, 그 답을 지수화한 수치이다.
③ 고객에게 "당신은 현재의 거래 회사를 친구나 동료에게 추천할 의향이 얼마나 있습니까?라는 질문에서 출발한다.
④ 기본적으로 어떤 기업이 충성도(로열티) 높은 고객을 얼마나 보유하고 있는지를 측정하는 지표이다.
⑤ 다소 복잡하고 기업의 미래 성장을 가늠해 볼 수 없다는 단점이 있지만, 현재 시점에서 기업의 위치를 정확하게 분석하는 지표가 될 수 있다.

47 서비스 종사원의 역할 갈등과 관련해 개인의 특성에 따른 갈등 요소로 보기 어려운 것은?

① 인식의 차이
② 가치와 윤리
③ 성격의 차이
④ 직위의 불일치
⑤ 의사소통의 장벽

48 고객만족 측정방법 중 '간접측정' 방식에 대한 설명으로 가장 옳지 않은 것은?

① 만족도 차원의 구성에서 모든 요소를 포함시킬 수 있을 뿐만 아니라 측정 오차의 문제를 완전히 극복하는 데 도움을 준다.
② 여러 가지 서비스의 하위 요소 또는 품질에 대한 차원 만족도의 합을 복합점수로 간주하는 방식을 말한다.
③ 혼합측정에서 발생하는 중복 측정 문제를 완화시킬 수 있다.
④ 다양한 서비스 품질 차원을 고려하기 때문에 만족도를 개선하기 위해 어떤 노력을 기울여야 하는지에 대해서도 다양한 정보를 제공받을 수 있다.
⑤ 만족에 대하여 직접 설문을 통해 측정하는 것이 아니라 만족에 대한 선행변수로 전제되는 품질 요소에 대한 측정을 통해 만족도를 측정하는 방식이다.

49 다음 중 애프터서비스(After Service) 품질 차원의 영향 요인으로 가장 거리가 먼 것은?

① 정책
② 처리시간
③ 공식적 훈련프로그램
④ 전문성과 기술
⑤ 직원의 태도와 행동

50 고객이 추구하는 가장 일반적인 서비스 회복 방안 중 그 성격이 서로 다른 유형에 해당하는 것은?

① 제품 수리
② 기업의 사과
③ 발생한 사건에 대한 기업의 해명
④ 같은 문제가 반복되지 않을 것이라는 확신
⑤ 고객의 불만을 기업에 표현할 수 있는 기회

51 다음 〈보기〉의 (　) 안에 들어갈 용어로 가장 옳은 것은?

┤ 보기 ├

소비자에게 특정 행동이나 무언가를 요구할 때는 소비자의 '저항'을 생각해야 한다. 특히 일방적인 소비를 요구하는 광고나 마케팅을 내세우면 반발심이 생기고 효과는 떨어질 수 있다. 그러나 소비자의 다양한 의견이나 니즈를 모두 반영하기는 현실적으로 불가능하다. 이에 마케팅에서는 저항을 최소화하는 방법을 연구하기 시작했고, 소비자들이 '스스로 선택하도록' 만드는 (　　　)을 다양한 영역에서 활용하기 시작했다.
사전적 의미로 '살짝 건드리다', '주의를 끌다', '주변을 환기시키다'는 뜻의 (　　　)은 강요하지 않고 부드러운 개입으로 사람들이 더 좋은 선택을 스스로 할 수 있도록 유도함으로써 흥미를 자극하여 소비자의 관심을 유발하고, 선택은 소비자가 스스로 할 수 있게 하는 마케팅 전략이다.

① 버즈(Buzz) 마케팅
② 니치(Niche) 마케팅
③ 바이럴(Viral) 마케팅
④ 넛지(Nudge) 마케팅
⑤ 플래그십(Flagship) 마케팅

52 다음 중 '내부 마케팅(Internal Marketing)'에 대한 설명으로 가장 옳지 않은 것은?

① 기업과 직원 간에 이루어지는 마케팅을 말한다.
② 직원이 고객에게 최상의 서비스를 제공할 수 있도록 지원하고 교육하는 활동을 의미한다.
③ 외부마케팅을 최우선으로 시행하고 이후 순차적으로 내부마케팅을 시행하여야 한다.
④ 기업의 CEO는 직원에게 적절한 수준의 재량권을 부여하여 고객에게 최상의 서비스가 제공될 수 있는 환경을 조성해야 한다.
⑤ 서비스 품질 관리를 위해 직원에 대한 교육 및 훈련을 실시하고 동기부여를 높일 수 있도록 내부 직원을 대상으로 하는 마케팅 활동을 말한다.

53 고객의 기대에 대한 영향 요인 중 '상황적 요인'에 해당하는 것은?

① 촉진 전략
② 서비스 가격
③ 고객의 정서적 상태
④ 서비스 직원의 역량
⑤ 유통 구조에 의한 편리성

54 다음 〈보기〉 중 고객만족(CS)을 위한 계획수립 절차와 관련해 ( ) 안에 들어갈 내용으로 가장 옳지 않은 것은?

┤ 보기 ├
• 1단계 : (가)   • 2단계 : (나)
• 3단계 : (다)   • 4단계 : (라)
• 5단계 : (마)   • 6단계 : 실행 및 재검토

① (가) : 기업목표 기술
② (나) : 기업환경 분석
③ (다) : 마케팅 목표 설정
④ (라) : 서비스 산업 탐색 및 조사
⑤ (마) : 전략수행을 위한 프로그램 작성

55 서비스 전달시스템의 종류 중 '기능 위주의 서비스 전달시스템'에 대한 설명으로 가장 옳지 않은 것은?

① 서비스를 신속하게 제공할 수 있다.
② 표준화된 서비스를 생산하는데 적합한 특징을 보인다.
③ 대표적으로 병원 또는 건강검진, 영화관 등의 사례에 해당한다.
④ 서비스 프로세스의 특정 부분에 의해 제약받는 상황이 발생되지 않는다.
⑤ 서비스 담당자의 업무를 전문화하여 고객이 직접 서비스 담당자를 찾아가는 형태로 전달시스템이 설계되어야 한다.

56 다음 〈보기〉의 대화에 해당되는 가격 책정 정책은?

┤ 보기 ├
아내 : 여보, 우리 동네에 KIE마트 새로 들어온 거 알아요?
남편 : 아니, 처음 듣는데요?
아내 : 글쎄, 거기 왕통치킨이라고 치킨 한 마리를 8,000원에 판매한대요. 전단지 보니까 할인 상품도 많은 거 같아요.
남편 : 잘됐네. 그럼 이번 주말에 꼭 가 봅시다.

① Mark-up 전략
② Loss leader 전략
③ Price lining 전략
④ Odd pricing 전략
⑤ Presting pricing 전략

57 '스위니(Sweeny)와 수타르(Soutar)'가 제시한 고객 가치 유형 중 제품의 사용에 따라 시간 절약에서 오는 비용 절감에 의한 가치를 의미하는 것은?

① 품질
② 사회적 가치
③ 감정적 가치
④ 기능적 가치
⑤ 상황적 가치

58 다음 자료수집 방법 중 '실험법(Experimental method)'의 장점으로 가장 옳지 않은 것은?

① 비교분석이 용이하다.
② 과학적 연구가 가능하다.
③ 실험 결과의 현실 적용이 쉽다.
④ 효과적인 가설 검증이 가능하다.
⑤ 정확한 인과관계 분석이 가능하다.

59 다음 〈보기〉의 대화에 가장 부합하는 용어는?

┤ 보기 ├
아내 : 여보! 우리 지난달 생활비가 역대 최고예요.
남편 : 그럴 리가? 코로나19 때문에 여행도 못가고 외식
　　　도 거의 못했는데?
아내 : 당신 집에서 홈트레이닝 한다고 운동기구 구매한
　　　거랑 한 달 내내 배달음식 구매한 거 때문에 그런
　　　거 같아요.
남편 : 외출 없이 집안에서 머문다고 씀씀이가 줄어들 줄
　　　알았는데 그것도 아니군.

① 몰링(Malling)
② 스펜데믹(Spendemic)
③ 리뷰슈머(Reviewsumer)
④ 다운시프트(Downshifts) 족
⑤ 마이크로미디어(Micro-media) 소비

60 '그렌루스'가 제시한 내부 마케팅의 목적 중 전술적 수준의 목적을 달성하기 위한 방안으로 가장 옳은 것은?

① 종업원의 정책
② 통제 절차 활용
③ 경영 방법의 활용
④ 캠페인 지원 및 활용
⑤ 내부 교육정책 및 기획

제3과목 고객관리실무론

61 카이저(Kaiser)가 제시한 이미지와 관련한 다음 〈보기〉의 설명에 해당하는 것은?

┤ 보기 ├
• 인간의 외부로 나타나는 종합적인 이미지이다.
• 외모를 전체적으로 보이는 모습이라 정의하고, 시각적 요소뿐만 아니라 비언어적 제스처, 표정, 자세도 중요하다고 주장하였다.

① 지적 이미지　　　　② 내적 이미지
③ 외적 이미지　　　　④ 원칙적 이미지
⑤ 사회적 이미지

62 다음 중 이미지를 형성하는 첫인상의 특징으로 가장 거리가 먼 것은?

① 일방성　　　　② 일회성
③ 신속성　　　　④ 초두 효과
⑤ 판단의 유보

63 다음 중 인사(Greeting)의 의미와 중요성에 대한 내용으로 가장 옳지 않은 것은?

① 인사는 많은 예절 가운데서도 가장 기본이 되는 것이다.
② 상대방에 대한 존경과 반가움을 표현하는 형식의 하나이다.
③ 처음 만나는 사람들 사이에서 새로운 인간관계의 시작을 의미한다.
④ 인사는 자신의 이미지를 낮추고 상대방을 높이기 위한 기준이 된다.
⑤ 올바른 인사는 낯선 환경에서 상대방에게 호감과 신뢰감을 줄 수 있다.

64 전통적인 공수법(拱手法)에 대한 설명으로 가장 옳지 않은 것은?

① 공수는 배례의 기본동작으로 두 손을 앞으로 모아서 잡는 것을 말한다.
② 공수는 의식행사에 참석하거나 어른을 뵐 때 반드시 하는 것이 좋다.
③ 평상(平常)시와 흉사(凶事)시의 손 위치는 다르다.
④ 남자와 여자의 손 위치는 동일하다.
⑤ 평상(平常)시, 남자는 왼손을 위로하여 두 손을 가지런히 모아서 잡는다.

65 전통예절에서 절하는 방법에 대한 설명으로 가장 옳지 않은 것은?

① 여자는 기본 횟수로 두 번을 한다.
② 남자는 기본 횟수로 한 번을 한다.
③ 의식행사에서는 기본 횟수만 한다.
④ 고인(故人)에게는 기본 횟수의 배로 한다.
⑤ 살아있는 사람에게는 기본 횟수만 한다.

66 다음 〈보기〉의 설명에 해당하는 질문 기법은?

┤ 보기 ├
• 고객의 니즈에 초점을 맞출 수 있다.
• 화제를 정리하고 정돈된 대화를 할 수 있다.
• 단순한 사실 또는 몇 가지 중 하나를 선택하게 하여 고객의 욕구를 파악할 수 있도록 한다.

① 통합형 질문   ② 선택형 질문
③ 개방형 질문   ④ 확인형 질문
⑤ 절차형 질문

67 불만 고객 관리와 관련해 컴플레인 처리 시의 유의사항으로 가장 거리가 먼 것은?

① 잘못된 점은 솔직하게 사과한다.
② 고객에 대한 선입견을 갖지 않는다.
③ 설명은 개인 견해를 바탕으로 진솔하게 한다.
④ 고객의 입장에서 성의 있는 자세로 임한다.
⑤ 상대방에게 동조해 가면서 긍정적으로 듣는다.

68 코치(Coach)의 역할과 관련해 다음 〈보기〉의 설명에 해당하는 것은?

┤ 보기 ├
특정한 상황에서 직원의 성과를 관찰하여 적절한 피드백이나 지원을 하기로 약속한 사람이다.

① 교사   ② 멘토
③ 후원자   ④ 평가자
⑤ 역할모델

69 다음 중 코칭(Coaching)의 단점에 대한 설명으로 가장 옳지 않은 것은?

① 교육의 성패가 코치의 능력에 지나치게 좌우된다.
② 업무 수행성과에 직접적인 관련성이 없다.
③ 코치와 학습자 간의 계약관계가 학습에 지장을 줄 수 있다.
④ 일대일 방식이므로 코치의 시간이 많이 소요되며 노동집약적이다.
⑤ 매일의 코칭은 학습자에게 부담이 될 수 있다.

70 다음 중 효과적인 경청을 위한 방안으로 보기 어려운 것은?

① 주요 요점을 기록한다.
② 주의를 고객에게 집중한다.
③ 고객에 대한 편견을 갖지 않는다.
④ 고객에게 계속적인 반응을 보이는 것이 좋다.
⑤ 고객의 말을 복창하는 것은 효과적인 경청의 방해 요소가 된다.

71 다음 중 업무 지시를 받을 때의 요령에 대한 설명으로 가장 거리가 먼 것은?

① 불가능한 지시의 경우 불가능한 이유를 말하고 재지시를 받는다.
② 이중으로 지시를 받아 우선순위를 판단하기 어려울 경우 상사나 선배와 상의하여 결정하도록 한다.
③ 직속 상사 이외의 지시가 있을 경우 직위 등급이 높은 상급자의 지시를 우선하여 처리한다.
④ 지시한 내용에 대해 의견이 있을 때는 겸허한 마음으로 사실에 의거해서 있는 그대로 간결하고 솔직하게 의견을 제시한다.
⑤ 끝까지 잘 듣고도 모호한 점이 있을 경우 5W1H 원칙에 따라 질문하여 명령의 내용을 완전하게 파악한다.

72 다음 중 콜센터의 전략적 정의에 대한 설명으로 가장 거리가 먼 것은?

① 콜센터는 고정 고객의 관계개선 센터이다.
② 콜센터는 우량고객창출 센터이다.
③ 콜센터는 원스톱 고객 서비스를 제공하는 서비스 품질제공 센터이다.
④ 콜센터는 고객접근이 어려운 폐쇄형 고객상담 센터이다.
⑤ 콜센터는 내외 모든 고객 감동을 실현할 수 있는 휴먼릴레이션(human relation) 센터이다.

73 우리나라 콜센터 조직의 특성과 관련해 다음 〈보기〉의 내용에 해당하는 것은?

┤ 보기 ├
평소 자신들과 가장 친한 사람들과 잘 어울리는 도시락 문화 내지는 성향이나 가치관이 맞지 않는 사람끼리는 어울리는 것을 꺼려하는 집단 심리 현상을 말한다.

① 한우리 문화
② 거품 활동 현상
③ 콜센터 협동 현상
④ 콜센터 심리공황
⑤ 콜센터 바이러스 현상

74 다음 중 콜센터의 역할과 관련해 서비스 전략적인 측면으로 보기 어려운 것은?

① 다양한 커뮤니케이션 채널 확보
② 콜센터 운영지표 확보
③ 고객 니즈의 정확한 이해와 피드백 제공
④ 서비스 실행 조직으로 기업 전체에 미칠 영향의 중요성
⑤ 기존 고객과의 장기적인 관계 유지 및 관리를 통한 고객생애가치(CLV) 증대

75 다음 중 콜센터 업무 수행을 위한 스크립트 진행 과정에 대한 설명으로 가장 옳지 않은 것은?

① 도입단계 시 고객과의 신뢰감 형성을 위해 가장 중요한 것은 첫 인사이다.
② 전화를 받는 사람이 결정권자인지를 확인하고 상담을 진행한다.
③ 먼저 고객을 이해하는 시간을 가지면서 고객과의 유대관계를 형성하는 것이 중요하다.
④ 고객 서비스를 강조한 접근보다 상품에 대한 직접적인 설명을 통해 접근하는 것이 유리하다.
⑤ 고객들의 반론에 대한 자료를 미리 준비하여 대응하는 것이 좋다.

76 콜센터 모니터링 방법 중 녹음된 콜 샘플을 무작위로 선택하여 듣고 상담원 자신을 평가하는 방식의 모니터링 기법은?

① Call Taping
② Group monitoring
③ Real Time monitoring
④ Side-by-Side monitoring
⑤ Remote monitoring

77 '혹실드(Hochschild)'가 제시한 감정노동의 유형 중 자신의 감정을 기업에서 원하는 기준에 맞추도록 스스로를 변화시켜 나가려는 보다 적극적인 행위를 의미하는 것은?

① 내면화 행위
② 표면화 행위
③ 구별적 행위
④ 실질적 행위
⑤ 전문적 행위

78 다음 중 악수 예절에 대한 설명으로 가장 옳지 않은 것은?

① 악수는 자신이 주로 사용하는 손으로 하는 것이 원칙이다.
② 상대방의 손을 너무 세거나 약하지 않게 잡는 것이 중요하다.
③ 우리나라의 경우 연장자가 연소자에게 먼저 권하는 것이 보편적이다.
④ 마주 잡은 손을 상하로 흔들 때, 과도하게 높이 올리지 않는 것이 좋다.
⑤ 국가원수, 왕족, 성직자 등의 경우 악수 예절에 예외 사항이 적용될 수 있다.

79 국제 비즈니스 매너를 위해 숙지해야 할 국가별 문화 특징에 대한 설명으로 가장 옳지 않은 것은?

① 일본은 자신의 밥그릇이나 국그릇을 들어서 음식을 먹는 습관이 있다.
② 홍콩에서는 시계를 죽음의 상징으로 여기기 때문에 선물을 하지 않는 것이 좋다.
③ 태국, 말레이시아에서는 사람의 머리를 신성시하기 때문에 상대방의 머리를 함부로 만져서는 안 된다.
④ 말레이시아에서 국교(國敎)인 이슬람교를 믿고 있는 사람들은 일반적으로 돼지고기나 술을 입에 대지 않고 왼손을 부정하게 생각한다.
⑤ 이누이트(에스키모)인들은 사진을 찍으면 사람의 혼이 빠져 죽음에 이른다고 생각하기 때문에 촬영할 때 신중을 기해야 한다.

80 다음 〈보기〉의 내용에 해당하는 회의의 명칭으로 가장 옳은 것은?

┤ 보기 ├
• 회의 분야에서 가장 일반적으로 사용되는 용어로 기업의 시장조사 보고, 신상품 소개, 세부전략 수립 등 정보 전달을 목적으로 하는 정보형 전시회나 국제회의를 지칭한다.
• 본회의와 분과회의 등을 포함하여 전시회를 수반하는 경우가 많다.

① 세미나(Seminar)
② 박람회(Trade Fair)
③ 컨벤션(Convention)
④ 전시회(Exhibition)
⑤ 심포지엄(Symposium)

81 다음 중 소비자기본법 및 시행령의 기본 개념과 정의에 대한 설명으로 가장 옳지 않은 것은?

① 소비자라 함은 사업자가 제공하는 물품 또는 용역을 소비생활을 위하여 사용하는 자 또는 생산 활동을 위하여 사용하는 자로서 대통령령이 정하는 자를 말한다.

② 제공된 물품 등을 원재료, 자본재 또는 이에 준하는 용도로 생산활동에 사용하는 자는 소비자의 범위에서 제외된다.

③ 사업자라 함은 물품을 제조, 수입, 판매하거나 용역을 제공하는 자를 말한다.

④ 사업자단체라 함은 2이상의 사업자가 공동의 이익을 증진할 목적으로 조직한 단체를 말한다.

⑤ 소비자단체라 함은 소비자의 권익을 증진하기 위하여 소비자 전문가들이 모여 조직한 단체를 말한다.

82 다음 중 '소비자기본법 제14조(소비자의 능력 향상)'의 내용에 해당되지 않는 것은?

① 국가 및 지방자치단체는 소비자의 올바른 권리행사를 이끌고, 물품 등과 관련된 판단능력을 높이며, 소비자가 자신의 선택에 책임을 지는 소비생활을 할 수 있도록 필요한 교육을 하여야 한다.

② 국가 및 지방자치단체는 경제 및 사회의 발전에 따라 소비자의 능력 향상을 위한 프로그램을 개발하여야 한다.

③ 국가 및 지방자치단체는 소비자교육과 학교교육·평생교육을 연계하여 교육적 효과를 높이기 위한 시책을 수립·시행하여야 한다.

④ 국가 및 지방자치단체는 소비자의 능력을 효과적으로 향상시키기 위한 방법으로 「지역신문법」에 따라 신문 및 발간사업을 할 수 있다.

⑤ 제1항의 규정에 따른 소비자교육의 방법 등에 관하여 필요한 사항은 대통령령으로 정한다.

83 한국소비자원의 업무와 관련해 소비자기본법 제39조(임원의 직무)에 대한 내용으로 옳지 않은 것은?

① 원장은 한국소비자원을 대표하고 한국소비자원의 업무를 총괄한다.

② 부원장은 원장을 보좌하며, 원장이 부득이한 사유로 직무를 수행할 수 없는 경우에 그 직무를 대행한다.

③ 소장은 원장의 지휘를 받아 제51조 제1항의 규정에 따라 설치되는 소비자안전센터의 업무를 총괄하며, 원장·부원장 및 소장이 아닌 이사는 정관이 정하는 바에 따라 한국소비자원의 업무를 분장한다.

④ 원장·부원장이 모두 부득이한 사유로 직무를 수행할 수 없는 때에는 상임이사가 그 직무를 대행하며 비상임이사는 직무 대행의 권한을 행사할 수 없다.

⑤ 감사는 한국소비자원의 업무 및 회계를 감사한다.

84 다음 중 소비자단체소송을 제기할 수 있는 비영리 민간단체가 갖추어야 될 요건으로 가장 옳은 것은?

① 중앙행정기관에 등록되어 있을 것

② 단체의 상시 구성원 수가 3천 명 이상일 것

③ 영리가 아닌 공익활동을 수행하는 것을 주된 목적으로 하는 비영리민간단체에 포함되지 않을 것

④ 법률상 또는 사실상 동일한 침해를 입은 100인 이상의 소비자로부터 단체소송의 제기를 요청받을 것

⑤ 정관에 소비자의 권익증진을 단체의 목적으로 명시한 후 최근 2년 이상 이를 위한 활동 실적이 있을 것

85 개인정보보호에 관한 OECD 8원칙 중 다음 〈보기〉의 설명에 해당하는 것은?

┌ 보기 ┐

개인정보는 그 목적에 부합된 것이어야 하고, 이용 목적에 필요한 범위에서 정확하고 완전하며 최신의 것으로 보존되어야 한다.

① 공개의 원칙   ② 정확성의 원칙
③ 안전조치의 원칙   ④ 개인 참여의 원칙
⑤ 목적 명확화의 원칙

86 다음 개인정보의 파기 사유와 관련해 발생할 수 있는 사례 중 그 성격이 다른 것은?

① 제3자 업체에 기획 'TM'을 위해 개인정보를 제공하고 이후 해당 업체의 'TM'이 종료된 경우
② 이용자가 마트 마일리지 회원 탈퇴를 요청한 경우
③ 이용자가 초고속 인터넷을 해지한 경우
④ 개인정보를 수집하는 이벤트가 종료된 경우
⑤ 다른 법률 규정 등에 따라 이용자 동의 없이 보유 및 이용이 가능한 기간이 도래한 경우

87 다음 중 OJT(On the Job Training)의 장점으로 가장 옳은 것은?

① 경비가 많이 든다.
② 평가가 어렵고 힘들다.
③ 계속적이고 반복적으로 수행할 수 있다.
④ 구체적이고 실제적인 교육훈련이 불가능하다.
⑤ 상사와 부하, 선 · 후배 간의 인간관계가 악화된다.

88 '피고스'와 '마이어스'가 제시한 성인학습의 효과에 대한 설명으로 가장 옳지 않은 것은?

① 승진에 대비한 능력 향상을 도모할 수 있다.
② 재해 및 기계설비 소모 등의 감소에 유효하다.
③ 종사원의 불만과 결근 · 이동을 방지할 수 있다.
④ 새로 도입된 신기술에 대하여 종사원의 적응을 원활히 한다.
⑤ 신입사원은 기업의 규정과 방침을 파악하여 자신의 업무에 동기를 부여하고 항상 긴장감이 저하되지 않도록 촉구하는 역할을 한다.

89 기업 상품 발표를 위해 다음 〈보기〉와 같이 체크리스트를 작성할 경우 이에 가장 부합하는 프레젠테이션 '4P' 요소는?

┤ 보기 ├
• 프레젠테이션의 목적이 무엇인가?
• 청중이 이미 알고 있는 정보와 관련이 있는가?
• 프레젠테이션이 끝난 후 청중의 생각, 느낌, 행동을 어떻게 바꾸어 놓을 것인가?

① Place   ② Purpose
③ Pressure   ④ Preparation
⑤ People

90 프레젠테이션 자료 제작 시 슬라이드 디자인 원리 중 '조직성'에 대한 설명으로 가장 옳은 것은?

① 내용의 배열에 흐름이 있어야 한다.
② 공간을 느끼게 하고 입체감을 준다.
③ 심미적으로 안정적인 배치가 되도록 한다.
④ 중요한 부분은 두드러져 보이도록 한다.
⑤ 전하려고 하는 필수적인 정보만을 제공해 준다.

모의고사 1회 정답 및 해설

01	02	03	04	05	06	07	08	09	10	11	12	13	14	15	16	17	18	19	20
③	⑤	②	③	⑤	④	②	①	④	①	②	④	④	②	④	⑤	①	③	②	②
21	**22**	**23**	**24**	**25**	**26**	**27**	**28**	**29**	**30**	**31**	**32**	**33**	**34**	**35**	**36**	**37**	**38**	**39**	**40**
④	③	⑤	④	①	④	④	③	②	③	④	①	③	④	②	②	③	⑤	⑤	⑤
41	**42**	**43**	**44**	**45**	**46**	**47**	**48**	**49**	**50**	**51**	**52**	**53**	**54**	**55**	**56**	**57**	**58**	**59**	**60**
③	②	③	④	③	③	③	①	⑤	①	⑤	②	④	③	⑤	②	④	②	③	③
61	**62**	**63**	**64**	**65**	**66**	**67**	**68**	**69**	**70**	**71**	**72**	**73**	**74**	**75**	**76**	**77**	**78**	**79**	**80**
⑤	①	①	①	④	①	⑤	②	③	③	③	⑤	①	③	②	⑤	④	④	④	②
81	**82**	**83**	**84**	**85**	**86**	**87**	**88**	**89**	**90**										
④	①	⑤	①	③	②	④	⑤	①	⑤										

제1과목 고객만족(CS) 개론

01
정답 ③

정답해설

③ 1992년에 LG그룹이 국내 최초로 '고객가치창조' 기업 이념을 도입하였다.

1990년대의 고객만족(CS) 관리

- A/S 제도 및 '고객관계 관리(CRM)' 도입
- 1992년, LG그룹이 국내 최초로 '고객가치창조' 기업 이념 도입
- 1993년, 삼성그룹이 신(新)경영 선포
- 1999년, 현대자동차가 품질보증제도 도입

오답해설

① 1970년대, ② 1980년대, ④·⑤ 2000년대의 주요 내용에 해당한다.

02
정답 ⑤

정답해설

기대–불일치 이론

- 올리버(1981)가 제시한 이론이다.
- 기대와 성과 간의 차이, 지각된 제품 성과, 기대의 요소를 통해 만족과 불만족의 형성 과정을 설명한다.
- 성과가 기대보다 높아 긍정적 불일치가 발생하면 만족하고, 반대로 성과가 기대보다 낮아 부정적 불일치가 발생하면 불만족을 가져온다는 이론이다.

긍정적 불일치	소비자가 구매한 제품의 성과가 기대보다 나은 경우를 지칭한다.
	지각된 제품 성과 > 기대 → 고객만족 증가(고객 감동)
부정적 불일치	소비자가 구매한 제품의 성과가 기대보다 못한 경우를 지칭한다.
	지각된 제품 성과 < 기대 → 고객불만족
단순 일치	소비자가 구매한 제품의 성과와 기대가 같은 경우를 지칭한다.
	지각된 제품 성과 = 기대 → 고객만족

03

정답 ②

정답해설

공정성의 분류

도출결과의 공정성	• 투입과 도출 사이의 상호 관계 원칙과 같이 어떤 인식된 원칙에 따라 도출결과를 할당하는 것이다. • 투입과 도출 사이의 상호관계에서 투입과 도출에 대한 평가가 우선시되는 기준이다. • 평등성(Equality), 요구(Needs), 기여(Contribution) 등의 요소로 제시된다. • 최종적으로 지급되는 임금, 승진, 조직 내 인정 등이 해당한다.
절차상의 공정성	• 도출결과에 영향을 미치는 영향력과 정보의 공유 정도를 의미한다. • 객관적이고 소비자를 대표할 수 있는 정보 수집, 의사결정자의 정보 사용, 사람들의 의사결정에 미칠 영향력이 있다고 믿는 신념의 정도를 말한다. • 절차나 규칙에 관한 것, 일관성, 편견 배제, 정확성, 윤리성 등이 해당한다.
상호작용의 공정성	• 인간적인 측면과 비인간적인 측면까지 포함하여 의사결정을 수행하는 스타일과 관련된 것이다. • 관리자와 수용자 간의 예의, 정직, 존경, 흥미, 편견, 우호성, 의사소통의 방법 등이 해당한다.

오답해설

① · ③ 도출결과의 공정성, ④ · ⑤ 상호작용의 공정성에 대한 설명이다.

04

정답 ③

정답해설

'귀인 이론(Attribution Theory)'의 내적 귀인과 외적 귀인

• 내적 귀인 : 내적으로 원인을 돌리는 것 예 태도, 기질, 성격 특성, 재능, 노력 등
• 외적 귀인 : 외부환경으로 원인을 돌리는 것 예 난이도, 경쟁률, 사회적 규범, 운 등

05

정답 ⑤

정답해설

⑤ 대기목적가치는 '고객의 통제 요인'에 해당한다.

데이비드 마이스터(David Maister)가 제시한 대기 시간에 영향을 미치는 요인

기업의 통제 요인	완전 통제 요인	• 대기 시간의 공정함 • 편안한 대기 시간 • 확실하게 인지된 대기 시간 • 대기 시간이 서비스의 자연스러운 발생 순서 • 대기단계
	부분 통제 요인	• 점유 혹은 무점유의 대기 시간 • 불안　　　• 불만
고객의 통제 요인		• 대기 시간에 혼자 혹은 단체로 있는지의 유무(대기단위) • 대기 시간을 기다릴 서비스의 가치 목적 유무 • 대기 시간에 대한 현재 고객의 태도 유무

06

정답 ④

정답해설

④ 1994년 일본 제품대학 QFD 연구회와 공동으로 LG전자의 냉장고, 전자레인지 신제품 개발에 처음 적용되었다.

07

정답 ②

정답해설

② 생산자 위주의 공급 시장에서 소비자 위주의 소비 시장으로 변화되었다.

08

정답 ①

정답해설

피시본 다이어그램(Fishbone Diagram)의 사용

• 절차 : 체크인 절차 지연, 좌석 선택의 혼란 등
• 전방 인력 : 출구 관리인의 신속하지 못한 처리, 관리인 숫자 부족 등
• 시설 · 장비 : 항공기의 출구 진입 지연, 도착 지연 등
• 고객 : 고객 개인
• 정보 : 출발 방송의 부실
• 후방 인력 : 기내 청소 지연
• 원자재 공급 : 기내식 서비스 지연, 수하물 탑재 지연, 연료 공급 지연
• 기타 원인 : 날씨, 항공 교통

09

정답 ④

정답해설

④ 구전은 영향력의 특성과 관련된 개인 혹은 집단 간의 영향력을 말한다.

10

정답해설

비즈니스 프로세스의 분류

경쟁 프로세스	• 경쟁자보다 우수한 고객 가치를 제공하는 프로세스이다. • 고객의 니즈를 만족시키는 데 초점을 맞추므로, 고객의 기대 수준과 대비하여 판단할 수 있다. • 비용으로 경쟁하는 경우, 경쟁자보다 낮은 가격으로 생산하는 프로세스이다.
변혁 프로세스	• 급속히 변화하는 환경 및 고객의 니즈와 기술적 변화에 맞추어 조직의 지속적인 경쟁 우위 확보를 위해 역량을 개발하는 프로세스를 말한다. • 미래의 산업 전략이 성공할 수 있도록 사람, 기술, 프로세스를 결합해 조직의 역량을 구축해 나가는 과정을 의미한다. • 신상품 개발, 새로운 지식 습득을 위한 학습조직 구축 등이 대표적인 사례이다.
기반 프로세스	• 핵심 프로세스는 아니지만 프로세스의 결과물이 고객에게 가치가 있다고 파악되는 프로세스이다. • 경쟁자와 경쟁 여부를 떠나 고객에게 필요한 최소한의 가치만 제공하면 되는 프로세스이다.
지원 프로세스	• 위의 세 가지 프로세스가 제대로 진행되도록 지원하는 프로세스를 의미한다. • 고객에게 직접 가치를 전달하는 프로세스는 아니며, 프로세스라기보다는 오히려 과거의 기능적 활동으로 파악되는 경우가 많다. • 인적자원관리, 재무회계, 교육훈련 등이 대표적인 사례이다.
핵심프로 세스	기능의 경계를 넘어 외부고객에게 전달되는 최종 제품과 서비스를 의미한다.

11

정답해설

② 노동 집중도(노동 집약도)란 서비스 전달에 필요한 장치나 설비 등의 '자본 의존도'와 사람에 의존하는 정도인 '노동 의존도'의 상대적인 비율을 말한다.

12

정답해설

④ 프리터족 : Free + Arbeit를 줄인 말로, 1990년대 초반 일본에서 경제 불황으로 직장 없이 갖가지 아르바이트로 생활하는 청년층에게 붙여진 신조어이다.

오답해설

① 애플족 : 'Active, Pride, Peace, Luxury, Economy'의 첫 글자를 따서 만들어진 용어로, 활동적이며 자신의 삶에 자부심을 갖고, 안정적으로 고급 문화를 즐길 수 있는 경제력을 갖춘 노인을 일컫는 용어이다.

② 듀크족 : Dual Employed With Kids'의 머리글자를 딴 'DEWK'에서 나온 용어로, 미국 경제의 호황으로 맞벌이 부부들이 이제 아이를 낳고도 잘 살 수 있다는 자신감이 생기면서 변화된 가족생활을 나타내는 용어이다.

③ 오팔족 : 'Old People with Active Life'의 머리글자를 딴 'OPAL'에서 나온 용어로, 조용히 시간을 보내며 현재에 만족하는 삶을 사는 것이 아니라 적극적이고 활동적으로 자신의 삶을 아름답게 가꾸어 가며 사는 노인들을 일컫는 용어이다.

⑤ 히키코모리 : '틀어박히다'라는 뜻의 일본어 '히키코모루'의 명사형이며, 사회생활에 적응하지 못하고 집 안에만 틀어박혀 사는 사람들을 일컫는 용어이다.

13

정답해설

그레고리 스톤(Gregory Stone)의 고객 분류

경제적 고객 (절약형 고객)	• 고객 가치를 극대화하려는 고객을 말한다. • 투자한 시간, 돈, 노력에 최대한의 효용을 얻으려는 고객이다. • 여러 서비스 기업의 경제적 강점을 검증하고 가치를 면밀히 조사하는 요구가 많고 때로는 변덕스러운 고객이다. • 이러한 고객의 상실은 잠재적 경쟁 위험에 대한 초기 경보 신호라 할 수 있다.
윤리적 고객 (도덕적 고객)	• 윤리적인 기업의 고객이 되는 것을 고객의 책무라고 생각한다. • 기업의 사회적 이미지가 깨끗하고 윤리적이어야 고객을 유지할 수 있다.
개인적 고객 (개별화 추구 고객)	• 개인 간의 교류를 선호하는 고객을 말한다. • 형식적 서비스보다 자기를 인정하는 서비스를 원하는 고객이다. • 최근 개인화되어 가는 경향으로 인해 고객 정보를 잘 활용할 경우 가능한 마케팅이다.
편의적 고객	• 자신이 서비스를 받는 데 있어 편의성을 중요시하는 고객이다. • 편의를 위해서라면 추가 비용을 지불할 수 있는 고객이다.

14   정답 ②

정답해설

기업 및 제품 선택에 영향을 미치는 위험의 유형

심리적 위험 (Psychological Risk)	구매한 제품이 자아 이미지와 어울리지 않 거나 부정적인 영향을 미칠 수 있는 가능성 에 따라 소비자가 지각하는 위험
신체적 위험 (Physical Risk)	구매한 제품이 안전성을 결여하여 신체적 위해를 야기할 가능성에 따라 소비자가 지 각하는 위험
재무적/경제적 위험 (Financial Risk)	구매한 제품이 제 성능을 발휘하지 못하여 발생하는 경제적 손실에 따라 소비자가 지 각하는 위험
사회적 위험 (Social Risk)	• 특정한 상품을 구매하여 다른 사람들이 자신에게 가질 평가에 따라 소비자가 지 각하는 위험 • 구매한 상품이 준거집단으로부터 부정적 으로 평가를 받을 수 있는 위험
성능 위험 (Performance Risk)	• 구매한 제품이 기능이 발휘가 되지 않을 가능성에 따라 소비자가 지각하는 위험 • 제품 구매나 사용 시 구매 상품이 기대한 만큼 성능을 발휘하지 못하는 경우에 해 당함
시간상실/ 시간손실 위험 (Loss Risk)	제품의 구매 결정에 시간이 너무 많이 들 수 있는 위험

15   정답 ④

정답해설

고객평생가치(CLV)를 올리기 위한 활동

• 교차 판매(Cross-selling) : 기존의 상품 계열에 고객이
관심을 가질만한 다른 상품을 접목시켜 판매하는 유형
• 추가 판매(Up-Selling) : 특정 카테고리 내에서 상품의
구매액을 늘리도록 유도하는 유형

16   정답 ⑤

오답해설

①·② 가치 체계를 기준으로 한 고객, ③·④ 프로세스적
관점에서 본 고객에 해당한다.

17   정답 ⑤

정답해설

⑤ 고객이 창출하는 부가가치에 따라 마케팅 비용을 사용
하는 것이 가능하다.

18   정답 ①

오답해설

② Scoring : 고객가치 점수이다.
③ Risk Score : 특정 고객이 기업에 얼마나 나쁜 영향을
주는지 나타내는 점수이다.
④ Coverage Score : 자사의 상품 중에서 얼마나 많은 종
류의 상품을 구매했는가를 평가하는 것이다.
⑤ Profitability Score : 특정 고객의 매출액, 순이익, 거
래 기간 등을 고려하여 기업에 얼마나 수익을 주는지 점
수를 매겨 보는 것을 의미한다.

19   정답 ③

정답해설

③ 사용 방법의 다양화는 구매 빈도 증대에 해당한다.

CRM(고객관계 관리) 목적 달성을 위한 활동

• 고객 단가 증대 : 교차 판매, 추가 판매, 재판매
• 고객 수 증대 : 이벤트, 외부 업체와의 제휴, 기존 고객
유지 활동, 기존 고객의 추천을 통한 신규 고객 창출
• 구매 빈도 증대 : 다양한 사용 방법 개발

20   정답 ②

정답해설

② 복수 채널 운영을 하지 않기 때문에 인건비 절감 효과를
기대할 수 있다.

21   정답 ④

정답해설

'존 포웰(John Powell)'이 제시한 자아개방의 5단계

• 일상적인 회화 수준 : 자신의 생각이 포함되지 않은 인사
정도를 나누는 단계
• 정보를 주고받는 단계 : 아직 자기개방이 이루어지지 않
은 상태로 단지 누가 어떤 일을 했다는 등의 객관적인 정
보를 전달하는 수준으로 개인적인 느낌이나 감정은 개입
되지 않는 단계
• 생각을 나누는 단계 : 조심스럽게 자신의 생각이나 의견
을 말하는 단계

- 자신의 감정, 느낌을 표현하는 단계 : 상대방이 어떻게 생각할 것인가를 걱정하지 않고 자신의 감정을 자유롭게 표현하는 단계
- 진실의 단계 : 서로의 마음이 이어지고 갈등을 일으키더라도 하지 못할 말이 없는 단계

22 정답 ③

정답해설

③ 노동자들은 개인으로서가 아니라 비공식 집단의 일원으로서 경영자에게 반응한다.

23 정답 ⑤

정답해설

⑤ '머튼(Merton)'이 주장한 '아노미 이론(Anomie Theory)'은 어떤 사회나 계층에 국한된 이론이 아니다.

24 정답 ④

오답해설

①·② 공적 거리, ③·⑤ 친밀한 거리에 대한 설명이다.

25 정답 ①

정답해설

의사소통 장애 요인으로는 가치판단 외에 정보의 여과, 지적 장애 요인(내사, 투사 등)이 있다.

26 정답 ④

정답해설

④ 발언이 모호하지 않고 의도를 분명히 해야 한다.

하버마스(Habermas)의 이상적인 의사소통 상태를 특징짓는 준거 기준

- 이해가능성(Comprehensibility) : 발언이 모호하지 않고 의도를 분명히 해야 하며 전문용어 사용으로 일반 대중을 소외시키지 말아야 한다.
- 진지성(Sincerity) : 발언에 속임수가 있으면 안 된다.
- 타당성(Rightness or Legitimacy) : 발언이 맥락에 맞아야 한다.
- 진리성(Truth) : 교환되는 메시지가 진실해야 한다.

27 정답 ④

정답해설

④ 고객의 직접 참여에 의해서만 서비스를 창출한다.

관광 서비스의 특징

- 인적 서비스에 대해 높은 의존성을 지닌다.
- 차별화되는 고급 서비스를 요구한다.
- 관광 수요의 계절성으로 수요가 불규칙하다.
- 고객의 직접 참여에 의해서만 서비스를 창출할 수 있다.
- 고객인 관광객이 호감과 만족감을 느끼게 하는 행위이다.
- 인적, 물적 서비스가 혼합되어 존재하는 개념이다.
- 타 관광 서비스 상품과 상호 보완적이다.
- 본질적인 서비스의 특징과 비용 산출의 어려움, 서비스 선택 시 지각의 위험을 갖는다.
- 정보화 의존 영역에 한계적 특성을 갖는다.

28 정답 ③

정답해설

감성 리더십을 구성하는 요소

자아인식 (자아의식)	자신의 감정, 기분, 취향 등이 타인에게 미치는 영향을 인식하고 이해하는 능력이며 자신의 감정인식, 자기 평가력, 자신감 등이 해당한다.
자기조절력 (자기 통제)	행동에 앞서 생각하고 판단을 유보하며 부정적 기분이나 행동을 통제 혹은 전환할 수 있는 능력이며 자기 통제, 신뢰성, 성실성, 적응성, 혁신성 등이 해당한다.
동기부여 능력	돈, 명예와 같은 외적 보상이 아닌 스스로의 흥미와 즐거움에 의해 과제를 수행하는 능력이며 추진력, 헌신, 주도성, 낙천성 등이 해당한다.
감정이입 능력	다른 사람의 감정을 이해할 수 있고 문화적 감수성, 고객의 욕구에 부응하는 서비스 등과 관련성이 높은 요소이며 타인 이해, 부하에 대한 공감력, 전략적 인식력 등이 해당한다.
사교성 (대인 관계 기술)	인간관계를 형성·관리할 수 있고 인식한 타인의 감성에 적절히 대처할 수 있는 능력이며 타인에 대한 영향력 행사, 커뮤니케이션, 이해 조정력, 리더십, 변혁추진력, 관계구축력, 협조력, 팀 구축능력 등이 해당한다.

29 정답 ②

정답해설

② 정신분석과 행동주의에 기반을 두고 있다.

30 정답 ③

해리스(Harris)가 제시한 인간관계 유형

- I'm OK - You're OK : 자신과 타인을 모두 긍정하는 유형으로 인간관계가 원만하고 인생에 대한 태도가 긍정적이다.
- I'm OK - You're not OK : 타인과의 거리를 유지할 뿐만 아니라 타인에 대한 불신과 경계를 게을리하지 않으므로 좋은 관계로 지속시키거나 발전시키는 것이 아니라 관계를 단절하게 되는 쪽으로 발전시키게 된다.
- I'm not OK - You're OK : 자신은 부정하고 타인은 긍정하는 유형이며 열등감이 크고 매사 의기소침하며 타인에 대해 두려움을 느낀다.
- I'm not OK - You're not OK : 상황이나 문제 해결에 대한 대안이나 극복할 능력이 없다고 믿으며 이들은 자신뿐 아니라 타인에 대해서도 부정적으로 지각하고, 반항적·체념적 인생 태도를 취한다.

제2과목 고객만족(CS) 전략론

31 정답 ④

정답해설

청사진의 설계 작성 시 고객과 여러 부서의 대표가 참가하여 전체 부서의 작업으로 이루어져야 한다.

32 정답 ①

정답해설

서비스 모니터링은 서비스 직원에 대한 품질평가를 통해서 개선 수단으로 활용되어야 한다.

33 정답 ③

정답해설

MOT 사이클 차트 분석 5단계

1단계 : 서비스 접점 진단
2단계 : 서비스 접점 설계
3단계 : 고객접점 사이클 세분화
4단계 : 고객접점 시나리오 만들기
5단계 : 서비스 표준안으로 행동하기

34 정답 ⑤

정답해설

SWOT분석과 마케팅 전략

SO전략	시장의 기회를 활용하기 위해 조직 내부의 강점을 사용하는 전략
ST전략	시장의 위협을 회피하기 위해 강점을 사용하는 전략
WO전략	조직 외부의 기회를 활용하여 내부의 약점을 극복하려는 전략
WT전략	시장의 위협을 회피하고 약점을 최소화하는 전략

35 정답 ④

오답해설

① 측정 가능성 : 세분시장의 규모와 구매력 및 특성이 측정될 수 있어야 한다.
② 실질성 : 규모나 수익면에서 큰 세분시장이 존재해야 한다.
③ 행동 가능성 : 효과적인 마케팅 프로그램을 실행할 수 있는 정도이다.
⑤ 차별화 가능성 : 마케팅믹스 요소와 프로그램에 대해 각 세분시장이 서로 다르게 반응해야 한다.

36 정답 ⑤

정답해설

내구성과 유형성 및 용도에 따른 소비재 분류

- 비내구재 : 1회 또는 2회성 사용으로 소모되는 제품 등으로 자주 구입해야 하므로 어디서나 쉽게 구입 가능하고, 대량 광고로 구입을 유도하며 선호도를 구축하는 소비재이다.
- 내구재 : 여러 번 사용할 수 있는 제품으로 의류, 가전제품 등으로 서비스가 수반되는 소비재이다. 내구재에는 많은 이익 폭이 가산될 수 있다.
- 서비스 : 무형이고 분리가 불가능하며, 변화성과 소모성이 높고 공급자의 신뢰성이 요구되는 소비재이다.

37 정답 ③

오답해설

① 단일 제품으로 단일 세분시장에 진출하여 고객의 구매 동기를 유발하는 전략이다.
② 다양한 세분시장에 단일 제품으로 고객의 욕구에 대처하는 전략이다.

④ 세분시장 중에서 매력적이고 기업목표에 적합한 몇 개의 세분시장에 진입하는 전략이다.
⑤ 모든 고객 집단들이 필요로 하는 모든 제품을 그 전체 고객 집단에게 제공하는 전략이다.

38 · 정답 ⑤

정답해설

서비스 포지셔닝 방법

- 서비스 속성 : 다른 업체와 차별화된 속성으로 포지셔닝 하는 방법
- 서비스 용도 : 서비스를 하는 궁극적인 용도가 무엇인가를 알고 포지셔닝하는 방법
- 가격-품질 : 최고의 품질로 서비스를 하거나 가장 저렴한 가격으로 포지셔닝하는 방법
- 서비스 등급 : 호텔의 별 등급 표시 등과 같이 서비스 등급이 높아 높은 가격을 매길 수 있다는 측면을 강조하는 방법
- 서비스 이용자 : 기업 서비스 제품이 특정 소비자에 적합하다는 것을 소비자에게 인식시켜 포지셔닝하는 방법
- 경쟁자 : 경쟁자와 비교해 자사의 서비스가 더 나은 점이나 특출난 점을 부각시켜 포지셔닝하는 방법

39 · 정답 ⑤

정답해설

서비스 기업의 경영에는 전통적인 마케팅의 4Ps인 상품 (Product), 가격(Price), 유통(Place), 촉진(Promotion)에, 사람(People), 물리적 증거(Physical Evidence), 처리과정 (Process)의 3P를 추가하여 확장된 마케팅 믹스를 7Ps라고 한다. 여기에서 물리적 증거(Physical Evidence)는 서비스가 무형성이라는 특성으로 인해 서비스기업에서 제공하는 서비스 이외에 부가적인 유형적 증거를 확인함으로써 서비스의 질을 평가하게 된다(예 매장 분위기, 환경 등).

40 · 정답 ⑤

정답해설

칼 알브레히트의 서비스 마케팅 삼각형

(가) 내부 마케팅 : 경영자와 종업원 사이에 이루어지는 모든 활동이다(예 교육, 동기부여, 보상, 기술 지원 등).
(나) 외부 마케팅 : 기업과 고객의 사이에 이루어지는 모든 마케팅 활동이다.
(다) 상호작용 마케팅 : 일선 접점직원과 고객 사이에 이행되는 과정으로 고객의 만족도 여부가 결정된다.

41 · 정답 ③

정답해설

서비스 실패의 회복을 위한 공정성의 유형은 크게 3개로 절차적 공정성, 상호작용적 공정성, 분배적 공정성으로 나눌 수 있다. 첫째, 절차적 공정성으로 불평처리의 평가와 관련된 절차적 공정성의 요소들은 회사의 규정, 정책, 적시성 등이 있다. 둘째, 상호작용적 공정성은 실행 절차에 있어서 개인 간의 행동과 관련하여 상호 이해관계 속에 공감, 배려, 사과, 종업원의 친절 등이 있다. 셋째, 분배적 공정성은 자신이 얻게 되는 결과 혹은 산출을 통하여 공정성의 수준을 평가하는데 교환, 환불, 가격 할인, 쿠폰 제공, 보상 등이 있다.

42 · 정답 ②

오답해설

①·③은 결과 품질, ④·⑤는 상호작용 품질에 해당한다.

43 · 정답 ③

오답해설

① 인식 가치 : 상품의 소비를 자극하는 고객의 호기심 등과 관련된 가치
② 상황 가치 : 상품을 소비할 때 특정 상황과 관련된 가치
④ 정서 가치 : 상품을 소비하며 고객이 느끼는 감정과 관련된 가치
⑤ 기능 가치 : 상품의 품질, 서비스, 가격 등과 같은 물리적인 기능과 관련된 가치

44 · 정답 ④

오답해설

①·②·③·⑤는 내부 서비스 품질 요소이다.

외부 서비스 품질(표적시장) 요소

- 반복구매
- 고객의 유지

- 고객의 생애 가치
- 만족스러운 서비스 가치
- 긍정적 제품 및 서비스의 구전과 권유
- 표적 고객의 욕구를 충족할 서비스 설계와 전달

45
정답 ③

오답해설

②·④는 필립 코틀러의 5가지 제품차원에 속한다.

3가지 제품차원(테어도르 레빗)
- 핵심제품 : 사용으로 욕구 충족을 얻을 수 있는 제품으로 제품이 주는 근본적 혜택, 즉 기본적 욕구를 충족시킬 수 있는 특성을 가진 제품이다.
- 실체제품 : 소비자들이 실제로 구입하고자 하는 핵심제품으로 포장, 상표, 스타일 등의 서비스가 가미된 형태의 제품이다.
- 확장제품 : 실체제품에 추가적으로 있는 A/S, 품질보증, 설치서비스와 같은 사후 서비스와 직·배송 등의 혜택을 주는 제품이다.

46
정답 ③

정답해설

의료관광 유형
- 수술 치료형 : 심장수술, 장기이식, 중증난치병 치료, 골수이식 등 생명 보존과 직결되는 응급상황에서 자국에서 치료할 수 없는 경우 타국에서 수술을 받는 유형
- 전통 치료형 : 만성 질환, 알러지 질환을 치료하고 건강을 유지하기 위해 온천이나 전통의학을 체험하는 웰빙형 의료관광 유형
- 미용 의료형 : 성형수술이나 미용, 마사지 등의 미용을 위한 의료관광 유형
- 휴양 의료형 : 휴양에 적합한 자연환경과 건강을 위한 의료서비스가 갖춰진 곳에 체류하여 장기적으로 재활하는 유형

47
정답 ③

정답해설

③ 고객으로부터 데이터를 수집하는 데 시간과 비용이 많이 들고 회수율도 낮다.

48
정답 ①

정답해설

① 당연적 품질요소 : 최소한 마땅히 있을 것으로 생각되는 기본적인 요소이다.

오답해설

② 매력적 품질요소 : 충족이 되면 만족을 주지만, 충족되지 않더라도 불만이 증가되지 않는 요소이다.

③ 무관심 품질요소 : 충족되든지 안 되든지 만족도 불만도 일으키지 않는 요소이다.

④ 일원적 품질요소 : 충족이 되면 만족하고 충족되지 않으면 불만을 일으키는 요소이다.

⑤ 역 품질요소 : 충족이 되면 불만이 되고 충족되지 않으면 만족이 되는 요소이다.

49
정답 ⑤

정답해설

관여도, 고객의 개인적 욕구, 과거의 경험 등은 고객이 기업에 기대(期待)하는 서비스에 영향을 미치는 요인이고, 물질적 자원, 기술적 자원, 참여고객 등은 기업이 고객에게 제공한 서비스에 대한 고객만족으로 지각(知覺)된 서비스에 영향을 주는 요인이다.

50
정답 ①

정답해설

'스콧(Scott)과 미셸(Michell)'의 커뮤니케이션의 주요 기능
- 종업원들이 감정을 표현하고 사회적 욕구를 충족시키는 주요 수단이다.
- 종업원들은 자신의 집단 내부의 커뮤니케이션 경로를 통해 관리자나 동료들에게 고충 또는 만족감 등을 표현하기도 하며 행동을 통제받기도 한다.
- 종업원들의 동기유발을 촉진하고 명령, 성과에 대한 보상, 평가와 교육훈련을 실시하며 리더십 행동들이 발생한다.
- 의사결정을 하는 데 중요한 정보기능을 담당한다. 정보처리활동과 커뮤니케이션 채널이 개인이나 집단의 의사결정에 필요한 정보를 전달하는 개선방안들을 실천한다.

51
정답 ⑤

정답해설

⑤ 고객의 제품 및 서비스 가격 인상의 허용 폭을 결정한다.

52

정답해설

③은 정성조사기법에 속한다.

마케팅 조사 시 적용기법

정성조사기법	정량조사기법
• 정량적 조사의 사전 단계, 가설의 발견, 사전지식이 부족한 경우 • 가설의 검증 및 확인 • 고객 언어의 발견 및 확인 • 고객을 심층적으로 이해하려는 시도 • 다양한 샘플링 확보가 어려운 경우 • 신속한 정보를 획득하고 싶은 경우	• 가설 검증으로 확정적 결론 획득 • 시장세분화 및 표적시장 선정 • 시장상황과 소비자의 행태 파악 • 고객의 특성별 요구차이 • 각 상표별 강점 · 약점을 파악

53

정답 ②

정답해설

행동적 · 태도적 충성도 차원의 고객 세분화 유형에는 잠복된 충성도, 진실한 충성도, 거짓된 충성도, 낮은 충성도가 있다.

오답해설

① 낮은 충성도 : 경쟁사의 마케팅 전략에 쉽게 동요되어 다른 기업으로 재구매율과 태도가 전환될 수 있는 충성도

③ 잠복된 충성도 : 기업에 대한 높은 선호도는 있으나 가격, 접근성 등에서 재구매를 못하거나, 상황에 따라 구매 여부가 달라지는 집단의 충성도

④ 진실한 충성도 : 기업이 고객에게 경쟁사보다 큰 가치를 제공하여 고객을 완전히 만족시켜 강한 애착과 태도를 갖게 하는 충성도

54

정답 ①

오답해설

고객의 서비스 기대에 대한 영향 요인 중 ② · ④ · ⑤는 외적 요인, ③은 내적 요인에 해당한다. 기업요인에는 촉진, 가격, 유통이 있다.

55

정답 ②

오답해설

① 메타 트렌드(Meta Trend) : 자연의 법칙, 진화의 법칙 등 사회적으로 일어나는 현상들로써 문화 전반을 아우르는 광범위하고 보편적인 트렌드이다.

③ 마케팅 트렌드 : 마케팅 용어나 현상 세계에 있는 트렌드이다.

④ 소비자 트렌드 : 제품뿐 아니라 문화에 이르기까지 소비 전반에 관한 광범위한 변화를 이끌어 내는 트렌드로 5~10년 동안 지속된다.

⑤ 사회 문화적 트렌드(Social Cultural Trend) : 사람들의 삶에 대한 감정과 동경, 문화적 갈증 등의 내용에 가장 부합하는 트렌드이다.

56

정답 ②

오답해설

① 전략적 계획 : 조직의 기본 방향을 장기적인 관점에서 수립하는 포괄적인 계획이다.

③ 장기 계획 : 3년 이상의 계획으로 기업 수익 균형 및 목표의 우선순위를 정하고 자원을 바르게 배분하는 계획이다.

④ 중기 계획 : 생산시설 확충과 축소 등 기업의 마케팅 효과가 실적으로 나타날 수 있는 1~2년 정도의 계획이다.

⑤ 운영 계획 : 전략적 계획을 실천하기 위한 구체적인 활동계획이다.

57

정답 ④

오답해설

① 경쟁 벤치마킹 : 직접적인 경쟁사에 대한 벤치마킹

② 산업 벤치마킹 : 이해관계자, 시장, 고객, 기술이 속해 있는 전체 기업을 대상으로 한 벤치마킹

③ 기능 벤치마킹 : 최신 · 최상의 제품이나 프로세스를 가지고 있는 조직을 대상으로 한 벤치마킹

⑤ 포괄 벤치마킹 : 다른 업종 기업들에 대한 벤치마킹

58

정답 ②

정답해설

AIO 분석기법에는 활동, 관심, 의견이 있다. 〈보기〉는 활동(Activities)에 대한 내용이다.

AIO분석법(조셉 플러머)

• 활동(Activities) : 쇼핑, 상품에 대한 대화 등으로 관찰될 수 있지만 그 이유를 측정하기 어렵다.

• 관심(Interests) : 어떤 사물과 사건, 화제 등에 대하여 특별하고 계속적인 주의를 부여하는 정도를 의미한다.

• 의견(Opinions) : 질문이 제기된 상황에 대하여 개인이 제시하는 반응으로 예측, 신뢰, 평가, 해석, 기대 등을 의미한다.

59 정답 ③

① 바넘 효과 : 보편적인 성격 특성을 자신의 성격과 일치한다고 믿으려는 현상
② 베블런 효과 : 상품의 가격이 오르면 수요가 더 증가하는 현상
④ 언더독 효과 : 사람들이 약자라고 믿는 주체의 성공을 기원하게 되는 현상이나 약자로 연출된 주체에게 부여하는 심리적 애착
⑤ 디드로 효과 : 하나의 물건을 구입한 후 그 물건과 어울리는 다른 제품들을 계속 구매하는 현상

60 정답 ③

정답해설

'슈미트'의 경험적 마케팅의 5가지 전략모듈

• 관계적 경험 : 고객이 속한 사회·문화적 관계 등을 특정 브랜드와 연결하여 공감대를 형성하는 방법
• 인지적 경험 : 지적 호기심을 자극하여 고객 참여 유도와 브랜드 관여도를 높여, 고객의 브랜드 충성도를 제고하는 방법
• 감각적 경험 : 고객의 오감을 통한 자극으로 감각적인 경험을 고객에게 제공하는 기법
• 감성적 경험 : 긍정적 기분과 느낌 등으로 제품의 친밀도를 높여 브랜드에 특별한 감정을 유발하는 방법
• 행동적 경험 : 소비자의 육체적인 경험과 라이프스타일과의 상호작용에 영향을 끼치는 것을 목표로 하는 방법

제3과목 고객관리실무론

61 정답 ⑤

정답해설

⑤ 기억과 지각이라는 요소가 혼합되어 개인만의 이미지를 형성하는 단계는 '사고 과정' 단계이다.

이미지 형성 과정

지각 과정	• 인간이 환경에 대해 의미를 부여하는 과정이다. • 주관적이며 선택적으로 이루어지기 때문에 동일한 대상에 대해 사람마다 다른 이미지를 부여한다.
사고 과정	과거와 관련된 기억과 현재의 지각이라는 요소가 혼합되어 개인만의 이미지를 형성하는 단계이다.
감정 과정	지각과 사고 이전의 감정에 의해 반응하는 과정으로 확장 효과를 가져온다.

62 정답 ①

정답해설

첫인상으로는 본인의 숨겨진 내면이나 성향을 전달하는 데 어려움이 있다.

63 정답 ①

정답해설

미국의 심리학자 앨버트 메라비언(Albert Mehrabian)은 면대면 커뮤니케이션에서의 정보량은 시각적인 요소가 55%, 청각적인 요소가 38%, 기타 언어적인 요소가 7%로 형성된다고 보았다.

64 정답 ①

② 나 – 정중례, ③ 다 – 보통례, ④ 라 – 정중례, ⑤ 마 – 목례

65 정답 ④

정답해설

④ 답배를 하지 않아도 되는 높은 어른이나 의식행사에 주로 사용되는 절은 큰절, 진례이다.

절의 종류와 구분

• 작은절(초례, 반절) : 웃어른이 아랫사람의 절에 대한 답배(答拜) 시에 한다.
• 보통절(행례, 평절) : 항렬이 같은 사람, 관직의 품계가 같을 경우에 한다.
• 큰절(진례) : 자기가 절을 해도 답배를 하지 않아도 되는 높은 어른에게나 의식행사에서 한다.
• 매우큰절(배례) : 관, 혼, 상, 제, 수연, 고희 시에 한다.

66
정답 ①

정답해설

샌드위치 화법

충고를 칭찬과 격려 사이에 넣어 상대방이 충고를 거부감 없이 받아들이게 하는 화법이다.

67
정답 ⑤

정답해설

카탈로그, 상품설명서, 통보서, 인터넷 게시판 등의 정보제공에 대한 불만은 '정보적 상황에 대한 불만'에 해당한다.

오답해설

① 인적 상황에 대한 불만 : 접객 태도, 상담 태도, 대화 정도, 종업원 복장 등에 대한 불만

② 시간적 상황에 대한 불만 : 매장운영시간, 고객 상담시간, 지연시간 등에 대한 불만

③ 금전적 상황에 대한 불만 : 지불수단이나 결제조건, 멤버십 유무에 따른 금전적인 부담 정도, 금전적인 혜택이나 우대 등에 대한 불만

④ 물리적 상황에 대한 불만 : 외형, 인테리어, 호텔이나 음식점, 매장의 입지 조건, 설비, 재질에 대한 불만

68
정답 ②

정답해설

피뢰침의 원칙

피뢰침은 번개를 직접 맞지만, 스스로 상처를 입지 않을 뿐 아니라 건물 등에 피해를 주지 않고 번개를 땅으로 흘려보낸다. 이처럼 고객이 자신에게 화를 내는 것이 아니라 회사나 제도에 항의하는 것이라는 관점을 가지고 일 처리를 해 나가야 상처를 입지 않고 고객의 불만에 적절히 응대할 수 있다.

69
정답 ③

정답해설

③ 같은 조직에 있는 사람 또는 외부 전문가가 멘토의 역할을 수행할 수 있다.

70
정답 ③

정답해설

도중에 통화가 끊어지면 먼저 건 쪽에서 다시 건다.

71
정답 ③

정답해설

'수선한 옷'은 높여야 할 대상과 밀접한 관계를 맺은 사물이 아니므로 간접높임의 사용이 적절하지 않다.

72
정답 ⑤

정답해설

보고할 내용이 몇 가지 겹쳤다면, 전체 상황을 먼저 보고한 후 개별적으로 나누어서 보고한다.

73
정답 ①

정답해설

조직 구성원에 따른 콜센터의 분류 유형에는 직할 콜센터, 아웃소싱형 콜센터, 제휴형 콜센터, 클라우딩 콜센터 등이 있다.

오답해설

라, 마, 바는 장비 시스템에 따른 콜센터의 분류에 해당한다.

> 라. VOIP(Voice Over Internet Protocal) : 인터넷 전화
> 마. CTI(Computer Telephony Integration) : 전화장치 처리 시스템과 컴퓨터 처리 시스템이 연동되어 음성 처리와 데이터 처리가 가능
> 바. IPCC(IP Call Center) : 인터넷 프로토콜 기반의 콜센터로, 멀티채널, 양방향, 아날로그 음성, VoIP, 화상, 채팅, e-메일, 팩스 등이 가능

74
정답 ③

정답해설

'연체 고객 관리'는 아웃바운드 서비스의 활용 사례이다.
아웃바운드 콜센터는 판매나 마케팅, 캠페인 전개 등의 업무를 수행하기 위해 전화를 고객에게 거는 업무를 수행한다. 즉 판촉 활동, 해피콜, 시장조사, 연체 고객 관리, 기념일 축하 전화 등의 업무를 담당한다.

75
정답 ④

정답해설

상담원들의 상담 수준에 따른 개별 역량의 편차를 파악하여 업무량을 조정하고 배정하는 것이 스크립트(Script)의 필요성이라고 볼 수 없다.

76

정답해설

상담 내용을 모니터링하여 평가하고 관리, 감독을 통해 통화품질을 향상시키는 업무를 수행하는 사람은 통화품질관리자(QAA : Quality Assurance Analyst)이다. 요즘은 QAA를 QAD(Quality Assurance Developer)라고 부르기도 한다.

77
정답 ②

정답해설

짧은 시간 동안 콜센터 상담원을 대상으로 수시로 주의를 집중시켜 적극적인 참여를 통해 성취를 이루는 형태의 코칭 기술은 '스팟 코칭'이다.

콜센터 모니터링을 위한 코칭의 종류

프로세스 코칭	일정한 형식을 유지하며 진행되는 방식으로 가장 흔히 사용하는 형태이다. QAA나 코칭을 하는 사람이 사전에 코칭 대상과 시기, 코칭 내용을 선정하여 상담원에게 코칭을 정해진 프로세스에 따라 실시한다.
스팟 코칭	짧은 시간 동안 콜센터 상담원을 대상으로 수시로 주의를 집중시켜 적극적인 참여를 통해 성취를 이루는 형태로, 고도의 기술을 요한다.
풀 코칭	미니 코칭보다 코칭 시간이 길고 코칭의 내용이 구체적으로 이루어진다. 일반적으로 모니터링 평가표에 따라 업무 및 2~3개의 통화품질 기준에 관한 내용을 가지고 진행된다.
피드백 코칭	상담원에게 표준 업무 수행과 관련한 피드백을 제공함으로써 상담원의 스킬과 업무수행 능력을 향상시킬 수 있는 코칭이다.

78
정답 ④

정답해설

이름과 직함은 물론 직장 주소와 휴대전화 및 직장 전화번호, 팩스번호를 각각 기입하여 제작하는 것이 일반적이다.

79
정답 ④

정답해설

'친절(Kindliness)'은 악수의 5대 원칙에 포함되지 않는다.

악수의 5대 원칙

- 미소(Smile)
- 눈맞춤(Eye-contact)
- 적당한 거리(Distance)
- 리듬(Rhythm)
- 적당한 힘(Power)

80
정답 ②

정답해설

홉스테드(Hofstede)가 제시한 문화차원이론의 5가지 범주는 권위주의적 성향, 개인주의적 성향, 불확실성 회피 성향, 남성적 성향, 시간 성향으로 구분할 수 있다.

홉스테드의 문화차원이론 5가지 범주

권력 거리 지수	조직이나 단체에서 권력이 작은 구성원이 권력의 불평등한 분배를 수용하고 기대하는 정도
개인주의 대 집단주의	한 개인이 가족이나 집단에 대한 책임보다 개인적인 자유를 더 중시하는 정도를 나타내는 척도
불확실성 회피 지수	사회구성원이 불확실성을 최소화함으로써 불안에 대처하려고 하는 정도
남성성 대 여성성	성별 간 감정적 역할의 분화를 나타내는 척도
장기지향성 대 단기지향성	사회의 시간 범위를 설명하는 척도. 장기 지향적인 사회는 미래에 더 많은 중요성을 부여하고, 단기지향적인 사회에서는 끈기, 전통에 대한 존중 등을 강조한다.

81
정답 ④

정답해설

④ '헌법 및 정부조직법상의 기관 순위'가 직위에 의한 서열 기준에 해당한다.

직위에 의한 서열기준	공적직위가 없는 인사의 서열기준
• 직급(계급)순위 • 헌법 및 정부조직법상의 기관 순위 • 기관장 선순위 • 상급기관 선순위 • 국가기관 선순위 등	• 전직(前職) • 연령 • 행사 관련성 • 정부산하단체 및 관련민간단체장 등

82
정답 ①

정답해설

〈보기〉내용은 '폰 히펠(Von Hippel)'이 소비자에 대하여 정의한 내용이다.

학자별 소비자의 정의

가토 이치로 (Kato Ichiro)	소비자란 국민 일반을 소비생활이라고 하는 시민생활의 측면에서 포착한 개념이다.
폰 히펠 (Von Hippel)	소비자란 개인적인 용도에 쓰기 위하여 상품이나 서비스를 제공받는 사람을 의미한다.

이마무라 세이와 (Imamura Seiwa)	소비자는 생활자이며 일반 국민임과 동시에 거래 과정의 말단에서 구매자로 나타나는 것을 의미한다.
타케우치 쇼우미 (Takeuchi Shoumi)	소비자란 타인이 공급하는 물자나 용역을 소비생활을 위하여 구입 또는 이용하는 자로서 공급자에 대립하는 개념이다.

83 정답 ⑤

정답해설

〈보기〉는 소비자기본법 제16조 '소비자분쟁의 해결'에 대한 내용이다.

소비자 분쟁의 해결(소비자기본법 제16조)

① 국가 및 지방자치단체는 소비자의 불만이나 피해가 신속 · 공정하게 처리될 수 있도록 관련기구의 설치 등 필요한 조치를 강구하여야 한다.

② 국가는 소비자와 사업자 사이에 발생하는 분쟁을 원활하게 해결하기 위하여 대통령령이 정하는 바에 따라 소비자 분쟁해결기준을 제정할 수 있다.

③ 소비자분쟁 해결 기준은 분쟁당사자 사이에 분쟁해결방법에 관한 별도의 의사표시가 없는 경우에 한하여 분쟁해결을 위한 합의 또는 권고의 기준이 된다.

84 정답 ①

정답해설

소비자기본법 제55조(피해구제의 신청 등)

① 소비자는 물품 등의 사용으로 인한 피해의 구제를 <u>한국소비자원</u>에 신청할 수 있다.

② 국가 · 지방자치단체 또는 소비자단체는 소비자로부터 피해구제의 신청을 받은 때에는 <u>한국소비자원</u>에 그 처리를 의뢰할 수 있다.

85 정답 ③

정답해설

'가명처리'란 개인정보의 일부를 삭제하거나 일부 또는 전부를 대체하는 등의 방법으로 추가 정보가 없이는 특정 개인을 알아볼 수 없도록 처리하는 것을 말한다.

86 정답 ②

정답해설

특정 개인에 대한 주민등록번호, 여권번호, 운전면허증을

포함해서 학교의 학생번호, 기업의 직원번호, 고객번호 등의 정보는 개인을 구별하기 위해 부여된 식별 기호에 해당한다.

87 정답 ④

정답해설

'고의 또는 손해 발생의 우려를 인식한 정도'이다.

개인정보보호법 제39조 제4항

개인정보 피해 배상액 산정에 따른 고려사항
1. 고의 또는 손해 발생의 우려를 인식한 정도
2. 위반행위로 인하여 입은 피해 규모
3. 위법행위로 인하여 개인정보처리자가 취득한 경제적 이익
4. 위반행위에 따른 벌금 및 과징금
5. 위반행위의 기간 · 횟수 등
6. 개인정보처리자의 재산상태
7. 개인정보처리자가 정보 주체의 개인정보 분실 · 도난 · 유출 후 해당 개인정보를 회수하기 위하여 노력한 정도
8. 개인정보처리자가 정보 주체의 피해구제를 위하여 노력한 정도

88 정답 ⑤

정답해설

조직의 문제를 확인하고 학습 요구를 분석하여, 학습 내용을 확정하는 사람은 '교수 프로그램 개발자'이다.

'나들러(Nadler)'가 제시한 교육훈련 강사의 역할

• 교수 프로그램 개발자 : 조직의 문제를 확인하고 학습 요구를 분석하여, 학습 내용을 확정한다.

• 학습 촉진자 : 학습자가 효율적으로 학습할 수 있도록 도와주는 역할을 한다.

• 교수전략 개발자 : 교육훈련 프로그램이 효과적으로 전달될 수 있도록 매체 선정과 방법을 찾는 일을 한다.

89 정답 ①

정답해설

다양하고 많은 양의 학습 내용을 다루는 데 용이한 방식은 '강의법'에 해당한다.

90 정답 ⑤

정답해설

본론의 마지막 즉, 종결단계로 넘어가기 전에 질문받는 시간을 마련하여 청중의 의문점을 해소시켜 주는 것이 좋다.

모의고사 2회 정답 및 해설

문제 17쪽

01	02	03	04	05	06	07	08	09	10	11	12	13	14	15	16	17	18	19	20
③	④	①	④	③	④	④	④	②	②	④	①	③	①	①	②	④	②	①	②

21	22	23	24	25	26	27	28	29	30	31	32	33	34	35	36	37	38	39	40
②	①	⑤	⑤	⑤	①	③	②	②	⑤	③	⑤	⑤	②	①	②	⑤	②	②	③

41	42	43	44	45	46	47	48	49	50	51	52	53	54	55	56	57	58	59	60
④	⑤	⑤	④	①	④	③	④	②	⑤	③	④	⑤	④	①	③	②	②	⑤	②

61	62	63	64	65	66	67	68	69	70	71	72	73	74	75	76	77	78	79	80
①	④	④	⑤	①	③	③	②	②	④	①	①	②	②	④	②	④	④	③	④

81	82	83	84	85	86	87	88	89	90
③	②	③	③	⑤	③	①	⑤	⑤	②

제1과목 고객만족(CS) 개론

01
정답 ③

정답해설

휴먼웨어(Humanware)

기업에서 근무하는 사람들의 서비스 마인드와 접객 서비스 활동, 매너, 조직 문화 등이 해당한다.

오답해설

가. 하드웨어, 라. 소프트웨어에 해당하는 내용이다.

02
정답 ④

정답해설

④ 고객만족 성과의 명확한 측정과 철저한 보상을 위한 평가 시스템의 운영이 필요하다.

03
정답 ①

정답해설

워너(Weiner, 1980)의 귀인 이론의 범주화 체계

• 인과성의 위치 : 서비스 실패의 원인이 행위자 자신에게 있는지, 상대방이나 상황에 있는지를 추론하는 것이다.

• 안정성 : 어떤 원인이 일시적인지 또는 영원한 것인지, 실수에 의한 것인지 또는 반복적인 것인지를 추론하는 것이다.

• 통제성 : 어떤 원인이 의도적인 것인지, 비의도적인 것인지를 추론하는 것이다.

04
정답 ④

정답해설

인지 부조화 이론

개인의 신념과 태도 간에 불일치 상태가 발생하면 불편감이 생기게 되고, 이를 해소하기 위해 신념이나 태도를 바꿈으로써 불편함을 해소하게 된다는 이론이다.

오답해설

① 교환 이론 : 기업이 소비자에게 제품을 주는 대가로 돈을 받고, 소비자는 자신의 욕구 충족을 위해 제품을 고른 대가로 돈을 내는 것과 같이, 개인이나 사회적 관계에서 일어나는 행동과 그에 따른 보상을 말한다.

② 귀인 이론 : 행동의 원인을 찾아내기 위해 추론하는 과정을 설명하는 이론이다.

③ 순응 수준 이론 : 순응 수준은 그 생체에 주어진 과거 및 현재의 모든 자극을 평균적으로 대표하는 자극치와 똑같다고 하고, 그것과의 관계상 생체의 행동을 예측하는

순응 수준 이론이 제창되었다.

⑤ 기대–불일치 이론 : 기대와 성과 간의 차이, 지각된 제품 성과, 기대의 요소를 통해 만족과 불만족의 형성 과정을 설명하는 이론이다.

05
정답 ②

정답해설

② 고객들이 한 줄로 서서 여러 단계의 서비스를 받고 있으므로 '단일경로 복수단계 대기 시스템'이다.

대기 시스템의 유형

- 단일경로 단일단계 대기 시스템 : 고객들이 한 줄로 서서 단일 창구에서 한 단계의 서비스를 받는 경우
- 단일경로 복수단계 대기 시스템 : 고객들이 한 줄로 서서 여러 단계의 서비스를 받는 경우
- 복수경로 단일단계 대기 시스템 : 고객들이 여러 창구에서 한 단계의 서비스를 받는 경우
- 복수경로 복수단계 대기 시스템 : 고객들이 여러 줄로 서서 여러 단계의 서비스를 받는 경우
- 혼합경로 연속단계 대기 시스템 : 여러 시스템들을 상황에 따라 복합적으로 사용한 대기 시스템

06
정답 ④

정답해설

서비스 접점의 유형

원격 접점 유형	• 인적 접촉 없이 서비스 기업과 접촉하는 방식으로, 인간적 요소가 배제된 물리적 단서가 중요한 요소로 작용하기 때문에 허용 오차가 적고 통제가 용이하다. • 직접적인 인적 접촉이 발생되지 않더라도 고객의 품질 지각을 긍정적으로 구축 또는 재(再)강화 할 수 있다. • 서비스의 유형적 증거와 기술적 프로세스 및 시스템을 통해 서비스 품질 판단의 근본을 제공할 수 있다. • 은행의 ATM, 자동티켓발매기, 인터넷 쇼핑 주문, 기업이 발송하는 정보성 우편 등
전화 접점 유형	• 전화로 고객과 만나는 유형이다. • 다른 유형과 다르게 상호작용에서 직원의 목소리, 지식, 효율적인 처리 능력 등이 잠재적 가변성으로 작용한다. • 기업 콜센터, 고객 센터 등
대면 접점 유형	• 서비스 공급자와 고객이 직접 만나 상호작용하는 유형이다. • 서비스 품질을 파악하고 판단하기가 가장 복잡한 유형이다. • 서비스의 유형적 단서, 고객 스스로의 행동 모두가 서비스 품질에 영향을 미친다.

07
정답 ④

정답해설

총체적 고객만족 경영(TCS : Total Customer Satisfaction) 혁신 요소

- 내부 핵심 역량 강화 요소 : 지식, 인사 조직, 정보기술, 프로세스
- 시장 경쟁력 강화 요소 : 상품력, 가격 경쟁력, 브랜드, 이미지, 고객 관리

08
정답 ④

정답해설

④ 외부고객 만족 정책에 해당한다.

09
정답 ②

정답해설

슈메너(Schmenner)의 서비스 프로세스 매트릭스

구분		고객과의 상호작용/개별화	
		높음	낮음
노동 집약도	높음	전문 서비스 (변호사, 의사, 컨설턴트, 건축가, 회계사 등)	대중 서비스[금융업, 학교, 소매점(업), 도매점(업) 등]
	낮음	서비스 숍 (병원, 수리 센터, 정비 회사 등)	서비스 팩토리 (항공사, 운송업, 호텔, 리조트 등)

10
정답 ②

정답해설

② 반복 구매 또는 접촉이 없는 사람은 고객이 아니라 구매자에 불과하다.

'고객(Costomer)'의 개념

- 여러 번의 구매와 상호작용을 통해 형성된다.
- 습관적으로 자사의 물품을 구매하거나 서비스를 이용하

는 사람을 의미한다.
- 단골 고객은 높은 친밀감과 비용 가치가 있으나 로열티 고객과는 다른 개념이라 할 수 있다.
- 일정 기간 상호 접촉과 커뮤니케이션을 통해 반복 구매나 고객생애가치 수익을 창출해 줄 수 있는 사람을 의미한다.

11 정답 ④

정답해설

'마이클 포터' 교수가 제시한 산업 경쟁을 촉진하는 '5대 세력(Five Force)'

경쟁자 (기존기업 간 경쟁)	시장의 성장성이나 제품의 차별성, 생산 능력, 브랜드력, 구매량, 구매 비중, 교체 비용 등에 대하여 비교·분석한다.
공급자	• 공급선 변경에 의한 높은 전환 비용, 소수 기업의 독·과점식 공급 구조를 파악하는 유형이다. • 원자재 공급자에게 끌려 다녀서는 안 되고 교섭력이 요구된다.
신규 진입자 (신규 진출 기업)	• 진입 장벽을 쳐야 한다. • 산업이 매력적이고 성장 중임을 의미한다. • 마케팅 비용을 상승시키거나 수익성 하락을 의미하기도 한다. • 신규 진입을 위한 초기 투자, 대체 비용, 정부의 규제, 기술 장벽 등의 어려움이 있다.
구매자	• 구매자의 세력에 끌려가서는 안 된다. • 가격 인하, 서비스 개선 요구 등을 파악해야 한다.
대체자	• 가장 신경 써야 할 경쟁세력이다. • 산업에 대한 장기적이고 폭넓은 분석과 예측을 해야 한다.

12 정답 ①

정답해설

사회적 위험(Social Risk)
- 특정한 상품을 구매하여 다른 사람들이 자신에게 가질 평가에 따라 소비자가 지각하는 위험이다.
- 구매한 상품이 준거집단으로부터 부정적으로 평가를 받을 수 있는 위험이다.

오답해설

② 재무적 위험(경제적 위험, Financial Risk) : 구매한 제품이 제 성능을 발휘하지 못하여 발생하는 경제적 손실에 따라 소비자가 지각하는 위험이다.
③ 심리적 위험(Psychological Risk) : 구매한 제품이 자아 이미지와 어울리지 않을 가능성에 따라 소비자가 지각하는 위험이다.
④ 신체적 위험 (Physical Risk) : 구매한 제품이 안전성을 결여하여 신체적 위해를 야기할 가능성에 따라 소비자가 지각하는 위험이다.
⑤ 시간상실의 위험(Loss Risk) : 제품의 구매 결정에 시간이 너무 많이 들 수 있는 위험이다.

13 정답 ③

정답해설

구매 행위의 의사결정 단계에서 가족 구성원의 역할에는 ①, ②, ④, ⑤ 외에 '영향력 행사자'가 있다.

14 정답 ①

정답해설

고객의 역할

품질에 기여하는 공헌자	서비스의 상호작용에서 고객 스스로의 적극적인 참여가 서비스 품질 향상에 기여하게 되는 경우로, 서비스 상호작용에서 자신의 역할에 만족하는 고객일수록 만족도가 높다.
생산과정에 참여하는 생산자원	부분 직원으로서 기업의 생산 역량과 인적자원의 일부분을 보완하는 역할로 보는 관점이다.
잠재적 경쟁자	고객이 서비스를 고객 내부에서 직접 생산한다면 고객은 서비스 기업의 경쟁자가 될 수 있다는 의미이다.

15 정답 ①

정답해설

① MBTI는 사람을 협소하게 범주화하거나 명명하기 위해 사용해서는 안 된다.

16 정답 ②

정답해설

② 지나치게 전문화된 솔루션을 피한다.

17

고객관계 관리(CRM) 전략 수립 6단계

1단계	환경 분석	고객과 내·외부 환경을 분석하는 것이다.
2단계	고객 분석	자사의 현재 고객을 다각적으로 분석하는 것이다.
3단계	CRM 전략 방향 설정	CRM 전개를 통해 궁극적으로 목적하는 것을 얻기 위하여 방향성을 설정하는 것이다.
4단계	고객에 대한 오퍼 (Offer) 결정	고객의 회원 정보, 고객과 회사의 접촉, 거래 이력을 바탕으로 상품이나 관심 분야, 소득 수준, 거래 빈도, 평균 구매 단가 등의 고객 특성의 변수에 따라 무엇을 고객에게 줄 것인가를 결정하는 것이다.
5단계	개인화 설계	개인 정보, 구매 상품 유형, 구매 주기 등에 따른 콘텐츠 관심 정보 등을 총체적으로 분석하여 개인화 규칙을 설계하는 것이다.
6단계	커뮤니 케이션 설계	• 고객과의 관계 유지·강화를 위해 어떻게 제공할 것인지에 대한 전달 방법을 설계하는 것이다. • 이메일 등의 인터넷을 이용하는 방법과 우편이나 전화와 같은 전통적인 방법이 있다.

18

정답 ②

오답해설

다. Web-log solution : 운영 CRM에서 적용되는 솔루션
마. ODS(Operation Date Store) : 분석 CRM에서 적용되는 솔루션

메타그룹의 고객관계관리(CRM) 분류

분석 CRM	• 수익성과 시장 점유율 제고를 목적으로 고객데이터를 추출·분석하여 영업, 마케팅, 서비스 측면으로 활용하는 전 과정을 의미한다. • 고객 프로파일링, 고객 세분화, 캠페인 관리, 이벤트 계획 등에 필요한 아이디어를 도출할 수 있다. • CRM 초기 여러 형태의 고객 정보를 보유했던 대기업에서 타깃 마케팅 등을 계획하기 위해 대용량 고객정보를 활용하여 필요 정보 획득을 목적으로 사용했다. • 분석도구 : Data Mining, Data Warehouse, ODS(Operation Data Store), OLAP(On-Line Analytical Processing)

운영 CRM	• 고객 정보의 획득과 활용을 통한 운영비용 절감을 목적으로 영업, 마케팅, 고객 서비스의 프론트 오피스를 연계한 거래 이력 업무 지원과 백 오피스 통합 서비스 프로세스의 자동화를 의미한다. • 오피스와 CRM 통합이다. • 동화된 비즈니스 프로세스를 의미한다. • 프론트 오피스 고객 접점을 연계한 업무 지원이다. • 대표적인 예로는 EMS, 웹 로그 솔루션(Web-log Solution)이 있다.
협업 CRM	• 커뮤니케이션과 프로세스의 효율성 향상, 고객과의 관계 증진을 목적으로 기업 내부의 조직 공급망이 고객과 지속적으로 협력하고 커뮤니케이션을 통해 정보를 나누어 주는 모델을 말한다. • 채널 다양화로 일관된 서비스를 제공한다. • 콜센터, e-mail, 비디오, 팩스, FOD(Fax On Demand), 우편 등이 솔루션으로 적용된다.

19

정답 ①

정답해설

e-CRM의 전략 수립

고객접근 전략	• 기업이 고객의 자발적 허락을 요구하는 마케팅을 지향한다. • 고객의 허락(Permission)은 장기적으로 기업의 이윤을 창출하기 때문이다. • 이 전략으로는 퍼미션 마케팅, 옵트 인 메일 서비스 등이 있다.
고객유지 전략	기업은 일대일 마케팅을 통해 고객 정보를 데이터베이스화하고, 고객맞춤 서비스와 제품을 제공함으로써, 상호신뢰감을 형성하고 기업경쟁력을 높일 수 있다.
고객만족 전략	• 고객이 제품 및 서비스 구입 시 만족감을 주고, 브랜드 신뢰도를 쌓아 제품의 재구매율을 높이려는 목적으로 모든 조직 관리를 고객의 입장에서 전개하는 전략이다. • 저스트 인 타임 서비스, 어드바이스 서비스, 매스 커스터마이즈 서비스, 서스펜션 서비스, 리마인드 서비스 등이 있다.
고객창출 전략	• 구전이나 이벤트 등의 서비스 제공으로 고객에게 기업의 이미지와 제품 등을 알리고, 이를 통해 새로운 고객을 확보하여 수익을 창출하는 전략이다. • 이용자들이 상호간 정보 교환을 위해 게시판 기능(커뮤니티 서비스), 인비테이션 서비스 등을 활용한다.

20
정답 ②

정답해설

부적응적 인간관계 유형 중 '피상형'

실리형	오직 현실적인 이득이 있을 때만 관계를 맺는 업무 중심적 관계 유형
유희형	그저 재미있게 즐기면 그만이라고 생각하고 진지한 주제는 꺼리는 유형

21
정답 ②

정답해설

머튼(Merton)이 제시한 아노미 이론의 부적응 유형

동조형	문화적 목표와 제도적 수단을 모두 수용(부적응자에서 제외)
혁신형	문화적 목표는 수용, 제도적 수단은 거부(횡령 · 탈세 · 사기범)
의례형	문화적 목표는 거부, 제도적 수단은 수용(공무원의 복지부동)
패배형	문화적 목표와 제도적 수단을 모두 거부(약물중독 · 은둔자 · 부랑자)
반역형	기존의 것을 모두 거부하고 변혁하려함(혁명가 · 히피 · 해방운동가)

22
정답 ①

정답해설

대인지각 왜곡유형

초두효과	• 먼저 제시된 정보가 나중에 제시된 정보보다 대부분 인상 현상에 더욱 강력한 영향을 미치는 현상이다. • 최초의 인상이 중심이 되어 전체 인상이 형성되는 효과이다.
최근효과 (신근성 효과)	시간적으로 나중에 제시된 정보에 의해서 영향을 받는 효과이다.
대조효과	최근에 주어진 정보와 비교하여 판단하는 효과이다.
빈발효과	첫인상이 좋지 않아도, 그 후 반복해서 하는 행동이나 태도가 첫인상과는 달리 진지하고 솔직하면 점차 좋은 인상으로 바뀌는 효과이다.
후광효과	외모나 지명도 또는 학력과 같이 어떤 사람이 갖고 있는 장점이나 매력 때문에 관찰하기 어려운 성격적인 특성도 좋게 평가되는 효과이다.

악마효과	싫은 사람이라는 인상이 형성되면 그 사람의 다른 측면까지 부정적으로 평가되는 효과이다.
방사효과	매력 있는 사람과 함께 있을 때 사회적 지위나 자존심이 고양되는 효과이다.
대비효과	너무 매력적인 상대와 함께 있으면 그 사람과 비교되어 평가절하되는 효과이다.
투영효과	판단을 함에 있어 자신과 비교하여 남을 평가하는 경향이다.
중심화 경향	판단을 함에 있어 아주 나쁘다거나 아주 좋다거나 하는 판단을 기피하고 중간 정도인 것을 판단하려는 경향을 보이는 유형이다.

23
정답 ⑤

정답해설

⑤ 조직 구조에 유연성을 확보하기 쉬워 문제 해결을 촉진할 수 있다.

24
정답 ⑤

정답해설

포도넝쿨 의사소통 유형

비공식 채널로, 공식적 채널에 비해 정보가 빠르게 전달되며, 하급자들의 스트레스를 해소하고, 유익한 정보와 아이디어를 얻을 수 있지만, 전달 과정에서 정보가 왜곡될 가능성이 있다.

25
정답 ⑤

정답해설

⑤ 사전 서비스/거래 전 서비스(Before Service)에 대한 설명이다.

26
정답 ①

정답해설

제시된 도표는 러브록이 제시한 다차원적 서비스 분류(5가지 분류 기준) 중 '서비스가 어떻게 전달되는가?'에 따른 분류이다.

구분	단일창구	복수창구
고객이 서비스 조직에 가는 경우	• 극장 • 이발소	• 버스 • 법률서비스 • 패스트푸드

서비스 조직이 고객에게 오는 경우	• 잔디 깎기 • 살충서비스	• 우편배달 • 자동차 긴급 수리
고객과 서비스 조직이 떨어져서 거래하는 경우	• 신용카드 회사 • 지역케이블TV	• 방송네트워크 • 전화회사

27 정답 ③

정답해설

③ 개인주의와 공동체 의식을 조화시키려는 노력이 필요하다.

28 정답 ②

정답해설

'커트 라이만(Curt Reimann)'의 우수한 리더십의 특성 7가지
고객에 대한 접근성, 헌신적이고 명확한 지식의 결합, 맡은 일에 대한 열정, 공격적인 목표, 강력한 추진력, 가치 있는 의사소통, 조직화의 실천

29 정답 ②

정답해설

교류패턴 분석(대화 분석)

구분	내용
상보교류 (의사소통 제1패턴)	• 자극이 지향하는 그 자아 상태로부터 반응이 나오며, 자극을 보냈던 그 자아상태로 반응이 다시 보내지는 교류이다. • 평행적 교류, 무갈등교류, 대화가 중단되지 않고 계속될 수 있는 교류이다. 아내 : "날씨 참 좋네요, 산책이나 할까요?" 남편 : "그렇군요, 산책하기 참 좋은 날씨예요."
교차교류 (의사소통 제2패턴)	• 의사소통의 방향이 서로 어긋날 때, 즉 교차될 때 이루어지는 교류이다. • 타인의 어떤 반응을 기대하기 시작한 교류에 예상외의 반응이 되돌아오는 것이다. • 의사소통이 단절되거나 화제가 바뀌게 되는 교류, 갈등교류이다. 대리 : "과장님, 이번에 새로 온 상무님은 너무 권위적이죠." 과장 : "상사에 대해서 그런 말 하면 못써."

이면교류 (의사소통 제3패턴)	• 상대방의 하나 이상의 자아 상태를 향해서 현재적 교류와 잠재적 교류 양쪽이 동시에 작용하는 복잡한 형태의 교류 유형을 의미한다. • 의사소통에 관계된 자아 중 겉으로 직접 나타나는 사회적 자아와 실제로 기능하는 심리적 자아가 서로 다른 교류이다. • 두 가지 수준의 교류가 동시에 발생한다. 교사 : "등교시간이 몇 시까지지?" 　　　 (너 또 지각이구나.) 학생 : "예, 8시입니다."(죄송합니다.)

30 정답 ⑤

정답해설

접촉경계혼란의 원인

내사	사회와 부모의 가치관을 비판을 통하여 자기 것으로 받아들이지 못하고 무비판적으로 받아들임으로써 내면적인 갈등을 일으키는 현상이다.
투사	• 자신이 용납할 수 없는 사고, 감정, 행동 등을 다른 사람이나 환경에 귀인하는 과정 또는 현상이다. • 자신의 잘못이나 결함을 객관적인 평가나 분석 없이 타인이나 환경에 적용하려 하는 것이다.
자의식	• 개체가 자신에 대해 지나치게 의식하고 관찰하는 현상을 말한다. • 자신의 행동에 대한 타인의 반응을 지나치게 의식하기 때문에 발생한다. • 편안한 마음으로 타인과 접촉하지 못하고 항상 자신을 병적으로 관찰하면서 긴장상태에서 살게 된다. • 자의식을 통하여 모든 것이 지나치게 계산되고 의식화될 때, 개체의 행동은 자연스러움이 없어지고 인위적이 된다. • 타인에게 존경받고 싶고, 관심을 끌고 싶지만 거부당할까 두려워 행동을 드러내놓고 하지 못하는 모습을 보인다.
반전	타인이나 환경과 상호작용하는 대신 자기 자신을 대상으로 삼아 외부에 하고 싶은 행동을 자신에게 하거나, 외부에서 나에게 해주길 바라는 행동을 스스로에게 하는 상태를 의미한다.
융합	밀접한 관계에 있는 두 사람이 서로의 독자성을 무시하고 동일한 가치와 태도를 지닌 것처럼 여기는 상태를 의미한다.

31 정답 ③

정답해설

서비스 설계 개념의 선구자적인 '린 쇼스택'은 서비스를 단순한 그림으로 묘사하는 것에 대한 위험요소로서 지나친 단순화, 불완전성, 주관성, 편향된 해석 등을 제시하였다.

32 정답 ⑤

정답해설

서비스 모니터링의 구성 요소

- 객관성 : 편견 없는 객관적인 기준으로 평가하여 누구든지 인정할 수 있게 해야 한다.
- 차별성 : 모니터링 평가는 서로 다른 기술 분야의 차이를 반드시 인정하고 반영해야 한다.
- 신뢰성 : 모든 평가자는 동일한 방법으로 모니터링을 해야 하며, 누가 모니터링 하더라도 그 결과가 동일한 측정값을 획득해야만 신뢰를 얻을 수 있다.
- 타당성 : 측정하려는 모니터링 평가의 내용이 실제와 가깝게 측정되는지의 정도를 의미한다.
- 유용성 : 모니터링 평가가 실제 수익의 극대화에 유용하게 쓰이게 하는 것이다.
- 대표성 : 표본추출 테크닉으로 전체 서비스의 특성과 수준을 측정할 수 있어야 한다.

33 정답 ⑤

정답해설

⑤ 서비스 표준안은 고객이 아니라 서비스 제공자(종업원 등)에게 정확한 지침을 제공하기 위한 것이다.

34 정답 ③

오답해설

① · ② 동일한 법칙으로 전체 결과의 80%가 전체 원인 중 20%에 의해 만들어진다는 논리이다.

④ 자금을 어느 한 곳에 올인하지 않고 적절하다고 생각하는 비율만큼 분산해서 보관한다는 법칙이다.

⑤ 한 사람의 고객이 250명의 고객과 같다는 것으로 '조 지라드의 법칙'이라고도 한다.

35 정답 ②

정답해설

② 심리학적 변수는 심리 생태적 변수 혹은 사이코 그래픽 변수라고도 하며 그 예로 라이프스타일, 사회적 계층, 개성, 역할 모형, 태도 등이 있다.

소비재 시장에서 세분화 방법

- 지리적 변수 : 국가, 도시 · 농촌, 기후 등
- 인구통계적 변수 : 나이, 성별, 직업, 종교, 교육 수준, 소득, 가족 규모, 국적, 사회 계층 등
- 구매 행동적 변수 : 브랜드 애호도, 사용량, 사용 빈도, 가격 민감도, 구매 시 중요변수(서비스, 품질, 경제성, 속도 등)
- 심리학적 변수 : 태도, 역할 모형, 라이프스타일, 개성, 성격 등
- 행동 분석적 변수 : 제품 구매 빈도, 사용량, 상표 충성도, 가격민감도 등의 사례

36 정답 ①

오답해설

② 선매품 : 필수품 보다 상대적으로 구입 빈도가 낮은 소비재로 가구, 의류, 전자제품 등이 있다.

③ 비탐색품 : 알지 못하거나 알아도 일반적으로 구매하지 않는 제품으로 생명보험, 묘지, 백과사전 등이 있다.

④ 전문품 : 제품의 가격이나 점포의 거리에 관계없이 소비자가 특별히 구매하려는 제품으로 미술품, 고급 자동차 등이 있다.

⑤ 충동제품 : 소비자의 심리적 욕구를 자극해서 구입하게 되는 제품이다.

37 정답 ②

정답해설

②는 무차별화 전략(Mass Marketing, 대량마케팅)에 속한다.

38 정답 ③

정답해설

'아커와 샨비'의 포지셔닝 전략 수행절차 6단계

- 1단계 : 경쟁자 확인
- 2단계 : 경쟁자의 인식 및 평가 분석
- 3단계 : 경쟁 기업과 제품 시장에서의 포지셔닝 결정
- 4단계 : 소비자 분석 수행

- 5단계 : 포지셔닝 의사 결정
- 6단계 : 모니터링

39　정답 ②

정답해설

② 이상적인 틈새시장은 장기적인 시장 잠재력이 있어야 한다.

40　정답 ②

정답해설

②는 판매 개념에 대한 내용이다.

마케팅 개념 변화

- 생산 개념 : 소비자는 시중에서 쉽게 얻을 수 있는 값싼 제품을 선호하다고 믿는 것이다(예 대량생산).
- 제품 개념 : 소비자가 최고의 품질, 성능, 혁신적인 특성을 제공하는 제품을 선호한다는 개념으로, 기업은 지속적인 품질 개선을 위해 노력해야 한다.
- 판매 개념 : 고객 확보를 위해 공격적인 판매와 촉진 노력을 수행해야 한다는 것이며, 기업이 과잉생산에 처할 경우 수행하는 개념이다.
- 마케팅 개념 : 제품 판매를 넘어 다양한 소비자의 욕구를 반영하여 고객 만족을 위한 개념으로 변화하고 있다.

41　정답 ④

정답해설

서비스의 전환 유형(수잔 키비니)

- 가격 : 공정하지 않은 가격
- 불편함 : 서비스를 제공받는 위치나 시간 등에 대한 불편함
- 핵심서비스 실패 : 서비스 제공자의 업무 실수, 서비스 파멸, 계산상의 오류
- 서비스 접점 실패 : 서비스 제공자의 무례함, 고객에 대한 무관심, 전문성 부족
- 경쟁 : 경쟁업체의 서비스보다 뒤떨어짐
- 윤리적 문제 : 거짓 정보, 속임수, 사기 또는 강매, 안전상의 문제, 이해관계 대립
- 비자발적 전환 : 서비스 제공자의 업무중단, 점포 폐쇄 및 이전, 고객이동
- 서비스 실패 반응 : 부정적 혹은 무반응, 내키지 않은 반응

42　정답 ⑤

정답해설

애프터서비스(A/S) 품질 차원의 요인의 영향도는 전문성과 기술 > 종업원의 태도 및 행동 > 정책 > 편의성 > 서비스 처리시간 순이다.

43　정답 ⑤

정답해설

리츠칼튼 호텔은 모든 고객에게 규격화된 획일적 서비스를 제공하는 것이 아니라, 고객인지 프로그램, 고객 코디네이터, 고객 기호카드, 고객 이력 데이터베이스 등을 활용하여 차별화된 개별적 서비스를 제공한다.

44　정답 ④

정답해설

서비스 수익체인의 운영관리 단계

- 1단계 : 모든 의사결정을 거쳐 서비스 수익체인의 연관 관계 측정
- 2단계 : 자체 평가한 결과에 대한 의견 교환
- 3단계 : 성과 측정을 위한 균형점수카드 개발
- 4단계 : 성과 향상을 위한 행동 지침 마련
- 5단계 : 측정한 결과에 대한 보상 개발
- 6단계 : 개별 영업 단위에서 결과에 대한 커뮤니케이션
- 7단계 : 내부적 성공 사례에 대한 정보 공유

45　정답 ①

오답해설

제품 차별화의 요소에는 형태, 특성, 성능 품질, 적합성 품질, 내구성, 신뢰성, 수선 용이성, 스타일, 디자인 등이 있다. 이 중에서 기업에게 경쟁적 우위를 가져오게 하는 요인은 디자인이다.

② 성능 품질 : 제품의 기본적인 것이 작동되는 수준
③ 신뢰성 : 제품이 고장나지 않고, 제대로 움직일 가능성의 측정치
④ 내구성 : 제품에 기대되는 작동 수명의 측정치
⑤ 스타일 : 제품이 구매자에게 어떻게 잘 보이며 좋게 느껴지는 형태

46 정답 ④

정답해설

④ 지역사회 주민의 건강 증진, 질병의 예방 및 치료에 중점을 둔 조직이 되어야 하지만 이윤 창출도 의료기관으로서 기본적인 기능을 수행하는 수단이 되어야 한다.

47 정답 ①

정답해설

서비스 품질은 주관적이므로 객관화하여 측정하기 어렵다.

48 정답 ③

정답해설

카노 모형은 만족 여부의 주관적 측면과 물리적 충족 여부의 객관적 측면을 함께 고려해야 한다.

49 정답 ④

정답해설

적용범위에 따른 고객만족 계획수립 유형

• 전략적 계획 : 조직의 기본 방향을 장기적인 관점에서 수립하는 포괄적인 계획이다.
• 전술적 계획 : 단기적이고 구체적인 계획으로 전략적 계획을 수행한다.
• 운영계획 : 전략적 계획을 실천하기 위한 구체적인 활동 계획이다.

50 정답 ②

정답해설

베리(Berry)는 역할모호성의 원인 발생을 ① · ③ · ④ · ⑤로 제시하고 있다. 반면 하향적 의사소통과 교육훈련을 통해 역할모호성을 감소시킬 수 있다고 하였다.

51 정답 ⑤

정답해설

고객만족도 조사 원칙

• 정확성의 원칙 : 만족도의 정확한 조사와 해석이 가능할 수 있게 하는 것이다.
• 정량성의 원칙 : 디자인, 서비스 등의 항목이 개선된 양을 비교할 수 있게 조사하는 것이다.
• 계속성의 원칙 : 고객만족도를 과거 · 현재 · 미래와 지속적으로 비교할 수 있게 하는 것이다.

52 정답 ③

정답해설

서베이법(Survey Method)

• 어떤 주제의 통계 자료를 얻기 위해 정형화된 설문지를 이용하여 조사하는 방법이다.
• 다수의 응답자를 대상으로 설문조사를 통해 자료를 수집하는 방법으로 가장 보편적이고 정형화된 방법이다.
• 기술 조사를 위해 가장 많이 사용되며, 조사 문제가 명확히 정의된 경우에 이용한다.

53 정답 ④

정답해설

고객 충성도 측정 방법

• 행동적 측정 방법 : 특정 제품이나 서비스에 대하여 일정 기간 내 고객의 지속적이고 반복적인 구매 행위를 고려하여 측정한다.
• 태도적 측정 방법 : 고객이 심리적 애착, 호의적 태도로 반복적으로 같은 제품 및 서비스를 구매하는 행위를 측정한다.
• 통합적 측정 방법 : 행동적 측정과 태도적 측정을 통합한 포괄적인 측정 방법으로 고객의 호의적인 태도와 브랜드 교체 성향, 반복구매 행동, 총 구매량 등을 측정하는 방법이다.

54 정답 ⑤

정답해설

GAP4 : 외부 커뮤니케이션과 서비스 전달의 차이가 있을 때 발생한다.

발생 원인	해결 방안
• 기업의 과잉 약속 • 커뮤니케이션 부족이나 부적합	• 수평적이고 쌍방향적인 커뮤니케이션 증대 • 고객 기대의 효과적인 관리 • 광고와 인적 판매의 정확한 약속 수행

55 정답 ④

정답해설

앰부시 마케팅은 매복 마케팅이라고도 하며, 주로 대형 스포츠 행사에서 공식적인 후원업체가 아님에도 이를 연상하게 하는 광고 문구 등을 통해 하는 마케팅 판촉 전략을 말한다.

56
정답 ①

정답해설

마케팅 개념 변화

- 생산 개념 : 소비자는 시중에서 쉽게 얻을 수 있는 값싼 제품을 선호하다고 믿는 것이다(예) 대량생산).
- 제품 개념 : 소비자가 최고의 품질, 성능, 혁신적인 특성을 제공하는 제품을 선호한다는 개념으로 기업이 지속적인 품질 개선을 위해 노력한다.
- 판매 개념 : 고객 확보를 위해 공격적인 판매와 촉진 노력을 수행해야 한다는 것으로, 기업이 과잉생산에 처할 경우 수행하는 개념이다.
- 마케팅의 개념 : 제품을 판매하는 것을 넘어 다양한 소비자의 욕구를 반영하는 충족 및 만족을 위한 개념으로 변화한다.

57
정답 ③

정답해설

벤치마킹의 유형

- 내부 벤치마킹 : 다른 사업장, 부서 사이에서 일어나는 벤치마킹 활동으로 정보 수집이 쉽다.
- 외부 벤치마킹
  - 경쟁 벤치마킹 : 직접적인 경쟁사에 대한 벤치마킹을 의미한다.
  - 산업 벤치마킹 : 이해관계자, 시장, 고객, 기술이 속해 있는 전체 기업을 대상으로 하므로 범위가 넓다.
  - 선두그룹 벤치마킹 : 혁신적인 업무방식을 추구하는 기업을 대상으로 한 벤치마킹이다.
- 기능 벤치마킹 : 최신 · 최상의 제품이나 프로세스를 가지고 있는 조직을 대상으로 한 벤치마킹이다.
- 포괄 벤치마킹 : 다른 업종 기업들에 대한 벤치마킹이다.

58
정답 ②

정답해설

② 레스 웨이스트(Less waeste) : 쓰레기를 줄이는 환경 운동

오답해설

① 시피(Cipie)족 : 합리적인 소비를 하고 불필요한 소비를 거부하는 신세대
③ 제로 웨이스트(Zero waeste) : 쓰레기 버리는 것이 없도록 만드는 것
④ 미니멀 라이프(Minimal life) : 자발적으로 불필요한 물건이나 일을 줄이는 생활방식
⑤ 길티 플레저(Guilty pleasure) : 하면 안되는 행동을 하면서 행복을 추구하는 행동

59
정답 ②

정답해설

② 고객가치지수는 투입된 요소(Price) 대비 획득 가능한 효용의 크기를 측정하여 산출할 수 있다.

60
정답 ②

정답해설

② 언더독 효과 : 사람들이 약자라고 믿는 주체의 성공을 기원하게 되는 현상이나 약자로 연출된 주체에게 부여하는 심리적 애착(≠탑독 효과)

오답해설

③ 마타도어(Matador) 효과 : 근거 없는 사실을 조작해서 상대방을 모략하는 정치적 흑색선전의 효과
④ 레임덕(Lame duck) 효과 : 현직 대통령의 임기 만료 전에 나타나는 일종의 권력 누수 현상
⑤ 포크배럴(Pork Barrel) 효과 : 지역구의 선심사업을 위해서 정부예산을 남용하는 것

제3과목 고객관리실무론

61
정답 ①

정답해설

내현 성격 이론(Implicit Personality Theory)
개인의 주관적인 경험, 관습, 문화적 요인 등을 바탕으로 얻은 약간의 단서를 통해 틀을 만들어 그와 상관이 있다고 가정되는 타인의 성격을 추론하고 평가하는 것을 말한다.

62
정답 ④

정답해설

〈보기〉는 '아스팔트 효과'에 대한 설명이다.

첫인상 형성의 법칙

맥락 효과	처음 주어진 정보에 대하여 판단을 내릴 경우 이것이 나중에 수용되는 정보의 기본 지침이 되어 맥을 잇게 되는 현상을 의미한다.

일관성의 오류	사람들은 한번 판단을 내리면 상황이 달라져도 그 판단을 지속하려는 욕구를 가지고 있다.
인지적 구두쇠	인상 형성에 있어 사람들은 상대를 판단할 때 가능하면 노력을 덜 들이면서 결론에 도달하려는 경향이 나타난다.
아스팔트 효과	콘크리트 효과라고도 하며, 첫인상은 콘크리트처럼 쉽게 굳어지는 특징이 있어 처음에 형성된 인상은 쉽게 바뀌지 않는다.
부정성의 법칙	긍정적인 정보보다 부정적 특징이 더 강력하게 인상 형성에 작용한다.

63 정답 ①

정답해설

메라비언의 법칙

- 시각적인 요소 : 표정, 시선, 용모, 복장, 자세, 동작, 걸음걸이, 태도 등
- 청각적인 요소 : 음성, 호흡, 말씨, 억양, 속도 등
- 언어적인 요소 : 말의 내용, 전문지식, 숙련된 기술 등

64 정답 ⑤

정답해설

⑤ 화장실과 같이 불편한 장소에서 상사나 VIP를 만났을 경우, 목례를 하여도 무방하다.

65 정답 ③

정답해설

- 오른손이 위로 가게 포개 잡고 → 여성
- 공수한 손을 어깨 높이 만큼 올린 다음 시선은 손등을 본다. → 큰절

66 정답 ①

정답해설

후광 화법

유명 연예인의 사용 기록이나 매출 자료를 제시하여 고객의 반대 저항을 감소시켜 나가는 화법이다.

67 정답 ③

정답해설

③ '씽(Singh)'의 불평 고객 유형 중 '행동으로 불평하는 사람(=행동 불평자)'에 대한 설명이다.

행동으로 불평하는 사람(=행동 불평자)

- 모든 상황에서 평균 이상의 불평 성향을 갖는 고객의 유형이다.
- 다른 사람들이나 제3자에게도 불평을 하는 고객이다.
- 다른 유형의 사람들보다 더 높은 소외의식을 가진다.
- 행동으로 표현하는 불평의 결과가 긍정적인 의미를 가져온다고 믿는다.
- 극단적인 경우, 이들은 테러리스트의 가능성이 있다.

68 정답 ③

오답해설

① 발뺌 : 자신의 업무영역과 책임 한계를 이야기하며 다른 부서에 떠넘기는 태도
② 경직화 : 마음을 담지 않고 인사나 응대, 답변 등이 기계적이며 반복적으로 고객을 대하는 태도
④ 거만 : 고객을 무지하고 어수룩하게 보거나 투정을 부린다는 식으로 대하는 태도
⑤ 규정 제일 : 회사의 규정을 강조하며 고객에게 강요하는 완고한 태도

69 정답 ②

정답해설

② 교육 훈련 후 추가적인 지도가 필요한 경우는 '코칭(Coaching)'이 필요한 경우이다.

- '코칭(Coaching)'이 필요한 경우 : 직무수행 능력이 부족하거나 실적이 태도에 영향을 미치거나, 해결해야 하는 문제가 발생했을 때 또는 신입직원에 대한 적응지도 및 훈련이 필요할 때, 교육 훈련 후의 추가 지도가 필요할 때 등에 적용할 수 있다.
- '카운슬링(Counseling)'이 필요한 경우 : 팀원 개인적인 문제로 인한 태도가 팀 전체의 실적에 영향을 미칠 때 주로 적용된다. 또한 스트레스가 쌓이고 지친 팀원이 발생된 경우, 자신의 업무에 불만을 가진 팀원이 발생한 경우, 동료와의 사이에 갈등을 겪고 있는 팀원이 발생된 경우, 지원이 필요한 개인적인 문제를 가진 팀원이 발생된 경우, 조직의 재구성이 필요한 경우 등에 카운슬링이 적용될 수 있다.

70 정답 ④

정답해설

고객이 말하는 속도에 맞추어서 일치감을 형성하는 것이 좋다.

71 정답 ①

정답해설

자신보다 아랫사람이라 하더라도 처음 대면하는 경우 'OO 씨' 혹은 이와 유사한 존칭(尊稱)을 사용하는 것이 좋다.

72 정답 ①

정답해설

'일시성'은 보고의 일반적인 원칙에 해당되지 않는다.

보고의 일반적인 원칙

적시성, 정확성, 완전성, 필요성, 간결성, 유효성

73 정답 ②

정답해설

② 직원 간 적극성, 인간관계, 고객응대 능력의 수준 등에서 차이가 나는 경우가 많다.

콜센터 조직의 일반적인 특성

• 특정 업무 선호 : 개인의 특정 업무 선호도에 따라 조직 적응력, 근무매력도, 구직과정 등에 상당한 차이가 발생한다.
• 개인 편차 : 직원 간 적극성, 인간관계, 고객응대 능력의 수준 등에서 차이가 나는 경우가 많다.
• 독특한 집단의식 : 우호적인 직원들끼리 무리를 지어 친밀감과 유대감을 형성한다.
• 비정규직 중심의 전문조직 : 비정규직이나 계약직 중심의 근무형태가 주종을 이룬다.
• 커뮤니케이션 장벽 : 조직 내 정규직과 비정규직, 근속기간의 차이 등으로 보이지 않는 커뮤니케이션 장벽이 존재한다.

74 정답 ②

정답해설

'A/S 접수'는 인바운드 콜 서비스의 활용 사례이다.

75 정답 ④

정답해설

다. '고객 중심'이어야 한다.
마. '회화체'를 활용한다.

스크립트 작성 원칙

활용 목적 명확화	텔레마케팅 목표는 상황에 따라 달라질 수 있기 때문에 처음부터 활용 목적을 명확하게 정해야 한다.
고객 중심	고객에게 이익이 될 수 있는 사항을 안내해서 고객이 신뢰와 확신을 가질 수 있도록 해야 한다.
상황 대응	변화하는 상황에 대응하고 상대방이 거부할 경우에 대비한 질문을 추가한다.
상황 관리	스크립트의 작성 목적, 수정 시 동기 등을 수시로 체크하여 문서의 변화 상황을 바로 알 수 있게 하며, 눈에 띄기 쉬운 곳에 배치한다.
간단명료	스크립트의 원고 내용은 고객에게 반드시 알리고 설명 및 설득할 것에 대하여 핵심적인 내용만 명확하게 제시되어야 한다.
논리적으로 쉽게 작성	고객이 납득할 수 있도록 논리적으로 작성되어야 하며, 장황한 설명이나 전문용어는 피하고 쉽게 작성해야 한다.
차별성	원고 내용은 요점이 있어야 하므로 상대방에게 제공할 수 있는 특별한 편익을 강조한다.
유연	끊어읽기 등을 활용하여 대화 흐름이 유연하고 자연스럽도록 한다.
회화체 활용	회화체로 고객에 대한 배려있는 대화를 할 수 있도록 한다.

76 정답 ②

정답해설

콜센터 모니터링 방법 중 정해진 동료의 상담내용을 듣고, 피드백한 뒤 벤치마킹하게 하는 방법은 'Peer Monitoring'이다.

77
정답 ④

정답해설

일 때문에 다른 사람이 되어 연극을 하는 중이라고 생각하며 자신과 업무를 분리하는 것은 '일과 나와의 분리'에 해당한다.

감정노동 직무의 스트레스 대처법

적응하기	고객의 입장을 이해해보려고 노력한다.
분노조절 훈련	심호흡, 자극 피하기, 관심바꾸기, 용서, 소리지르기 등으로 분노를 조절해본다.
타인과 교류하기	어려움을 나눌 수 있는 상사나 동료를 만들거나 동호회·봉사활동 등을 통해 심리적으로 재충전할 수 있는 기회를 갖는다.
생각 멈추기	마음속으로 "그만!"을 외치고 생각을 멈추어 본다.
일과 나와의 분리	일 때문에 다른 사람이 되어 연극을 하는 중이라고 생각하며 자신과 업무를 분리한다.
혼잣말 등 인지적 기법	스스로 위로하고 격려하는 혼잣말이나 자기암시를 한다.

78
정답 ④

정답해설

동시에 주고받을 때는 오른손으로 주고 왼손으로 받는 것이 좋다.

79
정답 ③

정답해설

열차의 상석은 열차 진행 방향을 바라보고 창문을 통해 전망을 볼 수 있는 자리 (가)가 상석이고, 마주보는 곳이 차석 (다)이다. 또한, 가장 말석은 열차의 진행 방향을 등진 통로쪽 자리 (라)라고 할 수 있다. 따라서 가장 높은 상석부터 순서대로 나열하면 (가)>(다)>(나)>(라)이다.

80
정답 ④

정답해설

④ 심포지엄(Symposium) : 특정한 문제에 대해 2명 이상의 전문가가 서로 다른 의견을 발표하고 청중의 질문에 답하는 형식의 공개토론회로, 포럼보다 더 형식을 갖춘 회의이다.

오답해설

① 포럼(Forum) : 공개토론회로 전문가와 청중이 함께 공공의 문제에 대해 토의하는 형식이다.
② 세미나(Seminar) : 전문인 등이 특정한 주제로 행하는 연수회나 강습회이다.
③ 컨벤션(Convention) : 정보형 전시회나 국제회의를 지칭한다.
⑤ 컨퍼런스(Conference) : 컨벤션과 유사한 의미로, 본회의와 사교행사, 관광행사 등을 동반하며 전문적 문제를 토론하기 위한 회의 모임이다.

81
정답 ③

정답해설

연령이 어리지만 직위가 높을 경우에는 직위를 우선하고, 같은 조건이면 여성을 우선한다.

82
정답 ②

정답해설

②는 소비자의 8대 권리에 해당하지 않는다.

소비자기본법(제4조)에 명시된 소비자의 기본적 권리(소비자의 8대 권리)

① 물품 또는 용역(이하 "물품 등"이라 한다)으로 인한 생명·신체 또는 재산에 대한 위해로부터 보호받을 권리
② 물품 등을 선택함에 있어서 필요한 지식 및 정보를 제공받을 권리
③ 물품 등을 사용함에 있어서 거래상대방·구입장소·가격 및 거래조건 등을 자유로이 선택할 권리
④ 소비생활에 영향을 주는 국가 및 지방자치단체의 정책과 사업자의 사업 활동 등에 대하여 의견을 반영시킬 권리
⑤ 물품 등의 사용으로 인하여 입은 피해에 대하여 신속·공정한 절차에 따라 적절한 보상을 받을 권리
⑥ 합리적인 소비생활을 위하여 필요한 교육을 받을 권리
⑦ 소비자 스스로의 권익을 증진하기 위하여 단체를 조직하고 이를 통하여 활동할 수 있는 권리
⑧ 안전하고 쾌적한 소비생활 환경에서 소비할 권리

83
정답 ③

정답해설

③ 국가 및 지방자치단체의 소비자의 권익과 관련된 시책에 대한 <u>건의</u>

소비자단체의 업무 등(소비자기본법 제28조)

소비자단체는 다음의 업무를 행한다.

- 국가 및 지방자치단체의 소비자의 권익과 관련된 시책에 대한 건의
- 물품 등의 규격·품질·안전성·환경성에 관한 시험·검사 및 가격 등을 포함한 거래조건이나 거래방법에 관한 조사·분석
- 소비자 문제에 관한 조사·연구
- 소비자의 교육
- 소비자의 불만 및 피해를 처리하기 위한 상담·정보제공 및 당사자 사이의 합의의 권고

84
정답 ③

정답해설

소비자기본법 제68조 제7항

제66조 제1항에도 불구하고 집단 분쟁 조정은 제2항에 따른 공고가 종료된 날의 다음 날부터 30일 이내에 마쳐야 한다. 다만, 정당한 사유가 있는 경우로서 해당 기간 내에 분쟁 조정을 마칠 수 없는 때에는 2회에 한하여 각각 30일의 범위에서 그 기간을 연장할 수 있으며, 이 경우 그 사유와 기한을 구체적으로 밝혀 당사자 및 그 대리인에게 통지하여야 한다.

85
정답 ⑤

정답해설

흡연 여부, 음주량, 선호 스포츠 및 오락, 여가활동, 비디오 대여기록, 도박성향 등은 와이블(Weible)이 분류한 개인정보 유형 중 '습관 및 취미정보'에 해당한다.

86
정답 ③

정답해설

영상정보처리기기의 설치·운영 제한(개인정보보호법 제25조)

다음 경우를 제외하고는 공개된 장소에 영상정보처리기기를 설치·운영하여서는 아니 된다.

- 법령에서 구체적으로 허용하고 있는 경우
- 범죄의 예방 및 수사를 위하여 필요한 경우
- 시설안전 및 화재 예방을 위하여 필요한 경우
- 교통 단속을 위해 필요한 경우
- 교통정보의 수집·분석 및 제공을 위해 필요한 경우

87
정답 ①

정답해설

① 현장실무교육을 뜻하는 용어로 일상 업무 수행과정을 통해 지식, 기능, 태도를 향상시키는 교육활동을 의미하는 것은 'OJT(On the Job Training)' 즉, 업무 현장 내 훈련에 해당한다.

오답해설

② Off-JT(Off the Job Training) : 업무 현장 외에서 실시되는 집합훈련에 해당한다.
③ OJL(On the Job Learning) : 업무 현장에서 일을 통해 스스로 깨달음으로써 배우는 것으로, 자기학습 및 실천학습에 해당한다.
④ Off-JL(Off the Job Learning) : 직장 외에서의 자기계발 활동으로, 독서 등이 해당한다.
⑤ QMS(Quality Management System) : "품질은 고객의 요구와 일치시킨다, 저품질을 만들어내지 않도록 한다, 결함률 0%를 목표로 한다, 품질측정기준은 결함발생액으로 삼는다"의 4가지 원칙의 1980년 후반 일어난 미국의 품질관리 운동이다.

88
정답 ⑤

정답해설

⑤ 성인학습자는 학습 수행을 위해 많은 시간이 요구되기도 한다.

성인학습자의 특성

- 알려고 하는 욕구가 있다.
- 참여 동기는 목표 지향적이다.
- 선택적으로 학습상황에 임한다.
- 학습 수행을 위해 많은 시간이 요구되기도 한다.
- 자기 주도적 학습을 원한다.
- 다양한 경험을 가지고 있다.

89
정답 ⑤

정답해설

역할연기법을 통해 자기의 습관을 알 수 있고 발표력 향상을 기대할 수 있는 장점이 있다.

90
정답 ②

정답해설

장식 효과에 치중하지 않도록 한다.

모의고사 3회 정답 및 해설

01	02	03	04	05	06	07	08	09	10	11	12	13	14	15	16	17	18	19	20
⑤	⑤	①	⑤	②	④	⑤	⑤	⑤	②	①	②	⑤	⑤	⑤	②	⑤	④	⑤	④
21	22	23	24	25	26	27	28	29	30	31	32	33	34	35	36	37	38	39	40
④	②	⑤	②	③	④	⑤	①	③	④	⑤	⑤	⑤	④	⑤	④	⑤	②	⑤	④
41	42	43	44	45	46	47	48	49	50	51	52	53	54	55	56	57	58	59	60
④	①	③	④	③	④	①	③	①	①	④	③	③	④	④	②	④	②	④	②
61	62	63	64	65	66	67	68	69	70	71	72	73	74	75	76	77	78	79	80
③	⑤	④	④	③	④	②	④	②	⑤	③	④	①	⑤	④	①	①	①	⑤	③
81	82	83	84	85	86	87	88	89	90										
⑤	④	④	①	②	⑤	④	⑤	②	①										

제1과목 고객만족(CS) 개론

01 정답 ⑤

정답해설

⑤ 뉴먼과 웨스트브룩(Newman & Westbrook)은 상품 · 서비스를 구매, 비교, 평가, 선택하는 과정에서 고객이 경험하는 호의적/비호의적 감정을 고객만족과 불만족으로 구분하여 설명하였다.

오답해설

① 올리버(Oliver) : '만족'은 소비자의 성취 반응으로 판단된다고 제시하면서 '고객만족'을 소비자의 성취 반응 및 상품 · 서비스의 특성과 그 자체가 제공하는 소비자의 욕구 충족 이행수준에 관한 소비자의 판단이라고 해석하였다.

② 코틀러(Kotler) : 고객만족을 사람들의 기대치와 그 제품에 대해 자각하고 있는 성능과 비교해 나타나는 즐거움이나 실망감이라고 정의하였다.

③ 굿맨(Goodman) : '고객만족'을 비즈니스와 기대에 부응한 결과로서 상품, 서비스의 재구입이 이루어지고 고객의 신뢰감이 연속되는 상태라고 정의하였다.

④ 앤더슨(Anderson) : 고객의 포괄적인 감정을 프로세스로 설명하였고 '고객만족'을 고객의 사용 전 기대와 사용 후 성과를 평가한 결과로 이해하였다.

02 정답 ⑤

정답해설

⑤ 인지 부조화 이론은 개인의 신념과 태도 간에 불일치 상태가 발생하면 불편감이 생기고 이를 해소하기 위해 신념 · 태도를 바꿈으로써 불편함을 해소한다는 이론이다.

오답해설

① 교환 이론 : 기업이 소비자에게 제품을 주는 대가로 돈을 받고, 소비자는 자신의 욕구 충족을 위해 제품을 고른 대가로 돈을 내는 것과 같이, 개인이나 사회적 관계에서 일어나는 행동과 그에 따른 보상을 말한다.

② 귀인 이론 : 행동의 원인을 찾아내기 위해 추론하는 과정을 설명하는 이론이다.

③ 순응 수준 이론 : 순응수준은 그 생체에 주어진 과거 및 현재의 모든 자극을 평균적으로 대표하는 자극치와 똑같다고 하고, 그것과의 관계상 생체의 행동을 예측하는 순응수준 이론이 제창되었다.

④ 기대-불일치 이론 : 기대와 성과 간의 차이, 지각된 제품 성과, 기대의 요소를 통해 만족과 불만족의 형성 과정을 설명하는 이론이다.

03　　　　　　　　　　　　　　　　정답 ①

정답해설

귀인의 3대 결정요인

- 차별성 : 개개인의 행동이 서로 다른 여러 상황에서 나오는지, 특정 상황에서만 나오는지, 즉 어떤 행동이 흔히 볼 수 없는 행동인지 아닌지를 가리킨다.
- 합의성 : 똑같은 상황에 맞닥뜨린 사람들이 똑같은 형식으로 반응하는지를 가리킨다.
- 일관성 : 개개인이 똑같은 상황에서 똑같은 형식으로 장시간 똑같이 반응하는지를 가리킨다.

04　　　　　　　　　　　　　　　　정답 ⑤

정답해설

⑤ 모든 의사결정 시 고객을 고려해야 한다.

05　　　　　　　　　　　　　　　　정답 ②

정답해설

Moment of Truth(MOT)

고객과 접촉하는 순간이 가장 진실하기 때문에 이를 잘 관리해야 한다는 이론으로, 스페인의 투우에서 투우사와 소가 일대일로 대결하는 최후의 순간, 즉 실패가 용납되지 않는 순간을 뜻한다. 리처드 노먼은 최초로 고객만족 연구를 시작하며 '고객과의 접촉 순간'을 MOT에 비유하여 사용하였다.

06　　　　　　　　　　　　　　　　정답 ④

정답해설

④ 고객이 가진 추상적이고 모호한 생각을 실행 가능한 디자인으로 해석해서 제품 개발 및 생산을 진행해 나가는 것을 의미한다.

07　　　　　　　　　　　　　　　　정답 ⑤

정답해설

통나무 물통의 법칙

- 통나무 조각으로 만든 물통이 있다고 가정할 때 이 물통은 여러 조각의 나뭇조각을 묶어서 만들었기 때문에 어느 한 조각이 깨지거나 높이가 낮으면 그 낮은 높이만큼밖에 물이 담기지 않게 된다.
- 고객 서비스도 마찬가지인데, 고객은 접점에서 경험한 여러 서비스 중 가장 나빴던 서비스를 유난히 잘 기억하고, 그 기업 평가에 중요한 잣대로 삼는 경향이 있다.

08　　　　　　　　　　　　　　　　정답 ⑤

정답해설

우리나라 고객만족(CS) 관리의 시기별 흐름

1980년대	• 판매 증진을 위한 보조 수단으로 '고객만족 경영(CSM)'을 활용하였다. • 제품 설명, 성능 위주의 기초적 친절 서비스 중심으로 접근하였다.
1990년대	• A/S 제도 및 '고객관계관리(CRM)'를 도입하였다. • 1992년, LG그룹이 국내 최초로 고객가치창조 기업 이념을 도입하였다. • 1993년, 삼성그룹이 신(新)경영을 선포하였다. • 1999년, 현대자동차가 품질보증제도를 도입하였다.
2000년대	• 업종을 불문하고 대부분 기업이 '고객만족 경영(CSM)'을 도입하였다. • 고객생애가치(CLV : Customer Lifetime Value) 창출을 통한 고객 기여도를 극대화하였다.

09　　　　　　　　　　　　　　　　정답 ⑤

정답해설

3S 운동

생산성을 향상하기 위한 운동으로, Standardization(표준화), Simplification(단순화), Specialization(전문화)의 3개의 머리글자를 따서 '3S'라 부른다. 노동을 전문화하고 제품과 부품 및 생산 과정을 표준화하여 작업방법이나 제품 자체를 단순화시키는 것이다.

단순화 (Simplification)	현재 제품 계열에서 이익이 적거나 적자를 내는 제품을 축소해 나가는 것, 즉 생산성 향상을 목적으로 제품 라인을 줄이거나 유리한 라인만을 집약하는 것을 말한다.
표준화 (Standardization)	선택된 상품 라인의 형식·품질·기능·부품 등에 일정한 기준을 설정하는 것을 말한다.
전문화 (Specialization)	직장이나 노동의 전문화를 말한다.

10　　　　　　　　　　　　　　　　정답 ②

정답해설

② 동기 부여와 인센티브는 노드스트롬(Nordstrom) 백화점의 경영 방식 중 내부고객 만족을 위한 정책이다.

11

정답해설

비즈니스 프로세스의 분류

경쟁 프로세스	• 경쟁자보다 우수한 고객 가치를 제공하는 프로세스이다. • 고객의 니즈를 만족시키는 데 초점을 맞추므로, 고객의 기대 수준과 대비하여 판단할 수 있다. • 비용으로 경쟁하는 경우, 경쟁자보다 낮은 가격으로 생산하는 프로세스이다.
변혁 프로세스	• 급속히 변화하는 환경 및 고객의 니즈와 기술적 변화에 맞추어 조직의 지속적인 경쟁 우위 확보를 위해 역량을 개발하는 프로세스를 말한다. • 미래의 산업 전략이 성공할 수 있도록 사람, 기술, 프로세스를 결합해 조직의 역량을 구축해 나가는 과정을 의미한다. • 신제품 개발, 새로운 지식 습득을 위한 학습조직 구축 등이 대표적인 사례이다.
기반 프로세스	• 핵심 프로세스는 아니지만 프로세스의 결과물이 고객에게 가치가 있다고 파악되는 프로세스이다. • 경쟁자와 경쟁 여부를 떠나 고객에게 필요한 최소한의 가치만 제공하면 되는 프로세스이다.
지원 프로세스	• 위의 세 가지 프로세스가 제대로 진행되도록 지원하는 프로세스를 의미한다. • 고객에게 직접 가치를 전달하는 프로세스는 아니며, 프로세스라기보다는 오히려 과거의 기능적 활동으로 파악되는 경우가 많다. • 인적자원관리, 재무회계, 교육훈련 등이 대표적인 사례이다.
핵심 프로세스	기능의 경계를 넘어 외부고객에게 전달되는 최종 제품과 서비스를 의미한다.

12

정답해설

준거집단이 고객행동에 끼치는 영향의 유형

규범적 · 실용적 영향	• 소비자가 준거집단의 규범 · 가치 · 기대에 순응해 행동과 신념을 바꾸게 하는 영향력이다. • 순응하는 경우 사회적 인정이나 자부심을 느끼고, 반대의 경우 심리적 부담을 느끼기 때문에 행동에 영향을 미친다. • 실용적 영향은 소비자가 보상을 기대하거나 처벌을 회피하기 위해 다른 사람의 기대에 순응할 경우 발생한다.

정보적 영향	• 준거집단 구성원의 의견을 신뢰하게 되어 영향을 받게 되는 유형이다. • 스스로 제품을 평가할 수 없을 때 소비자는 준거집단의 의견을 구하려 한다. • 준거집단은 정보 제공의 역할을 하며 이에 따라 정보적 영향이 일어난다. • 정보원의 신뢰성에 따라 그 영향력이 달라진다. • 현상에 대한 판단 · 평가의 기준을 획득하기 위해 타인의 행동을 관찰하는 특성을 보인다.
가치 표현적 영향	• 특정 집단에 소속되거나 자신의 이미지를 강화할 목적으로 집단의 행동이나 규범을 따르는 유형이다. • 개인은 특정 집단에 소속된 것을 나타내고 싶거나 그 집단에 소속하고 싶을 때 그 집단 구성원들의 규범, 가치, 행동 등을 따른다. • 보상을 얻으려고 타인의 영향을 수용하는 순응과 달리 동일시는 타인과의 동질성을 추구하려 하기 때문에 타인의 영향을 더 적극 수용하는 상태이다.
비교 기준적 영향	• 자신과 준거집단의 태도 · 신념 등의 일치 여부에 따라 준거집단과 연관 또는 분리하고자 하는 것이다. • 광고 모델로 일반인이 나오면 신뢰감 · 호감을 더 느끼는 경우가 이에 해당한다.

13

오답해설

① 경쟁자, ② 단골 고객, ③ 의견 선도 고객, ④ 의사결정 고객에 해당한다.

14

정답해설

구매의도(행동)에 영향을 미치는 상황적 요인

소비 상황 요인	제품을 사용하는 과정에서 영향을 미치는 사회적, 물리적 요인들이나 갑작스러운 추위와 같은 예측하지 못한 소비 상황이다.
구매 상황 요인	• 제품 구매 과정에서 영향을 미치는 환경 요인이나 점포 내 환경, 구매 목적, 구매 시점에서의 소비자의 기분 상태 등이다. • 인적 요인, 시간적 요인, 물리적 요인, 소비자의 경제적 요인 등이 해당한다.
커뮤니케이션 상황 요인	소비자가 인적 · 비인적 매체를 통해 제품 정보에 노출되는 상황이다.

78 CS 리더스관리사 총정리문제집

15 정답 ⑤

⑤ 문화는 지속적이면서 변화된다(동태성).

16 정답 ②

고객의 역할

품질에 기여하는 공헌자	서비스의 상호작용에서 고객 스스로의 적극적인 참여가 서비스 품질 향상에 기여하게 되는 경우로, 서비스 상호작용에서 자신의 역할에 만족하는 고객일수록 만족도가 높다.
생산과정에 참여하는 생산자원	부분 직원으로서 기업의 생산 역량과 인적자원의 일부분을 보완하는 역할로 보는 관점이다.
잠재적 경쟁자	고객이 서비스를 고객 내부에서 직접 생산한다면 고객은 서비스 기업의 경쟁자가 될 수 있다는 의미이다.

17 정답 ⑤

⑤ 내향형 : 깊이 있는 대인 관계를 유지하며 조용하고 신중하며 이해한 다음에 경험한다.

① 인식형 : 목적과 방향은 변화 가능하고 상황에 따라 일정이 달라지며 자율적이고 융통성이 있다.
② 감각형 : 오감을 믿고 실제 경험과 현재를 중시하며 철저히 일을 처리한다.
③ 사고형 : 진실과 사실에 관심이 많고 논리적, 분석적, 객관적으로 판단한다.
④ 감정형 : 인간관계에 관심을 갖고 상황적이며 정상을 참작한 설명을 한다.

18 정답 ④

④ 고객관계관리(CRM)는 고객의 생애 전체에 걸쳐 관계를 구축·강화시켜 장기적인 이윤을 추구하는 경영 방식이다.

19 정답 ⑤

전략 수립과 관련해 시장 매력도에 영향을 미치는 요인

요인	세부 항목
외형적 요인	• 현재 시장 규모 • 시장 잠재력 • 성장률 • 판매(매출)의 주기성(순환성) 또는 계절성 • 현재의 수익성
구조적 요인 (산업 요인)	• 잠재적 진입자로부터의 위협(신규 진입자의 위협) • 구매자와 교섭력으로부터의 위협(공급업자의 협상력) • 대체품으로부터의 위협 • 현재 시장 내에서의 경쟁(경쟁자의 수준)
환경적 요인	• 인구통계적 환경 • 경제적 환경 • 사회적 환경 • 기술적 환경 • 법률적 환경

20 정답 ④

고객관계관리(CRM)의 순환과정

신규고객 획득 → 우수고객 유지 → 고객가치 증진 → 잠재고객 활성화 → 평생 고객화

21 정답 ④

① e-Service : 인터넷에서 고객에게 제공되는 서비스를 관리하는 활동으로 고객의 문의나 불만사항에 따른 고객서비스 센터를 확보하고 고객의 유형에 따른 맞춤 서비스를 제공하는 기능 등이 포함된다.
② e-Security : 컴퓨터나 인터넷의 전자보안 서비스이다.
③ e-Sales : 인터넷상에서 검색 단계부터 상품 및 서비스의 전 구매과정을 말한다.
⑤ e-Marketing : 인터넷에서 고객의 정보를 수집하고 분석하여 잠재고객을 확보하는 마케팅을 말한다.

22 정답 ②

정답해설

인간관계 유형 중 '종적 관계와 횡적 관계'

종적 관계	사회적 지휘나 위치가 서로 다른 사람들 사이의 상호작용이며, 형식적이고 수단적인 속성이 강한 인간관계 유형을 의미한다.
횡적 관계	사회적 지위나 위치가 서로 유사한 사람끼리의 상호작용이며, 자발적인 속성을 가진다.

23 정답 ⑤

정답해설

넬슨 존스(R. Nelson Jones)의 인간관계 심화 요인(3R)

보상성 (Reward)	인간은 누구나 행복과 만족을 추구하기 때문에 만족감과 행복감을 제공하는 보상에 의해서 인간관계가 심화된다.
상호성 (Reciprocality)	인간관계에서 보상이 서로 균형 있게 교류되는 것으로 긍정적 보상의 영역이 넓어지고 인간관계는 더 심화된다.
규칙 (Rule)	인간관계에서 서로의 역할과 행동에 대해 명료하게 설정된 기대·지침을 가리키며, 분명한 교류 규칙을 설정하면 인간관계는 심화된다.

24 정답 ②

정답해설

조하리(Johari)의 창의 '숨겨진 영역(신중형)'

- 숨겨진 영역이 가장 넓은 사람이다.
- 다른 사람의 이야기는 잘 경청하지만, 자신의 이야기는 잘 하지 않는 사람들이다.
- 속마음을 잘 드러내지 않는 크렘린형 사람이 많으며 계산적·실리적 경향이 있다.
- 현대인에게 가장 많은 유형으로 알려져 있다.
- 자기개방을 통해 다른 사람과 좀 더 넓고 깊이 있는 교류가 필요하다.

오답해설

①·⑤ 공개된 영역(개방형), ③ 미지의 영역(고립형), ④ 맹목의 영역(자기주장형)에 대한 설명이다.

25 정답 ③

정답해설

③ 집단의 응집력이 강할수록 집단 내에서만 통용되는 독특한 언어가 있기 때문에 집단 밖의 사람들과의 의사소통에 장애가 유발될 수 있다.

26 정답 ④

정답해설

의사소통 채널의 종류와 충실성

구분	의사소통의 충실성
면대면 회의	높음 ⇧ 낮음
전화, 화상회의	
e-Mail, 음성메일	
편지, 메모	
게시판	

27 정답 ⑤

정답해설

시간의 구조화 영역

폐쇄 (Withdrawal)	• 자기를 타인으로부터 멀리 하고 대부분의 시간을 공상이나 상상으로 보내며 자기에게 스트로크를 주려고 하는 자기애적인 것이다. • 몸은 다른 사람과 함께 있어도 마음은 딴 곳에 가 있는 상태가 되어, 스트레스를 받는 타인과의 커뮤니케이션을 피할 수 있다. • 혼자 있거나, 휴식하거나, 자신만의 생각을 정리하거나, 자신을 반성할 시간과 개인의 인간성을 회복할 시간을 필요로 하므로 공상의 나래를 펴는 폐쇄조차도 종종 적당한 시간의 구조화가 될 수 있다.
의식/의례 (Rituals)	• 일상적인 인사에서부터 복잡한 결혼식이나 종교적 의식에 이르기까지 전통이나 습관을 따름으로써 간신히 스트로크를 유지하는 것이다. • 상호 간의 존재를 인정하면서도 누구와도 특별히 친하게 지냄이 없이 일정한 시간을 보내게 되므로, '의식'적인 시간의 구조화라고 한다. • 전통이나 관습적인 행사에 참여함으로써 최소한의 스트로크를 유지하는 것으로 결과의 예측이 가능하고 안전한 시간 구조의 유형이다.

잡담/소일 (Pastime)	직업, 취미, 스포츠, 육아 등의 무난한 화제를 대상으로 깊이 들어가지 않고 즐거운 스트로크의 교환을 하는 것으로 '사교'라고도 말할 수 있다.
활동 (Activity)	'목적'을 달성하기 위해 스트로크를 주고받는 것으로 어떤 결과를 얻기 위해 에너지를 투자하는 것이기 때문에 소일이나 잡담과는 차이가 있다.
게임 (Game)	• 사회적 수준, 즉 겉으로 보기에는 정보를 교환하는 것 같지만 심리적 수준으로는 또 다른 의도가 깔려 있는 교류이다. • 게임을 하는 사람은 어릴 때 부모와 자식 간의 교류에서 원활하지 못한 데가 있기 때문에 순순히 스트로크를 얻을 수 없었던 사람이 많다. • 신뢰와 애정이 뒷받침된 진실한 교류가 영위되지 않기 때문에(응석·애교를 할 수 없으므로) 부정적 스트로크(Stroke)를 교환하는 유형이다.
친밀/친교 (Intimacy)	두 사람이 서로 신뢰하며 상대방에 대하여 순수한 배려를 하는 진실한 교류, 저의 없이, 서로 진정한 감정을 표현하는 교류이다.

28   정답 ①

정답해설

서비스의 정의

라스멜	서비스 특성과 관련하여 서비스를 시장에서 판매하는 무형의 제품으로 정의하였고, 손으로 만질 수 있는지 없는지에 따라 유형의 상품, 무형의 상품으로 구분하였다.
세이	"비물질적인 것은 보존이 쉽지 않으므로 부가 아니다"라고 주장하는 아담 스미스의 견해를 부인하면서 부의 본질은 효용이며 생산이란 물질의 창조가 아니라 효용의 창조라고 주장하였다.
마샬	"인간은 물질적 물체를 창조할 수 없다"라고 주장하면서 물질적 물체를 만들었다 해도 단지 효용을 만든 것에 불과하고 원래 물질의 형태·구조를 변화시켜 욕구 충족에 적합하게 만든 것뿐이라고 하였고 모든 경제활동은 욕구를 만족시키기 위한 것이라고 주장하였다.
블루아	서비스를 "한 재화의 형태에서 물리적 변화 없이 편익과 만족을 낳는 판매에 제공되는 활동"이라고 정의하였다.

레티넨	고객만족을 제공하려는 고객접촉 인력이나 장비의 상호작용 결과 일어나는 활동 또는 일련의 활동으로 소비자에게 만족을 제공하는 것이라고 정의하였다.
베솜	자신이 수행할 수 없거나 하지 않는 활동, 만족 그리고 혜택으로서 판매될 수 있는 것을 말한다고 주장하였다.
자이다믈	"서비스는 행위, 과정 그리고 결과이다."라고 주장하였다.
베리	제품은 형체가 있고 객관적 실체인 반면, 서비스는 형체 없는 활동이나 노력이므로, 구매하는 것의 본질이 유형적 혹은 무형적인가의 여부로 판단해야 한다고 주장하였다.
코틀러	서비스란 어떤 사람이 상대방에게 제공할 수 있는 활동이나 혜택으로 무형적이며 소유될 수 없는 것으로 물리적 생산물과 결부될 수도 있고 그렇지 않을 수도 있다고 주장하였다.

29   정답 ③

정답해설

③ 인간은 재결단의 선택을 통해 생애 초기의 잘못을 초월할 수 있다.

30   정답 ④

정답해설

보복전략(Retaliation)

• 새로운 진입자가 예상하거나 원하는 수준의 수익을 확보할 기회를 막는 것이 목표이다.
• 장기고객 요금 할인, 장기간의 계약기간, 장기고객에 대한 다양한 혜택 제공 등이 해당한다.

오답해설

①·②·③·⑤는 '저지전략(Blocking)'에 해당한다.

31 정답 ⑤

정답해설

서비스 청사진의 작성 목적은 효율성과 생산성 평가, 이해관계 재인식, 직원의 책임과 역할 규명, 공유된 비전개발의 목적, 프로세스에서 청사진의 개념을 명확히 하기 위해서이다.

32 정답 ⑤

정답해설

패널의 구분

• 순수 패널 : 구성원들이 동일 변수에 대해 반복적으로 응답한다.
• 혼합 패널 : 구성원은 동일하게 유지되나 수집된 정보가 경우에 따라 달라진다.
• 지속적 패널 : 정기적으로 구성원들에게서 정보를 입수한다.
• 임시적 패널 : 특정 목적을 위해 짧은 기간 동안만 유지된다.

33 정답 ⑤

정답해설

새로운 고객접점 표준안은 세부적인 사항을 고객에게 제공할 수 있게 운영되어야 한다.

34 정답 ④

정답해설

제품 차별화 방법에는 기능 요소 차별화, 상징 요소 차별화, 감성 요소 차별화가 있는데, 〈보기〉는 기능 요소 차별화에 대한 내용이다.

35 정답 ⑤

오답해설

① 제품 전문화 전략 : 다양한 세분시장에서 단일제품으로 고객의 욕구를 자극하여 구매동기를 유발하는 전략이다.
② 시장 전문화 전략 : 특정고객들의 다양한 욕구를 충족시키기 위해 다양한 제품을 판매하는 전략이다.

③ 선택적 전문화 전략 : 여러 세분시장 중에서 매력적이고 기업 목표에 적합한 몇 개의 세분시장을 선택해 진입하는 전략이다.
④ 단일시장 집중 전략 : 단일제품으로 단일한 세분시장에 진출하여 고객의 구매동기를 유발하는 전략이다.

36 정답 ④

정답해설

지리적 변수에는 국가, 도시나 농촌의 인구밀도, 기후 등이 있다.

오답해설

①·②·③은 인구 통계적 변수, ⑤는 행동 분석적 변수에 해당된다.

37 정답 ⑤

정답해설

헤스켓(Heskett)의 전략적 서비스 비전은 서비스 수익체인과 상호보완적인 것으로 고객이 원하는 것을 전달하려는 서비스에 초점을 둔다. 전략적 서비스의 구성 요소에는 표적시장, 운영전략, 서비스 개념, 서비스 전달시스템 등이 있다.

38 정답 ②

정답해설

틈새시장의 전략 유형

• 세분단위 시장개척 전략 : 기존의 세분 시장을 더 세분화하여 대기업과 다른 세분시장을 개척하려는 전략
• 세분단위 시장심화 전략 : 세분단위 시장을 더 심화 있게 개척하여 소비자 수요를 증대시키려는 전략
• 개성화 대응 전략 : 소비자 개성화 의식을 전제로 소비자 개개인의 요구(Needs)를 충족시키고자 하는 유형

39 정답 ②

오답해설

①·③·⑤는 내적 요인, ④는 기업 요인에 속한다.

40 정답 ④

정답해설

의료관광 사례 중 성형, 치과 등은 의료 영역에 해당하고 영양 섭취, 체중 감량, 웰니스, 안티에이징 등은 웰니스 영

역(라이프스타일 의료관광)에 해당한다.

41 정답 ④

정답해설

고객만족도 측정 원칙
- 정확성의 원칙 : 만족도의 정확한 조사와 해석이 가능할 수 있게 하는 것
- 정량성의 원칙 : 디자인, 서비스 등의 항목이 개선된 양을 비교할 수 있게 조사하는 것
- 계속성의 원칙 : 고객만족도를 과거 · 현재 · 미래와 지속적으로 비교할 수 있게 하는 것

42 정답 ①

정답해설

고객만족(CS) 평가를 위한 조사 유형
- 탐험조사(Exploratory Research) : 조사가 불명확하거나 잘 모를 때 기본적인 정보를 얻기 위해 사용하는 조사
- 기술조사(Descriptive Research) : 표적모집단이나 시장의 특성으로 소비자의 태도, 구매행동, 시장점유율에 관한 자료를 수집하고 분석하여 결과를 기술하는 조사
- 인과관계 조사(Causal Research) : 두 개 이상의 변수들의 인과관계를 밝히는 조사

43 정답 ③

정답해설

③ 소비자의 선택 기준이 가격과 제품의 활용성에 있다는 가정에서 출발한다.

44 정답 ④

정답해설

④ 서비스 회복을 지나치게 서두르면 이중일탈 효과가 발생할 수도 있다.

45 정답 ③

정답해설

③ 고객과의 원활한 의사소통을 가능하게 해주며 기존 고객 유지하는 것을 기본으로 한다.

46 정답 ⑤

정답해설

⑤ NPS(Net Promoter Score)는 쉽고 간단하게 기업의 미래 성장을 가늠할 수 있는 순 추천고객지수로서, 특정 기업이 얼마큼 충성도 높은 고객을 보유하고 있는가를 측정하는 것이다.

47 정답 ⑤

정답해설

개인의 특성에 따른 갈등에는 인식, 가치와 윤리, 성격, 직위의 불일치 등이 있고, 의사소통의 장벽은 개인 간, 개인과 집단 간, 집단 간, 조직 간에 나타날 수 있는 요소이다.

48 정답 ①

정답해설

① 간접측정은 만족도 차원의 구성에서 모든 요소를 포함시킬 수 없고, 측정오차의 문제점 등이 단점으로 작용한다.

49 정답 ③

정답해설

애프터서비스(After Service) 품질 차원의 영향 요인으로 정책, 직원의 태도와 행동, 편의성, 서비스 처리시간, 전문성과 기술 등이 있다.

50 정답 ①

오답해설

①은 서비스 회복 방안 중 물질적 회복에 해당하고, ② · ③ · ④ · ⑤는 심리적인 회복에 해당한다.

51 정답 ④

정답해설

④ 넛지 마케팅은 구매를 유도하기는 하지만 소비자에게 선택의 자유를 주는 방식의 마케팅을 말한다.

52 정답 ③

정답해설

기업의 CEO는 마케팅 전략을 소비자에게 판매(외부마케팅)하기 전에 현장에서 일하는 일선 종업원에게 판매(내부마케팅)해야 한다.

53
정답 ③

정답해설

서비스 기대의 영향 요인

- 내적 요인 : 개인적 욕구, 관여도 수준, 과거의 서비스 경험 등이 있다.
- 외적 요인 : 경쟁적 상황, 사회적 상황, 구전 커뮤니케이션 등이 있다.
- 기업 요인 : 촉진, 가격, 유통, 서비스 직원의 용모·말씨·태도, 유형적 단서, 기업이미지, 고객의 대기시간, 다른 고객과 비교 등이 있다.
- 상황적 요인 : 구매 동기, 고객의 정서적 상태, 날씨 등이 있다.

54
정답 ④

정답해설

계획수립의 절차

기업목표 기술 → 기업환경의 분석(SWOT) → 마케팅 목표의 설정 → 목표달성을 위한 전략 수립 → 전략수행을 위한 프로그램 작성 → 실행 및 재검토

55
정답 ④

정답해설

④ 서비스 프로세스의 특정 부분에 의해 쉽게 제약을 받을 수 있다.

56
정답 ②

정답해설

가격 책정 마케팅 전략

- Mark-up 전략 : 원가에 일정한 이익을 더해 가격을 설정하는 전략이다.
- Loss leader 전략 : 특정 제품의 가격을 낮춰서 소비자를 유인한 후에 매출을 증대하려는 전략(=Promotion Pricing 전략)이다.
- Price lining 전략 : 소비자는 큰 가격 차이만을 인식하므로 선정된 제품계열에 한정된 수의 가격만 설정하는 전략이다(예 고가·중가·저가 라인 제품).
- Odd pricing 전략 : 실제 별로 가격 차이가 나지 않지만 소비자들의 심리적 가격 차이를 이용하여 판매량의 변화를 노리는 전략이다(예 9900원 판매품).
- Presting pricing 전략 : 가격이 높으면 품질이 좋을 것이라는 소비자의 심리를 이용하는 전략이다.

- Customary Pricing 전략 : 일용품처럼 관습적으로 가격이 책정되어 있을 경우 가격인상 대신 함량이나 품질수준으로 단가를 조정하는 전략이다.

57
정답 ④

정답해설

스위니(Sweeny)와 수타르(Soutar)의 고객가치 유형에는 품질, 사회적 가치, 감정적 가치, 기능적 가치가 있다.

- 품질 : 지각된 제품 품질과 기대와의 차이에서 오는 가치이다.
- 사회적 가치 : 사회적인 개념을 증가시키는 제품력에서 오는 가치이다.
- 감정적 가치 : 제품에서 받은 느낌이나 정서적 측면에서 오는 가치이다.
- 기능적 가치 : 제품 사용에 따라 시간 절약에서 오는 비용절감에 의한 가치이다.

58
정답 ③

정답해설

③ 실험법은 실험 대상이 인간이므로 윤리적 문제의 제기 가능성이 있으며, 실험결과의 현실 적용이 어려운 단점이 있다.

59
정답 ②

정답해설

- 몰링 : 복합 쇼핑몰에서 쇼핑과 여가를 함께 즐기는 소비 형태
- 스펜데믹 : 코로나19 시대의 과잉 소비를 의미하는 신조어
- 리뷰슈머 : 리뷰(review)+컨슈머(consumer)의 합성어로 신제품을 미리 써보고 품평을 남겨 다른 사람의 소비에 큰 영향을 미치는 집단
- 다운시프트 족 : 저소득자일지라도 삶의 만족을 찾는 사람들
- 마이크로미디어 소비 : 매스 미디어 소비와 반대되는 개념으로 온라인 상에서 UCC, 개인블로그, 미니 홈피 등을 제작해 소비하는 형태

60 정답 ④

정답해설

그렌루스의 내부 마케팅 목적 달성방안
- 전술적 수준 : 경쟁우위 서비스, 캠페인 지원 및 활용
- 전략적 수준 : 종업원의 정책, 통제 절차 활용, 경영 방법의 활용, 내부 교육정책 및 기획

제3과목 고객관리실무론

61 정답 ③

정답해설

카이저(Kaiser)는 '외적 이미지'를 외모를 전체적으로 보이는 모습이라 정의하고, 시각적 요소뿐만 아니라 비언어적 제스처, 표정, 자세도 중요하다고 주장하였다.

62 정답 ⑤

정답해설

⑤ 첫인상은 신속하게 결정되는 특징이 있으며, 한번 형성된 인상은 쉽게 바뀌지 않는다.

첫인상의 일반적인 특징
- 일회성 : 단 한 번뿐이라는 것을 의미한다.
- 신속성 : 3~7초 사이에 결정된다.
- 일방성 : 나의 의지와 관계없이 상대방이 일방적으로 판단한다.
- 초두 효과 : 처음 들어온 정보가 뒤의 정보를 차단한다.
- 숨겨진 내면이나 성향을 전달하는데 어려움이 있다.

63 정답 ④

정답해설

④ 인사는 상대방에게 호감과 신뢰감을 형성할 수 있게 도움으로써, 자신의 이미지를 높이는 기준이 된다.

인사의 중요성
- 인간관계가 시작되는 신호이다. - 사람을 만났을 때 반갑게 인사를 나누면 인간관계의 폭도 넓어지고 스스로의 기분도 좋아진다.
- 상대방에 대한 친절과 존경심의 표현이다. - 인사하는 태도에 상대방에 대한 친절과 존경의 의미가 그대로 나타난다.

- 스스로의 이미지를 높이는 기준이 된다. - 낯선 환경에서 인사를 잘함으로써 상대방에게 호감과 신뢰감을 형성할 수 있게 돕는다.

64 정답 ④

정답해설

④ 남자와 여자의 손 위치는 다르다.

성별과 상황에 따른 공수법
- 평상(平常)시 : 남자는 왼손이 위, 여자는 오른손이 위
- 흉사(凶事)시 : 남자는 오른손이 위, 여자는 왼손이 위
- 초상집, 영결식에서 인사하거나 상중인 사람에게 인사할 때는 흉사(凶事)의 공수를 해야 한다.

65 정답 ③

정답해설

③ 의식행사에서는 기본 횟수의 배로 한다.

66 정답 ②

정답해설

② 고객의 니즈에 초점을 맞출 수 있고, 화제를 정리하고 정돈된 대화를 할 수 있게 하는 것은 선택형 질문(단답형 질문)이다.

질문의 종류

개방형 질문 (확대형 질문)	• 고객이 자유롭게 의견이나 정보를 말할 수 있도록 묻는 질문이다. • 고객들의 마음에 여유가 생기도록 한다. • 고객이 적극적으로 말함으로써 고객의 니즈를 파악할 수 있다.
선택형 질문 (단답형 질문)	• 고객에게 '예/아니요'로 대답하거나 선택지를 고르게 하는 질문이다. • 단순한 사실 또는 몇 가지 중 하나를 선택하게 하여 고객의 욕구를 파악할 수 있도록 한다. • 고객의 니즈에 초점을 맞출 수 있고, 화제를 정리하고 정돈된 대화를 할 수 있다.
확인형 질문	• 고객의 입을 통해 직접 확인받는 질문이다. • 고객의 답변에 초점을 맞춘다. • 고객의 니즈를 정확하게 파악할 수 있다. • 처리해야 할 사항을 확인받을 수 있다.

67   정답 ③

정답해설

③ 설명은 사실을 바탕으로 명확하게 한다.

68   정답 ④

정답해설

코치의 역할

후원자 (Sponsor)	직원들이 개인적인 성장과 경력상 목표를 달성하는 데 도움이 되는 업무가 무엇인지 결정하는 것을 도와주는 사람이다.
멘토 (Mentor)	어떤 분야에서 존경받는 조언자이며, 기업의 정치적 역학관계에 대처하는 방법 및 영향력을 행사해서 파워를 형성하는 방법을 알고 있는 사람이다.
평가자 (Appraiser)	특정한 상황 하에서 직원의 성과를 관찰하여 적절한 피드백이나 지원을 하기로 직원과 약속한 사람이다.
역할모델 (Role Model)	역할모델은 맡은 바를 행동으로 보여주는 역할을 수행하면서 직원들의 기업문화에 적합한 리더십 유형을 보여준다.
교사 (Teacher)	직원들이 자신의 업무를 효과적으로 수행할 수 있도록 업무상 비전, 가치, 전략, 서비스 및 제품, 고객 등에 관한 정보를 제공하는 역할을 한다.

69   정답 ②

정답해설

② 코칭(Coaching)은 업무 수행성과에 직접적으로 도움이 되며, 이는 코칭의 장점에 해당한다.

코칭(Coaching)의 단점
- 교육의 성패가 코치의 능력에 좌우된다.
- 매일의 코칭은 학습자에게 부담이 될 수 있다.
- 코치와 학습자 간의 계약관계가 학습에 지장을 줄 수 있다.
- 일대일 방식이므로 코치의 시간이 많이 소요되며 노동집약적이다.

70   정답 ⑤

정답해설

⑤ 고객의 말을 복창하는 것은 중요한 내용을 정확하게 이해하고, 소통하는데 도움이 된다.

71   정답 ③

정답해설

③ 직속 상사 이외의 지시가 있을 경우 먼저 직속 상사에게 보고하고 그 지시에 따른다.

72   정답 ④

정답해설

④ 콜센터는 고객접근이 용이한 개방형 고객상담 센터이다.

콜센터의 전략적 정의
- 우량고객창출 센터이다.
- 고정 고객의 관계개선 센터이다.
- 고객접근이 용이한 개방형 고객상담 센터이다.
- 원스톱 고객 서비스를 제공하는 서비스 품질 제공 센터이다.
- 고객감동을 실현할 수 있는 휴먼릴레이션 센터이다.

73   정답 ①

정답해설

한우리 문화

일명 '도시락 문화'로, 우호적인 사람들끼리만 모여서 지내는 특성이다.

74   정답 ⑤

정답해설

⑤ 기존 고객과의 장기적인 관계 유지 및 관리는 경영전략 측면에서의 콜센터의 역할이다.

콜센터의 역할

서비스 전략적 측면에서의 역할	• 콜센터 운영지표 확보 • 다양한 커뮤니케이션 채널 확보 • 고객 니즈의 정확한 이해와 피드백 제공 • 서비스 실행 조직으로 기업 전체에 미칠 영향을 중요시해야 함

경영전략 측면에서의 역할	• 고객 확보를 위한 고객 정보 DB 습득에 노력 • 고객 DB를 기반으로 고객 특성에 맞는 맞춤 서비스 제공 • 습득한 고객 정보를 통해 이탈고객 재유치 및 잠재고객을 활성화 • 기존 고객과의 장기적인 관계 유지 및 관리 • 고객 가치 증대를 위해 지속적으로 차별화된 가치 제공 • 고객과의 잦은 대면 접촉을 통해 고객의 속성 및 특징을 파악하여 서비스 제공

75 정답 ④

정답해설

④ 상품에 대한 직접적인 설명보다 고객에 대한 서비스를 강조하며 접근하는 것이 유리하다.

76 정답 ①

정답해설

녹음된 콜 샘플을 무작위로 선택하여 듣고 상담원 자신의 성과를 평가하는 방식의 모니터링 기법은 'Call Taping'이다.

77 정답 ①

정답해설

혹실드(Hochschild)는 자신의 감정을 기업에서 원하는 기준에 맞추도록 스스로를 변화시켜 나가려는 보다 적극적인 행위를 '내면화 행위'로 정의하였다.

'혹실드(Hochschild)'의 감정노동의 유형(2가지)

• 표면화 행위 : 언어적 · 비언어적 표현수단으로 실제와 다른 감정을 위장하여 표현하고 실제의 감정을 의도적으로 숨기는 행위
• 내면화 행위 : 내면의 감정 상태를 조직의 서비스 표준에 맞게 적극적으로 자신의 감정 상태와 표현을 일치시키는 행위

78 정답 ①

정답해설

① 악수는 원칙적으로 오른손으로 하는 것이 좋다.

79 정답 ⑤

정답해설

⑤ 사진을 찍으면 사람의 혼이 빠져 죽음에 이른다는 속설이 있는 나라는 '모로코'이다.

80 정답 ③

정답해설

③ 회의 분야에서 가장 일반적으로 사용되는 용어로 기업의 시장조사 보고, 신상품 소개, 세부전략 수립 등 정보전달을 목적으로 하는 정보형 전시회나 국제회의를 지칭하며, 본회의와 분과회의 등을 포함하여 전시회를 수반하는 경우가 많은 것은 '컨벤션(Convention)'이다.

81 정답 ⑤

정답해설

⑤ 소비자단체라 함은 소비자의 권익을 증진하기 위하여 소비자가 조직한 단체를 말한다(소비자기본법 제2조 제3항).

오답해설

① 소비자기본법 제2조 제1항
② 소비자기본법 시행령 제2조 제1호
③ 소비자기본법 제2조 제2항
④ 소비자기본법 제2조 제3항

82 정답 ④

정답해설

소비자기본법 제14조(소비자의 능력 향상)

① 국가 및 지방자치단체는 소비자의 올바른 권리행사를 이끌고, 물품 등과 관련된 판단능력을 높이며, 소비자가 자신의 선택에 책임을 지는 소비생활을 할 수 있도록 필요한 교육을 하여야 한다.
② 국가 및 지방자치단체는 경제 및 사회의 발전에 따라 소비자의 능력 향상을 위한 프로그램을 개발하여야 한다.
③ 국가 및 지방자치단체는 소비자교육과 학교교육 · 평생교육을 연계하여 교육적 효과를 높이기 위한 시책을 수립 · 시행하여야 한다.
④ 국가 및 지방자치단체는 소비자의 능력을 효과적으로 향상시키기 위한 방법으로 「방송법」에 따른 방송사업을 할 수 있다.
⑤ 제1항의 규정에 따른 소비자교육의 방법 등에 관하여 필요한 사항은 대통령령으로 정한다.

83 정답 ④

정답해설

소비자기본법 제39조(임원의 직무)

① 원장은 한국소비자원을 대표하고 한국소비자원의 업무를 총괄한다.

② 부원장은 원장을 보좌하며, 원장이 부득이한 사유로 직무를 수행할 수 없는 경우에 그 직무를 대행한다.

③ 소장은 원장의 지휘를 받아 제51조 제1항의 규정에 따라 설치되는 소비자안전센터의 업무를 총괄하며, 원장·부원장 및 소장이 아닌 이사는 정관이 정하는 바에 따라 한국소비자원의 업무를 분장한다.

④ 원장·부원장이 모두 부득이한 사유로 직무를 수행할 수 없는 때에는 상임이사·비상임이사의 순으로 정관이 정하는 순서에 따라 그 직무를 대행한다.

⑤ 감사는 한국소비자원의 업무 및 회계를 감사한다.

84 정답 ①

오답해설

② 단체의 상시 구성원 수가 5천 명 이상일 것

③ 영리가 아닌 공익활동을 수행하는 것을 주된 목적으로 하는 비영리민간단체에 해당할 것

④ 법률상 또는 사실상 동일한 침해를 입은 50인 이상의 소비자로부터 단체소송의 제기를 요청받을 것

⑤ 정관에 소비자의 권익증진을 단체의 목적으로 명시한 후 최근 3년 이상 이를 위한 활동 실적이 있을 것

85 정답 ②

정답해설

개인정보는 그 목적에 부합된 것이어야 하고, 이용 목적에 필요한 범위에서 정확하고 완전하며 최신의 것으로 보존되어야 한다는 것은 개인정보보호에 관한 OECD 8원칙 중 '정확성의 원칙'에 해당한다.

개인정보보호에 관한 OECD 8원칙

수집 제한의 원칙	개인정보 수집은 원칙적으로 제한되고, 수집될 경우에는 동의를 받고 합법적이고 정당한 절차에 의해 수집되어야 한다.
정확성의 원칙	개인정보는 그 목적에 부합된 것이어야 하고, 이용목적에 필요한 범위에서 정확하고 완전한 최신상태로 보존되어야 한다.
목적 명확화의 원칙	개인정보 수집 목적은 미리 특정되어 있어야 하고, 정보의 사용 시 특정된 목적의 달성을 위해서만 사용되어야 하며, 수집 목적이 변경될 때마다 그 목적을 명확하게 하여야 한다.
이용제한의 원칙	개인정보는 정보 주체의 동의가 있거나 법률의 규정에 의한 경우를 제외하고는 목적의 명확화 원칙에 따라 명확한 목적 이외의 다른 목적으로 이용되어서는 안 된다.
안전조치의 원칙	보관 중인 개인정보가 분실, 훼손, 불법적인 접근에 의한 사용, 변조, 무단 공개 등의 위험으로부터 적절한 조치를 통해 보호되어야 한다.
공개의 원칙	개인정보 처리와 관련된 정보처리 장치, 활용 정책 등을 일반에 공개한다.
개인 참여의 원칙	개인은 자기에 관한 정보의 상태를 확인할 권리를 가지며, 필요한 경우에는 자신의 정보를 통지받을 권리를 가진다.
책임의 원칙	정보 관리자는 상기 모든 원칙들이 지켜질 수 있도록 필요한 조치를 취할 책임이 있다.

86 정답 ⑤

정답해설

⑤는 보유 및 이용기간 종료에 따른 파기사유에 해당한다.

오답해설

①, ②, ③, ④는 개인정보의 수집 및 이용 목적 달성으로 파기되는 사례이다.

개인정보 파기사유 및 구체적 사례

개인정보의 수집 및 이용 목적 달성	• 이용자가 초고속 인터넷을 해지한 경우 • 이용자가 마트 마일리지 회원 탈퇴를 요청한 경우 • 개인정보를 수집하는 이벤트가 종료된 경우 • 제3자 업체에 기획 'TM'을 위해 개인정보를 제공하고 이후 해당 업체의 'TM'이 종료된 경우
보유 및 이용기간 종료	• 이용자에게 개인정보를 수납할 때 동의를 받은 기간이 도래한 경우 • 다른 법률 규정 등에 따라 이용자 동의 없이 보유 및 이용이 가능한 기간이 도래한 경우
사업 폐지	폐업하거나 서비스를 중단하는 경우

87

정답 ③

OJT는 업무 현장 내 훈련(On-the-Job Training) 즉, 현장실무교육을 뜻하는 용어로 일상 업무 수행 과정을 통해 지식, 기능, 태도를 향상시키는 교육 활동을 의미한다.

OJT 교육의 장점

- 기업의 실정에 따라 구체적이고 실제적인 훈련이 가능하다.
- 계속적이고 반복적인 교육이 가능하다.
- 비용을 절감할 수 있다.
- 평가가 용이하다.
- 상·하 간 이해와 협력의 강화를 이룰 수 있다.
- 교육의 즉각 활용이 가능하다.

88

정답 ⑤

⑤ 신입사원은 기업의 내용, 방침, 규정 등을 파악하여 친근감과 안심감을 얻는다.

피고스(Pigors)와 마이어스(Myers)의 성인학습의 효과

- 재해 및 기계설비 소모 등의 감소에 유효하다.
- 새로 도입된 신기술에 대하여 직원의 적응을 원활히 한다.
- 직원의 불만과 결근, 이동을 방지할 수 있다.
- 승진에 대비한 능력 향상을 도모할 수 있다.
- 신입사원은 직무에 관한 지도를 받고 직무성과가 향상되어 임금의 증가를 도모할 수 있다.
- 신입사원은 기업의 내용, 방침, 규정 등을 파악하여 친근감과 안심감을 얻는다.

89

정답 ②

② Purpose(목적) : 프레젠테이션의 목적이 무엇인지 점검한다.

프레젠테이션 '4P' 분석 전략

- People(사람) : 청중의 수준, 반응 및 자세, 청중의 요구 확인 등
- Purpose(목적) : 프레젠테이션의 목적이 무엇인지 파악
- Place(장소) : 발표 장소와 주변 장소의 영향, 시설 등 전자기구의 불량 확인, 좌석배치, 통행로 등 확인
- Preparation(사전준비) : 정보와 자료의 수집, 발표자료 제작

90

정답 ①

① 내용의 배열에 흐름이 있어야 한다는 것이 조직성을 의미한다.

② 원근법, ③ 균형성, ④ 강조성, ⑤ 단순성

슬라이드 디자인 원리

- 균형성 : 심미적으로 안정적인 배치가 되도록 한다.
- 명료성 : 이해하기 쉽도록 내용을 단순화한다.
- 단순성 : 필수적인 정보만을 제공한다.
- 조화성 : 화면의 구성이 상호보완적이며, 색의 적절한 배합을 이루게 한다.
- 원근법 : 공간을 느끼게 하고 입체감을 준다.
- 통일성 : 구성요소들이 하나를 이루는 느낌이 들게 한다.
- 조직성 : 구성요소들의 배열에 흐름이 느껴지게 한다.
- 강조성 : 중요한 부분을 색이나 선을 이용해 두드러져 보이도록 한다.

좋은 책을 만드는 길
독자님과 함께하겠습니다.

도서나 동영상에 궁금한 점, 아쉬운 점, 만족스러운 점이
있으시다면 어떤 의견이라도 말씀해 주세요.
시대고시기획은 독자님의 의견을 모아 더 좋은 책으로 보답하겠습니다.

www.sidaegosi.com

오디오북과 함께하는 CS리더스관리사 총정리문제집+기출무료강의

개정1판1쇄 발행	2022년 03월 10일 (인쇄 2022년 01월 10일)
초 판 발 행	2022년 01월 03일 (인쇄 2021년 09월 30일)
발 행 인	박영일
책 임 편 집	이해욱
편 저	CS 리더스관리연구소
편 집 진 행	추경임 · 신혜정 · 민미애 · 이영숙
표지디자인	김도연
편집디자인	채현주 · 박지은
공 급 처	(주)시대고시기획
출 판 등 록	제10-1521호
주 소	서울시 마포구 큰우물로 75 [도화동 538 성지 B/D] 9F
전 화	1600-3600
팩 스	02-701-8823
홈 페 이 지	www.sidaegosi.com
I S B N	979-11-383-1710-8 (13320)
정 가	25,000원